KB126143

오스트리아의 역사와 문화 1

Jong-Dae Lim
Österreichische Geschichte und Kultur. Österreich in der Geschichte Europas,
Europa in der Geschichte Österreichs.
Published by Euro. Seoul, Korea 2014.

오스트리아의 역사와 문화 1

유럽 역사 속의 오스트리아, 오스트리아 역사 속의 유럽

임 종 대 지음

유로

이 책은 대략 지금의 오스트리아 니더외스터라이히 연방주의 크기에 해당하는 바이에른 공국의 동쪽 변경구로 출발한 오스트마르크(마르키아 오리엔탈리스)가 공국과 대공국 시대를 거쳐 중부 유럽을 지배하는 거대 제국으로 융성하였다가, 두 차례의 세계대전에 패한 후 오늘날의 오스트리아 공화국으로 이어지는 천여 년의 역사를 기술한다.

오스트리아 역사의 원년은 바벤베르크 왕조(976-1246)의 시조인 레오폴트 1세가 신성로마제국 황제(오토 2세)에 의해 오스트마르크 변경백에 임명된 해인 976년이다. 바이에른 공국 동단의 변경지역에 불과했던 오스트리아가 공국으로 국격이 격상되어 신성로마제국 의회의 의석을 확보한 해는 1156년이다. 바벤베르크 왕조는 1246년에 멸망하고, 36년 후 합스부르크가가 바벤베르크가의 유산과 전통을 이어받아 1차 세계대전이 끝날 때까지 오스트리아를 지배한다.

합스부르크 왕가 최초의 신성로마제국 황제 루돌프 1세(재위: 1273-1291)는 남서부 독일의 백작 가문이었던 합스부르크가의 도읍을 오스트리아 땅으로 옮기기 위해 1278년 오토카르 2세 뵈멘 국왕을 제거한 후, 1246년 이후 뵈멘이 점령한 옛 바벤베르크가의 영토(오스트리아)를 회수한다. 합스부르크가의 오스트리아 역사는 1282년 루돌프 1세 황제의 장남 알브레히트가 오스트리아 공국과 슈타이어마르크 공국을 제국봉토로 수여받으면

서 시작된다. 합스부르크가 출신의 초대 오스트리아 공작 알브레히트 1
세는 1298년 신성로마제국 황제로도 선출된다. 바벤베르크가의 오스트리
아와 합스부르크가의 오스트리아 사이의 36년 공백기(1246-1282)는 오스트리
아의 공위기라 불린다.

1246년에 중단되었다가, 1282년 재출범한 오스트리아 공국은 1453년
대공국(에르츠헤르초크툼)으로 승격된다. 신성로마제국의 마지막 황제 프란츠 2
세가 오스트리아를 황제국으로 선포한 1804년까지 오스트리아는 대공국
이었다. 오스트리아 제국은 왕가의 명칭에 따라 합스부르크 제국이라고
도 불린다. 16세기 이후 이미 오스트리아가 합스부르크 제국이라 호칭되
기 시작한 것은 1516년 합스부르크가의 대공 카를로스 1세(신성로마제국 황제
카를 5세)가 스페인 왕국의 왕권을 인수하였고, 1526년 페르디난트 1세(카를
5세의 동생) 대공이 헝가리 왕국과 뵈멘 왕국의 국왕에 즉위했기 때문이다.
합스부르크 제국은 1차 세계대전에서 패한 후 붕괴된다. 알브레히트 1세
공작의 통치로 시작된 합스부르크 제국의 역사는 1918년 카를 1세(재위
1916-1918) 황제의 퇴위와 더불어 역사의 뒤안길로 사라지고, 오스트리아는
공화국 시대를 맞이하게 된다.

합스부르크 왕조 시대의 오스트리아의 역사는 동시에 독일의 역사이
다. 여기서의 독일은 국가 개념의 독일이 아니라, 지역과 민족 개념의
독일이다. 1866년 독일전쟁(프로이센-오스트리아 전쟁) 이전의 독일의 역사는 신

성로마제국의 역사와 독일연방의 역사이다. 1438년 이후 1806년까지 신성로마제국을 지배한 황제는 - 1742년부터 1745년까지의 3년을 제외하면 - 합스부르크가 출신의 공작과 대공이었고, 독일연방(1815-1866)을 지휘한 국가 역시 오스트리아였다. 프로이센 왕국이 주도권을 행사한 독일의 통일에서 오스트리아가 배제된 이유는 오스트리아가 제국 산하의 왕국과 공국(헝가리, 뵈멘, 갈리치아, 크로아티아 등)을 포기할 수 없었기 때문이다. 프로이센과 오스트리아의 결별은 그러나 길지 않았다. 1879년 독일제국과 오스트리아·헝가리 이중제국은 군사동맹을 체결했다. 그것이 세기적 악연의 출발점이 되리라고 예상한 사람은 아무도 없었다. 독오 동맹은 1차 세계대전으로 이어졌고, 독오 합병은 2차 세계대전으로 연결되었다.

독일전쟁 이전의 오스트리아 역사와 프로이센의 역사는 신성로마제국의 역사와 독일연방의 역사를 공유하는 역사이다. 독일의 역사를 알기 위해 오스트리아의 역사를 읽어야 하는 이유가 바로 여기에 있다. 독오 동맹과 1차 대전, 독오 합병과 2차 대전의 연관성을 밝히기 위해서도 독일의 역사와 오스트리아의 역사를 함께 읽어야 한다. 지금까지 독일사라는 제목으로 출판된 저서와 번역서는 현재의 독일연방공화국을 구성하고 있는 16개 주의 역사를 중심으로 독일의 역사를 다루고 있다. 프로이센 왕국을 중심으로 한 독일사에는 통일 이전 독일의 양대 구성요소였던 오스트리아의 역사가 포함되지 않거나 부분적으로만 취급되기 때문에, 온전한 독일의 역사를 파악하기에는 한계가 있을 수밖에 없다. 이 책은 양독 관계에 대한 종합적인 이해를 바탕으로 독일어권 유럽의 역사를 기술하려고 했기 때문에, 유럽의 역사를 이해하는데 도움이 될 것이다.

이 책에 등장하는 비독일어권 지역의 지명은 현재의 지명으로 바꾸어 표기했고, 출현 빈도가 높은 것은 독일어 지명과 현지어 지명을 병기하였다. 역사서에 따라 연대, 수치 등 객관적 사실이 다를 경우, 1998년 슈투트가르트에서 출판된 <독일역사사전>(수정3판)과 1906년 빈에서 발간된 <마이어 대백과사전>(6판)의 내용을 기준으로 삼았다.

오스트리아의 역사를 통사의 형식으로 펴내는데 <인문저술연구비> 지원을 결정한 <한국연구재단>에 깊은 감사의 말씀을 드린다. 방대한 초고를 일일이 읽어주신 아주대학교 이재원 교수님, 어려운 출판환경에도 불구하고 <오스트리아의 역사와 문화>를 기꺼이 3권의 책으로 엮어주신 <유로서적 출판사>의 배정민 사장님, 그리고 심재진 편집장님께 진심으로 감사드린다.

2013년 9월
임종대

※ 이 저서는 2007년도 정부재원(교육부)으로 한국연구재단의 지원을 받아 수행된 연구임(NRF-2077-812-A00243).

| 제 9 장 | 공화국 시대(1918-)

| 제 1 장 |

합스부르크 왕조 이전 시대(−1281)

합스부르크 왕조 이전 시대(−1281)

❑ 1
할슈타트 문화

오스트리아의 오버외스터라이히 연방주에 위치한 도시 할슈타트 북쪽에서 발굴된 철제품들은 고대 철기시대(기원전 1,000년-400년까지)에 이미 이 지역에서 철기문화가 찬란하게 꽃피었음을 증언하고 있다. 이는 할슈타트 문화라 불리는 중부 유럽의 문화 발상지로, 인도게르만족의 한 부족인 일리리아인들에 의해 창조된 것으로 알려져 있다. 이 고대인의 아름다운 작품들은 빈의 자연사박물관을 비롯해서 독일 슈투트가르트 소재 뷔르템베르크 주립박물관, 뮌헨 국립선사박물관 등지에서 전시되고 있다. 후일 로마인들의 동진정책으로 인해 현재의 오스트리아 지역 대부분이 로마 제국에 편입될 때까지 할슈타트 문화는 또 다른 고대 인도게르만 부족인 켈트족에 의해 계승되었다.

❏ 2
로마제국의 지배와 게르만제국의 건설

켈트족의 소왕국이었다가 로마인의 동진으로 인해 로마제국의 속주가
된 노리쿰을 - 레티아와 파노니아와 이탈리아 사이의 알프스 산맥 동쪽
지역을 - 중심으로, 로마인들은 알프스 지역과 도나우 지역을 그들의 제
국에 편입시킴으로서 오늘날의 오스트리아 땅 대부분을 차지하였다. 포
르아를베르크 주와 티롤 주의 대부분은 당시의 행정구역상으로는 레티
아에, 오스트리아의 동부지방, 특히 전략적 요충지였던 빈 분지는 파노
니아 주에 속했다. 알프스와 도나우를 낀 이 지역은 로마 제국의 지배를
받으면서 문화적으로나 경제적으로나 전에 없던 발전을 하게 되었다. 서
기 300년을 전후하여 이 지역에 로마가톨릭교가 전파되기 시작하였는데,
이는 기독교가 로마 제국의 국교로 선포된 313년보다도 10여년 앞선 시
기였다. 오스트리아 기독교사에서 가장 먼저 등장하는 성자 제버린(세베리
노, †410년경)이 바로 이 시기의 사람이다. 빈 근교의 도시 지버링(지금은 빈 19
구)은 성자 제버린의 이름에서 유래한다.

375년 중국의 북쪽 국경지대인, 지금의 몽골국에서 유목민족으로 생
활하던 훈족이 그들의 강력한 국왕 아틸라(†453)를 앞세워 유럽을 침략했
을 때, 도나우 강 지역은 민족대이동의 물결에 휩싸였다. 반달족, 고트
족, 훈족, 바이에른족, 슈바벤족, 그리고 슬라브족까지 민족이동의 대열
에 합류하였다. 한편으로는 게르만족들(반달족, 고트족, 바이에른족, 슈바벤족)에 쫓겨,
다른 한편으로는 로마 제국의 쇠퇴와 동서 로마 제국으로의 분열에 따
라 이 지역의 맹주 역할을 하던 로마인들은 도나우 지역으로부터 철수
하기 시작하여, 488년까지 오스트리아 땅을 완전히 떠났다. 476년에 이
미 게르만 군대의 지휘관 오도아커(430경-493)는 서로마 제국의 마지막 황제
로물루스 아우구스툴루스(재위: 475-476)를 폐위시키고, 게르만 군대에 의해
이탈리아의 국왕으로 추대된 사건이 있었다.

395년 로마 제국의 붕괴를 틈타 훈족은 이미 도나우 지역 깊숙이 침투해 있었으나, 5세기 중엽 아틸라 왕의 사망으로 인해 도나우 지역을 버리고, 서남아시아로 철수하였다. 오늘날의 헝가리 땅인 파노니아에 건설된 훈족의 제국은 역사의 뒤안길로 사라지고, 아틸라 왕의 기세에 눌려있던 여러 민족이 이제 도나우 지역으로 쇄도하였다. 게르만 민족들뿐 아니라 슬라브족과 기마 민족인 아바르족, 심지어는 마자르족까지 이 지역으로 몰려와 제각기 로마 제국의 유산 상속을 주장하였다. 아바르족에 대항한 슬라브인들의 무장봉기를 도와준 후 슬라브족 왕으로 추대된 프랑크족 출신의 게르만인 자모(†658/659)는 625년 경 슬라브 제국을 세웠다. 지금의 체코 공화국인 뵈멘과 지금의 오스트리아 케른텐 연방주인 카란타니아가 이 제국에 속해 있었으나, 자모 왕이 죽은 660년경에 슬라브 제국은 붕괴되었다. 서쪽으로는 바이에른, 그리고 동쪽으로는 슬라브족과 아바르족 사이에 위치한 오스트리아 땅에서 진행된 여러 차례의 참혹한 민족전쟁의 와중에서도 오늘날까지 건재한 중세의 찬란한 유적들이 이때 건설되었다. 700년경에 완성된 잘츠부르크의 성 베드로 수도원과 베네딕트 교단이 세운 논베르크 수녀원, 740년경에 세워진 수도 빈의 성 루프레히트 성당과 777년 건립된 크렘스뮌스터의 베네딕트 수도원이 그것들이다.

1) 프랑크 제국

　서로마 제국이 멸망한 후 게르만 민족에 의해 세워진 프랑크 제국은 3세기 동안 존속한 후 843년 동서로 분리되었다. 그 후 서프랑크는 프랑스로, 동프랑크는 신성로마제국으로 발전했다. 이 과정에서 동프랑크 제국의 게르만인들은 자신들을 프랑스(서프랑크)와 이탈리아(남프랑크)의 로만(라틴) 민족과 차별화하여 <독일인>으로 이해하게 되었다. 동프랑크 제국과 서프랑크 제국으로 분리되기 29년 전에 사망한 프랑크 제국 황제 카를 대제(747/748-814, 프랑크 왕: 768-814, 바이에른 공작: 788-814, 로마 왕: 800-814)는 게르만 민족들을 규합했음은 물론이고, 제국의 정치적 이해와 교회의 이해를 일치시킬 공통분모를 마련하는데 성공한 황제이었다. 그는 800년 교황에 의해 로마 황제에 임명되었으며, 그의 손자 루트비히 1세(재위: 843-876)는 - 신성로마제국의 전신으로 간주되는 - 동프랑크 제국의 초대 국왕이었다.

788년 카를 대제는 - 그가 대제로 불리는 것은 768년부터 911년까지 프랑크 제국과 동프랑크 제국(843-962)을 지배한 카롤링 왕조의 시조이기 때문이다 - 카란타니아(오스트리아의 케른텐 연방주)를 제국에 합병시킨 후 동쪽의 파노니아를 침범한 아바르족을 굴복시키는데 전력을 다하였다. 그 결과 현재의 빈 동쪽에 제국을 수호하기 위한 변경구를 설치하고 오스트마르크(동쪽 변경구란 뜻)라 불렀다. 카를 대제가 설치한 프랑크 제국의 오스트마르크 변경구는 880년 마자르족과 벌인 첫 번째 전투인 빈도보나 전투(빈도보나는 빈의 라틴어 명칭)에서 프랑크 제국의 군대가 대패하여 이곳을 철수할 때까지 존속하였다. 그러나 907년 오스트마르크 변경구는 바이에른 군대를 동원한 프랑크 제국 군대가 마자르족 군대와의 두 번째 전투인 프레스부르크(브라티슬라바) 전투에서 전멸 당한 후 없어져 버렸다.

2) 오토 1세와 신성로마제국의 성립

프레스부르크 전투(907) 후 48년의 공백기를 거친 끝에 오토 1세(912-973, 동프랑크 왕: 936-962, 로마황제: 962-973)는 아우크스부르크 근교의 레히펠트에서 벌어진 사흘간의 전투(955년 8월 10일-12일)에서 마자르족 군대를 섬멸한 후 다시금 오스트마르크를 제국의 동쪽 방어벽으로 삼았으니, 955년의 일이었다. 카를 대제 이후 가장 강력한 국왕이었던 오토 1세는 레히펠트 전투 7년 후인 962년 요한 12세(재위: 955-964) 교황으로부터 로마황제의 칭호를 얻었다. 그 후 844년 동안 지속될 신성로마제국의 첫 황제가 바로 작센 공작 출신의 오토 1세였던 것이다. 15세기 후반 이후의 신성로마제국의 공식적인 명칭은 <독일민족의 신성로마제국>이다. 신성로마제국과 독일제국이 동의어로 사용된 것은 그 때부터이다. 1871년 창건된 독일제국과 구별하기 위해 전자는 구제국이라 불린다. 아돌프 히틀러가 나치 독일제국을 <제3제국>이라 명명한 것은 정통성을 확보하기 위해 구제국(신성로마제국)을 제1제국으로, 1871년 창건된 독일제국을 제2제국으로 간주했기 때문이었다.

신성로마제국은 고대 로마제국의 후계 제국으로 자처하였다. 볼테르(1694-1778)가 처음으로 지적한 후, <신성로마제국>은 신성하지도, 로마적이지도 않으며, 제국도 아니었다는 비판적인 평가가 18세기 이후 사가들에 의해 회자되었다. 그럼에도 불구하고 이 제국이 962년부터 1806년까지 844년이라는 장구한 세월 동안 로마가톨릭 교황이 공인한 1인의 황제에 의해 통치되었음을 상기한다면, 제국의 명칭에 대한 해석에는 신중을 기해야 할 것이다. 신성로마제국에 앞서 카롤링 왕조의 강력한 통치자였던 카를 대제가 이미 서기 800년 성탄절에 교황에 의해 로마황제에 오른 적이 있고, 그보다 앞서 476년에는 게르만군의 사령관 오도아커(†493)가 서로마제국의 로물루스 아우구스툴루스 황제를 퇴위시킨 후 로마의 왕이 된 적이 있었던 사실을 상기하면, 당시 프랑스의 남서부 지역인 부르군트(부르고뉴)와 북부 이탈리아의 게르만족 국가인 롬바르디아를 속령으로 지배하던 동프랑크 제국이 신성로마제국의 전신이라고 이해하면 될 것이다.

오토 1세는 신성로마제국의 초대 황제가 되자, 교황에 의해 부여된 성직 서임권을 비롯한 종교적 권한과 작센 왕가가 보유한 강력한 군사력을 기반으로 황제에게 충성을 서약한 영방들을 다스리는 능력을 보였다. 신성로마제국은 수많은 영방들과 변경구를 거느린 느슨한 국가조직이면서도, 844년간이나 지속된 강력한 국가연합이었다. 이 사실이 바로, 신성로마제국이 결코 역사의 수레바퀴를 거꾸로 돌린 헛된 시도가 아니었음을 보여주는 증거라고 할 수 있을 것이다.

1438년부터 1439년까지 1년 간 독일제국의 국왕을 역임한 알브레히트 2세(1397-1439) 이후 1806년 프란츠 2세 황제가 신성로마제국의 해체를 선언할 때까지 신성로마제국의 황제는 - 비텔스바흐 왕가 출신인 카를 7세(재위: 1742-1745)를 제외한다면 - 모두 합스부르크 왕가에서 선출되었다. 독일제국의 황제는 신성로마제국의 헌법인 금인칙서(골데네 불레)가 규정한 황제 선출권을 가진 7인의 선제후에 의해 단순 다수결 투표로 선출되어, 교황의 인준을 받는 절차를 밟았다. 7인의 선거권을 가진 제후들은 쾰른, 마인츠, 트리어 대주교관구를 지배한 3인의 성직선제후(대주교)와 팔츠의 궁중백, 작센의 공작, 브란덴부르크의 변경백, 뵈멘의 국왕 등 4인의 세속선제후였다. 1562년 이후 신성로마제국, 즉 독일제국 황제의 대관식은 프랑크푸르트 대성당에서 거행되었다. 프랑크푸르트 대성당 건너편에 독일 사회민주주의의 산실이라 할 프랑크푸르트 국민의회의 의사당 역할을 한 파울 교회가 사이좋은 이웃처럼 마주하고 있는 것을 보면, 역사의 아이러니를 느끼게 된다.

합스부르크 왕가가 신성로마제국의 황제를 배출하기 시작한 1438년부터 제국이 해체된 1806년까지의 신성로마제국의 황제는 - 앞서 지적했듯이 비텔스바흐가의 카를 7세만 제외하고 - 합스부르크 왕가의 공작 혹은 대공 출신이었다. 1806년 신성로마제국의 마지막 황제 프란츠 2세가 - 그는 오스트리아 제국 황제로서는 프란츠 1세라 불린다 - 신성로마제국의 법적 소멸을 선포함으로써 신성로마제국은 기나긴 영욕의 역사를 뒤로 하고 역사에서 사라진다. 그것은 왕국 프랑스를 제국으로 선포하고 스스로 황제에 등극한 후, 신성로마제국 황제의 자리를 탐한 나폴레옹 1세의 야욕을 좌절시키기 위한 프란츠 2세 황제의 고육지책이었다.

오스트리아 지역 명칭의 역사

　오스트리아의 역사를 본격적으로 기술하기에 앞서, 오스트리아 역사 속에 등장하는 생소한 지역 개념들을 이해하기 위해, 합스부르크가의 세습지를 구성하고 있는 지역들의 명칭에 대한 이해가 선행되어야 한다. 합스부르크 왕조가 도읍을 스위스의 취리히 서쪽(현 스위스의 아르가우 주)에서 도나우 강변의 빈으로 옮긴 후, 역사가들은 니더외스터라이히를 단순히 외스터라이히(오스트리아), 스위스의 합스부르크가의 발상지를 중심으로 한 슈바벤 지역을 포르데르외스터라이히/전부(全部)오스트리아, 슈타이어마르크와 케른텐을 합쳐서 인너외스터라이히/심부(深部)오스트리아라 칭하였는데, 경우에 따라서는 니더외스터라이히, 전부오스트리아, 심부오스트리아를 총칭하여 외스터라이히(오스트리아)라 부르기도 하기 때문이다. 현재의 슈타이어마르크 연방주의 전신인 슈타이어마르크 공국은 이미 바벤베르크 왕조 때 오스트리아 공국에 편입되었으니까, 심부오스트리아는 니더외스트라이히와 더불어 현재의 오스트리아를 구성하고 있는 9개 연방주 중 역사가 가장 오랜 영토단위라고 할 수 있다. 니더외스터라이히 연방주와 슈타이어마르크 연방주 다음으로 오랜 역사를 자랑하는 연방주는 1363년 합스부르크가의 소유가 된 티롤이다. 현재의 잘츠부르크 연방주의 전신인 잘츠부르크 대주교구는 1815년에 비로소 합스부르크 왕조의 영토에 영구히 편입될 수 있었고, 부르겐란트 연방주는 1차 대전 후부터 오스트리아 영토이다.

니더외스터라이히

　13세기 중엽 이후 독자적으로 출현한 〈엔스 강 위의 지방〉(오버외스터라이히)과 구별하기 위해 엔스 강을 중심으로 하여 도나우 강 하류 쪽으로 위치한 외스터라이히는 그 후 〈아우스트리아〉 또는 〈엔스 강 아래의 외스터라이히〉라는 명칭과 함께 니더외스터라이히라고도 불렸다. 오토카르 2세(1230-1278, 재위: 1253-1278) 뵈멘 국왕의 1264년 9월 8일자 문서에 등장한 니더외스터라이히가 이 명칭의 첫 문헌상의 기록이다.

　14세기 후반 합스부르크가의 세습지 분할(노이베르크 분할계약, 홀렌부르크 계약 참조) 시기에 등장한 '니데레 란데', 즉 '저지 지역'이라는 개념은 대체로 엔스 강 위의 지역군(오버외스터라이히)과 엔스 강 아래의 지역군(니더외스터라이히), 슈타이어마르크, 케른텐 및 크라인을 모두 포괄했다. 이 5개 공국들은 막시밀리안 1세(재위: 1493-1519) 황제의 행정개혁에서도 〈니더외스터라이히 지역〉이라는 행정단위를 이루었다.

　1564년 페르디난트 1세(1503-1564, 재위: 1556-1564) 황제의 왕자들 간에 진행된 지역분할 이후 니더외스터라이히의 개념은 - 엔스 강 위 및 아래의 지역을 아우르는 - 대공국 외스터라이히에 국한되었다. 환언하면 오버외스터라이히와 니더외스터라이히를 포함하는 지역개념으로 사용된 것이었다. 반면에 슈타이어마르크, 케른텐 및 크라인은 심부오스트리아(인너외스터라이히)라는 개념 하에 통합되었다.

　1849년 3월 흠정헌법에서 오스트리아 제국은 - 헝가리, 크로아티아-슬라보니아 및 보스니아-헤르체고비나 등 3개 크론란트를 제외한 - 총 15개 크론란트(현재의 연방주)로 개편되었다. 당시 〈엔스 강 아래의 대공국〉, 즉 니더외스터라이히 크론란트는 4개 지역(만하르츠베르크 북쪽 및 남쪽 지역, 비너발트 동쪽 및 서쪽 지역으로 분류되었는데, 이 4개 지역은 1853년까지 행정의 기초단위로 기능했다. 〈엔스 강 아래의 대공국〉이라는 명칭이 니더외스터라이히 연방주로 바뀐 것은 1920년 10월 1일 오스트리아 연방헌법이 제정되었을 때이었다.

1938년부터 1945년까지 이 지역은 면적이 축소되면서 지역 명칭도 니더도나우 제국관구(라이히스가우)로 변경되었다. 제2차 세계대전 후 니더외스터라이히는 1938년 이전의 명칭과 면적을 다시 회복했다. 빈은 1920년에 니더외스터라이히 연방주에서 분리되어 독립 연방주가 되었지만, 1996년까지 니더외스터라이히 연방주정부 소재지로 남았다. 1997년 이후 니더외스터라이히 연방주 수도는 장크트 푈텐이다.

오버외스터라이히

13세기 중엽까지 현재의 오버외스터라이히 연방주의 대부분은 슈타이어마르크 공국에 속해 있었다. 프르셰미슬 왕가의 오토카르 2세(재위: 1253-1278) 뵈멘 국왕이 바벤베르크가의 영지를 점령하여 새로운 도시를 건설하고 지역행정을 개편하는 과정에서 1254년 〈오펜 평화조약〉(오펜은 헝가리 수도의 옛 독일어 명칭)과 1261년 〈빈 평화조약〉을 통해 - 두 조약은 오토카르 2세 뵈멘 국왕과 헝가리 국왕 벨로 4세간에 바벤베르크가의 영지를 분할한 조약으로서 슈타이어마르크의 대부분이 헝가리에 양도되었음 - 트라운가우를 슈타이어마르크 공국에서 분리하여 〈엔스 강 위의 오스트리아〉라는 지역을 신설했다. 트라운가우는 1192년 오타카르 4세(1163-1192)의 사망과 더불어 사멸한 슈타이어마르크 공작 가문의 본거지로서 현재의 오버외스터라이히의 핵심지역(그문덴, 슈타이르, 엔스 린츠 등)을 포함한 역사적 지명이었다. 이런 정황에서 추정하면 〈엔스 강 위의 외스터라이히〉(지금의 오버외외타라이히)라는 지역 개념은 1260년 대 초반에 등장했다. 그럴 것이 라틴어로 〈수프라 아나숨〉(엔스 강 위)이라는 표현이 고문서에 처음으로 언급된 해가 1264년이었다. 이 시기의 아우스트리아 수페리오르, 즉 오버외스터라이히는 헝가리에 편입된 슈타이어마르크 땅을 제외한 슈타이어마르크와 티롤과 전부오스트리아(포르데르외스터라이히)를 지칭했다. 지금의 연방주 오버외스터라이히와 겹치기 때문에 매우 혼란스럽지만, 13세기의 〈오버외스터라이히〉와 〈엔스 강 위의 오스트리아〉는 별개의 지역 개념이었다. 엔스 강은 오버외스터라이히와 니더외스터라이히의 경계를 이루기 때문에, 여기서 엔스 강 〈위〉는 니더외스터라이히의 서쪽을, 엔스강 〈아래〉는 오버외스터라이히의 동쪽을 가리킨다. 976년 바이에른의 〈동쪽 변경구〉(오스트마르크)라는 명칭으로 출발한 〈오스타리히〉는 - 1192년 슈타이어마르크 공국이 편입될 때까지는 - 〈엔스 강 아래의 외스터라이히〉, 즉 니더외스터라이히 연방주에 해당하는 지역 개념이었다.

1506년 〈란츠후트 계승전쟁〉후 몬트제 지역이, 1779년 〈테셴 평화조약〉(오스트리아와 프로이센 간 체결된, 바이에른 계승 전쟁을 끝낸 조약)을 통해 인피어텔(인 강 유역)이 추가된 〈엔스 강 위의 외스터라이히〉는 1784년 이전까지는 오스트리아 대공국(오버외스터라이히와 니더외스터라이히 대공국을 합친 지역개념)의 일부였다가, 1784년에 오버외스터라이히(엔스 강 위의 외스터라이히)는 니더외스터라이히(엔스 강 아래의 외스터라이히)와 함께 각각 독립적인 크론란트의 자격을 얻었다. 1938년부터 1945년까지 나치독일 치하의 오버외스터라이히는 남북으로 면적이 확대되어 오버도나우 제국관구(제국가우)라 불렸다.

역사적으로 고찰하면, 오스트리아(외스터라이히)라는 지역 개념은 시대에 따라 다의적이었다. 바벤베르크 왕조 시대의 오스트리아는 지금의 니더외스터라이히였고, 바벤베르크 시대의 오스트리아 공작은 〈엔스 강 아래의 외스터라이히〉(니더외스터라이히)를 지배했으며, 슈타이어마르크는 슈타이어마르크 공작의 지배 영역이었다. 1282년 합스부르크 왕조가 출범한 이후 오스트리아 공작은 〈엔스 강 위의 외스터라이히〉와 〈엔스 강 아래의 외스터라이히〉를 지배한 공작이었다. 시대에 따라 오스트리아는 니더외스터라이히와 일치했거나, 오버외스터라이히와 니더외스터라이히를 합친 지역개념이었다. 역사서를 읽다보면 합스부르크가의 전체 세습지를 포괄하는 개념으로 사용되는 외스터라이히, 즉 오스트리아(오버외스터라이히, 니더외스터라이히, 슈타이어마르크, 케른텐, 티롤, 포어아를베르크, 잘츠부르크, 빈, 부르겐란트)도 자주 등장하기 때문에, 세심한 주의가 필요하다. 마치 1866년 혹은 1871년 이전의 독일과 지금의 독일을 구별해야 하듯이 말이다.

인너외스터라이히(심부오스트리아)

13세기 중엽까지 현재의 오버외스터라이히 연방주의 대부분은 슈타이어마르크 공국에 속해 있었다. 프르셰미슬 왕가의 오토카르 2세(재위: 1253-1278) 뵈멘 국왕이 바벤베르크가의 영지를 점령하여 새로운 도시를 건설하고 지역행정을 개편하는 과정에서 1254년 〈오펜 평화조약〉(오펜은 헝가리 수도의 옛 독일어 명칭)과 1261년 〈빈 평화조약〉을 통해 - 두 조약은 오토카르 2세 뵈멘 국왕과 헝가리 국왕 벨로 4세간에 바벤베르크가의 영지를 분할한 조약으로서 슈타이어마르크의 대부분이 헝가리에 양도되었음 - 트라운가우를 슈타이어마르크 공국에서 분리하여 〈엔스 강 위의 오스트리아〉라는 지역을 신설했다. 트라운가우는 1192년 오타카르 4세(1163-1192)의 사망과 더불어 사멸한 슈타이어마르크 공작 가문의 본거지로서 현재의 오버외스터라이히의 핵심지역(그문덴, 슈타이르, 엔스, 린츠 등)을 포함한 역사적 지명이었다. 이런 정황에서 추정하면 〈엔스 강 위의 외스터라이히〉(지금의 오버외외터라이히)라는 지역 개념은 1260년 대 초반에 등장했다. 그럴 것이 라틴어로 〈수프라 아나숨〉(엔스 강 위)이라는 표현이 고문서에 처음으로 언급된 해가 1264년이었다. 이 시기의 아우스트리아 수페리오르, 즉 오버외스터라이히는 헝가리에 편입된 슈타이어마르크 땅을 제외한 슈타이어마르크와 티롤과 전부오스트리아(포르데르외스터라이히)를 지칭했다. 지금의 연방주 오버외스터라이히와 겹치기 때문에 매우 혼란스럽지만, 13세기의 〈오버외스터라이히〉와 〈엔스 강 위의 오스트리아〉는 별개의 지역 개념이었다. 엔스 강은 오버외스터라이히와 니더외스터라이히의 경계를 이루기 때문에, 여기서 엔스 강 〈위〉는 니더외스터라이히의 서쪽을, 엔스강 〈아래〉는 오버외스터라이히의 동쪽을 가리킨다. 976년 바이에른의 〈동쪽 변경구〉(오스트마르크)라는 명칭으로 출발한 〈오스타리히〉는 - 1192년 슈타이어마르크 공국이 편입될 때까지는 - 〈엔스 강 아래의 외스터라이히〉, 즉 니더외스터라이히 연방주에 해당하는 지역 개념이었다.

1506년 〈란츠후트 계승전쟁〉 후 몬트제 지역이, 1779년 〈테셴 평화조약〉(오스트리아와 프로이센 간 체결됨, 바이에른 계승 전쟁을 끝낸 조약)을 통해 인피어텔(인 강 유역)이 추가된 〈엔스 강 위의 외스터라이히〉는 1784년 이전까지는 오스트리아 대공국(오버외스터라이히와 니더외스터라이히 대공국을 합친 지역개념)의 일부였다가, 1784년에 오버외스터라이히(엔스 강 위의 외스터라이히)는 니더외스터라이히(엔스 강 아래의 외스터라이히)와 함께 각각 독립적인 크론란트의 자격을 얻었다. 1938년부터 1945년까지 나치독일 치하의 오버외스터라이히는 남북으로 면적이 확대되어 오버도나우 제국관구(제국가우)라 불렸다.

역사적으로 고찰하면, 오스트리아(외스터라이히)라는 지역 개념은 시대에 따라 다의적이었다. 바벤베르크 왕조 시대의 오스트리아는 지금의 니더외스터라이히였고, 바벤베르크 시대의 오스트리아 공작은 〈엔스 강 아래의 외스터라이히〉(니더외스터라이히)를 지배했으며, 슈타이어마르크는 슈타이어마르크 공작의 지배 영역이었다. 1282년 합스부르크 왕조가 출범한 이후 오스트리아 공작은 〈엔스 강 위의 외스터라이히〉와 〈엔스 강 아래의 외스터라이히〉를 지배한 공작이었다. 시대에 따라 오스트리아는 니더외스터라이히와 일치했거나, 오버외스터라이히와 니더외스터라이히를 합친 지역개념이었다. 역사서를 읽다보면 합스부르크가의 전체 세습지를 포괄하는 개념으로 사용되는 외스터라이히, 즉 오스트리아(오버외스터라이히, 니더외스터라이히, 슈타이어마르크, 케른텐, 티롤, 포르아를베르크, 잘츠부르크, 빈, 부르겐란트)도 자주 등장하기 때문에, 세심한 주의가 필요하다. 마치 1866년 혹은 1871년 이전의 독일과 지금의 독일을 구별해야 하듯이 말이다.

포르데르외스터라이히(전부오스트리아)

합스부르크가 출신의 첫 독일 국왕(신성로마제국 황제대관식을 치르지 못한 독일제국 황제)인 루돌프 1세(재위: 1273-1291)를 위시하여 알브레히트 2세(재위: 1438-1439) 독일 국왕, 프리드리히 3세(재위: 1440-1493) 신성로마제국 황제를 거쳐 막시밀리안 1세(재위: 1493-1519) 황제에 이르기까지 합스부르크가의 독일제국 황제들은 가문의 기반을 공고히 다지기 위해 1268년에 소멸된 슈바벤 공국을 회복시키려는 노력의 일환으로 대규모의 영토를 독일제국의 남서부 지역에 확보했다. 이 지역은 15세기에는 빈이나 인스브루크에서 볼 때 아를베르크의 〈전부(前部) 지역〉이라고 불리다가, 16세기에 와서는 전부오스트리아 즉, 포르데르외스터라이히라는 명칭으로 일반화되었다.

알자스, 준트가우, 아르가우 등의 북스위스 소재 세습영지를 발상지로 삼아 출발한 합스부르크가는 14세기와 15세기에 브라이스가우, 슈베비쉬-외스터라이히(슈바르츠발트와 레히 강 사이의 지역), 포르아를베르크 등을 획득하였고, 1504년 하게나우(알자스의 아그노), 1548년 콘스탄츠, 1551년부터 1556년 사이에 오르테나우, 1745년부터 1765년 사이에 팔켄슈타인, 1765년 호에넴스, 1780년 테트낭, 1804년 린다우와 로텐펠스 등지를 획득했다. 1499년까지 스위스 내의 영지들은 스위스에 반환되었고, 1648년 오스트리아는 알자스 소재 영지를 프랑스에 할양해야 했다(베스트팔렌 평화조약). 1379년 노이베르크 분할계약에서 전부오스트리아는 레오폴트파에 귀속되었다. 인스부르크 소재 전부오스트리아 정부의 행정관할권은 1752년부터 1759년 까지는 프라이부르크에 새로 설립된 전부오스트리아 정부가 장악했 다. 포르아를베르크는 1782년에 다시 인스부르크에 예속되었다. 18 세기 및 19세기에 획득된 영지를 제외한 전부오스트리아는 독일제 국 행정단위로서는 〈오스트리아 제국직할관구〉 소속이었다. 1801년 부터 1816년까지 약 9,000㎢의 면적과 400,000명의 주민을 헤아린 전부오스트리아는 후일 〈독일제국의회대표자회의결의〉(1803)를 통해 바이에른, 바덴, 뷔르템베르크, 브란덴부르크 및 스위스 사이에 분 할 양도되었다. 1806년 나폴레옹의 개입으로 바이에른에 양도되었 던 포르아를베르크는 1814년 다시 오스트리아 영토에 귀속되었다.

오스트리아 역사의 시작 - 바벤베르크 왕조

976년 신성로마제국 황제 오토 2세(955-983, 재위: 973-983)는 반역행위를 한 그의 사촌형인 '싸움쟁이' 하인리히 2세(951-995, 재위: 955-976, 985-995) 바이에른 공작을 폐위시킨 후, 황제에게 충성한 바벤베르크가의 레오폴트 1세에게 <바이에른 공국의 동쪽 변경구>(마르키아 오리엔탈리스)를 봉토로 수여하고, 그를 오스트마르크(마르키아 오리엔탈리스)의 변경백에 임명했다. 오스트리아인들은 바벤베르크 왕조의 시조인 레오폴트 1세(루이트폴트 1세, 재위: 976-994)가 오스트마르크 변경백에 즉위한 해인 서기 976년을 오스트리아 역사의 원년으로 삼는다. 여기서 오스트리아라 함은 바이에른의 동쪽 변경을 지칭한 지역 개념으로서 오스트마르크(동쪽 변경구) 또는 - 프로이센 왕국의 전신인 브란덴부르크 변경백령을 마르크 브란덴부르크라 하듯이 - 마르크 외스터라이히(변경백령 오스트리아)라고 불렀다. 그러니까 오스트마르크는 대체로 지금의 니더외스터라이히 연방주의 여러 지역을 포괄하는 지역 개념으로 이해하면 될 것이다. 오스트리아가 변경백국에서 공작국으로 국격이 변경된 해는 1156년이었다. 레오폴트 1세의 7대손 하인리히 2세(하인리히 야조미르고트, 1107-1177)는 1141년 오스트리아의 변경백에 오른 후 1156년 공작으로 승격되어, 1177년까지 오스트리아를 지배했다. 1246년 레오폴트 1세의 11대손 프리드리히 2세(재위: 1230-1246)가 헝가리와 벌인 전투에서 후사 없이 사망하면서 바벤베르크 왕조 270년은 역사 속으로 사라지고, 바이에른의 동쪽 변경구 오스트리아 공국과 슈타이어마르크 공국 등 바벤베르크가의 영지는 뵈멘과 헝가리 왕국에 의해 점령되었다.

합스부르크 왕조와 바벤베르크 왕조는 상호 연관성이 없는 별개의 왕조이다. 빈을 중심으로 한 지금의 니더외스터라이히가 왕조의 발상지였던 바벤베르크가와 스위스의 취리히와 바젤 사이, 즉 아레 강과 로이스 강의 합류지점 부근을 발상지로 한 합스부르크가는 가문 간의 혈연관계는 말할 것도 없고, 교류조차 없었던 서로 다른 왕조였다. 빈에서 취리히까지의 거리가 746km이고, 빈에서 바젤까지가 837km이니까, 바벤베르크 왕조의 수도 빈은 합스부르크 왕조의 발상지로부터 약 800km 정도 떨어져 있었다. 이 시기의 도로 여건과 교통수단을 감안했을 때, 두 왕조 간의 교류 가능성은 상상할 수가 없을 것이다. 합스부르크가는 백작령이었다. 1273년 독일제국 국왕에 선출된 합스부르크가의 루돌프 1세(루돌프 4세 백작) 독일국왕은 바벤베르크가의 옛 세습지를 점령하였던 뵈멘을 굴복시키고, 바벤베르크가의 실지를 회복하여 합스부르크가의 영토에 귀속시켰다. 바벤베르크가의 옛 세습지인 오스트리아 공국과 슈타이어마르크 공국, 그리고 1260년대에 뵈멘 왕국의 영토에 편입된 케른텐 공국, 크라인 백작령 및 에거란트(체코의 헤프 지역) 등은 1276년 이후 합스부르크가 왕가의 세습지가 되었고, 빈은 합스부르크 왕국의 수도가 되었다. 루돌프 1세의 왕비 게르트루트(1230/1235-1281)가 1277년 10명의 자녀들을 데리고, 루돌프 1세 독일국왕을 따라 빈으로 이주한 후, 빈은 사실상 이 때부터 합스부르크 왕조의 수도로 기능했다.

1) 오스트리아 역사의 시조 레오폴트 1세와 그의 후계자들

오스트리아의 전신인 오스트마르크(마르키아 오리엔탈리스)는 신성로마제국 황제 오토 2세에 의해 바이에른 공국으로부터 분리되어 976년 - 도나우가우와 투르가우에 영지를 소유한 바이에른의 백작이었던 - 레오폴트 1세(루이트폴트 1세: 940년경-994, 재위: 976-994)에게 봉토로 수여됨으로써 독립 변경백국으로 건국되었다. 레오폴트 1세 백작은 이제 바벤베르크 왕조의 초대 군주 레오폴트 1세 변경방백이 되었다. 바벤베르크 왕조의 태조인 레오폴트 1세가 속한 가문은 10세기 바이에른의 유수한 귀족 가문으로서 동프랑크 국왕과 로마 황제를 역임한 아르눌프 폰 케른텐(동프랑크 국왕: 887-899, 로마 황제: 896-899)과 친척간인 바이에른령 케른텐의 변경백 루이트폴트(레오폴트, †907년)의 이름을 딴 가문(루이트폴딩)이었다. 아르눌프의 등장은 케른텐과 오스트리아의 관계가 오랜 역사성을 지니고 있음을 암시한다. 루이트폴딩가의 후예들이 바벤베르크 왕조를 지배했으며, 바이에른의 공작과 신성로마제국의 황제를 역임한 가문이었다는 사실과, 짧은 기간이긴 했지만 바벤베르크 왕조의 공작이 바이에른의 공작을 겸한 시기(1139-1156)가 있었다는 것은, 바벤베르크 왕조와 바이에른 공국과 신성로마제국이 이미 신성로마제국 출범시기부터 유기적인 관계를 형성했었음을 보여주는 증거이다. 루이트폴딩가 출신의 주요 인물들을 거명한다면, 바이에른을 지원하여 헝가리와 싸우다 907년 전사한 케른텐 변경백 루이트폴트와 그의 아들 아르눌프 1세(†937) 바이에른 공작, '싸움쟁이' 하인리히 2세 바이에른 공작과 그의 아들 하인리히 4세(973-1024, 신성로마제국 황제로서는 하인리히 2세: 1002-1024) 바이에른 공작, 아르눌프 1세의 조카 하인리히 3세(940-989) 케른텐 공작 겸 바이에른 공작 등이다.

루이트폴딩가의 통치권은 헝가리로부터 바이에른을 지키기 위해 싸우다 907년 전사한 케른텐 변경백 루이트폴트에 의해서 확립되었다. 바이에른은 그의 아들 아르눌프 1세 공작 때 와서 잠정적으로나마 광범위한 독립을 얻었다. 937년 아르눌프가 사망한 후 바이에른은 점차적으로 신성로마제국에 편입되었다. 그 과정에서 신성로마제국 황제들이 점점 큰 영향력을 얻었다. 948년 신성로마제국 초대 황제 오토 1세는 그의 동생 하인리히 1세(919/922-955)를 바이에른의 공작에 임명하였고, 하인리히 1세는 그의 전임 공작 베르톨트의 헝가리 적대정책을 이어갔다. 하인리히 1세 때 바이에른은 영토가 최대로 확장되어, 952년에 이스트리아, 아쿠이레이아, 베로나, 그리고 트리엔트(트렌토)가 바이에른에 합병되었다. 953년부터 954년까지 루이트폴딩가가 주도한 바이에른 귀족반란이 발생한데 이어, 974년부터 977년까지 하인리히 2세 바이에른 공작과 오토 2세 독일 황제 간에 전쟁이 일어남으로써 바이에른은 영토가 재편되기에 이르렀다. 이 과정에서 976년 케른텐 변경구가 바이에른에서 분리되었고, 바벤베르크 왕조의 레오폴트 1세가 오스트마르크를, 슈바벤 공작 오토(슈바벤 공작: 973-982, 바이에른 공작: 976-982)는 바이에른 공국을 각각 오토 2세 황제로부터 봉토로 수여 받았다. 하인리히 2세가 다시 바이에른 공작에 복귀한 해는 986년이었다.

신성로마제국의 법통을 연 오토 1세의 아들로서 독일황제를 역임한 신성로마제국의 제2대 황제 오토 2세(955-983, 재위: 973-983)는 976년 동쪽 변경의 침략을 막아달라는 조건으로 바벤베르크가의 레오폴트 1세에게 제국의 남서부지역에 위치한 여러 영방들을 다스리는 권한을 부여하였는데, 이 지역이 오늘날의 바이에른 주의 동쪽 경계지역에 해당되는, 동쪽 변경구(마르키아 오리엔탈리스)라는 의미를 지닌 오스트마르크(수도: 멜크)였다. 그러니까 레오폴트(루이트폴트) 1세는 신성로마제국의 남서부 변경구, 즉 바이에른령 오스트마르크를 통치하는 변경방백의 지위를 획득한 것인데, 바로 이 레오폴트 1세의 통치지역이 근대 국가 오스트리아의 발상지였고, 레오폴트 1세가 집권한 976년이 근대 국가 오스트리아 역사의 원년으로 기록된 해였다. 바벤베르크 왕조는 1246년까지 270년 동안 오스트리아를 지배했다.

바벤베르크 왕조는 끊임없는 국경분쟁을 겪었다. 특히 헝가리를 상대로 한 국경분쟁은 독일제국의 군비 지원으로 극복되었고, 그 과정에서 영토를 확장할 수 있었다. 특히 하인리히 1세 변경백 재위 시기(994-1018)와 아달베르트(1018-1055) 변경백 통치시기에 오스트리아는 영토를 크게 확장시켰다. 제2대 오스트마르크 변경백 하인리히 1세(레오폴트 1세의 장남)는 멜크에 수도원을 세우고 수도를 툴른을 거쳐 클로스터노이부르크로 옮겼다. 수도가 지금의 빈으로 확정된 것은 7대 변경백 하인리히 2세(재위: 1141-1177) 때였다. 바벤베르크 왕조의 영토 확장정책은 5대 변경백 레오폴트 3세(재위: 1095-1136) 치하에서 그 절정기를 구가했다. 바벤베르크 왕조의 영토 확장은 독일제국 황제 가문인 잘리어 왕조와의 긴밀한 협조를 통해 비로소 가능했다.

바벤베르크 왕조의 제1대 변경백 레오폴트 1세는 4남 4녀의 자녀를 두었는데, 그 중 장남인 하인리히 1세가 레오폴트 1세의 후계자가 되었고, 하인리히 1세(2대 변경백)가 사망한 후 레오폴트 1세의 4남인 아달베르트가 맏형 하인리히 1세를 승계하여 변경백이 되었다. 레오폴트 1세의 2남 포포 폰 바벤베르크(재위: 1016-1047)는 트리어의 대주교였고, 3남 에른스트는 슈바벤 공국의 공작(재위: 1012-1015)이었다. 오스트마르크의 3대 변경백인 아달베르트(†1055)는 헝가리 국왕 페테르 오르세올로(재위: 1038-1041, 1044-1046)의 누이동생(프로이차)과 결혼했다. 1018년 이후 오스트마르크(오스트리아)의 변경백으로서의 그의 재임 시기는 뵈멘과 메렌, 그리고 헝가리와의 국경분쟁으로 점철되었다. 아달베르트와 그의 장남 레오폴트(루이트폴트, †1043)는 1039년부터 1041년까지의 기간에 발생한 메렌 및 폴란드와의 전쟁에서 두각을 나타냈고, 1042년부터 1043년까지 아달베르트 오스트마르크 변경백과 그의 장남 레오폴트 부자는 하인리히 3세(재위: 1039-1056) 독일제국(신성로마제국)황제의 헝가리 원정에 참가했다. 헝가리 및 뵈멘과 싸워서 새로 획득한 변경지역 덕분에 독일제국의 경계는 라이타 강과 마르히 강과 타야 강까지 동쪽으로 크게 확장되었다. 그 과정에서 아달베르트 오스트마르크 변경백도 바벤베르크가의 영지를 넓힐 수 있었다. 새로 정복한 지역을 바벤베르크 왕조의 세습지역에 포함시킨 아달베르트는 제국정책에 협조한 대가로 하인리히 3세 황제로부터 후한 재정적 지원도 얻었다. 아달베르트를 승계한 아들은 그의 차남 에른스트였다. 에른스트 변경백에 대한 기록은 그가 마이센의 변경백 데도 2세(1010경-1075)의 딸 아델하이트(†1075)와 결혼했으며, 하인리히 4세 독일제국 황제의 작센 원정에 참여해 전사했다는 사실이 전부이다. 에른스트의 변경백 직을 승계한 사람은 그의 장남 레오폴트 2세(1075-1095)였다. 레오폴트 2세는 역대 오스트리아 변경백들의 대 독일제국 정책과는 달리 유일하게 잘리어 왕조(하인리히 4세 및 5세 황제)에 적대적인 정책을 폈다.

2) 제권과 교권의 대립 그리고 레오폴트 2세

바벤베르크 왕조의 제5대 변경백 레오폴트 2세의 집권 시기(1075-1095)는 성직 서임을 둘러싸고 세속 권력, 즉 황제의 권력과 교황의 권력이 정면으로 충돌하였던 시기와 중복된다. 서임권 분쟁 시기(1075-1122)는 하인리히 4세 황제와 하인리히 5세 황제의 통치 시기와 일치하며, 이 시기의 교황 중 독일제국 황제와 가장 치열하게 대립한 교황은 특히 그레고리우스 7세(재위: 1073-1085)였다. 독일제국의 제후들도 황제파와 교황파로 나뉘어져, 서로 대립교황과 대립국왕을 선출함으로써 교회권력과 정치권력 간의 대립이 절정에 달했다. 이에 따라 황제의 권한이 제한을 받았고, 제국 제후들의 그것은 상대적으로 확대되었다. 독일제국 내에서는 특히 작센 지역이 황제 반대파 세력들의 아성이었다. 이에 하인리히 4세 황제는 잘리어 왕조의 권력 기반을 작센 공국 내에 확보하기 위해 노력했지만, 그 과정에서 큰 저항을 만났다. 하인리히 4세는 작센의 하르츠 지역을 제국직할 지역으로 변경시키려는 시도를 하였다. 특히 그는 그의 출생지로 알려진 고슬라르를 제국직할 태수령으로 바꾸려고 하였다. 이를 위해 그는 작센 공국 내 여러 지역에 요새를 건설하고, 목적에 맞지 않게 사용된 황제 직속 토지를 몰수하고, 타 지역 출신 세력들을 주교와 요새 사령관 직에 임명했다. 하인리히 4세는 1073년 폴란드 원정에 작센 인들을 동원하면서도, 그들이 당하고 있는 부당한 대우를 철폐하라는 요구에 대해서는 조치를 취하지 않았다.

작센의 사정이 황제에게 불리하게 전개되자, 1070년 바이에른 공국과 공작의 지위를 하인리히 4세에 의해 박탈당했던 전 바이에른 공작 오토 2세(오토 폰 노르트하임, 1020경-1083)는 제국의 영토정책에 저항한 작센 공작 오르둘프(재위: 1059-1072)의 장남 마그누스(작센 공작: 1072-1106)와 동맹을 체결하였다. 그리고 교황 지지파이자, 황제 반대파 제후들인 막데부르크 대주교 베르너 폰 슈토이슬링엔(†1078) 및 할버슈타트 주교 부르하르트 2세(1028경-1088)와 제휴하여 작센인들의 반란을 주도했다. 하르츠의 요새에 진을 치고 있던 하인리히 4세 황제는 이들의 포위 공격을 당했다. 수적으로 우세한 반란군을 만난 하인리히 4세는 헤센으로 도피했고, 동작센과 튀링엔은 반란군의 수중에 들어갔다. 1073/1074년 겨울 소규모 군대를 데리고 작센으로 되돌아 온 하인리히 4세는 그 해 2월 2일 - 아이제나흐 동쪽 베라 강변의 - 게르스퉁엔에서 반란군(오토 2세)과 평화조약을 체결하였다. 이를 통해 적대 세력들을 서로 분리시킨 후, 하인리히 4세는 1075년 튀링엔의 홈부르크(운슈트루트 강변)와 오버슈피어 마을(존더하우젠 소재)에서 벌어진 전투에서 작센 반란군을 격파하는데 성공했다. 그러나 황제는 작센 반란군과 교황 지지 세력 간의 연합을 저지하지는 못했다.

하인리히 4세 황제를 도와 작센 봉기를 진압하기 위해 출정한 바벤베르크가의 제4대 변경백 에른스트는 1075년 운슈트루트 강 전투에서 전사했다. 에른스트의 장남 레오폴트 2세 변경백은 하인리히 4세로부터 선군(先君)의 지원에 대한 보답으로 1076년 오스트마르크의 북쪽 경계지역에 큰 땅을 하사 받는 등, 집권 초기에는 황제와 우호적인 관계를 유지할 수 있었다. 그러나 곧 레오폴트 2세는 교황 지지파인 파사우 주교 알트만(1015경-1091)의 영향을 받아 - 오스트마르크는 파사우 주교구에 소속된 제후국이었다 - 황제 반대파 진영에 합류해 버렸다. 하인리히 4세가

1077/1078년 겨울 파사우를 점령했을 때, 알트만은 로마로 몸을 피했다. 1080년 그는 교황의 대리인(비카르)이 되어 독일(파사우)로 귀환하였다. 그러나 황제가 서임한 주교들이 파사우 교구를 차지하고 있었기 때문에, 그의 영향력은 레오폴트 2세 변경백의 통치지역(오스트마르크)에만 제한되었다. 알트만 주교는 1077년 하인리히 4세에 의해 슈바벤 공작 지위를 박탈당한 루돌프 폰 라인펠덴(1030-1080)을 하인리히 4세의 대립 국왕으로 선출할 계획을 세워 1080년 그레고리우스 7세 교황의 승인까지 받았지만, 루돌프 폰 라인펠덴이 그 해에 사망함으로써 뜻을 이루지 못했다. 1091년에 사망한 알트만 주교 유해는 레오폴트 2세가 설립한 니더외스터라이히의 괴트바이크 수도원에 안장되었다.

레오폴트 2세 오스트마르크 변경백은 하인리히 4세 독일제국 황제를 축출하기 위해 헝가리와 동맹을 맺은 후, 1081년 12월 작센의 아이슬레벤에서 마인츠 대주교(지크프리트 1세, 재위: 1060-1084)에 의해 - 사망한 루돌프 폰 라인펠덴 대신 - 선출된 하인리히 4세의 새로운 대립국왕 헤르만 폰 잘름(1025경-1088)을 앞세워 반란을 일으켰다. 애초 황제 지지파였던 레오폴트 2세가 서임권 분쟁의 와중에서 바벤베르크가의 귀족들과 함께 1078년 교황파로 전향했을 때, 하인리히 4세 황제는 그레고리우스 7세 지지파의 새로운 아성으로 돌변한 오스트마르크를 회수하여 교황 반대파인 뵈멘의 브라티슬라프 2세(1035년경-1092, 재위: 1061-1092) 공작에게 봉토로 수여해 버렸다. 이로써 레오폴트 2세는 법적으로 봉토(오스트마르크)를 상실한 제후가 되어 버렸다. 황제를 배신한 바벤베르크가의 변경백 레오폴트 2세를 황제의 이름으로 응징하기 위해 레겐스부르크 주교구의 오토 폰 리덴부르크(재위: 1061-1089)주교가 제공한 기병대의 지원을 받아 대규모 병력을 동원한 브라티슬라프 2세 뵈멘 공작은 1082년 5월 12일 레오폴트 2세 오스트마르크 변경백을 메렌과 오스트마르크의 경계지역인 마일베르크에서 제압했지만(마일베르크 전투), 그를 오스트마르크에서 추방하지는 못했다. 나라를 지키기 위해 레오폴트 2세는 1084년 마침내 황제 지지를 선언했다. 하인리히 4세는 레오폴트 2세에게 취한 제재조치를 해지하였고, 후자는 타야 강변의 지협(地峽)을 제외한 변경백령(오스트마르크)을 모두 반환 받았다. 오늘날까지 존재하는 오스트리아와 슬로바키아의 국경선은 이미 <마일베르크 전투>에서 대부분 결정되었다. 작센 반란을 진압할 때부터 황제를 지원한데 대한 대가로 브라티슬라프 2세 공작은 1086년 하인리히 4세로부터 국왕의 칭호를 수여 받았다. 그러나 뵈멘이 공국에서 왕국으로 국격이 변경된 것은 1198년이었다. 브라티슬라프 2세는 1092년 사망할 때까지 마지막 4년 동안 국왕의 칭호를 한시적으로 사용한 뵈멘 공작이었다. 뵈멘의 초대 세습제 국왕은 프르셰미슬 왕가의 오토카르 1세(재위: 1198-1230)이었다.

3) 레오폴트 3세와 바벤베르크가의 융성

레오폴트 2세 변경백의 장남인 '성자' 레오폴트 3세(1075경-1136, 재위: 1095-1136)는 오스트마르크 변경백에 즉위한 후, 부왕과 충돌했던 하인리히 4세 황제와 화해를 이루어냈지만, 결정적인 순간에 하인리히 4세를 배신했다. 성직 서임권을 두고 황제와 교황 간 권력 다툼이 한창이었던 1105년 하인리히 5세가 황제 반대파 제후들과 결탁하여 부왕인 하인리히 4세 황제를 모반하여, 그를 구금한 사건이 발생했다. 이때 레오폴트 3세는 신속히 하인리히 5세 지지를 선언했던 것이었다.

하인리히 5세는 레오폴트 3세의 지지에 대한 보답으로 1106년 후자와 자신의 누이 아그네스(1072-1143)와의 혼인을 성사시켜 주었다. 아그네스는 1105년에 사망한 호엔슈타우펜가의 프리드리히 1세(재위: 1079-1105) 슈바벤 공작의 미망인이었다. 프리드리히 2세 슈바벤 공작(1090-1147, 재위: 1105-1147)과 콘라트 3세 독일황제(1093/1094-1152, 재위: 1138-1152)는 아그네스의 전

남편(프리드리히 1세 슈바벤 공작)과의 사이에서 태어난 아들들이었다. 레오폴트 3세와 아그네스의 결합으로 - 두 사람 모두 재혼이었다 - 바벤베르크가는 잘리어 왕가(하인리히 5세) 및 호엔슈타우펜 왕가(프리드리히 1세 슈바벤 공작)와 동시에 인척관계를 맺게 되었다. 다시 말해 오스트마르크 변경백 가문과 독일제국(신성로마제국) 황제 가문과의 첫 결합이었다. 하인리히 5세 황제는 레오폴트 3세 변경백의 손아래 처남이 되었고, 프리드리히 1세 공작과 아그네스 간의 두 아들(프리드리히 2세 슈바벤 공작과 콘라트 3세 독일제국 황제), 그리고 레오폴트 3세와 아그네스의 열일곱 자녀들은 이부형제자매 사이가 되었다. 잘리어 왕조의 후계 왕조인 호엔슈타우펜 왕조는 벨페 왕조와는 숙적 사이였다. 이에 따라 바벤베르크가와 벨페가도 자연히 우호적인 관계를 유지하기가 쉽지 않았다.

형가리의 공격을 성공적으로 방어한 후, 레오폴트 3세는 영지와 권력과 명성을 공격적으로 확대해 나갈 수 있었다. 빈 근교의 클로스터노이부르크에 수도원으로도 사용된 노이부르크 궁성을 건립했다. 그는 카노니크 단원을 클로스터노이부르크에 불러들여, 대규모 교회를 건립케 했고, 빈에 대한 통치권을 획득했다. 프랑스에서 시토 교단의 수도사가 된 4남 오토(†1158)의 제의로, 레오폴트 3세는 1129년 라인(슈타어마르크)에, 1133년 하일리겐크로이츠(니더외스터라이히)에 각각 오스트리아 최초의 시토 교단 교회와 수도원을 창립했다. 1125년 하인리히 5세 황제가 사망한 후 황제 후보자의 한 사람으로 지명되었지만, 레오폴트 3세는 나이를 구실 삼아 후보직을 거부했다. 왜냐하면 아그네스와 그녀의 전 남편(프리드리히 1세 슈바벤 공작) 사이에 태어난 두 아들 프리드리히 2세 슈바벤 공작과 콘라트 3세도, 후사가 없었던 하인리히 5세의 계승자 후보 리스트에 올랐기 때문이었다. 프리드리히와 콘라트는 레오폴트 3세의 계자들이었고, 하인리히 5세의 조카들이었다.

레오폴트 3세는 1136년 약 60세의 나이에 수렵 행사 중 사고로 사망했다. 합스부르크가 출신의 프리드리히 3세(1415-1493, 재위: 1440-1493) 독일제국 황제에 의해 레오폴트 3세는 1485년 1월 6일 성인 명부에 올랐다. 그 후 178년이 지난 1663년 10월 19일 레오폴트 3세는 오스트리아의 수호성인으로 지정되었다.

오스트마르크 3대 변경백 아달베르트 때 시작된 바벤베르크가의 영토 확장정책은 아달베르트의 아들 에른스트 변경백을 거쳐 - 레오폴트 2세는 예외로 하고 - 레오폴트 3세 치하에 와서 그 절정기를 구가했다. 개발정책, 경제정책, 결혼정책, 대 제국정책 및 교회정책을 통해 바벤베르크가는 역내 귀족가문들을 확실하게 제압함으로서 통치권을 강고히 유지하게 되었다. 레오폴트 3세는 하인리히 4세 독일제국 황제의 딸과 혼인을 함으로써 독일제국의 유수한 영방군주로 발돋움할 수 있었다. 바벤베르크가의 융성에 크게 기여하여, 훗날 합스부르크가로 이어지는 대제국의 기초를 닦은 군주가 바로 레오폴트 3세이었다. 언급한 클로스터노이부르크와 하일리겐크로이츠의 수도원이 건축된 것도 이 시기의 일이다. 레오폴트 3세는 동쪽(형가리)과 북쪽(뵈멘)으로부터의 침입에 대비해 방어시설을 겹겹이 구축한 결과, 그가 사망하고 1년 후인 1137년에는 빈 시 자체가 완벽한 요새도시로 변해있었다. 당시의 방어진지와 요새의 흔적은 멜크에서 빈에 이르는 도나우 강변을 따라 이어지고 있는, 폐허가 된 수많은 산상의 성들에서도 발견할 수 있다. 국토도 점점 확대되어 1192년에 오늘날의 니더외스터라이히에서부터 슈타이어마르크와 오버외스터라이히(13세기 중엽까지 오버외스터라이히의 핵심지역은 슈타이어마르크 공국에 속해 있었음)의 대부분이 오스트리아 땅에 속하게 되었다. 외가 쪽과 처가 쪽을 통해 잘리어 왕가 및 호엔슈타우펜 왕가, 그리고 비잔틴 제국 황실과도 인척간이 된 하인리히 2세 야조미르고트(1107-1177, 오스트마르크 제8대 변경백, 초대 공작)는 - 그의 첫 부인은 로타르 3세(재위: 1125-1137) 신성로마제국 황제의 딸이었고, 재혼한 부인은 비잔틴 제국 황제의 질녀였음 - 바이에른의 변경구에 불과했던 오스트마르크를 공작국으로 격상시킴으로써, 향후 오스트리아가 독일제국의 가장 중요한 제후국으로 발전할 수 있는 기반을 조성했다. 오스트리아가 변경백국(976-1155)에서 공작국(1156-1452), 공작국에서 대공국(1453-1918), 대공국에서 황제국(1804-1918), 황제국에서 공화국(1918년 이후)으로 그 역사를 연면히 이어나갈 수 있는 기초가 레오폴트 3세의 변경백 재위시기에 닦여지기 시작한 것이었다.

오스트마르크 변경백 레오폴트 3세의 재위 기간인 1125년 5월 23일 하인리히 5세 독일제국 황제가 후사 없이 사망함으로써 1024년 콘라트 2세(재위: 1024-1039) 황제의 즉위와 더불어 출범한 잘리어 왕조는 한 세기만에 소멸하였다. 하인리히 5세는 그의 여형 아그네스와 호엔슈타우펜가의 프리드리히 1세 슈바벤 공작 사이에 태어난 두 아들(프리드리히와 콘라트) 중 장조카인 프리드리히 2세(1090-1147) 슈바벤 공작에게 재산을 모두 넘겨주었지만, 그를 공식적인 후계자로 지명하는 데는 성공하지 못했다. 그의 후임 독일국왕에 선출된 인물은 그의 생전의 숙적 쥡플링엔부르크 왕가의 로타르 3세 작센 공작이었다. 하인리히 5세가 사망하고 3개월 후 로타르 3세 작센 공작은 마인츠 대주교 아달베르트 1세(†1137)의 주도로 1125년 8월 30일 마인츠에서 호엔슈타우펜 왕가의 프리드리히 2세 슈바벤 공작을 물리치고, 독일국왕에 선출되어, 1125년 9월 13일 아헨에서 대관식을 가졌다. 즉위 2년 후, 그는 바이에른 공작 '오만공' 하인리히 10세를 우군으로 끌어드리기 위해, 자신의 무남독녀 게르트루트(1115-1143)를 하인리히 10세와 결혼시켰다. 호엔슈타우펜가의 경쟁자들을 물리치고 독일국왕에 선출된 로타르 3세는 호엔슈타우펜가를 견제하기 위해 벨페가(바이에른)의 도움이 절실했기 때문이었다. 하인리히 10세 바이에른 공작은 이후 일생동안 로타르 3세에게 충성을 바쳤다.

외삼촌 하인리히 5세 황제가 사망한 후 새로운 독일국왕을 선출했을 때, 왕위 계승 후보 대상에서조차 제외되자, 프리드리히 2세는 동생 콘라트(로타르 3세 후임 국왕, 콘라트 3세)와 함께 잘리어 왕조(하인리히 5세의 가문)의 상속을 둘러싸고 로타르 3세와 전쟁을 벌였다. 그 일로 그는 제국추방령을 선고받았다. 슈바벤 공국은 로타르 3세에 의해 몰수되었고, 프리드리히 2세는 공작의 지위를 잃었다. 그는 1129년 슈파이어, 1130년 뉘른베르크와 이탈리아에서 벌인 전투에서 로타르 3세의 군대에 패배를 거듭했다. 한편 1127년 12월 뉘른베르크에서 호엔슈타우펜가의 지지자들은 콘라트 3세를 로타르 3세의 대립국왕으로 선출하였다. 프리드리히 2세가 독일 땅에서 로타르 3세와 전쟁을 벌이고 있는 동안, 콘라트 3세는 이탈리아 땅에서 권력의 기반을 쌓으려 시도했다. 한편 프리드리히 2세는 1134년 풀다(헤센)에서 사면을 받아, 옛 지위(공작)와 재산(슈바벤 공국)을 되찾았다. 프리드리히 2세가 사면을 받은 것은 특히 콘라트 3세가 1135년 대립국왕의 자격을 포기했기 때문이었다. 1137년 로타르 3세가 이탈리아 원정에서 귀환 중 사망하자, 1138년 콘라트 3세가 독일제국의 국왕에 선출되었다. 그 후 두 형제(프리드리히 2세 슈바벤 공작과 콘라트 3세 국왕)는 호엔슈타우펜 왕조의 기초를 다질 수 있었다. 로타르 3세가 사망한 1138년부터 1254년까지 - 다시 말해 콘라트 3세(재위: 1138-1152)에서부터 콘라트 4세(재위: 1250-1254)에 이르기까지 - 호엔슈타우펜 왕가가 독일제국(신성로마제국)을 지배했다. 1254년 콘라트 4세의 죽음과 더불어 호엔슈타우펜 왕조가 사멸한후, 1254년에서 1272년까지 독일제국에는 대공위 시대(1254-1272)가 도래했고, 대공위 시대를 끝낸 왕이 바로 합스부르크가 출신의 첫 번째 독일제국 국왕 루돌프 1세(재위: 1273-1291)였다.

4) 바이에른 공작을 겸한 레오폴트 4세

레오폴트 3세 변경백과 아그네스 사이에서 출생한 다섯 아들 중 레오폴트 3세의 뒤를 이어 1136년 오스트마르크 변경백의 지위를 승계한 아들은 장남 하인리히 야조미르고트(하인리히 2세)가 아니라, 후자의 한 살 아래 동생 레오폴트 4세(1108-1141, 재위: 1136-1141, 바이에른 공작: 1139-1141)였다. 레오폴트 4세가 즉위한 때는 로타르 3세 독일제국 국왕이 사망하기 1년 전이었다. 1137년 로타르 3세가 사망한 후 - 잘리어 왕조의 유산을 놓고 10년 동안이나 로타르 3세와 전쟁을 벌였으며, 대립국왕으로서 왕위를 찬탈하려 했던 - 호엔슈타우펜 왕가의 콘라트 3세가 독일국왕에 즉위했다. 작센 왕가(쥐플링엔가)가 로타르 3세 단대에 수명을 다하고, 호엔슈타우펜 왕가가 잘리어 왕조의 유산을 상속함으로써, 바이에른의 동쪽 변경구 오스트마르크에게 국운이 찾아 온 것이나 다름없는 상황이 전개된 것이었다. 그도 그럴 것이 레오폴트 3세의 자녀들(레오폴트 4세의 형제자매)과 콘라트 3세 황제 형제는 레오폴트 3세의 재혼녀 아그네스를 중심으로 한 이부형제자매 간이었기 때문이다. 그 첫 번째 가시적인 혜택은 레오폴트 4세가 즉위한 2년 후에 나타났다. 콘라트 3세는 독일국왕에 즉위하자마자, 바이에른과 작센의 공작을 겸하였던 로타르 3세의 사위 '오만공' 하인리히 10세에게 제국추방령을 발한 것이었다. 1년 뒤인 1139년 하인리히 10세 공작이 사망했을 때, 콘라트 3세 국왕은 바이에른의 통치권을 바벤베르크가의 오스트마르크 변경백 레오폴트 4세에게 양도하고, 작센의 통치권은 아스카니어가(브란덴부르크와 작센에 기반을 둔 독일의 전통적인 귀족가문)의 '곰'이라 불린 알브레히트 1세(†1170, 작센 공작: 1139-1142, 브란덴부르크 변경백: 1157-1170)에게 위임했다. 알브레히트 1세는 초대 브란덴부르크(마르크 브란덴부르크) 변경백으로서, 브란덴부르크에서 출발하여 프로이센 왕국과 독일제국(1871-1918)과 바이마르 공화국(1918-1933)을 거쳐 독일연방공화국으로 이어지는 독일 역사의 시조가 되었다.

하인리히 10세(바이에른 공작: 1126-1138)는 장인이기도 한 로타르 3세를 위해 수많은 전투에 출전하여 대리전쟁을 수행했었다. 프리드리히 2세와 콘라트 3세 형제가 잘리어 왕조의 유산을 상속받기 위해 로타르 3세를 상대하여 벌인 전쟁을 대리 수행했고, 1136년부터 1137년까지 로타르 3세의 이탈리아 원정에도 참가했었다. 이탈리아 원정 시 하인리히 10세는 황제(로타르 3세)로부터는 투스치엔(토스카나) 변경백령을 봉토로 수여받고(1136년부터 3년간 투스치엔 변경백 역임), 교황(인노첸시오 2세)으로부터는 투스치엔의 전 변경백 마틸데(1046-1115)의 유산을 하사받았다. 로타르 3세는 또 사망하기 직전 작센 공국과 작센 공국 내 모든 그의 영지를 하인리히 10세(작센 공작: 1137-1138)에게 양도하고, 그를 독일제국 황제 후계자로 지명했다. 장인의 후원으로 '오만공' 하인리히 10세는 독일과 이탈리아를 아우르는 독일제국 내의 가장 강력한 제국제후로 부상했지만, 제국 내 반대세력들에 맞서 자신의 재산을 지킬 수가 없었다. 로타르 3세의 반대세력들(친 호엔슈타우펜가 선제후들)이 로타르 3세가 사망한 후 1138년 3월 7일 치러진 독일제국 국왕 선거에서 호엔슈타우펜가의 콘라트 3세를 선출했기 때문이었다. 하인리히 10세는 장인(로타르 3세)으로부터 넘겨받은 독일제국 옥새를 콘라트 3세에게 인계하긴 했지만, 바이에른 공국과 작센 공국 중 어느 하나도 포기하려 하지 않았다. 그는 결국 콘라트 3세에 의해 제국추방령을 선고받았다. 콘라트 3세를 통해 작센 공국은 브란덴부르크 제1대 변경백 알브레히트에게, 바이에른 공국은 1139년 레오폴트 4세 오스트리아 변경백에게 양도되었다. 이리하여 바이에른의 동쪽 변경구 오스트마르크의 변경백 레오폴트 4세는 바이에른의 공작을 겸하게 되었다.

작센 공국과 바이에른 공국을 몰수하여, 작센은 아스카니어가의 '곰' 알브레히트 브란덴부르크 변경백에게, 바이에른은 콘라트 3세의 이부형제인 바벤베르크가의 오스트마르크 변경백 레오폴트 4세에게 양도한 콘라트 3세의 조치에 대한 - 강한 자부심으로 인해 '오만공'이라 불린 - 하인리히 10세 공작의 저항은 1138년 호엔슈타우펜가(독일제국 국왕 가문)와 벨페가(바이에른 공작 가문) 간의 전쟁을 야기했다. 호엔슈타우펜가와 벨페가 간의 싸움에 바벤베르크가도 말려들게 되었다. 바벤베르크가의 레오폴트 4세와 호엔슈타우펜가의 콘라트 3세가 이부형제 간이었을 뿐 아니라, 벨페가는 하인리히 10세 공작이 사망한 후 바이에른을 바벤베르크가에 빼앗겼기 때문에, 호엔슈타우펜가(콘라트 3세)를 정점으로 한 벨페가(하인리히 10세의 아들 '사자공' 하인리히)와 바벤베르크가(레오폴트 4세) 간의 증오의 삼각관계가 형성되었다.

5) 하인리히 2세 야조미르고트, 오스트리아 초대 공작

작센 공국과 바이에른 공국의 소유권을 두고 브란덴부르크와 바이에른, 바이에른과 오스트리아 사이에 수년 동안 지속된 극심한 분쟁은 1142년 5월 프랑크푸르트에서 개최된 독일제국 제후회의에서 마인츠 대주교 마르쿨프(재위: 1141-1142)에 의해 중재된 조정(프랑크푸르트 조정)을 통해서 평화적으로 해결되었다. 브란덴부르크 초대 변경백 알브레히트 1세는 마르쿨프 대주교의 조정안을 수용하여 작센 공국을 포기했다. 1139년 사망한 하인리히 10세 공작의 미성년 아들 '사자공' 하인리히(1129경-1195, 작센 공작: 1142-1180, 바이에른 공작: 1156-1180)가 작센 공작의 지위를 부여받았다. 그 대신 사자공 측은 1139년 바벤베르크가로 넘어간 바이에른 공국에 대한 상속권 주장은 포기했다. 바이에른 공국은 이제 레오폴트 4세로부터 하인리히 2세 야조미르고트(레오폴트 4세의 친형)에게로 상속됨으로써 - 하인리히 2세의 두 번째 이름 야조미르고트는 신의 도움을 구한다는 뜻 - 2대째 바벤베르크가의 군주가 바이에른의 공작직을 유지하게 되었다. 976년 바이에른의 일개 변경구로 출발한 오스트마르크(마르키아 오리엔탈리스)가 바이에른 공국을 1139년부터 1156년까지 17년 동안이나 지배할 정도로 국력을 키운 것이었다. 하인리히 2세 야조미르고트는 1141년 사망한 친동생 레오폴트 4세를 승계하여 오스트리아의 변경백에 즉위했었다. <프랑크푸르

트 조정>(1142)에서 하인리히 2세 오스트리아 변경백과 하인리히 10세의 미망인 게르트루트(로타르 3세의 무남독녀) 간의 혼인이 결정되었다. 벨페가의 재산(바이에른)이 호엔슈타우펜가 황제(콘라트 3세)의 이부동생(레오폴트 4세와 하인리히 2세)들에게 넘어간데 대한 벨페가의 반발을 무마하기 위해 하인리히 2세(바벤베르크가의 변경백 겸 바이에른 공작)와 게르트루트(벨페가의 바이에른 공작 하인리히 10세의 미망인)의 결혼을 성사시킨 것이었다. 이 결혼으로 바벤베르크가의 하인리히 2세는 작센 공국의 주인이 된 벨페가의 미성년 공작 '사자공' 하인리히의 계부가 되었다. 벨페가와 바벤베르크가 간의 프랑크푸르트 합의(프랑크푸르트 조정)는 1143년 초 고슬라르에서 개최된 독일제국의회에서 다시 한 번 모든 형식을 갖추어 확인되었다. 그러나 프랑크푸르트 합의 1년 후인 1143년 4월 18일 게르트루트가 출산 도중에 사망했기 때문에, 이 인위적으로 기획된 - 바벤베르크가와 벨페가를 연결하려 한 - 혼인정책은 기대를 완전히 충족시키지 못했다. 바벤베르크가와 호엔슈타우펜가 간의 우호적 관계를 고려하면, 바벤베르크가와 벨페가 간의 결합으로 호엔슈타우펜가와 벨페가 간의 화해도 기대되었지만, 1140년부터 촉발된 양가 - 벨페가와 호엔슈타우펜가, 그리고 벨페가와 바벤베르크가 - 간의 분쟁은 계속되었기 때문이었다.

그 후 1154년 6월 콘라트 3세의 조카인 프리드리히 2세 슈바벤 공작의 아들 프리드리히 1세 바르바로사(슈바벤 공작으로서는 프리드리히 3세) 독일제국 황제(재위: 1152-1190)는 고슬라르에서 개최된 제국의회에서 1139년 숙부(콘라트 3세)가 하인리히 10세 바이에른 공작을 파문하고 바벤베르크가의 레오폴트 4세(오스트마르크 변경백)에게 양도했던 바이에른 공국을 - 레오폴트 4세를 승계한 - 하인리히 2세 야조미르고트 공작으로부터 회수하여, 하인리히 10세의 아들 '사자공' 하인리히에게 반환하는 결의를 이끌어 냈다. 바이에른을 바벤베르크가로부터 회수한 대신, 프리드리히 1세 황제는 1156년 오스트마르크를 변경백국에서 공국으로 승격시켰다. 1156년 이후 오스트리아의 국호는 '동쪽 변경구'라는 의미의 오스트마르크에서 '동쪽 나라'라는 의미의 외스터라이히(오스트리아) 공국으로 바뀌게 되었다. 1156년 하인리히 2세는 바이에른을 벨페가의 사자공 하인리히(재위: 1156-1180)에게 공식적으로 반환한 후, 오스트리아의 초대 공작에 즉위했다.

'붉은 수염'(바르바로사)의 프리드리히 1세 신성로마제국 황제가 선대(부친 프리드리히 2세 슈바벤 공작과 숙부 콘라트 3세 독일제국 국왕)에 발생한 벨페가('사자공' 하인리히의 부친 하인리히 10세 바이에른 공작)와 호엔슈타우펜가, 그리고 벨페가와 바벤베르크가 간의 반목을 조기에 종식시키기 위해, 오스트리아의 바벤베르크가에게 그 통치권이 양도된 바이에른 공국을 17년 만에 다시 원소유주(벨페가)에게 돌려주면서 화해를 시도한데는 혈연관계도 작용했다. '붉은 수염'의 모친, 즉 프리드리히 2세 슈바벤 공작의 부인은 벨페가 출신으로서 하인리히 9세(1075-1126, '흑의의 공작') 바이에른 공작의 딸(유디트)이며 '오만공' 하인리히 10세의 누이이자, '사자공' 하인리히의 고모였다. 1125년에 실시된 하인리히 5세(재위: 1106-1125) 후임 신성로마제국 황제 선거에서 하인리히 9세는 사위(호엔슈타우펜가의 프리드리히 2세 슈바벤 공작)가 아닌, 작센가의 로타르 3세를 밀었고, 로타르 3세는 그 대가로 하인리히 9세의 아들(오만공 하인리히 10세)과 자신의 외동딸(게르트루트)의 결혼을 약속했다. 로타르 3세는 독일국왕에 즉위한 후, 패배를 인정치 않고 대립국왕 자격으로 그에게 대항한 프리드리히 2세 슈바벤 공작과 그의 추종세력(호엔슈타우펜가)과 전쟁을 벌였다. 현직 독일국왕(로타르 3세)과 그의 대립국왕(프리드리히 2세 슈바벤 공작) 간 전쟁에서 '사위 토벌작전' 참가를 피하기 위해 하인리히 9세는 수도원(라벤스브루크)으로 들어가 속승이 되어, 그곳에서 1126년 사망했다. 수도승의 검은 복장에서 유래한 하인리히 9세의 별명 '흑의의 공작'은 13세기 이후의 문헌에 등장한다.

1139년부터 1156년까지는 오스트마르크의 변경백(레오폴트 4세와 하인리히 2세)이 바이에른 공작을 겸했기 때문에, 오스트마르크와 바이에른은 사실상 일종의 국가연합이었다. 1156년 하인리히 2세(하인리히 야조미르고트)가 바이에른을 포기함으로써 오스트마르크(바이에른의 동쪽 변경구)는 최종적으로 바이에른에서 분리된 것이었다. 그리고 1156년 이후, 다시 말해, 변경백국이 공작국으로 승격된 후 오스트마르크라는 명칭 대신 외스터라이히, 즉 오스트리아라는 국명이 일반화되었다. 단순하게 말하자면, 변경백국이었을 때는 오스트마르크였고, 공작국이 되면서부터 외스터라이히(오스트리아), 라틴어 명칭으로는 아우스트리아라고 불리게 된 것이다. 라틴어의 '아우스테르'는 동쪽이란 뜻이다. 독일어의 외스터라이히는 '동쪽 나라'를 의미하기 때문에, 바이에른의 '동쪽 변경구'(오스트마르크)가 '동쪽 나라'(외스터라이히)로 국호가 변경된 것이었다.

　여기서 녹자들의 혼란을 방지하기 위해 짚고 넘어가야할 사실이 있다. 바벤베르크가의 제2대 변경백 하인리히 1세(재위: 994-1018)와 같은 이름의 제8대 변경백은 바벤베르크 왕조사(오스트리아 역사)에서는 하인리히 2세 야조미르고트라고 부르지만, 독일제국사(독일 역사)에서는 하인리히 11세라 부른다는 사실이다. 1139년에 사망한 하인리히 10세 바이에른 공작의 미망인 게르트루트가 바벤베르크가의 하인리히 2세 야조미르고트와 재혼함으로써, 후자는 하인리히 11세라 불리고, 게르트루트와 전남편(하인리히 10세) 사이에 태어난 외아들 '사자공' 하인리히는 하인리히 12세라 불린다.

　로타르 3세 황제가 사망한 후 그의 왕비 리헨차(1087/1088-1141)는 사위 오만공 하인리히 10세를 독일제국의 국왕에 옹립하려 했으나 실패했다. 오만공 대신 콘라트 3세가 독일제국 국왕에 선출되었기 때문에, 호엔슈타우펜 왕가와 벨페가 간의 반목은 첨예화되었다. 왜냐하면 앞서 언급했듯이, 콘라트 3세가 즉위하자마자 취한 첫 조치가 오만공 하인리히 10세에게 내린 제국추방령이었고, 하인리히 10세 소유의 양대 공국(작센과 바이에른)을 독일제국의 이름으로 몰수했기 때문이었다. 콘라트 3세는 그 중 작센 공국은 3년 후인 1142년 오만공 하인리히 10세의 미성년 외아들인 사자공 하인리히에게 반환했지만, 바벤베르크가가 점유한 바이에른에 대해서는 별다른 조치를 취하지 않았다. 그리하여 바벤베르크가와 벨페가 간의 반목도 호엔슈타우펜가와 벨프가 간의 그것과 같은 수준으로 격화되었다.

오만공 하인리히 10세(바이에른 및 작센 공작)의 동생인 벨프 6세(1115-1191, 투스치엔(토스카나) 변경백: 1152-1162)는 형 하인리히 10세가 1138년 제국추방령을 선고받은 후, 당시 약 10세의 어린 조카 사자공 하인리히를 대신해서 오스트리아 변경백인 바벤베르크가의 레오폴트 4세에 맞서 바이에른을 수호하려고 했다. 1139년 형이 사망한 후, 벨프 6세는 바이에른을 지키기 위해 바벤베르크가와 호엔슈타우펜가를 상대로 한 무력 항쟁을 전개했다. 1140년 8월 13일 뮌헨 남쪽 망팔 강 인근의 팔라이에서 바벤베르크가의 레오폴트 4세 변경백을 상대로 한 전투는 벨프 6세의 승리로 끝났다. 그러나 후자는 1140년 12월 21일 바인스베르크 전투에서 콘라트 3세 황제에게 참패했다.

하일브론의 요새 바인스베르크 산성이 황제군(콘라트 3세)에 의해 점령되었을 때, 요새 수비군의 부인들은 콘라트 3세에게 간청하여 등짐으로 운반할 수 있는 중량의 재산을 산성 밖으로 반출해도 좋다는 허락을 얻었다. 그들은 재화 대신 남편들을 업고 산성을 빠져나감으로써 남자들을 자유의 몸으로 만들었다고 한다. 이 이야기는 동시대 파더보른의 연감에 실려 있어 사건의 진실성이 신뢰를 얻고 있다. 현재 폐허 상태로 남아 있는 바인스베르크 산성은 이 사건에서 유래하여 '바이버트로이'(여인들의 절개)라는 별칭으로 불린다.

바인스베르크 전투에서 패한 후에도 벨프 6세의 저항은 끝나지 않았고, 벨페가와 호엔슈타우펜가의 싸움은 계속되었다. 제2차 십자군 원정(1147-1149) 당시 콘라트 3세는 비잔틴 제국의 궁정에 머물면서 마누엘 1세(1120-1180, 재위: 1143-1180) 비잔틴 제국(동로마 제국) 황제와 <살로니키 조약>(1148년

^{10월}을 체결하여, 시칠리아의 국왕 로게르(루지에로) 2세를 정벌하기 위한 공동 출정에 합의했다. 병력과 재정 지원을 위해 콘라트 3세는 시칠리아 왕이 지배한 노르만인들의 남부 이탈리아 땅을 빼앗아 비잔틴 제국에 할양한다는 약속을 했다. 베네치아와 피사를 살로니키 조약에 가입시키고, 비잔틴 제국과 독일제국의 관계를 지속적으로 유지하기 위해 콘라트 3세의 이부동생인 바벤베르크가의 변경백(하인리히 2세 야조미르고트)과 마누엘 1세 황제의 질녀(테오도라 콤네나) 간의 결혼을 성사시킨다는 양 정상 간의 합의가 살로니키 조약의 규정으로 명문화되었다. 테오도라와 1149년 재혼함으로써 오스트마르크 변경백 하인리히 2세는 독일제국 내에서 자신의 명망을 크게 높일 수 있었다. 하인리히 2세와 테오도라의 결혼이 계기가 되어 비잔틴 제국과 바벤베르크가의 오스트리아는 그 후에도 혼인정책을 통해 우호관계를 유지했다. 바벤베르크가 제10대 군주 레오폴트 6세 공작과 바벤베르크가의 마지막 제12대 군주 프리드리히 2세 공작도 비잔틴 제국 공주를 아내로 맞이했다.

살로니키 조약에 대응하기 위해 로게르(루지에로) 2세(1095-1154, 재위: 1130-1154) 시칠리아 국왕은 1148/1149년 겨울 벨프 6세(재위: 1152-1162) 토스카나 변경백 및 프랑스 국왕 루이 7세(재위: 1137-1180)와 동맹을 체결하였다. 벨프 6세가 콘라트 3세에 대한 군사적 저항을 최종적으로 포기한 것은 1150년 2월 <플로히베르크 전투>에서 콘라트 3세의 장남 하인리히(†1150)에게 패한 이후의 일이었다. 십자군 원정에 참전한 콘라트 3세가 독일제국을 비운 틈을 이용해서, 벨프 6세는 1148년 여름 시칠리아 국왕과 합의한 호엔슈타우펜가 및 바벤베르크가와의 전쟁을 1148년 남독에서 먼저 재개했다. 말라리아에 걸려 1149년 봄 독일로 귀환한 콘라트 3세 국왕은 비잔틴 제국 황제와 체결한 시칠리아 정벌을 위한 이탈리아 출정을 연기하지 않을 수 없었다. 우선 코앞까지 쳐들어 온 벨프 6세를 제압해야 했기 때문이었다. 와병 중의 콘라트 3세 자신은 슈파이어에 잔류하고,

그 대신 그의 아들이며 왕위 계승자인 장남 하인리히가 1150년 2월 8일 슈바벤 알프스와 프랑켄 알프스 사이의 분지 안으로 침투해 온 벨프 6세를 뇌르들링엔(바이에른) 서쪽의 국경 요새 플로히베르크(바덴-뷔르템베르크의 봅핑엔)에서 제압했다. 그 후 프리드리히 3세 슈바벤 공작(후일의 프리드리히 1세 바르바로사 신성로마제국 황제)에 의해 중재된 평화조약으로 벨프 6세는 호엔슈타우펜가와 벨프가와의 분쟁에 더 이상 개입하지 않게 되었다. 1152년 9월로 예정된 이탈리아 원정을 앞두고, 콘라트 3세는 십자군 원정 중 감염된 말라리아의 후유증으로 1152년 2월 15일 사망하였다.

1147년 프랑크푸르트 선제후회의에서 콘라트 3세의 후계자로 선출된 그의 장남 하인리히는 1150년에 사망했고, 둘째 늦둥이 아들 프리드리히 4세(1144/1145-1167)는 아직 미성년이었기 때문에, 콘라트 3세는 임종 직전 그의 조카 프리드리히 3세 슈바벤 공작을 독일제국 국왕계승자로 지명했다. 그가 바로 1152년에 즉위한 '붉은 수염'의 황제 프리드리히 1세였다. 프리드리히 1세가 즉위하고 4년이 지난 후 사자공 하인리히(하인리히 12세)는 하인리히 2세 야조미르고트 오스트리아 공작으로부터 바이에른을 되찾았다. 그러나 1180년 부친 오만공에 이어 사자공에게도 제국추방령을 내린 프리드리히 1세 황제는 벨페가가 통치해 온 바이에른의 소유권을 이번에는 바이에른의 비텔스바흐 왕가에 양도해버렸다. 벨페가는 이제 바이에른을 영원히 잃게 되었다. 이제 벨프 6세는 콘라트 3세에게 보여 온 호엔슈타우펜가에 대한 적대감을 접고, 콘라트 3세의 조카이며 자신의 조카이기도 한 프리드리히 1세 황제를 지지하는 쪽으로 입장을 바꾸었다.

프리드리히 1세 바르바로사 황제가 벨프 6세의 조카라 했지만, 그들의 관계는 매우 복잡하다. 벨프 6세의 형 하인리히 10세(오만공) 바이에른 공작의 처 게르트루트는 - 1139년 오만공 사후 - 오스트리아 변경백 하인리히 2세와 결혼했다. 그리고 후자는 프리드리히 2세 슈바벤 공작과는 이복형제 간이었다. 프리드리히 2세 공작의 아들인 프리드리히 1세 바르바로사 황제를 독일에서는 하인리히 2세의 조카라고도 부르고, 하인리히 10세의 조카라고도 부른다. 더 나아가 벨프 6세는 오만공 하인리히의 동생임으로 벨프 6세도 프리드리히 1세 황제의 숙부라 불린다. 또 하인리히 10세의 세 아들(장남 '키다라' 하인리히 1세, 2남 오토 4세 신성로마제국 황제, 3남 뤼네부르크 공작 빌헬름)과 프리드리히 1세 황제는 사촌간이라 불린다.

하인리히 2세 오스트마르크 변경백은 1156년 9월 8일 레겐스부르크 제국의회에 참가하여 1139년부터 바벤베르크가가 지배해 온 바이에른 공국을 신성로마제국 황제(프리드리히 1세)에게 반환하였고, 그에 대한 보상으로 황제는 오스트마르크를 변경백국에서 공작국으로 승격시켜 하인리히 2세 아조미르고트와 그의 아내 테오도라에게 봉토로 수여했다. 이로써 오스트리아는 공국이 되었고, 최종적으로 바이에른에서 분리되었다. 1156년 이후 오스트리아 공국과 바이에른 공국은 독일제국 내에서의 국격이 동일해졌다. 바이에른 반납 9일 후 프리드리히 1세 신성로마제국 황제는 오스트리아가 향후 세습 군주국으로서 행사할 수 있는 특권(프리빌레기움 미누스 '소특권'이라는 뜻)을 규정한 칙서를 초대 오스트리아 공작에게 수교했다. 황제 명의로 발행된 <프리빌레기움 미누스>는 내용상 대략 다음의 특권과 의무를 규정한 신성로마제국의 공식외교문서이었다. 그것은 일종의 오스트리아 공국 창건 인허장인 셈이었다. 공작의 남계가 단절될 경우 여계의 상속 순위를 결정할 수 있는 권리, 후사가 없을 경우 계승자를 추천할 수 있는 권리, 바이에른에서 개최되는 제후회의 및 제국의회에 참석할 의무, 독일제국군이 오스트리아 공국의 인접 국가로 출정할 경우 오스트리아 군대의 참전 의무, 그리고 오스트리아 공국 내의 재판주권 보장 등이 프리드리히 1세 황제가 하인리히 2세 공작에게 부여한 권한과 의무이었다. 여계의 상속권을 명문화한 <국본조칙>(합스부르크 왕가의 헌법)이 1713년에 제정된 것과 비교하면, 12세기 중엽에 이미 바벤베르크가에게 여계의 상속권이 보장된 것은 획기적인 사건이라 할 수 있다. <국본조칙>(프라그마티세 장크치온)을 제정할 때, 카를 6세 오스트리아 대공 겸 독일제국 황제(재위: 1711-1740)는 틀림없이 1156년의 <프리빌레기움 미누스>를 참조했을 것으로 추정된다. 신성로마제국(독일제국)은 제국 산하 개개 영방국의 세습군주가 바뀔 때마다, 해당 영방의 봉토를 황제의 이름으로 새로이 수여하는 절차를 운용했다. 영방 봉토를 몰수 혹은 회수할 경우는 해당 영방의 군주가 황제의 파문을 받아 제국추방령이 집행되었을 때와 해당 영방의 군주가 후사 없이 사망했을 때이었다. 몰수 혹은 회수된 봉토는 선제후 회의의 동의를 얻어 황제가 지정하는 제3의 제국제후에게 수여되었다. 카를 5세(재위: 1519-1556)황제의 예에서 볼 수 있듯이, 신성로마제국 황제 선거전이 치열했던 것은 바로 황제에게 주어진 권한(봉토 회수권 및 수여권) 때문이었다. 바벤베르크가의 가계가 단절될 경우 제3자를 계승자로 지정할 수 있는 권리를 프리드리히 1세 황제가 하인리히 2세 오스트리아 공작에게 인정한 것은 일종의 특혜조치이었다고 할 수 있다.

하인리히 2세 오스트리아 공작은 일생 동안 프리드리히 1세 황제를 추종했다. 그는 황제의 교회정책도 전폭적으로 지지하여, 베네딕투스 수도회(부속교회 및 수도원 포함)를 창립하고 아일랜드 수도사들을 빈에 초치했다. 공작궁도 클로스터노이부르크에서 빈으로 이전함으로써 빈은 이전 수도였던 멜크와 클로스터노이부르크를 압도하는 도시로 발전했다. 빈은 하인리히 2세 공작의 치하에서 문화적 융성을 이루었다.

이미 언급했지만, 하인리히 2세 야조미르고트는 바벤베르크가와 벨페가 간의 분쟁을 평화적으로 해결하기 위해 1142년에 체결된 <프랑크푸르트 조정>의 합의를 받아들여, 벨페가의 미망인 게르트루트와 결혼했다. 게르트루트는 로타르 3세 독일제국 국왕의 외딸로서 하인리히 10세 바이에른 공작의 미망인이고, 사자공 하인리히의 어머니였다. 그러나 결혼 1년 후 게르트루트가 사망함으로써 바벤베르크가와 벨페가 간의 화합을 도모하려고 했던 시도는 수포로 돌아갔다. 어머니 아그네스를 통해 잘리어 왕가 및 호엔슈타우펜 왕가와 인척간이 된 하인리히 2세는 게르트루트와 정략결혼을 함으로써 벨페가와도 인연을 맺게 된 것이었다. 아그네스는 잘리어 왕조의 하인리히 4세의 딸로서 잘리어 왕조의 마지막 황제인 하인리히 5세의 누이였다. 그녀는 호엔슈타우펜가의 프리드리히 1세 슈바벤 공작과의 첫 결혼에서 두 아들(프리드리히 2세 슈바벤 공작 및 콘라트 3세 독일국왕)을 생산했고, 레오폴트 3세 오스트리아 변경백과의 재혼에서 17명의 자녀를 낳았는데, 하인리히 2세 야조미르고트와 그의 선임 변경백 레오폴트 4세가 아그네스의 아들들이었다. 하인리히 2세는 1177년 슈타이어마르크 공작 오타카르 4세(재위: 1165-1192)와의 충돌 과정에서 사망했다. 오타카르 4세는 벨페가와 친척 간이었다. 슈타이어마르크 공국이 오스트리아 공국에 편입된 된 해는 오타카르가 사망한 1192년이었다. 하인리히 2세 야조미르고트의 어머니 아그네스와 첫 번째 아내 게르트루트는 같은 해인 1143년 클로스터노이부르크에서 사망했다. 하인리히 2세는 두 번째 부인 테오도라 및 어머니 아그네스와 함께 그가 설립한 베네딕투스 수도회 묘지에 잠들어 있다.

6) 오스트리아 공국과 슈타이어마르크 공국의 합병, 오스트리아 국기의 유래, 그리고 레오폴트 5세

하인리히 2세 야조미르고트의 장자 레오폴트 5세(1157-1194, 오스트리아 공작: 1177-1194, 슈타이어마르크 공작: 1192-1194)는 바벤베르크가의 제9대 군주로서 1177년부터 1194년까지 오스트리아 공국을 통치했으며, 공작으로서는 제2대 공작이었다. 1178년 그는 북쪽 뵈멘과의 경계선에서 수년 동안 수그러들 줄 몰랐던 국경분쟁을 평화조약을 통해 일소하는데 성공했다. 사자공 하인리히(하인리히 12세) 작센 공작에게 - 그는 1156년 프리드리히 1세 독일황제로부터 오스트리아 변경백이 통치하던 바이에른을 반환 받았다 - 제기한 소송(1080)으로 레오폴트 5세는 서쪽(바이에른) 경계 지역에 오스트리아의 영토를 확대할 수 있었다. 그리고 1186년 오스트리아 공국의 레오폴트 5세 공작과 슈타이어마르크 공국의 마지막 공작 오타카르 4세는 슈타이어마르크의 게오르겐베르크에서 - 게오르겐베르크에서 양국(오스트리아 공국과 슈타이어마르크 공국)의 정상(레오폴트 5세와 오타카르 4세)이 직접 수결(手決), 수교(手交)했다 하여 <게오르겐베르크 수결증서>라 명명된 - 상호상속조약을 체결했다. 조약 체결 6년 후인 1192년 오타카르 4세는 후사 없이 사망했고, 슈타이어마르크의 영유권은 바벤베르크가에 귀속되었다.

오타카르 4세(1163-1192, 변경백: 1164-1179, 공작: 1180-1192) 슈타이어마르크 공작은 - 부친 오타카르 3세 변경백이 1164년 12월 31일 사망한 후 - 1164년 한 살 때 변경백에 즉위한 인물이었다. 사자공 하인리히(하인리히 12세 바이에른 공작)가 1180년 프리드리히 1세 황제에 의해 파문당해 바이에른 공국을 박탈당한 후, 바이에른에 속했던 카란타니아 변경구(현재의 케른텐)는 슈타이어마르크 공국으로 승격되었고, 오타카르 4세가 슈타이어마르크 초대 공작이 되었다. 그러나 불치의 병에 걸린 것으로 판명된 오타카르 4세 공작은 후사를 기대할 수 없게 되었다. 그래서 그는 신생 공국 슈타이어마르크의 앞날을 걱정한 나머지 바벤베르크가의 레오폴트 5세 오스트리아 공작과 1186년 상호상속조약을 체결하여, 자신의 사후 슈타이어마르크 공국을 바벤베르크가에 양도하기로 결정한 것이었다.

오타카르 4세 공작은 이 문제를 논의하기 위해 1186년 8월 17일 엔스 강 인근의 게오르겐베르크에서 오스트리아 공작 레오폴트 5세와 회동했다. 이 자리에서 두 공작은 오스트리아 공국 및 슈타이어마르크 공국의 고위 귀족들을 임석시킨 가운데 바벤베르크가의 현직 공작 레오폴트 5세의 계승 문제를 조정했다. 다시 말해 레오폴트 5세의 두 아들 중 장남인 프리드리히 1세는 오스트리아 공작에, 차남 레오폴트 6세는 슈타이어마르크 공작에 책봉하기로 합의한 것이었다. <게오르겐베르크 수결 증서>라 명명된 상속 조약은 바벤베르크가의 계승에 관한 규정 외에도 슈타이어마르크 공국의 광물의 소유권에 관한 특별한 언급도 포함되어 있으며, 특히 중요한 내용은 오스트리아 공국과 슈타이어마르크 공국의 불분리성을 규정했다는 사실이다. 게오르겐베르크 수결 증서는 1848년까지 슈타이어마르크 공국의 헌법으로 간주되었다. 슈타이어마르크는 1192년 오타카르 4세가 사망한 뒤, 그 소유권이 오스트리아 공국으로 넘어갔다. 레오폴트 5세는 1192년부터 1194년까지 생애의 마지막 2년 동안 슈타이어마르크 공작을 겸한 최초의 오스트리아 공작이었다.

레오폴트 5세는 제3차 십자군 원정에 독일제국군 사령관으로 참전했다. 예루살렘이 이슬람 군주 살라딘(1137/1138-1193)에 의해 1187년 점령된 지 2년 후 시작된 3차 십자군 원정(1189-1192)은 신성로마제국 황제 프리드리히 1세가 직접 지휘한 일종의 제국전쟁이었다. 그러나 이 전쟁은 1190년 6월 10일 프리드리히 1세가 소아시아의 살레프 강(터키의 괵수 강)을 도하하다가 익사한 후, 프랑스 국왕 필립 2세(1165-1223, 재위: 1180-1223)와 영국의 '사자심왕' 리처드 1세(1157-1199, 재위: 1189-1199)와 레오폴트 5세 오스트리아 공작 간의 불화로 인해 예루살렘 왕국의 수도 아코를 탈환한 후 중단되었다.

성지 팔레스티나에서 1191년 아코(북이스라엘) 점령을 앞두고, 영국 국왕 리처드 1세가 오스트리아 공국의 깃발을 훼손하는 일이 발생하자, 레오폴트 5세는 영국 국왕과 갈등을 빚게 되었다. 미리 귀국한 필리프 2세 프랑스 국왕이 신성로마제국의 신임 황제 하인리히 6세(재위: 1190-1197, 프리드리히 1세의 장남)의 지원을 받아, 자신의 막내 동생 존(1167-1216, 리처드 1세의 후임 국왕: 1199-1216)의 왕위 찬탈 계획을 지원하고 있다는 소식을 접한 리처드 1세는 서둘러 귀국길에 올랐다. 레오폴트 5세의 보복을 염려하여 귀국길에 신분을 위장했음에도 불구하고, 빈 근처를 통과하다가 1192년 12월 레오폴트 5세에 의해 체포된 리처드 1세는 도나우 강변의 뒤른슈타인(니더외스터라이히) 산성에 유폐되었다. 리처드 1세의 신병은 하인리히 6세 황제에게 인도되었다. 그 후 영국왕은 트리펠스(란다우 서쪽) 산성에 감금되었다가, 고액의 몸값을 지불한 후 석방되었다. 이 사건으로 레오폴트 5세는 교황의 파문을 면치 못했지만, 석방의 대가로 받아낸 돈으로 수도 빈의 외벽을 구축 하고, 비너노이슈타트를 건설하였다. 레오폴트 5세 오스트리아 공작이 챙긴 몫은 리처드 1세가 몸값으로 지불한 약 23톤의 은화 중 절반에 달했다고 한다. 헝가리 국왕 게조 2세(1130-1162)의 셋째 딸 헬레네(일로나, 1158-1199)가 아내였던 레오폴트 5세는 승마 사고의 후유증으로 1194년 12월 31일 슈타이어마르크 공국의 수도 그라츠에서 사망했다. 리처드 1세를 감금한 죄로 교황청이 내린 파문에서 사면되었다는 소식을 공작이 접한 것은 임종 직전이었다.

1918년 이후 오스트리아 공화국 국기로 사용되고 있는 삼선 이색 국기의 시원으로 거슬러 올라가 보면 바벤베르크가의 문장(紋章)의 상징색(적백적)을 만나게 된다. 바벤베르크가의 적-백-적 문장은 3차 십자군 원정에 참전한 독일제국군 사령관 레오폴트 5세 오스트리아 공작이 1191년 예루살렘 왕국의 임시 수도 아크레(이스라엘의 아코)를 점령하기 위한 공성전에서 보인 용맹성과 당시 그가 입었던 유혈이 낭자한 백색 갑옷의 색깔에서 유래한다고 오스트리아 사람들은 주장한다. '은색 바탕 위의 세 마리 흑표범'을 엠블렘으로 사용한 바벤베르크가의 원래 깃발이 전투 중 훼손되었기 때문에, 하인리히 6세 황제는 착검용 광폭 혁대를 착용한 허리 라인을 제외하고 온통 붉은 피로 물든 레오폴트 5세 사령관의 갑옷 색깔을 바벤베르크가의 새로운 문장으로 인준 했다는 전설을 오스트리아 사람들은 믿고 있다. 바벤베르크 왕조에서 시작되어 합스부르크 왕조를 거쳐 현재에 이르는 오스트리아 국기는 세계에서 가장 오랜 역사를 지닌 국기이다.

슈타이어마르크 공국의 역사

여기서 1192년부터 오스트리아의 영토에 편입된 슈타이어마르크 공국의 성립사를 간략히 살펴볼 필요성이 대두된다. 955년 8월 10일 바이에른을 침공한 헝가리군과 독일 제국군 간에 벌어진 레히펠트(뮌헨 동쪽) 전투에서 승리한 신성로마제국 초대 황제 오토 1세는 무르 강 유역의 광범한 헝가리 땅을 점령하여 바이에른의 새로운 변경구를 설립했다. 이 변경구는 976년 이후 새로 설립된 케른텐 공국에 귀속되어 카란타니아 변경구(케른텐)라고 명명되었고, 북쪽의 4개 백작령이 카란타니아 변경구에 추가되었다. 헹기스드부르크(역사적 지명)가 카란타니아 변경구의 중심지였다. 변경백 직은 1012년부터 1035년까지는 에펜슈타인가의 백작들이 맡았고, 그 후에는 벨스-람바흐가의 백작들이 변경구를 지배했다. 트라운가우가, 즉 오타카르가 출신들이 변경백직을 인수한 것은 대략 1050년부터 1055년 이후부터였다.

트라운가우가, 즉 오타카르가는 오늘날의 오버외스터라이히의 슈타이르를 수도로 삼아 영방을 설립하는데 성공했다. 상속을 통해, 그리고 카란타니아 변경구 내의 여러 백작 가문들과의 전쟁으로, 특히 아리본가의 백작들을 제압함으로써, 그들은 12세기 초 이후 광대한 사유지와 유수한 수도원들의 관리권을 획득했다. 특히 변경구 서쪽을 지배한 에펜슈타인가의 상속 재산(1122), 변경구 남쪽에 정주한 슈판하임가의 재산권 상속(1147), 그리고 변경구 북쪽에 거주한 포름바흐가의 본거지(현재 니더외스터라이히의 피텐, 1158년)를 상속의 형식으로 인수한 것이 결정적이었다. 정복과 개발을 통해 트라운가우가(오타카르가)의 통치영역은 동쪽으로는 라프니츠에 이르기까지 확대되었다. 1122년부터 1129년까지 변경백이었던 레오폴트 1세(오타카르 2세의 아들)와 그의 아들 오타카르 3세(1129-1164)는 영방의 주권을 완성하는데 성공했다. 레오폴트 1세 변경백 이후 다시 바이에른에 흡수되었던 카란타니아 변경구는 1180년 독립 공국으로서 바이에른에서 분리되었다. 트라운가우가(오타카르가)의 주성(主城) '슈타라부르크'가 소재한 당시의 수도 이름(슈타이르)과 변경구(마르크)라는 독일어 단어가 합성되어 공국의 명칭(슈타이어마르크)으로 발전했다. 다시 말해 수도의 명칭이기도 한 고유명사 '슈타이르'와 '마르크'(변경구)라는 보통명사가 합쳐져 슈타이어마르크 공국의 명칭이 된 것이었다.

트라운가우가의 마지막 공작 오타카르 4세가 1192년 사망한 후, 슈타이어마르크 공국은 바벤베르크가에 귀속되었다. 1186년 8월 17일 오타카르 4세와 바벤베르크 왕조의 레오폴트 5세 공작 간에 수결된 상속계약(게오르겐베르크 수결 증서)에 따른 결과이었다.

1140년 이후 성당참사회 수도원이 있던 제카우에 1218년 잘츠부르크 대주교구 소속 주교구(제카우 주교구)가 설립되었다. 후사를 두지 못한 채, 1246년 전사한 바벤베르크 왕조의 마지막 공작 프리드리히 2세의 유산(오스트리아 공국과 슈타이어마르크 공국)을 둘러싼 전쟁을 종식시키기 위해 뵈멘 국왕 오토카르 2세(재위: 1253-1278)와 헝가리 국왕 벨로 4세(재위: 1235-1270) 사이에 체결된 오펜(부다페스트) 평화조약(1254)에 의거하여 바벤베르크 왕조의 유산이 분할됨으로써 슈타이어마르크의 핵심지역은 헝가리에게 양도되었고, 트라운가우와 젬머링 북쪽의 피텐 지역은 뵈멘 왕국에 편입되었다.

합스부르크가 최초의 독일제국 국왕 루돌프 1세가 옛 바벤베르크가의 유산을 뵈멘으로부터 – 1260년 7월 크레센브룬 전투(크레센브룬은 현재 니더외스터라이히의 그로이센브룬) 승리를 통해 뵈멘은 헝가리가 차지한 슈타이어마르크 공국의 핵심지역을 모두 회수했다 – 환수한 이후 시작된 합스부르크가의 통치시기에 다시 오스트리아에 소속된, 풍요의 땅 슈타이어마르크는 합스부르크가의 세습지 분할시기(알브레히트파와 레오폴트파로 양분된 시기)에 심부오스트리아(인너외스터라이히)의 핵심지역이 되었다.

알브레히트 2세(1298-1358) 공작의 아들 알브레히트 3세(1348-1395)와 레오폴트 3세(1351-1386)는 루돌프 4세(1339-1365)의 동생들로서 루돌프 4세의 생전에는 미성년이었기 때문에, 아버지 알브레히트 2세로부터 공동으로 상속받은 합스부르크가의 모든 세습지를 루돌프 4세가 관리했었다. 그러나 루돌프 4세가 사망한 후부터 심화되기 시작한 형제불화로 1379년 알브레히트 3세 공작과 레오폴트 3세 공작 간에 합스부르크가 세습지 분할 계약이 체결되었다. 노이베르크에서 체결되었다 하여 〈노이베르크 분할계약〉이라 명명된 재산분할계약을 통해서 형인 알브레히트 3세는 오버외스터라이히와 니더외스터라이히를 차지하였다. 슈타이어마르크, 케른텐, 크라인, 이스트리아 – 이상의 지역군은 심부오스트리아(인너외스터라이히)라는 명칭으로 통합되었다 – 그리고 티롤과 전부오스트리아(포르데르외스터라이히) 지역의 소유권은 정력적이고 모험을 즐긴 동생 레오폴트 3세에게 귀속되었다.

알브레히트파와 레오폴트파로 양분된 합스부르크가를 재통합한 오스트리아의 군주는 프리드리히 3세(재위: 1440-1493) 황제였다. 레오폴트파의 후예인 프리드리히 3세가 1463년 오버외스터라이히와 니더외스터라이히를 – 당시에는 〈엔스 강 위의 외스터라이히〉와 〈엔스 강 아래의 외스터라이히라〉 불렸음 – 획득함으로써 3대를 끌어온 가권분할 시대는 84년 만에 종식되었다. 사가들은 이 84년의 기간을 합스부르크가의 세습지 분할시기, 혹은 알브레히트파와 레오폴트파의 분쟁시기로 규정하였다.

문헌상 그라츠가 슈타이어마르크 공국의 수도로 등장한 때는 레오폴트 3세의 4남 에른스트(재위: 1404-1424) 공작이 슈타이어마르크를 통치한 1440년이었다. 그 후 페르디난트 1세(재위: 1556-1564) 황제의 막내아들인 카를 대공(1540-1590)이 심부오스트리아를 통치하던 시기인 1564년부터 카를 대공의 장남 페르디난트 2세(재위: 1619-1637)가 황제가 된 1619년까지 다시 그라츠는 슈타이어마르크의 수도가 되었다. 카를 대공에 의해 확립된 심부오스트리아의 특수 위상은 마리아 테레지아 여제(재위: 1740-1780)의 개혁조치가 실행될 때까지 존속했다.

1471년 슈타이어마르크는 처음으로 오스만 제국의 침략을 당했다. 그 후 240년간 슈타이어마르크의 현안 중의 하나가 오스만 제국의 침략에 대한 방어였다. 이 문제는 16세기에 와서 가톨릭 제후들과 신교도 의회 간의 충돌을 통해 더욱 큰 문제로 대두되었다.

요한 대공(1782-1859: 레오폴트 2세 황제의 아들, 프란츠 2세 황제의 동생, 1848년 3월 혁명 당시의 독일제국 섭정)의 활발한 관심은 19세기 초 이후 슈타이어마르크의 문화적, 경제적 발전으로 이어졌다. 1919년 대부분(86%)의 주민들이 슬로베니아 사람들이었던 남부 슈타이어마르크의 일부지역은 유고슬라비아에 편입되었다. 1918년 11월 6일 임시 슈타이어마르크 주의회는 슈타이어마르크가 독일오스트리아 공화국의 영토임을 선언했다. 국권상실기(1938-1945)의 행정단위(제국관구)로서의 슈타이어마르크는 부르겐란트 연방주의 남쪽지역도 포함했다. 1941년 유고슬라비아에 양도되었던 슈타이어마르크 남부지역은 종전 후 다시 슈타이어마르크 연방주에 귀속되었다.

7) 프리드리히 1세와 십자군 원정

1194년 12월 31일에 사망한 바벤베르크가 제9대 군주 레오폴트 5세 오스트리아 및 슈타이어마르크 공작은 두 아들을 남겼다. 장남 프리드리히 1세(1175경-1198, 오스트리아 공작: 1194-1198)는 1195년 오스트리아 공국의 통치권을 승계하였고, 차남 레오폴트 6세(1176-1230, 슈타이어마르크 공작: 1194-1230, 오스트리아 공작: 1198-1230)는 같은 해 슈타이어마르크 공국을 물려받았다. 그러나 프리드리히 1세 공작이 1198년에 일찍 사망함으로써, 레오폴트 6세가 1198년 오스트리아 공국도 통치하게 되었다. 다시 말해 레오폴트 6세는 1195년부터 1230년까지 슈타이어마르크 공국을, 1198년부터 1230년까지는 오스트리아 공국을 지배했다. 그러나 불행하게도 프리드리히 1세에 관한 사료는 남아 있는 것이 거의 없다. 1176년에 출생한 레오폴트 5세의 차남 레오폴트 6세의 치적에 대해서는 비교적 상세한 내용이 전해지고 있지만, 프리드리히 1세에 대해서는 정확한 출생 연도조차 전해지지 않고 있다.

아버지(프리드리히 1세 신성로마제국 황제)의 3차 십자군 원정 실패(예루살렘 왕국 탈환 실패)를 만회하기 위해 아들(하인리히 6세 황제)에 의해 기획된 독일제국 단독의 십자군 원정(1197-1198) 계획은 도중에 중단되었다. 그 이유는 하인리히 6세 황제가 팔레스타나로 출발하기에 앞서 출정 준비를 위해 1197년 5월 이후 체류한 이탈리아 반도의 최남단 항구도시 메시나에서 그 해 9월 28일 32세의 나이에 의문의 죽음을 맞이했기 때문이었다. 그리하여 독일제국군으로 구성된 십자군 원정은 이슬람 왕국과 예루살렘 왕국 간에 휴전조약이 체결된 후 중단되었다. 십자군에 동원된 독일제후국 병력들은 이미 1197년 3월부터 팔레스타나로 출발하기 시작했다. 벨페가 출신의 팔츠 선제후 하인리히 폰 브라운슈바이크(재위: 1195-1213) 궁중백과 브레멘 대주교 하르트비히 2세(재위: 1184-1207)가 지휘한 작센과 팔츠 선제후국 병력이 메시나에 도착한 후, 독일제국 대재상 콘라트 폰 크베르푸르트(1160경 -1202, 제국 대재상: 1194-1201)와 독일제국 시종장 하인리히 폰 칼덴(1175경-1208)이 지휘한 십자군 본진과 합류하여 이스라엘의 아코에 도착한 것은 하인리히 6세 황제가 급서하기 1주일 전인 1197년 9월 22일이었다. 베이루트에서 그들은 황제의 사망에 관한 첩보를 접했고, 베이루트 인근의 토론성 공성 중 하인리히 6세의 죽음을 확인했다. 그 후 십자군 원정에 참가한 제후들은 하인리히 폰 칼덴의 지휘를 거부하고, 현지에서 브라반트 공작 하인리히 1세(1165경-1235)를 사령관으로 선출했다. 하인리히 6세의 십자군 원정은 제국 제후들의 전폭적인 지지 하에 계획된 것이었다. 2명의 대주교(브레멘 대주교와 마인츠 대주교)와 9명의 주교, 그리고 5명의 공작이 각기 분담 병력을 동원한 십자군 원정은 - 출병을 결정한 제후국 수를 보면 - 제국전쟁을 방불케 했다. 그러나 황제의 죽음으로 전쟁은 완수되지 못했다. 원정에 참가한 대부분의 제후들은 1198년 여름까지 유럽으로 귀환했다. 차기 독일제국 황제로부터 그들의 봉토와 권리를 보장받기 위함이었다. 이슬람 왕 알아딜 1세(1145-1218, 아이유브 왕조의 제3대 술탄)가 십자군에 의해 예루살렘 왕국의 국왕에 추대된 키프로스 왕 아모리 1세(예루살렘 왕으로서 아모리 2세. 그는 서부 프랑스의 뤼지냥가 출신임)를 승인했기 때문에, 전자와 5년 기한의 휴전조약을 체결한 것으로 제한적인 성과만을 거둔 채 - 하인리히 6세가 참가하지 못한 - 하인리히 6세의 십자군 원정은 그렇게 끝이 났다.

하인리히 6세 황제가 사망하기 전후의 십자군 활동을 추적해 보아도, 팔레스타나 원정에서 귀국 도중 1198년 4월 16일에 사망했다는 오스트리아 공작 프리드리히 1세의 동선에 관한 흔적은 발견되지 않고 있다. 결혼도 하지 못한 채 20대 초반의 나이에 사망한 프리드리히 1세 공작은 니더외스터라이히의 하일리겐크로이츠 수도원에 안장되어 있다. 1089년 레오폴트 2세(바벤베르크가의 제5대 군주) 변경백에 의해 창립된 멜크 수도원 다음으로 역사가 긴 하일리겐크로이츠 수도원은 1133년 바벤베르크가

제6대 군주 레오폴트 3세 변경백에 의해 건립되었고, 그곳에는 프리드리히 1세 말고도 여러 명의 바벤베르크가 군주들(레오폴트 4세 변경백, 레오폴트 5세 공작, 프리드리히 2세 공작)이 영면하고 있다. 하일리겐크로이츠 수도원을 건립한 레오폴트 3세는 그러나 클로스터노이부르크 수도원에 잠들어 있다.

8) 빈을 문화의 중심지로 만든 레오폴트 6세

슈타이어마르크 공작 가문인 트라운가우가(오타카르 공작가문)의 마지막 공작 오타카르 4세와 바벤베르크가의 레오폴트 5세 오스트리아 공작 사이에 1186년 체결된 슈타이어마르크 공국의 상속에 관한 조약(게오르겐베르크 수결증서)은 오스트리아 공국과 슈타이어마르크 공국의 불분리성을 규정했음에도 불구하고, 레오폴트 5세의 장남(프리드리히 1세)은 오스트리아 공국을, 차남인 레오폴트 6세는 슈타이어마르크 공국을 각각 상속받았다. 레오폴트 6세가 오스트리아 공국의 공작에 즉위한 것은, 슈타이어마르크 공작에 오른 지 3년 후, 십자군 원정에 참가했던 형 프리드리히 1세가 사망한 후의 일이었다. 요절한 프리드리히 1세는 미혼이었지만, 레오폴트 6세는 1203년 비잔틴 제국 황제 알렉시오스 4세(1182-1204, 재위: 1203-1204)의 딸 테오도라와 결혼했다. 바벤베르크가와 비잔틴 제국 황실 간의 혼인은 이제 일종의 전통이 되었다. 바벤베르크가의 제8대 군주인 하인리히 2세(하인리히 마조미르고트) 오스트리아 공작도 동로마 제국 황제 마누엘 1세 콤네노스의 질녀 테오도라와 결혼했었다. 그리고 레오폴트 6세의 아들이며, 그의 후계자인 프리드리히 2세 공작도 역시 전통에 따라 비잔틴 제국 황제 콘스탄티누스 라스카리스(1170경-1205)의 질녀 소피 라스카리스와 결혼했다. 양 왕가 간의 우호적인 관계 형성은 바벤베르크가의 친 호엔슈타우펜가 정책의 영향이었다고 할 수 있을 것이다. 호엔슈타우펜 왕조와 교황령과의 긴장관계가 바벤베르크가와 동로마 제국 간의 관계 설정에 역설적인 영향을 끼친 것이었다. 그러나 레오폴트 6세는 교황령과 호엔슈타우펜 왕가의 분쟁을 중재함으로써 양측 모두와 우호적인 관계를 유지하려고 했었다. 레오폴트 6세가 프리드리히 2세(1194-1250, 재위: 1212-1250, 하인리히 6세의 아들, 프리드리히 1세의 손자) 황제의 독일제국과 교황령 간을 중재하여 <산 제르마노 평화조약>을 체결하게 한 것이 그 좋은 예였다.

십자군 파병을 약속한 대가로 호노리우스 3세(재위: 1216-1227) 교황은 프리드리히 2세 독일제국 국왕에게 1220년 로마에서 신성로마제국 황제대관식을 베풀었으나, 후자는 몇 가지 서로 다른 이유에서 팔레스타인 원정을 지연시키다가, 호노리우스 3세와 1225년 조약으로까지 약속한 마지막 원정 시한(1227년 8월)을 넘기게 되었다. 그 사이에 호노리우스 3세는 1227년 3월에 사망했다. 신임 교황에 즉위한 그레고리우스 9세(재위: 1227-1241)는 약속을 어긴 프리드리히 2세 황제를 파문했다. 1227년 8월 이후 창궐한 전염병으로 말미암아 마지막 원정 약속을 이행하지 못한 프리드리히 2세는 파문을 받은 신분으로 1228년 팔레스티나로 출정하였다. 그러나 그는 성지를 완전히 정복하지 않은 채, 이슬람 왕(알 카밀, 재위: 1218-1238)과 야파(텔아비브)에서 평화조약(야파 평화조약, 1229년 2월 18일)을 체결했다. <야파 평화조약>에 의해 예루살렘을 양도받은 프리드리히 2세 독일제국 황제는 자신을 예루살렘의 국왕으로 선언한 후, 서둘러 귀국했다. 그럴 것이 황제는 자신에게 반기를 든 세력과 제휴한 교황과의 갈등을 하루라도 빨리 해결해야 했다. 프리드리히 2세가 예루살렘의 국왕에 즉위한 근거는 1225년에 결혼한 그의 미성년 황비 이사벨라 2세(1212-1228)가 - 욜란다(이사벨라 2세)는 장 드 브리엔(재위: 1210-1212) 예루살렘 국왕의 장녀이었다 - 1212년부터 1228년 사망할 때까지 예루살렘 왕국의 여왕이었기 때문이었다. 이사벨라 2세 여왕이 사망한 후부터 1254년까지의 공식적인 예루살렘 국왕은 1228년 4월 25일 프리드리히 2세와 이사벨라 2세 사이의 아들로 태어난 콘라트 4세(1228-1254, 예루살렘 왕: 1228-1254, 독일제국 국왕: 1250-1254)
이었다. 1228년 4월 25일은 콘라트 4세가 태어나고, 이사벨라 2세가 출산 중에 사망한 날이었다. 프리드리히 2세 독일제국 황제가 예루살렘 현지에서 자신이 예루살렘 왕국의 통치자임을 천명한 것은 1228년 4월 25일에 태어난 외아들(콘라트 4세)의 국왕자격을 보장하기 위함이었다.

1229년 6월 10일 십자군 원정에서 귀환한 프리드리히 2세 황제는 남이탈리아의 브린디시(장화형의 이탈리아 반도 뒤꿈치의 항구)에 상륙하여 교황과의 전투에 대비하여 일단 진용을 가다듬었지만, 교황령 국경에서 진군을 멈추었다. 독일기사단 총단장 헤르만 폰 잘차(1170경-1239)의 중재를 통해 자신에게 내려진 파문을 철회시키고, 교황과 평화조약을 체결하기 위함이었다. 그레고리우스 9세는 1229년 11월 말 프리드리히 2세 황제의 제안에 응했다. 그러나 프리드리히 2세가 롬바르디아의 도시들과 제휴하려 했기 때문에, 교황과의 협상이 결렬될 위기에 처했다. 1230년 2월 프리드리히 2세 황제로부터 도움을 요청받은 오스트리아 공작 레오폴트 6세를 포함한 독일제국 제후들은 롬바르디아의 프리드리히 2세 지원을 제지하고, 사면의 전제조건으로 받아드릴 수 있는 절충안을 교황에게 전달했다. 황제는 황제대로 파문을 풀기 위해 1230년 7월 23일 산 제르마노(라티움 주의 소도시. 로마 남동쪽 123km)에서 로마교회에 대한 복종 선서를 개인적으로 이행했을 뿐 아니라, 레오폴트 6세 공작 일행으로 하여금 황제의 이름으로 다음의 내용들을 서약케 했다. 첫째, 황제는 로마교회의 명예를 손상시키지 않을 것이며, 1년 이내에 점령 지역을 반환하기 위한 협상을 로마교회와 벌인다, 둘째, 독일제국, 독일제국 령 이탈리아, 시칠리아 및 프랑스에 체류 중인 실형 선고를 받은 로마교회 추종자들을 모두 사면한다, 셋째, 로마교회의 재산을 침해하지 않을 것이다, 등이었다. 프리드리히 2세는 독일제국 국왕에 선출되기 전인 1198년부터 1250년 사망할 때까지 시칠리아 왕국을 지배했다. 그는 황제가 된 후에도 독일을 비우고 시칠리아에 장기간 체재하면서 시칠리아 왕국을 비잔틴 제국과 같은 행정체계를 갖춘 모범적 관료국가로 만들기 위해 심혈을 기울였다. 그 과정에서 그는 호엔슈타우펜가의 지배에서 벗어나려는 현지의 저항세력과의 끊임없는 갈등을 겪어야 했다. 십자군 원정을 연기한 큰 이유 중의 하나가 바로 시칠리아 문제가 황제의 발목을 잡았기 때문이었다. 1194년부터 1266년까지 시칠리아를 지배한 호엔슈타우펜 왕가 출신의 시칠리아 국왕은 하인리히 6세(프리드리히 2세의 부왕), 프리드리히 2세, 콘라트 4세(프리드리히 2세의 아들), 콘라딘(콘라트 4세의 아들), 만프레트(프리드리히 2세의 아들) 등 네 명이었다.

회담 장소를 산 제르마노에서 인근 체프라노(로마 남동쪽 101km)로 옮겨 기타 합의들을 끌어낸 후, 황제와 교황 간의 평화협상이 공식적으로 마무리되었다. 1230년 8월 24일 프리드리히 2세 황제는 시칠리아 왕국의 성직자들에게 - 봉토에 관한 사항은 제외하고 - 세금 및 재판 면제를 허락했다. 황제는 로마교회가 지명하는 보증인들을 세우고, 몇몇 국경 수비성을 담보로 설정하겠다고 약속했다. 이에 대한 응답으로 1230년 8월 28일 두 명의 추기경이 황제의 약속 이행을 전제조건으로 프리드리히 2세에게 교황의 사면령을 전달했다. 이로써 황제는 군사적 행동에 돌입하지 않고, 협상을 통해 목표를 달성했다. 산 제르마노 평화조약을 체결한 후 몇 년 동안 황제는 권력의 정점에 있었다. 산 제르마노/체프라노 평화조약은 1077년 12월 한 겨울에 하인리히 4세(재위: 1056-1106) 황제가 교황 그레고리우스 7세에게 굴복하여 눈보라 몰아치는 알프스 산중의 카노사 산성 성문 앞에서 금식하며 참회한 사건(일명 '카노사의 굴욕': 황제 권력과 교황 권력이 충돌한 <서임권 분쟁> 시기에 발생한 사건)과 비교되곤 한다. 그러나 두 사건의 출발 상황은 서로 달랐다.

산 제르마노 평화조약 체결을 주선한 레오폴트 6세 오스트리아 공작의 전략은 성공적이었다. 현명한 중도정책과 교회정책 덕분으로 그는 교황령과도 좋은 관계를 맺을 수 있었다. 로마가톨릭교회에 대한 열정에서 레오폴트 6세 공작은 이교도와 무신론자들에게 가혹한 조치를 취했다. 레오폴트 6세의 빈 주교구 설립 계획은 파사우 주교구와 잘츠부르크 대주교구가 반대하여 수포로 돌아갔지만, 그는 신구 가톨릭교단을 위한 수도회를 여러 지역에 설립하였다. 당시 빈은 파사우 주교관구에 속했고, 파사우는 잘츠부르크 대주교관구에 소속되어 있었다. 빈이 파사우 주교구에서 분리되어 독립 주교관구가 된 것은 합스부르크가의 프리드리히 3세 황제가 바울(파울) 2세(재위: 1464-1471) 교황의 재가를 받아낸 1469년 1월 18일이었으며, 빈 주교관구가 대주교관구로 승격된 것은 카를 6세 황제 때인 1722년이었다.

레오폴트 6세 재위 기간인 1202년에 건립된 릴리엔펠트(니디외스터라이히)의 시토 교단 대수도원과 교단 소속 교회는 오스트리아에서 가장 큰 교회 중의 하나이다. 빈의 프란체스코 교단 및 도미니크 수도회는 1224년과 1226년에 각각 세워졌다. 오스트리아의 순결파 신자의 발본색원, 교황에 반항한 알비파 교도 정벌(1212), 그리고 십자군 원정(1228-1229) 등은 레오폴트 6세가 오스트리아 공국과 슈타이어마르크 공국을 통치한 시기에 있었던 이교도 박해 사건이었다. 그는 공국 내의 백작 가문들에 대해 무자비한 조치를 취했는데, 차남 하인리히(†1227)가 1226년에 일으킨 반란의 원인을 그들이 제공했기 때문이었다. 레오폴트 6세는 계획적인 도시정책을 추진하여 람바흐, 벨스, 린츠 및 프라이슈타트를 매입했고, 1229년 크라인의 안덱스가의 백작들이 소유했던 프라이징(뮌헨 북쪽)의 영지와 프리아울(프리울리, 베네치아 북쪽)의 포르데노네를 매입하여 바벤베르크가의 영토를 확장했다.

빈이 바벤베르크가의 소유가 된 것은 1130년경이었고, 1137년에 이미 빈은 '시비타스'(라틴어의 '도시': 공회당, 공회당 주변의 행정관청, 문화시설, 수도, 공원 등을 갖춘 도시를 뜻함)라 불린 기록이 남아 있다. 하인리히 2세 야조미르고트 공작 치하에서 클로스터노이부르크에 이어 오스트리아의 세 번째 수도가 된 빈은 1246년 바벤베르크가가 소멸할 때까지 제국직속도시로 기능했다. 빈에 소재한 레오폴트 6세의 궁정은 찬연한 문화의 중심지였다. 독일문학사에서 최초의 독일 궁정시인으로 소개되고 있는 라인마르 폰 하게나우, 발터 폰 데어 포겔바이데, 나이트하르트 폰 로이엔탈 등은 12세기 후반부터 13세기 초까지 레오폴트 5세와 6세 치하의 빈의 궁성에서 여러 해를 머물면서 그곳에서 작품을 창작한 문인들이었다. 레오폴트 6세 재위 시 빈의 궁성과 긴밀한 협조 속에서 1200년경 오스트리아의 도나우 강 구간에서 발견된 <니벨룽엔의 노래>가 해독되었다. 레오폴트 6세의 재위기는 바벤베르크가가 지배한 기간 중 문화적으로 가장 융성한 시기였다.

레오폴트 6세 공작과 테오도라 부부는 3남 4녀의 자녀를 두었다. 장남 레오폴트와 차남 하인리히에 대한 기록은 - 차남이 1226년 레오폴트 6세에게 반역행위를 저질렀다는 사실을 제외하면 - 사망연도가 전부이다. 레오폴트는 1216년, 하인리히는 1227년도에 각각 사망했다. 하인리히의 1226년의 모반 행위와 1227년의 사망과의 관련성에 대한 의문을 가져 볼 수는 있을 것이다. 공작 직을 승계한 아들은 3남 프리드리히 2세였다.

장녀 마르가레테(1205-1266)는 1225년 11월 29일 6세 연하의 하인리히 7세(하인리히 6세 황제의 아들)와 뉘른베르크에서 결혼식을 올렸다. 그와 동명인 하인리히 7세(1278/79-1313, 재위: 1308-1313) 신성로마제국 황제는 룩셈부르크가 출신의 하인리히 6세(1240-1288) 백작의 아들이었다. 마르가레테의 나이는 20세, 하인리히 7세(1211-1242)는 이제 14세였을 때였다. 후자는 한 살 때인 1212년 시칠리아의 국왕에 올랐고, 1222년 일찌감치 프리드리히 2세 황제의 후계자로 결정되었지만, 교황의 사주를 받아 롬바르디아의 도시들과 동맹을 체결한 후 부왕에게 반란을 일으킨 죄로 폐위되어, 아풀리아의 여러 감옥을 전전하던 중 범한 자살 시도의 후유증으로 옥사했다. 마르가레테는 바벤베르크 왕조가 무너지고 6년 후, 뵈멘 국왕 오토카르 2세(재위: 1253-1278)와 재혼했다. 차녀 아그네스(†1226)는 작센 공작 알브레히트 1세(재위: 1212-1260)와 결혼했고, 3녀 콘스탄체(†1243)는 마이센의 변경백 '귀현공' 하인리히 3세(1240-1288)와 결혼하였다. 후자는 레오폴트 6세의 사위 겸 바벤베르크가의 마지막 공작 프리드리히 2세의 손아래 처남의 자격으로 - 1246년 프리드리히 2세 공작이 후사 없이 전사한 후 - 소유한 처가(오스트리아)에 대한 상속권 일체를 뵈멘 국왕(오토카르 2세)을 위해 포기해야 했다. 레오폴트 6세의 4녀이자 막내딸인 게르트루트(†1241)는 튀링엔의 방백 하인리히 라스페(1204-1247, 프리드리히 2세 황제의 대립국왕: 1246-1247)와 결혼하였다. 하인리히 라스페는 인노첸시오 4세(재위: 1243-1254) 교황에 의해 프리드리히 2세 황제의 대립국왕으로 선출되있지만, 대립국왕에 선출된 지 1년 만에 사망하였다.

프리드리히 2세 신성로마제국 황제의 증조부인 프리드리히 2세 슈바벤 공작과 레오폴트 6세 오스트리아 공작의 조부 하인리히 2세 야조미르고트가 이부형제 간이었으니까, 프리드리히 2세 황제는 레오폴트 6세 오스트리아 공작의 재종질이었다. 레오폴트 6세 오스트리아 공작의 중재로 그레고리우스 9세 교황과 프리드리히 2세 황제 간에 체결된 산 제르마노 평화조약은, 1230년 7월 23일에 평화협상이 개시되어 그 해 8월 28일에 조약이 체결되었다. 그러나 레오폴트 6세는 평화협상이 시작된 후 일주일도 안 되어 평화협상이 진행된 산 제르마노에서 1230년 7월 28일 사망했다. 그의 유해는 릴리엔펠트의 수도원에 안장되어 있다.

9) 바벤베르크가의 마지막 군주 '호전공' 프리드리히 2세

약관의 나이에 레오폴트 6세를 승계한 프리드리히 2세(1211-1246, 오스트리아 및 슈타이어마르크 공작: 1230-1246) 공작은 바벤베르크가의 마지막 군주였다. 그는 1230년 7월 말부터 1246년 6월 15일까지 오스트리아 공국과 슈타이어마르크 공국을 통치했다. 후일에 붙여진 별명 '호전공'이 말해 주듯이, 그는 16년 재위 기간 동안 여러 차례에 걸쳐 공국내외의 분쟁에 연루되었다. 프리드리히 2세는 즉위 1년 후 대규모의 공훈귀족 가문들의 반란을 진압해야 했다. 선왕 레오폴트 6세 공작 때 오스트리아 공국의 태수였고, 1228년 이후 궁내부 대신이었던 하인리히 1세가 - 그는 오스트리아 공국의 미니스테리알레(공훈귀족) 가문인 퀸링가 출신이었다 - 1231년 프리드리히 2세 공작 치하에서 대규모 공훈귀족 반란을 주도했다. 그럼에도 불구하고 그는 1233년 프리드리히 2세로부터 오스트리아 공국의 주류(酒類)담당 대신의 직을 위임받았다. 프리드리히 2세 독일제국 황제가 오히려 오스트리아 공국 내 귀족들의 봉기를 두둔했기 때문이었다.

프리드리히 2세 공작은 국경을 공유한 뵈멘을 침공했고, 헝가리와도 충돌했다. 1230년 12월 오토카르 1세를 승계한 뵈멘 국왕 벤첼(바츨라프) 1세(1205-1253, 재위: 1230-1253)는 즉위하자마자 프리드리히 2세 공작의 침공에 시달려야 했다. 프리드리히 2세 공작과 바츨라프 1세(벤첼 1세) 국왕은 1230년에 즉위하였다는 공통점을 가지고 있었다. 단지 공작은 7월 28일에, 국왕은 12월 15일에 즉위하였으니까, 프리드리히 2세가 바츨라프 1세보다 4, 5개월 이른 시점에 정권을 잡고, 바츨라프를 기다린 격이었다. 뵈멘이 공국에서 왕국으로 승격한 것은 오토카르 1세(뵈멘 공작: 1192-1193, 뵈멘 국왕: 1198-1230)가 필립 폰 슈바벤(재위: 1198-1208) 독일제국 국왕으로부터 세습국왕의 지위와 주교 서임권을 수여받은 1198년 9월이었다.

1230년 바벤베르크가 최후의 공작 프리드리히 2세가 집권한 후 정확히 510년 만인 1740년 동명의 브란덴부르크 선제후 겸 동프로이센의 국왕 프리드리히 2세와 오스트리아의 마리아 테레지아 대공이 동시에 집권했다. 프리드리히 2세는 1740년 5월 31일에 동프로이센의 국왕에 즉위하였다. 1740년 10월 20일 독일어권 역사상 첫 여성 군주인 마리아 테레지아가 오스트리아 대공에 즉위한지 두 달도 채 안된 1740년 12월 중순 프리드리히 2세는 선전포고도 없이 전격전을 감행하여 슐레지엔을 점령해 버렸다. 칭호는 서로 달랐지만, 공교롭게도 같은 이름의 침략자 프리드리히 2세 두 사람의 공통점은 모두 20대의 호전적 기질의 군주였다는 사실이다. 즉위 당시 프리드리히 2세 오스트리아 공작은 20세였고, 프리드리히 2세 국왕은 28세였다. 그러나 두 군주에 대한 역사적인 평가와 두 군주의 후세에 남긴 영향은 정반대였다. 프리드리히 2세 공작은 일생 동안 무모한 영토 확장 전쟁을 벌임으로써 국력을 소진시켜 망국을 자초하였다. 그의 사후 5년 되던 해인 1251년 오스트리아 공국은 뵈멘에 의해 점령되었다. 그리고 다시 3년 후 슈타이어마르크 공국은 뵈멘과 헝가리에 의해 분할 점령되었다. 그에 못지않게 수많은 전쟁에 직접 참여했던 프로이센의 프리드리히 2세는 독일인들에 의해 '대왕'의 칭호를 얻은 유일한 군주였다. 그도 그럴 것이 프리드리히 2세는 영토 확장 정책에 성공한 독일의 '광개토대왕'이었기 때문이다.

프리드리히 2세 오스트리아 공작은 바이에른 공국과도 크고 작은 충돌을 피하지 못했고, 결국 독일제국과도 대립하게 되었다. 그 때문에 그는 1235년 프리드리히 2세 황제에 의해 파문을 당함과 동시에 제국추방령을 선고받았다. 1236/1237년 겨울 프리드리히 2세 황제는 추방령 집행을 바이에른 공작 오토 2세(1206-1253, 재위: 1231-1253)와 뵈멘 국왕 벤첼(바츨라프) 1세(재위: 1230-1253)에게 위임하였다. 바이에른 군대와 뵈멘 군대는 황제의 이름으로 빈을 포함한 오스트리아 공국 거의 전체를 점령한 후, 빈을 제국직속도시, 즉 황제직할도시로 선포했다. 벤첼 1세 뵈멘 국왕은 1224년 프리드리히 2세 황제의 숙부인 독일 국왕 필립 폰 슈바벤(재위: 1198-1208, 붉은 수염의 프리드리히 1세 황제의 막내아들)의 딸 쿠니군데(1200-1248)와 결혼함으로써 프리드리히 2세 황제와는 친척(종매제)간이었다. 벤첼 1세는 처종형인 프리드리히 2세 황제의 명을 받아 프리드리히 2세 오스트리아 공작에 대한 제국추방령을 집행했지만, 바벤베르크가의 소유지(오스트리아 공국과 슈타이어마르크 공국)의 분배에 대한 자신의 요구가 충족되지 않자, 1238년 교황 편으로 돌아섰다가, 1239년 프리드리히 2세 오스트리아 공작으로부터 오스트리아 공국의 영지 일부를 잠정적으로 약속받은 후, 1240년 다시 황제 편으로 전향하여, 빈을 떠나 빈 근교의 비너노이슈타트에 머물고 있는 프리드리히 2세 오스트리아 공작을 재차 공격했다.

그러나 1241년 프리드리히 2세 황제가 프리드리히 2세 오스트리아 공작의 파문을 취소하고 바이에른과 뵈멘 점령군이 빈에서 철수한 후, 상황은 급변했다. 빼앗겼던 영지를 신속히 회복한 후, 프리드리히 2세 오스트리아 공작과 프리드리히 2세 독일황제 간의 관계는 빠르게 개선되었고, 같은 가톨릭국가들(헝가리와 바이에른)과의 잦은 무력충돌을 유발했기 때문에 악화된 교황(그레고리우스 9세)과 오스트리아 공작(프리드리히 2세)과의 관계도 빠르게 개선되었다. 그 뿐 아니라, 상호 반목 중인 황제와 교황은 지지 세력을 확대하기 위해 프리드리히 2세 오스트리아 공작을 서로 자기편으로 끌어들이려고 시도했다. 황제는 오스트리아 공국과 슈타이어마르크 공국을 합쳐 세습왕국으로 국격을 승격시켜주는 문제를 가지고 프리드리히 2세를 황제 지지 제후로 만들려고 했고, 그레고리우스 9세 교황은 프리드리히 2세 공작의 선왕인 레오폴트 6세 때 시도되었다가, 파사우 주교와 잘츠부르크 대주교의 반대로 무산된 바 있는, 빈 교구를 독립주교구로 승격시키는 카드를 가지고 프리드리히 2세 공작을 회유하려 했다. 앞에서 언급한 하인리히 7세와 레오폴트 6세 오스트리아 공작의 장녀 마르가레테(프리드리히 2세 공작의 손위 누이)의 결혼은 프리드리히 2세 황제가 주도하여 이루어진 호엔슈타우펜 왕가와 바벤베르크가의 결합이었다. 프리드리히 2세 공작도 그가 통치한 두 공국(오스트리아 및 슈타이어마르크 공국)의 왕국 승격을 노리고, 질녀인 게르트루트(†1288: 1227년 사망한 프리드리히 2세 공작의 형 하인리히의 외동딸를 1241년 세 번째로 상배를 한 프리드리히 2세 황제의 황비로 만들기 위해 노력했었다.

그러나 프리드리히 2세 황제와 그레고리우스 9세 교황이 동일한 목표를 달성하기 위해 프리드리히 2세 오스트리아 공작을 우군으로 끌어들이려 한 노력은 성사되지 않았다. 하인리히 7세가 교황의 사주를 받아 부왕(프리드리히 2세 황제)에게 반란을 일으킴으로써 바벤베르크가와 호엔슈타우펜가 간의 정략결혼은 빛을 발하지 못했다. 프리드리히 2세 황제가 바벤베르크가 공작의 질녀를 황비로 받아드리지 않은 이유에 대해서는 전해진 기록이 남아 있지 않지만, 프리드리히 2세 황제의 네 번째 결혼 상대자는 평민 출신의 이탈리아 여인이었다. 교황의 빈 주교구 신설 약속도 파사우와 잘츠부르크의 반대로 재차 무산되었고, 그레고리우스 9세는 1241년 8월에 사망했다. 오스트리아를 왕국으로 승격시키려 한 계획은 그 후 합스부르크 왕조에 들어서도 프리드리히 3세, 막시밀리안 1세, 페르디난트 1세 및 2세 등 여러 황제에 의해 시도된 바 있었다.

1241년과 1242년 사이 칭기즈칸의 손자 바투 칸(1205-1255)이 지휘한 몽골 군대가 동유럽을 침략했을 때, '호전공' 프리드리히 2세 오스트리아 공작은 헝가리에 개입할 명분을 얻었다. 그는 헝가리의 마자르족 국왕 벨로 4세(1206-1270, 재위: 1235-1270)에게 몽골 군대의 습격으로부터 헝가리의 방어를 돕겠다는 약속을 하였고, 벨로 4세는 그 대가로 국경지역의 일부를 오스트리아에 양도했다. 그러나 프리드리히 2세가 약속을 어겨 헝가리와 오스트리아 간의 일전이 불가피하게 되었다. 외덴부르크(헝가리의 샤프론)를 출발한 벨로 4세는 약속을 어긴 프리드리히 2세 공작을 응징하기 위해, 그리고 내친 김에 1042년과 1043년 사이 신성로마제국 황제 하인리히 3세(재위: 1039-1056)와 오스트마르크 변경백 아달베르트(재위: 1018-1055)의 연합군에게 빼앗긴 라이타 강 이동 지역을 탈환하기 위해 오스트리아를 침공해 들어갔다. 1246년 6월 15일 비너노이슈타트 남쪽을 흐르는 라이타 강 인근에서 벌어진 전투에서 프리드리히 2세는 벨로 4세에게 승리를 거두었으나, 정작 공작 자신은 전사했다. 후사를 두지 못한 프리드리히 2세의 돌연한 죽음은 976년에 창건된 바벤베르크 왕조의 멸망을 의미했다.

프리드리히 2세 공작의 죽음으로 바벤베르크가는 허무하게 역사의 뒤안길로 사라져버렸다. 호전적인 성격으로 인해 프리드리히 2세는 1230년 즉위한 직후부터 오스트리아 및 슈타이어마르크 공국 내 귀족들의 반란에 직면했고, 독일황제인 프리드리히 2세에게도 도전적인 태도를 보임으로써 파문을 자초했었다. 영토 확장정책의 일환으로 뵈멘과 헝가리를 침공함으로써 재위 기간 내내 인접 국가들(뵈멘과 헝가리)과 우호적인 관계를 형성하지 못했다. 프리드리히 2세 황제의 이름으로 진주한 뵈멘 군대와 바이에른 군대에 의해 빈을 위시해 오스트리아 공국 전체가 점령되었고, 프리드리히 2세 공작 자신은 제국추방령을 감수해야 했다. 그는 황제 및 교황과의 관계개선을 통해 오스트리아를 지킬 수 있는 기회를 이용하는 데 실패했다. 상호 대립하고 있던 황제와 교황이 오스트리아를 지지 세력으로 끌어들이기 위해 프리드리히 2세 공작에게 서로 접근했었는데도 말이다. 그는 황제가 내민, 오스트리아의 왕국 승격 카드를 적절히 이용하지 못함으로써 한 번의 기회를 놓쳤다. 빈의 주교구 신설 가능성을 제시한 교황의 제의도 파사우 주교구와 잘츠부르크 대주교구의 반대에 부딪혀 무산됨으로써 또 한 번의 기회를 그는 흘려보내야 했다. 프리드리히 2세 공작 개인의 외교력 부족과 과도한 자신감에서 비롯된 호전성이 몰락의 간접적인 요인들이었다면, 프리드리히 2세의 죽음과 더불어 남계가 단절된 것이 바벤베르크가 몰락의 직접적인 원인으로 작용하였다. 1156년 오스트리아가 변경백국에서 공국으로 승격되었을 때, 신성로마제국 황제(프리드리히 1세)로부터 부여받은 특권, 즉 가문의 남계가 단절될 경우 여계의 상속 순위를 결정할 수 있는 권리는 물론이고, 후사가 없을 경우 계승자를 추천할 수 있는 권리도 실제로 행사되지 않았다. 상속권을 주장할 수 있는 프리드리히 2세 공작의 여형 마르가레테와 질녀 게르트루트는 뵈멘의 왕실과 결혼함으로써 바벤베르크가의 재산(오스트리아 공국과 슈타이어마르크 공국)은 일단 뵈멘이 차지하게 되었다.

교황에 의해 파문되었을 뿐 아니라, 교황의 사주를 받아 선출된 대립 국왕들 때문에 독일제국 내에서 권위가 크게 훼손된 프리드리히 2세 황제는 1246년 프리드리히 2세 오스트리아 공작의 사망으로 바벤베르크가가 몰락한 직후인 1248년 황제의 친척이 된 오토 2세 바이에른 공작에게 오스트리아 공국의 관리를 위임했다. 오토 2세의 장녀 엘리자베트(1227-1273)와 프리드리히 2세 황제의 차남이며 후계자인 콘라트 4세(1228-1254)가 1246년 9월 1일 결혼함으로써 호엔슈타우펜가와 비텔스바흐가는 결혼동맹을 체결했었다. 그러나 황제의 위임은 효과적으로 이행되지 않았고, 바벤베르크가의 오스트리아(오스트리아 공국과 슈타이어마르크 공국) 땅은 일단 뵈멘 왕가(프르셰미슬가)에 그 소유권이 완전히 넘어가 버렸다. 1253년 오토 2세 바이에른 공작은 슈타이어마르크 공국을 점령하려고 시도했지만, 그것도 오토카르 2세(재위: 1231-1253, 벤첼 1세의 차남) 뵈멘 국왕에 의해 좌절되었다.

바벤베르크가는 프리드리히 2세 공작 이전 시기에도 태평성대를 누린 것은 아니었다. 교권과 제권 간의 알력, 북쪽의 슬라브족과 동쪽의 마자르족으로부터의 침략 가능성, 그리고 잦은 십자군 원정 동원 등이 오스트리아의 평화를 위협한 상시적 요인들이었다. 어떻게 보면 이러한 주변 환경이 오스트리아 국민으로 하여금 국제관계의 중요성을 깨닫게 하는 계기를 제공했는지도 모른다.

10) 공위기의 오스트리아(1246-1282)

　군주를 잃은 오스트리아는 대혼란에 빠졌다. 이 기회를 이용해 오스트리아 공국과 슈타이어마르크 공국을 모두 차지하기 위해 뵈멘 왕 벤첼 1세는 장남 블라디슬라프(†1247)를 프리드리히 2세 공작의 질녀 게르트루트(1226-1288. 1227년에 사망한 프리드리히 2세 공작의 형 하인리히의 외딸)와 서둘러 혼인시켰다. 그러나 블라디슬라프가 결혼한 지 1년도 지나지 않은 1247년 급사하는 바람에, 프르셰미슬가는 바벤베르크가의 유산에 대한 상속권을 제기할 수 있는 기회를 놓치는 듯했다. 벤첼 1세는 그럼에도 불구하고 이번에는 20세도 채 안 된 둘째 아들 오타카르 2세를 30세가량 나이가 더 많은, 사망한 프리드리히 2세의 맏누이 마르가레테와 정략 결혼시켜, 1252년 합법적으로 오스트리아 공국을 상속받았다. 마르가레테는 - 그녀의 첫 남편 하인리히 7세는 1242년에 사망했다 - 그녀와 나이가 같은 벤첼 1세의 차남(오토카르 2세)과 재혼한 것이었다. 마르가레테와 결혼한 오토카르 2세는 1232년생이었고, 시부인 벤첼 1세는 마르가레테와 나이가 같았다. 마르가레테의 약 30년 연하의 남편이 바로 부왕을 승계하여 1253년 즉위한 오토가르 2세(재위: 1253-1278) 뵈멘 국왕이었다. 오토가르 2세의 어머니가 필립 폰 슈바벤의 딸이었으니까, 그는 필립 폰 슈바벤 독일 국왕의 외손자였고, 프리드리히 1세 바르바로사(붉은 수염) 황제의 외증손자였다. 호엔슈타우펜 왕가와 인척관계를 맺은 벤첼 1세와 오타카르 2세는 프르셰미슬 왕조(875-1306)의 가장 위대한 군주들이었으며, 그들 재위기에 뵈멘 왕국은 경제적, 문화적으로 크게 융성하였다. 호엔슈타우펜 왕조와의 교류가 뵈멘 왕국에 끼친 영향이 발전의 한 요인이었다고 할 수 있을 것이다.

　프리드리히 2세 오스트리아 공작은 생전에 두 번 결혼했다. 첫 아내는 바벤베르크가의 전통적인 친 비잔틴 제국 정책에 따라 비잔틴 제국의 후계국인 니케아 제국 황제 테오도루스 라스카리스(1174-1221, 재위: 1204-1221. 비잔틴 제국 황제 콘스탄티누스 라스카리스의 동생)의 딸 소피 라스카리스였다. 1229년 경 재혼한 안덱스-메란 공작(오토 1세)의 장녀 아그네스(†1263)는 풍부한 영지를 지참금 형식으로 바벤베르크가에 선물하여, 슈타이어마르크 공국은 크라인(슬로베니아)과 인퍼어텔(인 강 유역)에 광대한 영지를 추가하였다. 그러나 아그네스는 자녀를 생산하지 못해 1243년 이혼 당했으며, 프리드리히 2세 공작이 사망한 후 케른텐 공작 울리히 3세(재위: 1256-1269)와 재혼했다.

프리드리히 2세 오스트리아 공작이 1246년 전사한 후, 잔존한 바벤베르크가의 마지막 후손으로는, 그의 질녀 게르트루트와 그녀의 재혼 남편인 바덴 변경백 헤르만 6세(1225경-1250, 재위: 1243-1247) 시이에 태어난 아들 프리드리히 1세(1249-1268)와 딸 아그네스(1250-1295)가 유일했다. 앞에서도 언급했지만, 뵈멘 왕 벤첼 1세는 바벤베르크가의 세습지를 합법적으로 상속받기 위한 방편으로 장남 블라디슬라프를 게르트루트와 1246년 서둘러 결혼시켰지만, 블라디슬라프는 상속이 실현되기 전인 1247년에 사망했다. 게르트루트는 그 후 두 번 더 결혼했다. 바덴의 변경백 헤르만 6세와 게르트루트 사이에 태어난 프리드리히 1세는 프리드리히 2세 오스트리아 공작의 외종손으로서 - 프리드리히 1세의 외조부 하인리히(†1227)의 아우가 프리드리히 2세 공작이었다 - 1246년 외종조부 프리드리히 2세가 전사한 후부터 1252년 바벤베르크가의 영지가 뵈멘 왕국에 상속될 때까지, 다시 말해 1247년부터 1251년까지 바벤베르크가의 혈통을 이은 유일한 남계이었다. 그래서 그는 '영토 없는 공작'으로 불렸다. 게르트루트와 헤르만 6세 사이에 출생한 딸 아그네스는 1263년 울리히 3세 케른텐 공작과 결혼했다. 1263년 사망한 울리히 3세의 첫 부인의 이름도 아그네스였는데, 그녀는 바벤베르크가의 마지막 공작 프리드리히 2세의 두 번째 부인이었다.

바벤베르크가의 마지막 후예 프리드리히 1세(프리드리히 2세 공작의 외종손)는 1250년 부친(바덴 변경백 헤르만 6세) 사망 후 오스트리아를 뵈멘 국왕 벤첼 1세에게 이양해야 했다. 그 후 그는 바이에른으로 피신했다가, 그곳에서 콘라트 4세(1228-1254, 재위: 1250-1254. 프리드리히 2세 황제의 아들) 신성로마제국 국왕의 외아들 콘라딘(1252-1268, 시칠리아 국왕: 1254-1258)과 친교를 맺게 되었다. 프리드리히 1세는 콘라딘을 도와 호엔슈타우펜가의 나라(시칠리아 왕국)를 탈환하기 위해 시칠리아로 원정을 떠났다. 시칠리아는 1194년 하인리히 6세 신성 성로마제국 황제가 시칠리아 왕국을 접수한 이후 1266년까지 호엔슈타우펜 왕가에 의해 지배되었지만, 1266년 만프레트(프리드리히 2세 황제의 막내아들. 콘라딘의 숙부. 재위: 1258-1266) 왕이 사망한 후 시칠리아 왕국의 소유권은 독일의 호엔슈타우펜가에서 - 프랑스 출신 교황 클레망스 4세(재위: 1265-1268)의 지지를 얻은 - 프랑스의 앙주가로 넘어갔다. 호엔슈타우펜가의 마지막 시칠리아 왕은 콘라딘(1254-1258)의 왕권을 찬탈한 만프레트(재위: 1258-1266)였다. 만프레트(프리드리히 2세 황제의 아들로서 콘라트 4세의 동생)는 콘라딘(프리드리히 2세 황제의 손자. 콘라트 4세의 아들)의 숙부였다. '영토 없는 공작' 프리드리히 1세는 시칠리아에 도달하기도 전에, 길목을 지키고 있던 앙주가의 시칠리아 국왕 샤를 1세(재위: 1266-1282)와 1268년 8월 23일 로마 북동쪽 탈리아코초에서 벌인 전투에서 콘라딘과 함께 앙주가의 포로가 되어버렸다. 그 후 4개월 정도 투옥되었다가, 콘라딘과 함께 나폴리에서 공개 참수형을 당했다. 바벤베르크가의 후손이 생존함으로써 발생할 수도 있을 후환을 두려워한 오토카르 2세 뵈멘 국왕이 '영토 없는 공작' 프리드리히 1세의 처형을 프랑스 측에 강력하게 요청했기 때문이었다. 이 두 사람의 죽음과 더불어 호엔슈타우펜 왕조와 바벤베르크 왕조는 그 마지막 남은 혈맥마저 끊기게 되었다. 프리드리히 1세는 베로나와 바덴의 변경백 겸 칭호상의 오스트리아 및 슈타이어마르크 공작으로 역사에 기록되고 있다. 그의 부친 헤르만 6세가 바덴 및 베로나 변경백이었다. 콘라트 4세 이후 - 콘라

트 4세가 사망한 1254년부터 합스부르크가의 루돌프 1세가 즉위한 1273
년까지 19년은 독일제국의 공위기이었다 - 독일제국의 정통성을 보유한
첫 독일 국왕인 합스부르크가의 루돌프 1세도 친 호엔슈타우펜가 인사
로서 콘라딘과 프리드리히 1세의 시칠리아 원정을 지지한 사람 중의 한
사람이었다.

바벤베르크가의 마지막 남은 후손 프리드리히 1세 베로나 변경백과
호엔슈타우펜가의 마지막 왕손으로서 예루살렘과 시칠리아의 국왕이었
던 콘라딘은 한날한시에 운명을 같이 했다는 공통점을 가지고 있다.
1268년 10월 29일 프리드리히 1세는 19세의 나이에, 콘라딘은 16세의
나이에 앙주가의 샤를 1세에 의해 처형당함으로써 가계는 단절되고, 양
왕가는 신성로마제국에서 영원히 소멸했다. 합스부르크 제국의 전신인
바벤베르크 왕조는 1246년에 공식적으로 역사에서 사라졌고, 호엔슈타우
펜 왕조는 1254년 콘라트 4세의 죽음과 더불어 소멸했다. 그리고 오스
트리아(1246년부터)와 독일제국(1254년부터)은 공위기의 긴 터널 속으로 빨려 들
어갔다.

1252년 바벤베르크가의 유산(오스트리아 공국과 슈타이어마르크 공국)이 프르셰미
슬 왕조의 벤첼(바츨라프) 1세 국왕에게 귀속된 것을 용인할 수 없었던 사
람은 바벤베르크가의 외손 계통의 마지막 혈육 프리드리히 1세 뿐만은
아니었다. 실지를 회복하기 위해 오스트리아를 침공하여 벌인 라이타 강
전투에서 적국(오스트리아)의 군주 프리드리히 2세 공작을 제거한 사람은 헝
가리의 벨로 4세 국왕이었는데, 바벤베르크가의 유산은 뵈멘의 국왕이
차지했기 때문에, 헝가리와 뵈멘 간의 충돌은 이제 시간문제였다. 슈타
이어마르크 공국을 차지하기 위한 전쟁이 1252년 뵈멘 국왕 벤첼 1세의
아들인 오토카르(1253년 9월 22일 이후 오토카르 2세 뵈멘 국왕)와 헝가리 국왕 벨로
4세 사이에 시작되었다. 헝가리 국왕(벨로 4세)은 폴란드의 크라카우(크라쿠프)
공국과 하인리히 13세(1253-1255. 니더바이에른 공작으로서는 하인리히 1세) 바이에른 공

작의 지원을 받았지만 - 하인리히 13세는 벨로 4세의 사위였고, 그 연고로 그의 장남 오토 3세(1261-1312)는 1305년부터 1306년까지 니더바이에른 공작과 헝가리 국왕(벨로 5세)을 겸임했다 - 뵈멘 왕국의 군대를 상대하기에는 역부족이었다. 양국 간의 분쟁을 조기에 끝내기 위해 교황이 개입했다. 오토카르 2세와 벨로 4세는 인노첸시오 4세(재위: 1243-1254) 교황의 중재로 헝가리의 오펜(부다페스트)에서 평화협상을 시작하여, 1254년 4월 3일 <오펜 평화조약>을 체결했다.

오펜 평화 조약에서 뵈멘 왕국과 헝가리 왕국은 바벤베르크 왕조의 유산을 분할했다. 오토카르 2세(뵈멘)는 오스트리아 공국(지금의 니더외스터라이히)과 젬머링 북쪽의 슈타이어마르크 지방, 즉 피텐 지역과 트라운가우를 - 트라운가우를 핵심지역으로 하는 <엔스 강 위의 외스터라이히>(현재의 오버외스터라이히)라는 지역 명칭은 1260년대 초에 등장했다 - 보유키로 했고, 벨로 4세(헝가리)는 슈타이어마르크 공국의 나머지 지역을 모두 차지했다. 오펜 평화조약 체결 약 한 달 후인 1254년 5월 1일 오토카르 2세와 벨로 4세는 프레스부르르크(브라티슬라바)에서 별도로 회동하여 양국 간 우호관계의 유지를 약속했고, 바벤베르크 왕조의 세습지는 이제 - 헝가리에 편입된 슈타이어마르크의 일부 지역을 제외하면 - 오토카르 2세 뵈멘 국왕의 지배를 받게 되었다. 오스트리아 공국과 케른텐 공국, 슈타이어마르크 공국의 일부와 크라인 공국에다가 에거란트(체코의 헤프)까지 획득한 뵈멘은 왕국 역사상 가장 광대한 지역을 소유하게 되었다. 이는 자연히 교황과 독일제국을 구성한 여러 제후국 군주들의 우려를 자아내기에 충분했다. 그도 그럴 것이 뵈멘 왕국은 신성로마제국 소속 국가이었으며, 독일제국 황제 선출권을 보유한 선제후국이었기 때문이다.

뵈멘(오토카르 2세)과 헝가리(벨로 4세) 간에 분할된 슈타이어마르크 공국은 오펜 평화조약 체결 6년 후 마르히펠트(니더외스터라이히)의 작은 마을 크레센브룬(현재의 지명은 그로이센브룬)에서 벌어진 전투(크레센브룬 전투, 1260년 7월)에서 헝가리 군대를 제압한 오토카르 2세 뵈멘 국왕에 의해 다시 통합되었다. 이 듬 해 체결된 <빈 평화조약>(1261년 3월 31일)에서 슈타이어마르크 공국 전체는 오토카르 2세의 영토가 되어버렸고, 오토카르 2세는 1262년 공위기의 독일제국을 지배한 영국인 국왕 리처드(재위: 1257-1271)에 의해 독일제국의 이름으로 오스트리아 공국 및 슈타이어마르크 공국의 공작에 책봉되었다. 짧은 기간이긴 했지만 - 1262년부터 1276년까지 - 뵈멘과 메렌 이외에 오스트리아(니더외스터라이히와 오버외스터라이히), 슈타이어마르크, 케른텐 및 크라인이 오토카르 2세 치하에서 처음으로 동일한 통치자에 의해 지배되었다. 뵈멘과 메렌을 제외한 이들 지역 전체는 훗날 합스부르크가 최초의 독일국왕 루돌프 1세에 의해 환수되어, 오스트리아 땅에서 새롭게 출발한 합스부르크 왕조의 기본 영토 구실을 하게 된다.

케른텐 공국이 뵈멘에 편입된 것은 1269년의 일이었다. 케른텐의 마지막 공작 울리히 3세(재위: 1256-1269)가 외사촌동생인 오토카르 2세와 상호 상속에 관한 조약을 체결하여, 자신이 후사 없이 사망할 경우, 케른텐과 크라인의 모든 재산과 권리를 뵈멘 왕국에 귀속시키기로 합의한 후, 1년도 지나지 않아 사망했기 때문이었다. 울리히의 모친(유디트)은 벤첼(바츨라프) 1세의 누이였고, 오토카르 2세는 벤첼 1세의 장남이었다.

빈은 이미 1246년 뵈멘의 오토카르 2세(벤첼 1세 국왕의 차남) 왕자에 의해 사실상 접수된 후, 1276년 합스부르크가 출신의 독일 국왕 루돌프 1세에 의해 탈환될 때까지 30년 간 뵈멘의 점령지였다. 바벤베르크가의 마지막 공작 프리드리히 2세가 후사 없이 사망한 1246년부터 루돌프 1세가 뵈멘 왕국으로부터 회수한 옛 바벤베르크가의 세습지를 자신의 장자인 알브레히트 1세(오스트리아 공작: 1282-1308, 독일제국 국왕: 1298-1308)에게 봉토로 수여한 1282년까지, 달리 말해 바벤베르크 왕조의 소멸(1246)과 합스부르크 왕조의 출범(1282) 사이의 36년을 역사는 오스트리아의 공위기라 부른다.

바벤베르크가의 몰락과 합스부르크가의 부상 사이에 정치공백기가 발생한 오스트리아의 사정과 유사한 상황이 독일제국에서도 전개되었다. 바벤베르크가와 인척관계를 맺고 있던 호엔슈타우펜가 출신의 독일제국 황제 프리드리히 2세는 1227년에 이어 1239년에도 같은 교황(그레고리우스 9세)에 의해 파문된 후, 1245년에는 신성로마제국의 황제 칭호마저 인노첸시오 4세 교황에 의해 박탈당했었다. 그리고 1250년 프리드리히 2세가 사망하고, 그의 아들 콘라트 4세가 독일국왕에 등극했지만, 1245년 이후 교황이 임명한 복수의 대립국왕이 출현함으로써 콘라트 4세도 1254년 사망할 때까지 교황 및 교황 지지 세력과 힘겨운 투쟁을 벌여야 했다. 1254년 콘라트 4세의 죽음과 더불어 호엔슈타우펜 왕조는 대가 끊겼고, 독일제국 역시 황제 없는 대공위 시대가 1273년 9월 말까지 지속되었다. 콘라트 4세가 사망한 1254년 5월 21일부터 합스부르크가의 루돌프 1세가 선제후들의 전원일치 찬표를 얻어 독일제국 국왕에 선출된 1273년 10월 1일 이전까지 18년간을 독일제국의 공위기 혹은 대공위기라 부른다.

바이에른 공국 지역분할의 역사

　　바이에른 공국은 오토 2세 공작(1206-1253, 재위: 1231-1253)의 두 아들 대에 이르러 지역분할이 이루어졌다. 오토 2세의 사후, 그의 장남 루트비히 2세(1229-1294, 바이에른 공작: 1253-1255, 오버바이에른 공작: 1255-1294)와 차남 하인리히 13세(1235-1290, 바이에른 공작: 1253-1255, 니더바이에른 공작: 1255-1290)는 1253년부터 2년간 전체 바이에른을 공동으로 통치했으나, 1255년 바이에른 공국을 둘로 나누어 형(루트비히 2세)은 오버바이에른을, 동생(하인리히 13세)은 니더바이에른을 차지했다. 바이에른의 지역분할시대는 신성로마제국 황제가 된 루트비히 4세(1282-1347, 재위: 1314-1347)가 1340년 오버바이에른과 니더바이에른의 공작을 겸함으로써 종식되는 듯 했지만, 그의 손자 대에 이르러서는 2분되었던 바이에른(오버바이에른과 니더바이에른)이 3분되기에 이르렀다(바이에른-잉골슈타트, 바이에른-란츠후트, 바이에른-뮌헨). 루트비히 4세의 장손 슈테판 3세(1337-1413)는 바이에른-잉골슈타트(잉골슈타트가 수도인 바이에른) 공국을, 차손 '현자' 프리드리히(1339-1393)는 바이에른-란츠후트(란츠후트가 수도인 바이에른) 공국을, 그리고 막내손자 요한 2세(1341-1397)는 바이에른-뮌헨(뮌헨이 수도인 바이에른) 공국을 각각 상속받았다. 1505년 지역분할시대에 영구히 종지부를 찍은 바이에른 공국의 군주는 알브레히트 4세(1447-1508, 바이에른-뮌헨 공작: 1465-1505, 바이에른 공작: 1505-1508)였다(란츠후트 계승전쟁 참조). 참고로 오버바이에른은 오스트리아와 경계를 이루고 있고, 니더바이에른은 남쪽은 오스트리아와, 동쪽은 체코와 국경을 공유한다.

□ 4
신성로마제국 공위기의 외국인 국왕

1254년 콘라트 4세의 죽음과 더불어 호엔슈타우펜 왕조가 소멸된 후, 1273년 합스부르크가의 루돌프 4세 백작이 독일제국의 국왕(루돌프 1세)에 선출될 때까지 재위한 공위기(1254-1273)의 두 명의 독일제국 국왕들인 카스티야의 국왕 알폰소 10세(1221-1284, 카스티야 국왕: 1252-1284, 신성로마제국 국왕: 1257-1273)와 콘월가의 백작 리처드(1209-1272, 신성로마제국 국왕: 1257-1272)는 모두 독일제국 제후 출신이 아닌, 스페인과 영국 사람이었다.

프리드리히 2세 황제의 재위기에 이미 여러 명의 대립국왕이 출현한 이유는 교황의 사주를 받은 성직선제후들(마인츠, 트리어 및 쾰른 대주교)이 모두 황제 지지를 철회하고, 반 황제, 반 호엔슈타우펜 왕가 전선을 형성했기 때문이었다. 1237년 프리드리히 2세 황제의 어린 아들 콘라트 4세(1228-1254)의 후견인 겸 황제 대리인에 임명될 정도로 황제의 신임이 각별했던 마인츠 대주교 지크프리트 3세(재위: 1230-1249)는 - 1239년 프리드리히 2세가 교황 그레고리우스 9세에 의해 1227년에 이어 다시 한 번 파문을 당한 후 - 반 황제 진영으로 돌아서 버렸다. 지크프리트 3세는 9살의 콘라트(프리드리히 2세 황제의 아들)가 1237년 2월 빈에서 개최된 제후회의에서 프리드리히 2세 황제를 계승할 새로운 로마-독일 왕(황제 후보)에 선출될 때 주도적인 역할을 한 인물이었다. 황제는 지크프리트 3세를 파면하고 튀링엔의 방백 하인리히 라스페(1204-1247)와 뵈멘 국왕 벤첼(바츨라프) 1세를 황제 대리인에 임명했다. 1243년에 즉위한 인노첸시오 4세 교황은 전임교황(호노리우스 3세와 그레고리우스 9세)의 반 프리드리히 2세 황제 전쟁을 이어갔다. 인노첸시오 4세는 파면된 전 황제 대리인 지크프리트 3세 마인츠 대주교를 교황 대리인에 임명했고, 후자는 곧 하인리히 라스페를 교황 지지파로 끌어드렸다.

쾰른 대주교 콘라트 1세(재위: 1238-1261)도 1238년까지는 프리드리히 2세 황제로부터 여러 가지 특권을 부여받은 황제 지지 선제후였다. 콘라트 1세 대주교가 반 호엔슈타우펜 왕가 진영으로 돌아선 가장 큰 이유는, 전임 쾰른 대주교(하인리히 1세, 재위: 1225-1238)로부터 막대한 부채를 물려받은 그에게 그레고리우스 9세 교황이 재정지원을 약속했기 때문이었다.

아르놀트 2세(재위: 1242-1259) 트리어 대주교가 황제 반대파가 된 데는 충분한 이유가 있었다. 황제의 미성년 아들 콘라트 4세 측이 트리어 대주교 선거(1242년)에서 아르놀트 2세에 패한 루돌프(장크트 파울린 교회의 수석 신부)를 지원했기 때문이었다. 1242년 아르놀트 2세가 선제후국 트리어의 대주교에 즉위한 후 아르놀트 2세와 루돌프 간에 내전이 발생했다. 인노첸시오 4세 교황은 아르놀트 2세의 대주교직을 승인했고, 루돌프는 항전을 포기했다. 내전은 1245년에 종료되었다. 같은 해 교황은 콘라트 4세의 차기 독일제국 국왕 선출(1237년)을 무효화하고, 프리드리히 2세 황제의 폐위를 선언한 후, 후자를 대신할 새로운 독일 국왕 선출을 상기 3인의 성직선제후들에게 요청했다. 독일제국은 극심한 정치적 혼란에 빠지게 되었다. 물론 프리드리히 2세는 퇴위하지 않았고, 교황은 황제(프리드리히 2세)와 황제 후보(콘라트 4세)를 무력화시키기 위해 대립국왕(하인리히 라스페 및 빌헬름 폰 홀란드)을 등장시켰다.

마인츠 대주교 지크프리트 3세와 쾰른 대주교 콘라트 1세가 주도한 - 소수의 제후만 참가한 - 독일제국 제후회의는 1246년 5월 22일 파이츠회히하임(뷔르츠부르크)에서 하인리히 라스페를 프리드리히 2세 황제의 대립국왕으로 선출했다. 그러나 하인리히 라스페가 1년도 지나지 않은 1247년 2월에 사망한 후, 호엔슈타우펜가에 대적하여 대립국왕에 입후보할 독일 제후가 나타나지 않자, 지크프리트 3세와 콘라트 1세를 중심으로 한 교황 지지파는 1247년 10월 3일 보링엔(쾰른)에서 홀란드의 백작 빌헬름(빌렘)(1228-1256)을 프리드리히 2세 황제의 두 번째 대립국왕으로 선출했다.

7명의 선제후들 중에는 호엔슈타우펜가의 프리드리히 2세 황제를 여전히 지지하는 선제후들도 있었고, 프리드리히 2세 황제도, 빌헬름 백작도 지지하지 않는 선제후도 있었기 때문에, 빌헬름은 홀란드로 귀환했다. 그가 일반적인 인정을 받은 것은 호엔슈타우펜가의 마지막 독일제국 국왕 콘라트 4세(재위: 1250-1254)가 1254년 사망한 이후였다.

1254년과 1255년 사이에 콘라트 1세 대주교와 빌헬름 폰 홀란드 사이에 긴장이 조성되었다. 빌헬름이 그를 선출한 - 지크프리트 3세 대주교는 1249년에 사망했다 - 콘라트 1세의 지휘와 감독을 받지 않으려 했기 때문이었다. 후자는 빌헬름을 대신할 대안을 강구하던 중, 1256년 1월 28일 빌헬름은 북네덜란드(프리슬란트)의 반란을 진압하기 위해 출정했다가, 사망했다.

호엔슈타우펜가의 마지막 신성로마제국 국왕 콘라트 4세와 그의 대립 국왕 빌헬름이 1254년과 1256년에 각각 사망한 후, 독일제국의 선제후들은 - 콘라트 4세의 외아들 콘라딘은 나이가 이제 겨우 5세(1252년생)였고, 정통성 있는 다른 유자격 계승후보가 독일제국 제후 중에서는 나서지 않았기 때문에 - 두 명의 외국인, 즉 헨리 3세(재위: 1234-1258) 영국 국왕의 동생 리처드 폰 콘월과 카스티야의 국왕 알폰소 10세를 1257년 같은 해에 동시에 독일제국의 국왕으로 선출했다. 선제후들의 의견이 일치하지 않았기 때문이었다. 알폰소 10세는 기벨린 당파(이탈리아의 호엔슈타우펜 왕가 추종자)에 속하는 피사 시민과 프랑스의 적극적인 지원을 받았고, 헨리 3세의 동생인 리처드는 영국 국왕의 전폭적인 지원을 받았다.

알폰소 10세가 호엔슈타우펜가 추종세력의 지원을 받은 이유는 그가 외가 쪽으로 호엔슈타우펜가의 혈통을 이어받았기 때문이었다. 페르디난트 3세(카스티야 국왕: 1217-1252)와 신성로마제국 국왕 필립 폰 슈바벤(재위: 1198-1208)의 딸 엘리자베트(1205-1235) 사이에 태어난 알폰소 10세는 그러니까 필립 폰 슈바벤의 외손자였고, 필립 폰 슈바벤의 형 하인리히 6세 황제의 아들인 프리드리히 2세 황제는 알폰소 10세의 외종숙이었다. 알폰소 10세가 프랑스 국왕 루이 9세(1214-1270, 재위: 1226-1270)의 지원을 받은 이유는 양 왕가가 인척관계를 맺고 있었던 데에 있었다. 알폰소 10세의 딸 베렌가리아(1253-1284년 이후)는 루이 9세의 장남 루이(1244-1260)의 약혼녀이었고(루이가 1260년에 사망한 후 베렌가리아는 일생동안 수도원에 은거했다), 알폰소 10세의 2남 페르디난트(1255-1275)는 루이 9세의 딸 블랑세(블랑카, 1253-1323)와 결혼함으로써 스페인 왕가와 프랑스 왕가는 당시 이른바 이중사돈 관계에 있었다.

콘월가의 리처드도 짧은 기간(1235-1241)이긴 하지만, 호엔슈타우펜가와 인척관계에 있었다. 그의 여동생 이사벨라(1214-1241, 영국 국왕 존(재위: 1199-1216)의 차녀)가 1235년 프리드리히 2세 황제의 네 번째 아내였기 때문이다. 이 인연으로 리처드는 파문당한 매제 프리드리히 2세 신성로마제국 황제와 그레고리우스 9세 교황 간의 화해를 중재하려고 시도한 적이 있었다.

콘월가의 리처드는 쾰른 대주교 콘라트 1세, 마인츠 대주교 게르하르트 1세(재위: 1251-1259), 그리고 오버바이에른의 공작이며 콘라딘(콘라트 4세의 외아들)의 후견인이기도 한 팔츠 선제후 루트비히 2세(1229-1294)의 지지를 받아, 1257년 1월 13일 프랑크푸르트 성문 밖 야외에서 독일국왕에 선출되었다. 알폰소 10세를 지지한 아르놀트 2세 트리어 선제후가 프랑크푸르트를 점령한 후, 리처드 지지 선제후들의 프랑크푸르트 진입을 막았기 때문이었다. 영국 국왕 헨리 3세는 동생(리처드)을 신성로마제국 황제로 만들기 위해 수단과 방법을 가리지 않았다. 그는 막대한 금액의 뇌물로 선제후들을 매수했다. 영토분쟁으로 1256년 1월 16일 이후 브라운슈바이크 공작 알브레히트 1세(재위: 1252-1279)의 포로 신세가 되어, 투표에 참가할 수 없었던 마인츠 선제후(게르하르트 1세 대주교)는 쾰른 대주교(콘라트 1세)를 통해 자신의 투표권을 행사해야 했고, 그 대가로 받은 뇌물로 몸값을 지불한 후 석방되었다.

리처드가 공위기의 독일제국 국왕에 선출되고 약 3개월이 지난 1257

년 4월 1일 프랑크푸르트에 나타난 트리어 선제후 아르놀트 2세 대주교는 - 작센 선제후 알브레히트 2세(재위: 1260-1298) 공작과 브란덴부르크 선제후 오토 4세(재위: 1267-1308) 변경백으로부터 전권을 위임받아 - 알폰소 10세를 리처드의 대항마로 선출했다. 리처드와 알폰소 10세, 두 사람 모두 과반수 선제후의 지지를 얻지 못했기 때문에, 선거는 무효가 될 뻔 했다. 그와 같은 상황에서 뵈멘 선제후인 오토카르 2세 국왕이 대가를 지불받고 뒤늦게 양쪽을 모두 지지함으로써 두 명의 국왕이 동시에 출현하게 된 것이었다. 콘라트 4세(재위: 1250-1254)가 1254년 사망한 후 시작된 신성로마제국의 정치공백기는 장기화의 길을 걷지 않을 수 없게 되었다. 1257년의 이중선거(이중투표)가 계기가 되어 선제후회의의 결의를 위한 1인 1표 제도가 결정된 것은 한 세기 후인 1356년 <금인칙서>가 반포된 이후이었다. 1272년 4월 2일 리처드가 사망한 후, 알폰소 10세는 교황 그레고리우스 10세(재위: 1271-1276)의 승인을 얻어내려 했으나, 1257년의 황제선거 결과는 교황의 인준을 받지 못했다. 새로운 국왕 선출을 위한 동기가 제공된 것이었다.

대규모 수행원을 거느리고 영국에서 독일로 건너왔던 리처드는 1257년 5월 17일 쾰른 대주교의 집전으로 아헨에서 독일제국 국왕 즉위식을 가졌지만, 그는 서부 독일에서만 인정을 받은 국왕이었다. 리처드는 1269년을 마지막으로 단 4차례만 독일에 체류했다. 1262/1263년 겨울을 거치면서 세 번째로 독일에 체류 중이었을 때, 그는 독일제국 국왕의 자격으로 오토카르 2세 뵈멘 국왕에게 오스트리아 공국과 슈타이어마르크 공국을 봉토로 수여했다. 영국 국내 정정 불안으로 그는 예외적인 경우를 제외하고 영국에 머물면서, 1266년 오토카르 2세 뵈멘 국왕에게 라인 강 오른쪽의 독일제국의 영지 및 재산 보호를 위임하였다. 제국섭정에 버금가는 권한이 뵈멘의 국왕에게 위임된 것이었다. 1272년 리처드 왕이 사망했고, 알폰소 10세는 독일국왕에 선출된 후 즉위식도 가진 적이 없고, 독일에 입국한 적도 없었기 때문에, 선제후회의는 새로운 독일 국왕 선거를 피할 수 없게 되었다.

교황은 알폰소 10세의 정치적 무능력에 종지부를 찍기 위해, 1273년 8월 선제후들로 하여금 새로운 독일 국왕을 선출할 것을 요구했다. 교황의 요청을 받은 사람은 마인츠 대주교 베르너 폰 에프슈타인(재위: 1259-1284, 게르하르트 1세의 후임)과 뉘른베르크의 태수 프리드리히 3세(1225경-1297, 재위: 1260-1297)였는데, 이들은 1257년 독일제국 국왕선거 당시 고인이 된 리처드를 독일의 국왕으로 밀었던 사람들이었다. 새로이 선출될 독일국왕 후보로는 비텔스바흐가의 루트비히 2세(1229-1294, 바이에른 공작: 1253-1255, 오버바이에른 공작: 1255-1294), 프르셰미슬가의 오토카르 2세 뵈멘 국왕, 그리고 합스부르크가의 루돌프 4세 백작이 사천, 타천으로 천거되었다. 베르너 폰 에프슈타인 마인츠 대주교는 오버바이에른 공작 겸 팔츠 선제후 루트비히 2세(1229-1294)를 지지했지만, 선제후들의 다수 의견을 결집하는 데는 실패했다. 3인의 성직선제후 중 마인츠 대주교는 독일제국 직제상 제국대재상으로서 선제후회의 의장을 겸했다.

오토카르 2세는 바벤베르크가의 옛 영토를 모두 점령했고, 1269년 슈판하임가가 소멸한 후에는 케른텐 공국과 케른텐 공국령 크라인(슬로베니아) 및 벤드 변경구(슬로베니아)까지 자국(뵈멘) 영토에 편입시켰다. 슈판하임가의 마지막 케른텐 공작 울리히 3세는 오토카르 1세의 외손자이었고, 오토카르 2세는 오토카르 1세의 친손자였다. 울리히 3세와 오토카르 2세는 고종사촌·외사촌 관계였다. 1266년에는 에거란트(체코의 헤프)를 획득함으로써, 이제 뵈멘 왕국은 에르츠 산맥에서부터 아드리아 해에 이르는 광대한 영토를 지배하게 되었다. 오토카르 2세 뵈멘 국왕은 동방정책에도 적극적으로 개입하여, 독일기사단의 프로이센(동프로이센) 점령전쟁에도 참전했다 (18세기 중엽까지 프로이센은 동프로이센을 지칭했다. 프로이센 왕국 성립사 참조). 1255년에 건립된 동프로이센의 수도 쾨니히스베르크의 도시 명칭은 오토카르 2세 뵈멘 국왕(쾨니히)의 참전을 기념하기 위해 명명된 것이었다. 오토카르 2세는 1273년 독일국왕 선출 시 합스부르크가의 루돌프 4세 백작의 강력한 경쟁자였다. 독일제국 내에서 뵈멘 왕국의 세력이 지나치게 팽창된 것에 대해 경계심을 품고 있는 선제후들에게 오토카르 2세 자신이 독일국왕 선거권을 가진 선제후였다는 사실은 차기황제 후보로 나선 그에게는 불리한 조건으로 작용했다. 선제후들은 서남독일에 소규모 영지를 소유한 - 그리하여 독일국왕에 선출된 후에도 선제후들에게 순종할 - 가난한 지방귀족 가문인 합스부르크가의 백작(루돌프 4세)을 공위기를 끝 낼 신성로마제국의 군주(루돌프 1세)로 선택했다.

마인츠 선제후 베르너 대주교는 1273년 9월 11일 보파르트(라인란트-팔츠주)에서 열린 예비회의에서 선제후회의의 절대 과반수를 차지하는 라인지역 선제후들(마인츠 대주교, 쾰른 대주교, 트리어 대주교 및 팔츠 궁중백)과 단일 후보를 천거하는데 합의했다. 이 단일 후보가 1273년 10월 1일 프랑크푸르트에서 개최된 본회의에서 작센 선제후와 브란덴부르크 선제후의 동의를 얻어 독일제국의 새로운 국왕에 선출된 합스부르크가의 루돌프 1세이었다. 루돌프 1세에게 반대표를 던진 유일한 선제후는 오토카르 2세 뵈멘 국왕이었다. 그는 루돌프 1세의 선출을 인정하지 않았고, 루돌프 1세가 선출된 후 충성맹세도 거부했다. 1273년 10월 24일 루돌프 1세는 아헨에서 대관식을 가졌다. 이로써 콘라트 4세의 죽음 이후 1254년부터 19년 동안 지속된 독일제국의 공위기는 정통성을 확보한 루돌프 1세 국왕의 즉위와 더불어 마침내 종료되었다. 제국대재상으로서 제국정치의 제1인자가 된 베르너 대주교는 전임 대주교 시절에 영락한 마인츠 대주교관구의 위상을 제고할 수 있었고, 루돌프 1세의 오토카르 2세 정벌작전에도 참가했다. 합스부르크가(루돌프 1세)와 프르셰미슬가(오토카르 2세) 간의 전쟁은 1273년부터 1278년까지 지속되었다.

| 제 2 장 |

합스부르크 왕조의 등장과
종교적 갈등의 시대(1282-1648)

합스부르크 왕조의 등장과
종교적 갈등의 시대(1282-1648)

❑ 1
합스부르크가의 융성기

1) 루돌프 1세 - 합스부르크가의 첫 독일국왕

루돌프 4세(1218-1291, 루돌프 4세 백작: 1239-1272, 루돌프 1세 독일국왕: 1273-1291)가 태어나기 이전부터 - 그 발상지가 취리히와 바젤 사이, 즉 아레 강과 로이스 강의 합류 지점 이었던 - 백작 가문 합스부르크가와 호엔슈타우펜 왕가는 밀접한 관계에 있었다. '현자'로 불린 루돌프 4세의 부친 알브레히트 4세(1188경-1239) 백작과 루돌프 4세 백작의 대부가 모두 프리드리히 2세 황제였다는 사실 하나만으로도 합스부르크가와 호엔슈타우펜 왕가 간의 돈독한 유대관계를 증명하고도 남음이 있을 것이다. 밝혀지지 않은 이유에서 루돌프 4세는 백작 시절에 두 차례에 걸쳐(1247년과 1254년) 프리드리히 2세 황제에 의해 파문을 당했음에도 불구하고, 그는 호엔슈타우펜 왕가의 충실한 지지자였다. 1267년 루돌프 4세 백작은 콘라트 4세 독일 국왕의 장자이며 호엔슈타우펜 왕가의 마지막 후손인 콘라딘(1252-1268, 예루살렘 및 시칠리아 국왕)의 시칠리아 탈환 정책을 지지했지만, 적시에 콘라딘의 모험(시칠리아 원정)에서 발을 뺄 수 있었다.

루돌프 4세 백작은 1239년에 상속받은 스위스의 아레 강 우안 지역에 소재한 합스부르크(하비히츠부르크) 성을 중심으로 한 합스부르크가의 세습지를 결혼을 통해서, 혹은 모친(하일비히, 1192경-1260)이 상속받은 영지를 통해서, 그리고 인접 제후국들과의 전쟁을 통해서 크게 확대시켰다. 루돌프 4세 백작의 아내는 호엔촐레른 왕가와 인척간인 호엔베르크 백작 가문의 게르트루트(1225경-1281)였고, 그의 모친은 키부르크 백작 가문 출신이었다. 좀 더 상세히 설명하면, 키부르크 백작 가문의 마지막 백작 중의 한 사람인 하르트만 1세(†1264)의 누이동생이 루돌프 4세 백작의 모친이었다. 하르트만 1세의 조카인 하르트만 2세(†1263)는 사망하기 전에 그의 외동딸 안나에 대한 후견권을 사촌간이 된 루돌프 4세에게 위임했었다. 1264년 하르트만 1세가 사망한 후 그의 소유지는 투르가우, 글라루스 및 취리히가우의 제국 봉토와 함께 루돌프 4세 합스부르크 백작에게 상속되었다. 이 조치에 불복한 하르트만 1세의 처가인 사부아가 백작들의 저항에도 불구하고 루돌프 4세는 키부르크가의 유산(모친 하일비히로부터 상속받은 영지)을 지켜냈다.

　독일제국 국왕에 선출된 루돌프 4세 백작은 - 이후 루돌프 1세라 불렸다 - 1273년 10년 동안 후견해 온 하르트만 2세의 외동딸 안나를 종제인 에버하르트(†1284)와 혼인시키고, 그들의 부채를 갚아주었다. 그들은 그에 대한 보답으로 아르가우, 취리히가우 및 발트슈테텐의 키부르크가 세습지를 루돌프 1세 국왕에게 양도했다. 합스부르크가의 원발상지와 루돌프 1세 국왕이 획득한 서남독일의 영지는 - 합스부르크가가 1277년 도읍을 빈으로 옮긴 후 - 전부(全部)오스트리아, 즉 포르데르외스터라이히로 명명되었고, 1803년 <독일제국의회대표자회의결의>를 통해 독일제국의 영토가 부분적으로 재편될 때까지, 오스트리아의 역외 영토로 머물렀다.

　루돌프 1세가 독일제국 국왕에 등극하자마자 취한 첫 중대 조처는

1245년 이후 불법적으로 취득된 제국 재산의 원상회복에 관한 칙령이었다. 1245년 7월 17일은 인노첸시오 4세 교황에 의해 소집된 리옹 공의회가 프리드리히 2세 독일 황제의 폐위를 선언하고, 프리드리히 2세를 대신할 새로운 독일제국의 국왕을 선출할 것을 요구한 해였다. 결과적으로 교황의 명령에 따라 독일제국의 선제후들은 두 명의 대립국왕(하인리히 라스페 및 빌헬름 폰 홀란드)을 선출함으로써 독일제국의 정국은 난조에 빠져 대공위기를 자초했었다. 그러나 루돌프 1세의 정치적, 외교적 노림수의 초점은 1245년이 아닌 1246년에 맞추어져 있었다. 1274년 11월 루돌프 1세 국왕은 뉘른베르크 제국의회를 소집하여 1245년 이후 불법 점유된 제국봉토의 반환청구에 관한 칙령을 고지했다. 이것은 이름을 거명하진 않았지만, 사실상 뵈멘의 오토카르 2세 국왕을 표적으로 삼은 것이었다. 1246년 이후 뵈멘 왕국의 점령 하에 놓인 오스트리아 공국, 슈타이어마르크 공국 등 옛 바벤베르크가의 세습지를 1246년 이전 상태로 원상회복 시키겠다는 것이 루돌프 2세의 복심이었다. 더 구체적으로 표현하자면, 그것은 뵈멘의 점령지를 회수하여 합스부르크가에 귀속시키겠다는 루돌프 1세의 영토정책의 표현이었다.

오토카르 2세는 루돌프 1세의 칙령을 무시했다. 그는 루돌프 1세의 국왕 선출을 인정하려 하지 않았고, 충성맹세도 거부했었다. 그는 1275년 이후 제국추방령에 처해 있으면서도 - 루돌프 1세는 베르너 마인츠 대주교 겸 제국대재상을 통해 오토카르 2세를 파문했다 - 루돌프 1세와의 무력 충돌을 피하려 하지 않았다. 1276년 9월 19일 뵈멘 점령 하의 슈타이어마르크 공국과 케른텐 공국의 귀족대표들은 그라츠 인근 라인 수도원에 모여 루돌프 1세 독일국왕에게 충성맹세(라인 수도원 선서)를 하고, 그를 슈타이어마르크 공국과 케른텐 공국의 새로운 지배자로 인정했다. 루돌프 1세는 군사를 일으켜 오스트리아 공국, 슈타이어마르크 공국, 케른텐 공국, 크라인 백작령 및 지금은 역사적인 땅이 되어버린 바이에른의 에거란트(현 체코의 헤프)를 회수한 후, 1276년 10월 15일부터 빈을 공성하기 시작하여, 그 해 11월 25일 빈을 오토카르 2세의 지배로부터 해방시켰다. 뵈멘 왕국의 핵심 영토인 뵈멘과 메렌을 독일제국의 봉토로 재승인하는 대가로 루돌프 1세는 오토카르 2세에게 충성맹세를 강요했다. 그리고 이제 만 5세에 불과한 막내공주 유타(1271-1297)와 오토카르 2세의 동갑나기 왕자 벤첼(1271-1305)을 약혼시켰다. 왕실 간의 결혼을 통해 프르셰미슬가의 저항을 사전에 차단하려고 시도한 것이었다. 그러나 오토카르 2세는 저항을 포기하지 않았다. 그는 1278년 여름에 이미 재무장에 착수했다.

루돌프 1세는 1278년 8월 약 2천 명의 기병대를 이끌고 오토카르 2세를 제압하기 위해 빈을 출발하여, 라디슬라우스(1262-1290, 재위: 1272-1290) 헝가리 국왕의 경기병 부대와 합류했다. 빈 북동쪽으로 약 40킬로미터 떨어진 뒤른크루트 인근 평원 마르히펠트에서 벌어진 전투에서 루돌프 1세는 8월 26일, 폴란드와 슐레지엔, 그리고 브란덴부르크 변경백 오토 4세의 지원을 받은 뵈멘 군대를 완벽하게 제압했다. 오토카르 2세는 후퇴하던 중, 그에게 개인적인 원한을 품고 있던 루돌프 폰 에머베르크라는 자가 지휘한 몇몇 오스트리아 기사들에 의해 보복 살해되었다.

<뒤른크루트 전투> 혹은 <마르히펠트 전투>(1278년 8월 26일)의 승리는 오스트리아 땅에서의 합스부르크가의 융성을 위한 전제조건을 충족시켜 주었으며, 오스트리아에 대한 뵈멘의 영향력을 완전히 제거해 주었다. 독일제국 국왕인 루돌프 1세를 자신의 개인적인 경쟁자로 여긴 오토카르 2세 뵈멘 국왕은 독일제국 국왕에게 종속된 자신의 제후 신분과 뵈멘 왕국의 제국 종속을 인정할 수 없었기 때문에, 루돌프 1세와의 대결을 피할 수 없었던 것이다. 그는 결국 전투에서도 패하고, 목숨도 잃었다. 오토카르 2세를 제거한 루돌프 1세는 다시 빈에 입성했다. 그는 1281년까지 그곳에 머물면서, 오토카르 2세가 점유했던 지역들을 1246년

이전 상태로 모두 원상회복 시킨 후, 제국재산 관리를 위해 황제 직할 태수령 제도를 신설했다. 이는 바벤베르크가의 옛 영토를 합법적인 방법으로 합스부르크가에 양도하기 위한 전 단계 조처이었다.

호엔슈타우펜 왕조의 마지막 독일제국 국왕 콘라트 4세의 미성년 아들 콘라딘 슈바벤 공작이 1268년 사망한 후, 1079년 이후 호엔슈타우펜 왕가가 지배해 온 슈바벤 공국은 소멸되었다. 독일제국 남서부지역에서의 세력 확대를 도모하기 위해 루돌프 1세와 그의 두 아들 알브레히트 1세(1255-1308, 독일 국왕: 1298-1308)와 루돌프 2세(1270-1290)는 소멸된 슈바벤 공국을 부활시키기 위해 노력했다. 1282년 루돌프 1세는 오토카르 2세 뵈멘 국왕으로부터 회수한 오스트리아(니더외스터라이히 및 오버외스터라이히), 슈타이어마르크, 케른텐 및 크라인 등의 옛 바벤베르크 왕조의 유산을 자신의 두 아들(알브레히트 1세와 루돌프 2세)에게 공동 봉토로 수여하는 문제에 대한 선제후들의 동의를 얻어냄으로써, 이제 이들 지역은 합스부르크가의 합법적인 세습지가 되었다. 그러나 1년 후인 1283년 알브레히트 1세는 위 합스부르크 세습지의 단독 통치자가 되었고, 동생 루돌프 2세는 달리 보상을 받도록 조처했다(라인펠덴 계약 참조).

루돌프 1세는 오토카르 2세와의 전쟁에서 합스부르크가를 지원했던 마인하르트 4세(1238경-1295) 괴르츠(고리치아) 및 티롤 백작에게 - 마인하르트가의 남계가 소멸하면 합스부르크가에 반환한다는 조건으로 - 케른텐 공국과 크라인 백작령을 저당하여 건국 자금에 보탰다. 마인하르트 4세 티롤 백작은 1286년 마인하르트 2세 케른텐 공작으로 승격되어, 제국제후 (제국의회 의원) 자격을 획득했다. 마인하르트 2세와 루돌프 1세는 서로 사돈 간으로서, 후자의 장남 알브레히트 1세의 아내가 마인하르트 2세의 차녀 엘리자베트(1262-1313)이었다. 마인하르트 2세의 가문(마인하르트가)은 2대 만에 단절되었다. 그의 장남 오토(케른텐 공작: 1295-1310)가 후사 없이 사망한 후 즉위한 차남 하인리히 6세(재위: 1310-1335)도 대를 잇지 못한 채, 1335년 4월 사망했기 때문에, 케른텐 공국은 다시 오스트리아에 편입되었다. 결과론적으로 케른텐을 50년(1285-1335) 동안 마인하르트가에 조차해 준 대가를 합스부르크가는 톡톡히 챙길 수 있었다. 1363년 티롤이 오스트리아에 합병된 계기가 케른텐 공국의 임대에서 비롯되었기 때문이었다.

옛 바벤베르크 왕조의 영토를 합스부르크가의 세습지로 전환시키는데 크게 공헌한 사람은 앞에서 소개한 뉘른베르크 태수 프리드리히 3세였다. 1273년 독일제국 국왕선거 시 합스부르크가의 루돌프 4세 백작에게 독일제국을 맡기겠다는 라인 지역 선제후들의 제의를 당사자(루돌프 4세 백작)에게 전달한 제후도 프리드리히 3세 태수였다. 뵈멘 국왕 오토카르 2세의 세습영지를 다량 소유함으로써 곤경에 처했지만, 뉘른베르크 태수 프리드리히 3세는 처음부터 루돌프 1세를 지지했고, 루돌프 1세는 독일 국왕에 즉위한 즉시 그에게 뉘른베르크 태수령을 봉토로 수여하는 외교적 능력을 발휘했다. 프리드리히 3세는 마르히펠트(뒤른크루트) 전투에서 루돌프 1세가 지휘한 제국군의 선봉을 맡아 오토카르 2세를 제압하는데도 크게 기여했다. 선제후들이 오토카르 2세로부터 회수한 지역을 루돌프 1세의 두 아들 알브레히트 1세와 루돌프 2세에게 봉토로 수여하는데 동의하도록 중간에서 역할을 한 사람도 프리드리히 3세 뉘른베르크 태수이었다.

독일 남서부지역의 일개 토착 귀족 가문에 불과했던 합스부르크가가 가문의 발상지(현 스위스의 아르가우 주)를 떠나 700여 킬로미터나 동진하여, 옛 바벤베르크 왕조의 영토에 도읍을 정한 동기는 합스부르크가의 제국을 건설하기 위한 초석을 다지겠다는 루돌프 1세의 결연한 의지였다. 1273년 독일제국 국왕에 즉위한 루돌프 1세는 1278년에 회수한 바벤베르크가의 유산의 새로운 주인을 자신의 두 아들로 결정함으로써 합스부르크가는 아무런 연고도 없던 오스트리아 땅에 제국건설을 위한 확고한 기반을 구축할 수 있게 되었다. 그는 합스부르크가의 안전을 도모하고 오스트리아를 지켜나가기 위해 6명의 공주들을 모두 독일제국 유수의 영방국 제후들과 결혼시켰다. 장녀 마틸데(1251-1304)는 오버바이에른 공작 겸 팔츠 궁중백 루트비히 2세(1229-1294, 재위: 1253-1294) 선제후와, 2녀 카타리나(1256경-1282)는 니더바이에른 공작 오토 3세(1261-1312, 재위: 1290-1312)와, 3녀 아그네스(1257-1322)는 작센 공작 알브레히트 2세(1250경-1298, 재위: 1260-1298) 선제후와, 4녀 헤트비히(1259경-1285/1286)는 브란덴부르크 변경백 오토 4세(1238경-1309, 재위: 1267-1309)와, 5녀 클레멘티아(1262경-1293)는 헝가리 명예 국왕 카를 마르텔(1271-1295, 시칠리아 왕국 및 나폴리 왕국을 지배한 앙주 가의 샤를 2세의 장남)과, 막내공주 유타(1271-1297)는 뵈멘 국왕 벤첼 2세(1271-1305, 재위: 1278-1305)와 각각 결혼했다.

루트비히 2세는 1273년 독일국왕 선거에서 황제후보로 거론되었지만, 루돌프 1세가 단일후보로 결정되었을 때, 후자를 지지했었다. 그리고 작센 선제후 알브레히트 2세 공작 역시 1273년 선거에서 장인이 될 루돌프 1세에게 투표권을 행사한 선제후이었다. 루트비히 2세와 알브레히트 2세가 1273년에 이미 루돌프 1세의 사위가 된 것은 국왕선거에서 보인 그들의 지지에 대한 루돌프 1세의 보은의 표현이었던 것 같다. 특히 맏사위 루트비히 2세는 루돌프 1세를 지원하기 위해 참전한 오토카르 2세와의 전투에서 세운 공으로 뵈멘 국왕의 선제후 지위를 1276년 바이에른으로 가져갔다가, 1289년 뵈멘 국왕 겸 폴란드 국왕 벤첼 2세(오토카르 2세의 아들)에게 반환했다. 벤첼 2세도 1285년 루돌프 1세의 막내사위가 되었다. 루돌프 1세의 네 번째 사위가 된 브란덴부르크 변경백 오토 4세는 뵈멘 국왕 오토카르 2세의 처조카로서 1278년 마르히펠트 전투에서 오토카르 2세가 루돌프 1세에 의해 제거된 후 7살의 나이에 뵈멘 국왕에 즉위한 벤첼 2세의 후견인이었다.

1276년 로마에서 거행되기로 예정되었던 루돌프 1세 독일 국왕의 신성로마제국 황제 대관식은 교황의 유고로 무산되었다. 1276년 한 해 동안 3명의 교황이 교체되었다. 1271년에 즉위한 그레고리우스 10세가

1276년 1월 10일 선종한 후 즉위한 인노첸시오 5세(재위: 1276년 1월 21일-6월 22일) 교황과 하드리아누스 5세(재위: 1276년 7월 11일-8월 18일) 교황은 같은 해 6월과 8월에 각각 선종했다. 1976년 9월에 즉위한 요한 21세 교황 역시 1277년 5월에 타계했다. 로마에서 거행될 황제대관식에 대한 대가로 루돌프 1세는 이탈리아 내의 독일제국 재산과 권리의 일부를 교황령에 할양했다. 무기 연기된 대관식은 1287년에 올리기로 최종적으로 확정되었지만, 호노리우스 4세(1285-1287)의 갑작스러운 선종으로 이 또한 실행에 옮겨지지 못했다. 루돌프 1세의 재위 기간 18년(1273-1291) 동안 총 8명의 교황이 교체되었으니까, 그들의 평균 재위 기간은 2.2년에 불과했다. 공식적으로 루돌프 1세는 신성로마제국 황제 대신 독일 국왕으로 불렸지만, 그는 황제와 동일한 권한을 가진 군주였다.

루돌프 1세는 공위기(1254-1273)의 혼란과 그로 인해 나타난 폐해를 조기에 극복하기 위해 1273년 즉위 직후부터 적극적인 제국정책을 수행해 나갔다. 불법적으로 점령된 제국 봉토의 원상회복을 위해 오토카르 2세 뵈멘 국왕에 의해 점유된 바벤베르크가의 옛 영토를 회수하기 위해 군사력을 동원한 것이 루돌프 1세의 평화유지 정책의 첫 결과이었다. 그는 즉위 1년 후, 39년 전 - 프리드리히 2세 황제 재위 시 - 마인츠 제국의회에서 제정된 평화유지명령(마인츠 제국평화유지명령, 1235년 8월 15일)의 효력을 갱신했다. 1281년 라인 지역에 선포한 평화유지명령은 1274년에 갱신된 마인츠 제국평화유지명령의 결과이었다. <마인츠 제국평화유지명령>은 독일제국의 첫 헌법으로서, 1235년 프리드리히 2세 황제가 제국의 주권을 확립하기 위해 제후의 특권을 제한한 법률이었다. 이 법은 1495년 <영구 평화유지명령>이 보름스 제국의회에 의해 제정될 때까지 독일제국의 평화유지를 위한 기본법 역할을 했다. 독일제국의 서쪽, 프랑스와의 경계지역에 위치한, 더 이상 방어할 수 없는 요새들은 프랑스를 위해서 포기했지만, 부르군트(부르고뉴)와 사부아에 대해서만은 양보하지 않았다.

1289년의 배장송(독일명: 비잔츠, 1282년 이래 제국직속도시) 원정은 민족적 감동을 야기시켰다. 루돌프 1세는 부르군트의 궁중백 오토 4세(1238경-1303, 재위: 1279-1303)로부터 충성맹세를 강제했을 뿐 아니라, 그로 하여금 부르군트의 독일제국 종속성을 재차 인정하게 만들었다. 1290년 튀링엔에서 창궐한 마적들을 평화유지명령 위반자라 하여 하루에 29명 이상 처형시킨 사건도 세간의 주목을 크게 받았다.

그러나 루돌프 1세가 의욕적으로 추진한 조세정책은 큰 부작용을 초래했다. 통치권 강화 차원에서 - 슈바벤 지역과 라인 지역에 집중된 - 제국직속 도시에 부과한 세금이 광범위한 납세 거부 운동을 야기한 것이었다. 위기의 독일을 구하기 위해 환생한 프리드리히 2세 황제를 자처하면서 혹세무민한 디트리히 홀츠슈(†1285)란 자가 1285년 제국직속 도시 베츨라르에서 체포되어 민중반란 선동죄로 처형되었다. 국난의 시기가 도래하면 나라를 구하기 위해 환생하는 황제가 있다는데 대한 민간의 믿음은 중세기의 독일, 특히 대공위 시대를 전후한 시기의 독일에 널리 유포된 신화이었다. 프랑크 제국의 태조 카를 대제, 3차 십자군 원정 시 소아시아의 살레프 강(터키의 괵수 강)에서 익사한 '붉은 수염'(바르바로사) 황제 프리드리히 1세, 그리고 프리드리히 2세 황제가 중세의 민간 전설에 회자된 황제들이었다. 프리드리히 1세를 - 키프호이저 산(튀링엔)에 잠들어 있다가, 위기의 순간에 독일을 구하기 위해 깨어난다는 - 전설의 주인공으로 만든 것은 그의 신비적인 죽음 때문이었다. 프리드리히 2세 황제가 신화가 된 것은 - 때를 기다리며 에트나 화산(시칠리아의 활화산)에서 잠자고 있다는 전설은 - 그가 사망한 5년 후 독일제국이 누란의 위기(대공위 시대)를 맞았기 때문이었을 것이다. 독일의 중서부 지역(쾰른, 노이스 및 베츨라르)에서 환생한 황제를 연출하면서 반란을 선동한 디트리히 홀츠슈의 정체를 밝혀냄으로써 제국직속 도시에 부과한 세금으로 인해 폭발한 민심을 수습하고, 반란의 씨앗을 사전에 제거하여 루돌프 1세를 위기에서 구한 인물은 이번에도 프리드리히 3세 뉘른베르크 태수였다.

1282년 오스트리아(오스트리아 공국과 슈타이어마르크 공국)를 합스부르크가의 봉토로 결정함으로써 루돌프 1세는 제국으로 발돋움 할 수 있는 권력의 기반을 합스부르크가에 마련해 주었지만, 장남 알브레히트 1세에게 왕위를 넘겨주는 데는 실패했다. 루돌프 1세 다음의 독일국왕은 나사우가의 아돌프(재위: 1292-1298)였고, 그 다음 국왕이 알브레히트 1세였다.

루돌프 1세는 두 번 결혼했다. 첫 부인인 호엔베르크가(슈바벤 귀족가문)의 게르트루트는 1281년 사망했고, 두 번째 부인인 부르군트 공작 위고 4세(재위: 1218-1272)의 딸 아그네스는 1323년에 사망했다. 루돌프 1세의 자녀 10명은 모두 첫 부인 게르트루트와의 혼인에서 생산되었다. 그 중 6명의 공주는, 이미 살펴보았듯이, 바이에른과 작센의 공작, 뵈멘 국왕과 헝가리의 명예국왕, 브란덴부르크의 변경백 등과 결혼했으며, 4명의 왕자 중, 1298년 독일 국왕에 선출된 장남 알브레히트 1세와 3남 루돌프 2세는 1282년 오스트리아의 공동 상속자가 되었다. 라인 강에서 선박 전복사고로 익사한 차남 하르트만(1263-1281)은 영국국왕 에드워드 1세(재위: 1272-1307)의 딸 요한나(조한나)와 약혼했었다는 사실 외에 남아 있는 기록이 없으며, 막내인 카를은 1276년 태어나 그 해에 사망했다.

루돌프 1세의 맏사위가 된 바이에른 공작 루트비히 2세는 호엔슈타우펜 왕가의 마지막 후손 콘라딘(프리드리히 2세 황제의 손자)의 외백부였다. 루트비히 2세는 미성년 조카의 후견인 겸 상속인으로서 콘라딘이 물려받은 호엔슈타우펜가의 유산에 대한 소유권을 장인이 된 독일 국왕 루돌프 1세로부터 공식 확인 받음으로써 바이에른 공국의 영토를 크게 확장할 수 있었다. 그 후 그는 가장 충실한 루돌프 1세의 지지자가 되었다. 루트비히 2세는 1276년 오토카르 2세 뵈멘 국왕의 선제후 지위를 자신의 동생인 니더바이에른 공작 하인리히 1세(재위: 1255-1290)가 - 바이에른이 1255년 오버바이에른과 니더바이에른으로 분할되기 전에는 하인리히 13

세(1253-1255) 바이에른 공작 - 행사하도록 허락받았지만, 니더바이에른 공국의 선제후 자격은 1289년 오토카르 2세 뵈멘 국왕의 후계자인 벤첼 2세(바츨라프 2세)에게 - 벤첼 2세가 루돌프 1세의 막내딸과 결혼한 4년 후 - 반환되었다. 니더바이에른은 1276년부터 1289년까지 13년 동안 선제후국의 지위를 부여받았으나, 이 기간에 국왕선거를 위해 선제후회의가 소집된 적은 한 차례도 없었다. 바이에른이 법적으로 선제후국이 된 것은 1623년이었다. 루트비히 2세는 팔츠의 궁중백을 겸했기 때문에, 팔츠 선제후 지위는 지켜냈다. 그럼에도 불구하고 그는 루돌프 1세가 사망한 후 치러진 1291년의 독일제국 신임국왕 선거에서 독일제국의 왕위가 나사우가의 아돌프(재위: 1292-1298)에게 넘어가는 것을 저지하지는 못했다. 루트비히 2세는 1294년 사망했고, 그의 처남 알브레히트 1세(루돌프 1세의 장남)가 독일제국 국왕에 즉위한 해는 루돌프 1세가 사망하고 7년 후인 1298년이었다.

2) 합스부르크가의 두 번째 독일국왕 알브레히트 1세

합스부르크가 최초의 독일 국왕 루돌프 1세의 두 아들 알브레히트 1세와 루돌프 2세는 1282년 아우크스부르크 제국의회의 결의를 통해 옛 바벤베르크 왕조의 통치지역(오스트리아 공국과 슈타이어마르크 공국)을 포함해서 케른텐 공국과 크라인 백작령(1364년 이후 공국)을 공동 봉토로 수여받음으로써 - 케른텐과 크라인은 마인하르트 2세 티롤 백작에게 임대되었다 - 제국 제후(공작)의 반열에 오르게 되었다. 그들 두 사람은 가문의 근거지를 남서부 독일에서 오스트리아로 옮긴 이후 합스부르크가에서 배출된 최초의 공작들로서 1246년 프리드리히 2세 공작의 죽음과 더불어 단절된 바벤베르크 왕조의 역사와 전통을 계승하게 되었다. 알브레히트 1세와 루돌프 2세 형제가 공작에 즉위한 다음 해인 1283년 <라인펠덴 계약>(1283년 6월 1일)에 의거하여 루돌프 2세는 합스부르크가의 장자상속제에 동의하고, 알브레히트 1세가 오스트리아의 단독통치권을 인수했다. 공동통치를 포기한 대가로 루돌프 2세에게는 향후 4년 이내에 1개 독립 제후국을 마련해 주거나, 현금으로 배상받도록 했지만, 이 약속은 지켜지지 않았고, 루돌프 2세는 1290년 19세의 나이에 사망했다. 라인펠덴(스위스의 아르가우 주 소재) 계약의 불이행은 후일 루돌프 2세 공작의 유복자에 의한 백부 살해라는 합스부르크 왕가 내의 전무후무한 상속 관련 복수극을 부른 비극적 사건의 단초가 되었다.

루돌프 1세가 1291년 사망한 후, 고인의 6명의 사위 중 4명(팔츠 궁중백 루트비히 2세, 작센 공작 알브레히트 2세, 브란덴부르크 변경백 오토 4세 및 뵈멘 국왕 벤첼 2세)이 황제 선거권을 보유한 독일제국 선제후로서 선제후 회의의 절대과반수를 그들(알브레히트 1세의 매형과 매제들)이 점유했음에도 불구하고, 합스부르크가는 루돌프 1세의 장남 알브레히트 1세 오스트리아 공작을 차기 독일제국 국왕으로 진출시키는데 실패했다. 신성로마제국 황제 선거에 절대적인 영향력을 행사하는 3인의 성직 선제후들(마인츠, 트리어 및 쾰른 대주교)이 독일제국이 합스부르크 왕가에 의해 세습되는 것에 부담을 느꼈기 때문이었다. 알브레히트 1세 대신 3인의 대주교가 내세운 차기 독일제국 국왕 후보는 나사우가의 아돌프 백작이었다. 아돌프(1250-1298, 재위: 1292-1298)는 1292년 5월 5일 프랑크푸르트에서 개최된 선제후 회의에서 만장일치로 루돌프 1세의 후임 국왕에 선출되었다. 1291년 7월 15일 루돌프 1세가 사망한 후 10개월의 공백기를 거친 후의 일이었다. 아돌프의 독일국왕 추대는 전적으로 아돌프와 친척 간인 쾰른 대주교 지크프리트 폰 베스터부르크(재위: 1275-1297)의 노력의 결과였다. 첨언하면, 아돌프의 처제가 지크프리트 대주교의 제수였다. 쾰른 대주교는 신성로마제국의 제위를 합스부르크가에서 나사우가로 옮겨가게 한 대가로 제국직할 도시인 도르트문트와 뒤스부르크의 소유권을 장악하게 되었다.

아돌프는 국왕에 즉위한 후, 나사우가의 세력 확대를 위해 마인츠 대주교의 이익에 반하는 영지 확장정책을 추진하다가, 게르하르트 2세(제위: 1289-1305) 마인츠 대주교와 반목하게 되었다. 그는 1291년 22세의 나이에 후사 없이 사망한 베틴가 출신 변경백 프리드리히 투타(1269-1291) 소유 영지인 마르크 마이센(마이센 변경백령)을 제국재산으로 환수하여 나사우가에 편입시켰을 뿐 아니라, 1294년에는 매입을 통해서 튀링엔 전체를 나사우가의 소유로 만들어버렸다. 특히 튀링엔의 아이히스펠트는 11세기 이래 마인츠 대주교관구에 소속된 영지이었다. 결과적으로 아돌프는 베틴가의 재산분쟁에 연루되었을 뿐 아니라, 게르하르트 2세 마인츠 대주교를 적으로 만들었다. 참고로 현존하고 있는 베틴가는 작센, 튀링엔, 작센-안할트, 바이에른 등지에서 세력을 떨친 귀족 가문으로서 마이센 변경백, 튀링엔 방백, 작센 공작 및 선제후, 작센 국왕을 배출한 독일 유수의 귀족 가문이었다. 이 사건으로 게르하르트 2세는 아돌프의 축출에 깊이 관여하게 되었다. 선제후 회의 의장이며 제국 대재상인 마인츠 대주교는 차기 독일국왕 직을 노리고 있는 알브레히트 1세 오스트리아 공작을 앞세워 아돌프 국왕과 전선을 형성했다. 벤첼 2세 뵈멘 국왕, 알브레히트 2세 작센 공작 및 오토 4세 브란덴부르크 변경백도 그들의 처남 알브레히트 1세 측에 가세했다. 아돌프는 1294/1295년만 해도 마이센과 튀링엔에서 군사적인 성과를 거두었다. 그러나 1297년부터는 뵈멘(벤첼 2세)과 오스트리아(알브레히트 1세)와 마인츠(게르하르트 2세) 연합군에 밀려 수세에 몰렸다. 1297년 6월 2일 거행된 벤첼 2세의 뵈멘 국왕 대관식 때 - 1278년 7세의 나이에 왕위를 물려받은 벤첼 2세의 대관식은 그의 나이 26세 때 거행되었다 - 아돌프의 거취를 논의하기 위한 선제후 회의가 프라하 현지에서 개최되었다. 마인츠 대주교는 선제후 회의의 이름으로 1298년 6월 23일 나사우가의 영지 확대 과정에서 발생한 불법행위(평화유지명령 위반)

에 대한 책임을 물어 아돌프 국왕의 폐위를 선언한 후, 합스부르크가의 알브레히트 1세 공작을 독일제국의 신임 국왕으로 선출했다. 알브레히트 1세 지지 세력과 아돌프 간의 갈등은 <괼하임 전투>(1298년 7월 2일)에서 아돌프 국왕이 전사한 후 비로소 해소되었다. 아돌프의 퇴위에 결정적인 역할을 한 마인츠 대주교 게르하르트 2세는 에프슈타인가 출신으로서 1273년 루돌프 1세를 독일제국 국왕에 즉위시키는데 주도적인 역할을 한 베르너 대주교와 친척 간이었다.

알브레히트 1세 오스트리아 공작은 자신의 국왕 선출을 성사시키기 위해 점령지의 양보를 통해 벤첼 2세 선제후의 지지를 얻으려 했다. 후자는 알브레히트 1세의 막내매제(여동생 유타의 남편)이었지만, 그의 부친은 합스부르크가에 의해 제거된 오토카르 2세 뵈멘 국왕이었다. 알브레히트 1세는 1276년에 회수된 뵈멘 국왕의 선제후 지위를 1289년 벤첼 2세에게 되돌려 주었다. 그리고 그는 아돌프로부터 빼앗은 에거란트, 오스터란트, 플라이스너란트, 마르크 마이센 등의 점령지역을 벤첼 2세에게 할양하고, 뵈멘 왕국의 팽창주의 정책도 용인했다. 상기 지역은 아돌프 국왕이 평화유지명령을 어기고 나사우가에 편입시킨 베틴가의 소유 영지들로서 괼하임 전투에서 아돌프가 알브레히트 1세에 의해 제거된 후 후자에 의해 점령된 지역들이었다.

1298년 7월 25일 아헨에서 독일국왕 대관식을 가진 후, 알브레히트 1세는 독일제국 정치에 전념하기 위해 합스부르크가의 세습지엔 대한 통치를 세 아들 루돌프 3세(1281경-1307), 프리드리히 3세(1289-1330) 및 레오폴트 1세(1290경-1326)에게 위임했다. 그 사이에 뵈멘 국왕 벤첼 2세는 1300년 폴란드 국왕에도 즉위했다. 그러나 그가 1301년 헝가리를 뵈멘에 병합시키려 했을 때, 알브레히트 1세 독일국왕은 합스부르크가의 이익이 침해된다고 판단하여, 매제 벤첼 2세와의 관계를 단절했다. 알브레히트 1세는 벤첼 2세에게 양도했던 점령지역을 모두 회수하고, 폴란드와 헝가리의 포기를 종용했다. 결국 1304년 알브레히트 1세와 벤첼 2세 간에 전쟁이 벌어지게 되었다. 전쟁 초기에는 전세가 알브레히트 1세에게 유리하게 전개되지 않았지만, 결전을 목전에 두고 1305년 6월 벤첼 2세가 34세를 일기로 병사해 버렸다.

나사우가의 아돌프를 축출하고, 독일국왕이 된 합스부르크가의 알브레히트 1세는 즉위 후 강력한 합스부르크 왕국을 건설하려는 노력의 일환으로 전임 국왕 아돌프의 가권 확대 정책을 그대로 답습했다. 아돌프가 점유했던 사실에 근거하여 알브레히트 1세가 내세운 마이센과 튀링엔에 대한 영유권 주장은 <루카 전투>(튀링엔, 1307년 5월 31일)에서 알브레히트 1세가 베틴가의 두 형제에게 - 마이센 변경백 겸 튀링엔 방백 프리드리히 1세(1257-1323)와 그의 동생 라우지츠 변경백 디트리히 3세(1260경-1307) - 결정적인 패배를 당함으로써 효력을 잃게 되었다. 선제후들과의 마찰을 각오하고 강력한 합스부르크 왕국 건설을 위해 중동부 독일에도 영지를 확보하려한 알브레히트 1세의 가권 확대 정책은 루카 전투에서 패함으로써 물거품이 되었다.

벤첼 2세가 사망한 후, 그의 외아들 벤첼 3세(1289-1306)가 1305년 16세의 나이에 뵈멘 왕위를 승계했지만, 1306년 즉위 1년 만에 사망함으로써 프르셰미슬 왕조의 400년 사직은 역사 속으로 사라졌다. 알브레히트 1세 독일국왕은 대가 끊어진 프르셰미슬가의 통치지역을 제국재산으로 회수하여, 그의 장남 루돌프 3세(뵈멘 국왕으로서는 루돌프 1세)에게 봉토로 수여하였다. 뵈멘을 합스부르크가의 세습지로 삼으려는 노력은 그러나 실패로 돌아갔다. 루돌프 3세는 뵈멘의 국왕에 즉위한지 1년도 채 안 된 1307년 7월 4일 후사 없이 사망했고, 뵈멘은 다시 주인 없는 제국 봉토로 남게 되었다.

합스부르크가의 반대를 무릅쓰고 루돌프 3세의 후임 뵈멘 국왕에 선출된 사람은 알브레히트 1세의 손아래 처남인 케른텐 공작 하인리히 6

세(1270경-1335, 재위: 1307-1310. 뵈멘 왕으로서는 하인리히 1세. 알브레히트 1세의 왕비 엘리자베트 (1262-1313)의 남동생)였다. 프르셰미슬 왕조가 1306년 소멸된 후, 합스부르크가 의 공작(루돌프 3세)과 케른텐의 공작 출신(하인리히 6세)이 뵈멘을 통치한 1306 년부터 1310년까지의 4년은 뵈멘 왕국의 권력 공백기였다. 내로라하는 귀족 가문들이 영지와 재산을 늘리기 위해 각축하는 사이에 뵈멘에서는 크고 작은 충돌이 끊이지 않았다. 1310년 가을 뵈멘은 독일제국 황제 대리에 임명된 룩셈부르크 백작 요한(1296-1346, 뵈멘 국왕: 1310-1346)에 의해 점 령되었다. 뵈멘 왕국의 모든 공직은 뵈멘인과 메렌인으로 임명된다고 선 언함으로써 요한은 뵈멘 귀족들의 권력욕과 민족감정을 동시에 충족시 켰다. 뵈멘 왕국은 요한과 더불어 안정을 되찾았다. 1310년부터 1346년 까지 뵈멘을 통치한 요한 폰 룩셈부르크(체코 명: 얀 루쳄부르스키)의 부친은 1308년 사망한 합스부르크가의 알브레히트 1세의 뒤를 이어 신성로마제 국 황제가 된 룩셈부르크가 출신의 하인리히 7세(1274/1275-1313, 재위: 1308-1313) 황제였다. 1308년부터 1437년까지, 다시 말해, 합스부르크가의 알브레히 트 1세가 사망한 후, 다시 합스부르크가의 알브레히트 2세가 신성로마제 국 국왕에 선출될 때까지 약 130년 동안 신성로마제국을 지배한 6명의 황제 중 4명(하인리히 7세, 카를 4세, 벤첼, 지기스문트)은 룩셈부르크가 출신이었고, 나머지 2명(루트비히 4세, 루프레히트)은 바이에른의 비텔스바흐가 출신이었다. 1437년 룩셈부르크가 왕가가 사멸한 후, 1438년 알브레히트 2세(재위: 1438-1439)의 독일국왕 즉위와 더불어 합스부르크가는 다시 독일제국의 왕 위를 되찾았다. 이후 신성로마제국(독일제국)이 붕괴된 해인 1806년까지 - 비텔스바흐가의 카를 7세(재위: 1742-1745)가 재위한 3년을 제외하고 - 독일제 국의 지배자는 모두 합스부르크 왕가에서 배출되었다.

라인펠덴 계약(1283)에서 루돌프 2세(알브레히트 1세의 동생)에게 약속된 보상 은 - 언급했듯이 - 1290년 그가 19세의 나이로 사망할 때까지 이행되지 않았다. 루돌프 2세가 사망한 해(1290)에 유복자로 태어난 고인의 아들 요한(1290-1313, 명의상의 슈바벤 공작)은 이에 대한 복수로 1308년 백부이며, 독일제국 국왕인 알브레히트 1세를 살해했다. 그 후 요한은 '파리치다'(존속살인자)라는 불명예스런 별호를 가지게 되었다. 요한 파리치다는 1290년 프라하에서 사망한 루돌프 2세와 뵈멘 국왕 오토카르 2세의 딸 아그네스(1269-1296) 사이의 외아들이었다.

알브레히트 1세는 아들 일곱, 딸 다섯을 두었다. 그러나 7명의 아들 중 태어난 해에 사망한 6남(마인하르트)을 제외한 6명 중, 어느 누구도 부왕을 승계하는 데 성공하지 못했다. 장남 루돌프 3세 공작이 요절한 후, 오스트리아의 지배자는 알브레히트 1세의 차남 '미남공' 프리드리히(오스트리아 공작으로서는 프리드리히 3세) 공작이었다.

3) '미남공' 프리드리히 공작 – 루트비히 4세 황제의 대립국왕

'미남공'이라 불린 알브레히트 1세의 차남 프리드리히 3세(1289-1330, 공작: 1308-1330. 루트비히 4세 신성로마제국 황제의 대립국왕: 1314-1330) 공작은 1307년에 사망한 형 루돌프 3세(1280경-1307, 재위: 1306-1307)의 뵈멘 왕위도 승계 받지 못하고, 1308년 부친 알브레히트 1세 독일국왕이 타계했을 때, 독일제국의 왕위도 승계하지 못했다. 1308년 부왕(알브레히트 1세)을 승계한 룩셈부르크 왕가의 하인리히 7세(재위: 1308-1313) 황제와는 1309년에 이미 화해했었던 미남공 프리드리히는 전자가 1313년 사망했을 때, 독일제국의 황제에 선출되기 위해 도전 했지만, 비텔스바흐 왕가(루트비히 4세)에 밀려 뜻을 이루지 못했다. 하인리히 7세가 사망했을 때, 룩셈부르크가는 그의 외아들 뵈멘 국왕 요한(1296-1346, 재위: 1310-1346) 대신 비텔스바흐가의 루트비히 4세 오버바이에른 공작을 황제 후보로 추대했다. 루트비히 4세는 국왕으로 선출되기 1년 전 강력한 경쟁 상대인 합스부르크가의 프리드리히 3세(미남공) 공작과 벌인 전투에서 승리함으로써 자신의 이름을 독일제국 전체에 알리는 기회를 가지게 되었다.

합스부르크가 최초의 독일국왕 루돌프 1세의 둘째 사위(1282년에 사망한 루돌프 1세의 차녀 카타리나의 남편) 니더바이에른 공작 오토 3세가 1312년 젖먹이 외아들 하인리히 15세(니더바이에른 공작으로서는 하인리히 3세)가 출생한 지 2주일 만에 사망했을 때, 합스부르크가는 합스부르크가의 외손에 대한 후견권을 주장하고 나섰다. 그런데 하인리히 15세(1312-1333, 니더바이에른 공작: 1312-1333)는 오토 3세와 카타리나 사이에 태어난 아들이 아니라, 오토 3세와 그의 재혼부인(글로가우 공작 하인리히 3세의 딸 아그네스, †1361)과의 사이에서 출생한 아들이었다. 미남공 프리드리히 3세와 레오폴트 1세(1290-1326, 알브레히트 1세의 3남, 미남공의 동생) 공작 형제는 니더바이에른을 무력 침공했다. 종질인 하인리히 15세에 대한 법적 후견권을 가진 오버바이에른의 공작 루트비히 4세(독일황제: 1314-1347)와 그의 형 루돌프 1세(1274-1319, 오버바이에른 공작: 1294-1317)가 - 루트비히 4세의 부친(루트비히 2세)과 하인리히 15세의 조부(하인리히 13세)가 형제간임 - 합스부르크가(미남공 프리드리히)의 니더바이에른에 대한 개입을 수수방관할 수는 없었다. 1313년 11월 9일에 벌어진 <감멜스도르프 전투>에서 수적으로 우세한 합스부르크가 형제(미남공 프리드리히와 레오폴트 1세)의 군대가 루트비히 4세 오버바이에른 공작의 군대에 참패했다. 1314년 10월에 행해진 독일제국 국왕 선거에 나설 후보로 거론된 인물은 작고한 하인리히 7세 황제의 아들(룩셈부르크가의 뵈멘 국왕 요한)과 전전 국왕 알브레히트 1세의 아들(합스부르크가의 미남공 프리드리히) 등이었는데, 독일제국 황제를 두 명이나 배출한 합스부르크가의 침공군을 열세한 병력으로 막아낸 비텔스바흐가의 루트비히 4세가 선제후들의 이목을 집중시킨, 새로운 차기 국왕 후보로 급부상한 것이었다. 당시 룩셈부르크 왕가의 요한(하인리히 7세 황제의 아들. 뵈멘 국왕: 1310-1346)은 나이가 18세에 불과했고, 합스부르크 왕가의 황제 후보 미남공 프리드리히는 부왕(알브레히트 1세 국왕)

이 친조카(요한 파리치다)에 의해 살해되었다는 약점을 지니고 있었다. 룩셈부르크가는 선견지명을 발휘하여 요한 카드를 거두어 드리고, 합스부르크 왕가 대신 그 때까지 한 번도 신성로마제국 황제를 배출한 적이 없는, 합스부르크가에 비하면 상대적으로 세력이 빈약한 비텔스바흐가 출신의 루트비히 4세를 지원했다. 그것은 차기를 노린 룩셈부르크가의 전략이었다.

그러나 국왕 선출 권한을 가진 7인의 선제후들의 의견은 둘로 나뉘어졌다. 우선 합스부르크가의 미남공 프리드리히 3세는 1314년 10월 19일 작센하우젠(작센하우젠은 프랑크푸르트의 마인 강의 강남 지역으로서 현재 북작센하우젠구와 남작센하우젠구로 나뉘어져 있음)에서 개최된 선제후 회의 투표에서 3명의 선제후의 지지를 받아 독일제국 국왕에 선출되었다. 그를 지지한 선제후들은 쾰른 대주교 하인리히 2세(재위: 1304-1332), 비텔스바흐가의 팔츠 선제후 루돌프 1세(재위: 1294-1317), 작센-비텐베르크 선제후 루돌프 1세(재위: 1298-1356)였는데, 과반수 요건(4표)을 충족시키기 위해 1310년 룩셈부르크가의 요한에게 찬탈당한 전 뵈멘 국왕 하인리히 6세 케른텐 공작이 선제후 자격을 내세워 합스부르크가의 후보(프리드리히 3세)를 지지했다. 미남공 프리드리히 3세는 쾰른 대주교의 집전으로 본에서 즉위식을 가졌다. 팔츠 선제후 루돌프 1세는 루트비히 4세의 친형이었음에도 불구하고 형제불화로 인해 형의 경쟁 상대를 지지한 것이었다. 그리고 작센 선제후 루돌프 1세의 어머니는 1273년 독일국왕으로 선출된 합스부르크가의 루돌프 1세의 딸 아그네스(알브레히트 1세의 여동생)였다. 그러니까 프리드리히 3세는 루돌프 1세 작센 공작에게는 외사촌이었다.

합스부르크가의 황제후보 미남공 프리드리히가 독일국왕에 선출된 지하루 만인 1314년 10월 20일 마인츠 대주교 페터 폰 아스펠트(재위: 1306-1320), 트리어 대주교 발두인 폰 룩셈부르크(재위: 1307-1354), 뵈멘 국왕 요한, 브란덴부르크 변경백 발데마르(재위: 1308-1319), 작센-라우엔부르크 공작

에리히 1세(재위: 1285-1360) 등 5명의 선제후는 프랑크푸르트에서 비텔스바흐가의 루트비히 4세를 새 국왕으로 선출했다. 절대다수의 선제후의 지지에다가, 전통적인 대관식 거행 도시인 아헨에서 마인츠 대주교 겸 제국대재상의 집전 하에 대관식을 가짐으로써 루트비히 4세는 정통성을 확보한 국왕으로 평가받게 되었다. 1314년의 황제선거는 1257년 이후 또다시 이중 선거의 논란을 예고했다. 대공위 시대(1254-1273) 독일제국의 두 외국인 국왕 알폰소 10세(카스티야 국왕)와 리처드(영국 국왕 헨리 3세의 동생)도 같은 해(1257)에 두 명이 동시에 서로 다른 선제후 집단에 의해 선출되었다. 작센에서도 2명의 선제후가 서로 다른 후보를 지지함으로써 이중투표의 오명을 역사에 남겼다. 당시 작센에서는 두 가계(작센-비텐베르크가와 작센-라우엔부르크가)가 선제후 지위를 두고 분쟁을 벌였었다. 그러나 작센의 적법한 선제후는 비텐베르크가의 루돌프 1세였다.

두 명의 국왕이 서로 적법한 선거를 거쳤다고 주장했지만, 양측 모두 - 경중의 차이는 있었지만 - 문제점을 안고 있었다. 5명의 선제후의 지지를 받은 루트비히 4세는 쾰른 대주교 대신 마인츠 대주교가 즉위식을 집전했다는 문제점을 가지고 있었다. 미남공 프리드리히 3세의 경우 거꾸로 대관식은 쾰른 대주교에 의해 거행되었지만, 아헨이 아닌, 본에서 즉위식이 거행된 문제점을 가지고 있었다. 더욱이 하인리히 6세 케른텐 공작의 선제후 자격에 대한 논란이 프리드리히 3세에게는 치명적이었다. 독일제국의 국왕선거는 프랑크푸르트에서 실시하고, 대관식은 아헨에서 쾰른 대주교가 집전하는 것이 정상적인 절차였다.

1314년의 국왕선거는 명백한 이중선거였다. 1257년의 교훈에도 불구하고 선제후 회의의 다수결 결의권이 아직 제도로 정착되지 않았던 때라, 이 문제를 해결할 수 있는 유일한 수단은 - 독일제국의 헌법 <금인칙서>는 1356년 공표되었다 - 1257년에도 그러했듯이 상대방을 무력으로 제압하는 것뿐이었다. 교황도 양측이 제각각 제출한 국왕 승인 요청을 유보했다. 수년간 계속된 무력충돌에도 불구하고 승부를 결정짓지 못한 두 명의 대립국왕(루트비히 4세와 미남공 프리드리히 3세)은 1322년 9월 28일 바이에른의 <뮐도르프 전투>에서 비텔스바흐가의 루트비히 4세가 합스부르크가의 프리드리히 3세 공작에게 승리함으로써 비로소 사태 해결을 위한 전기가 마련되었다. 미남공 프리드리히 3세와 그의 동생 하인리히(1299-1327) 공작은 비텔스바흐가의 포로가 되었다가, 1325년 9월 25일 3년 만에 자유의 몸이 되었다.

뮐도르프 전투는 독일 땅에서 벌어진 - 화기가 병기로 사용되기 전의 - 마지막 대규모의 기병전이었으며, 이 전투에서 패함으로 해서 합스부르크 왕가는 향후 100년 이상 독일제국을 지배할 기회를 차단당하는 결과를 초래했다. 1325년 프리드리히 3세와 화해한 루트비히 4세 황제는 화해의 표시로 전자에게 형식상의 공동 통치권을 인정했다. 프리드리히 3세는 실권이 없는 칭호상의 공동 국왕으로 대우받다가, 합스부르크가의 해결사 역할을 했던 그의 동생 레오폴드 1세(1290-1326)가 사망한 1326년 이후 독일제국의 정치무대에서 더 이상 모습을 드러내지 않았다.

알브레히트 1세의 3남이며 미남공 프리드리히 3세의 바로 아래 동생인 레오폴트 1세 공작은 부왕(알브레히트 1세)이 자신의 동갑나기 사촌(숙부 루돌프 2세의 외아들) 요한(요한 파리치다, 1290-1313)과 요한을 추종한 귀족들에 의해 1308년 살해된 후, 어머니 엘리자베트와 함께 살인자들을 끝까지 추적하여 그들을 법정에 세웠었다. 레오폴트 1세 공작은 1308년 이후 후일 전부(全部)오스트리아(포르데르외스터라이히)라 불린 옛 합스부르크가의 발상지 지역의 세습지를 통치했고, 모친이 1313년 사망한 후, 합스부르크가의 대소사를 진두지휘한, 이른바 가문의 집사 역할을 했다. 레오폴트 1세 공작은 합스부르크가와 룩셈부르크가 간의 친교정책을 추진했으며, 룩셈부르크가의 초대 독일제국 황제인 하인리히 7세가 황제대관식에 참석하기 위해 1311년 로마를 방문했을 때도 황제를 수행했었다. 비텔스바흐가의 단호한 적대자였던 레오폴트 1세는 루트비히 4세의 독일국왕 선출을 저지하고, 자신의 형(미남공 프리드리히 3세 공작)을 독일제국의 국왕으로 만들기 위한 계획을 실행하기 위해 작센하우젠(프랑크푸르트) 선제후 회의(1314년 10월 19일)를 성사시킨 장본인이었다. 레오폴트 1세는 스위스의 발트슈테테에서 합스부르크가가 누리던 기득권을 회복하기 위해 1291년 이후 충돌해 온 발트슈테테 동맹 주(우리, 슈비츠 및 운터발덴 주)들과의 전쟁에서도 합스부르크가를 대표해서 전면에 나섰던 공작이었다. 그러나 1315년 11월 15일 모르가르텐 전투에서 지형에 익숙한 스위스 군대에 참패함으로써, 그곳 합스부르크가의 소유지가 독일제국에 환수되는 수모를 자초하기도 했다. 모르가르텐 전투 패배와 더불어 1년 전 루트비히 4세가 자신의 형 프리드리히 3세와 함께 독일 국왕에 이중 선출됨으로써 야기된 합스부르크가와 스위스, 그리고 합스부르크가와 비텔스바흐가 간의 군사적, 외교적 전쟁은 그에게는 정치적, 재정적 부담이었다. 뮐도르프 전투(1322년 9월 28일)에서 합스부르크가가 비텔스바흐가에 패한 것은 레오폴트 1세가 휘하의 기병부대를 형(프리드리히 3세)의 기병대와 적시에 합류시키지 못했기 때문이었다. 그래서 레오폴트 1세는 패전 후 포로가 된 형 프리드리히 3세의 석방을 위해 진력을 다했었다.

대립국왕(합스부르크가의 프리드리히 3세)과의 전투에서 거둔 승리에도 불구하고 루트비히 4세는 독일제국 국왕으로서의 일반적인 인정을 받지 못했다. 합스부르크가와 비텔스바흐가 간에 발생한 계승분쟁에 제3세력의 개입 가능성을 원천적으로 차단하기 위해 루트비히 4세는 프리드리히 3세와 화해를 시도했다. 1322년 9월 28일 루트비히 4세의 포로가 된 후 트라우스니츠 성(바이에른의 슈반도르프)에 2년 6개월째 감금되어 있던 프리드리히 3세는 왕위를 포기하고, 루트비히 4세를 합법적인 국왕으로 인정하는 조건으로 1325년 3월 13일 석방이 결정되었다. 이 합의에서 두 사람은 합스부르크가와 비텔스바흐가 간의 결속을 다지기 위해 프리드리히 3세의 딸(안나)과 루트비히 4세의 아들(슈테판)을 결혼시키기로 약속했다. 그러나 트라우스니츠 조약이라 불린 이 조정안은 파기되고, 미남공 프리드리히 3세는 6개월을 더 포로 신세로 지내야 했다. 그의 동생 레오폴트 1세가 반대했기 때문이었다. 최종 합의가 이루어진 것은 1325년 9월 25일 루트비히 4세가 미남공 프리드리히에게 독일제국 공동 통치권을 인정한 후이었다. 비텔스바흐가와 합스부르크가 간의 분쟁이 조정되고 1년 후인 1326년 레오폴트 1세는 사망했다. 동생이 사망한 후, 프리드리히 3세는 독일제국 공동 통치권을 포기하고 정치권에서 은퇴했다. 오스트리아 세습지의 통치도 다른 형제들에게 위임한 그는 1330년 1월 13일 사망했다. 미남공 프리드리히 3세의 딸 안나(1318경-1343)는 그러나 루트비히 4세의 아들이 아닌, 후자의 5촌 조카인 하인리히 15세 바이에른 공작(니더바이에른 공작으로서는 하인리히 3세)과 1328년 결혼했고, 루트비히 4세의 아들 슈테판 2세(1319-1375)는 같은 해 아라공가(시칠리아 왕국)의 공주 엘리자베트(1309-1349)와 결혼했다.

4) 알브레히트 2세 공작과 케른텐 공국의 재합병

알브레히트 1세 독일 국왕의 아들 7명 중 장남(루돌프 3세), 차남(미남공 프리드리히 3세), 3남(레오폴트 1세), 5남(하인리히), 6남(마인하르트) 등 5명이 1330년 이전에 모두 사망함으로써 이제 남은 합스부르크가의 공작은 4남 알브레히트 2세(1298-1358)와 7남 오토(1301-1339)뿐이었다. 1330년 프리드리히 3세가 사망한 후, 합스부르크가의 대표공작이 된 알브레히트 2세 공작이 오스트리아의 세습지(니더외스터라이히, 오버외스터라이히 및 슈타이어마르크)를 모두 지배했다. 뵈멘 국왕(1307-1310)을 역임한 하인리히 6세 케른텐 공작이 1335년 사망하고, 케른텐 공국이 다시 오스트리아에 귀속되었을 때, 오토 공작은 합스부르크가 출신으로서는 처음으로 케른텐의 공작이 되었다. 앞에서 이미 언급되었지만, 케른텐 공국은 1285년 루돌프 1세 독일 국왕에 의해 사돈(장남 알브레히트 1세의 장인)인 티롤 백작 마인하르트 4세(케른텐 공작으로서는 마인하르트 2세: 1286-1295)에게 저당금을 받고 임대되었는데, 마인하르트 2세 공작을 승계한 그의 장남 오토 3세(재위: 1295-1310)와 차남 하인리히 6세(재위: 1310-1335)가 모두 후사를 두지 못하고 사망했기 때문에, 1285년의 약조대로 케른텐 공국은 1335년 오스트리아에 반환된 것이었다.

루트비히 4세 독일제국 황제의 대립국왕으로서 비텔스바흐가와의 대립으로 일생을 허송한 둘째 형(미남공 프리드리히 3세), 그리고 둘째 형을 도와 전쟁도 불사했던 셋째 형(레오폴트 1세) 및 동생(하인리히)과는 달리 알브레히트 2세 공작은 정치와 외교를 중요시한 군주였다. 루트비히 4세의 대립국왕이었던 미남공 프리드리히 3세가 사망한 후, 그는 합스부르크가를 대표하여 비텔스바흐가의 루트비히 4세 국왕과 조약을 체결하여 화해했다. 그 후 알브레히트 2세 오스트리아 공작은 루트비히 4세(1328년 이후 황제) 독일제국 황제에게 충성했다. 알브레히트 2세 공작은 교황(베네딕투스 12세, 재위: 1334-1342)과도 선린관계를 유지했지만, 일생 동안 황제(루트비히 4세)를 배신하지 않았다. 후일 알브레히트 2세 공작은 바이에른 공작 겸 브란덴부르크 변경백이 된 루트비히 4세의 장남 루트비히 5세(1315-1361) 바이에른 공작과 동맹을 체결하기도 했다. 1353년부터 1355년 사이에 취리히와 치른 전쟁만 제외하면 알브레히트 2세 공작 치하의 합스부르크가는 긴 평화의 시기를 누렸다.

룩셈부르크가의 경쟁자 요한(뵈멘 국왕)을 물리치고, 합스부르크가가 1335년 케른텐 공국과 크라인 공국을 50년 만에 재획득할 수 있었던 것은, 알브레히트 2세 공작이 루트비히 4세 황제와의 관계를 원만하게 유지했던 덕분이었다. 1335년 마인하르트가의 - 이미 설명했듯이 루돌프 1세 독일 국왕은 오타카르 2세와의 전쟁에서 자신을 도운 마인하르트 2

세에게 오토카르 2세 뵈멘 국왕으로부터 회수한 케른텐 공국을 임대 형식을 빌려 양도했었다 - 마지막 공작 하인리히 6세(마인하르트 2세의 차남)가 대를 이을 후손을 남기지 못하고 사망했을 때, 임자 없는 제국 봉토가 된 케른텐 공국은 제국에 회수되어야 했다. 케른텐을 상속받기 위해 룩셈부르크가의 뵈멘 국왕 요한은 하인리히 6세 케른텐 공작이 사망하기 5년 전인 1330년 이제 겨우 8살 난 자신의 차남 요한 하인리히(1322-1375)를 아들보다 4살 많은 하인리히 6세 공작의 무남독녀 마르가레테(1318-1369)와 결혼도 시켰었다. 그러나 루트비히 4세 독일제국 황제는 - 마르가레테(요한 하인리히의 아내)의 부친(하인리히 6세)이 사망했을 때 - 요한의 상속권 주장을 인정하지 않고, 케른텐을 알브레히트 2세의 합스부르크가의 봉토로 승인했다. 이 사건은 이듬해인 1336년 비텔스바흐가(루트비히 4세)와 룩셈부르크 간의 무력충돌로 발전했지만, 곧 평화적으로 해결되었다.

1276년 루돌프 1세에 의해 환수된 케른텐 공국과 크라인 백작령은 - 오스트리아 공국 및 슈타이어마르크 공국과 함께 - 1282년 루돌프 1세의 두 아들(알브레히트 1세와 루돌프 2세)에게 공동 봉토로 수여되었다가, 1285년 마인하르트 4세 티롤 백작(마인하르트 2세 케른텐 공작)에게 저당의 형식으로 양도되었었다. 마인하르트 2세 공작에게 양도한 케른텐이 훗날 티롤마저 합스부르크가의 세습지에 편입될 수 있는 계기가 되리라고 예측한 사람은 한 사람도 없었다. 1335년 케른텐 공국과 함께 합스부르크가의 영토에 편입된 크라인이 백작령에서 공국으로 승격된 것은 알브레히트 2세의 장남 루돌프 4세(1339-1365)가 합스부르크가의 세습지를 통치했을 때인 1364년이었다.

케른텐 공국을 루돌프 1세로부터 봉토로 받은 후, 괴르츠-티롤의 마인하르트 4세 백작은 공작(마인하르트 2세)으로 신분이 상승하여 - 제국의회에 의석을 가지는 - 독일제국 제후의 반열에 올랐다. 마인하르트 2세의 차남 하인리히 6세가 후사 없이 사망함으로써, 마인하르트가의 남계는

1335년 단절되었다. 여계의 유일한 후손인 하인리히 6세의 외딸 마르가레테는 아버지로부터 티롤 백작령을 상속받았다. 13세의 어린 나이에 티롤의 백작이 된 동생 요한 하인리히(마르가레테의 남편)를 지원하기 위해 그의 6살 위의 형 카를(1316-1378, 독일제국 황제 카를 4세: 1347-1378)이 티롤에 나타나 1335년부터 1340년까지 인스부르크에 체류하면서 동생(요한 하인리히)을 위해 섭정했다. 그 과정에서 카를과 요한 하인리히 형제는 룩셈부르크 왕가 출신이거나, 친 룩셈부르크 왕가 인사들을 티롤의 모든 요직에 임명했다. 이로 인해 현지인들의 불만이 팽배했다. 티롤을 지배한 반 룩셈부르크가 정서는 결국 요한 하인리히 백작과 그의 섭정 카를의 축출로 이어졌다. 마르가레테는 남편(요한 하인리히)의 육체적 결함(임포텐츠)에 의한 혼인불이행의 사유를 들어 1341년 요한 하인리히와 이혼을 선언했고, 바로 이듬해인 1342년 2월 10일 루트비히 4세 독일황제는 그의 장남 루트비히 5세(1312-1361. 브란덴부르크 변경백: 1323-1351. 오버바이에른의 공작: 1342-1361)를 마르가레테와 결혼시켰다. 루트비히 4세 황제의 속셈 역시 티롤을 비텔스바흐 왕가의 바이에른에 편입시키는 것이었다. 병약한 아들 마인하르트 3세(1344-1363)를 제외하고, 마르가레테와 루트비히 5세의 결혼에서 출생한 자녀들은 모두 어려서 사망했다. 마르가레테와 루트비히 5세의 결혼은 교황(클레멘스 6세, 재위: 1342-1365)의 파문을 야기했다. 그녀와 그녀의 전남편 요한 하인리히의 이혼이 교황의 승인을 받지 못했기 때문이었다. 알브레히트 2세 공작이 1358년 사망한 후, 합스부르크가의 수장이 된 그의 장남 루돌프 4세(1339-1365, 재위: 1358-1365) 오스트리아 공작은 1359년 마르가레테와 루트비히 5세가 선고받은 파문의 해지를 주선했으며, 그 대가로 마르가레테의 가계가 사멸할 경우, 다시 말해 마르가레테와 루트비히 5세의 아들 마인하르트 3세가 후사 없이 사망할 경우, 티롤의 상속을 확약 받았다. 이 약속을 보장하기 위해 바로 그 해(1359)에 그들은 루돌프 4세 오스트리아 공작의 둘째 여동생 마르가레테(1346-1366, 알브레히트 2세의 차녀)를 티롤 백작 마르가레테의 외아들 마인하르트 3세와 결혼시켰다. 2년 후인 1361년 남편 루트비히 5세가, 1363년 병약한 아들 마인하르트 3세가 각각 사망한 후, 마르가레테는 루돌프 4세 오스트리아 공작에게 티롤을 최종적으로 양도 했다.

1349년 형(카를 4세 황제)으로부터 메렌의 통치권을 물려받은 요한 하인리히(티롤 백작: 1335-1341, 메렌 변경백: 1349-1375)는 마르가레테에게 이혼을 당한 후 세 번 더 결혼하였을 뿐 아니라, 여러 명의 자녀를 두었다. 마르가레테 가 내세운 이혼의 사유는 이혼을 강행하기 위한 수단이었다는 것이 증 명된 것이었다. 요한 하인리히가 1364년에 결혼한 동명의 아내 마르가레 테(1346-1366)는 합스부르크가 출신(알브레히트 2세의 차녀)으로서 1363년 사망한 마 인하르트가의 마지막 티롤 백작 마인하르트 3세의 미망인이었다. 결국 그는 전처의 자부와 결혼한 셈이었다.

티롤을 합스부르크가에 양도한 후, 마르가레테는 고향 티롤에 대한 향수를 달래면서 낯선 대도시 빈에서 여생을 보내야 했다. 루돌프 4세가 티롤을 합병하고, 1년이 지난 후에야 비로소 카를 4세(재위: 1347-1378) 신성 로마제국 황제는 티롤을 합스부르크가의 영토로 공식 승인해 주었다. 루 돌프 4세 공작은 합스부르크가 출신의 첫 번째 티롤 백작이었다.

1363년 마인하르트 3세(마르가레테의 독자)가 사망하고, 티롤이 그의 아버지 (루트비히 5세)의 나라인 바이에른(비텔스바흐가)이 아닌, 그의 아내(루돌프 4세의 여동생) 의 나라 오스트리아(합스부르크가)에 양도되었을 때, 마인하르트 3세의 숙부 인 바이에른 공작 슈테판 2세(1319-1375, 재위: 1347-1375. 루트비히 5세의 동생)는 밀라 노 시장 베르나보 비스콘티(1323-1385)와 동맹을 체결하여 티롤을 침공하여, 티롤의 소유권을 주장했다. 티롤의 영유권을 둘러싸고 발생한 합스부르 크가와 비텔스바흐가 간의 분쟁은 1369년 슈테판 2세 바이에른 공작과 알브레히트 3세(1349/50-1395) 오스트리아 공작 간에 체결된 <셰르딩 평화조 약>에서 법적인 결말을 보았다. 셰르딩을 포함하여, 바이에른과 경계를 접한 티롤의 일부 지역을 비텔스바흐가(바이에른)에 양도하고, 200,000굴덴을 보상금으로 바이에른에 지불하는 조건으로 티롤의 영유권은 오스트리아의 합스부르크가에 영구히 귀속되었다. 인구 약 4,000명의 소도시 셰르딩은 현재 오스트리아의 오버외스터라이히 주에 속해 있다.

이런 저런 사기를 들여다보면, 티롤 백작 마르가레테에게 15세기 이후 마울타쉬('탕녀'라는 뜻)라는 별명이 따라다니는데, 이 별명의 유래는 여러 가지 설이 있지만, 마르가레테의 이혼과 재혼에 호의적이지 않았던 교황측, 그리고 티롤을 합스부르크 왕가에 빼앗긴 룩셈부르크 왕가(마르가레테의 첫 남편은 룩셈부르크가의 요한 하인리히)와 비텔스바흐 왕가(마르가레테의 두 번째 남편은 비텔스바흐가의 루트비히 5세) 쪽에서 사용되기 시작했다는 설이 유력한 듯하다. 마르가레테의 이혼과 재혼은 당시 유럽 귀족사회의 일대 스캔들이었다. '마르가레테 마울타쉬'라는 이름에서 '마울타쉬'가 마르가레테의 성이 아니라는 사실을 유념해야 할 것이다.

룩셈부르크가의 요한 하인리히(하인리히 7세 황제의 차손, 요한 뵈멘 국왕의 차남)와 이혼(1341)한 마르가레테와 루트비히 5세(루트비히 4세 독일황제의 아들)의 재혼(1342)은 루트비히 4세 황제와 비텔스바흐 왕가의 입장을 크게 약화시켰다. 룩셈부르크가를 비텔스바흐가의 적으로 만들었기 때문이었다. 1314년 루트비히 4세가 룩셈부르크가의 뵈멘 국왕 요한과 합스부르크가의 프리드리히 3세를 젖히고 독일국왕에 선출될 수 있었던 것은 독일제국 정치의 장래를 생각한 룩셈부르크가의 대승적 판단 덕분이었는데, 영토 야욕에 사로잡힌 루트비히 4세의 1342년의 결정(장남 루트비히 5세와 마르가레테의 결혼)은 룩셈부르크가의 분노를 사기에 충분했다. 루트비히 5세와 마르가레테의 혼인이 강행된 후, 루트비히 5세에게 교황의 파문 선고가 내려졌다.

1314년 루트비히 4세를 독일국왕으로 선출하는데 결정적 기여를 했던 룩셈부르크가 출신의 선제후인 발두인 트리어 대주교(하인리히 7세 황제의 동생)는 이 사건(루트비히 4세의 장남 루트비히 5세와 이혼녀 마르가레테의 결혼)으로 1346년

5월 24일 루트비히 4세 황제와 절연을 선언했다. 그리고 그는 1346년 7월 11일 렌스(2002년 세계문화유산에 등록된 라인란트-팔츠의 도시)에서 룩셈부르크가의 카를 4세(1316-1378, 독일황제: 1347-1378)를 루트비히 4세 황제의 대립국왕으로 선출하는데 주도적인 역할을 했다. 루트비히 4세 황제는 대립국왕 카를 4세와의 전쟁을 피할 수 없게 되었다. 카를 4세는 대립국왕에 선출된 직후인 1346년 8월 26일 <크레시 전투>(필리프 6세의 프랑스와 에드워드 3세의 영국 간의 전투. 뵈멘의 요한 국왕이 필리프 6세를 위해 출정한 전투)에서 전사한 부왕(뵈멘 국왕 요한)을 승계하여 뵈멘 국왕에 즉위했고, 1346년 11월 26일 독일의 본에서 즉위식을 가졌다. 그리고 1년도 채 지나지 않은 1347년 10월 11일 루트비히 4세 독일제국 황제가 사망하자, 카를 4세는 별도의 국왕선거를 치르지 않고, 정식으로 독일국왕에 즉위했다. 차기 독일국왕 후보에 대한 일말의 가능성도 사라져 버린 루트비히 5세(루트비히 4세의 장남) 바이에른 공작은 다른 3명의 선제후들을 - 즉 마인츠 대주교 게를라흐 폰 나사우(재위: 1346-1371), 작센-라우엔부르크 공작 요한 3세(재위: 1344-1356) 및 팔츠 궁중백 루돌프 2세(재위: 1329-1353, 루트비히 4세 황제의 조카) - 동원하여 루트비히 4세 황제의 충실한 추종자이며 고문이었던 슈바르츠부르크-블랑켄부르크 백작인 비텔스바흐가의 귄터 21세(1304-1349)를 카를 4세의 대립국왕으로 선출했다. 귄터는 한 달 후, 1349년 2월 6일 프랑크푸르트에서 대관식도 가졌다. 카를 4세와 귄터 폰 슈바르츠부르크 사이에 무력충돌이 발생했지만, 1349년 5월 26일 마인츠 근교에서 체결된 <엘트빌레 조약>에서 귄터는 카를 4세로부터 대립국왕 포기를 강요받았다. 그 직후 6월 14일 프랑크푸르트에서 그는 의문의 주검으로 발견되었다.

1347년 루트비히 4세 황제가 사망한 후, 독일제국의 왕조가 비텔스바흐가에서 룩셈부르크가로 다시 바뀌게 되었을 때, 알브레히트 2세 오스트리아 공작은 신속하게 카를 4세와 접촉하여 루트비히 4세 황제 재위 시기에 합스부르크가가 획득한 권리 일체를 문서로 확인받는 문제에 대해 합의했다. 이 합의와 더불어 알브레히트 2세 공작과 오스트리아는 독일제국 내에서 완전한 사법주권을 확보하게 되었다. 그것은 그가 비텔스바흐가에서 룩셈부르크가로 제국의 권력이 이동하는 과도기에 일종의 중재인 역할을 수행함으로써 확보한 결과물이었다. 1353년 3월 전체 제국제후들이 참가한 제후회의가 빈에서 개최되었다. 1355년으로 계획된 황제 대관식을 위한 카를 4세의 로마 방문을 논의한 매우 중요한 제국회의였다. 카를 4세는 그가 가장 총애한 차녀 카타리나(1342-1395)를 빈 제후회의에 동반했다. 제후회의가 종료된 후 1353년 7월 13일 카타리나와 알브레히트 2세의 장남 루돌프 4세(1339-1365)의 약혼식이 빈에서 거행되었고, 결혼식은 1357년 7월 3일 프라하에서 거행되었다. 합스부르크가와 룩셈부르크가가 결혼을 통해 동맹관계를 확인한 것이었다. 1364년 2월 10일 장인(카를 4세 황제)과 사위(루돌프 4세 공작) 사이에 체결된 룩셈부르크가와 합스부르크가 간의 상호상속조약은 카타리나와 루돌프 4세의 결혼이 만들어낸 양 왕가의 결속의 표현이었다. 브륀(체코의 브루노)에서 조인된 이른바 <브륀 상속조약>에 서명한 합스부르크가의 대표는 루돌프 4세 공작과 그의 두 동생 알브레히트 3세 및 레오폴트 3세 공작이었고, 룩셈부르크가 측에서는 카를 4세 황제, 황제의 아들이며, 후계자인 벤첼(바츨라프) 4세, 그리고 황제의 동생 메렌 변경백 요한 하인리히(티롤 백작 마르가레테의 전남편)가 조약에 서명했다.

브륀 상호상속조약에 의거해 룩셈부르크가의 마지막 황제 지기스문트(재위: 1410-1437. 카를 4세 황제의 아들. 벤첼 4세 황제의 이복동생)가 사망한 후, 합스부르크가의 알브레히트 5세(지기스문트 황제의 사위. 카를 4세의 사위 루돌프 4세 오스트리아 공작의 종손) 공작이 독일국왕(독일국왕으로서는 알브레히트 2세)에 선출되었다. 알브레히트 2세(재위: 1438-1439)가 독일제국 국왕에 즉위한 1438년부터 프란츠 2세(재위: 1792-1806) 황제가 제관을 내려놓은 1806년까지 독일제국(신성로마제국)의 황제는 3년의 공백기(1742-1745)를 제외하면 모두 합스부르크 왕가 출신이었다.

카를 4세 황제와 그의 사위 루돌프 4세 오스트리아 공작 간에 두 차례의 위기가 조성된 적이 있었다. 1358년 알브레히트 2세 공작을 승계하여 오스트리아의 공작에 즉위한 루돌프 4세는 즉위 직후 오스트리아 군주의 지위(공작, 즉 헤르초크)를 선제후 또는 국왕의 지위와 동급인 에르츠헤르초크(대공)로 격상시킨 변조문서(프리빌레기움 마이우스)를 장인(카를 4세 독일제국 황제)에게 제출하여 인준을 요구했을 때, 첫 번째 위기가 조성되었다(루돌프 4세와 프레빌레기움 마이우스 참조).

하인리히 6세 케른텐 공작의 사망과 함께 마인하르트가의 남계가 단절되었을 때, 알브레히트 2세가 루트비히 4세 당시 독일황제의 도움을 얻어 마인하르트가에 저당 잡힌 케른텐과 크라인을 오스트리아 영토에 재편입시킨 사실은 이미 기술한 비 있다. 두 번째 위기는, 1363년 마인하르트가의 마지막 외손인, 마르가레테(하인리히 6세 케른텐 공작 겸 티롤 백작의 무남독녀)와 루트비히 5세 공작(루트비히 4세 독일제국 황제의 장자)의 아들 마인하르트 3세(하인리히 6세 공작의 외손자)가 1363년 1월 13일 사망하자마자, 카를 4세 황제의 사위 루돌프 4세가 티롤 백작령을 합스부르크가의 세습지에 합병했지만, 장인이 이에 대한 승인을 1년 이상 보류했을 때 발생했다. 분쟁의 소지를 안고 있는 티롤의 영유권을 합스부르크가의 소유로 공식적으로 인정하면, 룩셈부르크가와 비텔스바흐가 간의 관계가 더욱 악화될 것이라는 것이 카를 4세가 내세운 표면상의 이유이었지만, 그가 티롤 합병에 대한 승인을 유보한 데는 룩셈부르크 왕가의 티롤에 대한 미련이 작용한 것이 분명했다. 왜냐하면 마인하르트 3세의 계부인 요한 하인리히(카를 4세의 동생이며 마르가레테의 전 남편)가 마인하르트 3세가 사망한 바로 다음 해인 1364 2월 26일 망자의 미망인과 결혼했기 때문이었다. 두 차례의 위기는 그러나 모두 카를 4세 황제의 딸 카타리나(루돌프 4세의 아내)의 중재로 해소될 수 있었다.

1335년 아버지 알브레히트 2세 공작이 케른텐과 크라인을 회복하고,

1363년 아들 루돌프 4세 공작이 티롤을 획득한 후, 포르아를베르크도 티롤 백작령에 추가됨으로써, 오스트리아는 역사상 가장 넓은 영토를 보유하게 되었다. 티롤의 영유권을 둘러싼 룩셈부르크가와 비텔스바흐가와 합스부르크가의 경합에서 최종적으로 승리한 왕가는 합스부르크가였다. 합스부르크 제국이 16세기부터 20세기 초까지 유럽의 중원을 지배하고, 방어할 수 있었던 이유 중의 하나는 제국의 서쪽 경계선에 티롤이라는 전략적 요충지역을 장악하고 있었기 때문이라 해도 과언이 아닐 것이다. 1796/1797년 프랑스군의 공격을 받은 것도, 19세기 초 티롤이 장기간 프랑스와 바이에른 동맹군에 의해 점령된 것도 모두 티롤의 지정학적 중요성 때문이었다.

오스트리아의 대공 명칭

독일제국에서 사용된 대공의 칭호는 그로스헤르초크와 에르츠헤르초크 두 종류이었는데, 후자(에르츠헤르초크)는 오스트리아의 대공들만 사용한 칭호이었다. 그로스헤르초크(대공)는 쾨니히와 헤르초크, 즉 국왕(황제)과 공작 사이의 지위를 가리키는 칭호이었지만, 오스트리아의 대공을 지칭하는 에르츠헤르초크의 지위는 국왕(황제)에 준하는 선제후의 지위와 동일했다. 합스부르크가의 대공들은 '에르츠'라는 접두어를 대공 명칭에 사용함으로써 그들의 칭호를 독일제국의 다른 대공국 군주들이 사용하는 대공의 칭호와 차별화시키려고 했다. 오스트리아의 대공 칭호를 제외하고, '에르츠'라는 접두어가 사용된 칭호로는 대주교(에르츠비쇼프), 제국대재상(에르츠칸츨러) 등이 있다. 참고로 독일제국의 재상은 7인의 선제후(3인의 성직 선제후와 4인의 세속 선제후)가 대행한 관직이었다.

1453년 프리드리히 3세 독일제국 황제가 공국(헤르초크툼) 오스트리아를 대공국(에르츠헤르초크툼)으로 승격시킨 후, 오스트리아의 공작(헤르초크)은 대공(에르츠헤르초크)의 칭호를 사용하게 되었다. 최초의 합법적 에르츠헤르초크(대공)는 라디슬라우스(알브레히트 2세 독일제국 국왕의 유복자) 대공과 프리드리히 5세 대공(신성로마제국 황제로는 프리드리히 3세)이었다. 참고로 루돌프 4세(카를 4세 황제의 사위. 프리드리히 3세 황제의 백조부) 공작에 의해 변조된 문서(프리빌레기움 마이우스, 1358/1359)에 의해 에르츠헤르초크(대공) 칭호를 초법적으로 사용한 첫 합스부르크가 공작은 − 루돌프 4세를 제외하고 − '철인' 에른스트 공작(슈타이어마르크, 케른텐 및 크라인 공작으로서 프리드리히 3세 신성로마제국 황제의 부친)이었다. 그러니까 루돌프 4세가 미리 사용한 에르츠헤르초크(대공) 칭호는 그가 1365년 사망하고, 88년이 지난 1453년 그의 손자(루돌프 4세의 동생 레오폴트 3세 공작의 손자 프리드리히 3세 황제) 대에 가서야 비로소 추인된 칭호였다. 1440년 이후 1806년까지 신성로마제국 황제는 – 1742년부터 1745년까지의 3년을 제외하면 – 모두 합스부르크 왕가의 대공(프리드리히 3세 이후) 중에서 선출되었다(1440년 독일제국 황제에 선출된 프리드리히 3세의 합스부르크가 내의 신분은 1452년까지는 공작이었으며, 그가 대공의 칭호를 가지게 된 것은 1453년 이후이었다). 1438년부터 1439년까지 재위한 알브레히트 2세 독일제국 국왕(프리드리히 3세 황제의 재종형)의 합스부르크 왕가 내의 신분은 아직 공작(알브레히트 5세 공작)이었다.

5) 루돌프 4세와 프레빌레기움 마이우스

알브레히트 2세 공작의 장남 루돌프 4세는 사가들에 의해 바벤베르크 왕조의 마지막 공작 프리드리히 2세와 비교되곤 한다. '호전공'이라는 별명이 말해 주듯이, 프리드리히 2세 공작은 오스트리아의 영토를 넓히기 위해 재위기간 16년(1230-1246)을 인접국들과의 전쟁으로 일관하다가 전장에서 목숨을 잃었고, 루돌프 4세 공작은 자신이 만들어 낸 독일제국 황제 명의의 공문서를 통해 오스트리아의 위상을 제고시키려 했다. 방법은 달랐지만, 두 공작이 추구한 목표의 공통점은 더 강력한 오스트리아의 건설이었다. 오스트리아가 공국에서 대공국으로 격상되어, 오스트리아의 공작(헤르초크)들이 에르츠헤르초크(대공)로 불린 것은 1453년 이후이었지만, 루돌프 4세는 이미 1358/1359년 변조된 칙령(프리빌레기움 마이우스)으로 자신을 대공(에르츠헤르초크)으로 부르게 했다.

루돌프 4세 공작은 일련의 고문서를 위변조하여 합스부르크가의 위상을 높이려 시도했다. 사건의 발단은, 루돌프 4세의 장인인 룩셈부르크가 출신의 독일제국 황제 카를 4세가 1356년에 제정한 <금인칙서>(독일제국의 기본법)가 지금까지 관습법적으로 행해진 독일제국 국왕선거를 법으로 조정하면서 합스부르크가를 선제후의 지위에서 제외한 일이었다. 금인칙서는 독일국왕 선거권을 가지는 선제후의 수를 일곱 명으로 특정했다. 그들은 성직 선제후 3인(마인츠, 쾰른 및 트리어의 대주교)과 세속 선제후 4인(뵈멘 국왕과 작센 공작, 브란덴부르크 변경백과 팔츠 궁중백)이었다. 그러나 이미 두 명의 독일제국 국왕(루돌프 1세와 알브레히트 1세)을 배출한 오스트리아 또는 합스부르크가의 이름은 금인칙서의 어디에도 나오지 않았다.

루돌프 4세는 금인칙서의 제정으로 인해 자기 자신과 가문(합스부르크가)이 황제와 황제의 가문(룩셈부르크가)에 의해 홀대받음과 동시에 도전을 받은 것으로 생각했다. 알브레히트 1세 독일국왕의 손자이며 루돌프 1세 독일

국왕의 증손자인 동시에 카를 4세 황제의 사위인 루돌프 4세 공작은 그렇지 않아도 여러 영역에서 장인과 경쟁관계에 있었다. 더구나 카를 4세의 부왕은 신성로마제국의 황제를 합스부르크가(알브레히트 1세)에서 룩셈부르크가로 교체시킨 하인리히 7세 황제이었다. 카를 4세는 1344년 프라하에 대주교 관구를 수립했고, 1348년 독일어권에서는 최초로 프라하 대학을 - 독일어권의 가장 오랜 역사를 지닌 대학은 프라하 대학, 빈 대학(1365), 하이델베르크 대학(1386) 순이다 - 창립했으며, 성 비타 교회, 프라하 신시가지 및 블타바 강의 석교 등을 건립했다. 이에 질세라 루돌프 4세도 황제의 위상에 버금가는 일련의 행동으로 대응했다. 그는 수도 빈의 확충에 착수했을 뿐 아니라, 성 슈테판 교회의 공사를 크게 진척시켰고, 프라하 대학의 대항마로 1365년 빈 대학(알마 마터 루돌피나)을 창립했다. 루돌프 4세의 이름 뒤에 '창립자'라는 별명이 따라다니는 이유가 거기에 있었다. 그리고 무위로 끝나긴 했지만, 빈에 독립적 주교 관구를 수립하려고 많은 노력을 기울였다.

카를 4세 황제의 출신 가문인 룩셈부르크 왕가보다 합스부르크 왕가의 전통이 우월함을 과시하기 위해 - 룩셈부르크가의 첫 독일제국 국왕(카를 4세)보다 74년 앞선 시기에 첫 독일제국 국왕(루돌프 1세)을 배출시킨 합스부르크가의 전통을 과시하기 위해 - 루돌프 4세가 시도한 가장 강력한 대응은 그러나 고문서 위변조를 통해서 나타났다. 그 문서는 오스트리아를 변경백국에서 공국으로 승격시켜 준 프리드리히 1세(재위: 1152-1190, '붉은 수염' 황제) 신성로마제국 황제의 윤허장(프리빌레기움 미누스, 1156년 9월 17일)보다 100년 앞서 이미 오스트리아의 특수지위가 하인리히 4세(재위: 1056-1106) 황제에 의해 확인되었다는 내용이었다. 바이에른 공국을 둘러싼 바벤베르크 왕조와 벨페 왕조 간의 분쟁을 종식시키고, 오스트리아를 - 바이에른에서 영구히 분리된 - 독립세습공국으로 윤허한 이 문서(프리빌레기움 미누스)는 프리드리히 1세 황제에 의해 직접 하인리히 2세 야조미르고트(초대 오스트리아 공작)에게 수교되었다. 프리드리히 1세가 바벤베르크가의 군주(하인리히 2세 야조미르고트)에게 내린 1156년의 윤허장 제목이 <프리빌레기움 미누스>, 즉 <소특권>이었기 때문에, 루돌프 4세는 이를 모방한 문서의 제목을 <프리빌레기움 마이우스>, 즉 <대특권>이라 명명했다. 변경백령을 공국으로 격상시킨 증서의 제목이 프리빌레기움 미누스이었기 때문에, 오스트리아를 공국에서 대공국으로 변경하는 문서를 만들면서 제목도 한 단계 더 강한 프리빌레기움 마이우스로 바꾸는 치밀함을 보인 것이었다. 다시 말해 1156년의 프리빌레기움 마이우스보다 100년이 앞선 시점에 이미 하인리히 4세(재위: 1056-1106) 황제로부터 - 하인리히 4세는 바벤베르크가의 6대 군주 레오폴트 3세 변경백의 장인이었으며, 8대 변경백 하인리히 야조미르고트의 외조부였다 - 대특권(프리빌레기움 마이우스)을 윤허받았다는 내용의 문서를 만들어, 오스트리아 왕조의 역사성과 정통성을 강조함으로써 바벤베르크가에서 합스부르크가로 이어지는 왕통의 계승권을 강조하려고 한 것이었다. 에르츠헤르초크(대공) 칭호 사용권, 봉토수여권, 재판주권 및 기타 국왕과 황제에 준하는 포괄적 특권의 법적 근거를 규정한 프리빌레기움 마이우스는 합스부르크가 세습지의 불가분성과 루돌프 4세 가계의 장자상속권(여계 상속권 포함)도 보장했다.

루돌프 4세는 자신이 만들어낸 일련의 고문서에 역사적인 신빙성을 더하기 위해 문서의 기원을 로마 시대로까지 소급시켰다. 율리우스 카이사르가 자신의 '백부'에게 오스트리아 땅을 봉토로 내리면서, 어떤 제후도 그의 백부보다 상위에 두지 않겠다고 약속했고, 오스트리아는 제국(로마 제국)의 모든 나라 중 최상위 국가이며, 제국에 납부하는 세금을 영원히 면제받도록 네로 황제가 교시했다는 내용도 문서 중에 포함되어 있었다. 특히 카이사르와 네로에 관련된 문서는 동시대 고문서 연구가들에게서도 충분한 의심을 받았다. 루돌프 4세가 위조한 문서 중 가장 중요한 것은 의전상의 특권을 규정한 문서이었다. 오스트리아의 에르츠헤르초크

(대공)가 헤르초크(공작)를 임명하고, 봉토수여식은 오스트리아 땅에서 거행되어야 하며, 황제가 세 번의 초청에도 불구하고 친히 오스트리아에 왕림하지 않을 경우, 봉토수여가 이행된 것으로 간주된다는 사실 등이 루돌프 4세가 만든 고문서에 나와 있었다. 황제가 체류하는 장소(예: 뉘른베르크)에서 거행되는 봉토수여식을 오스트리아의 경우에는 오스트리아를 방문한 황제 혹은 오스트리아의 대공이 집전할 수 있도록 규정함으로써 오스트리아의 대공의 위상을 황제의 그것에 필적할 수 있게 만든 것이었다. 봉토수여식의 진행과정도 상세히 묘사되어 있었다. 공작은 말을 탄 채, 군왕의 복장으로 봉토를 수령해야 하고, 십자가 장식이 있는 아연 왕관을 쓰고 왕홀(王笏)을 들도록 했다.

위조문서 중 루돌프 4세가 역점을 둔 부분은 오스트리아의 군주가 사용할 에르츠헤르초크의 칭호였다. 루돌프 4세가 자기 자신과 그의 후계자들에게 에르츠헤르초크의 칭호사용권을 요구한 것은, 루돌프 4세가 케른텐 공작의 자격으로 이미 제국수렵장의 직책을 맡고 있기 때문에, 제국 재상에 임명되기 위해 필요한 선제후의 자격을 이미 갖춘 것이나 다름없음으로, 그의 지위는 선제후와의 그것과 동등하다는 논리를 합리화하기 위함이었다.

참고로 1356년 금인칙서 반포 직후의 신성로마제국의 제국재상 직은 7인의 선제후들이 나누어 맡았다. 3인의 성직 선제후 중, 제국대재상(에르츠칸츨러) 직을 겸한 마인츠 대주교는 독일 담당 제국재상, 트리어 대주교는 부르군트 담당 제국재상, 쾰른 대주교는 이탈리아 담당 제국재상을 각각 겸했다. 4인의 세속 선제후 중, 뵈멘 국왕은 음료 담당 제국재상, 팔츠의 궁중백은 식량 담당 제국재상 겸 황제 부재 시의 제국섭정, 작센 공작은 의전 담당 제국재상, 브란덴부르크 변경백은 시종장관이었다. 금인칙서가 제정되었을 당시의 - 루돌프 4세가 맡았다고 주장한 - 수렵 담당 제국재상의 직위는 확인되지 않았지만, 신성로마제국 말기의 수렵 담당 재상 직은 선제후가 아닌, 마이센의 변경백이 담당했다.

루돌프 4세는 위조된 문서와 몇몇 진본 문서의 인증등본(프리빌레기움 마이우스를 포함해 총 7통으로 알려지고 있음)을 만들어 뉘른베르크에 체제 중인 카를 4세 황제에게 제출했다. 특히 카이사르와 네로 황제 관련 문서는 황제의 의문을 야기했다. 황제는 당대의 고문서 감정 대가였던 프란체스코 페트라르카(1304-1374, 이탈리아의 역사가 겸 시인)로부터 이 문서들이 위조임을 밝힌 소견서를 제출받았다. 특히 문서의 외형에 당혹감을 느낀 카를 4세는 루돌프 4세에게 문서의 원본에 위조된 황제의 옥새를 사용하지 못하도록 선서하게 하고, 기사 인장 사용도 금했다. 그에 반해 대공칭호(에르츠헤르초크) 사용에 대해서는 크게 개의치 않았다. 합스부르크가 공작의 대공칭호사용권이 공식적으로 승인된 것은 1453년 합스부르크가의 프리드리히 3세가 독일제국을 지배했을 때였으며, 20년 후인 1473년 프리드리히 3세에 의해 다시 한 번 선제후 회의의 동의하에 그 효력이 갱신되었다. 그 후 프리빌레기움 마이우스(대특권)는 제국법률로 고착되었다. 합스부르크 왕가가 신성로마제국에 대해 가지고 있던 소명의식, 다시 말해 그들의 특수임무에 대한 믿음의 상당 부분은 바로 이 프리빌레기움 마이우스에 근거했다. 이 문서의 위조 사실은 1852년 역사학자 빌헬름 바텐바흐(1819-1897, 1862년 이후 하이델베르크 및 베를린 대학교수)에 의해 공식적으로 확인되었다.

신성로마제국 헌법 <금인칙서>(1356)

1806년 신성로마제국이 붕괴될 때까지 독일제국의 헌법으로 기능한 금인칙서(골데네 불레, 1356)는 국왕 선출 방법과 선제후들의 법적 지위를 규정한 법전이다. 이 법서의 핵심 부분은 1장부터 7장까지로서 국왕 선거와 관련된 부분이다. 그 내용에 따르면 선제후 및 선제후의 대리인만이 국왕 선출의 권한을 가진다. 선제후 회의의 결정은 과반수의 득표로 결의한다. 마인츠의 대주교가 선제후 회의체의 의장인 제국대재상(에르츠칸츨러) 직을 맡으며, 독일제국 국왕선거를 위한 선제후 회의는 프랑크푸르트에 소집한다. 그러나 금인칙서가 제정되기 전까지와는 달리, 제국대재상은 제일 먼저 투표하지 않고, 마지막으로 투표함으로써 결정권을 행사한다. 제1투표권은 트리어 대주교가 가지며, 트리어 대주교 선제후의 제1투표권 행사에 뒤이어 쾰른 대주교, 뵈멘 국왕, 팔츠 궁중백, 작센 공작, 브란덴부르크 변경백이 차례로 투표권을 행사한 다음, 마지막으로 마인츠 대주교가 투표권을 행사한다. 다수결원칙을 세우고, 제국대재상 마인츠 대주교가 마지막에 투표권을 행사하게 한 것은 1314년 합스부르크가의 '미남공' 프리드리히 3세 공작과 비텔스바흐가의 루트비히 4세 공작이 동시에 독일국왕으로 선출된 선례에서처럼, 이중투표/이중선거를 방지하기 위함이었다. 선제후국들의 영토의 불가분성이 금인칙서를 통해 선포된 것은, 선제후국의 영토가 분할됨으로써 선제후의 수에 변화가 생길 수 있는 개연성을 사전에 방지하기 위함이었다. 금인칙서는 같은 이유에서 장자상속권을 지속적으로 인정했다.

금인칙서 8-11장은 선제후들에게 특히 재판권과 관세수익권 및 주화수익권 같은 수익사업과 관련된 중요한 권한들을 부여한 내용을 포함했다. 12장에 포함된 선제후들과 황제의 연례회의 개최 규정은 실제로는 이행되지 않았다. 그와는 반대로 15장의 평화유지명령(란트프리데) 동맹을 제외한 일체의 동맹 체결 금지규정은 정치적 중요성을 가졌다. 16장의 시민권을 가지면서 도시 외곽에 거주하는 시민을 인정하지 않는 규정은 도시적대적인 규정이었다. 기타 부분들은 왕위공석, 결투권, 궁정의전 등에 관계된 것이었다. 금인칙서는 교황의 승인을 무시했지만, 선출된 독일국왕의 제권(帝權) 요구의 권리는 전제하고 있었다. 이는 선제후 회의의 전원일치 혹은 다수결로 선출된 국왕은 왕권을 수행함에 있어 교황의 승인이 불필요하다는 1338년 7월 16일 렌스 선제후 동맹의 결의사항과 일치했다.

□ 2
합스부르크가 세습지 분할 시기(1379-1463)

알브레히트 2세(재위: 1330-1358) 공작은 4명의 아들과 2명의 딸을 두었다. 장녀 카타리나(1342-1381)는 빈의 수녀원 원장이었고, 차녀 마르가레테 (1346-1366)는 티롤의 마지막 백작 마인하르트 3세(1344-1363)와의 결혼에 이어 메렌 변경백 요한 하인리히(뵈멘 국왕 요한의 아들)와 1364년 재혼했다. 알브레 히트 2세의 둘째 딸과 동명인 티롤 백작 마르가레테(마르가레테 마울타쉬)와 그녀의 두 번째 남편 바이에른 공작 루트비히 5세(루트비히 4세 독일제국 황제의 아들)의 외아들로 태어난 마인하르트 3세가 사망한 1363년 티롤이 오스트리아 영토에 편입된 역사적 사실은 앞에서 이미 다루어졌다.

알브레히트 2세 공작을 승계한 오스트리아의 군주는 그의 장남 루돌프(1339-1365) 4세 공작이었다. 루돌프 4세의 여덟 살 아래 동생 프리드리히 3세(1347-1362, 알브레히트 2세의 차남)는 형보다 3년 앞서 사망했다. 1358년 알브레히트 2세가 사망한 후, 유언에 따라 오스트리아 세습지 전체를 공동으로 상속받은 세 아들 중 장남 루돌프 4세의 나이는 19세이었고, 3남 알브레히트 3세와 4남 레오폴트 3세는 각각 10세와 7세의 미성년이었다. 3형제는 합스부르크가의 세습지 전체를 분할하지 않고 공동으로 상속받았지만, 장남 루돌프 4세가 - 1365년 26세를 일기로 사망하기 전까지 - 합스부르크가에 대한 통치권과 두 동생의 후견권을 동시에 행사했다. 루돌프 4세가 1365년 사망한 후, 그의 두 동생 알브레히트 3세와 레오폴트 3세(알브레히트 2세 공작의 3남과 4남)는 동시에 공작에 즉위했다. 1365년을 기준으로 하면 알브레히트 3세와 레오폴트 3세는 나이가 각각 17세와 14세의 어린나이였기 때문에, 형제간에 큰 이견이 발생하지 않았지만, 특히 레오폴트 3세가 미성년을 벗어나면서부터 형제불화가 심화되기 시작했다. 통치권 분할이 불가피해진 것이었다. 형제간 연장자 상속의 위계질서는 지켜지지 않았다. 1379년 레오폴트 3세(1351-1386)가 3살 위의 형인 알브레히트 3세(1348-1395)의 반대를 무릅쓰고 공동으로 상속받은 합스부르크가의 세습지 분할 주장을 관철시키기에 이르렀다. 합스부르크가는 1379년 1463년까지 84년간 알브레히트파와 레오폴트파로 가계가 양분되었고, 이 시기를 역사는 합스부르크가의 세습지 분할시기 혹은 가권 분할시기라 부른다.

1379년 슈타이어마르크 공국의 노이베르크에서 체결되었다 하여 <노이베르크 분할계약>이라 명명된 재산분할 계약을 통해서 두 형제는, 장형인 루돌프 4세가 관리했던 아버지(알브레히트 2세)의 유산(합스부르크가의 세습지)을 나누었다. 형 알브레히트 3세는 오스트리아(오버오스터라이히 및 니더외스터라이히) 공국에 대한 통치권과 상속권을 획득하고, 동생 레오폴트 3세는 나머지 합스부르크가의 세습지를 - 슈타이어마르크 공국, 케른텐 공국, 크라인 공국, 티롤 백작령 및 전부오스트리아(포르데르외스터라이히)를 - 획득했다. 1379년 이후 알브레히트파와 레오폴트파로 양분된 합스부르크가는 알브레히트파의 마지막 공작 라디슬라우스(1440-1457: 알브레히트 2세 독일국왕의 유복자. 1453년 이후 대공)가 1457년 후사 없이 사망하고, 6년 후인 1463년 레오폴트파의 마지막 공작 알브레히트 6세(1418-1463, 1453년 이후 대공)가 사망한 후, 알브레히트 6세의 실형이며 라디슬라우스의 재종숙인 프리드리히 3세(오스트리아 공작 및 대공으로서는 프리드리히 5세) 독일제국 황제가 84년을 끌어온 가권분할 시대를 종식시킴으로써 재통합되었다. 그 후 합스부르크가는 1인 통치체제를 확립하게 되었다.

프리드리히 3세 황제가 백조부 루돌프 4세 공작이 위조한 하인리히 4세 신성로마제국 황제 명의의 칙서 <대윤허/대특권>(프레빌레기움 마이우스)을 승인한 1453년 이후 오스트리아는 법적인 에르츠헤르초크툼(대공국)이 되었다. 최초의 합법적 에르츠헤르초크(대공)는 알브레히트파의 마지막 공작 라디슬라우스, 레오폴트파의 프리드리히 5세(신성로마제국 황제로서는 프리드리히 3세)

와 그의 동생 알브레히트 6세였다. 참고로 루돌프 4세에 의해 위조된 문서(프레빌레기움 마이우스)에 의해 에르츠헤르초크(대공) 칭호를 미리 사용한 첫 합스부르크가 공작은 - 루돌프 4세를 제외하고 - 레오폴트파의 '철인' 에른스트(1377-1424, 프리드리히 3세 황제의 부친) 공작이었다.

1) 알브레히트 가계(1379-1457)

알브레히트 3세, 알브레히트파의 시조

알브레히트 2세 공작의 3남으로서 레오폴트 3세 공작의 형인 알브레히트 3세(1348-1395, 재위: 1365-1395) 공작은 1379년 동생 레오폴트 3세와 체결한 <노이베르크 분할계약>에 따라 합스부르크가의 핵심 세습지인 오스트리아(오버외스터라이히와 니더외스터라이히) 공국을 차지하여, 알브레히트파의 시조가 되었다. 알브레히트 3세 공작의 재위 기간에 빈 대학에 신학부가 창설됨으로써 알브레히트 3세는 이 대학을 창립한 그의 장형 루돌프 4세에 이어 제2의 빈 대학 창립자로 통한다. 1369년 바이에른 공작 슈테판 2세(1319-1375, 재위: 1347-1375. 루트비히 4세 독일제국 황제의 차남)와 체결한 평화조약(셰르딩 평화조약, 1369)에서 그는 합스부르크가의 티롤 합병(1363)에 대한 비텔스바흐가(바이에른 공국)의 승인을 얻어 냈다. 셰르딩 평화조약은 200,000굴덴의 보상금과 더불어 접경지역의 일부를 바이에른에 양도하고, 바이에른의 티롤 영유권 주장 포기를 이끌어낸 조약이었다. 동생 레오폴트 3세가 1386년 <젬파흐 전투>에서 전사한 후, 알브레히트 3세는 스위스와 전쟁을 속행했으나, 1388년 <네펠스 전투>에서 패배했다. 합스부르크가는 오스트리아를 지배하기 이전부터, 다시 말해 바벤베르크가의 세습지를 뵈멘의 점령에서 해방시키기 이전부터, 이미 알자스와 브라이스가우를 위시해서 스위스에 영지를 소유하고 있었다. 그러나 1388년 네펠스 전투에서 패한 후, 합스부르크가의 스위스 내의 옛 영지는 정치적 의미를 상실하기에 이르렀다.

알브레히트 가계는 알브레히트 3세, 알브레히트 4세, 알브레히트 5세, 라디슬라우스에 이르기까지 4대를 이어오다가, 라디슬라우스가 1457년 17세의 나이에 미혼으로 사망한 후 가계가 단절되었다. 알브레히트 가계는 노이베르크 분할계약이 체결된 1379년부터 라디슬라우스가 사망한 1457년까지 78년간 존속했다.

알브레히트 4세 공작과 빌헬름 공작 간의 긴장관계

은둔생활과 고독을 즐긴 내성적 성격의 알브레히트 4세(1377-1404, 재위: 1395-1404) 공작은 알브레히트 3세의 외아들로서 18세의 나이에 오스트리아 공작(니더외스터라이히 및 오버외스터라이히 공작)에 즉위했다. 7살 연상의 사촌형 - 숙부 레오폴트 3세의 장남 - 빌헬름(1370-1406) 공작(레오폴트 가계의 2대손)의 강압에 굴복해 부친(알브레히트 3세)이 사망한 지 3개월도 지나지 않은 1395년 11월 22일 <홀렌부르크 계약>을 체결하지 않을 수 없었다. 알브레히트 4세와는 정반대의 성격을 소유한, 활달한 성향의 사촌형 빌헬름 공작은 홀렌부르크 계약에서 전체 합스부르크 가문의 최고령자 자격으로 알브레히트 가계의 통치지역, 즉 오버외스터라이히와 니더외스터라이히 공국에 대한 공동 관리권도 주장하고 나섰다. 알브레히트 4세의 재위 기간(1395-1404)은 합스부르크가의 내분이 더욱 심화되고, 터키 침공의 위협이 가시화됨으로써 이전보다 더 요구조건이 많아진 신분대표의회의 영향력이 점차 힘을 발휘한 시기였다.

알브레히트 4세는 수시로 수도 빈의 궁성을 떠나 카르투지오 교단 소속 마우어바흐 수도원(빈 근교)에 체류했고, 1398년에는 성지 순례를 했는데, 그것은 그의 개인적 신앙심의 표현이었다. 그가 취한 일련의 교회 정책적 조처들은 후일 독일국왕(알브레히트 2세, 재위: 1438-1439)에 피선된 아들 알브레히트 5세(1397-1439) 공작의 교회정책에도 어느 정도 영향을 끼쳤다.

카를 4세 황제의 아들로서 독일제국 국왕과 황제를 차례로 역임한 룩셈부르크가의 이복형제, 뵈멘 국왕 벤첼(바츨라프) 4세(재위: 1378-1419)와 헝가리 국왕 지기스문트(재위: 1387-1437) 간의 전쟁을 방불케 한 불화가 계속되었을 때, 알브레히트 4세 오스트리아 공작은 부친 알브레히트 3세와 마찬가지로 지기스문트의 편을 들었다. 알브레히트 4세는 지기스문트에 의해 빈에서 체포된 벤첼 4세를 1402년 3월부터 1403년 11월 탈출에 성공할 때까지 포로로 잡아두기도 했다. 카를 4세 황제는 4번 결혼했는데, 세 번째 결혼에서 태어난 벤첼 4세(1361-1419)는 1378년부터 1419년까지 뵈멘 국왕, 1378년부터 1400년까지 독일제국 국왕이었고, 네 번째 결혼에서 출생한 지기스문트(1368-1437)는 헝가리 국왕 로요슈 1세(앙주가의 루이 1세)의 외딸 마리아와의 결혼을 통해 얻은 상속권으로 1387년부터 1437년까지 헝가리 국왕을 역임했고, 벤첼 4세가 1419년 사망한 후, 1420년부터 1437년까지 뵈멘 국왕, 1411년부터 1437년까지 룩셈부르크가의 마지막 독일제국 황제를 지냈다. 지기스문트의 후임 황제가 바로 알브레히트 4세 공작의 아들이며, 지기스문트 황제의 사위인 알브레히트 5세(독일제국 국왕으로서는 알브레히트 2세) 오스트리아 공작이었다. 알브레히트 4세 공작은 1404년 당시 헝가리 국왕이었던 지기스문트를 도와 벤첼 4세 뵈멘 국왕의 통치 지역인 메렌을 정복하기 위해 출정했다가, 출정군 내에 만연한 이질에 걸려 사망한 것으로 추정되고 있다.

알브레히트 4세 공작은 아들과 딸을 각각 한명씩 두었다. 알브레히트

4세가 공작에 즉위한 1395년에 출생한 장녀 마르가레테(1395-1447)는 하인리히 16세(1386-1450, 재위: 1393-1450) 바이에른-란츠후트 공작과 결혼했고, 외아들 알브레히트 5세 공작은 알브레히트 2세라 불리면서 1438년부터 1439년까지 1년간 독일제국 국왕을 역임했다. 1255년 양분된 바이에른(오버바이에른과 니더바이에른)은 독일국왕을 지낸 루트비히 4세 때 통합되었다가, 그의 손자 대인 1392년 잉골슈타트를 수도로 하는 바이에른(바이에른-잉골슈타트)과 란츠후트가 수도인 바이에른(바이에른-란츠후트), 그리고 뮌헨이 수도인 바이에른(바이에른-뮌헨)으로 3분되었다. 1412년에 알브레히트 4세 공작의 딸 마르가레테와 결혼한 하인리히 16세는 그의 부친 '현자' 프리드리히에 이어 바이에른-란츠후트 공국의 두 번째 공작이었다.

합스부르크가 역대 세 번째 독일 국왕 알브레히트 5세 공작

알브레히트 4세의 외아들로 부친이 사망했을 때 7살이었던 알브레히트 5세(1397-1439, 오스트리아 공작: 1404-1439. 헝가리 국왕: 1437-1439. 뵈멘 및 독일제국 국왕: 1438-1439)는 1404년부터 1410년까지 아버지의 종형제들인 빌헬름(레오폴트 3세의 장남)과 빌헬름의 동생 레오폴트 4세(레오폴트 3세의 차남)의 후견을 받아야 했다. 그는 1406년 빌헬름 공작이, 1411년 레오폴트 4세 공작이 사망한 후 부친(알브레히트 4세)의 상속유산인 오스트리아 공국(니더외스터라이히와 오버외스터라이히 공국)의 통치권을 간신히 되찾았다. 빌헬름과 레오폴트 4세 공작은 알브레히트 5세의 종숙들이었다. 알브레히트 5세는 1404년 공작에 즉위했지만, 1411년부터 비로소 알브레히트파의 세습지(오스트리아 공국)의 통치권을 독립적으로 행사하기 시작했다. 그는 1421년 - 지기스문트 독일제국 황제(재위: 1410-1437)의 무남독녀로서 헝가리 왕국과 뵈멘 왕국의 상속권자인 -

엘리자베트(1409-1442) 공주와 결혼함으로써 1437년 12월 9일 장인이 사망한 직후(12월 18일), 헝가리 국왕에 즉위했다. 뵈멘 국왕에 즉위한 것은 그보다 늦은 1438년 6월이었다. 그 이유는 후스 전쟁(1419-1436)이 끝난 후에도 여전한 뵈멘 의회 내의 신구교간 갈등 때문이었다.

알브레히트 5세 공작은 장인 지기스문트 황제가 사망한 4개 월 후인 1438년 3월 18일 별다른 저항을 받지 않고 프랑크푸르트에서 개최된 선제후 회의에서 독일제국 국왕(알브레히트 2세)에 선출되었다. 그러나 알브레히트 2세 독일국왕의 정치적 관심은 뵈멘 왕국과 헝가리 왕국에 경도되어 있었다. 1년이라는 짧은 재위기간으로 인해 아헨에서 거행되는 국왕대관식은 이루어지지 않았다. 에우제니오 4세(재위: 1431-1447) 교황과 바젤 공의회 간의 분쟁에서 알브레히트 2세 국왕은 독일제국의 선제후들과 함께 중재적인 입장을 취하려고 노력했다. 알브레히트 2세 재위기간 중 두 차례 제국의회가 개최되었다. 1438년 7월 뉘른베르크에서 개최된 두 번의 제국의회는 제국개혁안을 다루었다. 독일제국의 재판권 행사를 개선하기 위해 독일제국을 4개의 제국직할관구(라이히스크라이스)로 분할하는 것을 골자로 한 이 제국개혁 법안은 통과되지 않았다. 특히 이해관계가 상충되는 개별 제국직할 도시들의 불신의 벽을 넘지 못했기 때문이었다. 제국직할관구는 행정체계상 현재의 독일연방공화국 연방주에 해당하는 독일제국의 최대 행정단위였다. 이 행정개혁 법안은 62년 동안 유보되었다가, 막시밀리안 1세(재위: 1493-1519) 황제 때인 1500년에 다시 제국의회에 상정되어 가결되었다.

짧은 재위기간이었지만, 알브레히트 2세는 폴란드인들과 연계한 뵈멘(체코)인들의 집요한 저항에 시달려야 했다. 후스 전쟁의 후유증은 뵈멘 왕국과 오스트리아 대공국 간의 관계 설정에 큰 영향을 미쳤다. 특히 뵈멘의 과격한 후스 파 교도들의 잔여 세력들이 16세기의 혁명적인 종교개혁을 만나면서, 뵈멘 왕국은 합스부르크 제국 내에서 신교운동이 가장 활성화된 지역이 되었다. 합스부르크 제국 내에서 루터교회의 영향을 가장 많이 받은 뵈멘 사람들은 가톨릭과 동등한 권리를 보장받고, 그들의 새로운 신앙을 합법화시키기 위해 무력투쟁도 불사했다. 그들의 투쟁은 세기를 넘어 1618년 <30년 전쟁> 발발의 단초로 작용했다. 뵈멘의 저항 세력에 시달리는 와중에 알브레히트 2세 국왕은 오스만 제국의 헝가리 침공을 방어하기 위해 출정을 감행해야 했다. 헝가리에서 빈으로 귀환 도중 이질에 걸린 알브레히트 2세는 1439년 10월 27일, 빈에 도착하기도 전에 그란(헝가리의 에스테르곰) 인근에서 사망했다. 알브레히트 2세 국왕 이후의 독일제국 황제는 - 단 한 차례 비텔스바흐가의 카를 7세(1697-1745, 재위: 1742-1745) 황제를 제외하고 - 합스부르크 왕가에서 지속적으로 배출되었다.

1439년 알브레히트 2세 독일 국왕(오스트리아 공작으로서는 알브레히트 5세)이 사망한 후, 가권분할 시대의 알브레히트파의 앞날은 불투명해졌다. 알브레히트 2세 국왕에게는 2명의 아들과 2명의 딸이 있었지만, 장남은 태어난 해에 사망했고, 라디슬라우스(1440-1457)는 1440년 2월 부왕 사망 4개월 후 유복자(포스투무스)로 태어났다. 그래서 그는 라디슬라우스 포스투무스라 불렸다. 알브레히트 2세의 장녀 안나(1432-1462)는 작센 공작 빌헬름 3세(1425-1482, 작센 선제후 프리드리히 1세의 막내아들로서 튀링엔 방백과 룩셈부르크 공작 역임)와, 차녀 엘리자베트(1437-1505)는 폴란드 국왕 카지미르 4세(1427-1492, 재위: 1447-1492)와 결혼했다. 자연히 합스부르크가의 주도권은 '큰집' 알브레히트파에서 '작은 집' 레오폴트파로 이동하게 되었다. 알브레히트 2세 독일국왕이 겸임하였던 헝가리와 뵈멘의 왕위도 라디슬라우스 오스트리아 공작에게 승계되었지만, 장기간의 후견으로 인해 - 부왕 사망 4개월 후에 태어난 젖먹이 공작 라디슬라우스를 둘러싸고 충성 경쟁을 한 - 귀족들의 권한이 무소불위의 경지로 커졌다.

알브레히트파 최후의 대공 라디슬라우스 포스투무스

독일국왕 알브레히트 2세(오스트리아 공작으로서는 알브레히트 5세)와 룩셈부르크 왕가의 공주 엘리자베트(지기스문트 신성로마제국 황제의 딸) 사이의 유복자로 태어난 라디슬라우스(1440-1457. 오스트리아 공작 및 헝가리 국왕: 1440-1457. 뵈멘 국왕: 1453-1457)는 출생한 직후 오스트리아 공작(1453년 이후 대공) 및 헝가리 국왕의 칭호를 상속받았다. 그는 생후 3개월도 채 지나지 않은 1440년 5월 15일 헝가리 국왕에, 14살이 되던 해인 1453년 10월 28일 뵈멘 국왕에 즉위했다. 1442년 12월 19일 모후가 사망한 후, 재종숙인 프리드리히 3세(레오폴트파의 3대손) 독일제국 황제가 라디슬라우스의 후견인 겸 섭정이 되어, 라디슬라우스가 상속받은 오스트리아(오버외스터라이히 및 니더외스터라이히) 공국의 실제 지배자가 되었다. 헝가리 왕국에서 라디슬라우스의 국왕직을 대리한 권력자는 1446년 라디슬라우스 측에 의해 섭정에 임명된 요한(야노슈) 훈요디(† 1456)였고, 뵈멘 왕국에서 라디슬라우스의 왕권을 대행한 사람은 게오르크 폰 포디에브라트(1420-1471)였다. 후자는 라디슬라우스의 후견인인 프리드리히 3세 황제에 의해 뵈멘의 총독에 임명된 후, 뵈멘 의회가 뵈멘의 섭정으로 선출한 사람이었다. 게오르크 폰 포디에브라트는 라디슬라우스가 사망한 후, 1458년부터 1471년까지 뵈멘을 통치한 국왕이었다. 요한 훈요디와 게오르크 폰 포디에브라트는 각각 라디슬라우스의 주거궁을 빈에서 프라하와 오펜(부다페스트)으로 옮기게 하려고 노력했지만, 미성년이라는 이유를 들어 프리드리히 3세 황제는 번번이 재종질(라디슬라우스)의 인도를 거부했다. 요한 훈요디는 1456년 사망했고, 라디슬라우스는 1457년 사망했다. 1458년 라디슬라우스를 승계하여 뵈멘 국왕이 된 게오르크 폰 포디에브라트는 한때 라디슬라우스를 독살했다는 소문에 휩싸이기도 했다.

프리드리히 3세 황제의 후견에서 이제 막 해방된 라디슬라우스는 결혼을 앞두고 17세의 나이에 사망했다. 1379년 <노이베르르크 분할계약>으로 합스부르크가가 알브레히트파와 레오폴트파로 양분된 후 78년 만에 - 라디슬라우스의 죽음과 더불어 - 알브레히트파는 소멸되고, 알브레히트파의 세습지(오스트리아 공국, 즉 니더외스터라이히와 오버외스터라이히)는 레오폴트파의 프리드리히 3세 황제(합스부르크가 내에서는 프리드리히 5세 대공)에게 일단 귀속되었다. 라디슬라우스가 사망한 후 헝가리와 뵈멘의 국왕은 헝가리와 뵈멘 왕국 의회에서 선출되었다.

2) 레오폴트 가계(1379-1463)

노이베르르크 분할계약(1379)과 홀렌부르크 계약(1395)

레오폴트 3세(알브레히트 3세의 동생)가 시조인 레오폴트파는 <노이베르크 분할계약>(1379년 9월 25일)을 통해 슈타이어마르크, 케른텐, 크라인 - 이 지역군은 심부오스트리아(인너외스터라이히)라는 명칭으로 통합되었다 - 그리고 티롤과 전부오스트리아(포르데르외스터라이히)의 통치권을 획득했다. 자손이 귀했던 알브레히트 3세 공작과는 달리, 그의 동생 레오폴트 3세 공작은 아들만 넷을 - 빌헬름(1370-1406)과 레오폴트 4세(1371-1411)와 '철안'이라 불린 에른스트(1377-1424)와 프리드리히 4세(1382-1439) - 두었다. 1395년 알브레히트파의 시조인 알브레히트 3세 공작이 사망하고, 그의 독자 알브레히트 4세가 18세의 나이에 알브레히트파를 대표해 오스트리아 공국(오버외스터라이히와 니더외스터라이히)의 공작에 즉위하자, 레오폴트 3세의 네 아들 중 장남인 빌헬름(1370-1406) 공작은 - 이미 언급했듯이 - 1379년의 합의(노이베르크 분할계약)에도 불구하고 돌연 합스부르크가의 최고령자로서의 권리를 주장하면서 알브레히트파의 세습지인 니더외스터라이히와 오버외스터라이히 공국(오스트리아 공국)에 대한 공동 관리권을 요구했다. 이 요구에 대한 합의가 문서화된 것이 니더외스터라이히의 홀렌부르크에서 체결된 <홀렌부르크 계약>(1395년 11월 22일)이었다.

홀렌부르크 계약을 통해 알브레히트파의 재산(오버외스터라이히와 니더외스터라이히)에 대한 공동 관리권을 획득하자마자, 알브레히트파와 레오폴트파로 합스부르크가가 양분되었을 때 발생했던 것과 똑같은 분쟁이 레오폴트파의 4형제들 사이에서도 일어났다. 연년생인 빌헬름과 레오폴트 4세는 부친 레오폴트 3세가 노이베르크 분할계약(1379)을 통해 획득한 세습지를 다시 분할하기로 결정한 것이었다. 그에 따라 심부오스트리아 즉, 슈타이어마르크, 케른텐, 크라인 공국은 빌헬름에게, 티롤(백작령)과 오스트리아의 역외 영토인 전부오스트리아(포르데르외스터라이히)는 레오폴트 4세에게 귀속되었다. 아직 미성년인 나머지 두 동생들(에른스트와 프리드리히 4세)에 대한 보호의무도 위의 두 형들이 나누어가졌다. 에른스트 공작은 빌헬름 공작이, 막내 프리드리히 4세 공작은 레오폴트 4세가 각각 보호하기로 합의되었다. 그럼에도 불구하고 레오폴트파 후손들의 분규는 계속되었고, 그 기회를 이용하여 귀족들은 신분제의회의 권력을 키웠다.

1406년 9월 12일 맏형 빌헬름 공작이 사망한 후, 남은 3형제는 1410년까지 알브레히트파의 유일한 후계자인 미성년 공작 알브레히트 5세를 후견하면서, 또 한 차례 형제들끼리 지역 분할을 결정해야 했다. 그리하여 레오폴트 4세는 알브레히트 5세 몫의 오버외스터라이히와 니더외스터라이히의 공동 관리권에다가 케른텐 공국과 크라인 공국을 획득했고, 에른스트 공작은 슈타이어마르크 공국을, 프리드리히 4세 공작은 티롤과 전부오스트리아를 얻었다. 그 후에도 형제들 간의 불화는 대외적으로도 의견일치를 보이지 못했고, 대내적으로는 내란을 방불케 하는 상황으로 이어졌다. 빌헬름 공작은 나폴리 왕국의 공주 요한나(1373-1435, 카로이 2세로서 잠시 헝가리 국왕을 역임한 앙주가의 카를로 3세 나폴리 국왕의 딸)와, 레오폴트 4세 공작은 필립 2세(1363-1404, 재위: 1342-1404) 부르군트 공작의 딸 카타리나(1378-1425)와 각각 결혼했지만, 두 사람 다 후사를 두지 못했다. 요한나는 부친(카를로 3세)을 승계하여 1386년 즉위한 남동생 라디슬라오(1378-1414)가 38세의 나이에 사망한 후, 그의 뒤를 이어 나폴리 왕국의 여왕이 되었다. 빌헬름이 장수했더라면 나폴리의 국왕이 되었을 것이다.

1424년 레오폴트 3세(레오폴트파의 시조)의 셋째 아들 에른스트 공작이 사망한 후, 레오폴트 3세의 아들 4형제 중 마지막 남은 티롤의 지배자 프리드리히 4세(1382-1439) 공작은 에른스트의 두 아들 프리드리히 5세 공작(프리드리히 3세 독일제국 황제)과 알브레히트 6세(1418-1463) 공작의 후견을 맡았다. 1439년 알브레히트파의 3대 공작 알브레히트 5세. 공작(알브레히트 2세 독일국왕)이 사망하고, 그의 뒤를 이어 그의 재종(6촌 동생)인 레오폴트파의 2대손(레오폴트 3세의 손자) 프리드리히 5세 공작이 독일제국 황제에 선출되어 프리드리히 3세라 불렸다. 프리드리히 3세 황제는 즉위한 직후부터 알브레히트 5세 공작(알브레히트 2세 독일국왕)의 유복자 라디슬라우스의 후견을 맡았고, 같은 해 사촌 동생(프리드리히 4세 숙부의 아들)인 티롤의 지기스문트(1427-1496) 대공에 대한 후견권도 얻었다.

1457년 라디슬라우스의 사망으로 알브레히트파의 장자상속권이 소멸되었고, 1463년 레오폴트파의 마지막 공작 알브레히트 6세가 사망한 후, 후자의 형 프리드리히 3세 황제에 의해 노이베르크 분할계약(1379) 이후 분열된 합스부르크가는 재통합되었다. 이제 드디어 합스부르크가는 오스트리아가의 동의어가 되었다.

레오폴트파의 시조 레오폴트 3세 공작과 트리에스테 합병

레오폴트 3세(1351-1386, 알브레히트 2세의 4남. 알브레히트 3세의 동생)는 1379년부터

1386년 사망할 때까지 슈타이어마르크, 케른텐, 크라인(슬로베니아), 괴르츠(고리치아) 및 전부오스트리아(포르데르외스터라이히) 공작 겸 티롤 백작이었다. 4대에 걸친 알브레히트파의 공작 4명 중 알브레히트 3세, 4세 및 5세는 각각 아들이 한 명뿐이었고, 마지막 공작인 알브레히트 5세의 유복자로 출생한 라디슬라우스 포스투무스는 결혼을 앞두고 사망함으로써 알브레히트파는 레오폴트파보다 6년 앞선 1457년에 이미 가계가 단절되었다. 반면에 레오폴트파의 시조 레오폴트 3세는 아들 4명(빌헬름, 레오폴트 4세, 에른스트 및 프리드리히 4세)이 차례로 공작의 지위에 올랐다. 그리고 레오폴트 3세의 손자 중 선두주자는 '철안'이라 불린 에른스트 공작의 장남 프리드리히 5세(신성로마제국 황제로서는 프리드리히 3세)이었고, 그 다음 공작은 프리드리히 4세의 외아들 지크문트, 그리고 에른스트의 차남 알브레히트 6세(프리드리히 3세 황제의 동생) 순이었다.

레오폴트 3세는 전부오스트리아의 슈바벤에서 수차례 전쟁을 수행했고, 바이에른과 베네치아와도 전쟁을 치렀다. 그 결과 포르아를베르크에 약간의 영지가 확대되었으며, 특히 1382년 트리에스테 시가 레오폴트 3세에게 자발적으로 항복해 옴으로써, 합스부르크가는 아드리아 바다로의 접근로를 확보하게 되었다. 트리에스테 항구의 획득은 레오폴트 3세의 위대한 업적이었다. 트리에스테는 1918년까지 합스부르크 제국의 중요한 무역항 겸 군항이었다. 그러나 레오폴트 3세는 전부오스트리아의 로텐부르크 요새를 루체른 시의 공격으로부터 구하기 위해 스위스로 출정했다가, 1386년 7월 9일 젬파흐 전투에서 전사했다.

레오폴트파의 2대손 빌헬름 공작

레오폴트 3세의 장자로서 1386년부터 1406년까지 슈타이어마르크, 케른텐 및 크라인 공작이었던 빌헬름(1370-1406, 재위: 1836-1406)은 1395년 그의 사촌동생 알브레히트 4세가 오스트리아 공국(오버외스터라이히 및 니더외스터라이히 공국)의 공작에 즉위했을 때, 합스부르크가의 최고령자로서의 권리를 관철시켜 노이베르크 분할계약을 무력화시키려 했다(홀렌베르크 계약 참조). 결과적으로 빌헬름은 알브레히트파의 세습지에 대한 공동 관리권을 획득했을 뿐 아니라, 알브레히트 4세가 1404년 사망한 후 즉위한 그의 종질인 11살의 알브레히트 5세(독일국왕으로서는 알브레히트 2세)를 대신해 오버외스터라이히 및 니디외스디라이히 공국을 섭정 통치했다. 빌헬름은 빈의 슈테판 교회의 공작묘지에 잠들어 있다.

레오폴트 4세 공작

레오폴트 3세의 차남이며 빌헬름 공작의 첫째 동생인 레오폴트 4세 공작은 형 빌헬름 공작이 사망한 1406년부터 1411년까지 슈타이어마르크, 케른텐 및 크라인 공국을 통치했고, 1396년부터 1406년까지 티롤을 통치했다. 그리고 사촌동생 알브레히트 4세가 1404년 사망하고, 2년 후 그의 친형 빌헬름 공작도 사망했을 때, 알브레히트 4세로부터 오스트리아 공국(오버외스터라이히 및 니더외스터라이히)을 상속한 그의 미성년 종질 알브레히트 5세(독일제국 국왕으로서는 알브레히트 2세)를 위해 섭정했다.

심부오스트리아 공작 '철안' 에른스트

레오폴트 3세의 3남으로서 빌헬름과 레오폴트 4세의 동생인 '철안' 에른스트(1377-1424)는 형 레오폴트 4세가 사망한 1411년 심부오스트리아(슈타이어마르크 공국, 케른텐 공국 및 크라인 공국)의 통치권을 획득했다. 레오폴트파의 형제들은 1410년 즉위한 룩셈부르크가의 마지막 신성로마제국 황제 지기스문트(알브레히트 5세 공작의 장인)와 불화관계에 있었다. 1406년부터 에른스트의 후견을 받은 알브레히트 5세 공작은 지기스문트 황제를 승계하여 1438년부터 1439년까지 재위한 독일제국 국왕 알브레히트 2세였다. 1417년 에른스트 공작의 동생 프리드리히 4세가 지기스문트 황제에 의해 파문을 당했을 때, 에른스트는 그 기회를 이용하여 동생의 통치지역인 티롤을 점령하려 했지만, 동생과 화해한 후, 지기스문트 황제에 대항하여 티롤을 지켰다.

후사를 두지 못한 두 형들(빌헬름과 레오폴트 4세)과는 달리 '철안' 에른스트는 두 번의 결혼에서 9명의 자녀를 얻었다. 1392년에 결혼한 폼메른 공작 보기슬라프 5세(†1374)의 딸 마르가레테(1366-1407)와의 사이에서는 자녀가 없었다. 그러나 1412년 재혼한 마조비엔(폴란드의 마조프셰) 공국의 공주이며 폴란드 국왕 블라디슬라프 2세(부아디수아프 2세, 재위: 1386-1434)의 질녀 침부르기스(1394-1429)는 - 부아디수아프 2세는 침부르기스의 외숙 - 에른스트 공작에게 9명의 자녀를 낳아주었는데, 그 중 위로 네 명만 성인으로 성장했다. 신성로마제국 황제(프리드리히 3세)가 된 프리드리히 5세 공작은 에른스트의 장남이었고, 차남은 레오폴트파의 마지막 공작 알브레히트 6세이었다. 장녀 마르가레테(1416-1486)는 작센 선제후 프리드리히 2세(1412-1464, 재위: 1428-1464) 공작과, 차녀 카타리나(1420-1493)는 바덴 변경백 카를 1세(1427-1475, 재위: 1454-1475)와 결혼했다. 프리드리히 2세 작센 선제후는 아내에게 상속지

분을 독립적으로 마련해주기 위해 1456년 콜디츠에 주화주조소를 설립했다. 1456년부터 1477년까지 이곳에서 주조 된 은화는 '마르가레테그로셴'이라 불렸다. 마르가레테의 오빠 프리드리히 3세 황제가 콜디츠 주화주조소의 주화주조권을 승인한 해가 1463년이었기 때문에, 그 전에 생산된 마르가레테그로셴은 모두 불법으로 제작된 주화인 셈이었다.

티롤파의 시조 프리드리히 4세 공작

레오폴트 3세의 4남(에른스트 공작의 동생) 프리드리히 4세 공작(1382-1439)은 둘째 형 레오폴트 4세 공작 생전에 그로부터 티롤의 통치권을 인계받아, 1406년부터 1439년까지 티롤을 통치했다. 그는 1424년 에른스트 공작이 사망한 후, 친조카(에른스트의 장남 프리드리히 5세 공작)와 종질(알브레히트 5세 공작)의 후견인 역할을 했다. 그의 재위시기에 슈바츠와 고센자센의 은광이 개발되어 티롤의 융성에 초석이 되었다. 전부오스트리아(포르데르외스터라이히) 수호의 임무를 레오폴트파의 형들로부터 물려받아, 그는 1405년 6월 17일 아펜첼과 합스부르크가 간에 벌어진 슈토스 전투(슈토스는 스위스 아펜첼아우서로덴 주에 위치한 알프스 고개)에서 스위스에 패했다. 같은 시기에 그는 티롤 귀족들의 저항과 티롤 남부지역, 특히 트리엔트(이탈리아의 트렌토)의 반란을 진압해야 했다. 1435년 트리엔트에서 2차 반란이 일어났을 때도 프리드리히 4세는 군대를 동원하여 이 도시를 점령했다. 그의 별명 '빈 주머니' 공작은 그의 정적들에 의해 부쳐진 것이었다고 한다. 그 이유는 전임 공작(형 에른스트)이 심부오스트리아의 통치권을 후임 공작인 동생 프리드리히 4세가 아닌, 자신의 장남 프리드리히 5세(후일의 프리드리히 3세 황제이며 프리드리히 4세의 장조카)에게 상속했기 때문이었을 것으로 추정된다. 그러나 콘스탄틴 폰 부르츠바흐의 <오스트리아 제국 전기(傳記)사전>은 프리드리히 4세가 금화 백만 그로셴의 유산을 남긴 결코 가난하지 않았던 공작으로 기술했다. 프리드리히 4세는 합스부르크가가 1379년 알브레히트파와 레오폴트파로 분열된 후, 레오폴트파에서 다시 갈라져 나간 방계인 티롤파의 시조라 불린다. 그러나 티롤파는 프리드리히 4세의 아들 지크문트 (1427-1496) 대에서 소멸되었다.

가권분할시대를 극복한 프리드리히 5세 공작

철인 에른스트 공작의 장남 프리드리히 5세(1415-1493. 황제로서는 프리드리히 3세) 공작(1453년 이후 대공)은 부친이 사망한 1424년부터 1493년까지 심부오스트리아를 지배했으며, 친동생 알브레히트 6세가 사망한 1463년 오버외스터라이히 및 니더외스터라이히 공국(1453년 이후 대공국)의 통치권을 인수함으로써 1379년 이래 알브레히트파와 레오폴트파로 분열된 합스부르크가를 다시 통합시킨 군주였다. 1457년 알브레히트파의 마지막 공작이며 그의 재종질인 라디슬라우스 공작(1453년 이후 대공)이 사망한 후, 오스트리아 대공국(오버외스터라이히 및 니더외스터라이히 대공국)의 통치권을 프리드리히 5세 대공이 접수했을 때, 합스부르크가의 세습지 분할시대는 사실상 청산되었다. 그러나 친동생인 전부오스트리아 공작 알브레히트 6세가 1458년 오버외스터라이히 대공국을, 1462년 니더외스터라이히 대공국을 무력으로 점령했을 때, 프리드리히 5세 대공과 알브레히트 6세 간에 형제전쟁이 발발했다.

지크문트 공작 - 티롤파의 2대손

'빈 주머니' 공작 프리드리히 4세 공작의 독자인 지크문트(1427-1496) 공작은 1439년 부친(프리드리히 4세)의 뒤를 이어 티롤과 전부오스트리아 공작에 즉위했다. 1490년 그는 티롤 신분제의회의 압력을 견디지 못하고, 통치권을 그의 종질로서 부르군트의 공작이며 동시에 황제계승후보인 막시밀리안(프리드리히 3세 황제의 아들이며 후일의 막시밀리안 1세 황제) 대공에게 양도해야 했다. 지크문트의 치적 중 가장 중요한 것은 1477년 메란(남티롤의 메라노, 1420년까지 티롤의 수도)에 있던 주화주조소를 은광(슈바츠 은광 등)이 가까운 티롤의 수도 인스부르크 인근의 할 시로 이전한 것이었다. 1486년 할에서 주조된 굴덴 은화는 16세기와 18세기 사이 유럽에서 통용된 탈러화의 모범이 되었다. 부친('빈 주머니 공작')과는 반대로 그는 '주화가 풍부한 공작'으로 불렸다. 할 시로 화폐주조소가 이전된 후 티롤의 경제가 번영한 것이 그 이유였다. 그러나 지크문트는 실제로는 아버지보다도 더 빈주머니였다. 사망하기 6년 전에 이미 티롤과 전부오스트리아에 대한 통치권을 종질(5촌 조카) 막시밀리안에게 빼앗겼기 때문이다. 지크문트는 두 번 결혼했는데, 1449년에 결혼한 스코틀랜드 국왕 제임스 1세(1394-1437, 재위: 1406-1437)의 딸 엘레오노레(1431-1480)는 출산 중 사망했고, 재혼한 카타리나(1468-1524)는 작센 공작 알브레히트(1443-1500, 재위: 1464-1500)의 딸이었다. 지크문트는 1496년에 사망했다. 그와 더불어 합스부르크가의 - 더 정확히 말해 - 레오폴트파의 티롤 방계는 2대 만에 소멸되었다. 프리드리히 3세 황제 이후의 합스부르크가 황제는 1인 통치자로서 심지어 티롤의 백작직도 겸했다.

레오폴트파의 마지막 대공 알브레히트 6세

'철인' 에른스트 공작의 차남이며 프리드리히 5세 공작(프리드리히 3세 황제)의 동생인 알브레히트 6세(1418-1463)는 1446년부터 1463년까지 합스부르크가의 역외 영토인 전부오스트리아(포르데르외스터라이히)를 통치했다. 알브레히트 6세가 1418년 출생했을 때, 오스트리아의 합스부르크가는 3분되어 통치되고 있었다. 알브레히트 6세의 재종형(알브레히트 파의 좌장) 알브레히트 5세(독일제국 국왕으로서는 알브레히트 2세)는 오버외스터라이히 및 니더외스터라이히 공국을, 부친 에른스트는 심부오스트리아(슈타이어마르크 공국, 케른텐 공국, 크라인 공국)를, 숙부 프리드리히 4세는 티롤과 전부오스트리아를 통치하고 있었다. 에른스트 공작이 1424년 사망한 후 레오폴트파의 가권을 계승한 에른스트의 동생 프리드리히 4세(빈주머니 공작)는 1433년과 1436년까지 고인의 두 미성년 아들(프리드리히 5세와 알브레히트 6세 형제)의 후견인 역할을 했다. 프리드리히 4세가 사망한 1439년부터는 6년 전까지 프리드리히 4세의 후견을 받았던 프리드리히 5세가 사촌인 지크문트(프리드리히 4세의 아들)의 후견인이 되어, 지크문트가 상속받은 경제적으로 부유한 티롤과 전부오스트리아를 대리 통치했다. 1446년 프리드리히 4세 부자에게 충성한 티롤 의회의 개입으로 지크문트는 후견에서 풀려나, 티롤의 백작에 임명되었지만, 전부오스트리아는 돌려받지 못했다. 1446년 프리드리히 5세는 전부오스트리아를 원주인인 지크문트 공작에게 돌려주지 않고, 아직 개인영지를 가지지 못한 친동생 알브레히트 6세 공작에게 양도했다. 이로써 알브레히트 6세 공작은 28세의 나이에 처음으로 봉토를 소유하게 되었다. 그럴 것이 프리드리히 5세와 알브레히트 6세 형제는 부친(에른스트 공작)으로부터 심부오스트리아의 통치권을 공동으로 상속받았지만, 성년이 되어서도 프리드리히 5세는 동생에게 공동 통치권을 허락하지 않았다. 이것 역시 후일 두 사람 간에 발생한 형제불화의 원인이 되었다. 전부오스트리아를 획득한 후 11년째 되던 해인 1457년 알브레히트 6세 공작은 프라이부르크에 대학을 설립했다. 알브레히트 6세의 이름을 따 알베르티나(알베르트/알브레히트 대학)로 명명된 프라이부르크 대학의 현재의 프라이부르크 대학 명칭은 바덴 대공 루트비히 1세(1763-1830, 대공: 1818-1830)의 이름을 더해 알베르트-루트비히 대학이라 불린다. 같은 해 알브레히트파의 마지막 공작 라디슬라우스(알브레히트 2세 독일국왕의 유복자. 1453년 이후 대공)가 사망했을 때, 알브레히트 6세 공작은 전자의 영지를 차지하기 위해 군사를 일으켰다. 1458년 오버외스터라이히, 1462년에는 빈을 포함한 니더외스터라이히가 알브레히트 6세에 의해 무력으로 점령되었다. 이 과정에서 프리드리히 3세 황제(프리드리히 5세 합스부르크 공작)와 알브레히트 6세 형제간에 전쟁을 방불케한 분쟁이 발생했다. 1463년 알브레히트 6세가 사망함으로써 형제간의 반목은 종지부를 찍었다. 노이베르크 분할계약(1379)이 체결된 후 84년 만에 알브레히트파와 레오폴트파로 양분된 합스부르크가의 세습지 분할시대는 알브레히트 6세의 죽음과 더불어 마침내 막을 내렸다. 그 후 합스부르크가는 1인 군주통치체제를 확립했다.

❑ 3
합스부르크가의 재통합

1) 프리드리히 3세 황제

루돌프 1세(재위: 1273-1291)와 알브레히트 1세(재위: 1298-1308. 루돌프 1세의 장남)에 이어 역대 세 번째 합스부르크가 출신 독일제국(신성로마제국) 국왕 알브레히트 2세(재위: 1438-1439. 오스트리아 공작으로서는 알브레히트 5세)가 42세를 일기로 1439년 10월 27일 사망하고, 1440년 2월 2일 프랑크푸르트에서 실시된 차기 독일 국왕 선거에서 합스부르크가의 프리드리히 5세(알브레히트 2세의 6촌 동생) 오스트리아 대공이 알브레히트 2세의 후임 국왕(프리드리히 3세 황제)으로 선출되었다. 프리드리히 5세 대공은 7명의 선제후 중 뵈멘 국왕을 제외한 6명의 선제후의 지지를 받아 합스부르크가 출신으로서는 4번째로 독일 국왕에 선출되었다. 뵈멘 국왕이 선제후 회의에 불참한 이유는 알브레히트 2세 뵈멘 국왕이 1439년 10월 27 사망한 후 국왕선거가 실시된 1440년 2월 2일 현재까지 뵈멘 국왕 공석 상태가 지속되었기 때문이다. 뵈멘의 왕위를 세습할 알브레히트 2세의 외아들 라디슬라우스는 국왕선거가 끝난 지 20일이 지난 후에야 비로소 출생했다. 1440년 2월 22일에 출생한 라디슬라우스가 뵈멘 국왕에 즉위한 것은 1453년 10월 28일의 일이었다. 뵈멘 국왕을 겸한 알브레히트 2세 독일 국왕이 사망한 후부터 라디슬라우스가 즉위할 때까지 약 14년 동안 라디슬라우스를 위해 뵈멘을 대리통치한 섭정은 라디슬라우스의 후임 국왕 게오르크 폰 포디에브라트(재위: 1458-1471)이었다.

1442년 6월 17일 아헨에서 국왕 대관식을 가진 프리드리히 3세는 1452년 3월 19일 니콜라우스 5세(재위: 1447-1455) 교황으로부터 제관을 수여받았다. 프리드리히 3세 황제는 역사상 로마에서 교황이 집전한 황제대관식에 참석한 마지막 독일제국 국왕이었다. 동시에 그는 역대 합스부르크가 출신 독일제국 국왕 중 로마에서 거행된 황제대관식에서 신성로마제국 황제의 제관을 교황으로부터 직접 수여받은 최초의 국왕이었다. 그러나 황제대관식을 마치고 귀국한 그는 상당 부분 제국정치에서 물러나 있었다. 그는 1444년 가을에 개최된 뉘른베르크 제국의회 참가 이후 1444년부터 1471년까지 제국의회를 한 번도 소집하지 않았으며, 합스부르크 왕가의 세습지를 떠난 적도 없었다. 전임 국왕인 알브레히트 2세의 유산과 그의 유복자로 태어난 라디슬라우스 대공에 대한 후견권을 - 헝가리 왕국과 뵈멘 왕국의 섭정권을 - 둘러싸고 발생한 분쟁, 그리고 라디슬라우스가 사망한 후 그의 유산을 두고 벌어진 친동생 알브레히트 6세 공작(1458-1463: 오버외스터라이히 대공. 1462-1463: 니더외스터라이히 대공)과의 무력분쟁을 극복해야 했던 것이 제국정치를 소홀히 했던 이유 중의 가장 큰 이유였다.

라디슬라우스(프리드리히 3세의 재종질)와 지크문트(프리드리히 3세의 종제)에 대한 후견통치, 그리고 프리드리히 3세 황제와 동생 알브레히트 6세 공작 간의 영토분쟁으로 야기된 형제불화는 심각한 내전의 요인이었다. 에른스트 공작의 차남으로서 레오폴트 가계의 후손 중 유일하게 알브레히트라는 이름을 가진 알브레히트 6세는 형 프리드리히 3세 황제로부터 1446년 전부오스트리아의 통치권을 넘겨받았다. 1457년 라디슬라우스 대공의 죽음과 더불어 알브레히트 가계가 소멸된 후, 오버외스터라이히와 니더외스터라이히 대공국은 일단 프리드리히 3세 황제가 접수했지만, 알브레히트 6세는 1458년 오버외스터라이히를, 1462년 니더외스터라이히를 무력으로 점령했다. 그는 신분제의회의 불만 세력들과 연합하여 합스부르크가의 세습지 전체에 대한 통치권을 차지하려고 시도했다. 그것은 형인 프리드리히 3세 황제에 대한 명백한 반역이었다. 그의 만년은 친형(황제)과의 전쟁과 전쟁의 참화로 얼룩졌지만, 1457년 전부오스트리아의 중심부(브라이스가우)에 설립된 프라이부르크 대학은 알브레히트 6세의 업적이었다. 1463년 알브레히트 6세 대공이 사망했을 때, 프리드리히 3세 황제는 동생이 점령한 오버외스터라이히와 니더외스터라이히를 회수하여 그 동안 양분되었던 합스부르크가의 세습지를 재통합하게 되었다.

사가에 따라서는 프리드리히 3세를 우유부단한 군주라 비판한다. 형제간의 내전을 원천 봉쇄하거나, 조기에 매듭짓지 못했으며, 라디슬라우스 헝가리 국왕의 죽음과 더불어 합스부르크가의 지배를 벗어나 독립한 헝가리가 1485년 마티아스 1세 코르비누스(1440-1490, 재위: 1458-1490) 국왕을 앞세워 오스트리아를 침공했을 때, 그는 왕궁을 비너노이슈타트로 옮기고, 5년 동안 전세를 관망했기 때문이었다. 헝가리 침공군이 점령을 풀고 자진해서 빈에서 군대를 철수시킨 이유는 프리드리히 3세의 반격 때문이 아니라, 1490년 4월 6일 마티아스 1세 코르비누스가 점령지 빈에서 사망했기 때문이었다. 1485년 6월 1일부터 마티아스 1세 코르비누스가 사망한 1490년 4월 6일까지 빈은 헝가리 군대에 의해 점령되어 있었다. 마티아스 1세 코르비누스가 사망한 후 프리드리히 3세 황제는 다시 빈으로 귀환하지 않고, 독일제국 정치는 아들 막시밀리안 1세에게 일임한 후, 사망할 때까지 린츠에서 은둔했다. 막시밀리안 1세는 1493년 독일제국 국왕에 즉위했지만, 이미 1486년 2월 16일 - 페르디난트 3세가 사망하기 7년 전 - 페르디난트 3세 황제의 요청으로 소집된 프랑크푸르트 선제후 회의에서 차기 독일제국 국왕에 선출되었다. 황제 생존 시 선출된 차기 황제후보는 '독일 왕' 혹은 '로마 왕', 또는 '로마-독일 왕'이라 불렸다. 황제 생존 시 차기 황제후보로 미리 선출된 '독일 왕'(예: 프리드리히 3세 황제 생존 시의 막시밀리안)과 - 여러 가지 이유에서 - 신성로마제국 황제 대관식을 가지지 못한 독일제국 국왕(예: 루돌프 1세, 알브레히트 1세, 알브레히트 2세)은 구별되어야 한다.

프리드리히 3세 황제의 종제 지크문트 대공(프리드리히 4세의 독자)이 1490년 티롤을 막시밀리안 1세에게 양도함으로써 합스부르크가의 세습지는 - 1463년 이미 5개 (대)공국(오버외스터라이히 및 니더외스터라이히 대공국, 슈타이어마르크 공국, 케른텐 공국, 크라인 공국)이 통합된데 이어 - 페르디난트 3세 황제 치하에서 완전히 통합될 수 있었다. 후일 합스부르크 제국의 국시가 된 합스부르크 제국의 불분리성과 불가분성의 토대는 프리드리히 3세 때 만들어진 것이었다. 소극적인 처신에 대한 비판에도 불구하고 프리드리히 3세 황제는 합스부르크가의 영토를 통합함으로써 합스부르크 제국 건설을 위한 초석을 놓았으며,

결과만 놓고 볼 때 오스트리아의 역사발전에 크게 기여한 군주였다.

프리드리히 3세는 아들 막시밀리안 1세를 부르군트(부르고뉴)의 샤를(카를) 1세(1433-1477) 공작의 무남독녀 마리아(1457-1482)와 혼인시킴으로써, 샤를 1세가 사망한 후, 샤를 1세의 통치 지역이었던 - 스위스에서 북해 연안에 이르는 - 부르군트의 영토를 오스트리아에 합병시킬 수 있었다. 프리드리히 3세 황제는 부르군트 공국의 상속인을 자부로 삼음으로써 프랑슈콩테, 플랑드르, 아르투아, 브라방, 젤란트, 프리슬란트, 피카르디, 로트링엔(로렌), 룩셈부르크, 알자스와 브라이스가우의 일부 등을 포함하는 광활한 지역을 오스트리아의 역외 영토로 만드는 데는 성공했지만, 이 지역의 합병은 향후 프랑스와의 끝없는 전쟁으로 이어지는 직접적인 원인이 되었다.

오스트리아와 프랑스 간의 갈등은 18세기 중반까지 이어지다가, 1756년에 체결된 오스트리아-프랑스 상호방어조약(베르사유 조약, 1756년 5월 1일)과 1770년에 거행된 마리 앙투아네트와 루이 16세의 결혼으로 잠시 수그러드는 듯하다가, 나폴레옹의 등장과 더불어 재연된다. 영토확대와 전쟁의 불씨를 오스트리아에게 동시에 안겨준 프리드리히 3세 황제는 빈의 성 슈테판교회 지하묘지에 잠들어 있으며, 그의 묘비는 가장 위대한 예술적 가치를 가진 문화재로 평가되고 있다.

프리드리히 3세 황제의 제국정책

프리드리히 3세 황제는 1415년 스위스가 점령한 옛 합스부르크가의 발상지 아르가우를 탈환하기 위해 <백년 전쟁>(1337-1453, 프랑스와 영국 간의 전쟁) 말 용도 폐기된 - 프랑스 남서부의 백작령 아르마냐크의 베른하르트

(베르나르) 7세(1360경-1418, 샤롤레의 백작)에 의해 조직된 - 아르마냐크 용병대를 동원했으나, 스위스 군대에 참패함으로써 뜻을 이루지 못했다. 프리드리히 3세 황제가 제국정치를 소홀히 하는 동안 팔츠 선제후 프리드리히 1세 (1425-1476, 재위: 1451-1476) 궁중백과 브란덴부르크 선제후 알브레히트 아힐레스 (1414-1486, 재위: 1471-1486) 등의 영방 군주들이 제국정치 무대의 전면에 등장했다. 독일제국 곳곳에서는 크고 작은 전쟁이 제후국들 간에 벌어졌다. 북서부 독일 제후국 거의 전체가 연루되어 1444년부터 1449년까지 5년 동안 지속된 <조스트 분쟁>(조스트 시와 쾰른 대주교 디트리히 2세(재위: 1414-1463) 간의 분쟁), 브란덴부르크가 뉘른베르크 및 뷔르츠부르크 대주교구를 상대로 하여 벌인 <마르크그레플러란트 전쟁>(1449-1453), 연공(年貢)의 규모 문제로 피우스(비오) 2세(재위: 1458-1464) 교황에 의해 파문된 마인츠 대주교 디터 폰 이젠부르크(1412-1482, 재위: 1459-1461, 1475-1482)와 디터 대주교 대신 새로 서임된 마인츠 대주교 아돌프 2세(재위: 1461-1475) 간의 분쟁으로 시작했지만, 팔츠 선제후 프리드리히 1세가 디터 대주교를 지원하면서 판을 키운 <마인츠 수도원 분쟁>(1461-1463) 등의 영토 분쟁들이 독일제국을 흔들었다. 그러나 프리드리히 3세 황제는 제후국들 간의 분쟁을 조정할 의사도, 능력도 보이지 않았다.

프리드리히 3세 황제가 분쟁에 직접 개입한 경우는 단 한 차례뿐이었다. 부르군트 공작 카를(샤를) 1세가 1474/1475년 노이스 요새를 공성했을 때였다. 프리드리히 1세 팔츠 선제후의 동생 쾰른 대주교 루프레히트 (1427-1480, 재위: 1463-1480)는 1473년 주교좌성당 참사회와의 분쟁에서 부르군트의 샤를 1세 공작에게 도움을 청하고, 그를 쾰른 대주교구의 세습총독에 임명했다. 이에 대응하여 주교좌성당 참사회는 헤센 방백 헤르만 3세 (1440/1441-1483, 재위: 1458-1483)를 쾰른 대주교구의 섭정에 임명했다. 헤르만 3세는 쾰른 대주교구의 병력 및 1,500명의 헤센 용병들을 동원하여 쾰른 대주교구의 가장 중요한 요새 도시 노이스를 장악하기 위해 출병했다.

부르군트 공작 샤를 1세는 루프레히트 쾰른 대주교 외에도 팔츠와 겔데른 공국, 그리고 클레베 공국의 지원을 받아, 부르군트의 독일제국 경계지역의 영토를 완성하기 위해서는 반드시 필요한 노이스 요새를 약 18,000명의 공성군으로 포위했다. 부르군트 공작의 노이스 요새 공격은 독일제국에 대한 위협이었다. 소극적인 프리드리히 3세 황제도 부르군트의 공격에 대해서만은 관망적 태도를 취할 수가 없었다. 그는 원군을 대동하여 노이스로 출정했다. 1474년 7월 29일부터 1475년 6월 5일까지 거의 1년 간이나 지속된 샤를 1세의 노이스 요새 공성은 프리드리히 3세 황제에 의해 격퇴되었다. 샤를 1세 공작은 공성작전을 중단했다. 그는 1475년 6월 28일 쾰른에서 예비평화조약을 체결하고, 노이스를 포기했다. 노이스 공성으로 인해 촉발된 민족감정이 프리드리히 3세 황제에게 제국의 서쪽 - 프랑스와의 - 경계지역에 대한 주의를 환기시켜, 부르군트와 일전을 불사케 만든 것이었다.

프리드리히 3세 황제는 뉘른베르크 제국의회 이후 1444년부터 1471년까지 오스트리아를 떠나지 않았을 정도로 제국정치에는 큰 관심을 보이지 않았다. 부르군트에 대한 - 정치적 표현을 빌리자면 독일제국의 서진정책에 대한 - 프리드리히 3세 황제의 관심은 1459년 아들 막시밀리안이 태어난 직후부터 나타났었다. 막시밀리안이 태어난 지 3년 만인 1462년에 이미 프리드리히 3세 황제는 막시밀리안과 부르군트의 샤를 1세 공작의 무남독녀 마리아의 결혼을 약정함으로써 부르군트를 독일제국 내지는 합스부르크 오스트리아에 병합시킬 계획을 세웠었다. 1473년 트리어에서 샤를 1세 공작을 만났으나, 프리드리히 3세의 목적은 관철되지 않았다. 그도 그럴 것이 샤를 1세는 그 대가로 차기 황제 자리를 자신에게 인계하고, 부르군트 공국을 왕국으로 승격시켜 달라는 요구를 내세웠기 때문이다. 막시밀리안 대공과 마리아의 결혼계약은 샤를 1세 부르군트 및 룩셈부르크 공작이 사망한 직후 체결되었다. 그는 1477년 1

월 5일 사망했다. 우선 1477년 4월 21일 팔츠 궁중백 루트비히 1세(1424-1489, 재위: 1453-1489)를 내세운 대리결혼의 형식을 통해 신부를 확정한 다음, 막시밀리안과 마리아의 정식 결혼은 8월 19일 거행되었다. 프랑스에 편입된 마코네, 샤롤레, 오세루아 등을 제외한 부르군트 공국의 나머지 지역들은 룩셈부르크와 함께 오스트리아에 귀속되었다. 이들 지역은 후일 오스트리아령 네덜란드라 불렸다.

프리드리히 3세 시대의 헝가리와 뵈멘

룩셈부르크 왕가 출신의 마지막 신성로마제국 황제 지기스문트가 1347년 사망한 후 그의 뒤를 이어 독일제국 국왕에 선출된 합스부르크가의 알브레히트 2세는 지기스문트 왕가가 보유했던 헝가리와 뵈멘의 왕위도 물려받았다. 알브레히트 2세가 헝가리와 뵈멘의 왕위를 지기스문트로부터 이어받을 수 있었던 것은 후자의 유일한 상속인인 그의 무남독녀 엘리자베트가 알브레히트 2세의 아내이었기 때문이었다. 알브레히트 2세가 독일제국 국왕에 즉위한 지 약 14개월 만에 사망한 후, 알브레히트 2세와 엘리자베트의 유복자로 태어난 라디슬라우스(포스투무스)는 생후 3개월도 안된 1440년 5월 15일 헝가리의 왕에, 14살이 되는 해인 1453년 10월 28일 뵈멘 국왕에 추대되었다. 헝가리에서는 어린 라디슬라우스를 위해 섭정한 - 오스만 제국의 침공을 막아낸 - 야노슈 훈요디(1408-1456) 장군이, 뵈멘에서는 게오르크 폰 포디에브라트(1420-1471) 섭정이 라디슬라우스를 대리한 실권자들이었다. 라디슬라우스가 1457년 미혼으로 사망한 후, 뵈멘과 헝가리 의회는 종래의 세습국왕 제도를 선거제로 변경시켰다.

라디슬라우스가 사망한 후, 훈요디의 차남 마티아스 1세 코르비누스가 1458년 헝가리 귀족들에 의해 헝가리 국왕에 선출되었다. 그러나 마티아스는 헝가리 국왕에 선출되면서 합스부르크가의 프리드리히 3세 독일 황제와의 장기간에 걸친 갈등에 연루되었다. 왜냐하면 프리드리히 3세 황제는 헝가리 및 뵈멘 국왕으로서 1457년에 사망한 라디슬라우스(프리드리히 3세의 재종질)의 상속인 자격으로 헝가리에 대한 주권을 제기했고, 1459년 마티아스 1세 코르비누스에 반대하는 헝가리 귀족들에 의해 후자의 대립국왕에 선출되었기 때문이었다.

　유럽의 남동부 지역의 지배를 목표로 했던 - 특히 오스만 제국과의 전쟁에서 크게 두각을 나타낸 바 있는 - 마티아스 1세 코르비누스의 정책은 1477년에 이어, 1482년 프리드리히 3세와의 두 번째 전쟁으로 이어졌다. 니더외스터라이히와 슈타이어마르크가 헝가리 군대에 의해 점령되었다. 마티아스 1세 코르비누스는 1485년 6월 1일 프리드리히 3세 독일제국 황제를 빈에서 몰아내고, 수도 빈을 점령했다. 그러나 그는 프리드리히 3세 황제를 굴복시키지 못한 채, 1490년 4월 6일 점령지 빈에서 사망했다.

　마티아스 1세 코르비누스는 이탈리아와 활발한 문화교류를 통하여 프레스부르크(브라티슬라바) 대학을 창립했고, 당시 알프스 이북에서 가장 중요한 인문학도서관으로 명성을 떨친 - 마티아스의 이름을 딴 - 비블리오테카 코르비아나(코르비나 도서관)을 설립한 사람이었다. 뵈멘과 헝가리가 합스부르크 오스트리아에 합병된 것은 마티아스 코루비누스의 차차기 국왕 루트비히 2세(라요슈 2세)가 1526년 사망한 이후이었다. 헝가리와 뵈멘을 지배한 1526년 이후의 오스트리아는 합스부르크 제국이라 불렸다.

2) 막시밀리안 1세 황제와 그의 동맹정책

막시밀리안 1세(1459-1519, 재위: 1493-1519)는 공식적으로 1493년부터 1519년까지 독일제국을 통치했지만, 이미 1470년대 말부터 대공 신분으로 국사에 개입했고, 1486년부터는 차기황제(로마 왕) 자격으로 독일제국의 정치, 군사, 외교 분야의 거의 모든 업무를 프리드리히 3세 황제를 대신해서 처리했다. 특히 루이 11세(1423-1483, 재위: 1461-1483) 프랑스 국왕과 치른 전쟁에서 승리한 후 프랑스와 체결한 평화조약은 모두 막시밀리안 1세가 오스트리아 대공 자격으로 프리드리히 3세 황제를 대리하여 이룩한 업적이었다. 프리드리히 3세 시대는 동쪽(헝가리)으로부터의 침략의 위험에 노출되어 있었던데 반해, 막시밀리안 1세 재위기의 주적은 프랑스와 베네치아를 중심으로 한 이탈리아의 동맹국들이었다. 그래서 그는 오스트리아의 서쪽 끝 인스부르크에 왕궁을 건립케 했다. 막시밀리안 1세 재위기의 인스부르크는 오스트리아의 제2의 수도이었다.

막시밀리안 1세는 1459년 포르투갈 출신의 어머니 엘레오노레(1436-1467)와 아버지 프리드리히 3세의 차남으로 - 1455년에 태어난 장남 크리스토프는 1년 만에 사망했다 - 빈 근교의 비너노이슈타트에서 태어났다. 1477년 부르군트 공작의 딸 마리아와의 결혼으로 막시밀리안 1세는 네덜란드와 프랑스의 일부 지역을 포함하는 거대한 영지를 역외 영토로 획득했다. 그는 1493년 신성로마제국 황제 대관식을 로마가 아닌 트리엔트(트렌토)에서 가져야했다. 적대관계에 있던 베네치아가 로마로 가는 길을 차단했기 때문이었다. 로마에서의 황제대관식은 프리드리히 3세 때가 마지막이었다. 독일의 황제가 제관을 수여받기 위해 정치적, 군사적으로 막대한 비용을 들였던 로마 방문은 1452년에 역사적인 종지부를 찍은 것이다. 1530년 카를 5세(재위: 1519-1558) 황제도 교황으로부터 직접 제관을 받았지만, 그것은 로마가 아닌 볼로냐에서 치러진 대관식에서의 일이었다.

　부르군트의 공주와 결혼함으로써 합스부르크가의 영토를 크게 확대하
는데 성공한 막시밀리안 1세 황제는 1496년 장남 필립 1세(1478-1506) 대공
을 카스티야 및 아라곤 왕국의 공주 요한나(1479-1555)와 결혼시켰고, 장녀
마르가레테(1480-1530)는 1497년 카스티야 및 아라곤 왕국의 왕자 - 요한나
의 한 살 위 오빠 - 요한(1478-1497)과 결혼시켰다. 스페인이 단일 왕국으로
통일되기 직전의 아라곤의 국왕 페르디난트(페르난도) 2세(1452-1516, 재위:
1479-1516)와 카스티야의 국왕 이사벨라(이사벨) 1세(1451-1504, 재위: 1474-1504)가 요한
나(후아나)와 요한(후안)의 부모이었다. 1496년 합스부르크 왕가의 필립 1세와
결혼한 요한나는 - 요한나는 페르난도 2세와 이사벨라 1세의 1남 4녀
중 차녀이었다 - 결혼한 지 4년 만에 카스티야 왕국과 아라곤 왕국의
단독 상속인으로 결정되었다. 1497년 요한나의 시누이 마르가르레테(필립
1세의 여동생)와 결혼한 요한나의 남동생 요한은 결혼한 그 해에 사망했고,
포르투갈 국왕 마누엘 1세(1469-1521, 재위: 1495-1521)와 결혼한 요한나의 언니
이사벨라(1470-1498)는 요한이 사망한 다음 해인 1498년 사망했기 때문이었
다. 1497년 요한이 19세의 나이에 요절한 후, 두 살 아래의 미망인 마르
가레테는 1501년 사부아의 필리베르 2세(1480-1504) 공작과 재혼했지만, 결
혼 3년 후 또 다시 남편과 사별했다. 마르가레테는 그 후 1507년부터
1515년까지, 그리고 1517년부터 1530년까지 오스트리아에 합병된 부르군
트 땅(오스트리아령 네덜란드)의 총독을 역임했다. 1504년 요한나의 모친 카스티
야 왕국의 이사벨라 1세 국왕이 사망한 후, 요한나와 필립 1세 부부는
카스티야 왕국을 상속받았다. 병약한 필립 1세는 카스티야의 국왕에 즉
위한 지 2년 만인 1506년 사망했고, 요한나는 정신이상 증세를 보였다.
요한나는 칭호상의 카스티야 국왕에 머물렀고, 부친인 아라곤의 국왕이
1516년까지 딸 요한나를 대신하여 섭정했다.

　필립 1세와 요한나는 6명의 자녀를 두었다. 그들 사이에서 태어난 자

녀 중 두 아들 카를과 페르디난트는 모두 후일 독일제국 황제(카를 5세와 페르디난트 1세)에 선출되었다. 카를 5세는 할아버지 막시밀리안 1세를 계승하여 1519년부터 1558년까지, 페르디난트 1세는 형 카를 5세를 승계하여 1558년부터 1564년까지 독일제국을 통치했다.

막시밀리안 1세는 스스로 부르군트 공주(샤를 1세 부르군트 공작의 무남독녀 마리아)와의 결혼을 통해서 부르군트의 영토를 얻었고, 아들 필립 1세와 카스티야 및 아라곤 공주(요한나)와의 결혼을 통해서는 카스티야 왕국과 아라곤 왕국에까지 영향력을 행사하기에 이르렀다. 막시밀리안 1세 황제가 스페인 왕실과 이중사돈 관계를 맺은 것은 스페인과의 관계를 강화함으로써 프랑스의 동진정책을 견제하기 위함이었다. 사가들은 막시밀리안 1세의 대외정책의 특징을 자신을 포함한 (손)자녀들의 결혼정책에서 찾으려 했다. 실제로 막시밀리안 1세는 왕실간의 혼인을 통해서 영토의 확장과 영향력의 확대를 꾀했을 뿐 아니라, 결혼동맹을 통해 오스트리아와 독일제국의 안전을 보장받으려고 했다.

합스부르크가의 혼인정책은 막시밀리안 1세 황제의 사후에도 그가 생전에 계획한대로 이행되었다. 막시밀리안 1세의 차손인 페르디난트 1세(미남공 필립 1세의 차남, 카를 5세의 동생)와 셋째 손녀 마리아(1505-1558. 미남공 필립 1세의 3녀, 카를 5세와 페르디난트 1세의 누이동생)는 막시밀리안 1세의 주도로 체결된 1515년의 <빈 협약>(합스부르크 왕가와 야기에우오 왕가 간의 상속조약)에 의거하여, 뵈멘 왕국과 헝가리 왕국을 동시 지배한 블라디슬라프(부아디수아프) 2세(1456-1516. 뵈멘 국왕: 1471-1516, 헝가리 국왕: 1490-1516)의 두 자녀와 서로 교차 결혼했다. 페르디난트 1세 오스트리아 대공과 블라디슬라프 2세의 딸 안나(1503-1547), 그리고 대공녀 마리아(페르디난트 1세의 여동생)와 블라디슬라프 2세의 아들 루트비히(라요슈) 2세(1506-1526, 뵈멘 및 헝가리 국왕: 1516-1526)의 결혼식은 1521년과 1522년 빈에서 각각 거행되었다. 3대(막시밀리안 1세, 미남공 필립 1세, 페르디난트 1세)에 걸친 결혼동맹이 합스부르크 왕가와 발루아 왕가(부르군트), 합스부르크 왕가와 스페인 왕가(카스티야와 아라곤), 그리고 합스부르크 왕가와 야기에우오 왕가(헝가리와 뵈멘) 간에 맺어진 것이었다. 막시밀리안 1세 황제의 장손녀 엘레오노레(1498-1558)는 마누엘 1세 포르투갈 국왕과 결혼했다가, 1521년 마누엘 1세가 사망하자, 발루아가의 프랑수아 1세(1494-1547, 재위: 1515-1547) 프랑스 국왕과 재혼했다. 막시밀리안 1세의 차손녀(필립 1세의 차녀) 이사벨라 (1501-1526)는 크리스티안 2세(1481-1559, 재위: 1513-1523) 덴마크 국왕과, 유복자로 태어난 필립 1세의 4녀 카타리나(1507-1578)는 포르투갈의 요한(호아오) 3세 (1502-1557, 재위: 1521-1557) 국왕과 각각 결혼했다. 필립 1세의 장남 카를 5세 황제는 요한 3세 포르투갈 국왕의 여동생 이사벨라(1503-1539)와 결혼했다.

마리아(카를 5세 황제와 페르디난트 1세 황제의 여동생)와 루트비히 2세(헝가리 및 뵈멘 국왕)의 결혼, 그리고 페르디난트 1세 대공(페르디난트 1세 황제)과 안나(루트비히 2세의 누나)의 결혼은 1526년 헝가리 왕국과 뵈멘 왕국이 오스트리아에 합병되는 계기를 제공했다. 오스트리아가 중부 유럽의 강자로 급부상한 것은 이와 같은 결혼정책의 덕분이었다고 말해도 지나치지 않을 것이다. 1516년 스페인 왕국을, 1526년 뵈멘 왕국과 헝가리 왕국을 차지한 이후의 오스트리아는 이제 오스트리아 제국 혹은 합스부르크 제국이라 불리면서 유럽을 지배하게 되었다. 국제정치학의 뿌리가 신성로마제국 황제 막시밀리안 1세의 정략적 결혼정책에서 연원한다는 설에 공감이 가는 이유가 여기에 있다고 할 수 있을 것이다.

야기에우오 왕조의 마지막 뵈멘 및 헝가리 국왕 루트비히 2세가 1526년 8월 29일 오스만 제국의 침공을 저지하기 위한 전투에서 전사하자, 양 왕가(야기에우오가와 합스부르크가)간의 상호상속조약(1515)에 의거 페르디난트 1세 대공이 그 해 10월 22일 프라하에서 뵈멘의 국왕에 즉위했다. 1526년 12월 16일 페르디난트 1세는 헝가리 의회의 의결로 헝가리 왕위에도 오르지만, 헝가리의 대부분을 점령한 오스만 제국의 지원을 받은 대립국왕(자포요 1세와 자포요 2세)의 출현으로 1570년까지 정치적, 군사적 우여곡절을 극복해야 했다.

　1526년부터 1570년까지의 기간에 재위한 합스부르크가의 헝가리 국왕(페르디난트 1세, 막시밀리안 2세)은 합스부르크가의 헝가리 지배를 반대하는 대립 국왕들의 출현으로 어려움을 겪어야 했다. 그렇지만 뵈멘과 헝가리가 합스부르크 제국에 편입된 1526년은 오스트리아 역사에 있어 하나의 중요한 이정표가 되었다. 마리아(카를 5세와 페르디난트 1세의 누이동생)는 1526년 남편 루트비히 2세(라요슈 2세)가 전사한 후, 재혼하지 않았다. 그 후 그녀는 오빠이자 신성로마제국의 황제에 오른 카를 5세에 의해 오스트리아령 네덜란드(막시밀리안 1세 황제가 합병한 부르군트 지역)의 총독에 임명되어, 1531년부터 1556년까지 - 1530년까지 총독은 카를 5세의 고모 마르가레테(막시밀리안 1세의 장녀, 미남공 필립 1세의 여동생) 대공녀이었다 - 이 지역을 카를 5세를 대신하여 통치했다. 막시밀리안 1세 황제가 펼친 결혼정책은 오스트리아와 뵈멘, 오스트리아와 헝가리의 국가연합을 중심으로 하는 합스부르크 제국을 탄생시켰고, 이 제국은 1918년까지 연면히 지속되었다.

　막시밀리안 1세는 합스부르크 왕가의 영토 확대에 큰 업적을 남겼지만, 동시에 국제적 분쟁의 빌미를 제공한 황제이었다. 특히 부르군트(부르고뉴)를 합병함으로써 프랑스와 오스트리아는 원수지간이 되어버렸다. 부르군트(오스트리아령 네덜란드)를 유지하기 위해 프랑스의 루이 11세(재위: 1461-1483) 왕과의 전쟁은 피할 수 없게 되었다. 1477년 샤를(카를) 1세 부르군트 공작이 사망한 후, 부르군트 공국의 상속을 둘러싸고 프랑스와 오스트리아가 벌인 1479년 8월 7일의 <기네가트 전투>(기네가트는 프랑스의 피카르디 주)에서 막시밀리안 1세 당시 대공은 루이 11세에 압도적인 승리를 거두었다. 1482년 부르군트의 아라스(북프랑스 파드칼레 주, 옛 아르투아의 주도)에서 체결된 평화조약(아라스 평화조약, 1482년 12월 23일)에서 막시밀리안 1세 대공은 플랑드르와 네덜란드의 점유를 주장할 수 있게 되었지만, 그 대신 이제 겨우 두 살인 딸 마르가레테(1480-1530)와 프랑스의 황태자 샤를(1470-1498. 샤를 8세: 1483-1498)

과의 미래의 혼약에 동의하고, 부르군트의 아르투아와 프랑슈콩테를 프랑스에게 할양해야 했다. 그러나 이 혼인은 이행되지 않았다. 마르가레테는 1496년 카스티야 왕국 및 아라곤 왕국의 왕자 요한과 결혼했다. 루이 11세에 거둔 승리에도 불구하고 1482년 아내 마리아(부르군트 공작)가 사망한 후, 막시밀리안 1세의 정치적, 외교적 입지가 흔들리기 시작했다. 프랑스와는 적대관계에 있는데다가, 마리아와의 결혼으로 합스부르크가의 역외 영토가 된 네덜란드 의회의 저항에 직면한 막시밀리안 1세는 잠시 네덜란드에 억류되기도 했다.

오스트리아와 프랑스의 반목은 1490년 이후 정점에 도달했다. 루이 11세를 승계한 샤를 8세(재위: 1483-1498)가 - 이미 1490년 대리인을 통한 예약결혼 형식으로 - 막시밀리안 1세와 정혼한 브르타뉴 공국의 상속인 안나(1477-1514)와의 결혼을 무효화시키고, 자기 자신이 1491년 안나와 결혼했기 때문이었다. 물론 그 전부터 이미 - 막시밀리안 1세가 부르군트의 상속인 마리아를 아내로 택함으로써 부르군트 땅이 합스부르크가로 넘어간 후부터 - 양국 관계는 긴장이 고조되고 있었다. 1482년 상배한 후 독신으로 있던 막시밀리안 1세가 샤를 8세의 개입으로 1490년으로 예정된 브르타뉴 공작 프랑수아 2세(1435-1488, 재위: 1458-1488)의 딸(안/안나)과의 결혼을 성사시키지 못하고, 밀라노 공작 루도비코(1452-1508, 재위: 1494-1500)의 질녀 비앙카 마리아(1472-1510)와 재혼한 것은 독일제국 황제에 즉위한 다음 해인 1494년이었다. 오스트리아의 동맹국인 영국과 스페인이 프랑스와 소통한 끝에, 1493년 3월 샤를 8세와 막시밀리안 1세 대공은 휴전에 합의했고, 5월에 평화조약이 체결되었다. 1477년 사망한 부르군트 공작(막시밀리안 1세의 장인, 마리아의 부친 샤를 1세)의 상속재산(부르군트)을 둘러싸고 벌어진 오스트리아와 프랑스 간의 전쟁이 1493년 5월 23일 <상리스 평화조약> 체결로 15년 만에 일단 종식되었기 때문이었다. 양국은 모두 전쟁의 피로에 시달렸고, 샤를 8세가 이탈리아 원정을 앞두고 있었던 것이 평화조약 체결의

촉진제가 되었다. 전쟁을 끝낸 후 1493년 8월 19일 막시밀리안 1세는 프리드리히 3세를 승계하여 독일제국 황제에 즉위했다.

막시밀리안 1세의 두 번째 부인 비앙카 마리아는 스포르차가(1450년부터 1535년까지 롬바르디아·밀라노를 지배한 공작 가문)의 제2대 공작 갈레아초 마리아 (1444-1476, 재위: 1466-1476)의 딸이었다. 1476년 갈레아초 마리아 공작이 사망한 후, 그의 미성년 아들 잔 갈레아초(1469-1494, 재위: 1476-1494)가 밀라노 공작 직을 승계한 후, 잔 갈레아초의 숙부 루도비코(갈레아초 마리아의 막내 동생) 추기경이 어린 조카를 대신해 섭정했다. 1494년 밀라노 귀족계의 반대에도 불구하고 조카 잔 갈레아초의 뒤를 이어 공작에 즉위한 루도비코는 자신의 정치적 입지를 공고히 다지기 위해 샤를 8세 프랑스 국왕의 이탈리아 원정을 부추겼지만, 프랑스의 이탈리아 정책이 오히려 자신의 입장을 위험스럽게 만들자, 샤를 8세의 반대 진영(합스부르크 왕가)에 합류했다. 밀라노 공작으로서의 정통성을 확보하기 위해 신성로마 제국 황제의 지원이 절실했던 루도비코는 1482년 이후 재혼을 하지 않고 있는 막시밀리안 1세 황제와 자신의 질녀 비앙카 마리아와의 결혼을 주선했다. 신분에 맞지 않는 결혼을 승낙 받기 위해, 루도비코는 거금을 재정난에 빠진 황제에게 비앙카의 지참금 형식으로 제공해야 했고, 막시밀리안 1세 황제는 그 대가로 루도비코를 정식으로 밀라노 공작에 임명했다. 오스트리아의 제2의 수도 인스부르크에서 결혼식을 가진 후, 비앙카는 일생동안 황제의 관심을 받지 못하고 버림받은 채 1510년 그곳에서 사망했다. 막시밀리안 1세는 그녀의 장례식에도 불참했고, 그녀의 무덤에 묘비도 세워주지 않았다.

아라스 평화조약(1482)에 의거, 1483년 이후 샤를 8세의 장래의 왕비로 혼약이 성립되어 프랑스에 머물고 있던 막시밀리안 1세의 어린 딸 마르가레테(1480-1530)는 샤를 8세의 배신으로, 다시 말해 샤를 8세가 브르타뉴 공작의 딸 안나(안)와 1491년 결혼함으로써 11세의 나이에 소박을 당한 채, 프랑스에 볼모로 잡혀 있다가 석방되었다. 마르가레테와의 혼약을 해지함으로써 샤를 8세는 그녀가 혼수로 지참했던 광대한 영지도 포기해야 했다. 비밀재판장 영지로 분류되어 있던 부르군트와 백작령 아르투아, 느와예르 등은 마르가레테와 샤를 8세의 혼약이 해지되면서 다시 막시밀리안 1세의 소유로 환원되었다. 상리스 평화조약(1493)에는 부르군트 공국과 피카르디에 대해서는 언급이 없었다. 부르군트 지역의 경계는 역사적으로 매우 복잡했으며, 3개의 서로 다른 행정적 명칭, 즉 부르군트 공국, 부르군트 왕국, 부르군트 비밀재판장 관구가 존재했다. 상리스 평화조약으로 부르군트 공국의 여러 지역과 피카르디는 프랑스에 편입되었고, 마콩, 오세르, 바르쉬르센 등도 법적인 상황이 최종적으로 명백해질 때까지 사실상 프랑스 영토로 남았다. 아르투아의 여러 도시들은 몇 년 후 막시밀리안 1세의 아들 미남공 필립 1세에게 반환되었다. 막시밀리안 1세는 마땅한 반격 수단도 찾지 못한 채, 프랑스의 브르타뉴 공국 점령과 마르가레테의 프랑스 국외 추방을 감내해야 했다. 설명했듯이, 마르가레테는 프랑스에서 귀환한 후 1497년 아라곤 및 카스티야 왕국의 왕자 요한과 결혼했고, 1501년 사부아 공작 필리베르 2세와 재혼한 후 오스트리아령 네덜란드의 총독을 역임했다.

상리스 평화조약(1493)을 체결하여 오스트리아와 전쟁을 끝낸 샤를 8세 프랑스 국왕은 1494년 이탈리아 원정을 감행했고, 막시밀리안 1세는 프랑스의 이탈리아 침공에 민감하게 반응했다. 이탈리아를 프랑스의 침략으로부터 수호하기 위해 막시밀리안 1세는 알렉산더 6세(재위: 1492-1503) 교황, 밀라노 공작 루도비코, 베네치아, 그리고 - 아들 필립 1세의 장인인 - 아라곤 왕국의 페르디난트(페르난도) 2세 국왕과 1495년 3월 31일 베네치아에서 동맹을 체결했다. 1497년 영국 국왕 헨리 7세(1457-1509, 재위: 1485-1509)도 - 비공개로 - 가입한 <베네치아 동맹>의 목적은 프랑스의 샤를 8세를 견제하는 것이었다. 베네치아 동맹이 결성된 후 샤를 8세는 이탈리아 원정을 중단해야 했다. 그러나 베네치아 동맹은 곧 해체되었고, 막시밀리안 1세는 샤를 8세를 승계한 루이 12세(1462-1415, 재위: 1498-1515) 프랑스 국왕이 1499년 밀라노 공국(아내 비앙카 마리아의 모국)을 점령하는 것을 막지 못했다.

막시밀리안 1세가 즉위한 후 처음으로 참석한 1495년의 보름스 제국의회는 독일제국 헌법사에서 큰 의미를 지닌다. 마인츠 대주교이며 막시밀리안 1세 황제 치하의 제국대재상 베르톨트 폰 헨네베르크(1441/42-1504)를 필두로 한 제국의회 의원들이 - 지기스문트(재위: 1410-1437) 황제와 알브레히트 2세 국왕(재위: 1348-1349) 때도 시도된 - 제국 개혁 법안들을 독일제국 역사상 처음으로 보름스 제국의회에서 통과시켰기 때문이다. <영구평화유지명령>이 가결되었고, 제국대법원(라이히스캄머게리히트) 설립 및 일반제국세금 개념의 <공전>(公錢, 게마이너 페니히) 징수 법안이 보름스 제국의회에서 통과되었다. 제국의회는 매년 정례적으로 개최되는 제도로 공식화되었고, 선제후와 제국제후(황제로부터 봉토를 수여받는 제후국 군주) 외에, 제국직속도시(자유시)의 제국의회 참가도 결의되었다. 베르톨트 제국대재상의 기본 사상은 황제(국왕)와 제국의회 의원(제국제후)들이 제국을 지탱하는 공동 지주가 되어야한다는 것이었다. 그것은 황제의 절대권력에 대한 도전이었다. 막시밀리안 1세 황제 및 그의 절대주의적 성향과의 갈등은 피할 수 없었지만, 베르톨트는 제국대재상이 주재하는 제국의회를 정치적 제도로 정착시킴으로써, 제국대재상 직에 큰 의미가 부여되었다. 제국의회 내에서 시도된 제국개혁의 목표는 제국의회가 중앙권력을 황제와 공동으로 행사하는 것이었다. 독일제국의 '국무총리'에 해당한 제국대재상(에르츠칸츨러)은 마인츠 대주교가 자동적으로 맡는 독일제국의 최고위 직이었다.

보름스 제국의회의 개혁법이 통과된 5년 후인 1500년 아우크스부르크 제국의회에서 막시밀리안 1세 황제는 공동통치를 인정하라는 제국의회의 압박을 받았다. 제국의회 의원들에게 권력분점을 제도적으로 보장하는 - 황제 또는 황제대리인의 주재 하에 20명의 위원으로 구성되는 - <제국통치평의회>(라이히스레기멘트)라는 이름의 상설위원회 설치 법안이 개혁파 의원(諸侯)들에 의해 상정되었다. 막시밀리안 1세 황제는 1499년 밀라노를 점령하고, 자신이 공작으로 임명한 루도비코 공작을 축출한 프랑스를 응징하는 데 필요한 전비를 확보하기 위해 제국의회의 지원이 절실했다. 그는 어쩔 수 없이 제국통치평의회 설립에 동의했지만, 제국통치평의회를 지지하지는 않았다. 공권력의 공동 행사를 요구한 제국통치평의회 제도는 막시밀리안 1세 황제의 저항에 부딪혀 1502년에 이미 없던 일이 되어버렸다. 그리고 공전 및 제국대법원 제도 같은 개혁법도 개별 제후국의 이해관계에 따라 실시가 불가능했다. 그 대표적인 예가 합스부르크가의 역외 영토가 산재한 지역(전부오스트리아)에서 발발한 <슈바벤 전쟁>의 결과(바젤 평화조약, 1499년 9월 22일)이었다. 제국 개혁을 주도한 제국대재상 베르톨트 마인츠 대주교는 같은 해 대재상 직을 사임했고, 1504년 사망함으로써 제국 개혁의 노력은 여기서 일단 중단되었다. 제국통치평의회 제도는 카를 5세 황제 때 부활되었다.

1500년 아우크스부르크 제국의회에서 막시밀리안 1세 황제는 독일제국을 10개 <제국직할관구>(라이히스크라이스)로 분류하는 독일제국의 행정체계를 개혁했다. 독일제국 최대행정단위(현재의 연방주에 해당)로서의 제국직할관구의 원래의 설립목표는 제국통치평의회 구성원 선출을 위한 선거구 획정에 있었지만, 이 기구가 유명무실해진 후, 제국직할관구의 임무는 제국대법원의 판결 집행, 주화 발행 감독, 제국군의 편성 및 유지를 관장하는 것이었다. 막시밀리안 1세는 우선 독일제국을 6개 제국직할관구(바이에른, 프랑켄, 슈바벤, 오버라인, 니더라인-베스트팔렌, 작센)로 구획한 후, 1512년 트리어 제국의회에서 3개의 제국직할관구, 즉 부르군트 제국직할관구, 쿠르라인 제국직할관구 및 오스트리아 제국직할관구를 추가시켰고, 작센 제국직할관구는 오버작센 제국직할관구와 니더작센 제국직할관구로 분할함으로써, 독일제국은 총 10개 제국직할관구로 편제되었다. 쿠르라인 제국직할관구는 라인 강역의 4개 선제후국, 즉 쾰른, 트리어 및 마인츠 대주교관구와 팔츠 선제후국으로 구성된 제국직할관구이었다. 오스트리아 제국직할관구는 합스부르크가의 역외 영토인 전부오스트리아를 포함했지만, 뵈멘 왕국은 오스트리아 제국직할관구에 포함시키지 않았다. 부르군트 제국직할관구는 대체로 1477년 합스부르크가가 상속받은 지역(부르군트, 즉 오스트리아 령 네덜란드)이었으며, 오늘날의 룩셈부르크, 벨기에 및 네덜란드가 여기에 속했다.

보름스 제국의회에서 제국 개혁법이 통과된 지 4년도 채 지나지 않은 1499년 1월에 발발한 슈바벤 전쟁(스위스 전쟁이라고도 함)은 결국 스위스의 독일제국 이탈을 촉진시켰다. 티롤과 그라우뷘덴(현재 스위스의 칸톤)의 경계지역에서 발생한 국지적 충돌로 시작된 이 전쟁은 <슈바벤 동맹>(1488년 프리드리히 3세 황제에 의해 결성되어 카를 5세 황제 때인 1534년까지 존속한 슈바벤 지역의 22개 제국직속도시가 주축이 된 군사동맹)을 동원한 합스부르크 왕가와 스위스 간의 전쟁으로 확대되었다. 오스트리아와 스위스 간의 전쟁은 보름스 제국의회의 개혁적 결의를 인정하지 않으려 한 스위스 연방과 독일제국 간의 전쟁이기도 했다.

스위스는 공전의 납부를 거부했고, 제국대법원을 인정하지 않았다. 비교적 규모가 큰 전투(3월 22일 바젤 인근 브루더홀츠 전투, 4월 11일 슈바더로흐 전투 등)에서 지형지물에 익숙한 스위스 측이 연승을 거두자, 막시밀리안 1세는 1499년 4월 22일 스위스 연방에 제국전쟁을 선포했다. 그러나 5월 22일 그라우뷘덴 군대가 칼벤(남티롤) 협곡의 저수시설을 공격했을 때, 막시밀리안 1세는 출정이 지연되어 스위스의 승리를 막지 못했다. 막시밀리안 1세가 고용한 용병대장 하인리히 폰 퓌르스텐베르크 백작이 졸로투른 칸톤(주)의 도르나흐 전투에서 7월 22일 전사하자, 2개월 후 시밀리안 황제는 평화조약 체결 제의를 수용하지 않을 수 없었다. 밀라노(루도비코 공작)의 중재로 체결된 <바젤 평화조약>(1499년 9월 22일)으로 스위스 전쟁 혹은 슈바벤 전쟁은 8개월 만에 종료되었다.

스위스는 바젤 평화조약에서 독일제국 황제직할지인 투르가우(현재 스위스 칸톤)의 태수 자격을 획득했지만, 그라우뷘덴에 대한 오스트리아의 주권 행사는 감수해야 했다. 제국대법원의 설립과 공전의 납부는 스위스와는 무관하다는 점이 조약의 핵심 조항으로 명문화되었다. 이로써 스위스는 독일제국으로부터의 분리 독립 노력을 가속화했다. 합스부르크가의 영향력을 확대하기 위해 막시밀리안 1세가 주도한 슈바벤 전쟁은 오히려 전부오스트리아(슈바벤 지역의 오스트리아의 고립영토)의 축소를 초래하고, 스위스의 독일제국 이탈을 도운 전쟁으로 변질되어버렸다. 1264년 이후 합스부르크가의 영지였던 투르가우는 1460년 스위스 연방이 점령한 후, 제국 공유 영지로 관리되었다. 그리하여 투르가우의 태수는 베른을 제외한 7개 스위스 칸톤에 의해 교대로 임명되었다. 그들은 콘스탄츠에 지역법원의 설립을 요구했다. 지역법원의 설립지역과 관련된 갈등이 슈바벤 전쟁에서 콘스탄츠를 황제의 편에 세웠다. 1499년 바젤 평화조약에서 스위스 연방은 지역법원의 설립을 관철시켰고, 투르가우에 지역법원이 설립됨으로써 투르가우에 대한 완전한 주권을 획득했다. 당시 콘스탄츠가 스위스 연방에 포함되었더라면, 투르가우 주의 주도는 프라우엔펠트가 아닌, 콘스탄츠로 결정되었을 것이다.

막시밀리안 1세는 합스부르크 왕가의 이익을 도모하기 위해 비텔스바흐 왕가(바이에른)의 내분에도 개입했다. 1504/1505년 바이에른 공작들 간의 영토분쟁이었던 <란츠후트 계승전쟁>에 막시밀리안 1세 황제가 개입한 것이었다. 란츠후트 계승전쟁은 니더바이에른과 오버바이에른 간의 상속계약을 니더바이에른이 위반함으로써 발발한 전쟁이었다. 1503년 12월 1일에 사망한 바이에른-란츠후트(니더바이에른, 수도: 란츠후트)의 마지막 공작 '부유공' 게오르크(1455-1503, 재위: 1479-1503)는 장녀 엘리자베트(1478-1504)와 - 그의 임종 직전 니더바이에른의 총독으로 임명된 - 사위 루프레히트(1481-1504, 프라이징 주교: 14995-1498) 프라이징 주교에게 니더바이에른 공국과 기타 권리 일체를 유증했다. 후사 없이 게오르크 공작이 사망한 바로 그 날 막시밀리안 1세 황제는 제국 공유재산으로 회수하기로 결정한 바이에른·란츠후트 공국을 고인의 두 살 아래 종제(사촌동생) 알브레히트 4세(1447-1508) 바이에른·뮌헨(오버바이에른, 수도: 뮌헨) 공작에게 봉토로 수여했다. 황제의 봉토수여가 법적으로 유효했던 것은, 양 비텔스바흐가 중, 다시 말해 니더바이에른 가계와 오버바이에른 가계 중, 어느 한 쪽 가계의 남계가 사멸하면, 다른 쪽 가계의 남계가 계승자가 된다는 상속계약이 양가 간에 체결되어 있었기 때문이었다.

루프레히트가 뵈멘 왕국 및 팔츠 선제후국과 동맹을 체결하여 니더바이에른을 수호하려 하자, 막시밀리안 1세 황제는 1504년 4월 평화교란죄로 루프레히트에게 제국추방령을 내리고, 알브레히트 4세는 막시밀리안 1세 황제 및 슈바벤 동맹 가입국(뷔르템베르크, 안스바흐, 뉘른베르크)과 연합하여 우선 루프레히트의 부친인 팔츠 선제후 필립(1448-1508, 재위: 1476-1508) 궁중백을 공격했다. 1504년 8월 20일 루프레히트가 갑자기 사망한 후, 1505년 7월 30일 막시밀리안 1세 황제에 의한 이른바 <쾰른 중재판정>이 내려짐으로써 바이에른·란츠후트의 상속을 둘러싼 계승전쟁은 종결되었다. 1255년 바이에른이 오버바이에른과 니더바이에른으로 분리되면서 시작된 바이에른의 지역분할 시대는 1503년 바이에른·란츠후트의 공작 게오르크의 죽음과 더불어 250년 만에 끝이 났다. 알브레히트 4세 공작에 의해 1506년 장자상속법이 제정됨으로써 바이에른의 분할은 그 후 제도적으로 불가능하게 되었다. 바이에른의 재통합에 결정적인 기여를 한 사람은 막시밀리안 1세 황제였다. 란츠후트 계승전쟁 개입을 통해 막시밀리안 1세는 오스트리아의 국익도 동시에 챙겼다. 바이에른의 하게나우와 북티롤 지역의 바이에른 영토를 - 특히 쿠프슈타인, 라텐베르크, 키츠뷔엘, 칠러탈 등 - 합스부르크가에 편입시키는데 성공했기 때문이었다. 이들 지역은 현재에도 오스트리아 영토(티롤 연방주)이다.

비텔스바흐가의 상속분쟁(란츠후트 계승전쟁)을 성공적으로 해결한 막시밀리안 1세 황제는 1499년 루도비코 공작(막시밀리안 1세의 처숙부)을 축출하고, 밀라노를 점령한 프랑스와의 적대 관계를 극복하기 위해 1504년 9월 22일 루이 12세 프랑스 국왕과 <블루아 조약>을 체결했다. 막시밀리안 1세는 이 조약에서 다시 한 번 혼인을 통해 합스부르크가와 발루아가 간의 관계 개선을 시도했다. 막시밀리안 1세의 아들 '미남왕' 필립 1세 오스트리아 대공의 주선을 통해 - 루이 12세의 출생지이기도 한 - 블루아에서 회동한 막시밀리안 1세와 루이 12세는 이미 1501년에 검토된 바 있는, 막시밀리안 1세의 손자 카를(후일의 카를 5세 황제)과 루이 12세의 장녀 클라우디아(클로드, 1499-1524)의 결혼을 확정지었다. 클라우디아의 결혼 지참금은 - 1499년 루이 12세가 점령한 - 밀라노와 브르타뉴(샤를 8세의 왕비였던 브르타뉴 공국의 안나(안)와 결혼함으로써 루이 12세가 획득한 지역)와 - 합스부르크가에 귀속된 후에도 프랑스가 영유권 주장을 포기하지 않은 - 부르군트 공국으로 대체되었다. 양 정상은 베네치아 정벌을 약속했다. 그 대가로 막시밀리안 1세는 밀라노를 루이 12세에게 봉토로 내리기로 약속하여, 1505년 그 약속이 실행되었다. 그러나 베네치아 공격은 결과적으로 이행되지 않았다. 밀라노를 획득한 직후 루이 12세는 프랑스 의회의 요청으로 내키지 않았던 합스부르크가와의 혼인 체결 약속을 해지하고, 클라우디아는 그의 후계자인 프랑수아 1세(1494-1547, 재위: 1515-1547)와 결혼시켰다. 프랑수아 1세는 클로드(클라우디아)의 사촌오빠였다. 루이 12세 프랑스 국왕에게 당한 개인적인 수모와 정치적인 패배에도 불구하고 막시밀리안 1세 황제는 1508년 다시 프랑스와 군사동맹조약(캉브레 동맹, 1508년 12월 10일)을 체결했다.

로마에서 교황이 집전하기로 예정된 막시밀리안 1세의 황제대관식은 베네치아 공화국이 그의 자국 통과를 허용하지 않았기 때문에 거행될 수 없었다. 막시밀리안 1세 독일국왕의 황제대관식(1508년 2월 4일)은 율리우스 2세(재위: 1503-1513) 교황의 재가 하에 오스트리아 영토의 최남단이며, 동시에 독일제국의 최남단에 위치한, 그래서 로마에 가장 가까운 남티롤의 트리엔트(이탈리아의 트렌토)성당에서 당지의 대주교에 의해 집전되었다. 막시밀리안 1세 황제는 <선출된 로마 황제>(엘렉투스 로마노룸 임페라토르)의 칭호에 만족해야 했다.

로마에서 교황으로부터 직접 황제의 관을 받은 마지막 독일제국 국왕은 프리드리히 3세이었고, 막시밀리안 1세 이후의 독일제국 국왕은 모두 로마에서의 대관식이 생략된, '선출된 로마 황제'였다. 프리드리히 3세 황제 이전의 신성로마제국, 즉 독일제국의 국왕 중에는 황제의 칭호를 사용하지 못한 국왕들이 더 많았다. 로마에서 황제대관식을 가지지 못한 사유는 주로 독일 국왕의 재위기간과 수명, 교황의 유고, 독일 국왕과 교황 간의 불화, 독일제국 혹은 이탈리아의 정국불안, 또는 로마여행 비용문제 등과 관련이 있었다. 그러나 로마에서 대관식을 가진 신성로마제국 황제이건, 독일제국 국왕의 호칭으로만 머물렀던 간에, 그들이 독일제국에서 행사한 권력은 동일했다. 로마에서 대관식을 가지기 이전까지의 독일국왕은 '로마 왕', '독일 왕' 또는 '로마-독일 왕'이라고 불렸다. 막시밀리안 1세 이후의 '선출된 로마 황제'(신성로마제국 황제)는 프랑크푸르트에서 열리는 선제후 회의에서 국왕에 선출되어 아헨에서 즉위식(대관식)을 하는 순간부터 황제라 불렸다. 다시 말해 교황이 집전하는 황제대관식이 생략된 것이었다. 황제 재위기간 중 후계를 확정짓기 위해 미리 선출된 차기황제도 독일 왕 혹은 로마 왕이라 불렸음으로, 단순히 명칭만으로는 국왕의 기능을 판단하기 어렵다.

<블루아 조약>에 이어 막시밀리안 1세가 1508년 12월 10일 또 다시 루이 12세와 <캉브레 동맹>을 체결한 것은 베네치아 공화국이 점령하고 있는 북이탈리아의 독일제국 영토를 탈환하기 위해서였다. 캉브레 동

맹은 막시밀리안 1세 독일제국 황제, 율리우스 2세 교황, 루이 12세 프랑스 국왕, 페르디난트(페르난도) 2세 아라곤 국왕(막시밀리안 1세의 아들 필립 1세의 장인) 간에 조인되었고, 조약 체결에 참여하지 않은 영국도 가입했다. 베네치아와 한시적인 휴전 상태에 있었던 막시밀리안 1세는 교황의 요청에 응해 베네치아와 전쟁에 돌입하기로 했다. 루이 12세는 금화 100,000 굴덴을 동맹에 지불하는 대가로 - 블루아 조약(1504년 9월 22일)에서 약속받은 - 밀라노 공작 수작식(授爵式)을 요구했다. 그는 이미 1505년 막시밀리안 1세 황제에 의해 밀라노 공작에 임명되었었다. 캉브레 동맹은 바예지드 2세(1447-1512, 재위: 1481-1512) 술탄이 베네치아를 지원할 경우에 대비해 오스만 제국도 공격 목표에 포함시켰다. 1509년 사부아 공작(샤를 3세, 재위: 1504-1553)도 이 공격동맹에 가입했다. 캉브레 동맹은 1510년 루이 12세와 막시밀리안 1세 사이에 영구동맹으로 연장되었다.

그러나 캉브레 동맹은 1510년 막시밀리안 1세의 베네치아 출정이 무산된 후 와해되었다. 바로 그 해에 교황이 루이 12세를 공격하기 위해 캉브레 동맹을 탈퇴하여 베네치아 및 스페인(아라곤 왕국)과 동맹을 체결했기 때문이었다. 1511년 막시밀리안 1세도 가세한 이 동맹은 - 교황이 주도한 가톨릭국가 동맹이라 하여 - <신성동맹>이라 불렸다. 아라곤 국왕 페르디난트 2세의 넷째 딸(카타리나, 1485-1536)과 결혼한 영국 국왕 헨리 8세도 - 페르디난트 2세의 차녀는 막시밀리안 1세의 자부 요한나(미남왕 필립 1세의 아내)였다 - 신성동맹에 가입했다. 신성동맹은 루이 12세의 팽창정책을 저지하고, 이탈리아를 프랑스 영향력으로부터 해방시키는 것이 목적이었다. 프랑스는 밀라노 공국의 점령을 풀고, 밀라노를 그들이 축출한 루도비코의 장남 마시밀리아노 공작(1493-1530, 재위: 1512-1515)에게 반환해야 했다. 그럼에도 불구하고 1512년 라벤나 전투에서 신성동맹은 프랑스 군대에 참패당했다. 1513년 3월 23일 베네치아가 신성동맹을 탈퇴하고, 프랑스 편에 서버림으로써 동맹의 사정이 복잡해졌다. 1513년 6월 6일 스위스 용병대를 동원한 마시밀리아노 밀라노 공작은 노바라 전투에서 루이 12세에 승리했다. 2년 후 1515년 9월 13/14일 프랑수아 1세 프랑스 국왕은 마리냐노(지금의 멜레냐노) 전투에서 마시밀리아노 공작을 제압한 후, 밀라노 공국을 재점령했다. 밀라노 공국은 루도비코(1494-1500), 루이 12세(1500-1512), 마시밀리아노(1512-1515, 루도비코의 장남), 프랑수아 1세(1515-1521)와 프란체스코 2세(1521-1535, 루도비코의 차남)를 거쳐 1535년 합스부르크 제국에 편입되었다. 그것은 막시밀리안 1세 황제의 이탈리아 정책의 결실이었다. 합스부르크가의 초대 밀라노 공작은 막시밀리안 1세를 승계한 그의 장손 카를 5세 황제였다.

1499/1500년 밀라노에서 추방된 루도비코 공작(막시밀리안 1세의 두 번째 황비 비앙카 마리아의 숙부)은 1508년 프랑스의 로슈(상트르)에서 사망했고, 그의 두 아들(마시밀리아노와 프란체스코 2세)은 비앙카 마리아에게로 피신해, 막시밀리안 1세 황제의 인스브루크 궁성에 머물면서 가문(스포르차가)의 재기를 노렸다. 1513년 2월 율리우스 2세 교황의 사망과 더불어 신성동맹은 유명무실해졌다. 후임 교황 레오 10세(재위: 1513-1521)는 프랑스와 평화조약 체결을 모색했기 때문이었다. 서유럽 국가들(스페인, 이탈리아, 프랑스, 영국, 독일제국)이 이렇게 수시로 동맹의 상대를 바꾸어가면서 이탈리아 문제에 개입한 것은 이 지역(이탈리아)의 패권을 서로 차지하려고 각축했기 때문이었다.

제국의회의 황제권력 축소 결의, 프랑스의 밀라노 점령 저지 실패, 스위스 전쟁(슈바벤 전쟁) 패전 등, 국내외적 위기에 처했던 막시밀리안 1세 황제는 비텔스바흐가(바이에른)의 상속분쟁(란츠후트 계승전쟁) 개입을 통한 영토 확대, 헝가리와 뵈멘의 왕위 계승권 확보 등으로 위기를 말끔히 청산하고, 합스부르크가의 유럽지배 발판을 공고히 다졌다. 서거 직전 막시밀리안 1세는 생전에 아우크스부르크 제국의회에서 손자인 카를(카를 5세)의 독일 국왕 선출을 관철시키려 시도했으나, 실패했다.

제국의 '마지막 기사'로 불린 막시밀리안 1세는 개인적으로도 전투에 참가했지만, 그의 업적은 군사 분야에서보다는, 왕실 간의 결혼과 조약 체결의 수단을 통해 합스부르크가의 세력을 확대시킨 그의 동맹정책에서 찾아야 할 것이다. 막시밀리안 1세 황제는 4명의 프랑스 국왕을 상대로 크고 작은 전쟁을 치르고, 평화조약을 체결했다. 루이 11세와는 오스트리아 대공 자격으로 부왕(프리드리히 3세 황제)을 대리하여 아라스 평화조약(1482)을, 그리고 샤를 8세와는 로마 왕(차기황제) 신분으로 상리스 평화조약(1493)을 체결했다. 루이 12세와 체결한 블루아 조약(1504)과 캉브레 동맹조약(1508)은 막시밀리안 1세가 황제에 즉위한 후 조인한 조약들이었다. 그리고 그는 밀라노 공국 점령을 저지하기 위해 프랑스와 지속적인 분쟁을 겪어야 했다. 그러나 오스트리아와 프랑스 간의 진정한 의미에서의 전쟁의 역사는 프랑수아 1세의 프랑스와 오스트리아가 벌인 4차에 걸친 전쟁이었다(카를 5세 참조). 이 전쟁은 1521년에 시작하여 간헐적인 휴지기를 가지면서 1544년까지 지속되었다. 티롤과 이탈리아 사이의 국경선도 막시밀리안 1세 시대에 완성되었다. 이 국경선은 1919년 생제르맹 평화조약이 체결될 때까지 유효했다.

막시밀리안 1세는 국가의 재정을 견실하게 유지하기 위해 소금을 국가 전매 품목으로 지정하여 오버외스터라이히에 산재한 소금광산을 황실 소유로 지정했다. 잘츠캄머굿으로 알려진 이 염광지역은 오스트리아가 자랑하는 아름다운 호수지대로서, 소금(잘츠)이 지역명칭(잘츠캄머굿, 잘츠부르크 등)으로 굳어진 곳이다. 막시밀리안 1세는 오스트리아를 중세로부터 르네상스 시대로 구출해낸 최초의 인문주의자였다. 그는 학문과 예술을 숭상했으며, 빈의 궁정교회를 건립했고, 이곳의 성가대인 소년합창단을 조직했다. 이 합창단이 바로 오늘날까지 세계적인 명성을 떨치고 있는 빈 소년합창단이다. 그뿐만 아니라 지금의 빈 국립도서관의 초석을 놓은 사람도 막시밀리안 1세였다. 막시밀리안 1세 황제는 탁월한 정치가이자 행정가였으며, 또 저술가이기도 했다. 그는 조세, 원예, 전술 등에 관한 저술들을 남겼으며 전기 작가로도 활동했다. 조부 막시밀리안 1세로부터 왕위를 물려받은 카를 5세 대에 이르러 합스부르크 왕가는 그 위세가 절정기를 맞았다.

막시밀리안 1세와 그의 아내 부르군트의 공주 마리아는 필립과 마르가레테 남매를 두었다. 1482년 마리아가 사망했을 때, '미남왕'이라 불린 아들 필립 1세는 어머니(마리아)의 나라 부르군트, 즉 오스트리아령 네덜란드를 상속받았다. 1494년 필립이 성년이 될 때까지 막시밀리안 1세 당시 대공이 필립의 후견인 자격으로 부르군트를 통치했다. 프랑스의 동진정책을 견제하기 위해 스페인과의 관계를 강화시킬 필요성을 느낀 막시밀리안 1세는 1495년 아들 필립 1세와 딸 마르가레테를 스페인의 공주 및 왕자와 각각 혼인시켰다. 필립 1세의 빙부모이자 마르가레테의 시부모는 아라곤의 국왕(페르디난트 2세)과 카스티야의 국왕(이사벨라 1세)이었다. 요한나는 필립 1세와 결혼한 후 오빠와 언니가 연이어 사망하자 카스티야와 아라곤의 단독 상속인 자격을 얻었었다. 필립 1세와 요한나 부부의 장남으로 태어난 카를 5세가 1516년 스페인의 국왕에 즉위할 수 있었던 이유가 거기에 있었다.

필립 1세의 빙모 이사벨라 1세(카스티야 국왕)가 1504년 사망했을 때, 그의 빙부(페르디난트 2세)가 카스티야 왕국의 상속권을 주장하고 나섰다. 이에 대응해 필립 1세는 1505년 페르디난트 2세와 조약(살라만카 조약)을 체결하여 카스티야 왕국의 상속을 확정지었다. 1504년 필립 1세는 직접 스페인으로 가서, 카스티야 귀족들의 지지를 끌어내어, 카스티야 왕국의 통치권을 현지에서 직접 인수했다. 필립 1세는 카스티야의 국왕(재위: 1504-1506)에 등극한 지 2년 만에 병사했다. 그가 사망하고 정확히 10년이 지난 후, 페르디난트 2세도 사망함으로써 카스티야 왕국과 아라곤 왕국은 한 나라로 통합되어, 스페인 왕국이 탄생했다. 통일된 스페인의 첫 국왕이 필립 1세의 장남 카를 5세(스페인 국왕으로서는 카를로스 1세)이었다. 스페인 왕국의 왕위 세습권을 합스부르크가에 귀속시킨 대업을 이룬 인물이 요절한 합스부르크가의 '미남왕' 필립 1세이었다. 필립 1세와 요한나의 장남 카를로스 1세(신성로마제국 황제로서는 카를 5세)가 1516년 초대 스페인 국왕에 즉위함으로써 그는 합스부르크-스페인 왕가의 시조가 되었다. 카를로스 1세(재위: 1516-1556), 펠리페 2세(1556-1598), 펠리페 3세(1598-1621), 펠리페 4세(1621-1665), 카를로스 2세(1665-1700)에 이르기까지, 1516년부터 1700년까지 스페인 왕국은 합스부르크 왕가에 의해 지배되었다.

필립 1세(카스티야 국왕: 1504-1506)가 사망한 1506년부터 카를로스 1세(카를 5세 황제)가 즉위한 1516년까지는 살라만카 조약에 의거 필립 1세의 빙부 페르디난트 2세 아라곤 국왕이 카스티야 국왕직을 대행했다. 합스부르크-스페인 왕국의 마지막 국왕 카를로스 2세(재위: 1665-1700)는 후사를 두지 못했기 때문에, 루이 14세(1638-1715, 재위: 1643-1715) 프랑스 국왕과 그의 아내 마리 테레스(1638-1683, 카를로스 2세의 이복여동생)의 손자인 부르봉가의 펠리페 5세(1683-1746, 재위: 1700-1746)를 후계자로 지명했다. 카를로스 2세는 펠리페 5세로의 승계가 실패할 경우를 대비하여 합스부르크가의 카를로스 3세(후일의 카를 6세 독일황제)를 필립 5세의 대타로 이중 지명하는 실수를 저질렀다. 부르봉가(프랑스)와 합스부르크가(오스트리아) 간의 스페인 왕위 쟁탈전이 발생하지 않을 수 없었다. 1701년부터 1713년까지 계속된 이 국제분쟁을 가리켜 <스페인 계승전쟁>이라 부른다.

❑ 4

카를 5세, '해가 지지 않는 제국'의 황제

1) 1519년의 황제선거와 황제의 '항복문서'

막시밀리안 1세의 장손으로서 조부를 승계하여 독일제국 황제가 된 카를 5세는 1500년 오스트리아 대공 필립 1세(막시밀리안 1세의 아들)와 요한나(카스티야 왕국 및 아라곤 왕국의 상속인)의 장남으로 헨트(현 벨기에 플랑드르 주의 항도)에서 태어났다. 카를의 출생지는 조부(막시밀리안 1세)가 조모(부르군트 공주 마리아)와의 결혼을 통해 1477년 이후 합스부르크가에 편입되어 합스부르크령 네덜란드 혹은 오스트리아령 네덜란드라 명명된 부르군트 지역이었다. 1506년 부친(미남왕 필립 1세)이 사망한 후, 카를은 고모 마르가레테(재위: 1507-1515, 1517-1530: 합스부르크 령 네덜란드 총독)의 후견 하에 에라스무스(†1536)의 친구이며 철저한 교회개혁주의자인 하드리안 6세(1459-1523)에게 사사했다. 하드리안(하드리아누스) 6세는 카를 5세 황제의 최측근 고문으로서 황제와 함께 독일 내의 종교개혁의 확산을 막으려 애쓴 후일의 교황(재위: 1522-1523)이었다.

부친의 요절로 인해 어린 나이에 차기 황제 후보자로 낙점된 카를은 황제 수업을 받기 위해 15세 때인 1515년과 1516년 사이에 약 1년 동안 고모(마르가레테 총독) 대신 합스부르크령 네덜란드의 총독에 임명되어, 국정 운영의 경험을 쌓았다. 16세가 된 1516년 막시밀리안 1세 황제는 서둘러 손자의 성년을 선언했다. 카를의 외조부 페르디난트 2세(아라곤 국왕)가 1516년 1월 23일 사망했기 때문이었다. 카를은 페르디난트 2세(아라곤 국왕)와 이사벨라 1세(카스티야 국왕)의 상속인인 어머니 요한나(후아나)를 통해 카스티야 왕국(1504)과 아라곤 왕국(1516)의 통치권을 인수했다. 카스티야 왕국과 아라곤 왕국은 이제 통합되어 스페인 왕국이 되었다. 카를은 통일된 스페인 왕국의 초대 국왕으로서 카를로스 1세라 불렸다. 스페인의 분할 왕국시대는 1516년 페르디난트 2세의 죽음과 더불어 종료되고, 카를로스 1세(카를 5세 신성로마제국 황제)의 즉위와 더불어 통일 스페인 왕국시대가 개막된 것이었다.

1519년 1월 21일 조부 막시밀리안 1세 황제가 사망한 후, 카를로스 1세 스페인 국왕은 중세기 유럽 최고의 재력가 가문이었던 푸거가의 후예 야콥 푸거(1459-1525)를 통해 조달한 선거자금을 이용해 독일황제 선거에 도전했다. 막시밀리안 1세는 생전에 손자(카를로스 1세)를 후계자로 확정짓기 위해 노력했지만, 선제후들의 동의를 얻지 못했었다. 카를로스 1세는 독일황제 후보로서는 처음으로 황제의 권한을 제한하는 선거공약을 선제후 회의에 제출한 후, 1519년 6월 26일 프랑크푸르트에서 개최된 선제후 회의에서 경쟁자였던 프랑스 국왕 프랑수아 1세를 물리치고 독일제국 황제(카를 5세)에 선출되었다. 1520년 5월 아헨에서 독일국왕 대관식을 가진 카를 5세(스페인 국왕으로서는 카를로스 1세)는 선제후들에게 제출한 일종의 항복문서나 다름없는 선거공약에서 문서화한대로, 가능한 한 지속적인 독일 체류를 약속함과 동시에 제국정부(황제)를 대신할 제국통치평의회(라이히스레기멘트)의 재가동을 약속했다. 그가 빈에 체류하거나 스페인 국왕으로서 스페인에 머물 때, 다시 말해, 황제 부재 시의 제국통치를 제국통치평의회에 위임하기 위해서였다.

원래 제국통치평의회는 막시밀리안 1세 황제의 통치권을 약화시키려는 목적으로 1500년에 개혁파 제국의회 의원들에 의해 상설위원회 형식으로 제국의회 내에 신설된 기구였다. 환언하면 제국의회의원(제국제후)들로 구성된, 황제의 권력을 분점하기 위한 기구였다. 16세기 초 독일제국의회의 제국개혁 목표는 황제와 개별 제후국의 권력을 능가하는 의회권력의 확립이었다. 1500년 7월 2일 설립 당시의 규정에 의하면, 제국통치평의회의 의장직은 황제가 직접 수행하거나 황제의 전권대표가 맡고, 평의원은 20명으로 구성되었다. 20명의 평의원들은 선제후 6인, 성직제후 및 세속제후 대표 각 1인, 오스트리아 지역(오스트리아 제국직할관구)과 부르군트(부르군트 제국직할관구) 지역의 대표 각 1인, 제국직속도시 대표 2인, 6개 제국직할관구(바이에른, 프랑켄, 슈바벤, 오버라인, 니더라인-베스트팔렌, 작센) 대표 각 1인, 추기경 대표 1인, 제국직속백작(제국의회에 의석을 가지는 제후백작) 대표 1인 등, 총 20명이었다. 선제후 7인 중 6인만 제국통치평의회에 참여한 이유는 뵈멘 왕국은 제국직할관구(오스트리아 제국직할관구)에 소속되지 않았기 때문이었다. 1500년에 신설된 제국통치평의회는 황제(막시밀리안 1세)의 저항과 자체 재정 및 권력수단의 결여로 성과를 거두지 못하고, 1502년에 해체되었었다.

상설위원회로 제국통치평의회의를 제국의회 내에 존치시키는 문제는 막시밀리안 1세의 반대에 부딪혀 2년 만에 백지화되었고, 이 문제를 가지고 당시 개혁을 주도했던 독일제국의회 의장이자 제국대재상인 베르톨트는 대재상 직에서 사임했었다. 그런데 카를 5세가 황제선거를 위해 선제후 회의에 제출한 공약집에서 이 기구의 재가동을 스스로 먼저 약속한 이유는 무엇보다도 우선 선거승리가 중요했기 때문이었다. 카를 5세 황제가 동의한 제국통치평의회의 구성은 - 황제의 전권대표를 2인으로 늘린 것을 제외하면 - 1500년의 편제와 동일했다. 1521년부터 1530년까지 카를 5세 황제가 빈에 머물렀거나, 스페인에 체재했을 때, 제국통치평의회의 의장직을 수행한 황제의 전권대표 2인은 카를 5세의 친동생 페르디난트 1세 대공(카를 5세의 후임 황제)과 황제에 의해 제국섭정으로 임명된 팔츠 궁중백 프리드리히 2세(1482-1556, 선제후: 1544-1556)였다. 프리드리히 2세는 1519년 6월 28일 실시된 황제선거에서 카를 5세를 지지한 팔츠 선제후 루트비히 5세(1478-1544, 선제후: 1508-1544)의 친동생으로서 1507년 막시밀리안 1세가 베네치아 공화국과 전쟁을 벌였을 때, 황제군의 선봉을 맡았던 친 합스부르크 인사였다. 페르디난트 1세(카를 5세 황제의 동생) 오스트리아 대공과 프리드리히 2세(루트비히 5세의 후임 팔츠 선제후) 팔츠 궁중백은 카를 5세가 황제에 선출된 5일 후 - 황제 선거의 패자(프랑스 국왕)와 승자(스페인 국왕)

간에 발생할 수 있는 전쟁에 독일제국이 개입되는 것을 예방하기 위해 -
지금까지 황제의 고유 권한이었던 제국통치권을 제국의회(제후회의)와 공유
해야 한다는 제국제후들의 요구에 부응한 문서, 즉 카를 5세가 제출한
공약집에 카를 5세를 대신해 서명한 인사들이었다. 황제선거에서 탈락한
카를 5세의 상대후보는 발루아가의 프랑스 국왕 프랑수아 1세(1494-1547, 재
위 1515-1547)였다. 제국의회가 염려했던 대로 카를 5세와 프랑수아 1세 간
의 4차례의 전쟁은 1521년 이미 시작되었다. 제국통치평의회는 처음에는
뉘른베르크에서, 1524년 이후에는 에슬링엔에서, 1527년부터는 슈파이어
등의 제국직속 도시에서 회의를 개최했다. 1530년 볼로냐에서 교황이 집
전한 황제대관식에 참석하고 독일로 귀환한 카를 5세 황제는 제국통치
평의회를 해산시켰다. 제국통치평의회의 해산은 제국의회의 입장에서 볼
때, 제국 개혁의 노력이 무산된 가시적인 징표임과 동시에 의회권력에
대한 황제권력의 승리를 의미했다.

　　중세와 근세에 선거인(선제후)이 피선거인(황제후보)에게 선출된 후의 통치
조건들을 문서로 확정지어 강제한 계약이 카를 5세가 선거 전 제출한
공약집과 같은 <황제의 항복문서>(카피툴라치오 체자레아)이었다. 지금의 선거
공약과 유사한 면이 없지 않지만, 피선거인의 자유의사가 아닌, 선거인
의 요구를 수용한 강제성 공약이었다는 점이 가장 중요한 차이점이었다.
9세기 이후 이미 '군왕 약속'과 '군왕 선서'의 형식으로 통치와 법치 간
의 간극을 좁히기 위한 전통이 이어졌었다. 신성로마제국의 경우 13세기
초 이래 성직 제후국의 주교좌성당 참사회가 주교를 선출할 때, '항복문
서'를 사전 제출케 함으로써 참사회의 기득권을 보장받았다. 중세 후기
에 들어 추기경 회의는 새로 선출될 교황에게 '항복문서'의 수단을 통해
통치권에 제약을 가하려 했지만, 성과가 없었다. 결국 요한네스 12세 교
황은 1695년 성직 제후국에서의 '항복문서' 제출요구를 금지했다. 독일제
국 황제의 '항복문서'는 군왕 약속과 군왕 선서의 전통에 근거한 것이었

다. 문서화된 선거공약집 형식의 '항복문서'를 선제후 회의에 사전 제출한 신성로마제국 최초의 황제 후보가 카를 5세였다. 요제프 1세(재위: 1706-1711) 때까지는 황제 후보가 개별적으로 작성한 항복문서(공약집)를 선제후 회의에 전달했으나, 카를 6세 황제가 등극한 해인 1711년부터는 내용상 모든 황제 후보자에게 동일하게 적용된 고정불변의 항복문서(카피툴라치오 페르페투아) 제도가 신성로마제국 최후의 황제 프란츠 2세 때까지 존치되었다. 황제들이 제출한 '항복문서'는 신성로마제국의 기본법으로 간주되었고, 그 첫 번째 목적은 제후의 특권과 제국 개혁의 요구를 보호하기 위한 규정을 명문화하는 데 있었다. '카피툴라치오 체자레아'(황제의 항복문서)의 독역은 '선거항복문서'(발카피툴라치온)이었다.

카를 5세가 제국의회에 제출한 '선거항복문서'(공약집)는 33개 항목을 망라했다. 가톨릭교회의 보호, 평화유지명령의 유지, 금인칙서(1356년 제정된 독일제국 기본법)의 존중, 제국통치평의회의 구성, 그리고 제국제후들의 기득권 보장 및 선제후 회의의 정례 개최 약속이 포함되었다(3-5조). 7조부터 11조까지의 내용은 타국과의 동맹체결 전, 공격전쟁 개시 전, 그리고 제국의회 소집 전 선제후 회의의 동의를 구한다는 약속이었다. 독일제국의 고위직에는 독일인만 배타적으로 임명되어야 하고, 공적인 제국문서의 사용언어는 독일어 혹은 라틴어이어야 했다(13-14조). 독일민족 이외의 민족 구성원은 제국의회의원(제국제후)을 고발하지 못하게 했다(15조). 교황의 특권 남용에 대해서는 단호히 대응해야 하며, 대규모 상사는 폐지하게 했다(16-17조). 관세의 신설 혹은 관세의 인상은 허용하지 않고, 라인 지방의 선제후(3인의 성직 선제후 및 팔츠 선제후)에게 불리한 관세면제는 취소를 약속 했다(19조). 제국의회 의원들에게 폭행을 가할 수 없게 했고, 법의 보호 박탈, 즉 제국추방은 정식 소송절차에 의해서만 가능하도록 했다(21-22). 제국세의 직접징수와 제국에 귀속되는 제국봉토의 회수(23-24조)는 선제후의 권리를 보장하기 위한 조항이었고, 기타 황제직 세습의 포기, 가능한 한 지속적인 독일 체류 약속 등이 카를 5세가 제출한 항복문서의 중요한 항목들이었다. 대부분의 조항이 황제의 권한을 축소한 만큼 제국제후의 권한을 확대시킨 내용이었다. 독일제국의 고위직 임명에 외국인을 배제한 조항은 카를 5세 황제가 스페인 국왕임을 고려한 조항이었고, 제국추방령을 제한한 것은 선제후들이 그들의 권리를 보장받기 위함이었다. 동맹체결과 전쟁선포를 제국의회와의 사전협의에 종속시킨 것은 독일제국(카를 5세)과 프랑스(프랑수아 1세) 간의 전쟁을 염려한 결과이었다면, 선제후 회의 연례 개최의 요구는 선제후들이 그들의 특권을 보장받기 위함이었다. 그리고 제국제후의 불소추 특권과 교황의 권력 남용 방지는 신교 제후들이 루터와 그의 추종자들을 보호하기 위한 목적을 포함한 것이었다고 볼 수 있을 것이다. 제국제후들이 요구한 대규모 상사 폐지 조항은 푸거가와 황실, 혹은 푸거가와 교황청 간의 유착 방지와 관련된 것으로 해석해야 할 것이다. 아헨 대성당(카이저돔)에서 대관식을 치르기 하루 전인 1520년 10월 22일 카를 5세는 기제출된 '황제의 항복문서' 내용을 재확인하고, 공약의 이행을 재차 약속했다.

아우크스부르크의 은행가 야콥 푸거는 빈한한 사람들을 위한 사회적 재단인 <푸거 재단>을 고향 아우크스부르크에 설립하기도 했지만, 황실과의 과도한 밀착을 통해 부를 축적한 재벌가였다. 1509년에 그는 막시밀리안 1세 황제에게 이탈리아 원정의 소요 전비 170,000 굴덴을 대부해 주었다. 그는 황제의 고문 역할을 했으며, 레오 10세(재위: 1513-1521) 교황에 의해 라테란의 궁중백에 임명되었다. 1514년 제국백작의 신분으로 격상된 푸거는 브란덴부르크 변경백이며 마인츠 대주교인 알브레히트(알브레히트 폰 브란덴부르크 마인츠 대주교: 1514-1545) 추기경의 사면장(면죄부) 판매에도 관여했다.

역대 선거 중 가장 치열했던 1519년의 독일제국 황제 선거는 뇌물공여로 악명이 높았던 선거였다. 프랑수아 1세 프랑스 국왕은 트리어 선제후 리하르트(재위: 1511-1531) 대주교를 매수했고, 카를 5세는 푸거가가 제공한 선거자금을 이용했다. 트리어 대주교 리하르트와 팔츠 선제후(루트비히 5세, 재위: 1508-1544) 및 브란덴부르크 선제후(요아힘 2세, 재위: 1499-1535) 등의 지지를 사전에 확보한 프랑수아 1세는 약 300,000굴덴, 카를 5세는 약 850,000굴덴(그 중 삼분의 이는 푸거가가 제공)의 선거자금을 사용했다. 결과적으로는 후자가 7인의 선제후 전원일치의 지지로 황제에 선출되었다. 1519년의 황제선거가 특히 치열했던 것은 또 한 명의 황제 후보자로 나선 헨리 8세 영국 국왕을 비롯해 프랑수아 1세 및 카를 5세가 모두 후보의 신분으로서는 외국인이었기 때문이었다. 카를 5세는 합스부르크가 출신이었지만, 출마 당시의 그의 신분은 부르군트 공작 겸 스페인 국왕 카를로스 1세이었다. 카를 5세는 푸거가에 진 막대한 부채를 변제하기 위해 티롤의 은광 및 동광 채굴권을 푸거가에 양도했다. 1521년과 1522년 빈에서 연달아 거행된 루트비히(라요슈) 2세(헝가리 및 뵈멘 국왕) 남매와 페르디난트 1세 대공 남매의 결혼비용도 푸거가에 의해 조달되었다. 1519년의 신성로마제국 황제선거 결과는 향후 카를 5세와 프랑수아 1세 프랑스 국왕 간의 관계악화에 결정적인 영향을 끼쳤다.

2) 1차 합스부르크-프랑스 전쟁(1521-1526)

막시밀리안 1세 후임 황제 선거에서 치열한 경합을 벌였던 발루아가의 프랑스 국왕 프랑수아 1세와 합스부르크가의 카를 5세(카를로스 1세 스페인 국왕) 사이의 악연은 그 후 4차례의 전쟁을 불렀다. 프랑스가 합스부르크 제국의 팽창정책으로 의해 지리적으로 합스부르크가와 그 동맹국들에 의해 완전히 포위되었다고 판단한 프랑수아 1세의 위기의식과 부르군트와 이탈리아의 주도권을 둘러싼 발루아가와 합스부르크가(오스트리아와 스페인)

간의 영토 쟁탈전이 프랑스와 합스부르크가 간 전쟁의 직접적인 원인이었다. 카를로스 1세 국왕(카를 5세 황제) 재위기의 스페인은 카스티야와 아라곤, 합스부르크령 네덜란드(오스트리아령 네덜란드 혹은 합스부르크 네덜란드는 1516년부터 1700년까지 스페인령 네덜란드라고도 불렸다), 그리고 나폴리, 밀라노, 시칠리아, 사르데냐 등의 유럽지역 뿐 아니라, 멕시코와 페루 등의 해외 식민지도 지배한 거대한 제국이었다. 합스부르크가 지배한 스페인 제국은 로마 제국 멸망 이후 일찍이 등장 한 적이 없는 '해가 지지 않는 제국'이었다.

합스부르크가(오스트리아와 스페인)와 발루아가(프랑스)의 1차 전쟁은 1521년부터 1526년까지 5년 간 계속되었다. 1525년 2월 24일 이탈리아의 파비아에서 벌어진 전투(파비아 전투)의 승리를 통해 카를 5세 황제는 북이탈리아(롬바르디아)의 통치권을 회복했고, 프랑수아 1세는 두 아들(장남 프랑수아 및 차남 앙리)과 함께 카를 5세 황제의 포로가 되었다. <파비아 전투>에서 포로가 된 후, 수개월에 걸친 협상 끝에 프랑수아 1세는 1526년 1월 14일 카를 5세 황제가 직접 구술한 <마드리드 평화조약>에 서명해야 했다. 마드리드 조약에서 프랑수아 1세는 밀라노를 포함한 프랑스의 이탈리아 점령지역에 대한 영유권과 플랑드르와 아르투아의 통치권을 합스부르크가에 반환하고, 나아가 독일제국 내의 황제 적대세력과의 연대 일체를 포기해야 했다. 동시에 카를 5세(카를로스 1세)는 프랑스가 점령한 일부 부르군트 지역의 반환을 압박했다. 첫 남편 마누엘 1세(1469-1521, 재위: 1495-1521) 포르투갈 국왕이 1521년 사망한 후, 빈의 황실로 복귀한 마누엘 1세의 미망인이며 카를 5세의 두 살 위 여형인 엘레오노레(1498-1558)와의 결혼을 프랑수아 1세는 - 그들은 1530년 실제로 결혼했다 - 수용해야 했다. 황제군의 볼모로 잡힌 프랑스 국왕의 두 아들, 장남 프랑수아(1518-1536, 브르타뉴 공작)와 차남 앙리(1519-1559, 후일의 앙리 2세 국왕)의 인도를 조건으로 프랑수아 1세는 카를 5세 면전에서 마드리드 평화조약 준수 선서까지 했지만, 프랑수아와 앙리는 스페인의 감옥에 감금된 채, 홀로 석방되었다.

카를 5세의 포로가 되어 약 11개월 동안 마드리드의 감옥에 감금되었다가 석방된 프랑수아 1세를 접견한 클레멘스 7세(재위: 1523-1534) 교황은, 마드리드 평화조약은 강요에 의해 체결된 불공정 조약이었기 때문에 무효라고 프랑수아 1세를 사주했다. 카를 5세 황제에게 부르군트(합스부르크령 네덜란드)의 점령지역을 반환하는 대신 금전배상을 하겠다는 프랑수아 1세의 제의를 카를 5세 황제가 거부하자, 프랑수아 1세는 마드리드 평화조약을 무력화시키고, 카를 5세를 보복공격하기 위해 1526년 5월 22일 교황을 앞세워 밀라노 공작(프란체스코 2세, 재위: 1521-1535)과 피렌체 공작(메디치가의 알레산드로, 재위: 1523-1527), 베네치아 총독(안드레아 그리티, 재위: 1523-1538) 등과 <코냑 동맹>을 체결했다.

전쟁의 와중에서도 1526년 3월 10일 카를 5세는 마누엘 1세 포르투갈 국왕의 장녀 이사벨라(1503-1539)와 결혼했다. 이사벨라는 포르투갈 국왕 요한 3세(1502-1557, 재위: 1521-1557)의 한 살 아래 여동생이었다. 그리고 요한 3세는 카를 5세 황제의 여동생 카타리나(1507-1578)의 남편이었다.

3) 2차 합스부르크-프랑스 전쟁(1526-1529)

카를 5세 황제와 프랑수아 1세 국왕 간의 제2차 전쟁은 롬바르디아에 주둔한, 스페인 군대로 구성된 카를 5세의 황제군을 프랑수아 1세의 프랑스군을 앞세운 코냑 동맹 군대가 공격함으로써 시작되었다. 개전 초기에는 코냑 동맹군이 황제군에 승리를 거두었지만, 카를 5세 황제의 동생 페르디난트 1세 대공(헝가리 및 뵈멘 국왕)의 요청으로 민델하임(슈바벤) 출신의 독일 용병대장 게오르크 폰 프룬츠베르크(1473-1528)가 12,000여 명의 용병들을 동원하여 샤를 3세(1490-1527, 부르봉-몽팡시에 공작) 장군이 지휘한 스페인 군대로 구성된 황제군과 합류함으로써 전세는 역전되었다. 부르봉-몽팡시에 공작으로서 프랑수아 1세 프랑스 국왕에 의해 밀라노 총독에 임명되기도 했던 샤를 3세 공작은 봉토 문제로 프랑수아 1세와 결별한 후, 1521년 경 카를 5세 독일제국 황제, 즉 카를로스 1세 스페인 국왕의 측근 인사로 전향한 인물이었다.

용병대장 프룬츠베르크는 막시밀리안 1세 황제의 이탈리아 원정과 란츠후트 계승전쟁(1594/1505)에도 참가했으며, 그 공로를 인정받아, 막시밀리안 1세로부터 1504년 기사 작위를 수여받은 인물이었다. 그는 1522년 카를 5세 황제를 도와 프란체스코 2세(스포르차가의 마지막 밀라노 공작, 루도비코의 차남) 공작에게 프랑스에 의해 점령된 밀라노 공국을 되찾아 주었다. 1526년 자비를 들여 대 코냑 동맹 전쟁에 용병을 동원한 것은 종교적인 이유와 교황에 대한 증오심, 그리고 카를 5세 황제에 대한 충성심이 그 동기였지만, 출정 기간이 예상 외로 길어지자, 프룬츠베르크는 전비를 감당하지 못했다. 급료를 지불받지 못한 용병들은 일탈행위에 나섰다. 그는 노략질에 나선 용병들을 볼로냐에서 진정시키려 했지만, 1527년 3월 16일 뇌졸중을 만나, 로마로 진격하는 용병대를 제어할 수가 없었다. 그는 고향 민델하임으로 귀환하여 1528년 그곳에서 사망했다. 프룬츠베르크의 예기치 않은 죽음으로 인해 교황과의 휴전협정을 무시하고 1527년 5월 6일 로마를 접수한 용병부대는 때마침 스페인군 사령관(샤를 3세)도 5월 27일 로마 현지에서 전사하자, 통제가 불가능한 약탈부대로 변모했다. 마드리드 평화조약을 지키지 않은 코냑 동맹과 교황은 큰 대가를 치러야 했다. 지휘관을 잃은 용병대와 스페인 군대는 역대 교황들의 묘소를 도굴하고, 수많은 고대 로마의 건축물들과 문화재를 파괴했다. 프랑수아 1세의 프랑스를 도운 클레멘스 7세 교황에 대한 카를 5세의 보복은 지울 수 없는 문명파괴 행위로 끝났다. 이 야만적인 문명파괴 행위를 역사는 <자코 디 로마> 즉 <로마 약탈>로 기록하고 있다.

티베르 강 우안의 요새 산탄젤로 성에 감금된 클레멘스 7세 교황은

1527년 6월 5일 항복했지만, 카를 5세 황제와 프랑수아 1세 사이에서 중립을 지킬 것임을 약속한 한 후, 6개월 만인 12월 6일 석방되었다. 구심점(交皇)을 잃은 코냑 동맹은 와해되었지만, 코냑 동맹은 이탈리아에서 르네상스의 종말을 의미하는, 로마 약탈이라는 역사적인 대사건을 초래했다.

1차 전쟁(1521-1526)에 연이어 3년을 끈 카를 5세 황제와 프랑수아 1세 프랑스 국왕 간의 제2차 전쟁도 처음부터 끝까지 이탈리아 땅에서 수행되었다. 이 전쟁은 1529년 6월 21일 란드리아노 전투에서 프랑스군이 패배함으로써 종전의 가닥이 잡혔다. 카를 5세 황제를 대신해 황제의 고모이며, 합스부르크령 네덜란드의 총독인 오스트리아의 대공녀 마르가레테(막시밀리안 1세 황제의 딸)가 프랑수아 1세 프랑스 국왕의 모후인 사부아 공작 루이즈(1476-1531)와 캉브레에서 회동하여 평화조약을 체결하기 위한 협상을 벌였다. 전쟁 당사자들인 카를 5세 황제와 프랑수아 1세 국왕이 평화회담을 원치 않았기 때문에, 양국의 정상들을 대리하여 카를 5세의 고모와 프랑수아 1세의 모후가 나선 것이었다. 캉브레에서 체결된 평화조약은 독일 역사상 유일하게 여자들(다멘)이 주도한 평화조약(프리데)이라 하여 '숙녀평화조약(다멘프리데)'이라 불렸다.

<캉브레 평화조약>에서 프랑스는 1526년에 체결된 마드리드 평화조약을 재확인하고, 부르군트와 밀라노, 제노바와 나폴리, 그리고 플랑드르와 아르투아에 대한 주권을 최종적으로 포기했다. 프랑수아 1세는 마드리드 조약에서 약속한 카를 5세 황제의 누나 엘레오노레(1498-1558)와의 혼인을 이행할 것임을 재확인 했다. 2백만 솔레이(에퀴 금화의 한 종류. 1 솔레이의 금 함유량은 약 3.5 그램)의 몸값을 지불하고 프랑수아 1세의 두 아들(프랑수아와 앙리)이 4년 만에 석방되었다.

1529년 8월 5일 캉브레 평화조약 체결과 더불어 프랑스와의 2차 전쟁을 종식시킨 카를 5세 황제와 합스부르크 제국은 이탈리아에서의 헤

게모니를 다시 장악하게 되었다. 캉브레 평화조약 체결 직후, 이탈리아에 상륙한 카를 5세는 클레멘스 7세 교황과 직접 협상하여 교황과의 관계를 정상화하고, 이탈리아 상황을 정리한 후, 1530년 2월 24일 볼로냐에서 다시 한 번 황제대관식을 가졌다. 카를 5세는 이탈리아에서 거행된, 교황으로부터 직접 제관을 받은 마지막 독일제국 황제였다. 카를 5세는 1519년 6월 28일 프랑수아 1세를 물리치고 독일제국 황제에 선출되었고, 이듬 해 10월 23일 아헨에서 대관식을 가진 후, 당시 교황 레오 10세로부터 '선출된 황제'의 칭호를 부여받았었다. 레오 10세는 1519년 황제선거에서 프랑수아 1세를 지지한 교황이었다.

1530년 카를 5세의 고모인 마르가레테가 사망했기 때문에, 네덜란드의 총독직은 카를 5세 황제의 누이동생 마리아(1505-1558)에게 배당되었다. 마리아는 남편 루트비히 2세(헝가리 및 뵈멘 국왕)가 1526년 오스만 제국과의 전투(모하치 전투)에서 전사한 후, 재혼을 거부하고, 오빠 페르디난트 1세 대공과 함께 헝가리를 통치했었다. 그리고 1년 후 1531년 카를 5세는 그간 제국통치평의회 의장으로서 황제 부재 시 제국 통치를 대행해 온 친동생 페르디난트 1세 대공을 로마 왕(차기 황제)으로 확정하는데 성공함으로써 대내외적 위기 극복을 위한 확실한 원군을 확보할 수 있게 되었다.

1531년 1월 5일 쾰른에서 카를 5세 황제의 요청으로 실시된 차기황제 선거에서 선제후 회의는 페르디난트 1세를 카를 5세의 후임황제 후보로 확정했다. 카를 5세가 사망한 후 황제선거가 실시될 경우의 제국정치 공백기를 우려한 선제후들이 카를 5세 황제의 요청에 부응한 것이었다. 당시 독일제국은 종교개혁 운동이 시작된 이후 신교와 구교 간의 갈등과 긴장이 날로 고조되고 있었고, 합스부르크가와 프랑스 간의 전쟁이 지속되고 있는 와중에 헝가리를 점령한 오스만 제국이 호시탐탐 오스트리아 침공의 기회를 엿보고 있었기 때문에, 독일제국은 물론이고 합스부르크 제국도 문자 그대로 누란의 위기에 처해 있었다. 막시밀리안 1

세가 사망하고, 카를 5세가 황제에 선출될 때까지 걸린 시간은 6개월이 넘었기 때문에, 위기에 대처하기 위해서는 하루의 공위기도 없어야 했다. 페르디난트 1세의 경우와는 반대로 1509년 막시밀리안 1세가 요청한 당시 카를 5세 대공의 차기황제 선출 요청이 선제후 회의의 반대에 부딪힌 이유는 1500년 아우크스부르크 제국의회 이후 불거진 황제권력과 의회권력 간의 대립 때문이었다. 황제권력을 축소시키고, 제국의회의 제국 통치 참여의 길을 열기 위해 설립된 제국통치평의회는 황제의 비협조로 1502년에 이미 유명무실해졌었다. 이에 대한 항의로 당시 제국의회 의장 베르톨트 폰 헨네베르크 제국대재상이 사임할 정도로 황제와 의회가 긴장관계에 있었던 터라, 막시밀리안 1세의 차기황제 선출 요청이 선제후들에 의해 수용될 수 없었던 것이다. 페르디난트 1세 대공을 카를 5세의 후임 황제로 선출한 선제후들은 작센과 뵈멘의 선제후만 제외하면, 나머지 5명의 선제후는 카를 5세를 선출한 선제후와 동일인들이었다. 작센의 경우 1525년에 사망한 프리드리히 3세(1463-1525, 재위: 1486-1525) 선제후를 계승한 그의 동생 요한(1468-1532, 재위: 1525-1532) 공작이 선제후 회의에 참가했고, 뵈멘 선제후는 1526년 오스만 제국군과의 전투에서 전사한 루트비히 2세(페르디난트 1세 대공의 매제) 국왕을 계승한 페르디난트 1세 대공 자신이었다. 나머지 5명의 선제후는 마인츠 대주교 알브레히트(재위: 1514-1545), 트리어 대주교 리하르트(재위: 1511-1531), 쾰른 대주교 헤르만 5세(재위: 1515-1547), 팔츠 궁중백 루트비히 5세(재위: 1508-1544) 및 브란덴부르크 변경백 요아힘 1세(재위: 1499-1535)였다.

1526년 헝가리 침공을 기점으로 하여 시작된 터키전쟁은 카를 5세 황제 재위기간 내내 지속되었다. 1529년에는 오스만 제국군이 빈 외곽까지 침공해, 빈은 9월 21일부터 10월 15일까지 25일 동안이나 오스만 제국군의 포위공격을 견뎌내야 했다. 카를 5세 황제는 한편으로는 프랑스와의 지속적인 전쟁 가운데서도 오스만 제국의 침공으로부터 합스부르크 제국과 독일제국을 지켜야 했고, 다른 한편으로는 가톨릭황제로서 루터의 종교개혁으로부터 로마가톨릭교회를 수호하는 일을 소홀히 할 수 없었다. 제국의 동쪽과 서쪽 경계에서는 언제 끝날지 모르는 전쟁의 위협이, 독일제국 내부적으로는 종교전쟁이 황제의 통치력을 위협했다. 카를 5세는 문자 그대로 내우외환의 소용돌이 한 가운데 서 있었다.

4) 루터의 종교개혁과 종교 갈등

안팎으로 어려운 시기에 마인츠의 대주교(1514-1545) 자리를 뇌물공여를 통해 획득한 막데부르크 대주교(1513-1545) 겸 할버슈타트 주교(1513-1545)이며 브란덴부르크 변경백(1499-1513)을 역임한 알브레히트 2세(알브레히트 폰 브란덴부르크, 1490-1545)가 사면장(면죄부) 판매에 돌입하자, 마르틴 루터(1483-1546)는 자신이 작성한 95개 조항의 항의문을 1517년 10월 31일 비텐베르크에서 공표함으로써, 독일제국과 유럽은 순식간에 종교개혁의 와류 속으로 빨려 들어갔다. 1356년 뉘른베르크 제국의회에서 제정된 신성로마제국 헌법 <금인칙서>는, 향후 새로 선출되는 모든 독일 국왕에게 첫 제국의회를 뉘른베르크에서 개최하도록 의무화했다. 그러나 카를 5세 황제는 뉘른베르크에서 전염병이 유행하는 바람에 아헨에서 독일 국왕 대관식을 치른 후 첫 제국의회를 뉘른베르크가 아닌 보름스에 소집했다.

1521년 1월 27일부터 개최된 보름스 제국의회의 회기가 끝나갈 무렵인 1521년 5월 8일, 신성로마제국 담당 교황대사 지롤라모 알레안드로(1480-1542, 독일명: 히에로니무스 알레안더) 브린디시 대주교에 의해 입안된 교황의 칙령이 뒤늦게 카를 5세 황제의 이름으로 선포되었다. 루터를 명백한 이단자로 규정하고, 그에게 제국추방령을 내린 것이 <보름스 칙령>의 내용이었다. 보름스 칙령이 공포된 시점은 - 황제에 의해 소환되어 보름스 제국의회 석상에서 자신의 개혁사상을 옹호한 - 루터가 자유통행권을 보장받고 이미 보름스를 떠난 후였다. 보름스 칙령에 따라 루터 교리의 강독과 배포는 일체 금지되었고, 루터 교리의 출판 및 판매는 검열을 받아야 했다. 400여 제국의회 의원 중 루터의 제국추방에 동의한 제후들은 소수에 불과했다. 그래서 보름스 칙령은 제국대재상에 의해 부서되지 않았고, 그 내용은 제국의회 결의 조례에 수용되지도 않았다. 그럼에도 불구하고 보름스 칙령은 제국의회 의원 전원에게 구속력을 가졌다. 보름스 칙령이 공포된 후 독일제국 내의 루터 지지 세력은 급증했고, 보름스 칙령의 내용에 반대하는 목소리도 점점 커졌다. 이때부터 루터 지지파들은 <항의하는 자>, 즉 <프로테스탄트>라 불렸고, 시간이 지나면서 이 용어는 루터 지지세력 뿐 아니라, 가톨릭교회와 대립한 신교 세력 전체를 뜻하는 용어로 사용되었다.

작센의 슈말칼덴에서 동맹을 결성한 신교도 조직(슈말칼덴 동맹)은 카를 5세에게 루터의 종교개혁 운동에 대한 무력진압을 연기하고, 평화조약(뉘른베르크 종교평화조약) 체결을 압박했다. <슈말칼덴 동맹>은 로마가톨릭 황제 카를 5세의 공격으로부터 루터파 교회를 보호하기 위해 독일제국의 신교제후국들이 1531년 2월에 결성한 군사동맹이었다. 동맹의 지도자는 헤센의 필립 1세(1504-1567, 재위: 1509-1567) 방백과 작센의 선제후 요한 프리드리히 1세(1503-1554, 선제후: 1532-1547) 공작이었다.

카를 5세 황제가 요청한 오스트리아의 대 오스만 제국 전쟁 지원 및 신교와 구교 간의 종교대립의 완화를 주요 의제로 하여 1529년 3월 15일 개회된 슈파이어 제국의회는 가톨릭교회의 폐단을 시정하고, 1521년 선포된 보름스 칙령의 이행 방법 등을 결정한 1526년의 결의조례를 폐기했다. 다시 말해 루터를 이단으로 심판한 1521년의 보름스 칙령의 준수 여부를 제후들의 재량에 맡긴 것이었다. 그리고 차기 공의회 때까지 가톨릭교회의 내부 개혁 노력을 금지하고, 훌드리히 츠빙글리(1484-1531)의 성찬교리를 우회적인 형식으로 비난했다. 공의회 개최를 희망한 황제의 제안이 다수 제후들에 의해 수용되었을 때, 헤센의 방백(필립 1세)과 작센 선제후(요한 프리드리히 1세)를 중심으로 결속한 일단의 신교 측 제후들이 강하게 항의하면서 제국의회 불참을 선언했다.

그 후 1529년 4월 22일 헤센과 작센은 슈트라스부르크, 뉘른베르크, 울름 등의 제국직속도시들과 비밀동맹조약을 체결했다. 그와 동시에 성찬식 문제를 둘러싼 신학적 이견을 제거할 목적으로 양 신교 세력(루터와 츠빙글리)을 마르부르크 종교회의(1529년 4월 22일)에 초청했다. 슈파이어 제국의회 불참을 중도 선언한 후 1개월 만에 신교제후들의 리더 격인 헤센 방백(필립 1세)이 서둘러 <마르부르크 종교회의>에 루터와 츠빙글리를 초대한 데는 그만한 이유가 있었다. 종교회의가 열린 4월 22일 바로 그 날짜에 체결된 신교 제후들 간의 잠정적 동맹조약이 신학적 교리의 차이 때문에 무산되는 것을 방지하려고 했던 것이었다. 그러나 마르부르크 종교회의는 황제에 대항하기 위한 독일 프로테스탄트(루터파)와 스위스 프로테스탄트(츠빙글리파) 간의 정치적 동맹이 얼마나 지난한 일인가를 웅변해 주었을 따름이었다.

마르부르크 종교회의가 성과를 거두지 못하고 끝난 지 약 14개월 만인 1530년 6월 25일 아우크스부르크 제국의회 석상에서 아우크스부르크 신앙고백서(콘페시오 아우구스타나)가 제출된 이후 황제와 군사적 충돌의 위험을 안게 된 독일제국 내 신교 제후들은 1530년 12월 22일부터 1531년 1월 1일까지 작센의 슈말칼덴에서 회동하여 방어동맹 체결에 관한 협상을 본격적으로 벌였다. 슈말칼덴 동맹조약은 1531년 2월 27일에 조인되었다. 슈말칼덴 동맹조약 체결 원년에 동맹에 가입한 제후 혹은 제후국은 헤센 방백 필립 1세와 작센 선제후 요한 프리드리히 1세를 필두로 하여 브라운슈바이크-뤼네부르크와 브라운슈바이크-그루벤하겐의 공작, 안할트-베른부르크와 만스펠트의 백작, 11개 제국직속도시(비버라흐, 브레멘, 이스니, 콘스탄츠, 린다우, 뤼베크, 막데부르크, 메밍엔, 로이틀링엔, 슈트라스부르크, 울름) 등이었다. 그 다음 해인 1532년에 추가 가입한 제후국은 괴팅엔, 에슬링엔, 고슬라르, 아인 베크 등이었다. 그리고 폼메른, 뷔르템베르크, 안할트-데사우, 아우크스부르크, 프랑크푸르트, 켐프텐, 함부르크, 하노버, (슐레스비히와 홀슈타인 공작 자격의) 덴마크 국왕, 브란덴부르크-퀴스트린, 하일브론, 슈베비쉬 할 등이 뒤이어 가입함으로써 1530년대 초까지 종교개혁이 도입된 제후국은 거의 대부분 슈말칼덴 동맹국이 되었다.

카를 5세 황제는 종교개혁 운동에 제동을 걸기 위해 교황을 통해 공의회 소집을 시도했다. 그러나 프랑수아 1세 프랑스 국왕과 선린관계를 유지한 것과는 달리 카를 5세 황제에게 적대적이었던 클레멘스 7세 교황의 비협조로 목적을 달성할 수 없었다. 카를 5세 황제는 제국의회 내의 종교적 대립을 해소하기 위한 협상을 포기하기로 했으며, 종교통일 문제도 슈말칼덴 동맹의 위세에 눌려 보류했다. 1532년 4월과 5월 두 달에 걸친 협상 끝에 황제로부터 전권을 위임받은 마인츠 선제후(알브레히트 2세)와 팔츠 선제후(비텔스바흐가의 루트비히 5세)가 작센을 위시한 슈말칼덴 동맹국 제후들과 뉘른베르크에서 종교평화조약(뉘른베르크 종교평화조약, 1532년 7월 23일)을 체결했다. 현재의 종교 상황을 다음 공의회 때까지 인정하기로 합의하고, 그때까지 평화를 유지키로 한 것이었다. 동시에 카를 5세 황제는 특별선언을 채택하여 제국대법원에서 진행 중인 일체의 종교관련 소송을 중지하는데 동의했다. 그 대가로 신교 동맹(슈말칼덴 동맹) 측은 오스만 제국의 침공에 대비한 원조 제공을 카를 5세 황제에게 약속했다. 뉘른베르크 종교평화조약은 황제군의 공격 가능성 때문에 노심초사 하던 슈말칼덴 동맹 측의 불확실성을 일정 정도 제거해 주었다.

슈말칼덴 동맹은 신교 교리에 대한 공격을 저지하고, 제국의 평화를 촉진하기 위해 체결된, 순수 방어적 목적의 동맹을 자처했으며, 동맹의 기간은 6년으로 결정되었다. 1536년 이미 한 차례 수정된 슈말칼덴 동맹 헌법은 9개 군사위원회와 2명의 동맹군사령관(작센 공작과 헤센 방백) 산하에 2천 명의 기병과 1만 명의 보병으로 편제된 동맹군의 창설을 규정했다. 슈말칼덴 동맹의 주도국은 반년마다 교체되며, 전시 명령권은 해당 작전지역의 제후에게 부여되었다. 동맹조약 문서에 특정 종파가 규정되어 있지 않지만, 1535년 이후 아우크스부르크 신앙고백파(루터파)가 동맹의 자격을 가지는 것으로 간주되었다. 1531년 2월 27일 6년 기한으로 체결된 슈말칼덴 동맹은 1535년 12월에 10년 더 연장되었다. 슈말칼덴 동맹은 유럽의 권력요소로 발전하여, 프랑스와 영국, 그리고 교황과도 협상을 벌였고, 신교 동맹(슈말칼덴 동맹)의 대항 동맹인 <뉘른베르크 동맹>의 결성을 야기했다(1538년 6월 10일).

그러나 헤센의 방백 필립 1세의 중혼(重婚) 사실, 그리고 필립 1세와 카를 5세 황제 간 체결된 비밀동맹으로 인해 슈말칼덴 동맹 내의 응집력이 크게 약화되었을 때 터진 황제군과 슈말칼덴 동맹군 간의 전쟁(슈말칼덴 전쟁, 1546/1547년)으로 인해 슈말칼덴 동맹은 와해되었다. 필립 1세 방백이 아내 크리스티네(1505-1549, 작센 공작 게오르크(1471-1539)의 딸)와 이혼하지 않은 채, 마르틴 루터와 필립 멜란히톤(1497-1560)의 재가를 얻어 마르가레테 폰 데어 잘레(1522-1566)와 1540년 결혼한 것이 슈말칼덴 동맹 지휘자로서의 그의 정치적 위상을 크게 훼손시켰고, 그것이 슈말칼덴 동맹의 약화를 초래한 동맹 내적 요인이 되었다. 황제 지지파인 하인리히 2세 브라운슈바이크-볼펜뷔텔 공작(1489-1568, 재위: 1514-1568)이 1542년 슈말칼덴 동맹군의 포로가 된 사건으로 인해 슈말칼덴 동맹을 지휘한 양대 제후 필립 1세(헤센 방백)와 요한 프리드리히 1세(작센 공작)는 카를 5세 황제의 표적이 되었다. 1547년 슈말칼덴 동맹이 황제군에 패한 후, 필립 1세는 자진 출두하여 체포되었다. 그는 네덜란드에서 수감생활을 하다가 1552년 <파사우 조약>이 체결된 후에야 비로소 다시 자유의 몸이 되었다.

5) 3차 합스부르크-프랑스 전쟁(1536-1538)

밀라노는 원래 이탈리아의 스포르차가가 지배한 공국이었지만, 1499년부터 1512년까지, 1515부터 1521년까지, 그리고 1524년부터 1525년까지 3차례에 걸쳐 루이 12세 및 프랑수아 1세가 지배한 역사적 사실을 근거로 하여 프랑스는 밀라노 공국에 대한 연고권을 끊임없이 주장했다. 1525년 파비아 전투에서 카를 5세 휘하의 스페인 군대에 참패한 후, 마드리드 평화조약을 수용하는 치욕을 경험했음에도 불구하고 프랑스는 밀라노를 포기하지 않았다. 1535년 스포르차가의 마지막 공작(프란체스코 2세)이 사망한 후 밀라노 공국은 스페인령으로 국제적인 공인을 받았지만, 프랑수아 1세 프랑스 국왕은 밀라노에 대한 영토 야욕을 버리지 않았다. 카를 5세 황제는 1535년 지중해 항로를 평정할 목적으로, 알제리와 튀니지의 지배자이며 지중해의 오스만 제국 해적함대 최고지휘관 카이르 아딘(1467-1546, 유럽인들에게 '붉은 수염'이라 불린 아딘은 공포의 대상이었음)을 정벌하기 위한 원정을 감행하여, 프랑수아 1세 프랑스 국왕과 협력한 아딘의 함대를 라골레타(튀니지의 항구도시) 앞 바다에서 벌어진 해전에서 격파했다. 이로써 오스만 제국의 술탄(쉴레이만 1세)을 동맹으로 끌어들여 카를 5세를 해전과 육전에서 협공하려 한 프랑스 국왕의 세 번째 도발도 성공을 거두지 못했다. 제3차 합스부르크-프랑스 전쟁은 1538년 니스 휴전협정으로 중지되었고, 협정 체결 직후 카를 5세 황제가 남프랑스의 요새 에그모르트에서 프랑수아 1세를 접견함으로써 향후 양국의 평화가 보장되는 듯 했다.

니스에서 휴전협정을 체결한 후, 잠시 스페인의 궁정에 체류한 카를 5세는 1539년 파리를 거쳐 네덜란드로 향했다. 황제가 요구한 세금납부를 거부하면서 네덜란드 총독인 누이동생 마리아에게 저항한 네덜란드 내의 합스부르크 반대세력을 제거하는 것이 여행의 목적이었다. 동시에 카를 5세 황제는 신교와 구교 간의 종교적인 대립을 중재하려는 노력을 기울이면서도, 신교로 전향한 제후들을 즉각적으로 제압하느냐, 아니면 종교회의를 통해 그들과 평화적 합의를 도출하느냐의 선택을 두고 동요했다. 황제에 의한 무력 진압의 경우를 상정해 프로테스탄트 제후국들은 이미 슈말칼덴 동맹을 결성했지만, 황제는 무력 사용을 최후의 수단으로 남겨놓고, 우선 타협을 통해 신교 세력의 협조를 구하려 했다. 그럴 수밖에 없었던 것이, 선제후 회의의 전통적인 가톨릭 다수 구조가 이미 붕괴되기 시작했기 때문이었다. 그럴 경우 카를 5세 황제에게는 페르디난트 1세 대공 이후의 황제가 - 페르디난트 1세는 1531년에 이미 카를 5세 후임황제로 결정되었다 - 반드시 합스부르크가에서 선출된다는 보장이 없었기 때문에, 선제후 회의의 인적 구성에 민감하지 않을 수 없었다.

6) 종교회의

중부 유럽까지 위협할 수 있는 오스만 제국의 침략으로부터 제국을 수호하기 위해 카를 5세 황제는 신교와 구교를 망라한 제후국들의 군사적, 재정적 지원이 필요했고, 이를 위해 특히 신교 제후들과의 우호적인 관계유지가 급선무였다. 여기에다 또 신교 제후국들이 황제와의 군사적 충돌에 대비해 황제의 숙적 프랑스를 정치적 원군으로 확보했기 때문에, 카를 5세 황제는 적어도 독일제국 제후국들과 프랑스 간의 동맹 체결은 막아야 했다. 1540년과 1541년 사이에 하게나우(알자스의 아그노), 보름스, 레겐스부르크에서 차례로 개최된 종교회의는 평화적인 방법을 통해 신교 제후국들과의 합의를 구하려 했던 카를 5세 황제의 노력의 일환에서 나온 결실이었지만, 큰 성과를 내지는 못했다. 우선 황제는 종교회의를 개최하기 전에 동생인 페르디난트 1세 로마 왕(차기 황제)으로 하여금 슈말칼덴 동맹 가입 제후국들과의 일종의 정치적 휴전협정이라 할 수 있는 유예협약을 체결케 했다.

페르디난트 1세는 황제를 대신해 1539년 4월 19일 프랑크푸르트에서 팔츠 선제후 루트비히 5세(1478-1544, 재위: 1508-1544) 궁중백과 브란덴부르크 변경백 요아힘 2세(1505-1571, 재위: 1535-1571) 선제후와 협상을 벌인 끝에 신교와 구교 간의 유예협약(프랑크푸르트 유예협약, 1539년 4월 19일) 체결에 합의했다. 루트비히 5세는 막시밀리안 1세 황제가 1519년 1월 12일 사망하고, 카를 5세가 새 황제에 선출된 1519년 6월 26일까지 6개월의 공위기 동안 제국 섭정으로서 황제 부재 시의 독일제국 황제를 대리한 인물이었고, 요아힘 2세는 차기 공의회에서 합의할 때까지 카를 5세 황제의 동의를 얻어 '로마 교회'와 루터로 대표되는 '비텐베르크 교회' 간의 절충으로서 '그리스도 교회'를 도입함으로써, 종교적 타협을 모색한, 슈말칼덴 동맹에 가입하지 않은 중립적 신교 제후였다. <프랑크푸르트 유예협약>의 문안에 서명한 제후는 루트비히 5세와 요아힘 2세, 작센 선제후 요한 프리드리히 1세, 헤센 방백 필립 1세, 프랑크푸르트 제국직속도시 의회 등이었으며, 회의를 중재한 황제 대리인은 룬트 대주교이며 콘스탄츠 주교인 요한네스 폰 베체(1489-1548)였다. 다음의 6개 항목이 프랑크푸르트 유예협약의 합의 내용이었다. 1) 황제는 종교회의를 개최하기 위해 양대 종파(가톨릭교와 프로테스탄트교)에게 향후 15개월간 평화를 보장한다. 2) 뉘른베르크 종교평화조약(1532)을 공식 승인하고, 제국대법원에서 진행 중인 프로테스탄트들에 대한 재판은 중단시킨다. 3) 신학자들의 종교회의를 1539년 8월 1일 뉘른베르크에 소집한다. 4) 교황 혹은 교황의 대리인은 종교회의에 참석시키지 않는다. 5) 재세례파 등 사교집단은 종교평화조약에서 제외된다. 6) 프로테스탄트는 터키전쟁 지원을 약속한다.

그러나 1539년 뉘른베르크에서 개최키로 예정된 종교회의는 열리지 않았다. 황제는 1540년 6월 슈파이어에 회의를 다시 소집했지만, 그곳에서 창궐한 전염병으로 인해 장소가 하게나우(아그노)로 변경되어 개최되었다. 그러나 황제가 염원한 신교와 구교 간의 합의는 도출되지 못했다.

신학자 요한네스 코흐레우스(1479-1552)와 요한네스 그로퍼(1503-1559) 및 빈의 주교 요한네스 파버(1478-1541) 등으로 구성된 가톨릭 측 대표들은 신교 성직자들의 교회재산 반환, 제국대법원 인정 및 뉘른베르크 종교평화조약 이후 슈말칼덴 동맹에 가입한 제국의회 의원들의 탈퇴를 요구했고, 니콜라우스 암스도르프(1483-1565), 요한네스 브렌츠(1499-1570), 마르틴 부처(1491-1551), 볼프강 카피토(1478-1541), 안드레아스 오지안더(1498-1552), 요한 슈투름(1507-1589) 등의 신교 신학자들은 구교 측의 요구를 거부했기 때문이었다. 하게나우 종교회의의 유일한 합의는 보름스에서 개최될 차기 회의에 양 진영이 각각 11명의 신학자를 대표로 파견한다는 차기 회의 참가자의 규모뿐이었다.

보름스 종교회의는 1540년 11월 25일 니콜라 페레노 드 그랑벨(1484-1550) - 합스부르크령 네덜란드(부르군트) 출신인 그랑벨은 카를로스 1세 국왕(카를 5세 황제)을 도와 스페인 왕국의 국정을 이끈 정치인이었다 - 스페인 국무장관에 의해 개막되었다. 요한네스 에크(1486-1543), 그로퍼, 파버, 메르제부르크 주교 미하엘 헬딩(1506-1561) 등으로 구성된 가톨릭 신학자 대표단 11명 중 브란덴부르크, 팔츠 및 윌리히를 대표한 3명은 필립 멜란히톤, 요한네스 칼빈(장 칼뱅)(1509-1564), 암스도르프, 브렌츠, 부처, 오지안더, 슈투름 등으로 구성된 신교 신학자 측의 의견에 동조했다. 신교 측의 다수결 결의를 막기 위해 교황 대사 로렌초 캄페지오(1474-1539)는 서면협상을 관철시켜, 양측 대표단을 각각의 독립적인 결의단위로 간주하려 했다. 프로테스탄트 측은 이 방법은 물론이고, 회의의 기초자료로 예정된 에크의 소견서도 거부함으로써 회의 자체가 열리지 못했다. 1541년 1월 14일 가톨릭 측 대표연설자 에크는 멜란히톤이 단순한 형식적인 것이라고 언급한 아우크스부르크 신앙고백의 수정에 관한 비판으로 논쟁을 시작한 후, 원죄에 관한 논쟁도 벌였지만, 보름스 회의 역시 성과를 내지 못했다. 카를 5세 황제는 1541년 1월 15일자로 보름스 회의를 중단시키고,

쟁점화 된 문제를 1541년 4월 27일부터 5월 25일까지 레겐스부르크 제국의회에서 재논의토록 조치했다.

하게나우(아그노)와 보름스 회의에 이어 세 번째로 동일한 의제를 다룰 레겐스부르크 종교회의에서는 가시적인 결과를 얻기 위해 황제는 이른바 '레겐스부르크 노트'라 불린 황제의 초안을 회의자료로 제출케 했다. 1541년 4월 27일부터 5월 25일까지 앙투안 페레노 드 그랑벨(1517-1586) 추기경이 주재한 회의에서 가톨릭 측 신학자 그로퍼, 에크, 나움부르크 주교인 율리우스 폰 플루크(1499-1564), 그리고 신교 측 신학자로서는 부처, 멜란히톤, 요한네스 피스토리우스 1세(1502-1583) 등이 교황사절 가스파레 콘타리니(1483-1542)를 임석시킨 가운데 황제의 초안(레겐스부르크 노트)을 놓고 논쟁을 벌였다. 1541년 5월 31일 황제는 합의에 이르지 못한 조문의 해석이 포함된, 수정 초안을 돌려받았다. 카를 5세 황제와 교황 대리 콘타리니는 교리적인 관점에 있어 프로테스탄트 측의 견해를 폭넓게 수용했다. 그럼에도 불구하고 신교와 구교 간의 종교평화조약은 체결되지 못했다. 제국의회에 회부된 '레겐스부르크 노트'의 수정안은 신교 의원은 물론이고, 구교 의원들에 의해서도 거부되었다. 가톨릭 제후국들은 카를 5세 황제가 신교 측에게 과도한 양보를 했다고 생각했고, 신교 측 제후들은 종교회의 도중에도 황제가 헤센 방백 필립 1세 및 브란덴부르크 선제후 요아힘 2세와 개별 동맹을 체결하여 1531년에 결성된 신교 제후국들의 슈말칼덴 동맹의 결속력을 약화시켰다고 판단했기 때문이었다.

그러나 카를 5세 황제는 적어도 합의가 이루어진 항목들은 차기 공의회가 개최될 때까지 효력을 살리고 싶어 했다. 1541년 7월 12일 황제는 레겐스부르크 종교회의에서 구교와 신교 양측이 함께 수용한 항목을 간추린 <레겐스부르크 임시규정>(레겐스부르크 인테림)을 차기 공의회 때까지 구속력을 가지게 하자고 정식으로 제국의회에 제안했다. 선제후회의(제국의회의 수석 회의체)의 다수는 황제의 제안에 찬성했지만, 특히 바이에른이 영향력을 행사한 제후회의(신성로마제국 의회를 구성한 3대 회의체는 선제후회의, 제후회의 및 제국직속도시회의이었음)는 레겐스부르크 임시규정을 거부했다. 1541년 7월 29일의 제국의회 결의조례에는 뉘른베르크 종교평화조약(1532)을 공식 승인한 내용이 포함되었다. 그러나 오스만 제국의 침공에 대비하기 위해 필요한 군사적, 재정적 지원을 이끌어내기 위해서는 신교 제후국들과의 합의가 중요했기 때문에, 황제는 제국의회에 의해 부결된 레겐스부르크 임시규정을 신교 제후들에게 선포해 버렸다. 레겐스부르크 임시규정은 신교도들에게도 제국대법원 배석판사 직을 허용했고, 신교 성직자들의 수입을 박탈하지 않으며, 수도원과 수도회는 가톨릭교회의 개혁을 위해 노력하도록 독려하는 내용을 포함했다. 공식적인 제국의회 결의조례와는 모순되는, 황제의 일방적인 훈령이었던 레겐스부르크 임시규정은 이와 같은 광범한 양보를 차기 공의회 개최 시까지 효력을 가지게 한다는 것이어서, 구교 측 제후들의 강한 반발을 야기했다.

제18차 공의회인 라테란 5차 공의회가 1517년 5월에 끝난 직후부터 이미 제기된 차기 공의회 개최 문제가 그 후 꾸준히 논의되었지만, 공의회 개최 장소와 의제를 둘러싸고 공의회 소집의 전권을 가진 교황과 황제 사이에 30여 년 이상 합의가 도출되지 않았다. 공의회 개최 논의가 구체성을 띄기 시작한 것은 레겐스부르크 종교회의가 실패한 후이었다. 교황은 제국의회 의원들과 회의 개최지에 관해 협상한 끝에, 남티롤(북이탈리아)의 트리엔트(트렌토)를 공의회 개최지로 결정한 후, 1542년 6월 29일 제19차 공의회를 소집을 공고했다. 그러나 1542년은 시기상 적절한 때가 아니었다. 국제적으로는 프랑수아 1세 프랑스 국왕이 또다시 카를 5세에게 전쟁을 선포했고, 독일제국 내적으로는 부르군트에 병합된 겔데른에서 계승분쟁이 발생하여 카를 5세 황제가 개입하지 않을 수 없었기 때문이었다. 트리엔트 공의회는 우선순위에서 밀려나 재차 연기되지 않을 수 없었다.

7) 4차 합스부르크-프랑스 전쟁(1542-1544)

프랑스의 발루아 왕가와 카를 5세 황제의 합스부르크 왕가 간의 제4차 전쟁은 1542년부터 1544년까지 지속되었고, 이 전쟁은 1544년 9월 18일 <크레피 평화조약>이 조인된 후 공식적으로 끝이 났다. 제3차 합스부르크-프랑스 전쟁(1536-1538)을 중지시킨 1538년의 니스 정전협정은 프랑스 국왕 프랑수아 1세에게 밀라노 공국을 봉토로 수여한다는 카를 5세 황제의 약속을 포함했었지만, 이 약속 불이행이 프랑스 국왕에게 4차 전쟁의 빌미를 제공한 것이었다. 1542년 프랑수아 1세는 윌리히-클레베-베르크 공작 빌헬름 5세(1516-1592, 재위: 1539-1592), 교황 파울(바오로) 3세(재위: 1534-1549), 오스만 제국 황제 쉴레이만 1세(재위: 1520-1566) 등과 동맹을 체결하여 여러 전선에서 동시다발적으로 카를 5세를 공격하려 했다. 카를 5세 황제는 1543년 9월 7일 네덜란드의 벤로에서 조약(벤로 조약, 1543년 9월 7일)을 체결하여 윌리히-클레베-베르크 공작 빌헬름 5세를 굴복시킨 다음, 프랑스의 적대국인 영국과 동맹을 맺고, 4만 명의 병력을 동원하여 프랑스로 진격하여 파리를 위협했다. 결정적인 전투는 없이 오랜 협상 끝에, 합스부르크-스페인 왕가와 프랑스는 크레피 평화조약(1544년 9월 18일)을 체결하고 전쟁을 끝내기로 합의했다.

53개 항목이나 되는 방대한 규모의 크레피 평화조약 문서는 1526년의 마드리드 평화조약과 1529년의 캉브레 평화조약을 반복한 내용이었다. 프랑스 국왕 프랑수아 1세는 오스만 제국의 독일제국 침공 시 1만 명의 보병과 6백 명의 기병을 카를 5세 황제에게 지원할 의무를 지게 되었다. 양측(합스부르크가와 프랑스)은 1538년 이후의 점령지역은 모두 상호 반환하기로 했다. 결혼을 통해 양 왕가 간의 정치적인 연대를 강화시키기 위해 합스부르크령 네덜란드의 피상속인인 카를 5세 황제의 장녀 마리아(1528-1603)나 황제의 질녀 - 페르디난트 1세의 차녀인 - 안나(1528-1590) 중한 명을 프랑수아 1세의 차남이며 후일 프랑수아 1세를 승계하여 프랑스 국왕이 될 앙리 2세 오를레앙 공작과 결혼시키기로 잠정 합의했다. 카를 5세 황제는 장남 필립 2세(1527-1598, 스페인 국왕: 1556-1598) 및 동생 페르디난트 1세와 상의한 후 - 필립 2세(펠리페 2세)는 카를로스 1세(카를 5세 황제) 스페인 초대국왕의 후임 국왕 - 4개월 이내에 이 합의에 대한 결정을 내리기로 했다. 그러나 이 약속은 지켜지지 않았다. 마리아는 사촌오빠(페르디난트 1세의 장남)이며 페르디난트 1세의 후임 황제가 된 막시밀리안 2세(1527-1576, 재위: 1564-1576)와 결혼했고, 안나는 알브레히트 5세(1528-1579, 재위: 1550-1579) 바이에른 공작과 결혼했다. 그리고 앙리 2세(1519-1559, 재위: 1547-1559)는 클레멘스 7세 교황의 질녀이며, 메디치가의 로렌초 2세(1492-1519, 재위: 1513-1519) 피렌체 공작의 딸 카타리나(1519-1589)와 결혼했다.

앙리 2세는 앞에서도 언급했지만 프랑수아 1세와 카를 5세가 벌인 파비아 전투(1525)에서 카를 5세의 인질이 된 후, 1529년 8월 5일 캉브레 평화조약에 의해 석방이 결정될 때까지 4년간 마드리드의 감옥에서 소년시절을 보내야 했었다. 그와 함께 합스부르크가의 볼모로 잡혀 있었던 한 살 위 형 프랑수아는 석방되고 6년 후 사망함으로써 앙리 2세가 프랑수아 1세의 후계자가 된 것이었다. 크레피 평화조약에서 카를 5세는 프랑스의 왕위계승자를 위해 부르군트와 기타 인접지역을 포기하기로 약속했다. 조약과는 별개의 특별선언문에서 프랑스는 대서양에서의 약탈정책을 포기하고, 동인도 지역에서 스페인과 포르투갈의 권리를 존중할 것임을 공약했다.

크레피 평화조약 체결 하루 후인 1544년 9월 19일 파리 근교의 뫼동에서 조인된 비밀추가조약에서 프랑수아 1세는 가톨릭교회의 개혁을 지원하고, 트리엔트 공의회 참가를 약속했다. 그리고 프랑스 국왕은 카를 5세 황제의 요구에 따라 - 오스만 제국의 침공에 대비해 파병키로 이미 약속한 전력을 동원해서라도 - 황제의 신교 제후국 제압을 지원하기로 약속했다. 크레피 평화조약 체결로 카를 5세는 슈말칼덴 동맹(신교 동맹)의 제압과 오스만 제국의 침공에 대비한 프랑스의 지원 확보라는 두 마리 토끼를 한꺼번에 잡은 듯했다. 카를 5세의 지원으로 사부아 공작 카를(샤를) 3세(1486-1553, 재위: 1504-1553)는 제네바를 회복했고, 제네바를 다시 로마가 톨릭교로 회귀시키는 작업에 착수했다. 크레피 평화조약은 프랑스의 사부아 지원을 강제했다. 제네바 공화국과 사부아 공국 간의 전쟁에서 베른은 물론 신교를 신봉하는 제네바를 지원했지만, 프랑스는 가톨릭국가이면서도 신교 도시인 제네바를 지원해야 했다. 이유는 카를 5세 황제가 지배한 스페인과 사부아 공국은 동맹관계에 있었기 때문이었다. 크레피 평화조약을 통해 프랑스와 슈말칼덴 동맹국들 간의 연대를 이완시킴으로써 카를 5세는 독일제국 내의 신교 세력을 압박함에 있어 운신의 폭을 넓힐 수 있게 되었다.

8) 겔데른 계승분쟁(1538-1543)

프랑수아 1세와 카를 5세 간의 제4차 합스부르크-발루아 왕조전쟁(합스부르크-프랑스 전쟁)이 진행되는 동안, 카를 5세는 <겔데른 계승분쟁>이라 명명된 독일제국 내에서 발생한 분쟁에도 개입해야 했다. 겔데른 공국의 공작 카를 폰 에그몬트(1467-1538)는 겔데른 공국이 1483년 부르군트에 예속된 후, 합스부르크 왕가의 이 지역지배에 강하게 저항한 인물이었다. 그는 1528년 스페인-합스부르크가의 봉토 형식으로 겔데른 공국을 - 적법한 피상속인을 두지 않은 채 사망할 경우 겔데른을 부르군트에 환원시킨다는 조건 하에 - 다시 찾을 수 있었다. 그러나 카를 공작은 카를 5세 황제와의 약속을 이행하지 않았다. 그럴 것이 1538년 1월 27일 윌리히 공국과 클레베 공국의 공작이며 자신의 사위이기도 한 빌헬름 5세

(1516-1592, 재위: 1492-1538)를 후계자로 지명하고, 1538년 6월 30일 사망했기 때문이었다. 이로써 빌헬름 5세는 윌리히와 클레베 공국 이외에 베르크 공국과 겔데른 공국을 얻었고, 쥐트펜(현재 네덜란드 땅), 마르크 그리고 라벤스베르크 백작령까지 보유하게 되었다. 카를 5세 황제가 빌헬름 5세의 불법 상속에 개입하면서 겔데른 계승분쟁은 시작되었고, 빌헬름 5세는 프랑스와 동맹을 체결하여 카를 5세 황제의 개입을 차단하려고 했다. 빌헬름 5세는 당시 프랑수아 1세의 질녀인 잔 달브레(부르봉 왕조의 시조 앙리 4세의 모후, 노바라 여왕: 1555-1572)의 약혼자이었다. 문제를 평화적으로 해결하기 위해 카를 5세 황제는 부르군트의 공작 자격으로 1540년 빌헬름 5세를 개인적으로 만났지만, 뜻을 이루지 못했다. 프랑수아 1세의 지원을 받은 빌헬름 5세 공작이 참석하지 않은 레겐스부르크 제국의회(1541) 석상에서 겔데른의 신분대표들이 겔데른 공국을 카를 5세에게 양도하는데 동의해 버렸다. 1543년 카를 5세는 프랑스와 슈말칼덴 동맹이 빌헬름 5세를 지원할 틈을 주지 않고, 스페인 군대를 급파해 후자의 영지를 점령한 후, 그 해 9월 빌헬름 5세와 <벤로 조약>을 체결했다. 그 결과 빌헬름 5세 공작은 그의 영지에서는 구교를 고수하고, 종교혁명을 수입하지 않으며, 이미 수행된 종교혁명은 취소할 것임을 카를 5세에게 약속해야 했다. 빌헬름 5세는 황제에게 복종을 서약하고, 프랑스와 체결한 동맹조약을 위시해서, 홀슈타인 공국(1474-1864: 덴마크의 군합국) 및 기타 모든 황제의 적대국들과 결별을 선언해야 했다. 그리고 그는 겔데른 공국과 쥐트펜 백작령을 황제에게 양도해야 했다. 주민들은 빌헬름 공작에게 이행한 충성선서로부터 해방되었다. 카를 5세 황제는 전쟁비용 배상청구권을 포기하고, 겔데른 대신에 윌리히와 라벤슈타인을 제국봉토로 수여함으로써 빌헬름 5세에게 화답했다.

겔데른과 쥐트펜을 카를 5세에게 양도하게 한 벤로 조약은 합스부르크령 네덜란드의 영토를 확대시켰고, 신교도의 희망을 좌절시킴과 동시에 이 지역(겔데른과 쥐트펜)을 프랑스의 영향권으로부터 분리시켰다. 벤로 조약 체결 후 빌헬름 5세 공작은 카를 5세의 순종적인 도구로 변했다. 카를 5세 황제는 10,000파운드의 종신연금을 빌헬름 5세 공작에게 약속했고, 프랑수아 1세 국왕의 예정된 조카사위였던 빌헬름 5세를 황제의 질녀 마리아(페르디난트 1세의 3녀)와 결혼시킴으로써 프랑스와의 국경 지역에 광대한 영지를 보유한 또 한 명의 독일제후를 확실한 합스부르크 왕가 지원 세력으로 확보하는데 성공했다. 1538년에 시작된 겔데른 계승분쟁은 1543년 9월 7일 벤로조약 체결로 5년 만에 끝이 났다.

9) 트리엔트 공의회(1545-1563)

공의회 개최 요구는 그간 독일제국에서 꾸준히 제기되어 왔었다. 카를 5세 독일제국 황제도 클레멘스 7세(재위: 1523-1534) 교황에게 공의회 소집을 강력하게 촉구했지만, 성사되지 않았다. 클레멘스 7세는 교황의 권위가 공의회의 그것에 의해 축소될 것을 염려하여, 공의회 소집에 적극성을 보이지 않았다. 클레멘스 7세 교황에게 우호적이었던 프랑수아 1세 프랑스 국왕 역시 숙명의 라이벌이었던 카를 5세 황제에 의한 공의회 소집에 찬성 입장을 보일 리가 없었다. 프로테스탄트의 위협에 맞서 가톨릭교회 내부 개혁의 필요성을 강조한 바오로 3세(재위: 1534-1549) 교황은 1534년 클레멘스 7세에 뒤이어 교황에 즉위하면서 카를 5세의 공의회 소집 요구에 동의했다.

바오로 3세는 1537년 5월 23일 만토바 공의회를 소집했다. 그러나 만토바 공작인 곤자가가의 페데리코 2세(1500-1540, 재위: 1519-1540)가 과다한 재정 지원을 요구했기 때문에, 교황은 1537년 10월 8일 공의회 개최지를 비첸차로 변경했다. 그러나 프랑스 국왕의 방해공작으로 공의회는 열리지 못했다. 1541년 레겐스부르크 종교회의가 성과 없이 끝난 후, 교황은 제국의회 의원들과 회의개최지에 관해 협상한 결과, 1542년 5월 22일 트리엔트(트렌토)에 공의회를 소집키로 결정했다. 그러나 1542년에 재개된 프랑수아 1세와 카를 5세 간의 전쟁으로 인해 트리엔트 공의회는 양국 간에 평화조약(크레피 평화조약, 1544년)이 체결되고도 1년이 더 지난 1545년 12월 13일에야 비로소 개막될 수 있었다. 독일제국의 프로테스탄트 제후들은 트리엔트 공의회 참가를 거부했다. 신교 동맹 측의 공의회 참가 거부는 슈말칼덴 전쟁(황제군과 슈말칼덴 동맹, 즉 신교 동맹군 간의 전쟁)의 발발에 한 가지 중요한 이유가 되었다.

신교와 구교 간의 조정이 중요한 현안이었던 카를 5세 황제는 공의회에서 교리에 관한 논의는 이루어지지 않기를 바랐지만, 바오로 3세 교황 재위 시 트리엔트에서 개최된 제1기 회의(1545-1547)에서는 가톨릭 교리와 교회개혁에 관한 협의가 병행되었다. 1547년까지 10회에 걸쳐 열린 트리엔트 공의회의 제1기 회의에서는 종교 개혁자들이 제기한 여러 문제에 대해 프로테스탄트 교회와는 철저히 대비되는 교리들이 정의되고, 가톨릭교회의 규율과 제도의 개혁이 결정되었다. 프로테스탄트는 성서를 유일한 권위로 인정하고, 가톨릭교회의 권위를 부정했지만, 공의회는 성서만이 유일한 신앙의 원천이라는 루터의 주장을 배격하고, 그의 독일어역 성서를 공인하지 않았다. 공의회는 라틴어역 성서인 불가타 성서를 공인성서로 선언하고, 성서와 성전(聖傳)이 모두 신앙의 원천임을 재확인했다. 프로테스탄트는 신앙을 통해서만 사면을 받을 수 있다고 주장하고, 세례식과 성찬식이라는 두 가지 성사만을 수용했지만, 공의회는 사면은 신앙과 더불어 신의 은총으로 이루어지며, 신의 은총은 성사를 통해 인간들에게 전해진다 하여 성사를 집행하는 성직자와 평신도를 엄격히 구분했다. 그리고 세례(세례성사)와 성찬식(성체성사) 외에도 존속되어야 할 다섯 가지 성사(견진성사, 고백성사, 병자성사, 신품성사, 혼배성사)의 존속을 확인함으로써 일곱 가지 성사를 존속시켰다. 가톨릭의 변명이론도 존치가 확정되었고, 가톨릭교회의 내부 개혁도 착수되었다. 8번째 회의 후 트리엔트에서 전염병(발진티푸스)이 창궐하여 공의회는 볼로냐로 장소를 옮겼다. 지금까지의 공의회의 결의 사항들도 황제가 추구한 프로테스탄트와의 화평정책에 맞지 않았지만, 합스부르크가의 관할지역(트리엔트)을 벗어남으로써 공의회는 카를 5세의 영향력에서 벗어나게 되었다. 1547년 아우크스부르크 <무장 제국의회>에서 황제는 슈말칼덴 전쟁에서 굴복한 프로테스탄트들에게 공의회 참가를 강제하고, 공의회 장소를 다시 트리엔트로 옮길 것을 요구했다.

율리우스 3세 교황(재위: 1550-1554) 치하에서 진행된 제2기 회기(1551-1552)의 공의회는 1551년 5월 1일부터 다시 트리엔트에서 속개되었다. 제2기 회기(11차-16차 회의)에서는 성사에 관한 논의가 계속되었다. 프로테스탄트 대표들도 트리엔트에 머물렀지만, 직접 회의에 참가하지는 않았다. 그들은 교황이 공의회에 복종할 것과 이미 통과된 교리들에 대한 재논의를 요구했다. 1551/1552년의 <제후모의>를 통해 공의회의 안전이 위협받고 있다고 판단한 율리우스 3세 교황은 1552년 4월 28일 공의회를 일시 중단시켰다. 1555년 아우크스부르크 종교평화조약이 체결된 후 프로테스탄트들은 공의회에 대한 관심을 보이지 않았다.

피우스(비오) 4세(재위: 1559-1565) 교황 치하에서 드디어 1552년 이후 10년간 중단되었던 트리엔트 공의회의 제3기 회기(17차-25차 회의)가 1562년 시작되어, 성직 중복을 피하기 위한 조치로서 주교들의 근무지 의무 주거, 사제 양성소(신학교) 창설, 평신도 용 포도주 제공 등의 제도개혁에 관한 논의가 이어졌다. 제3기 공의회 회의에 독일제국의 주교들은 거의 참석하지 않았다. 1563년 가을에 지금까지 결의된 가톨릭교회 내부 개혁조치들의 핵심적 내용이 담긴 - 독일제국 담당 교황대사 지오반니 모로네(1509-1580)가 제출한 - 포괄적 의안에 관한 최종적인 논의가 진행되었다.

모로네의 의안은 교회 고용인의 직책을 확정지었고, 정기적인 주교회의 및 교회검열을 규정했으며, 기사단의 내면생활에 깊이 개입했다. 그 외에 결혼, 사면, 성인숭배, 성유물 의식(성인유해 공경 등)에 관한 교령들이 가결되었다. 1563년 12월의 최종회의에서 통과된 교령들은 다시 한 번 낭독되었고, 1564년 1월 28일 피우스(비오) 4세 교황에 의해 공식 승인되었다.

트리엔트 공의회는 종교 개혁가들이 제기한 문제에 대한 로마가톨릭교회의 입장을 명백하게 밝히고, 가톨릭교회의 내부개혁을 단행함으로써 종교개혁 이후 가톨릭교회가 겪은 혼란을 극복했다. 트리엔트 공의회는 또 시대 상황에 맞는 신앙선언과 사목을 위한 전제조건들을 창출했지만, 두 갈래(구교와 신교)로 나누어진 기독교의 재통일을 영원히 불가능하게 만들어 버렸다. 가톨릭 교리문답, 개선된 사제의 성무일과, 근대화된 미사경본 등이 트리엔트 공의회의 결과물로 모습을 드러냈다. 트리엔트 공의회 이후 가톨릭교회는 이그나티우스 폰 로욜라(1491-1556)가 1540년에 창립한 가톨릭 수도회인 예수회가 중심이 되어 프로테스탄트의 가톨릭 제후국 진출을 저지하고, 종교개혁으로 동요하고 있는 가톨릭교회에 새로운 생명력을 주입시켰다.

10) 슈말칼덴 전쟁(1546-1547)

겔데른 공국을 합스부르크령 네덜란드(1700년까지는 스페인령 네덜란드라고도 불렀음)에 편입시킨 후, 카를 5세 황제는 신교 제후들을 무력으로 제압하기로 결심했다. 1544년 슈파이어에서 개최된 제국의회에서 프랑스를 공격하기 위해 필요한 신교 제후국들의 지원을 - 양보를 통해 - 얻어내는데 성공한 카를 5세는 프랑스를 제압한 후 체결한 크레피 평화조약에서 이탈리아와 네덜란드에 대한 합스부르크가의 지배를 프랑스가 승인할 것을 압박했다. 1545년 이후 트리엔트 공의회가 열리고 있었고, 카를 5세는 1546년 6월 6일 교황과 동맹을 체결함으로써 신교 제후국들을 공격하기 위한 로마의 지원을 확보한 다음, 1547년 오스만 제국과 휴전협정을 체결했다. 바오로 3세 교황과 동맹을 체결한 하루 뒤 카를 5세 황제는 바이에른을 신교 제후국 침공 작전기지 겸 보급기지로 활용하기 위해 비밀리에 바이에른 공작 빌헬름 4세(1493-1550, 재위: 1508-1550)와 - 빌헬름 4세의 모친은 카를 5세 황제의 조모 쿠니군데(1465-1520, 막시밀리안 1세 황제의 여동생)이었다 - 레겐스부르크 조약(1546년 6월 7일)을 체결해 동맹을 결성했다. 그리고 나서 카를 5세는 필립 1세 헤센 방백과 함께 슈말칼덴 동맹을 지휘한 신교 제후국의 좌장이라 할 요한 프리드리히 1세 작센 선제후를 제거하기 위해 후자와 불화관계에 있던 그의 사촌동생 모리츠(1521-1553) 작센 공작과 제휴했다. 교황(바오로 3세)과 바이에른 공작(빌헬름 4세)과 모리츠 작센 공작을 우군으로 확보한 카를 5세 황제는 이제 신교 동맹과 전쟁을 치르기 위한 전략적 큰 그림은 완성한 셈이었다. 그러나 모리츠는 대외적으로는 여전히 중립을 표방했다.

황제의 전쟁준비에 불안을 느낀 슈말칼덴 동맹은 신속하게 용병사령관 셰르틀린 폰 부르텐바흐(1496-1577)를 최고 지휘관으로 하여 황제군을 선제공격했다. 셰르틀린은 1546년 7월 10일 퓌센 인근 에렌베르크 협로를 점령하여 이탈리아 주둔 황제군의 출동 예상 진로를 봉쇄했다. 1546년 7월 20일 카를 5세는 헤센 방백 필립 1세와 작센 선제후 요한 프리드리히 1세를 파문하여 그들에게 제국추방령을 내렸다. 이유는 두 사람이 슈말칼덴 동맹을 결성한 주도자들이었을 뿐 아니라, 무엇보다도 1542년 슈말칼덴 동맹군의 지원을 받아 가톨릭 제후국인 볼펜뷔텔 공국을 점령하고, 하인리히 2세(재위: 1514-1568) 브라운슈바이크-볼펜뷔텔 공작을 포로로 잡았기 때문이었다. 하인리히 2세는 1547년 4월 말 황제군에 의해 5년 만에 구출되었다. 1546년 8월 중순까지 카를 5세 황제는 - 1519년 자신이 서명한 <선거항복문서>(카피툴라치오 체자레아)의 규정(공격전쟁 개시 전 선제후 회의의 동의를 구하는 의무)을 어기고 - 스페인 군대를 포함한 40,000여 명의 군대를 슈말칼덴 전쟁에 동원했다. 셰르틀린 사령관 휘하의 슈말칼덴 동맹 군대는 명령계통이 일원화되어 있지 않았기 때문에 수적, 전략적 우위를 철저히 이용하지 못했다. 10월에는 17,000여 명의 합스부르크령 네덜란드의 병력으로 황제군이 보강되었지만, 대규모 전투는 쌍방이 모두 원치 않았다.

양측 군대는 - 상비군 제도가 없었던 당시의 군대는 용병들로 구성되었다 - 군자금 부족으로 인한 수당지급 불이행으로 발생한 전선 이탈 및 질병 때문에, 그 수효가 급감했다. 1547년 10월 27일 황제는 제국추방령이 선고된 요한 프리드리히 1세 작센 선제후가 가졌던 작센의 선제후 지위를 그 때까지 중립을 지키고 있던 모리츠(요한 프리드리히 1세의 8촌 동생) 공작에게 양도했다. 선제후의 지위를 획득한 모리츠 공작은 페르디난트 1세(카를 5세 황제의 동생) 대공과 동맹을 맺어 뵈멘 왕국령 작센 선제후의 봉토와 선제후국 작센의 여러 지역을 점령했다. 선제후 지위를 박탈당한 요한 프리드리히 1세는 작센 공국을 방어하기 위해 남독의 전투현장을 떠났다. 1547년 봄까지 콘스탄츠를 제외한 모든 남독일 제후들은 개별적으로 황제에게 항복했다. 대주교이며 쾰른 선제후인 헤르만 폰 비트 (1477-1552, 재위: 1515-1547) 백작은 퇴위를 강요당했고, 쾰른 대주교구는 곧 다시 가톨릭교구로 환원되었다. 전쟁에 패한 신교 제후들은 점령군에게 거액의 군세를 지불했는데, 그 액수는 그들이 전쟁에 동원하려고 했던 군비의 총액보다 많았다.

요한 프리드리히 1세는 그 사이에 재재종제(8촌 동생) 모리츠에게 빼앗긴 작센 선제후국을 되찾고, 1547년 3월 2일 작센의 로흐리츠에서 벌어진 전투에서 카를 5세 황제를 도와 슈말칼덴 전쟁에 참전한 알브레히트 알치비아데스(1522-1557, 재위: 1541-1554) 브란덴부르크-쿨름바흐 변경백을 사로 잡았다. 그리고 그는 모리츠가 속한 알브레히트파의 - 베틴 왕가의 세습지 분할시대(1485-1918)의 요한 프리드리히 1세는 에른스트파이고, 모리츠는 알브레히트파이었다 - 영지를 광범위하게 점령했다. 그러나 1547년 4월 24일 브란덴부르크의 뮐베르크에서 벌어진 전투에서 요한 프리드리히 1세는 페르디난트 1세(카를 5세 황제의 동생) 대공과 모리츠가 지휘한 황제군에게 완패를 당해, 이번에는 그가 황제군의 포로가 되었다. <뮐베르크 전투> 후, 슈말칼덴 전쟁의 종식이 급선무였던 카를 5세 황제는 루터파 신교도들의 아성인 비텐베르크 요새를 공격했다. 슈말칼덴 동맹을 압박하기 위한 수단으로 카를 5세는 포로로 잡힌 요한 프리드리히 1세에게 내려진 사형선고를 취소시키고, 황제에 의해 사전 작성된 1547년 5월 19일 자 <비텐베르크 항복문서>의 무조건적인 수용을 후자에게 강요했다. 요한 프리드리히 1세는 비텐베르크 요새와 고타 요새를 황제에게 양도하고, 로히리츠 전투에서 사로잡은 알브레히트 알치비아데스 변경백을 석방해야 했으며, 막데부르크 대주교구와 할버슈타트 주교구에 대한 영토권 일체를 포기해야 했다. 그리고 그는 점령지역 일체를 반환하고, 황제를 공격하기 위해 체결한 동맹을 모두 포기해야 했다. 작센 선제후국의 영토 대부분과 선제후의 지위는 요한 프리드리히 1세의 사촌 모리츠 공작에게 영구히 귀속되었다. 요한 프리드리히 1세는 무기한 황제군의 포로가 되었다가, <파사우 조약>(1552년 8월 2일) 체결 한 달 후인 1552년 9월 1일 헤센 방백 필립 1세와 함께 석방되었다.

합스부르크가 왕가가 1379년 알브레히트파와 레오폴트파로 분열되었듯이, 베틴 왕가의 작센 공국도 1485년 <라이프치히 재산분할 계약>을 통해 - 라이프치히 계약은 1485년 8월 26일 에른스트(1441-1486, 선제후: 1464-1486) 공작과 알브레히트(1443-1500, 재위: 1464-1500) 공작 형제간에 체결된 작센 공국 분할계약이다 - 에른스트(프리드리히 2세(1412-1464) 작센 선제후의 장남)파와 알브레히트(프리드리히 2세 작센 선제후의 차남)파로 분할되었다. 요한 프리드리히 1세는 에른스트파의 3대손이었고, 모리츠 공작은 알브레히트파의 3대손이었다. 에른스트파가 행사해 온 작센 공국의 선제후 지위는 모리츠 이후 알브레히트파에게 귀속되었다.

슈말칼덴 동맹 지도자(헤센 방백 필립 1세와 작센 선제후 요한 프리드리히 1세)가 황제군의 포로가 되었는데도 전쟁(슈말칼덴 전쟁)은 종식되지 않았다. 뮐베르크 전투(1547년 4월 24일) 이전에 이미 황제군 소속 에리히 2세(1528-1584, 재위: 1545-1584) 브라운슈바이크-칼렌베르크 공작에 의해 점령된 브레멘을 구원하기 위해 뵈멘과 만스펠트에서 출병한 군대와 합류한 함부르크, 힐데스하임, 하노버로 구성된 슈말칼덴 동맹군은 브레멘 남쪽 베저 강 강역의 드라켄부르크에서 전투를 벌여 에리히 2세가 지휘한 황제군에 완승을 거두었다. 1547년 5월 23일의 <드라켄부르크 전투>는 슈말칼덴 전쟁에서 슈말칼덴 동맹군이 유일하게 승리한 전투였지만, 슈말칼덴 동맹은 이 전투 이후 붕괴되었다. 그러나 슈말칼덴 전쟁의 승리와 신교 동맹(슈말칼덴 동맹)의 와해로 가톨릭교로의 종교통일을 기대한 카를 5세의 바람은 실현되지 않았다. 북독일 지역의 프로테스탄트들은 드라켄부르크 전투 승리 후 얼마 아니 되어 종교의 자유를 완전히 보장받게 되었다. 그러나 프리드리히 3세(1463-1525, 재위: 1486-1525. 요한 프리드리히 1세의 백부) 작센 선제후의 뒤를 이어 루터의 군주로, 그리고 루터의 보호자로 자처한 요한 프리드리히 1세를 압박하여 비텐베르크 항복문서를 받아낸 카를 5세 황제는 프로테스탄트 제후들의 결속력에 일대 타격을 가한 것은 사실이었다.

11) 아우크스부르크 잠정협약(1548년 5월 15일)

1546년 7월에 시작된 슈말칼덴 전쟁은 슈말칼덴 동맹의 두 지도자

중의 한 사람인 작센 선제후 요한 프리드리히 1세의 항복(비텐부르크 항복)과 더불어 개전된 지 1년도 채 지나지 않아 신교 동맹의 패배로 끝이 났다. 슈말칼덴 동맹에 완승을 거둔 카를 5세 황제는 지금까지 상대해야 했던 종교적, 정치적 적대자들과의 결별을 계획했다. 신교와 구교 간의 협상에 의한 종교일치(종교통일)가 불가능함을 깨달았기 때문이었다. 슈말칼덴 전쟁 발발 직전인 1546년 2월 18일 루터가 사망했고, 1547년에는 헨리 8세 영국 국왕(1월 28일)과 프랑수아 1세 프랑스 국왕(3월 31일)이 같은 해 차례로 세상을 떠났다. 카를 5세는 독일제국의 종교 문제를 스스로 해결하고자 결심하고, 슈말칼덴 전쟁(1546-1547)이 끝난 직후(1547년 9월-1548년 5월) 소집된 아우크스부르크 제국의회에서 두 명의 가톨릭 신학자와 한 명의 프로테스탄트 신학자의 도움을 받아 - 다시 말해 율리우스 폰 플루크(1499-1564) 나움부르크 주교와 미하엘 헬딩(1506-1561) 메르제부르크 주교, 그리고 루터의 측근 신학자 요한네스 아그리콜라(1494-1566)의 도움을 받아 - 완성된 26개 조항의 <아우크스부르크 잠정협약>의 수용을 촉구했다. 잠정적인 종교 통일을 달성하기 위함이었다. 가톨릭교와 루터교의 교리를 가능한 한 중간지점에서 연결시킴으로써 구교(가톨릭교)와 신교(루터교) 사이의 가교 역할을 할 수 있는 '중간 종교'를 잠정적으로 양측 모두가 수용할 것을 요구한 것이었다. 다시 말해 구 종교(가톨릭)로 회귀하든지, 아니면 이 잠정협약에 복종할 것을 신교 제후들에게 요구한 것이었다. 아우크스부르크 잠정협약은 1547/1548년의 제국의회 회기가 폐회되기 직전인 1548년 5월 15일 통과되었다. 아우크스부르크 제국의회는 <무장 제국의회>라는 부정적인 이미지를 후세에 남겼다. 카를 5세 황제에 의해 동원된 군대가 제국의회기 개최되고 있는 아우크스부르크 주교구 주변에 집결하여 무력시위를 벌였기 때문이었다. 아우크스부르크 잠정협약은 1545년 이후 진행 중인 트리엔트 공의회가 이 문제에 관한 결론을 낼 수 있을 때까지, 모든 제후들과 제후국들에게 구속력을 가지는 조치로 공포되었다.

아우크스부르크 잠정협약은 신교 측의 요구를 일부 수용하여, 성찬식에서 평신도 용 포도주 사용과 신교 성직자의 결혼을 허용했지만, 종국적으로는 가톨릭 교리를 고수하게 했다. 그래서 아우크스부르크 잠정협약은 신교와 구교 측 모두의 불만을 사게 되었다. 독일제국의 종교문제는 아우크스부르크 잠정협약 공포에도 불구하고 <아우크스부르크 종교평화조약>(1555)이 체결될 때까지 해결되지 않았다.

아우크스부르크 잠정협약과 카를 5세의 교회정책이 실패한 원인은 다양했다. 첫째, 카를 5세는 신교를 대표할 만한 협상파트너를 만나지 못했다. 루터는 1546년에 사망했고, 슈말칼덴 동맹을 지휘한 두 명의 제후 (요한 프리드리히 1세 작센 선제후 및 필립 1세 헤센 방백)는 황제군의 포로가 되어 구금되어 있었다. 당대에 명성을 떨쳤던 신교 제후 중의 한 사람인 모리츠 작센 공작은 슈말칼덴 전쟁에서 황제군 사령관 직을 수행함으로써 신교 제후들의 신임을 잃고 있었다. 둘째, 교황(바오로 3세)과 바이에른 공작(빌헬름 4세) 같은 강력한 가톨릭 제후에게 황제가 직접 아우크스부르크 잠정협약에 관한 이해를 구하는데 성공하지 못했다. 그들의 눈에 비친 루터교는 사교일 뿐이었다. 세 번째 이유는 합스부르크가 내부 문제, 즉 오스트리아-합스부르크 가계보다 스페인-합스부르크 가계를 우선시하려 한 카를 5세의 계승정책에서 비롯되었다. 1531년에 이미 로마 왕에 선출되어 차기황제로 낙점된 동생 페르디난트 1세 대공 대신 장남 필립 2세(1527-1598. 스페인 국왕으로서는 펠리페 2세)로 후계자를 교체하려는 카를 5세의 은밀한 시도가 알려짐으로써 촉발된 합스부르크가 내부의 갈등으로 인해 황제의 입지가 약화된 것이 아우크스부르크 잠정협약을 관철시키는데 걸림돌로 작용했다. 왜냐하면 페르디난트 1세 대공으로서는 제위계승권을 보장받기 위해 선제후를 포함한 제국제후들의 환심을 사야했고, 목적을 달성하기 위해 때로는 황제의 등 뒤에서 신교 측과 타협하지 않을 수 없었기 때문이었다. 카를 5세의 교회정책이 실패한 네 번째 큰 이유는 슈말칼덴 전쟁에서 승리한 황제가 아우크스부르크 잠정협약을 통과시키는 과정에서 지나치게 강력한 군주의 모습을 보인 것이었다. 그래서 신교 제후들은 모리츠 작센 선제후가 주도한 <제후모의>를 지지하거나, 최소한 반란세력에게 호의적인 중립을 견지하려고 노력했다.

신교 성직자들과 신학자들은 <아우크스부르크 잠정협약>(아우크스부르크 인테림, 1548)을 거부했다. 특히 북독에서는 주민들의 저항에 부딪혀 대체로 성공을 거두지 못했거나, 지역에 따라서는 아우크스부르크 잠정협약이 강제적으로 시행된 지역(예; 콘스탄츠)도 있었다. 아우크스부르크 잠정협약에 불복한 신교 성직자들은 지위를 잃고, 교회를 떠나야 했다. 남독의 신교 성직자 약 400명이 성복을 벗고 피신해야 했다. 마테우스 알버(1495-1570), 요한네스 브렌츠(1499-1570), 암브로지우스 블라러(1492-1564), 마르틴 부처(1491-1551), 볼프강 무스쿨루스(1497-1563), 안드레아스 오지안더(1498-1552), 에르하르트 슈네프(1495-1558) 등이 그들 중에 포함되어 있었다. 아우크스부르크 잠정협약의 시행을 거부했기 때문에 1547년 제국추방령이 내려진 대주교구 막데부르크는 그 후 프로테스탄트들의 저항의 중심지가 되었다. <파사우 조약>(1552)을 통해서 아우크스부르크 잠정협약은 실질적으로 힘을 잃지만, 공식적으로는 아우크스부르크 종교평화조약이 체결된 1555년 이후 비로소 그 효력을 완전히 상실했다. 아우크스부르크 잠정협약을 통과시킨 아우크스부르크 '무장 제국의회'에서 카를 5세 황제는 권력의 정점에 도달했다. 1521년 스페인의 멕시코 점령, 1533년의 페루 점령으로 아메리카 대륙을 정복한 카를 5세(스페인 국왕으로서는 카를로스 1세) 황제는 세계권력의 정상에 도달한 셈이었다. 슈말칼덴 동맹은 무너지고, 신교세력이 약화되긴 했지만, 결정적인 타격을 입은 것은 아니었다. 왜냐하면 지금까지 카를 5세 황제를 도왔던 작센 선제후 모리츠 공작이 아우크스부르크 잠정협약을 거부하고, 제후모의의 선봉에 섰기 때문이었다.

12) 제후모의 또는 제후반란(1551-1552)

1551/1552년 독일제국의 신교 동맹(슈말칼덴 동맹)이 가톨릭 국가인 프랑스와 동맹을 체결하여 카를 5세 황제를 공격한 사건을 독일 역사는 <제후모의> 혹은 <제후반란>이라 부른다. 합스부르크가(오스트리아와 스페인)와 발두아가(프랑스) 간의 역사적인 반목과 대립으로 인해 앙리 2세(재위: 1547-1559)의 부왕 프랑수아 1세는 재위기간(1515-1547) 내내 카를 5세와 전쟁을 벌였다 해도 과언이 아니었다. 1521년에 시작한 합스부르크-프랑스 전쟁은 4차에 걸쳐 진행되다가, 1544년에 일단 종료되었다. 1547년 프랑수아 1세가 사망하고, 그의 차남 앙리 2세가 즉위했다. 1525년 파비아 전투에서 프랑스가 카를 5세에게 패했을 때, 앙리 2세는 6살의 나이에 한 살 위 형 프랑수아와 함께 황제군의 포로가 되어 4년 동안 스페인의 감옥에 인질로 잡혀있던, 치욕의 과거를 가진 사람이었다. 앙리 2세는 신앙의 다름에도 불구하고 독일제국의 신교 제후들과 군사동맹을 체결하여 합스부르크가를 응징해야 할 충분한 이유를 가지고 있었다.

본론으로 들어가기 전에, 여기서 잠시 재재종(8촌 형제) 간인 요한 프리드리히 1세 작센 선제후와 모리츠 작센 공작 간의 불화의 원인과 후자가 제후모의를 주도하게 된 동기를 먼저 살펴보기로 한다. 요한 프리드리히 1세 작센 선제후와 모리츠 작센 공작 간의 불화는 베틴가(작센의 공작 가문)의 재산분할에서 그 원인을 찾아야 한다. 작센 선제후 프리드리히 2세(1412-1464, 재위: 1428-1464. 요한 프리드리히 1세와 모리츠의 3대조)가 사망하고 20년이 지난 후, 그의 두 아들 에른스트(1441-1486)와 알브레히트(1443-1500)는 <라이프치히 재산분할 계약>(1485년 8월 26일)에서 작센을 분할함으로써 베틴가의 위상을 크게 약화시켰다. 큰아들 에른스트는 선제후 지위와 비텐부르크, 메르제부르크, 라이프치히, 알텐베르크, 뮐베르크, 츠비카우 등을 포하는 베틴가의 영지 대부분을 획득했고, 그의 이름을 딴 에른스트 파의 시조가 되었다. 작은아들 알브레히트는 공작의 지위와 마이센 동남부지역(작센 선제후령의 오른쪽)과 튀링엔의 북부지역(작센 선제후령의 왼쪽)을 분할 받아, 알브레히트(혹은 알베르트)파의 시조가 되었다. 다시 말해 베틴가는 1485년 이후 종파인 에른스트파와 지파인 알브레히트파(알베르트파)로 분할된 것이었다.

요한 프리드리히 1세 선제후는 종파의 3대손이었고, 모리츠 공작은 지파의 3대손이었다. 요한 프리드리히 1세는 슈말칼덴 전쟁에서 패한 후, 선제후 지위와 비텐베르크를 포함한 작센 선제후의 영지를 8촌동생인 모리츠 공작에게 양도해야 했다. 비텐베르크를 빼앗기고 아이제나흐, 바이마르, 예나 및 고타만 남은, 현격하게 축소된 에른스트파의 영지는 요한 프리드리히 1세가 카를 5세 황제의 포로로 잡혀 있을 때, 이미 그의 장자 요한 프리드리히 2세(1529-1595)에게 상속되었다. <비텐베르크 항복>과 더불어 작센 공국에 대한 베틴가의 정치적 지배권은 에른스트파에서 알베르트(알브레히트)파로 넘어간 것이었다. 선제후의 지위를 획득한 모리츠 공작은 비텐베르크에서 츠비카우에 이르는 광대한 지역을 에른스트 가계로부터 양도받았다. 에른스트 가계는 선제후의 지위를 알베르트 가계에게 빼앗기고, 영지도 튀링엔의 일부지역에 국한되었으며, 작센 공작의 칭호(작센-고타 공작, 작센-코부르크 공작, 작센-알텐부르크 공작, 작센-마이닝엔 공작 등)만을 보유하게 되었다.

모리츠 작센 공작은 슈말칼덴 전쟁을 사실상 종식시킨 뮐베르크 전투(1547년 4월 24일)를 승리로 장식함으로써 카를 5세 황제가 작센 선제후 요한 프리드리히 1세를 포로로 획득하는데 크게 기여했다. 카를 5세는 요한 프리드리히 1세로부터 회수한 작센 선제후국의 영토와 선제후의 지위를 황제군 사령관 모리츠 작센 공작에게 넘겼지만, 내심 막데부르크의 합병을 기도했던 모리츠의 계획에 대해서는 외면했다. 가톨릭 교구(막데부르크)가 신교 제후국(작센 선제후국)에 의해 점령되는 것은 막아야 했기 때문이었다. 그런데다가 모리츠의 친구이며 빙부이기도 한 헤센의 필립 1세 방백은 -

후자의 장녀 아그네스(1527-1555)가 모리츠와 결혼했음 - 뮐베르크 전투 후 카를 5세 황제에게 투항했음에도 불구하고 황제군에 체포되어 구금되었기 때문에, 모리츠와 카를 5세의 관계는 적대관계로 돌변했다. 황제에 대항하여 1548년 모리츠 선제후는 <아우크스부르크 잠정협약>의 시행을 거부하고, 그 대신 작센 선제후국 내의 신교도들을 보호하기 위해 <라이프치히 잠정협약>(라이프치히 인테림, 1548년 12월 22)을 독자적으로 공포했다. 그리고 그는 1550년 막데부르크를 점령한 후, 아우크스부르크 잠정협약의 거부를 통해 다시 연대하기 시작한 신교 제후들의 선봉에 서서 황제의 권위에 대항했다. 아우크스부르크 잠정협약 준수 강요, 슈말칼덴 전쟁 후의 신교 제후들의 구금, 독일제국 내의 외국군(스페인 군대) 주둔 등으로 인해 기득권이 위협받고 있다고 판단한 신교 제후들은 1551/1552년 반란을 모의했다. 다수의 신교 제후들이 반란모의에 동참한 데는 합스부르크가 내부의 갈등도 구실을 제공했다. 1531년 이미 차기 황제로 선출된 - 슈말칼덴 동맹과 우호적 관계를 유지하고 있는 - 페르디난트 1세(황제의 동생) 대공을 필립 2세 스페인 왕자(카를 5세 황제의 장남)로 교체하려는 카를 5세의 은밀한 계승정책이 알려졌기 때문이었다. 신교 제후들은 오스트리아보다 더 철저한 가톨릭 국가(스페인) 출신 황제의 출현을 염려하지 않을 수 없었다. 제후모의에 가담한 제후들 중에는 슈말칼덴 전쟁 당시 황제의 편에 섰던 제후들도 - 모리츠 작센 선제후를 위시해 알브레히트 알치비아데스 브란덴부르크-쿨름바흐 변경백, 요한 1세 브란덴부르크-퀴스트린의 변경백 등 - 포함되어 있었다.

가장 먼저 황제의 권위에 대항한 제후들은 호엔촐레른 왕가의 방계 출신 변경백들이었다. 1550년 2월 브란덴부르크-퀴스트린의 변경백 요한 1세(1513-1571)가 나서서, 같은 호엔촐레른가 계통으로서 브란덴부르크-안스바흐 변경백이며 프로이센 공국(동프로이센)의 초대공작(1525-1568)인 동시에 독일기사단 총단장(1510-1525)을 역임한 막강한 배경을 가진 알브레히트

(1490-1568), 그리고 멕클렌부르크 공국의 요한 알브레히트 1세(1525-1576) 공작 등과 반 황제 동맹을 결성했다. 아우크스부르크 잠정협약을 거부한 죄로 제국추방령이 내려진 - 신교도들의 아성이며 1513년 이후 호엔촐레른가에 의해 통치된 - 막데부르크 대주교구를 황제의 독선으로부터 구해 낸다는 것이 그들이 표방한 동맹의 목표였다.

요한 1세는 1538년 슈말칼덴 동맹(1531-1547)에 가입했지만, 그의 빙부 하인리히 2세 브라운슈바이크-볼펜뷔텔 공작이 - 볼펜뷔텔 공국은 원래 가톨릭 제후국이었다 - 슈말칼덴 동맹 소속 제후들에 의해 공작 직에서 추방됨과 동시에 그들의 인질이 된 후, 슈말칼덴 동맹을 탈퇴했다. 그는 뮐베르크 전투에서 황제군에 소속되어 슈말칼덴 동맹 제후들과 싸웠다. 슈말칼덴 동맹군에 연승을 거둔 황제가 아우크스부르크 잠정협약을 일방적으로 밀어붙여 신교 제후들에게 협약의 준수를 강요했을 때, 다른 신교 제후들과 마찬가지로 요한 1세 변경백도 카를 5세에 저항했다. 아우크스부르크 잠정협약의 수용을 거부한데 대한 황제의 보복에 대비해 그는 반 황제 비밀동맹을 체결한 것이었다. 멕클렌부르크 공작 요한 알브레히트 1세(1525-1576, 재위: 1547-1576)도 부친인 알브레히트 7세(1486-1547, 재위: 1520-1547)의 원에 따라 황제 편을 들어 슈말칼덴 전쟁에 참전하여 슈말칼덴 동맹군과 싸웠지만, 아우크스부르크 잠정협약을 거부하고, 그의 통치 지역 귀스트로에 뒤늦게 종교개혁을 실시한 후, 신교 제후들과 동맹을 맺어, 제후모의에 가담했다.

막데부르크 대주교구는 1513년부터 1550년까지 호엔촐레른가의 지배하에 있었다. 1513년부터 1545년까지의 막데부르크 대주교는 알브레히트 2세(알브레히트 폰 브란덴부르크, 1490-1545)이었다. 그는 브란덴부르크 변경백(1499-1513)으로서 마인츠 대주교 직을 교황청과의 거래를 통해 확보한, 루터의 종교개혁을 촉진시킨 인물이었다. 알브레히트 2세 마인츠 대주교의 보좌역으로서 이미 1536년부터 막데부르크 대주교구와 할버슈타트 주교구의 행정을 관리했던 알브레히트 2세의 사촌동생 요한 알브레히트(1499-1550)는 1545년부터 1550년까지 막데부르크 대주교를 역임하면서 황제의 신임을 누렸지만, 아우크스부르크 잠정협약의 시행을 거부함으로써 카를 5세 황제로부터 제국추방령을 선고받았다. 황제의 명령(제국추방령)을 집행한다는 명분하에 막데부르크는 모리츠 작센 선제후에 의해 점령되었다. 1551년 막데부르크 대주교구 성당참사회는 대주교구의 세속화를 막기 위해 요한 알브레히트의 보좌신부였던 호엔촐레른가의 프리드리히 4세(1530-1552, 재위 1551-1552)를 대주교로 선출하여 교황의 승인을 받았다. 1550년 작센 선제후 모리츠에 의해 막데부르크가 점령되기 전에도, 이미 1547년 슈말칼덴 전쟁 직후 요한 알브레히트 당시 대주교는 황제군 사령관인 모리츠 작센 선제후에게 막데부르크를 점령당한 적이 있었지만, 1548년 다시 막데부르크 대주교직에 복귀했고, 그 해 5월 15일 아우크스부르크 잠정협약이 공포되었다. 그러나 그는 아우크스부르크 잠정협약을 거부했기 때문에, 제국추방령을 선고 받았고, 제국추방령을 집행한다는 명분으로 막데부르크는 모리츠에 의해 점령된 것이었다. 막데부르크 대주교구가 신교 교구로 변경된 것은 1566년 이후이었다. 30년 전쟁(1618-1648) 당시 일시적으로 가톨릭 대주교가 막데부르크 대주교구를 통치한 적이 있었지만, 교구 주민들을 다시 가톨릭교로 전환시키는 데는 성공하지 못했다.

요한 알브레히트가 1년 만에 다시 막데부르크 대주교직에 복귀할 수 있었던 것은, 카를 5세 황제가 모리츠 선제후의 막데부르크 점령을 용인하지 않았기 때문이었다. 언급했듯이 그 사건이 모리츠가 황제를 배신하게 된 가장 큰 이유였다. 황제는 아우크스부르크 잠정협약을 거부한 막데부르크 대주교구를 파문했고, 파문에 따른 행정적 처리를 슈말칼덴 전쟁 당시 황제군 최고지휘관이었던 작센 선제후 모리츠에게 위임했었다. 그때까지만 해도 황제는 모리츠의 배신을 인지하지 못했음이 분명했다. 막데부르크에 대한 제국집행권을 위임받은 모리츠는 황제의 명령을 집행하기 전에, 우선 퀴스트린 공국, 멕클렌부르크 공국 및 프로이센 공국 (동프로이센) 등 세 공국의 반 황제 동맹을 먼저 해산시켰다. 막데부르크 점령의 야욕을 이미 1547년부터 노골화 했던 모리츠는 우선 막데부르크 대주교구가 호엔촐레른가(브란덴부르크)의 영향 하에 놓이는 것을 방치할 수 없었던 것이었다. 1513년부터 1566년까지의 막데부르크 대주교는 모두 호엔촐레른 왕가 출신이었다. 외형적으로는 황제의 제국추방령을 집행한다는 명분을 내세웠지만, 모리츠는 이미 카를 5세 황제를 배신하고, 막데부르크를 작센 선제후의 권위에 종속시키는 절차를 내밀히 밟고 있는 중이었다. 1547년에 점령하여 1548년에 다시 그 소유권을 호엔촐레른가에 반환해야 했던 막데부르크의 점유권을 모리츠는 1550년 제국추방령 집행이라는 미명 하에 재차 장악한 것이었다.

막데부르크 대주교구를 수중에 넣었다고 생각한 작센 선제후 모리츠는 마침내 본색을 완전히 드러내어 1551년 5월 토르가우(작센)에서 헤센 방백 빌헬름 4세(1532-1592, 재위: 1568-1592)와 지금까지 그의 적이었던 요한 1세 브란덴부르크 변경백 및 요한 알브레히트 1세 멕클렌부르크 공작과 반 황제 동맹을 공식적으로 체결했다. 빌헬름 4세는 1547년 황제에 의해 구금된 필립 1세 방백의 장남이며 모리츠의 처남으로서, 부친이 1552년 파사우 조약에서 석방된 후, 헤센의 군주 자리를 다시 부친에게 반납했으며, 부친 사후 세 명의 동생들과 부친의 유산(헤센)을 분할하여 니더헤센의 방백에 오른 인물이었다.

모리츠 작센 선제후의 주도로 1551년 10월 토르가우 근교의 안나부르크에서 협상을 가진 제후모의 동맹은 동맹의 재정적, 군사적 지원을 확보하기 위해 1552년 1월 15일 <샹보르 조약>을 체결하여 프랑스의 앙리 2세 국왕과 손을 잡았다. 제후모의에 대한 사전 경고를 모두 무시했던 카를 5세 황제는 - 그의 측근 브란덴부르크-쿨름바흐의 변경백 알브레히트 알치비아데스도 가세한 - 이들 반 황제 동맹국들의 공격에 속수무책이었다. 알브레히트 알치비아데스는 1543년과 1544년 제4차 합스부르크-프랑스 전쟁과 슈말칼덴 전쟁에 황제군으로 참전하여 앙리 2세와 슈말칼덴 동맹을 공격했던 제후였다.

샹보르 조약에 의거하여 앙리 2세가 파병한 프랑스 군대의 지원을 받은 제후모의 그룹은 카를 5세 황제의 오스트리아 군대와 네덜란드 주둔 스페인 군대의 합류를 저지했다. 월 70,000크로네의 - 첫 3개월 치로 240,000크로네의 - 전비를 제후모의 그룹에 제공하는 대가로 앙리 2세는 주교구가 아니면서, 독일어 사용지역이 아닌 로트링엔(로렌)의 여러 도시들(캉브레, 메스, 툴, 베르됭 등)을 독일제국 섭정 자격으로 점령했다. 앙리 2세의 독일제국섭정 자격에 대한 동의는 추후 모리츠 작센 선제후가 페르디난트 1세(카를 5세의 동생) 차기 황제 후보에게서 얻어내도록 했다. 샹보르 조약은 모리츠 작센 선제후를 독일제국군 최고지휘관으로 인정했고, 향후 프랑스와 독일제국 간의 모든 일반조약 혹은 평화조약은 모리츠 작센 선제후와 앙리 2세 프랑스 국왕의 공동서명에 의해서만 체결할 수 있다는 규정을 포함했다. 카를 5세 독일제국 황제의 존재가 철저히 무시된 샹보르 조약은 반란을 주도한 소수의 독일제국 제후들이 법적 근거도, 권한도 없는, 그들의 관할도 아닌 독일제국 영토(캉브레, 메스, 툴, 베르됭)에 대한 무단점유권을 프랑스 국왕에게 허용한 조약이었다. 오버라인 독일제국 직할관구 소속의 상기 4개 도시는 1648년 베스트팔렌 평화조약에서 프랑스 영토로 최종 확정되었다. 독일제국 섭정은 황제 유고 시, 또는 차기 황제 선출 시까지의 정치적 공백기를 없애기 위한 황제대리직이었으며, 작센 선제후와 팔츠 선제후 중 1인이 담당키로 된 제국관직이었다. 로트링엔의 4개 도시 점령을 합법화하기 위한 방편으로 제국섭정의 자격을 요구한 것은 카를 5세 황제에 대항하기 위해 프랑스의 지원을 요청한 제후모의 그룹의 절박한 입장을 앙리 2세가 역이용한 결과였다.

카를 5세 황제는 배신한 모리츠 선제후를 압박하기 위해 1547년 슈말칼덴 전쟁에서 인질로 잡은 모리츠의 8촌 형 요한 프리드리히 1세 작센 공작을 5년 만에 석방했지만, 허사였다. 1552년 4월 모리츠 작센 선제후는 오스트리아의 린츠에서 차기황제 페르디난트 1세(카를 5세의 동생) 대공과 단독회담을 가진 후 일종의 휴전협정을 체결했다. <린츠 조약>(1552년 5월 1일)에서 페르디난트 1세와 작센 선제후 모리츠는 독일제국 선제후 전원과 제국직속도시 대표가 참가하는 평화회의를 3개월 후 파사우에서 개최키로 합의했고, 모리츠는 황제군의 포로가 되어 4년 동안 구금된 장인 필립 1세 헤센 방백을 면담할 수 있었다. 1552년 5월 11일부터 1개월간의 휴전협정에 동의했음에도 불구하고 모리츠는 5월 23일 오스트리아의 제2의 수도 인스부르크를 점령했고, 그곳의 궁성에 체류 중이던 카를 5세 황제는 겨우 인스부르크를 탈출하여 목숨을 보전했다. 그 후 카를 5세 황제는 더 이상 독일 땅을 밟지 않았다.

앙리 2세는 로트링엔을 침공했고, 모리츠 작센 선제후는 신교 동맹을 지휘하여 카를 5세를 공격했다. 카를 5세는 앙리 2세의 프랑스와 모리츠 작센 선제후가 주도한 제후모의 가담 세력의 협공을 받은 것이었다.

프랑수아 1세와 벌인 4차에 걸친 전쟁에서 합스부르크가의 우위를 언제나 확인할 수 있었던 카를 5세는 앙리 2세와 모리츠에 당한 치욕적인 패배를 만회하고 싶었지만, 합스부르크가의 오스트리아가 처한 입장이 그것을 허락하지 않았다. 오스트리아의 동부전선(헝가리)에서는 오스만 제국으로부터의 위협이 상존했기 때문에, 카를 5세는 모리츠의 주도로 프랑스와 동맹을 체결한 독일 신교 동맹과의 전쟁을 계속할 수 있는 입장에 있지 않았다. 1526년 야기에우오 왕가로부터 헝가리와 뵈멘을 상속받은 합스부르크가의 페르디난트 1세 대공은 1526년 이후 헝가리의 국왕직을 유지했지만, 헝가리의 대부분을 점령한 오스만 제국과 경계선을 공유하는 위험을 감수해야 했다. 1529년 9월 27일부터 18일 간 빈 공성을 시도한 쉴레이만 1세라는 강력한 적의 동태를 항시적으로 감시해야 했던 카를 5세 형제는 - 더구나 제후모의 그룹이 잠정적이긴 하나 군사적 우위를 점하고 있었기 때문에 - 신교 세력과의 평화 유지가 무엇보다도 필요했다.

13) 파사우 조약(1552)과 아우크스부르크 종교평화조약(1555)

린츠 조약은 파사우 조약을 예약했고, 파사우 조약은 아우크스부르크 종교평화조약으로 가는 징검다리 조약이었다. 린츠 조약이 1552년 5월 1일 체결되자마자, 선제후들과 제국의회 대표 제후들은 5월 말 남독의 파사우에서 파사우 조약 문안 작성을 위한 협상에 들어갔다. 1547년 이후 황제군의 포로로 잡혀 있는 신교 제후들의 신병 처리, 신교 제후국의 종교 관련 불만 해소, 제국제후들의 자유권 등이 협상의 주요 의제들이었다. 파사우 조약 초안 내용은 황제의 동생 페르디난트 1세 대공의 적극적 수용 권고에도 불구하고 지나치게 포괄적이라 하여 카를 5세 황제에 의해 거부되었고, 수정 초안은 요한 알브레히트 1세 멕클렌부르크 공작과 알브레히트 알치비아데스 브란덴부르크-쿨름바흐 변경백에 의해 거부되었다. 우여곡절 끝에 1552년 8월 2일 프랑크푸르트 전방 야영지에서 페르디난트 1세 입회하에 모리츠 작센 선제후와 헤센 방백 빌헬름 4세(구금된 필립 1세의 장남)가 서명함으로써 파사우 조약은 최종적으로 체결되었다. 그리고 2주가 지난 후인 1552년 8월 15일 뮌헨에서 카를 5세 황제가 재가함으로써 파사우 조약은 발효되었다.

파사우 조약은 신교도(루터파)의 지위를 포괄적으로 인정한 조약이었다. 조약의 규정에 따라 모리츠는 제후반란에 동원된 용병대를 해체해야 했고, 헤센의 필립 1세 방백(빌헬름 4세의 부친)은 일정한 부과금을 내고 구금에서 풀려났다. 종교분쟁을 종식시키기 위해 동수의 신교 및 구교 대표로 구성된 위원회가 설치되고, 자유로운 종교행사가 보장되었다. 제국대법원 판사 선출 시 신교도(루터파) 측이 불이익을 당하지 않도록 했다. 종교문제와 관련한 소송의 조정 방법에 대해서는 차기 제국의회에서 논의키로 결정했다. 일반사면을 고지하고, 전쟁으로 야기된 영토상의 변경사항은 모두 원인무효로 처리하고, 전쟁비용도 상쇄한다는 내용 등이 파사우 조약의 중요한 규정들이었다. 린츠 조약(1552년 5월 1일)과 파사우 조약(1552년 8월 2일) 체결로 제후반란 전쟁은 공식적으로 종식되었다.

파사우 조약과 더불어 카를 5세 황제의 종교 통일의 꿈은 무산되었다. 그 대신 아우크스부르크 종교평화조약 체결로 가는 길이 뚫린 셈이었다. 파사우 조약 체결 후, 1547년 선제후 지위를 8촌 동생 모리츠에게 빼앗긴 요한 프리드리히 1세는 모리츠와 화해하고, 후자를 공식적으로 작센의 선제후로 인정했다. 그 대신 그는 아우크스부르크 종교평화조약 체결 준비에 주도적인 역할을 담당했다. 그러나 두 사람은 아우크스부르크 종교평화조약이 체결되기 전에 사망했다. 모리츠 선제후는 알브레히트 알치비아데스 브란덴부르크-쿨름바흐 변경백과 영토전쟁(지버하우젠 전투, 1553년 7월 9일)을 벌이다가 입은 전상의 후유증으로 1553년 7월 11일 니더작센의 지버하우젠에서 사망했고, 요한 프리드리히 1세는 1554년 3월 3일 바이마르에서 사망했다. 두 사람은 프로테스탄트의 권리를 쟁취하기 위해 일생을 바친 독일제국의 대표적인 신교 제후이었다.

모리츠 작센 선제후가 사망한 후, 카를 5세 황제는 동생이며 차기 황제로 확정된 페르디난트 1세 대공에게 국정을 위임하고, 제국정치의 일선에서 은퇴했다. 페르디난트 1세의 조기 등장과 더불어 종교평화 추구 세력들이 확고한 위치를 잡아갔다. 페르디난트 1세와 제국제후들 간의 끈질긴 협상 끝에 1555년 2월에 개막된 아우크스부르크 제국의회는 같은 해 9월 25일 조인된 아우크스부르크 종교평화조약을 제국법률로 공포했다. 이로써 독일제국 소속 개별 제후국들의 종교결정권은 해당 제후

국 제후에게 일임되었다. 144개 조항으로 이루어진 아우크스부르크 종교
평화조약은 다음의 규정들을 포함했다.

신교 지역에서의 종교재판 관할권은 해당 제후에게 위임된다. 제국의
회의 성직의원(성직제후)들은 교회의 직책과 제국봉토를 잃지 않으려면, 가
톨릭을 고수해야 한다. 가톨릭 제후의 종파 변경은 성직과 성록의 상실
을 초래한다. 제국직속도시는 신앙의 선택에서 평등권을 누릴 수 있다.
파사우 조약 체결 이전에 소유권이 이전된, 제국직속 지역이 아닌 지역
의 가톨릭교회 재산(수도원 따위)의 점유는 합법적인 것으로 인정한다. 종교
적 이유의 국외 이주는 재산을 처분하고 추징세금을 지불할 경우 허용
되며, 사형제도는 폐지된다. 신교도들도 독일제국 대법원 판사에 선임될
수 있다.

아우크스부르크 신앙고백 종파, 즉 루터교에게만 효력이 미친 아우크
스부르크 종교평화조약은 일반 공의회를 통해 분열이 극복 될 때까지,
다시 말해 양대 교파(구교와 신교)가 평화적으로 다시 통합될 때까지 한시적
으로 유효한 조약으로 규정되었다. 그러나 아우크스부르크 종교평화조약
은 30년 전쟁을 청산한 베스트팔렌 평화조약(1648)에서 재확인됨으로써
1806년 신성로마제국이 소멸될 때까지 유효한 독일제국 기본법이 되었
다. 루터교를 공식적으로 인정한 아우크스부르크 종교평화조약은 종교의
분열을 영구히 고착시켰지만, 제후국의 독립성 강화와 제후들의 종교 선
택권을 보장해 주었다. 그라이프스발트 대학 교회법 교수 요아힘 슈테파
니(1544-1623)는 1612년 아우크스부르크 종교평화조약의 방대한 내용을 <쿠
이우스 레기오 에이우스 렐리기오>(군주가 택한 종교가 그 나라의 종교)라는 단 한
개의 문장으로 일목요연하게 요약했다. 멕클렌부르크-포르폼메른 주에
소재한 그라이프스발트 대학은 1456년에 창립된 독일에서 네 번째로 오
랜 역사를 지닌 대학이다.

14) 카를 5세의 말년과 후손

카를 5세는 동생 페르디난트 1세에게 보위를 물려주는 대신 자신의 장녀 마리아(1528-1603)를 페르디난트 1세의 장남 막시밀리안 2세(1527-1576)와 혼인시킴으로써 계승문제를 조정하려고 했다. 카를 5세의 장남 필립 2세(스페인 국왕으로서는 펠리페 2세)는 부왕 카를로스 1세(카를 5세 황제)를 계승하여 제2대 스페인 국왕이 되었다. 펠리페 1세(미남왕 필립 1세)는 1504년부터 1506년까지 2년간 카스티야의 국왕을 역임한 카를 5세와 페르디난트 1세 형제의 부친이었으며, 펠리페 2세의 조부였다. 1531년 선제후 회의에서 카를 5세 생전에 로마 왕에 선출된 페르디난트 1세 대공(1526년 이후 뵈멘 및 헝가리 국왕 겸임)은 특히 카를 5세 황제가 스페인의 궁성에 체류했을 때, 제국통치평의회 의장 자격으로 독일제국 황제의 직무를 대리한 차기 황제 후보이었다. 그런데 카를 5세가 동생 페르디난트 1세를 배제하고, 자신의 아들 필립 2세를 후계자로 삼으려 시도했기 때문에, 하마터면 합스부르크가에 때 이른 계승분쟁이 일어날 뻔했다.

그간에도 제국통치평의회의 의장직을 맡긴 페르디난트 1세로 하여금 독일제국을 대리 통치한 일이 잦았던 카를 5세 황제이지만, 파사우 조약(1552) 체결 이후에는 독일제국의 모든 정책 결정권을 동생인 페르디난트 1세에게 위임했다. 그것은 1525년 이후 스페인의 국정에 참여한 카를 5세 황제의 최측근 정치인 니콜라 페레노 드 그랑벨이 - 그의 아들 앙투안 페레노 드 그랑벨(1517-1586) 추기경은 펠리페 2세의 국무장관이었다 - 1550년 타계했고, 샹보르 조약으로 프랑스에 양도해야 했던 메스(로트링엔)의 탈환 계획이 수포로 돌아가면서 내려진 결단이었다. 1544년 나폴리 왕국과 밀라노 공국을, 1555년에는 합스부르크령 네덜란드(오스트리아령 네덜란드)를 독일제국에서 분리하여 장남 필립 2세에게 양도했다. 그리고 1556년 1월 16일에는 스페인의 왕위도 아들에게 양도함으로써 카를 5세는 이제 정치 일선에서 완전히 물러났다. 합스부르크 왕가가 스페인 왕국을 지배한 시기의 합스부르크령 네덜란드는 오스트리아령 네덜란드 혹은 스페인령 네덜란드와 동의어였다. 그러나 정확히 말하면, 스페인령 네덜란드라는 표현은 카를 5세가 이 지역을 필립 2세에게 양도한 1555년 이후의 지역개념이라 해야 할 것이다. 1556년 11월부터 1558년 9월 21일 타계할 때까지 카를 5세는 스페인 에스트레마두라 지방의 카세레스 주 소재 수도원(산 헤레니모 데 유스테)에서 은거했다. 1556년 9월 12일 자 선제후 회의에 보낸 서한에서 그는 독일제국 황제의 직위를 공식적으로 페르디난트 1세에게 양위했지만, 선제후 회의는 1558년 2월에 가서야 비로소 카를 5세 황제의 퇴위 선언을 수용하고, 3월에 페르디난트 1세에게 황제의 지위를 부여했다.

카를 5세는 1526년 이사벨라(1503-1539, 포르투갈 국왕 요한 3세의 여동생)와의 결혼에서 얻은 3자녀 - 아들 필립 2세(스페인 국왕)와 두 딸 마리아(1528-1603, 막시밀리안 2세 황제와 결혼)와 요한나(1535-1573, 요한 3세의 아들과 결혼) - 이외에 네덜란드 출신의 요한나 폰 헨스트(1500경-1541)와의 사이에 태어난 딸 마르가레테(1522-1586, 합스부르크령 네덜란드 총독)와 레겐스부르크 출신의 바르바라 블룸베르크(1527-1597)와의 관계에서 출생한 아들 요한(1547-1578) 등 모두 5명의 자녀를 두었다.

카를 5세의 죽음으로 중세의 보편적 기독교 이념의 마지막 대표자가 사망했다. 그것은 인문주의와 종교개혁과 민족국가가 대두함에 따라 이미 빛이 바랜 이념이었다. 그는 프랑수아 1세 프랑스 국왕과 4차례(1521-1526, 1527-1529, 1534-1536, 1542-1544), 그리고 후자의 아들 앙리 2세와 한 차례, 총 5차례 프랑스와 전쟁을 치렀고, 종교개혁의 확산을 막기 위해 크고 작은 전쟁을 독일제국 신교 국가들과도 치러야 했다. 그 중 대표적인 것이 슈말칼덴 전쟁이었다. 그리고 그의 재위기간 내내 오스만 제국의 침공의 위협으로부터 자유로운 날이 없었다. 그러나 합스부르크 제국에게 세계 강국의 위상을 부여하고, 스페인 제국을 창건한 것은 카를 5세의 위대한 치적이었다. 그는 부친 필립 1세로부터 부르군트(합스부르크령 네덜란드)를, 모친 요한나를 통해서 카스티야 왕국과 아라곤 왕국을 물려받아 스페인 왕국까지 통치하게 되었을 뿐 아니라, 스페인의 지배하에 있던 멕시코와 페루에도 영향력을 행사하는 등 강력한 세계 제국의 통치자로 부상했다. 그밖에 네덜란드, 시칠리아와 사르데냐, 나폴리와 밀라노 공국도 카를 5세의 지배권에 속함으로써 카를 5세 황제 치하의 합스부르크 제국은, 더 정확하게 표현하면, 카를로스 1세 치하의 스페인은 '태양이 지지 않는' 제국이었다.

❑ 5
페르디난트 1세에서 마티아스 황제까지(1558-1619)

1) 페르디난트 1세 황제

1503년 스페인에서 출생, 1564년 빈에서 사망한 페르디난트 1세는 대공시절(1521-1558)부터 뵈멘과 헝가리의 국왕을 겸임한 군주였다. '미남왕' 필립 1세(1504년부터 1506년까지 카스티야 국왕 펠리페 1세)와 요한나(카스티야 국왕 이사벨라 1세와 아라곤 국왕 페르디난트 2세의 장녀)의 차남(장남은 카를 5세 황제)으로 태어난 그는 스페인에서 교육을 받았다. 페르디난트 1세는 1521년 4월 21일 형 카를 5세 황제로부터 오스트리아의 5개 (대)공국, 즉 니더외스터라이히와 오버외스터라이히 대공국, 슈타이어마르크, 케른텐 및 크라인 공국의 통치권을 이양 받았다. 카를 5세 황제 자신은 케른텐 공국과 크라인 공국의 일부로 간주되는 괴르츠(고리치아)를 위시한 몇몇 영지만 보유하고, 오스트리아의 통치는 페르디난트 1세에게 일임했다. 1522년 <브뤼셀 계약>(합스부르크령 네덜란드의 수도에서 체결된 카를 5세와 페르디난트 1세 형제 사이의 재산분할계약)에서 카를 5세는 괴르츠 등도 페르디난트 1세를 위해 포기하고, 추가로 티롤, 부르가우, 키르히베르크, 그리고 막시밀리안 1세(카를 5세의 조부) 소유였던 슈바벤지역의 영지(펠트키르히, 브레겐츠, 블루덴츠, 호엔베르크, 젤클링엔, 넬렌부르크)와 1520년 이후 합스부르크 제국의 영토에 편입된 뷔르템베르크 공국의 통치권도 페르디난트 1세에게 이양했다. 카를 5세 황제는 오스트리아 대공의 지위만 유지한 채, 독일제국의 황제로서, 그리고 스페인의 국왕(카를로스 1세)으로서 독일제국과 스페인의 통치에 전념하려고 노력했다.

막시밀리안 1세 소유의 알자스의 영지들은 생존 시에 한해서 페르디난트 1세가 획득했다. 다시 말해 이 알자스 지역들은 부르군트와 연계되도록 하여, 페르디난트 1세가 사망한 후에는 스페인 합스부르크가에 귀속되게 했다. <브뤼셀 계약>(1522)은 6년간 비공개에 부치기로 했으며, 합스부르크령 네덜란드, 즉 스페인령 네덜란드에 한해서는 페르디난트 1세가 총독으로만 행세하도록 했다. 일반적으로 독일국왕 선거는 황제 유고 시 실시되었으나, 카를 5세 황제는 집권 12년 차(1531)에 이미 동생 페르디난트 1세를 - 장남 필립 2세는 당시 4세의 나이였다 - 후계자로 확정하여 차기황제(로마 왕)에 선출되도록 선제후 회의를 조정했다. 대공 시기에 이미 오스트리아 세습지 전체에다가 뵈멘과 헝가리 왕국까지 상속받은 페르디난트 1세는 황제에 예속되어 있으면서도 황제의 권한과 의무를 행사할 수 있었던 합스부르크 제국 역사상 유일한 오스트리아 대공이었다고 말할 수 있을 것이다. 황제 부재 시 페르디난트 1세는 독일제국의 황제를 대리한 제국통치평의회 의장이었다.

헝가리 및 뵈멘 국왕 페르디난트 1세

1526년 8월 29일 헝가리를 침공한 쉴레이만 1세 오스만 제국 황제와 루트비히 2세 헝가리 국왕 사이에 벌어진 모하치(헝가리 남서부 보로니오 주) 전투에서 헝가리가 오스만 제국군에 패하고, 헝가리 국왕은 전사했다. 그 후 페르디난트 1세는 블라디슬라프(부아디수아프) 2세(루트비히 2세의 부왕)와 막시밀리안 1세(페르디난트 1세의 조부) 간에 체결된 상호상속조약(1511년 빈에서 조인)에 의거 1526년 루트비히 2세의 뒤를 이어 헝가리와 뵈멘의 국왕이 되었다. 헝가리 국왕에 등극한 후, 페르디난트 1세는 자신의 왕비이며, 전사한 루트비히 2세의 누나인 안나(블라디슬라프 2세의 장녀)로 하여금 헝가리를 대리 통치하게 했다. 그러나 페르디난트 1세보다 두 달이나 빠른 시점에 합스부르크가의 지배를 반대하는 헝가리 귀족들이 지벤뷔르겐의 제후 요한 자포요(1487-1540, 헝가리 국왕: 1526-1540)를 헝가리 국왕에 추대함으로써 두 명의 헝가리 국왕이 출현했다. 이로 인해 페르디난트 1세 헝가리 국왕에게는 험난한 정치적 미래가 예고되었다. 더구나 수도 오펜(부다)을 포함해 지금의 헝가리 영토 거의 전체를 점령한 오스만 제국이 요한 자포요를 지원했기 때문에, 페르디난트 1세는 자포요와 오스만 제국이라는 이중의 적과 싸워야 했다. 헝가리 왕국을 상속받긴 했지만, 오스만 제국의 헝가리 점령으로 인해 페르디난트 1세의 실효적 통치영역은 제한적이었다. 지벤뷔르겐과 경계를 이룬 당시 헝가리 왕국의 동부지역은 페르디난트 1세의 대립국왕 요한 자포요가 차지했고, 페르디난트 1세의 통치권은 북부지역과 서부지역(지금의 슬로바키아, 오스트리아의 부르겐란트 주, 서부 크로아티아)에 국한되었다. 반면에 현재의 헝가리 영토는 오스만 제국에 의해 1680년대 후반까지 점령 통치되었다.

1511년 헝가리 국왕 블라디슬라프 2세에 의해 지벤뷔르겐의 제후에 임명된 요한 자포요는 1526년 루트비히 2세 헝가리 국왕을 지원하기 위해 모하치 전투 현장으로 출병했었다. 그러나 고의적이었는지는 모르나 출병이 지연되어 모하치 전투의 참패를 막아내지 못했다. 1526년 10월

14일 군대에 의지해 요한 자포요는 페르디난트 1세의 헝가리 국왕 즉위에 반대하는 헝가리 귀족들로 하여금 자신을 헝가리 국왕에 추대케 하여, 1526년 11월 12일 세케슈페헤르바르에서 대관식을 거행했다. 페르디난트 1세는 오랜 협상 끝에 <그로스바르다인 평화조약>(1538년 2월 24일, 그로스바르다인은 루마니아의 오라데아)을 체결해 요한 자포요의 헝가리 국왕 자격을 그의 생존 시까지로 국한시키는데 성공했다. 그러나 그의 아들 요한 지기스문트 자포요(1540-1571)가 태어나고 2주 후 요한 자포요는 헝가리 왕권을 포기하지 않은 채 사망했다. 1539년, 그러니까 사망하기 1년 전에 결혼한 요한 자포요의 아내 이사벨라(1519-1559)는 폴란드 국왕 지기스문트 1세(1467-1548, 재위: 1506-1548)의 딸이었고, 지기스문트 1세의 왕비는 요한 자포요의 누이동생 바르바라 자포요(1495-1515)였다. 오스만 제국의 지원 뿐 아니라, 폴란드 국왕의 지원을 받은 자포요 1세와 자포요 2세는 페르디난트 1세보다 훨씬 더 많은 헝가리 귀족들의 지지를 받았다. 1526년 사망한 루트비히 2세와 지기스문트 1세 폴란드 국왕은 동일 가문(야기에우오 왕가) 출신이었다.

자포요 2세가 1559년 성년에 도달할 때까지 지벤뷔르겐을 대리 통치한 섭정은 자포요 2세의 모친 이사벨라였지만, 실권을 행사한 사람은 그로스바르다인의 주교 게오르크 마르티누치(1482-1551)였다. 마르티누치는 1540년부터 1551년까지 자포요 2세의 통치권을 대행하면서 이웃 강대국(오스만 제국과 오스트리아)에 의존하여 지벤뷔르겐의 독립을 유지하는 전략에 치중했다. 자포요 1세가 사망하자마자, 지벤뷔르겐 내의 헝가리 귀족회의가 1540년 자포요 2세를 헝가리 국왕에 추대한 것은 자포요 1세와 페르디난트 1세 간에 체결된 그로스바르다인 평화조약의 규정을 명백하게 위반한 것이었다. 또 한명의 헝가리 국왕 자포요 2세의 실질적 섭정이 된 마르티누치 주교와 헝가리 귀족들은 우선 오스만 제국의 종주권을 인정함으로써 지벤뷔르겐 내의 그들의 위상을 보전하려고 노력했다.

그러나 합스부르크 왕가의 압력을 견디지 못한 마르티누치는 이번에는 지벤뷔르겐의 외교정책 방향을 완전히 바꾸어, 페르디난트 1세 헝가리 국왕과 동맹을 체결한 후, 대 오스만 제국 공동전선 형성을 시도했다. 1551년 지벤뷔르겐의 수도 클라우젠부르크(루마니아의 클루지나포카)에서 열린 의회에서 공식 승인된 지벤뷔르겐과 합스부르크 왕가 간의 동맹조약은 후일 헝가리 왕국이 재통일되었을 때 확인되었다. 그러나 마르티누치는 쉴레이만 1세 오스만 제국 황제의 보복 공격을 염려하여 술탄을 무마시키려고 시도했다. 마르티누치가 시도한 이중외교가 화근이 되어 그는 합스부르크가의 배신자로 밀고 당해 1551년 살해되었다.

마르티누치가 제거된 후, 자포요 2세의 모후 이사벨라와 자포요 2세는 1551년 여름 지벤뷔르겐을 떠났고, 지벤뷔르겐은 1551년부터 5년 간 합스부르크 제국에 의해 점령통치되었다. 1568년 막시밀리안 2세(페르디난트 1세 황제의 장남) 황제와 셀림 2세(1524-1574, 재위: 1566-1574) 오스만 제국 황제 간에 <아드리아노펠 평화조약>(아드리아노펠은 터키의 에디르네)이 체결되어 2차 터키전쟁(1566-1568)이 조기에 끝나고, 술탄으로부터 더 이상 기대할 것이 없다고 판단한 자포요 2세는 막시밀리안 2세 황제와 직접 평화조약을 체결했다. 1570년 막시밀리안 2세 황제와 체결한 <슈파이어 조약>에서 자포요 2세는 지벤뷔르겐 제후의 직위를 유지하고, 몇 개의 행정구역(오스만 제국에 의해 점령되지 않은 타이스 강 동쪽 지역)을 합스부르크가로부터 추가 봉토로 획득하는 조건으로 헝가리 국왕의 지위를 포기했다. 그와 동시에 자포요 2세는 슈파이어 조약과는 별도로 막시밀리안 2세와 비밀조약을 체결해, 오스만 제국이 재침할 경우 합스부르크가를 지원하며, 그 과정에서 지벤뷔르겐이 오스만 제국에 의해 점령될 경우, 슐레지엔의 두 공국 오펠른과 라티보르(폴란드의 오폴레와 라치부슈)를 대토로 보상받는다는 약속을 얻어냈다. 그리고 자포요 2세가 상속인을 두지 못한 채 사망할 경우, 합스부르크가의 감독 하에 지벤뷔르겐 신분대표회의의 자유선거를 통해 선출된 자를 지벤뷔르겐의 제후로 임명하도록 했다. 그 외에 막시밀리안 2세 황제는 비텔스바흐가(바이에른 공작가문), 또는 윌리히 공작가문 출신의 질녀 중의 한 사람을 자포요 2세의 아내로 중매하겠다고 약속했다. 바이에른 공작 알브레히트 5세(1528-1579)와 윌리히-클레베-베르크 통합공국의 공작 빌헬름 5세(1516-1592)는 둘 다 막시밀리안 2세의 매제이었다. 막시밀리안 2세의 두 여동생 중 안나(1528-1590)는 알브레히트 5세와, 마리아(1531-1581)는 빌헬름 5세와 각각 1546년 같은 해에 결혼했다. 슈파이어 조약이 체결되고 몇 달 지나지 않은 1571년 3월 14일 자포요 2세가 31세를 일기로 사망했기 때문에, 이 비밀조약의 합의는 자동적으로 원인무효가 되어버렸다.

1526년 페르디난트 1세가 헝가리 국왕에 즉위하면서부터 시작된 헝가리 왕국(합스부르크 령 헝가리)의 양(兩)왕 시대는 1570년 슈파이어 조약과 더불어 아들 대(막시밀리안 2세)에 이르러서야 비로소 끝을 볼 수 있었다. 자포요 2세가 사망한 후 지벤뷔르겐을 포함한 그의 통치지역은 모두 합스부르크가에 귀속되었다. 그러나 헝가리의 대부분은 여전히 오스만 제국에 의해 지배되었다. 오스만 제국이 헝가리를 점령하고 있는 한, 헝가리와 국경을 공유한 오스트리아는 그들의 침략 위험에 상시적으로 노출되어 있었다. 지정학적으로 독일제국의 최동단에 위치한 오스트리아는 독일제국에게는 물론이고, 서유럽 전체에게도 오스만 제국의 침략을 저지해야 할 기독교권의 마지막 보루이었다.

뷔르템베르크 총독 페르디난트 1세

뷔르템베르크 공국은 1520년 합스부르크 왕가에 편입되어 <슈바벤 동맹>(1488-1534)이 해체된 해인 1534년까지 페르디난트 1세 오스트리아 대공에 의해 통치되었다. 원래 백작령이었던 뷔르템베르크는 보름스 제국 의회(1495년 3-8월)에서 페르디난트 1세의 조부 막시밀리안 1세 황제에 의해 에버하르트 5세(1445-1496) 백작이 에버하르트 1세 공작으로 임명된 1495년 7월 21일부터 공국으로 격상되었다. 1866년 독일전쟁(오스트리아-프로이센 전쟁)이 발생할 때까지 오스트리아의 충실한 맹방이었던 뷔르템베르크와 오스트리아의 역사적인 선린관계는 1495년에 시작되었으며, 1520년부터 1534년까지 페르디난트 1세는 총독으로서 뷔르템베르크를 통치했다. 뷔르템베르크와 오스트리아의 관계는 뷔르템베르크 공작이 합스부르크가의 지원을 받아 슈바벤 도시동맹을 공격했을 때 시작되었다.

울리히(1487-1550, 재위: 1498-1519, 1534-1550) 뷔르템베르크 공작은 <슈바벤 동맹>의 전신이라 할, 1376년에 창립된 <슈바벤 도시동맹>의 원년 회원국인 제국직속도시 로이틀링엔을 공격했지만, 오히려 뷔르템베르크가 1519년 슈바벤 동맹에 의해 점령되었다. 전비를 보상받는 조건으로 슈바벤 동맹은 1520년 뷔르템베르크를 카를 5세 황제에게 양도함으로써 뷔르템베르크는 합스부르크가에 편입되었고, 카를 5세 황제는 동생 페르디난트 1세 대공을 뷔르템베르크 총독에 임명했다. 울리히 공작은 뷔르템베르크 공국에서 추방되었고, 1523년 경 가톨릭에서 프로테스탄트교(루터교)로 전향했다. 1525년 2월 뷔르템베르크에서 발생한 농민전쟁의 와중에 스위스 용병의 도움을 얻어 뷔르템베르크 공국으로 귀환하려 했으나, 무위에 그친 후, 고립무원의 처지에 봉착한 울리히는 1526년 헤센의 필립 1세(슈말칼덴 동맹 지도자) 방백에게 신병을 의탁했다. 필립 1세와 동맹을 맺은 울리히는 헤센 군대의 지원을 받아 1534년 5월 13일 라우펜 전투에서 오스트리아군을 제압한 후, 뷔르템베르크를 회복했다. 그 해 6월 29일 페르디난트 1세와 울리히 공작 간에 뵈멘의 카덴(체코의 카다니)에서 체결된 평화조약에서 후자는 뷔르템베르크 공국을 오스트리아의 봉토로 변경하는 것을 인정하고, 뷔르템베르크 공작의 지위를 유지하게 되었다. 울리히 공작은 1535년 뷔르템베르크에 종교개혁을 실시했고, 1536년에는 슈말칼덴 동맹에 가입했다. <카덴 평화조약>으로 뷔르템베르크에 대한 영향력을 크게 상실한 페르디난트 1세는 뷔르템베르크의 종교개혁을 인정하지 않을 수 없었다. 그럼에도 불구하고 그는 카를 5세 황제의 후계자 위치를 유지할 수 있었다.

1519년에 발생한 울리히 1세의 로이틀트링엔 기습공격과 그 결과(울리히에게 내려진 제국추방령)는 사연을 가지고 있었다. 15세기 말 막시밀리안 1세 황제는 슈바벤 동맹을 강화시키고, 프랑스 및 스위스와의 전쟁에 대비하기 위해 뷔르템베르크, 그리고 바이에른과의 동맹체결이 절실했다. 오스트리아-뷔르템베르크-바이에른 동맹을 체결하기 위한 방편으로 선택한 전략적 수단이 1498년 당시 11세의 나이에 즉위한 뷔르템베르크 공작 울리히와 여섯 살 나이의 자비네(1492-1564, 바이에른의 공주)의 정혼이었다. 막시밀리안 1세가 뷔르템베르크 공국의 제2대 공작 에버하르트 2세(1447-1504, 재위: 1496-1498)를 폐위시킨 후, 그 자리에 울리히를 3대 공작으로 임명했기 때문에, 뷔르템베르크는 1520년 합스부르크 제국에 편입되기 전부터 이미 막시밀리안 1세에 의해 사실상 좌지우지되고 있었다. 자비네는 바이에른 공작 알브레히트 4세(1447-1508)의 딸임과 동시에 막시밀리안 1세의 질녀이었기 - 알브레히트 4세는 막시밀리안 1세의 누이동생 쿠니군데(1465-1520)의 남편이었다 - 때문에, 자비네와 울리히 공작의 결혼은 오스트리아와 뷔르템베르크와 바이에른 3국을 한꺼번에 결속시킬 수 있는 확실한 연결고리이었다. 이 3국 동맹은 1499년 <슈바벤 전쟁>(혹은 스위스 전쟁)과 1503년 <란츠후트 계승전쟁>에서 빛을 발했다. 1503년의 전쟁(란츠후트 계승전쟁)에서 오스트리아와 바이에른과 뷔르템베르크는 모두 영토상의 이익을 챙길 수 있었다.

1511년 자비네와 울리히 공작의 결혼식은 독일제국을 떠들썩하게 만들면서 호화롭게 치러졌지만, 두 사람의 관계는 처음부터 순탄치 않았다. 1516년 자비네는 가출을 시도했다. 막시밀리안 1세 황제는 질녀를 학대한 책임을 물어 울리히를 파문하고, 6년간 공작 직무정지 명령을 내렸지만, 후자는 황제의 명령을 따르지 않았다. 그는 소송을 제기했고, 황제와의 관계가 악화되던 중에 막시밀리안 1세가 1519년 사망하자, 로이틀링엔을 공격한 것이었다. 1519년 울리히 공작에 대한 제국추방령을 집행한 사람은 자비네의 한 살 아래 남동생 빌헬름 4세(1493-1550, 재위: 1508-1550) 바이에른 공작이었다. 그는 슈바벤 동맹의 최고지휘관이기도 했다.

바이에른 공작 빌헬름 4세와의 갈등과 잘펠트 동맹

카를 5세 황제가 동생인 페르디난트 1세를 1531년 선제후 회의를 통해 차기 황제로 확정지었을 때, 합스부르크가는 황제 세습정책을 추진한다는 비판에 직면했다. 수적으로 보면 주로 슈말칼덴 동맹국들이 종교적인 이유에서 페르디난트 1세의 '로마 왕(현직황제 생존 시 선출되는 차기황제의 호칭) 자격을 인정하지 않으려 했으며, 독일 신교동맹의 양대 지도인인 헤센의 필립 1세 방백과 작센의 요한 프리드리히 1세 선제후가 반 합스부르크가의 선봉에 섰었다. 그러나 실제에 있어서 헤센의 필립 1세와 작센의 요한 프리드리히 1세보다 페르디난트 1세의 로마 왕 선출에 더 적극적으로 반대한 사람은 합스부르크가의 외손(페르디난트 1세의 고종사촌형)인 바이에른 공작 빌헬름 4세였다. 페르디난트 1세 당시 오스트리아 대공의 매제인 헝가리 및 뵈멘 국왕(루트비히 2세)이 모하치 전투에서 전사한 지 2개 월 후인 1526년 10월 빌헬름 4세 공작은 뵈멘 국왕 자리를 두고 페르디난트 1세 오스트리아 대공과 경합했다. 1531년 1월 5일에 치러진 예비독일국왕 선거에서도 그는 열 살 아래 외사촌동생 페르디난트 1세에게 패배했었다. 그의 패배는 비텔스바흐 왕가의 합스부르크 왕가에 대한 패배이기도 했다.

페르디난트 1세가 로마 왕으로 선출된 후, 차기 황제선거 경합에서 패한 빌헬름 4세 바이에른 공작은 합스부르크가의 권력 확대에 맞설 동맹자들을 찾았다. 슈말칼덴, 기센 및 뉘른베르크 등지에서 예비협의를 한 후 1531년 10월 24일 빌헬름 4세와 그의 동생 루트비히 10세(1495-1545) 공작은 작센 선제후 요한 프리드리히 1세, 브라운슈바이크 공작 필립 1세(1476-1551, 헤센 방백 필립 1세와는 동명이인), 뤼네부르크의 에른스트(1497-1546) 및 프란츠(1508-1549) 공작 형제, 헤센의 필립 1세 방백, 안할트의 후작 볼프강(1492-1566), 만스펠트의 게프하르트 백작(1524-1562, 쾰른대주교: 1558-1562) 및 알브레히트 7세(1480-1560) 백작 등과 튀링엔의 잘펠트에서 회동하여, 페르디난트 1세의 로마 왕 선출은 <금인칙서>(1356)의 규정을 어긴 것이기 때문에 무효라는 내용의 조약을 체결했다. 페르디난트 1세를 로마 왕에 선출한 1531년 1월 5일 쾰른에서 열린 선제후 회의에 참석한 7인의 선제후 중 1인인 뵈멘의 국왕(페르디난트 1세)과 피선거인 신분의 후보자(페르디난트 1세)가 동일인이었기 때문에, <잘펠트 동맹>은 1531년의 선거는 불법선거이었다는 주장과 함께 페르디난트 1세의 선출을 반대한다는 결의를 했다. 그들은 반대의사를 카를 5세 황제에게 공동으로 대변하고, 상호지원할 것을 약속했다. 그리고 그들은 독일제국의 모든 제후국 뿐 아니라, 합스부르크가를 적대세력으로 간주하는 유럽의 다른 국가들에게도 잘펠트 동맹 가입의 문을 열어 놓았다. 그리고 빌헬름 4세 바이에른 공작은 헝가리 국왕 페르디난트 1세의 대립국왕인 자포요 1세(요한 자포요)와도 동맹 체결을 위한 협상을 시도하는 등, 전방위적으로 반 합스부르크, 반 페르디난트 1세 전선을 형성하려 했다. 잘펠트 동맹은 교파를 초월한 동맹이었다.

바이에른 공작 형제(빌헬름 4세와 루트비히 10세)의 주도로 체결된 잘펠트 동맹에 가입한 프랑스는 1년 후 합스부르크 왕가를 고립시키기 위해 - 프랑수아 1세 프랑스 국왕은 1521년 이후 1544년까지 4차에 걸쳐 합스부르크 왕가와 전쟁을 했다 - 자국 주도의 반 합스부르크 동맹을 별도로 체결했다. 1532년 프랑스는 일름 강변의 도시 파펜호펜의 샤이에른 수도원에서 바이에른, 헤센 및 작센과 군사동맹에 준하는 조약을 체결했다. <샤이에른 조약>(1532년 5월 26일)은 페르디난트 1세의 로마 왕(독일 왕) 선출을 무력화시키려고 한 조약이었지만, 겉으로는 프로테스탄트교로 개종한, 추방당한 뷔르템베르크의 울리히 공작 대신에 가톨릭 교육을 받은 공작의 아들 크리스토프(1515-1568, 재위: 1550-1568)를 뷔르템베르크 공국의 공작에 복위시킨다는 구실을 내세웠다. 프랑수아 1세 프랑스 국왕은 군비를 갖추기 위한 공탁금 조로 100,000크로네를 약속했다. 그러나 헤센의 필립 1세 방백이 크리스토프가 아닌, 제국추방령을 선고받아 1519년 이후 망명중인 울리히 공작의 복귀를 추진했고, 카덴 조약(1534년 6월 29일)을 통해 뷔르템베르크 공작에 복귀한 울리히가 페르디난트 1세의 로마 왕 자격을 승인했기 때문에, 잘펠트 동맹은 깨어지고, 샤이에른 동맹조약은 효력을 잃었다.

이렇게 되자 잘펠트 동맹의 주도국이었고, 프랑스가 주도한 샤이에른 조약에도 가장 먼저 가입한 바이에른의 공작 빌헬름 4세는 정치적, 외교적 고립에 봉착하게 되었다. 합스부르크가와 더불어 바이에른은 슈바벤 동맹의 중요한 일원이었고, 빌헬름 4세는 슈바벤 동맹의 사령관이었다. 울리히 공작이 뷔르템베르크에서 추방되었을 때, 슈바벤 동맹 지휘관인 빌헬름 4세가 황제의 추방명령를 집행한 장본인이었다. 바로 그 울리히 공작이 페르디난트 1세의 로마 왕 자격을 인정하는 조건으로 뷔르템베르크 공작에 복귀한 것이었다. 빌헬름 4세 바이에른 공작은 계속해서 페르디난트 1세의 유일한 반대자로 남아 있을 수는 없었다. 그는 뷔르템베르크에 대한 통치권을 상실함으로 인해 입장이 약화된 페르디난트 1세와 화해를 시도했다.

1534년 빌헬름 4세 바이에른 공작과 페르디난트 1세는 오스트리아의 린츠에서 평화조약을 체결했다. 빌헬름 4세는 <린츠 평화조약>(1534년 9월 11일)에서 페르디난트 1세의 로마 왕 자격을 인정했다. 빌헬름 4세의 여섯 살 난 차남 알브레히트와 페르디난트 1세의 딸 중 한 명을 결혼시키기로 합의하고, 페르디난트 1세는 바이에른으로 출가시킬 딸(안나)에게 500,000굴덴의 지참금과 오스트리아 세습지 중 특정한 지역에 대한 상속권을 부여하기로 약조했다. 실제로 페르디난트 1세의 15명의 자녀 중 둘째 딸인 안나(1528-1590)와 빌헬름 4세의 차남으로서 빌헬름 4세를 승계한 알브레히트 5세(1528-1579) 공작은 1546년에 결혼했다. 페르디난트 1세는 1525년 독일제국 황제(카를 5세)로부터 바이에른을 공동봉토로 수여받은 빌헬름 4세의 막내 동생 에른스트(1500-1560, 파사우 주교구 및 잘츠부르크 대주교구 행정관)에 대한 지원을 중단하기로 빌헬름 4세와 합의했다. 주요 쟁점들이 제거되었음에도 불구하고 빌헬름 4세는 페르디난트 1세의 주적들인 프랑스 국왕 프랑수아 1세와 페르디난트 1세 헝가리 국왕의 대립국왕 자포요 1세와는 관계를 계속해서 유지했다. 오스트리아와 바이에른 양국 간의 진정한 우호관계는 바이에른을 슈말칼덴 전쟁의 교두보로 삼기 위해 개전 직전(1546년 6월 7일)에 체결된 레겐스부르크 비밀조약을 통해서 회복되었다.

오스트리아 대공으로서의 페르디난트 1세

페르디난트 1세는 - 개인적으로는 가톨릭 신앙에 집착했지만 - 신교(루터교)와 구교(가톨릭교) 간의 평화적 공존의 목표를 달성하기 위해 노력했다. 그리고 그는 하게나우 종교회의(1540), 보름스 종교회의(1540/1541) 및 레겐스부르크 종교회의(1541) 개최를 성사시킴으로써 카를 5세 황제가 시도한 신교와 구교의 재통합을 위해서도 노력했다. 카를 5세 황제는 독일제국과 스페인 왕국의 통치, 종교 통합 등 보편적 정책의 큰 그림에 전념했고, 오스트리아의 세습지에 대한 관리는 황제 즉위 직후 동생 페르디난트 1세 대공에게 맡겼기 때문에, 페르디난트 1세를 압박한 현안은 오스만 제국의 빈번한 침공으로 인해 위기에 처한 오스트리아를 방어하는 문제이었다. 오스만 제국과의 전쟁에 대비하기 위해 필요한 독일제국으로부터의 지원은 제국의회의 동의를 필요로 했고, 제국의회를 움직이기 위해서는 신교 제후들의 협조가 필수적이었다. 그것이 페르디난트 1세가 프로테스탄트 측과의 타협의 필요성을 인정하지 않을 수 없었던 또 하나의 이유이었다. <제후모의>(1551/15452)에 참여한 신교 제후들과도 우호적인 관계를 유지했던 페르디난트 1세는 프랑스와 동맹을 체결해 카를 5세 황제에 대항한 루터파 작센 선제후 모리츠와 파사우 조약(1552)을 체결함으로 제후반란을 종식시켰다. 그리고 파사우 조약 체결 3년 후 조인된 아우크스부르크 종교평화조약(1555) 역시 페르디난트 1세의 종파 간 중재의 산물이었다.

이미 로마 왕(차기 황제)에 선출된 페르디난트 1세를 무시하고, 장남 필립 2세를 자신의 후계자로 삼으려 한 카를 5세의 시도로 카를 5세 황제와 페르디난트 1세 대공 형제 사이가 잠시 소원해진 적이 있었다. 그러나 페르디난트 1세에 대한 선제후들의 지지를 고려하지 않을 수 없었던 황제는 아들 필립 2세(재위: 1556-1598)에게 자신이 겸직하고 있는 스페인의 왕위를 물려줌으로써 승계 문제를 조정해야 했다. 필립 2세는 1556년 퇴위를 선언하고 은둔한 부왕 카를로스 1세 스페인 국왕(카를 5세 황제)으로부터 페르디난트 1세의 통치지역을 제외한 모든 합스부르크가의 영토를 상속받았다. 오스트리아와 헝가리와 뵈멘을 제외한 합스부르크가의 통치지역(합스부르크령 네덜란드와 합스부르크령 이탈리아)은 모두 필립 2세 스페인 국왕에게 귀속되었다. 필립 2세에게 양도된 후의 합스부르크령 네덜란드, 즉 오스트리아령 네덜란드는 스페인령 네덜란드라고 불렸다. 카를 5세 황제가 프랑수아 1세 프랑스 국왕과 4차에 걸친 전쟁을 치르면서 수호한 이탈리아의 합스부르크 영토도 - 이탈리아 내의 합스부르크가의 영토(예: 밀라노 공국)는 카를로스 3세(카를 6세 황제, 재위: 1711-1740)가 스페인 계승전쟁(1701-1714)에 패한 후, 오스트리아에 편입되었다 - 모두 필립 2세 스페인 국왕이 차지했다. 이로써 오스트리아-합스부르크가와 스페인-합스부르크가 간에 재산분할이 명확하게 단행되었다. 카를 5세 황제가 황제 직까지 반납하고 정치일선에서 완전히 물러난 1556년부터 1558년까지 페르디난트 1세는 대공 및 로마 왕의 신분으로 황제 직을 대행했다. 페르디난트 1세가 공식적으로 독일황제 겸 신성로마제국 황제에 즉위한 것은 카를 5세가 사망하기 6개월 전인 1558년 3월 24일이었다. 1531년 카를 5세가 페르디난트 1세 대공을 로마 왕에 선출시킴으로써 차기 황제를 이미 결정했듯이, 1562년 페르디난트 1세 황제 역시 그의 장남 막시밀리안 2세(1527-1576)를 - 가톨릭을 고수하겠다는 서약을 받은 후 - 로마 왕에 선출되도록 주선했다.

아우크스부르크 종교평화조약(1555)이 체결된 후, 페르디난트 1세는 트리엔트 공회의를 후원하고, 로마로부터 예수회 신부들을 초빙하는 등, 반종교개혁을 준비했다. 그는 국내적으로는 행정과 재정을 크게 개혁했다. 라이히스호프라트, 즉 제국추밀원회의(제국대법원, 즉 라이히스캄머게리히트와 함께 독일제국의 최고심급 사법기관)는 카를 5세 황제 재위 시(1522) 이미 설립되었고, 오스만 제국과의 전쟁의 교훈으로 1556년 설립된 궁정국방회의(호프크리크스라트)의 및 궁정재산관리청(호프캄머) 등의 근대적인 중앙관청은 페르디난트 1세의 작품이었다. 이 두 기관은 합스부르크 제국의 중앙집권화 정책의 초석이 되었다. 페르디난트 1세의 재위기간은 1558년부터 1564년까지 6년에 불과했지만, 1531년 로마 왕이 된 후부터 이미 오스트리아를 실질적으로 통치했을 뿐 아니라, 황제를 대신해 독일제국 통치업무에도 헌신했다. 공식적인 재위기간 중에 남긴 큰 업적은 없지만, 카를 5세 통치기간 중에 체결된 조약 중에서 프랑스와의 조약을 제외한 거의 모든 조약의 협상 및 서명 당사자는 페르디난트 1세였다. 아우크스부르크 종교평화조약에 이르기까지 신구교 간의 갈등을 극복하기 위해 벌인 수많은 신교와 구교 간의 종교회담과 그 결과물로서 체결된 모든 조약들 역시 그의 손을 거친 것이었다. 서부전선의 4차에 걸친 합스부르크-프랑스 전쟁은 카를 5세가 스페인 군대를 동원하여 벌인 전쟁이었지만, 동부전선의 오스만 제국과의 전쟁(1차 및 2차 터키전쟁)은 페르디난트 1세가 전담한 전쟁이었다.

페르디난트 1세 황제의 후손

카를 5세와 달리 페르디난트 1세는 일생 동안 결혼을 한 번밖에 하지 않았다. 15명(아들 4명, 딸 11명)의 자녀는 모두 1547년에 사망한 뵈멘의 공주 안나(뵈멘 및 헝가리 국왕 부아디수아프 2세의 장녀)와의 결혼에서 태어났다. 페르디난트 1세 황제는 카를 5세가 취했던 통치정책과는 반대로, 후계자로 택한 장남 막시밀리안 2세(후임황제)에게는 오스트리아의 핵심지역인 니더외스터라이히와 오버외스터라이히 대공국을, 차남인 페르디난트 2세 (1529-1595) 대공에게는 티롤을 떼어주고, 4남인 카를 2세(1564-1590) 대공에게는 슈타이어마르크와 케른텐과 크라인, 즉 심부오스트리아(인너외스터라이히)를 분할해 줌으로써 세 명의 아들로 하여금 - 3남 요한(1538-1539)은 유아기에 사망했다 - 합스부르크 왕가의 세습지 내에서 독립된 제후국을 거느리게 했다.

페르디난트 2세 대공(차남)은 1548년 아버지(뵈멘 국왕 페르디난트 1세)에 의해 뵈멘 총독(1567년까지)에 임명되었고, 1564년 이후 티롤 백작령을 통치했다. 페르디난트 2세는 아우크스부르크 도시귀족인 벨저가의 필리피네(1527-1580)와의 결혼에서 7명의 자녀를 두었는데, 그 중 안드레아스(1558-1608)는 콘스탄츠와 브릭센(브레사노네)의 주교가 되었고, 카를은 부르가우(슈바벤)의 변경백이 되었다. 만투아(만토바)의 공주 안나 카타리나(1566-1621)와의 재혼에서 태어난 안나(1585-1618)는 페르디난트 2세 대공의 조카인 후일의 독일제국 황제 마티아스(재위: 1612-1619, 막시밀리안 2세의 장남)의 부인이 되었다.

페르디난트 1세 황제가 총애한 막내아들 카를 2세(1540-1590) 대공은 1564년의 상속분할로 획득한 심부오스트리아 내에서 자율적인 정책을 수행했다. 페르디난트 1세 황제와 막시밀리안 2세 부자는 카를 2세와 영국의 엘리자베스 1세(1533-1603, 재위: 1558-1603) 여왕의 혼인 체결에 관한 협상을 오래 동안 진행시켰으나, 종교상의 문제로 성사되지 못했다. 그 후 1571년 카를 2세는 독일제국에서 수행된 반종교개혁의 주체 중의 한 사람이었던 알브레히트 5세(1528-1579, 재위: 1550-1579. 빌헬름 4세의 차남) 바이에른 공작의 장녀 마리아 안나(1551-1608)와 결혼했다. 마리아 안나의 어머니 안나(1528-1590)는 페르디난트 1세 황제의 차녀였다. 페르디난트 1세 황제를 기준으로 해서 말하면, 그는 외손녀를 막내며느리로 택한 셈이었다. 심부오스트리아(슈타이어마르크와 케른텐과 크라인)에서 특히 강력하게 실시된 반종교개혁은 - 예컨대 그라츠(심부오스트리아의 수도)에 예수회 신부를 초치한 것 등 - 엄격한 가톨릭 교육을 받은 비텔스바흐 왕가 출신의 마리아 안나가 합스부르크가에 행사한 영향력도 한 가지 원인이었다.

카를 2세 심부오스트리아 대공이 재위기간(1576-1590) 중 가장 염려했던 문제는 - 1573년 크라인(슬로베니아)에서 발생한 국지적인 농민반란을 제외하면 - 통치 기간 내내 그를 괴롭힌 오스만 제국과의 전쟁과 신교와 구교 간의 종교 갈등이었다. 이 두 가지 문제는 서로 밀접한 관계에 있었다. 카를 2세는 1566년 장형 막시밀리안 2세 황제가 지휘한 2차 터키전 쟁에 직접 참전했다. 당시 그에게 맡겨진 임무는 심부오스트리아를 수호 하는 일이었다. 군사경계선의 신설과 카를슈타트(크로아티아의 카를로바츠) 요새 건설, 그리고 그라츠 궁정국방회의의 설립 등을 통해 그는 오스만 제국 의 침략에 효과적으로 대비할 수 있었다. 카를슈타트 시는 카를슈타트 요새와 같은 해(1579) 건설되기 시작했고, 카를 2세 대공의 이름을 따 명 명되었다. 만성화된 심부오스트리아 방위비 부족 문제를 해결하고, 군비 를 조달하기 위해 카를 2세는 신교 의원들에게 수차례 종교적인 양보를 해야 했다. 카를 2세는 국방문제 뿐 아니라, 심부오스트리아의 문화 예 술 분야에도 큰 업적을 남긴 군주이었다. 재정정책의 우선권을 오스만 제국과의 전쟁 대비에 할애했음에도 불구하고, 카를 2세는 1585년 그라 츠 대학을 창립했다. 그라츠 대학은 빈 대학에 이어 오스트리아에서는 두 번째로 역사가 오랜 대학이다.

카를 2세와 마리아 안나 사이에서도 15명의 자녀가 있었다. 카를 2세 의 장남 페르디난트 2세(1578-1637)는 - 막시밀리안 2세(재위: 1564-1576) 황제의 두 아들이며, 그에게는 종형제들인 루돌프 2세(재위: 1576-1612)와 마티아스(재 위: 1612-1619)의 뒤를 이어 - 1619-1637년까지 독일제국 황제를 역임했다.

페르디난트 1세 황제의 11명의 딸들 중 - 1541년에 태어나 2년 만에 사망한 우르줄라, 그리고 가톨릭에 귀의하여 일생을 수녀로 헌신한 막달 레네(1532-1590)와 헬레네(1543-1574)를 제외하고 - 8명은 모두 독일제국 내 제 후국과 주변국가의 군주들과 결혼하여 합스부르크가의 세력 확대에 기 여했다. 장녀 엘리자베트(1526-1545)는 폴란드의 지기스문트 2세 아우구스트 (1520-1572, 재위: 1545-1572) 국왕과 결혼했으나, 결혼 직후 사망했다. 2녀 안나는 이미 언급했듯이 비텔스바흐 왕가의 동갑나기 바이에른 공작 알브레히 트 5세 공작의 부인이 되었다. 3녀 마리아(1531-1581)는 윌리히와 클레베와 베르크 공국의 공작인 빌헬름 5세(1516-1592)와 결혼했는데, 빌헬름 5세는 -

앞에서 설명했듯이 - 겔데른 계승분쟁(1538-1543)을 종식시킨 벤로 조약(1543년 9월 7일)에서 겔데른과 쥐트펜을 합스부르크가에게 양도했다. 5녀 카타리나(1533-1572)는 만투아(만토바)의 공작 프란츠 3세(1533-1550)와 사별한 후, 지기스문트 2세 아우구스트 폴란드 왕과 - 1543년 지기스문트 2세 아우구스트와 결혼한 페르디난트 2세의 장녀 엘리자베트는 결혼 2년 만에 사망했다 - 재혼했다. 카타리나와 지기스문트 2세 아우구스트는 1572년 같은 해에 사망했다. 6녀 엘레오노레(1534-1594)는 - 언니 카타리나의 남편 프란체스코 3세가 후사 없이 1550년 사망한 후, 그를 승계한 동생 - 곤자가가의 구글리엘모(1538-1587, 프란체스코 3세 공작의 동생) 만토바 공작과, 8녀 바르바라(1539-1572)는 페라라의 공작인 에스테가의 알폰소 2세(1533-1597)와 결혼했다. 막내딸 요한나(1547-1578)는 메디치가의 토스카나 대공 프란체스코 1세(1541-1587)와 결혼했다. 합스부르크가와 메디치가의 결합은 1737년에 있을 합스부르크 왕가의 토스카나 합병과는 관련이 없었다.

2) 막시밀리안 2세 황제

페르디난트 1세 황제를 승계한 독일제국의 황제는 그의 세 아들(막시밀리안 2세, 페르디난트 2세, 카를 2세) 중 장남인 막시밀리안 2세(1527-1576, 재위: 1564-1576)였다. 막시밀리안 2세 황제는 1547년 약관의 대공 시절에 아버지 페르디난트 1세 황제를 보좌하여 슈말칼덴 전쟁(1546-1547)에 참전했으며, 그 과정에서 젊은 신교 제후들과 친교를 가질 기회가 있었다. 1548년 백부 카를 5세 황제(카를로스 1세 스페인 국왕)의 장녀로서 막시밀리안 2세에게는 사촌 여동생이 되는 마리아(1528-1603)와 결혼한 후, 1550년까지 스페인의 왕궁에 머물면서 카를로스 1세 국왕(카를 5세 독일제국 황제)이 스페인의 궁정을 비울 때마다, 아내 마리아와 함께 스페인의 행정을 이끌었다.

스페인 왕실에서 엄격한 가톨릭 교육을 받으면서 성장했음에도 불구하고 청년기 때부터 막시밀리안 2세의 내면세계는 신교 교리에 경도되어 있었다. 그러나 그는 상속권 박탈 위협으로 인해 가톨릭 신앙을 포기할 수가 없었다. 1560년 팔츠 선제후 프리드리히 3세(1515-1576, 재위: 1559-1576)는 - 선제후국 팔츠는 전통적인 칼뱅교 제후국이었다 - 신교로 개종할 경우에만 황제 선출 시 공개 지지를 하겠다는 뜻을 막시밀리안 2세에게 표명했다. 그러나 왕위계승 후보 자격을 박탈하겠다는 부친 페르디난트 1세 황제의 위협에 직면한 막시밀리안 2세는 가톨릭에 대한 신종(信從) 서약을 한 후, 1562년 로마 왕에 선출됨으로써 신성로마제국 황제 계승 후보자가 되었다. 그리고 같은 해에 뵈멘 국왕, 그리고 1563년 헝가리 국왕에 올랐으며, 1564년에는 부친 페르디난트 1세 황제를 승계하여 신성로마제국, 즉 독일제국의 황제가 되었다.

막시밀리안 2세는 부왕 페르디난트 1세의 유언에 따라 티롤과 전부 오스트리아(포르데르외스터라이히)는 두 살 아래 동생 페르디난트 2세 대공에게, 심부오스트리아는 막내 동생 카를 2세 대공에게 각각 양도해야 했다. 1564년 7월 25일 페르디난트 1세 황제가 사망한 후, 막시밀리안 2세는 우선 신교와 구교 간의 화해를 위해 노력했다. 헝가리 국왕의 칭호를 가지고 있긴 했지만, 합스부르크가가 지배한 헝가리 왕국은 지금의 슬로바키아와 부르겐란트 주를 포함하는 오스트리아 국경에 가까운 서부 헝가리 지역뿐이었다. 헝가리의 동북부 지역은 페르디난트 1세의 대립국왕이었던 자포요 2세(요한 지기스문트 자포요)가 지배함으로써, 막시밀리안 2세가 집권했을 당시의 헝가리는 두 명의 헝가리 국왕(막시밀리안 2세와 자포요 2세)과 지금의 헝가리 전체를 점령한 오스만 제국에 의해 분할 통치되고 있었다.

오스만 제국의 침공 - 제2차 터키전쟁(1566-1568)

1차 터키전쟁(1526-1555)이 종료된 후, 오스만 제국이 다시 대규모 공격을 해 온 것은 1566년이었다. 1566년의 오스만 제국 침공의 직접적인 원인은 지벤뷔르겐 제후 자포요 2세를 제압하기 위함이었다. 1526년 헝가리의 동북부 지역을 오스만 제국의 봉토로 수여받아 페르디난트 1세의 대립국왕에 즉위한 자포요 1세의 후계자, 자포요 2세가 헝가리 왕국(오스트리아령 헝가리)의 지원을 얻어 종주국(오스만 제국)에 저항했기 때문이었다. 그 사이 75세의 고령에 달한 오스만 제국 술탄 쉴레이만 1세는 자포요 2세의 후원자인 막시밀리안 2세 황제를 상대로 전쟁을 선포하고, 100,000명의 군대를 동원하여 크로아티아 태수 미클로슈 즈리니(1508-1566)가 지키고 있던 - 그는 니콜라 수비츠 즈린스키 혹은 니콜라우스 즈리니로도 불린다 - 시게트바르(헝가리 남단 크로아티아 국경) 요새를 공성했다. 그러나 쉴레이만 1세는 시게트바르 요새를 함락시키기 직전 전투현장에서 사망했다. 시게트바르의 영웅으로 불린 즈리니는 이미 1529년 오스만 제국군이 빈을 포위 공격했을 때, 오스만 제국군과 싸웠으며, 1542년 페스트 전투에서 황제군을 위기에서 구한 적도 있었다. 그는 1542년부터 1556년까지 크로아티아의 총독이었으며, 1561년 이후 시게트바르 요새의 수비 대장이었다. 막시밀리안 2세의 터키전쟁 출정 전, 적극적인 주전론을 펼친 인물 중의 한 사람이 즈리니였다. 그는 쉴레이만 1세의 우세한 군대에 맞서 시게트바르 요새를 방어했으며, 1566년 9월 8일 소수의 인원을 데리고 요새 탈출을 시도하다가 전사했다. 쉴레이만 1세의 후계자 셀림 2세와 막시밀리안 2세 황제는 1568년 2월 17일 8년 기한의 <아드리아노펠 평화조약>을 체결하여 2년 만에 전쟁을 끝낼 수 있었다. 아드리아노펠 조약은 헝가리 영토를 나누어가진 오스만 제국과 오스트리아와 지벤뷔르겐(자포요 2세)의 1568년 당시의 국경선을 확인했다. 막시밀리안 2세 황제는 1547년에 합의된 매년 30,000두카텐의 전쟁배상금을 술탄에게 계속해서 지불해야 할 의무를 지게 되었다. 8년 기한으로 체결된 아드리아노펠 평화조약은 1576년, 1584년, 1592년 세 차례나 갱신되었다.

막시밀리안 2세 황제의 위임을 받아 라차루스 폰 슈벤디(1522-1584) 황제군 사령관에 의해 작성된 <신성로마제국의 정세에 대한 담론과 숙고>(1570)라는 제목의 소견서에 근거하여 막시밀리안 2세 황제는 군사제도의 개혁을 통해 독일제국을 개혁하려 했지만, 황제의 계획은 개별 제후국들의 서로 다른 이해관계에 부딪혀 무산되었다. 1570년 7월 13일부터 12월 13일까지 제국직속도시 슈파이어에서 개최된 제국의회에서 막시밀리안 2세 황제는 독일제국 군사제도 개혁안을 부의했지만, 독일제국 개혁안은 부결되었다. 그러나 소득이 전혀 없었던 것은 아니었다. 새로운 전시법이 채택되었고, 병사들의 급료와 급양 문제가 조정되었으며, 터키전쟁 지원을 제국의회로부터 약속받았기 때문이었다.

폴란드 대립국왕으로서의 막시밀리안 2세

1572년 폴란드 국왕 지기스문트(지크문트) 2세(1520-1572, 재위: 1545-1572)가 후사를 두지 못한 채 사망한 후, 발루아 왕가의 앙리 3세(1551-1589. 폴란드 국왕: 1573-1574, 프랑스 국왕: 1574-1589)가 1573년 폴란드 국왕에 즉위했다. 그러나 앙리 3세가 폴란드 국왕에 즉위한 지 1년도 안 된 1574년 5월 30일 앙리 3세의 한 살 위의 형인 샤를 9세(1550-1574, 재위: 1560-1574) 프랑스 국왕이 24세의 나이에 급서하자, 앙리 3세는 프랑스의 왕위를 계승하기 위해 폴란드를 떠나버렸다. 혼란한 정국을 틈타 서로 다른 정파에 의해 선출된 두 명의 폴란드 국왕이 출현했다. 바토리가의 슈테판과 합스부르크가의 막시밀리안 2세가 그들이었다. 지기스문트 2세 아우구스트의 3살 아래 여동생 안나(1523-1596)의 남편으로서 지기스문트 2세 아우구스트에게는 매제인 지벤뷔르겐의 제후 슈테판 바토리(1533-1586, 재위: 1571-1576)가 그를 지지한 폴란드 귀족들에 의해 1573년 폴란드 국왕에 선출되었다. 그리고 비슷한 시점에 지기스문트 2세 아우구스트의 처남인 합스부르크가의 막시밀리안 2세 황제도 폴란드 왕국 내의 다른 정파들에 의해 슈테판 바토리의 대립국왕으로 옹립되었다. 슈테판과 막시밀리안 2세, 2명의 대립국왕 시대는 1575년까지 지속되었다. 자포요 2세(1540-1571, 헝가리 국왕: 1540-1570, 지벤뷔르겐 제후: 1570-1571) 제후 치하에서 지벤뷔르겐 군 총사령관을 역임한 슈테판 바토리는 1571년 자포요 2세가 사망한 후, 그의 뒤를 이어 1571년부터 1576년까지 지벤뷔르겐을 통치했다. 지벤뷔르겐 제후에 선출된 지 2년 후, 막시밀리안 2세 황제 측의 저지를 무력화시킨 가운데 폴란드 국왕에 즉위한 것이었다. 슈테판 바토리를 계승한 지벤뷔르겐의 제후는 그의 동생 크리스토프 바토리(1530-1581, 재위: 1576-1581)였다.

왕가 간의 관계(바토리가와 야기에우오가, 합스부르크가와 야기에우오가)를 기준으로 판단하면, 합스부르크가도 폴란드 왕위계승권을 제기할 수 있는 충분한 근거를 가지고 있었다. 페르디난트 1세 황제의 장녀, 즉 막시밀리안 2세의 한 살 위 여형 엘리자베트(1526-1545)가 폴란드 국왕 지기스문트 2세 아우구스트와 결혼한 직후 사망했을 때, 페르디난트 1세의 다섯 번째 딸이며 막시밀리안 2세의 여동생인 카타리나(1533-1572)가 다시 지기스문트 2세 아우구스트의 왕비가 되었기 때문에, 합스부르크 왕가는 야기에우오 왕가의 지기스문트 2세 아우구스트와는 특별한 관계에 놓여 있었다. 그러나 요점은, 지기스문트 2세 아우구스트의 마지막 왕비 카타리나는 남편보다 4개월 정도 앞서 사망했지만, 슈테판 바토리의 아내, 즉 지기스문트 2세 아우구스트의 여동생은 오빠(지기스문트 2세)가 사망했을 때, 생존해 있었다는 사실이었다. 1386년 리투아니아 대공 신분으로 폴란드 여왕이었던 앙주가의 야드비가(1373-1399, 재위: 1384-1399)와 결혼하여 폴란드 국왕이 된 야기에우오가의 블라디슬라프(부아디수아프) 2세(1362-1434, 재위 1386-1434)와 더불어 시작된 폴란드의 야기에우오 왕조는 1572년 지기스문트 2 세 아우구스트의 죽음과 더불어 소멸되었다.

막시밀리안 2세 황제는 무력으로 슈테판 바토리를 축출하려 했다. 그 러나 독일제국 의회가 황제 측이 제기한 제국군 동원 요청안을 심의하 던 도중에 막시밀리안 2세는 사망했다. 그것은 슈테판 바토리의 폴란드 국왕대관식(1576년 5월 1일)이 거행되고, 5개월 남짓 지난 1576년 10월 12일 의 일이었다. 이로써 두 명의 폴란드 국왕 사이에서 불가피했을 것으로 간주된 전쟁은 - 합스부르크 제국과 폴란드, 또는 독일제국과 폴란드 간 의 전쟁은 - 막시밀리안 2세의 죽음으로 미연에 방지되었다.

막시밀리안 2세와 종교양보칙령

막시밀리안 2세는 부왕 페르디난트 1세와는 달리 개인적으로는 신교 에 매우 동정적이었다. 그는 신교의 확장추세를 막기 위한 어떤 조처도 취하지 않았다. 1526년 이후 확산된 오스트리아의 신교는 특히 지방의회 의 귀족의원들을 개종시켰다. 젊은 시절 신교에 경도되었던 막시밀리안 2세 황제는 프랑스와 폴란드의 선례에 자극받아 1568년 8월 18일, 힘든 협상 끝에 종교양보칙령을 반포했다. 이 칙령은 귀족들이 빈을 벗어난 교외지역에 소재한 그들의 영지나 저택 등에서 거행하는 종교행사의 - 이 행사에는 귀족들과 그들의 신민들이 참여할 수 있었다 - 경우에는 아우크스부르크 신앙고백(콘페시오 아우구스타나)의 사용을 허가했다. 신교 측을 배려하여 오스트리아 귀족들에게 그들 소유의 영지 내에서 개최되는 신 교예배를 허용한 것이었다. 이와 같은 아우크스부르크 종교평화조약(1555

년의 원칙 위반은 - 다시 말해 군주(막시밀리안 2세 황제)의 종교가 가톨릭인 오스트리아에서 신교도들의 종교행사를 허용한 것은 - 터키전쟁으로 전비 조달에 어려움을 겪는 황제에게 귀족들이 재정적인 원조를 행한데 대한 반대급부의 성격을 띠고 있었다. 그러나 종교양보칙령에 포함된, 가톨릭을 비방해서는 안 되고, 여러 종파로 분열된 프로테스탄트는 예배의 동일한 규범에 합의해야 한다는, 두 가지 전제조건은 프로테스탄트 진영 내부의 난제로 작용했다.

1568년의 종교양보칙령에 포함된, 신교 종파들은 통일된 노선을 결정해야 한다는 조항은 신교도 귀족들과 성직자들의 내부 논쟁으로 이어졌다. 이 논쟁의 결과는 신학자들의 저서로 남겨졌다. 예를 들면, 개신교 신학자로서 멜란히톤의 제자였던 로슈토크 대학교수 다비트 히트레우스(1531-1600)는 신교의 체계적인 정리를 위임받고, 니더외스터라이히(엔스 강 아래의 외스터라이히) 대공국과 슈타이어마르크 공국으로 초치되어 <엔스 강 아래의 오스트리아 대공국 양대 신분대표 귀족과 기사 계급에 의해 이용될 기독교 교회 의제>라는 긴 제목의 저서를 완성하여, 신교 내의 서로 다른 신앙공동체들을 통합할 수 있는 연결선을 만들어냈다. 1568년의 종교양보칙령의 결과가 히트레우스의 저서로 확인된 셈이었다. 그러나 니더외스터라이히 대공국의 귀족 및 기사 출신의 신분의회 의원들은 막시밀리안 2세의 종교양보칙령을 위반하여 그들의 주거지역을 프로테스탄트 도시로 만들었다. 빈 교외지역(니더외스터라이히)에서 허용된 신교 예배가 빈의 가톨릭교회를 위기에 빠트린 결과를 가져온 것이었다.

슈타이어마르크 공국의 신교 확산은 카를 2세 대공(막시밀리안 2세 황제의 막내 동생)이 심부오스트리아(슈타이어마르크, 케른텐, 크라인)를 통치하면서 그 절정에 달했다. 이 지역 귀족의 대부분은 신교에 귀의해 있었다. 1572년 브루크 지방의회에서 카를 2세 대공은, 자기 자신은 가톨릭 신앙을 포기하지 않을 것이지만, 귀족들과 기사들이 대공에게 합당한 복종을 하고, 신교도들이 향후 가톨릭 종교를 비방하지 않는다는 전제 하에 그들의 현 종교를 묵인할 것이라는 성명(그라츠 종교화해, 1572)을 프로테스탄트 의원들에게 발표했다. 그와 동시에 카를 2세 대공은 20년간 중단되어 온 성체축일(코르푸스 크리스티)을 특별히 장엄하게 거행할 것을 요구했다. 신교와 화해하되, 대공 자신의 가톨릭 신앙을 눈에 띄게 기록으로 증명하기 위함이었다. 카를 2세 대공이 신교 귀족의원들에게 종교적 양보를 한 것도 오스만 제국의 침공에 대비한, 심부오스트리아의 방위비용 조달 때문이었다. 막시밀리안 2세는 역대 황제 중 신교에 대해 가장 관대했을 뿐 아니라, 심지어 임종 직전에 신교로의 개종을 고려하기까지 했었다. 그러나 1562년의 약속(가톨릭에 대한 신종서약)과 신교 내 종파들 간의 알력이 막시밀리안 2세의 신교 개종을 막은 정치적 요인들이었다.

막시밀리안 2세 황제는 사촌여동생이며 스페인 합스부르크가의 공주 마리아(카를로스 1세 스페인 국왕, 즉 카를 5세 독일제국 황제의 장녀)와의 결혼에서 16명의 자녀를 두었지만, 그 중 아들 6명과 딸 3명만 성인으로 성장했다. 장녀 안나(1549-1580)는 스페인 국왕 펠리페 2세(카를 5세의 장남, 즉 외백부(어머니 마리아의 오빠)와 결혼했다. 엘리자베트(1554-1592)는 1574년 요절한 샤를 9세 (1550-1574) 프랑스 국왕과 결혼했고, 마르가레테(1567-1633)는 마드리드의 수녀원에서 일생을 보냈다. 막시밀리안 2세의 뒤를 이어 독일제국 황제에 선출된 차남 루돌프 2세(재위: 1576-1612)와 4남 마티아스(재위: 1612-1619)를 제외한 나머지 4명의 아들 중 마티아스의 형인 에른스트 3세(1553-1595) 대공은 헝가리 왕국, 오스트리아 대공국(니더외스터라이히와 오버외스터라이히) 및 합스부르크령 네덜란드의 총독이었고, 결혼은 하지 않았다. 마티아스 대공의 한 살 아래 동생 막시밀리안 3세(1558-1618) 대공 역시 미혼으로 일생을 보냈으며, 독일기사단 총단장 겸 티롤 및 전부오스트리아의 총독이었다. 막시밀리안 2세의 6남 알브레히트 7세(1559-1621) 대공은 추기경 대주교로서 포르투갈의 부왕(副王) 겸 스페인령 네덜란드(합스부르크령 네덜란드) 총독이었으며, 교황(식스투스 5세, 재위: 1585-1590)의 특별허가를 받아 스페인 합스부르크가의 펠리페 2세 국왕의 장녀 이사벨라(1566-1633, 알브레히트 7세의 6촌 여동생)와 결혼했다. 그리고 알브레히트 7세의 동생 벤첼(1561-1578)은 잠시 카스티야의 요한 기사 수도회(몰타 기사단)의 부단장이었다.

3) 루돌프 2세

사색적이고 속사에 관심이 없었던 루돌프 2세(1552-1612, 재위: 1576-1612)는 재위 기간 대부분을 프라하 성(볼타바 강 서쪽 흐라친/흐라차니 언덕의 왕궁)에 은거하면서 미술품과 필사본의 수집에 전념했다. 그는 천문학자와 점성술사, 연금술사들과의 만남을 즐겼다. 예컨대 행성의 운동과 관련한 <케플러의 법칙>으로 유명한 천문학자 요한네스 케플러(1571-1630)가 루돌프 2세의 절친한 친구였으며, 루돌프 2세를 존경한 당대의 점성술사 노스트라다무스(1503-1566)는 점성용 천궁도를 작성하여 황제에게 헌정했다. 막시밀리안 2세 황제의 차남으로서 - 장남 페르디난트는 생후 1년 만에 사망 - 1571년까지 스페인 합스부르크 왕실에서 엄격한 가톨릭 교육을 받은 루돌프 2세는 1572년 헝가리의 국왕, 1575년 뵈멘 국왕에 등극한 후, 그 해 10월 27일 독일제국 황제에 선출되었다. 막시밀리안 2세가 조부인 페르디난트 1세 재위 시 독일제국 황제에 선출된 것처럼, 루돌프 2세 역시 막시밀리안 2세가 사망하기 1년 전에 차기 황제에 선출되었다. 종교개혁 후 7인의 선제후들의 신앙도 가톨릭 일변도에서 신교의 영향을 받기 시작했다. 1562년 막시밀리안 2세 때와 동일하게, 1575년 레겐스부르크에서 실시된 황제 선거에서도 3명의 성직선제후(마인츠, 쾰른 및 트리어 대주교)와 합스부르크가의 뵈멘 국왕(루돌프 2세)은 가톨릭인 반면에, 팔츠 선제후는 칼뱅교, 작센 선제후와 브란덴부르크 선제후는 루터파 신교도이었다. 타

고난 음악적 재능과 높은 교양을 갖춘 루돌프 2세는 종교정책에서만은 부왕 막시밀리안 2세를 따르지 않았다. 그는 1576년 10월 12일 독일황제에 즉위하면서 정력적으로 합스부르크 제국 내의 반종교개혁에 착수했다. 그의 재위 기간 내내 경직된 종교정책을 수행하면서, 네덜란드가 독일제국으로부터 완전히 떨어져 나갔다. 신교와 구교의 대립, 헝가리의 봉기, 터키전쟁 등으로 사회불안이 고조되자 귀족들은 점차 황제의 동생인 마티아스 대공 쪽으로 모이기 시작했다.

루돌프 2세의 신교 탄압과 헝가리 민중반란

독일제국 내에서는 1608년 신교 동맹(우니온)과 1609년 구교 동맹(리가)이 결성되어 슈말칼덴 전쟁 이후 또 다시 신교와 구교 세력 간의 긴장이 고조되었다. 설상가상으로 헝가리에서는 슈테판(이슈트반) 보치코이(1557-1606)가 반 합스부르크 반란을 일으켰다. 폴란드 국왕 슈테판 바토리의 조카인 지기스문트 바토리(1572-1613, 크리스토프 바토리의 아들)가 1604년 지벤뷔르겐을 포기한 후, 지벤뷔르겐은 잠정적으로 루돌프 2세 황제의 직접 통치권에 포함되었다. 이 기회를 놓치지 않고 루돌프 2세는 신교와 구교가 혼재한 이 지역에 반종교개혁을 실시하고, 절대주의적 중앙집권화 행정체제를 도입하려 했다. 이에 저항한 민중반란이 발생했고, 반란의 지휘자는 칼뱅파 신교도이며 지벤뷔르겐 귀족들의 지도자인 - 빈의 궁성에서 성장한 - 슈테판 보치코이였다. 그는 1605년 2월 22일 지벤뷔르겐의 제후로 선출되었다. 오스만 제국 황제 아흐메드 1세(1589-1617, 재위: 1603-1617)는 그에게 지벤뷔르겐과 헝가리 왕국, 즉 합스부르크령 헝가리(서부 헝가리와 슬로바키아)를 봉토로 수여했으나, 보치코이는 루돌프 2세와의 직접적인 대결을 피하기 위해 술탄이 제공한 헝가리 왕국의 왕관은 거절했다. 반란을 제압하기 위해 동원된 황제군은 반란군에 밀려 프레스부르크(브라티슬라바)까지 철수해야 했다. 2년간이나 지속된 민중반란이 뵈멘 왕국과 오스트리아로 전파되는 것을 막기 위해서는 반란세력들에게 광범위한 양보가 불가피했다. 루돌프 2세 황제를 대리한 황제의 동생 마티아스(1557-1619) 대공과 봉기 가담 헝가리 귀족들 사이에 - 1606년 1월부터 시작된 어려운 협상 끝에 - 1606년 6월 23일 빈에서 체결된 <빈 평화조약>으로 보치코이의 반란은 종식되었다.

빈 평화조약 체결로 헝가리 귀족들에게 자유로운 종교 활동이 보장되었다. 헝가리 의회는 루돌프 2세 황제를 헝가리 국왕으로 인정하려 하지 않았기 때문에, 루돌프 2세 대신에 황제의 동생 마티아스 대공이 헝가리의 국정을 대행했다. 보치코이는 몇 개의 헝가리 주(베레크, 우고챠, 소트마르 등)를 추가 세습영지로 획득했다. 그 외에 헝가리 의회의 권한이 강화되었고, 외국인, 특히 독일(오스트리아)인들을 헝가리의 정치권력으로부터 배제시키는 합의들이 빈 평화조약에서 명문화되었다. 부재 군주의 대리인으로 신분제의회에 의해 선출되는 - 1562년에 소멸된 - 궁중백(팔라틴)의 직책도 부활되었다. 터키전쟁을 종식시키기 위한 회담에 루돌프 2세 황제가 의무적으로 참석해야 한다는 조항도 빈 평화조약에 포함되었다. 실제로 3차 터키전쟁(1593-1606)을 끝낸 <지트보토록 평화조약>(1606년 11월 11일)이 빈 평화조약이 조인된 수개월 후에 체결되었다. 1918년까지 헝가리에 속했던 슬로바키아의 지타바 강은 당시 헝가리에서는 지트보 강이라 불렀다. 지트보토록은 지트보 강의 하구(河口)라는 의미의 지명이었다. 빈 평화조약은 오스트리아, 뵈멘, 메렌 의회를 통해 보장되었다. 빈 평화조약은 루돌프 2세 황제에 의해 재가는 되었지만, 황제는 마티아스 대공이 자신의 정치적 입지를 확보하기 위해 과도한 양보를 했다고 비판했다. 이제 두 사람 간의 알력은 후계 문제와 겹쳐져 공공연한 <합스부르크가의 형

제불화>로 비화하게 되었다.

빈 평화조약이 조인된 지 약 5개월 후에 체결된 합스부르크가와 오스만 제국 간의 지트보토록 평화조약은 보치코이가 사망(1606년 12월 29일)하기 한 달 전, 보치코이의 중재로 성사된 조약이었다. 지트보토록 평화조약으로 1593년 - 실제로는 1592년 말부터 - 시작된 터키전쟁이 13년 만에 끝을 보게 되었다. 마티아스 대공과 아흐메드 1세 오스만 제국 황제 사이에 개최된 평화협상은 1606년 11월 11일 지트보토록 강화조약으로 결실을 맺었다. 전쟁으로 인해 만들어진 경계선을 인정하는 선에서 종전이 선언되었다. 부다페스트를 포함한 중부 헝가리(지금의 헝가리)에 대한 오스만 제국의 지배는 계속되었고, 보치코이는 지벤뷔르겐의 제후로 인정되었다. 지트보토록 평화조약의 유효기간은 20년이었다. 1547년에 합의되어, 1차 터키전쟁(1526-1555)이 끝난 후부터 오스트리아가 오스만 제국에 지불한 배상금 규정이 지트보토록 평화조약에서 변경되었다. 매년 30,000굴덴 씩 지불하던 것을 200,000굴덴을 일괄 지불하고 배상금 문제를 매듭지은 것이 변경의 내용이었다.

루돌프 2세 황제는 지트보토록 평화조약에 마지못해 동의했는데, 그 이유는 재정적인 문제에다가 권력의지가 강한 동생 마티아스 대공에 대한 반감이 크게 작용한 때문이었다. 또 다른 이유는 페르시아 국왕이 오스만 제국과 전쟁을 계속해 주기를 독일제국 황제에게 요청했기 때문이었다. 아바스 1세(1571-1629, 재위: 1587-1629) 페르시아 국왕과 루돌프 2세 독일제국 황제는 각기 오스만 제국이 두 개의 전선에서 전쟁을 벌이면 패배하리라 기대했던 것이었다. 지트보토록 평화조약 체결로 인해 유럽의 지배자로 자처해 온 합스부르크가는 제국의 명예에 불가역적인 손상을 입게 되었다. 그나마 한 가지 위안이 있었다면, 지트보록 평화조약에서 1526년 터키전쟁이 시작된 이래 처음으로 독일제국 황제가 헝가리 국왕으로 공식 인정되었고, 이 조약에서 처음으로 루돌프 2세 황제가 오스만 제국의 술탄과 동등한 권한을 가진 조약 파트너로 인정받았다는 점이었다.

루돌프 2세 황제와 마티아스 대공 간의 갈등

빈 평화조약과 지트보토록 평화조약이 체결됨으로써, 1604년부터 2년 간 지속된 보치코이의 반란이 종지부를 찍고, 1593년부터 계속된 3차 터키전쟁(1593-1606)도 일단락되었다. 그러나 마티아스 대공에 대한 반감으로 루돌프 2세 황제가 두 조약(빈 평화조약과 지트보토록 평화조약)의 실천에 소극적인 태도를 보이자, 권력욕과 공명심이 남달리 강한 마티아스 대공과 루돌프 2세 황제 사이에 형제갈등이 심화되었다. 거기에다가 또 일생 동안 미혼으로 지냈기 때문에, 적법한 소생이 없었던 루돌프 2세가 자신을 승계할 사람으로 친동생 마티아스 대공이 아닌, 마티아스보다 21세나 어린 사촌동생 페르디난트 2세 대공(루돌프 2세의 숙부 카를 2세 대공의 아들)을 지목함으로써 루돌프 2세 황제와 마티아스 대공 간 형제불화는 수습이 불가능하게 되었다. 보치코이 반란 이후 루돌프 2세 황제의 중앙정부에 대한 헝가리인들의 불만이 팽배한 상황을 이용해, 마티아스 대공은 차기 황제 후계자 지위를 확보하기 위한 수순을 밟기 시작했다. 루돌프 2세의 잠정적 후계자이며 황제의 첫째 동생인 에른스트(1553-1595) 대공은 이미 사망했고, 미혼의 황제는 병약한 상태에 있었기 때문에, 황제의 둘째 동생 마티아스 대공은 승계 문제의 해결을 재촉하기에 이르렀다. 그로 인해 그는 현직 황제인 큰 형님 루돌프 2세의 반발과 불신을 피할 수 없게 되었다. 1606년 마티아스 대공은 숙부(카를 2세 대공)의 두 아들 페르디난트 2세(1578-1637) 대공과 레오폴트 5세(1586-1632) 대공 등, 합스부르크가의 잠재적인 계승후보자들과 비밀계약을 체결하여 황제 후보 1순위의 지위를 인정받았다. 여세를 몰아 마티아스 대공의 책사 멜히오르 클레슬(1553-1630) 빈 주교는 위기를 기회로 바꾸기 위한 방편으로 합스부르크 전체 세습지 의회의 연합회의를 다른 곳이 아닌 프레스부르크(브라티슬라바)에 소집했다. 프레스부르크 의회는 원래 가톨릭 의원들이 주류를 형성했고, 루돌프 2세 황제를 지지하는 쪽이었다. 1608년 2월 1일 프레스부르크 연합회의에서 클레슬 주교는 신교 의원들과 프레스부르크 협약을 체결하여, 마티아스 대공 명의의 종교적인 양보안을 제시했고, 신교 의원들은 그 대가로 마티아스 대공에 대한 정치적 지지를 약속했다. 프레스부르크 연합회의를 통해 니더외스터라이히 대공국과 오버외스터라이히 대공국, 헝가리와 메렌의 신교 대표들의 연합을 결성한 마티아스 대공은 기회를 놓치지 않고 자신을 지지하는 이들 신교 세력을 대동하고 루돌프 2세 황제가 체류 중인 프라하로 밀고 들어가, 합스부르크 제국 내에서 신교 세력이 가장 우세한 뵈멘 의회의 지지를 얻어 내었다. 그곳에서 뵈멘 군대를 동원한 마티아스 대공은 1608년 6월 25일 프라하 교외의 리벤에서 루돌프 2세 황제와 강제조약(리벤 평화조약)을 체결하여, 오스트리아 대공국(니더외스터라이히와 오버외스터라이히)과 헝가리 왕국과 메렌의 통치권을 이양 받고, 뵈멘 왕위 승계도 보장받았다. 루돌프 2세에게 남은 합스부르크가 소유의 지역은 이제 곧 마티아스에게 양도해야 할 뵈멘 왕국과 라우지츠와 슐레지엔뿐이었다.

뵈멘 의회는 마티아스 대공에게 제공한 군사적 지원에 대한 반대급부로 뵈멘과 메렌과 슐레지엔의 신앙의 자유를 요구하고 나섰다. 루돌프 2세 황제는 1609년 7월 9일 뵈멘 의회와 그들이 동원한 군대의 압력으로 그들이 초안을 작성한, 종교의 자유를 허락하는 법안(뵈멘 칙허장)에 강제 서명해야 했다. <뵈멘 칙허장>에서 루돌프 2세는 뵈멘의 신교도들이 요구한 종교의 자유를 광범위하게 승인해야 했다. 이미 1575년 발표된 -

아우크스부르크 신앙고백(콘페시오 아우구스타나)에 근거를 둔 교리 선언인 -<뵈멘 신앙고백>(콘페시오 보헤미카)에서 양형영성체파의 요구가 막시밀리안 2세 황제의 구두 재가를 얻어 낸바 있지만, 뵈멘 칙허장은 다시 한 번 이들이 요구한 단형 혹은 양형 영성체를 채택한 성찬식을 모두 공식적으로 인정했다. 신교도들은 프라하에 종무국을 설립하고, 프라하 대주교의 방해를 받지 않고 독일어 혹은 체코어 사용 신교 성직자를 임명할 수 있게 되었다. 그들은 폐쇄된 프라하 대학을 다시 개교할 수 있고, 또 학교와 교회를 설립할 수 있게 되었다. 뵈멘 칙허장은 종교행사에서 어떤 신앙도 다른 신앙을 방해해서는 아니 되고, 폭력적인 개종 시도를 감행할 수 없게 했다. 아우크스부르크 종교평화조약의 정당성이 재차 확인되었고, 신교도 의원들에게 적대적인 법령들은 모두 파기 처분되었다. 가톨릭 의원들도 뵈멘 법원 대장에 등록된 뵈멘 칙허장을 인정해야 했다. 1609년 8월 20일 슐레지엔 의회도 종교의 자유를 약속받았다. 뵈멘 칙허장은 1620년 11월 2일 페르디난트 2세(재위: 1619-1637, 마티아스 황제의 후임황제) 황제에 의해 뵈멘 신교 세력의 반란이 완전히 진압될 때까지 유효한 법령이었다.

뵈멘 칙허장의 반포에도 불구하고 뵈멘 의회의 압력이 더욱 더 강화될 기미를 보이자, 뵈멘 의회를 제압하기 위해 루돌프 2세는 1610년 사촌동생인 파사우 주교 레오폴트 5세(페르디난트 1세 황제의 손자, 카를 2세 대공의 아들) 대공과 그의 용병 16,000명을 프라하로 불러들였다. 이에 위협을 느낀 뵈멘 의회는 마티아스 대공의 개입을 요청했다. 마티아스 대공은 기다렸다는 듯이 재차 프라하로 진격하여, 루돌프 2세 뵈멘 국왕을 폐위시키고, 1611년까지 그를 프라하 성에 유폐시켰다. 마티아스 대공은 뵈멘 의회의 추대로 1611년 5월 23일 뵈멘 국왕에 즉위했다. 뵈멘의 왕위를 찬탈당한 루돌프 2세에게 남은 것은 이제 독일제국 황제라는 권력의 그림자뿐이었다. 우울증을 앓으면서 불만의 세월을 보낸 루돌프 2세는 뵈멘 국왕에서 퇴위한 지 1년도 채 안 된 1612년 1월 20일 그간 머물렀던 프라하 성에서 생을 마감했다.

　루돌프 2세 뵈멘 국왕을 지원하려고 했던 파사우 주교구 용병부대의 뵈멘 침공은 오히려 루돌프 2세의 퇴위를 재촉한 결과를 초래했고, 레오폴트 5세와 그의 종형 마티아스(재위: 1612-1619) 황제 간의 불화를 불렀다. 1618년 11월 마티아스 황제의 한 살 아래 동생 막시밀리안 3세(1558-1618) 대공이 - 그는 미혼으로서 독일기사단 총단장에다가 티롤과 전부오스트리아의 통치자였다 - 사망한 후, 마티아스 황제는 레오폴트 5세 파사우 주교를 티롤과 전부오스트리아의 통치자에 임명했고, 두 사람 사이의 불화는 일단락되었다.

윌리히-클레베 계승분쟁과 루돌프 2세의 개입

　마티아스 대공을 견제하기 위해 루돌프 2세 뵈멘 국왕 겸 독일제국 황제의 요청을 받고 프라하로 진군한 레오폴트 5세 대공의 용병부대는 원래 뵈멘 침공을 위해 편성된 것이 아니고, 1609년에 발생한 윌리히-클레베 계승분쟁에 개입하기 위해 루돌프 2세 황제의 명령에 의해 편성된 군대였다. 벤로 조약(1543)에서 겔데른과 쥐트펜을 합스부르크 왕가에 양도한 바 있는 빌헬름 5세(윌리히-클레베-베르크 공작)를 승계한 그의 차남 요한 빌헬름(1562-1609, 재위: 1592-1609) 공작이 1609년 후사를 두지 못하고 사망하자, 호엔촐레른가(브란덴부르크), 팔츠-노이부르크가, 팔츠-츠바이브뤼켄가 및 부르가우가로 각각 출가한 요한 빌헬름 공작의 4명의 여형(요한 빌헬름은 빌헬름 5세의 일곱 자녀 중 막내)이 제각각 상속권과 계승권을 주장하고 나섰다. 그것이 바로 윌리히-클레베 계승분쟁이 발생하게 된 원인이었다.

1609년 사망한 요한 빌헬름 공작의 맏누이(빌헬름 5세의 장녀) 마리 엘레오노레(1550-1608)는 프로이센 공국(동프로이센)의 알브레히트 프리드리히(1533-1618, 재위: 1568-1618) 공작과 결혼하여 낳은 맏딸 안나(1576-1625)가 1594년 요한 지기스문트(1572-1620, 재위: 1608-1619) 브란덴부르크 선제후와 결혼함으로써 브란덴부르크는 몇 다리를 건너 연결되는 혈연에 근거하여 윌리히-클레베-베르크에 대한 상속권을 주장했다. 요한 빌헬름의 둘째누이 마리(1552-1632)는 팔츠-노이부르크의 필립 루트비히(1547-1614, 재위: 1569-1614) 공작과 결혼했고, 그의 셋째누이 막달레네(1553-1633)는 팔츠-츠바이브뤼켄의 요한 1세(1550-1604, 재위: 1569-1604)와 결혼함으로써 남동생(요한 빌헬름) 사망 시 친정(윌리히-클레베-베르크 공국)에 대한 연고권을 주장할 수 있었다. 합스부르크 왕가(루돌프 2세 황제)가 윌리히-클레베 계승전쟁에 개입할 수 있었던 법적 근거는 요한 빌헬름의 넷째누이 지빌레(1557-1627)가 - 페르디난트 1세 황제의 손자(막시밀리안 2세 황제의 동생인 페르디난트 2세 대공의 아들) 카를 대공(1560-1618, 부르가우 변경백)과 결혼함으로써 - 루돌프 2세 황제에게는 4촌 동생의 부인이었다는 사실에 놓여 있었다.

복잡하게 얽히고설킨 혈연관계를 구실로 내세운 윌리히, 클레베, 베르크 3개 공국을 둘러싼 소유권 다툼에 선수를 친 쪽은 호엔촐레른 왕가의 요한 지기스문트(사망한 요한 빌헬름 공작의 맏누이의 사위) 브란덴부르크 선제후와 비텔스바흐 왕가의 볼프강 빌헬름(1578-1643, 재위: 1614-1643. 필립 루트비히 공작과 요한 빌헬름의 둘째누이 마리의 아들) 공작이었다. 루터교 신자라는 공통점을 가진 두 제후는 윌리히와 클레베를 무력으로 점령한 후, 1609년 6월 10일 <도르트문트 협정>을 체결하여 윌리히와 클레베를 공동 통치하는데 합의했다.

루돌프 2세 독일제국 황제는 요한 지기스문트 선제후와 볼프강 빌헬름 공작의 윌리히-클레베 점령의 승인을 거부하고, 사촌동생이며 파사우 및 슈트라스부르크 주교인 레오폴트 5세 대공을 요한 빌헬름이 남긴 상속재산 환수 집행을 위한 황제 측 대리인으로 임명했고, 레오폴트 5세는 그 후 윌리히 공국을 점령했다. 합스부르크 왕가의 권력 확대가 초래할 스페인 왕국(스페인 합스부르크 왕가)의 위상 강화를 염려한 해양강국 영국과 네덜란드는 윌리히 전방에 군대를 집결시켜 레오폴트 5세 주교와 그의 군대의 철수를 강하게 압박했다. 프랑스도 출전준비를 완료했으나, 앙리 4세(1553-1610, 재위: 1589-1610)의 돌연한 죽음으로 더 이상의 확전은 예방되었다. 앙리 4세는 1610년 5월 19일을 출병 일자로 확정했으나, 5월 14일 프랑수아 라바야크(1578-1610)라는 광신적 가톨릭 신자에 의해 살해당했기 때문에 공격계획은 무산되었다. 루돌프 2세 황제의 요청으로 마티아스 대공을 제압하기 위해 프라하로 진격한 레오폴트 5세의 용병대는 바로 이 윌리히에서 철수한 병력이었다.

1609년에 시작된 윌리히-클레베 계승분쟁은 1672년까지 무려 60년 이상을 끌면서 복잡한 역학관계 속에서 진행되었다. 분할을 반대한 윌리히-클레베 의회, 루돌프 2세 황제, 윌리히-클레베의 네덜란드 편입을 우려한 스페인, 그리고 신교 동맹과 구교 동맹이 계승분쟁에 적극적으로 개입했다. 그 후 팔츠-노이부르크의 볼프강 빌헬름 공작은 루터교를 버리고 가톨릭으로 개종하여, 바이에른의 막시밀리안 1세(1573-1651, 재위: 1597-1651. 1623년 이후 선제후) 공작의 누이동생 막달레네(1587-1628)와 결혼한 후, 바이에른과 바이에른이 맹주인 구교 동맹(1609년 창설)에 도움을 청했다. 요한 지기스문트 브란덴부르크 선제후는 루터교에서 칼뱅교로 개종하여, 16세의 나이에 즉위한 - 유럽의 정세 판단에 미숙한 나머지 1619년 뵈멘의 왕위를 수락하여 비운의 <겨울왕>이 된 - 프리드리히 5세(1596-1632, 선제후: 1610-1623, 뵈멘 국왕: 1619-1620) 팔츠 선제후와 네덜란드에 도움을 청했다. 1614년 스페인 군대가 윌리히를, 네덜란드 군대는 클레베를 침공했다. 영국과 프랑스, 스페인과 네덜란드의 개입으로 1614년 체결된 <크산텐 조약>에서 일단 윌리히-클레베의 분할이 저지되었지만, 1624년 <뒤셀도르

프 조약>에서 윌리히-클레베는 브란덴부르크와 팔츠-노이부르크 간에 분할되었다.

1666년 <클레베 지분조정 협약>에 의해 분할 지역이 일부 수정되어, 브란덴부르크 대선제후 프리드리히 빌헬름(1620-1688, 재위: 1640-1688)은 클레베와 마르크와 라벤스베르크를 보장받았고, 볼프강 빌헬름의 계승자 필립 빌헬름(1615-1690, 재위: 1653-1690. 1685년 이후 선제후) 팔츠-노이부르크 선제후는 윌리히와 베르크를 획득했다. 윌리히-클레베 계승분쟁은 브란덴부르크에 편입된 지역의 가톨릭교도들과 팔츠-노이부르크에 편입된 지역의 신교도들의 권리를 보장한 1672년의 <쾰른 종교조정>(1672년 4월 26일, 여기서의 쾰른은 현재의 베를린 도심 지역의 명칭임)의 체결로 대단원의 막을 내렸다. 결과적으로 루돌프 2세 황제는 윌리히-클레베 계승분쟁 초기에 레오폴트 5세 대공으로 하여금 윌리히를 무력 점령하는 강수를 두었지만, 무위로 끝나고, 영토적 이익은 챙기지 못했다. 반대로 브란덴부르크는 라인 강 하류지역에 광대한 영토를 획득함으로써 대국 건설을 위한 초석을 놓았다.

4) '합스부르크가 형제불화'의 주역 마티아스 황제

막시밀리안 2세 황제와 마리아(카를로스 1세 스페인 국왕, 즉 카를 5세 황제의 딸)의 넷째 아들로 태어난 마티아스(1557-1619, 재위: 1612-1619)는 스페인 왕실에서 교육을 받은 후, 1578년 21세의 나이에 스페인령 네덜란드 총독에 임명되었다. 1570년대 말의 네덜란드는 의회의 권력이 지배적이었기 때문에, 마티아스는 총독임에도 불구하고 전적으로 의회의 의지에 종속되어 있었다. 일생동안 결혼하지 않은 5살 위의 형 루돌프 2세 독일황제는 개인적으로 마티아스 대공을 싫어했지만, 유력한 차기 황제 후보자이면서도 합스부르크 왕가의 세습지를 전혀 상속받지 못한 그를 1578년 합스부르크령 네덜란드(스페인령 네덜란드)의 총독에 임명한 것이었다. 이미 언급했지만, 마티아스의 조부 페르디난트 1세 황제는 세 아들 막시밀리안 2세 황제, 페르디난트 2세 대공, 그리고 카를 2세 대공에게 니더외스터라이히와 오버외터라이히, 티롤 및 심부오스트리아를 각각 분할 상속했다. 막시밀리안 2세가 페르디난트 1세 황제로부터 상속받은 니더외스터라이히와 오버외터라이히는 루돌프 2세에게 상속되었고, 루돌프 2세의 동생인 마티아스는 아버지 막시밀리안 2세로부터 오스트리아 내의 세습지는 상속받지 못했다. 영지를 상속받지 못한 재종제(6촌 동생)인 마티아스를 네덜란드 총독으로 임명하는데 동의해야 했던 스페인 국왕 펠리페 2세(1527-1598, 재위: 1556-1598. 카를 5세 황제의 장남)는 3년이 지난 1581년 프랑스와의 관계를 개선하기 위해 마티아스를 해임하고, 프랑스 국왕 앙리 2세의 막내아들이며 자신의 처남이기도 한 프랑수아(1555-1584)를 그 자리(스페인령 네덜란드 총독)에 앉혔다. 마티아스는 본국으로 귀국하여 - 1593년 오스트리아 대공국(니더외스터라이히와 오버외스터라이히)의 총독에 임명될 때까지 - 린츠에 머물렀다.

마티아스는 루돌프 2세가 1612년 1월 20일 사망한 후 약 5개월이 지난 같은 해 6월 13일 프랑크푸르트에서 개최된 선제후 회의에서 루돌프 2세의 후임 황제로 선출되었다. 쾰른 선제후 페르디난트(1577-1650, 재위: 1612-1650) 대주교는 그의 친형 막시밀리안 1세 바이에른 공작을 황제로 선출하기 위해 노력했지만, 당사자가 거부했기 때문에, 대타로 선출된 황제가 이미 뵈멘과 헝가리 왕국의 통치권을 인수한 합스부르크가의 마티아스 대공이었다. 막시밀리안 1세 바이에른 공작이 황제 선출을 거부한 이유는 알려지지 않았다. 단지 신교 동맹(1608)의 대척동맹으로서 1609년에 조직된 구교 동맹의 지휘자가 바이에른 공작 막시밀리안 1세이었다는 점을 고려하면, 루돌프 2세 황제가 추진한 반종교개혁을 지속적으로 밀어붙이기 위해서는 구교 동맹과 합스부르크 왕가 간의 협조가 절대적으로 필요했고, 따라서 황제 선출을 두고 비텔스바흐가(막시밀리안 1세)와 합스부르크가(마티아스) 간의 적대적 경합은 바람직하지 않았을 것으로 판단했을 것이다. 잉골슈타트에서 예수회 신부의 교육을 받고 성장한 철저한 가톨릭 신자인 막시밀리안 1세는 독일제국 내 반종교개혁의 기수 중의 한 사람이었다.

루돌프 2세 황제를 대리하여 1606년 빈 평화조약(6월 23일)과 지트보토록 평화조약(12월 29일)을 연달아 체결하여 스테판 보치코이의 반란과 3차 터키전쟁을 끝낸 후, 마티아스 대공은 헝가리 총독에 임명되었다. 니더외스터라이히 대공국과 오버외스터라이히 대공국 의회 내의 신교 의원들은 합스부르크가의 형제불화에서 루돌프 2세 황제가 아닌, 마티아스 대공을 지지했으며, 마티아스 대공의 뵈멘 국왕 승계도 그들의 지지가 없었더라면 불가능한 일이었다. 1608년 마티아스 대공의 조언자인 클레슬 주교의 주도로 마티아스 측과 합스부르크 제국 내 신교도 연합 간에 <프레스부르크 협약>(1608년 2월 1일)이 체결됨으로써 오스트리아와 헝가리와 메렌의 신교도들에게 신앙의 자유가 허용되었고, 마티아스 대공은 그 대가로 신교도들의 지지를 획득했었다. 루돌프 2세 황제에 대항하기 위해서는 신교 측의 도움이 불가피했기 때문이었다.

마티아스가 클레슬의 자문을 받기 시작한 것은 1599년 대공 시절 때였다. 클레슬은 원래 신교도 집안에서 태어났지만, 마티아스 대공의 궁정 사제로서 빈 예수회 신학교 총장 겸 궁정고해신부로 활동한 예수회 신부 게오르크 셰러(1539-1605)의 영향을 받아 가톨릭으로 개종하여 승승장구한 인물이었다. 그는 1579년 빈의 성 슈테판 주교좌성당의 수석 신부, 1581년부터 파사우 주교구재판소 수석판사, 1588년 이래 비너노이슈타트 주교구의 행정관, 1602년부터 빈 주교, 1615년 로마가톨릭교회의 추기경이 되었다. 클레슬은 니더외스터라이히의 반종교개혁의 동력이었으며, 그곳에서 그는 1593년 이후 루돌프 2세 황제의 동생이며 마티아스 대공의 형인 에른스트 대공(니더외스터라이히 총독)을 보좌하여 종교개혁에 따른 업무를 총괄했다. 그가 추진한 성공적인 반종교개혁 운동은 종종 폭력적인 정책을 수반했으며, 니더외스터라이히의 여러 도시(바덴, 크렘스, 슈타인 등)를 다시 가톨릭 도시로 환원시켰다.

1606년 대공 시절의 마티아스에 의해 체결되어, 3차 터키전쟁(1593-1606)을 끝낸 지트보토록 평화조약은 1616년 마티아스 황제에 의해 1차(2차 갱신은 1625년) 갱신되었다. 전쟁배상금 일괄지불과 평화를 맞바꾼 지트보토록 평화조약은 오스트리아에게는 치욕적인 대 오스만 제국 조공의 연장을 의미했다. 그러나 지벤뷔르겐의 지배자로 부상한 가보르 베틀렌(재위: 1613-1629)의 침입으로 마티아스 황제는 더 이상 터키전쟁을 수행할 수가 없었기 때문에, 지트보토록 평화조약의 갱신은 불가피한 선택이었다. 가보르 베틀렌은 뵈멘의 신교 세력과 동맹을 맺어 도나우 강 이북의 합스부르크령 헝가리(왕국 헝가리)를 점령한 후, 한때 수도 빈까지 위협했다.

철저한 가톨릭 신봉자였던 - 마티아스 황제의 사촌동생 - 페르디난트 2세 대공(마티아스의 후임황제, 카를 2세 대공의 아들)과 마티아스 황제의 친동생 막시밀리안 3세 대공(티롤 및 전부오스트리아 총독)은 터키전쟁을 위한 재원 확보 문제 때문에 신교 측과 타협을 모색하는 마티아스 황제와 클레슬 추기경의 - 추밀원 의장으로서 마티아스의 정치고문이었던 클레슬은 <합스부르크가 형제불화>의 화근이었고, 마티아스 황제 재위 시 '부황제'로 불린 세도가이었다 - 정책에 반대했다. 마티아스 황제는 즉위 5년 후인 1617년 건강상의 이유에서 사촌동생 페르디난트 2세에게 헝가리와 뵈멘의 왕위를 선위했다. 강경한 가톨릭 성향에도 불구하고 뵈멘의 국왕에 임명된 페르디난트 2세(재위: 1617-1627) 대공은 - 마티아스 황제와 클레슬 추기경은 페르디난트 2세에게 프로테스탄트에 대한 양보를 권유했으나 - 즉위하자마자, 전임 국왕 마티아스와는 달리 신교 탄압 정책으로 일관했다. 페르디난트 2세 뵈멘 국왕의 신교 탄압 정책은 마티아스 대공의 압력에 의해 루돌프 2세 황제의 이름으로 반포된 <뵈멘 칙허장>의 내용을 명백하게 위반한 행위로서 결국 <뵈멘 봉기>로 이어졌고, 병약한 마티아스 황제를 대신해 국정을 좌지우지하려한 추밀원 의장 클레슬 추기경은 페르디난트 2세 대공과 막시밀리안 3세(마티아스 황제의 동생) 대공에 의해 마티아스 황제 모르게 체포되어 티롤의 게오르겐베르크에 구금되었다. 그 후 클레슬은 로마의 교황청 법정에 소환되어 감금되었다가, 1623년에 비로소 자유의 몸이 되었다. 그는 1627년 뵈멘의 국왕이 페르디난트 2세 황제에서 페르디난트 3세 황제로 바뀌었을 때, 빈의 주교직을 다시 맡았지만, 정치적 영향력은 없었다. 1617년 페르디난트 2세가 뵈멘과 헝가리의 왕위 승계를 공식적으로 승인 받은 후, 오스트리아의 국정은 마티아스 황제가 아닌, 페르디난트 2세 대공이 주도했다. 마티아스 황제는 뵈멘 봉기를 진압하기 위해 독일제국군이 군사작전을 개시할 무렵에 사망했다.

□ 6
30년 전쟁(1618-1648)

1) 뵈멘 국왕으로서의 페르디난트 2세 황제

페르디난트 2세(1578-1637, 재위: 1619-1637)는 1619년부터 1637년까지 격동기의 독일제국과 합스부르크 제국을 통치한 신성로마제국 황제이었다. 페르디난트 2세의 부친은 심부오스트리아(슈타이어마르크와 케른텐과 크라인)의 대공 카를 2세 대공(페르디난트 1세 황제의 아들)이었고, 모친은 독일제국의 가장 강력한 가톨릭 제후국 바이에른 출신의 마리아 안나(1551-1608: 빌헬름 5세 공작의 여동생)였다. 모친과 동명인 페르디난트 2세의 부인 마리아 안나(1574-1616)는 빌헬름 5세(1548-1626, 재위: 1579-1598) 바이에른 공작의 딸이자, 구교 동맹의 맹주인 막시밀리안 1세(빌헬름 5세의 아들) 바이에른 공작의 한 살 아래 여동생이었다. 예수회 신부들에 의해 철저한 가톨릭 교육을 받은 마리아 안나는 1600년 페르디난트 2세와 결혼하였으나, 남편이 황제에 선출되기 3년 전에 사망한 비운의 여성이었다. 페르디난트 2세 황제의 소생은 모두 마리아 안나와의 사이에 태어난 자녀들이었다. 마리아 안나라는 여자 이름은 남부독일에서 흔한 이름이어서, 페르디난트 2세 황제의 딸 마리아 안나(1610-1665)는 외백부인 막시밀리안 1세(페르디난트 2세 황제의 처남) 바이에른 공작과 결혼했다. 페르디난트 2세 황제 재위기에 반종교개혁이 거의 완벽하게 수행된 배경에는 이러한 가족적 배경이 큰 역할을 했음을 알 수 있다. 바이에른의 비텔스바흐 왕가와 합스부르크 왕가(오스트리아와 스페인)는 반종교개혁 시기의 가톨릭교회 보호에 기여한 독일어권 유럽의 양대 가톨릭 왕가였다.

페르디난트 2세 황제는 후사를 두지 못한 사촌형 마티아스 황제를 승계하여 독일제국 황제 겸 오스트리아 대공에 즉위하면서 마티아스의 오스트리아 내 통치지역인 니더외스터라이히 대공국 및 오버외스터라이히 대공국을 자동적으로 상속받게 되었다. 페르디난트 2세 황제의 조부인 페르디난트 1세가 세 아들(막시밀리안 2세 황제, 페르디난트 2세 대공, 카를 2세 대공)에게 오스트리아의 세습지를 분할 상속한 후 약 55년 만에, 심부오스트리아(슈타이어마르크 공국, 케른텐 공국, 크라인 공국)를 상속받은 카를 2세 대공의 아들 페르디난트 2세 황제가 니더외스터라이히 대공국과 오버외스터라이히 대공국까지 상속받게 됨으로써, 어떤 의미에서는 - 1379년부터 1453년까지 84년간 합스부르크가가 알브레히트파와 레오폴트파로 양분된 이후 - 합스부르크가의 두 번째 분할시기(1554-1618)가 1619년 페르디난트 2세 황제의 집권으로 끝이 난 셈이었다.

페르디난트 2세 황제는 외가인 바이에른의 잉골슈타트에서 예수회 교단에 의해 엄한 가톨릭 교육을 받고 성장했다. 페르디난트 2세는 부친(카를 2세 대공)이 조부(페르디난트 1세 황제)로부터 분할 상속받은 심부오스트리아(슈타이어마르크와 케른텐과 크라인)의 통치권을 1590년 인수한 후, 그곳에서 합스부르크가와 가톨릭교회의 권리를 수호하기 위해 진력하면서 반종교개혁을 활발히 수행했다. 그는 가톨릭교회에 대한 편애에도 불구하고 마티아스 황제 생전인 1617년 뵈멘 국왕직을 황제로부터 물려받았다. 뵈멘 국왕에 즉위하기 전 페르디난트 2세는 우선 뵈멘의 왕위를 노리는 합스부르크가 내의 경쟁 대상들과의 관계를 정리해야 했다. 마티아스 황제는 후사가 없었고, 일생 동안 결혼을 하지 않아 후손을 둘 수 없었던 마티아스의 두 동생 막시밀리안 3세 대공과 알브레히트 7세 대공은 사촌동생인 페르디난트 2세를 위해 자진해서 헝가리와 뵈멘 국왕 승계를 포기했다. 그런데 백부 막시밀리안 2세 황제의 외손자이며 페르디난트 2세 황제의 종질(사촌누나의 아들)인 스페인 국왕 필립(펠리페) 3세(1578-1621, 재위: 1598-1621)가 유일하게 헝가리와 뵈멘 왕위에 대한 계승권을 제기했다.

대공 시절의 페르디난트 2세와 스페인 공사 이니고 벨레즈(1566-1644, 오냐테 백작)에 의해 1617년 3월 20일 빈에서 체결된 협약에서 스페인 국왕 필립 3세는 황제직할 태수령인 하게나우(아그노)와 오르텐부르크(오르텐부르크)를 포함하는 알자스 지방을 할양받는 조건으로 페르디난트 2세와 페르디난트 2세의 남계 후손들을 위해 헝가리와 뵈멘의 국왕 계승권을 포기했다. <오냐테 조약>이라 명명된 이 협약은 1617년 6월 15일 마티아스 황제에 의해 재가되었다. 1617년 7월 29일 체결된 극비 추가협약에서 페르디난트 2세는 스페인 합스부르크가가 오스트리아 합스부르크가의 상속 재산에 대한 청구권을 영구히 포기하도록 하기 위해, 스페인 합스부르크가의 남계가 페르디난트 2세의 여계 혈통에 우선해 스페인 왕위 계승권을 가진다는 합의를 필립 3세에게 해 주었다. 그 밖에 페르디난트 2세는 1619년 8월 28일 황제에 선출된 후, 이탈리아의 피날레 리구레와 피옴비노를 스페인 합스부르크가의 필립 3세 국왕에게 양도했다. 오스트리아 합스부르크 왕실과 스페인 합스부르크 왕실 간에 체결된 오냐테 조약을 통해 뵈멘과 헝가리 국왕 계승권을 둘러싸고 발생했을지도 모르는 합스부르크 왕가 내부의 갈등이 말끔히 해결된 것이었다. 북이탈리아와 알자스에 영토를 추가함으로써 프랑스로 하여금 합스부르크가(오스트리아 합스부르크가 및 스페인 합스부르크가)의 포위망이 점점 더 좁혀 오는듯한 감정을 느끼게 하지 않을 수 없게 만든 오냐테 조약은 곧 시작될 30년 전쟁에서 가톨릭 국가인 프랑스가 독일의 신교 제후국들을 지원하게 되는 구실을 제공했다. 신교도 의원이 압도적 다수의석을 점한 뵈멘의 의회에 맞서서 페르디난트 2세는 즉위직후부터 합스부르크가와 가톨릭교회의 권리를 지키기 위해 반종교개혁에 박차를 가하기 시작했다.

2) 뵈멘 봉기와 30년 전쟁의 발발

브라우나우(체코와 폴란드 사이의 국경도시 브로우모프) 소재 가톨릭 성직령 내의 신축 프로테스탄트 교회 강제철거는 교회를 설립할 수 있는 권리를 보장한 1609년의 <뵈멘 칙허장>의 명백한 위반이었다. 뵈멘 칙허장을 통해 승인된 신교재산관리인 협의회에 의해 - 황제의 집회금지령에도 불구하고 - 소집된 항의집회가 1618년 5월 21일 프라하에서 개최되었다. 5월 23일 100여 명의 신교 대표단이 집회금지에 대한 항의를 뵈멘 총독에게 전달하기 위해 프라하 성으로 몰려갔다. 이들 중 하인리히 마티아스 폰 투른(1567-1640, 뵈멘 봉기 주도자) 백작이 지휘한 10여 명의 신교도 귀족들은 사전 약속 하에 2명의 뵈멘 총독을 살해하여 정국을 혼란으로 몰아가려고 획책했다. 그들은 계획적으로 소요장면을 연출한 후, 평화 파괴자라고 지목한 야로슬라프 보르시타 마르티니츠(1582-1649) 총독과 빌헬름 폰 슬라바타(1572-1652) 총독 및 그들의 서기 필립 파브리치우스(1608년 이전 출생, 1628년 이후 사망)를 17m 높이의 프라하 성 창밖으로 내던졌다. 성 주위로 둘러 파놓은 연못(해자)으로 추락한 세 사람은 기적적으로 가벼운 부상만 입고 안전한 곳으로 피신할 수 있었다. 이 역사적인 <프라하 창문 투척 사건>과 더불어 <뵈멘 봉기>가 유발되었고, 뵈멘 봉기(뵈멘 반란)는 <30년 전쟁>의 도화선으로 작용했다.

1618년 5월 23일의 <프라하 창문 투척 사건>이 기폭제가 되어 프라하를 중심으로 한 뵈멘 전역에서 민중봉기가 발생했고, 페르디난트 2세 뵈멘 국왕과 뵈멘 의회 간의 불화는 심화일로로 치달았다. 뵈멘 봉기가 발발하고 두 달이 지난 후, 프라하에서 개최된 신교도 의원 총회에서 뵈멘은 물론이고, 뵈멘 국왕 관할 지역인 메렌, 슐레지엔, 오버라우지츠, 니더라우지츠 의회의 신교 의원들은 동맹을 결성하여, <뵈멘 동맹규약>(1619년 7월 31일)을 발표했다. 프로테스탄트 의원 총회가 뵈멘 동맹규약에 포함시킨 내용은 뵈멘의 국왕을 동맹에 가입시킨다, 뵈멘에서 문제가 발생할 때는 국왕을 불러낸다, 루돌프 2세 황제가 반포한 1609년의 <뵈멘 칙허장>을 뵈멘 국왕(페르디난트 2세)에게 확인시킨다, 가톨릭 성직령은 뵈멘인들에게 양도케 한다, 종교행사의 자유를 보장케 한다, 등이었다. 그들은 이미 제1항(뵈멘의 국왕을 동맹에 가입시킨다)에서 가톨릭 국왕인 페르디난트 2세의 축출을 암시했다. 100여 개 조항으로 구성된 뵈멘 동맹규약은 그 외에도 뵈멘 왕국의 최고위 직책은 의회가 추천한 신교도들에게 양도할 것과 영방(뵈멘, 메렌, 슐레지엔, 오버라우지츠, 니더라우지츠) 의회의 자율적인 제후 선출권을 요구했다. 인사권, 군사권, 조약체결권, 재판권과 같은 국가의 주요 업무에 관한 국왕과 왕실 사무국의 권한을 의회의 사전 동의에 종속시킨 규정도 뵈멘 동맹규약에 포함되었다. 가톨릭 의원들에게도 동맹 가입의 선택권이 허용되었다. 방어규정에 관한 조항은 국민군 편성이 예정되었다. 슐레지엔의 특수 사정에 국한된 몇몇 별개 합의도 동맹규약에 포함되었다. 뵈멘 동맹규약은 일종의 의원입법의 시도였다.

뵈멘 동맹규약의 이행을 거부함에 따라 페르디난트 2세의 국왕 자격은 1619년 8월 22일 자로 무효로 선언되었고, 페르디난트 2세 대신에 팔츠 선제후이며 칼뱅교도인 프리드리히 5세(1596-1632, 선제후: 1610-1623, 뵈멘 국왕: 1619-1620)가 8월 26일 뵈멘의 국왕(프리드리히 1세)으로 새로이 선출되었다. 뵈멘 의회가 프리드리히 5세 팔츠 선제후를 뵈멘의 국왕으로 뽑은 데는 영국의 지원을 기대한 배경도 크게 작용했다. 1613년 프리드리히 5세와 결혼한 엘리자베스 스튜어트(1596-1662)가 영국 국왕 제임스 1세(1566-1625, 재위: 1603-1625)의 장녀이었기 때문이었다. 프라하 창문투척 사건과 더불어 뵈멘 봉기가 발발한 지 1년 후인 1619년 7월 31일 뵈멘 의회는 우선 뵈멘 왕국 관할의 슐레지엔 및 라우지츠의 의회와 동맹을 체결하고, 메렌, 오버외스터라이히, 니더외스터라이히의 신교도 의원들과도 제휴함으로써 동맹을 확대한 후, 영국, 스웨덴, 네덜란드, 그리고 독일제국 내 신교 제후국들의 동맹체를 일컫는 신교 동맹(유니언)과도 연합하여 동맹의 외연을 크게 넓히려 했다. 1619년 3월 20일 마티아스 황제가 사망하고 5개월이 지나도록 후임 황제가 공식적으로 선출되지 않은 상황을 이용하여 그들은 입헌왕국 수립 아니면, 공화국 수립 계획까지 세우고 있었다.

페르디난트 2세는 뵈멘의 왕위를 박탈당한 4일 후인 1619년 8월 28일 독일황제에 선출되었다. 그는 황제에 즉위하자마자, 뵈멘의 대립국왕인 프리드리히 5세를 제압하고 뵈멘의 반란을 조기에 진압하기 위해, 처남이기도 한 막시밀리안 1세 바이에른 공작으로부터 구교 동맹의 지원을 약속받았다. 페르디난트 2세 황제가 <뮌헨 조약>(1619년 10월 8일)을 통해 바이에른과 구교 동맹의 지원을 확보한데 대한 대가로 막시밀리안 1세 공작에게 약속한 내용 중 핵심적인 것은, 동맹 분담금을 초과하는 바이에른의 전쟁경비 일체를 보상하고, 패전 시 발생할지도 모르는 영토 손실은 합스부르크 왕가의 세습지로 보상하며, 프리드리히 5세를 파문하여 그를 독일제국에서 추방하고, 그가 소유한 팔츠의 선제후 지위를 막시밀리안 1세에게 양도한다는 것 등이었다.

뵈멘 의회가 칼뱅파 신교도인 프리드리히 5세 팔츠 선제후를 뵈멘의 새로운 국왕으로 추대한 것은 - 언급했듯이 - 그의 아내가 영국 왕 제임스 1세의 딸이어서 영국으로부터의 재정적 지원을 뵈멘 의회가 기대했기 때문이었다. 그러나 루터파가 절대다수인 독일의 신교 동맹은 프리드리히 5세를 뵈멘의 국왕으로 선출한 뵈멘 의회의 결정에 반대했고, 뵈멘과 영국 간의 동맹 협상도 성사되지 않았다. 신교 동맹의 지지가 없었음에도 불구하고 프리드리히 5세는 뵈멘 의회의 추대를 받아들이고, 1619년 11월 4일 프라하에서 뵈멘 국왕 대관식을 가졌다. 1608년 앙리 4세 (1553-1610, 재위 1589-1610) 프랑스 국왕의 지원으로 출범한 독일제국 내의 신교 동맹(프로테스탄티셰 우니온)은 루터파와 칼뱅파 간의 갈등, 작센 선제후국과 북독 신교 제후들의 동맹 불참, 클레베 계승분쟁 시 팔츠-노이부르크의 궁중백 볼프강 빌헬름의 구교로의 개종과 신교 동맹 탈퇴(1614), 그 3년 후 브란덴부르크 선제후국의 신교 동맹 탈퇴(1617), 그리고 만성적인 재정 부족 등으로 인해 내부적으로 여러 가지 문제점을 안고 있었다. 독일제국의 신교 동맹은 팔츠 선제후 프리드리히 5세의 뵈멘 국왕 승계를 지지하지 않았음에도, 뵈멘 봉기가 시작된 후, 그에게 병력을 지원했다.

독일제국 황제 즉위 직후에는 국내외의 정세가 페르디난트 2세에게 극히 불리하게 전개되는 듯 했다. 투른 백작 휘하의 뵈멘 반란군이 1619년 6월 9월 두 차례 빈 근교까지 밀고 들어왔고, 니더외스터라이히 대공국의 신교도들이 때를 같이하여 페르디난트 2세 황제에게 압박을 가해왔다. 여기에다가 오스만 제국의 지원으로 제후의 지위에 오른 지벤뷔르겐의 가보르 베틀렌이 오스만 제국을 도와 오스트리아의 동쪽 국경을 위협했고, 오스트리아의 국고도 바닥을 드러냈다. 그러나 페르디난트 2세 황제는 불리한 제반여건에도 굴하지 않고 단호히 대처했다. 그는 강력한 동맹국들을 확보할 수 있었다. 같은 합스부르크가 출신인 스페인 국왕 필립(펠리페) 3세와 교황(바오로 5세, 재위: 1605-1621)이 도움을 약속했고, 1608년에 결성된 신교 동맹을 제어하고 신교의 확산을 막기 위해 신교 동맹의 대척 동맹으로 1609년에 창립된 구교 동맹으로부터도 확실한 지원을 약속받았다. 프랑스 출신의 샤를 보나벤튀르 드 롱그발(1571-1621) 휘하의 황제군은 막시밀리안 1세 바이에른 공작과 요한 체르클라에스 폰 틸리(1559-1632) 백작이 지휘한 28,000명의 가톨릭 동맹군과 합류했다. 이탈리아와 스페인, 그리고 교황청에서도 원군이 파병되었다.

1620년 11월 8일 프라하 근교의 해발 38m의 백산(白山, 빌라 호라)에서 진을 친, 안할트-베른부르크의 공작 크리스티안 1세(1568-1630)를 최고지휘관으로 한 프리드리히 5세 팔츠 선제후(뵈멘 국왕으로서는 프리드리히 1세)의 뵈멘 왕국 군대 21,000명은 가톨릭 동맹군에 의해 참패를 당했다. 프라하는 황제군이 점령했고, 뵈멘 봉기는 <백산 전투>(빌라호라 전투)와 더불어 진압되었다. 크리스티안 1세는 프리드리히 5세 팔츠 선제후가 뵈멘 국왕에 선출된 1619년 8월 뵈멘군 총사령관에 임명되었지만, 백산 전투에서 단 한 차례의 패배로 정치적, 군사적 경력을 일거에 잃어버렸다. 그는 스웨덴과 덴마크에서 도피처를 찾았다. 이로써 신교 동맹 진영에서 차지하고 있던 팔츠 선제후국과 팔츠 선제후 프리드리히 5세의 위상은 바닥으로 추락했다. 프리드리히 5세는 뵈멘 왕위를 버리고 슐레지엔, 베를린, 볼펜뷔텔, 함부르크를 거쳐 덴하흐(헤이그)로 피신했다. 그는 1621년 1월 23일 페르디난트 2세 황제로부터 제국추방령을 선고받았다. 그리고 팔츠는 페르디난트 2세 황제에 의해 점령되었다. 페르디난트 2세는 뵈멘 봉기 주동자 27명을 처형케 하고, 그들의 재산을 몰수토록 했다. 그 후 1622년 4월 27일 비슬로흐 전투(하이델베르크 남쪽 13km, 밍골스하임 전투라고도 함)에서 프리드리히 5세에 의해 뵈멘 탈환군 사령관으로 임명된 에른스트 폰 만스펠트 (1580-1626) 백작의 팔츠 군대가 틸리 백작이 지휘한 구교 동맹군에게 승리를 거둔 후, 프리드리히 5세는 팔츠의 탈환에 대한 일말의 기대를 걸었지만, 그의 희망은 이루어지지 않았다. 신교 동맹군은 비슬로흐 전투에 이어 1622년에 벌어진 3차례의 전투에서 - 빔펜 전투(5월 6일), 회히스트 전투(6월 20일), 플뢰루스(합스부르크령 네덜란드) 전투(8월 29일) - 구교 동맹군에 모두 패했다.

3) 레겐스부르크 선제후회의

민헨조약(1619년 10월 8일)에서 이미 약속했듯이, 페르디난트 2세 황제는 1623년 레겐스부르크 제후회의를 소집하여 박탈한 프리드리히 5세의 팔츠 선제후 지위를 바이에른의 막시밀리안 1세에게 공식적으로 양도했다. 막시밀리안 1세 공작은 선제후 자격 이외에도 오버팔츠를 양도받았다. 그러니까 1623년은 바이에른 공국이 선제후국의 지위를 획득한 원년이었고, 반대로 팔츠는 루프레히트 1세(1309-1390, 재위: 1353-1390)가 1356년 카를 4세 황제로부터 선제후 지위를 문서로 확인받은 후, 267년이 지난 1623년 프리드리히 5세 선제후의 제국추방과 선제후 지위 박탈로 선제후국의 지위에서 제외되고 말았다. 1623년 황제선거권을 상실한 팔츠는 1648년 8번째의 선제후국 지위가 신설될 때까지 25년을 기다려 다시 선제후국의 반열에 복귀했다. 1648년은 1356년 이후 제도화된 7인제 선제후회의가 8인제로 회의로 변경된 역사적인 해이었다.

레겐스부르크 회의가 제국의회(라이히스타크)가 아닌, 제후회의(퓌르스텐타크) 형식으로 소집된 것은, 1613년 이후 제국의회가 개최된 적이 없었고, 페르디난트 2세 황제도 제국의회 소집에서 제국 내의 문제 해결을 기대하지 않았기 때문이었다. 뵈멘 봉기 진압 후 처음으로 소집된 전국 규모의 회의인 레겐스부르크 제후 회의에 쾰른, 마인츠, 트리어, 작센, 브란덴부르크(이상 선제후국), 브라운슈바이크-볼펜뷔텔, 폼메른, 헤센-다름슈타트, 바이에른, 잘츠부르크, 밤베르크의 통치자들이 초청되었다. 이미 공공연한 비밀인, 팔츠의 선제후국 지위가 바이에른에 이양된다는 소문과 무력으로 진압된 뵈멘 봉기 주동자들에게 취해진 가혹한 조치들에 반발한 프로테스탄트 제후들은 - 헤센-다름슈타트의 방백만 제외하면 - 개인적인 참가를 거부하고 대리인을 참가시켰다. 1623년 1월 7일 시작된 회의에 신교 제후국인 브란덴부르크와 작센도 선제후 대신 그들의 대리인들이 출석했다. 레겐스부르크 제후회의가 끝날 무렵인 2월 25일 바이에른 공작 막시밀리안 1세는 뵈멘 봉기 진압에 대한 보상으로 프리드리히 5세가 1610년 이후 보유해온 선제후 지위와 팔츠 선제후국 영토의 일부(오버팔츠)를 양도받았다. 그리고 라인팔츠(팔츠 선제후국)는 바이에른(막시밀리안 1세)과 스페인 합스부르크 왕가(필립 4세, 1605-1665, 재위: 1621-1665)의 공동 관리 체제로 들어갔다. 오버팔츠는 원래 바이에른 공국 역내에 위치한, 팔츠 선제후국(라인팔츠)의 역외영토(고립영토)이었다.

레겐스부르크 제후회의는 페르디난트 2세 황제의 권위와 구교 동맹의 입지를 강화시키는데 크게 기여했다. 그러나 선제후국 작센이 황제와 맺은 동맹에서 탈퇴함으로써 구교 동맹에 타격을 가했다. 작센 선제후 요한 게오르크 1세(1585-1656, 재위: 1611-1656) 공작은 가톨릭교회 <재산회복칙령>(레스티투치온스에딕트, 1629)이 공포되기 전까지는 페르디난트 2세와 긴밀한 관계를 맺고 있었다. 예컨대, 슐레지엔의 공작들과 체결한 <드레스덴 협약>(드레스덴 아코르트, 1621)은 뵈멘 봉기로 인해 훼손된 슐레지엔의 안정을 회복하기 위해 황제를 대리하여 작센 선제후가 나서서 성사시킨 조약이었다. 드레스덴 협약을 통해 페르디난트 2세 황제는 슐레지엔으로 하여금 슐레지엔이 체결한 일체의 반 황제 동맹조약, 특히 뵈멘 동맹조약(1619년 7월

31일을 비롯하여 팔츠의 선제후 겸 뵈멘 국왕 프리드리히 5세와 체결한 동맹을 포기시켰는데, 이는 모두 요한 게오르크 1세 작센 선제후의 협조를 통해서 이루어진 일들이었다.

루터교파인 요한 게오르크 1세는 1619년 뵈멘 의회의 신교 지도자 요아힘 안드레아스 폰 슐리크(1569-1621)로부터 축출된 페르디난트 2세의 뵈멘 국왕 자리를 권유받았지만, 합스부르크가와의 관계를 고려해 슐리크의 제의를 고사했던 제후이었다. 그는 오히려 페르디난트 2세 황제와 동맹을 체결해 라우지츠와 슐레지엔의 프리드리히 5세(뵈멘 국왕으로서는 프리드리히 1세)의 추종세력을 제거했다. 뵈멘 봉기 혹은 뵈멘 반란 시, 뵈멘 왕국 관할 지역(라우지츠와 슐레지엔 포함) 내의 전투는 요한 게오르크 1세가 페르디난트 2세 황제의 제국집행명령을 대행하는 형식을 빌려 수행되었다. 백산 전투 후 뵈멘을 위시해 슐레지엔에서도 착수된 반종교개혁을 황제와 체결한 합의의 위반이라고 평가하면서도, 그는 공개적으로 황제에 저항하지 않고, 중립적인 자세를 견지했다. 요한 게오르크 1세가 구스타브 2세(1594-1632, 재위: 1611-1632) 스웨덴 국왕과 동맹을 체결해 반 황제 진영에 합류한 것은 30년 전쟁이 격화되면서 구교 동맹군의 약탈행위가 작센에서도 자행되기 시작되었을 무렵이었다.

4) 덴마크와 스웨덴의 30년 전쟁 개입

30년 전쟁은 독일제국 내의 신교와 구교 간의 종교전쟁으로 시작됐지만, 급기야 합스부르크 왕가의 오스트리아와 부르봉 왕가의 프랑스간의 유럽 주도권 장악 전쟁으로 확전되었다. 그러나 독일제국의 30년 전쟁에 가장 먼저 개입한 외국은 덴마크이었다. 황제군 사령관 틸리 장군의 작전지역인 니더라인-베스트팔렌 제국직할관구를 침공하면서 크리스티안 4세(1577-1648. 덴마크 및 노르웨이 국왕: 1588-1648)의 30년 전쟁 개입은 시작되었다. 덴마크의 공격을 예상한 틸리 장군은 1625년 홀슈타인 공국 점령을 목표로 하여 - 크리스티안 4세는 홀슈타인의 공작으로서는 독일제국 제후이었다 - 니더작센 제국직할관구를 역습했다.

괴팅엔을 점령한 후, 틸리는 1626년 8월 27일 루터(브라운슈바이크와 괴팅엔 중간)에서 크리스티안 4세를 제압했다. 크리스티안 4세는 1626년 8월 24일 두더슈타트(올덴부르크 남쪽)에서 알브레히트 벤체슬라우스 오이제비우스 폰 발렌슈타인(1583-1634) 장군이 파견한 지원군 병력을 증원받은 틸리 장군이 덴마크 군대의 측면을 위협할 것이라는 첩보를 접하고, 볼펜뷔텔(브라운슈바이크 남쪽) 방향으로 철수했다. 8월 26일 소규모 전투가 몇 차례 벌어진 후, 틸리는 8월 27일 루터에서 덴마크 군대의 진군을 가로막았다. 유리한 위치를 점했음에도 불구하고, 크리스티안 4세는 단 2시간의 전투에서 황제군에 참패해, 전체 포대와 수천 명의 전사자를 기록했다. 그는 군사령부를 함부르크 동쪽 엘베 강변의 슈타데로 철수시켰으며, 브레멘 대주교구 외곽의 점령지는 모두 포기해야 했다.

크리스티안 4세를 지원하던 니더작센 제국직할관구 소속의 제후국들은 덴마크에 등을 돌렸고, 크리스티안 4세의 동맹 파트너이자 조카인 브라운슈바이크-뤼네부르크의 프리드리히 울리히 공작(1591-1634, 크리스티안 4세의 맏누이 엘리자베트(1573-1625)의 아들)은 전투에 패한 후, 페르디난트 2세 황제에게 투항해 버렸다. 1626년 단 한 차례의 전투였지만, <루터 전투>(1626년 8월 27일)에서 틸리 장군에게 결정적인 패배를 당한 크리스티안 4세는 북독일에서 철수하지 않을 수 없었다. 1628년 8월 동해(발트해) 연안의 볼가스트 요새가 발렌슈타인 장군에 의해 점령되고, 1629년 슐레스비히 공국과 홀슈타인 공국과 덴마크 본토(북유틀란트)가 황제군에 의해 차례로 점령된 후, 크리스티안 4세는 페르디난트 2세 황제가 요구한 평화조약 체결에 응하지 않을 수 없었다.

덴마크는 4년도 채 안 되는 전쟁 기간 동안 지나친 재정을 전비로 쏟아 붓는 바람에, 전쟁을 계속할 만한 여력이 없었다. 크리스티안 4세는 동맹국들(스웨덴과 네덜란드)의 반대를 무릅쓰고 조기에 30년 전쟁에서 발을 빼야 했다. 페르디난트 2세 황제와 오스트리아가 처한 대외적인 여건도 평화조약 체결을 촉진시켰다. 덴마크 국왕(홀슈타인 공작)과 전면전을 벌이고 있는 합스부르크가에게 스웨덴이 새로운 적으로 등장했기 때문이었다. 1629년 <뤼베크 평화조약>(1629년 5월 22일) 체결과 더불어 덴마크는 30년 전쟁에서 완전히 손을 떼었다. 같은 해 가톨릭교회 <재산회복칙령>이 공포된 후, 합스부르크가의 북독일에 대한 영향력이 확대되고, 독일제국의 동해함대 창설계획이 그 모습을 드러내자, 자국의 이해관계가 위협받고 있다고 판단한 구스타브 2세(1594-1632, 재위: 1611-1632) 스웨덴 국왕은 내전(30년 전쟁)의 자중지란에 빠진 독일제국 공격을 계획했다. 스웨덴과 더불어 프랑스와 영국이 반 합스부르크 전선을 구축하고 있는 것도 페르디난트 2세 황제가 크리스티안 4세(덴마크 국왕)와의 전쟁을 가능하면 빨리 끝내야 할 중요한 이유가 되었다. 프랑스는 합스부르크 왕가의 오스트리아와는 원래부터 숙적관계였고, 영국은 찰스 1세(1600-1649, 재위: 1625-1649) 국왕의 매형인 팔츠 선제후 프리드리히 5세(뵈멘 국왕으로서는 프리드리히 1세)가 페르디난트 2세 황제에 의해 파문당한 후, 처남(프리드리히 5세)의 복귀를 위해 노력하고 있었기 때문에, 합스부르크 왕가와는 불편한 관계에 있었다. 여기에다 만토바 공국 계승전쟁(1628-1631)에 개입한 오스트리아와 프랑스의 이해관계가 충돌하고 있었기 때문에, 2개 전선의 유지가 어려운 오스트리아로서는 덴마크와의 전쟁을 한시라도 빨리 끝내야 했다.

발렌슈타인 장군과 틸리 장군이 페르디난트 2세 황제를 대리하여 덴마크 대표들과 1629년 5월 22일 체결한 5개 조항의 <뤼베크 평화조약>에서 독일제국 황제는 향후 덴마크 문제에 개입하지 않을 것을 약속했다. 크리스티안 4세 덴마크 국왕은 홀슈타인 공국의 니더작센 제국직할관구 의장국 역할을 포기하고, 홀슈타인의 공작 신분으로서만 독일제국 정책에 개입한다는데 합의했다. 전쟁비용은 양방이 부담하고, 황제군에 의해 점령된 - 동해(발트해)의 도서(페마른, 노르트슈트란트, 푀르와 쥘트의 일부로서 현재는 독일의 슐레스비히-홀슈타인 연방주)를 포함해 - 크리스티안 4세의 영지(홀슈타인 공국)는 모두 반환되었다.

30년 전쟁에 외국(덴마크, 스페인, 프랑스) 군대가 개입한 원인이 종교적인 문제에서 출발했다는 핑계는 오스트리아에 대항하기 위해 가톨릭국가 프랑스가 신교를 신봉하는 스웨덴의 국왕 구스타브 2세와 동맹을 맺은 사실에서 이미 허구임이 드러났다. 페르디난트 2세 황제 재위기간 내내 전쟁이 지속되었는데, 그 무대는 주로 중부 독일과 뵈멘이었다. 덴마크 가 30년 전쟁에서 하차한 다음 해 스웨덴이 독일의 전쟁에 개입했다.

1630년 7월 6일 폼메른(로슈토크 인근 항구 우제돔)에 상륙하여 남하하기 시 작한 스웨덴 군대를 막아내는 부담은 오스트리아의 몫이었다. 스웨덴군 이 30년 전쟁에 참전한 후, 오스트리아와 스웨덴 간에 벌어진 초기의 가장 중요한 전투는 1631년 9월 17일의 브라이텐펠트(라이프치히) 전투와 1632년 가을에 발생한 두 차례의 전투 - 퓌르트(바이에른) 전투(9월 3-4일)와 뤼첸(작센-안할트) 전투(11월 6일-16일) - 이었다. <브라이텐펠트 전투>는 30년 전 쟁에서 신교 세력이 승리한 최초의 큰 전투이었으며, 합스부르크 왕가와 구교 동맹에 대한 신교도들의 저항을 강화시킨 계기를 제공한 전투이었 다. 황제군을 지휘한 구교 동맹 사령관 틸리는 7,000명의 포로를 포함해 19,000명의 병력 손실을 입었고, 전쟁 준비금과 전체 포대를 잃었다. 그 에 비해 스웨덴과 신교 동맹군은 약 3,000명 정도의 전사자를 내었을 뿐이었다.

브라이텐펠트 전투와는 반대로 뤼첸 전투는 스웨덴이 완패한 전투이 었다. 발렌슈타인과 대적한 뤼첸 전투에서 스웨덴의 국왕 구스타브 2세 가 전사했다. 뤼첸 전투는 규모는 크지 않았지만, 30년 전쟁사에서 결정적인 의미를 지닌 전투였다. 가톨릭 국가(프랑스)로부터 전비를 지원 받은 신교 국가 스웨덴이 독일제국 내의 신교 제후국을 보호하고, 자국 주도의 프로테스탄트 제후국 동맹을 독일제국 내에 설립한다는 명분을 내세워 30년 전쟁에 개입한지 2년 만에 최고지휘관인 국왕을 잃었기 때문이었다. 국왕의 전사에도 불구하고 스웨덴 군대는 1634년 9월 6일 바이에른의 뇌르들링엔 전투에서 황제의 장자인 페르디난트 대공(후일의 페르디난트 3세 황제)과 마티아스 갈라스(1584-1647) 장군이 지휘한 황제군에게 심각한 패배를 당할 때까지 공격을 멈추지 않았다. 황제군에 의해 점령된 레겐스부르크를 공략하기 위해 구스타브 후른(1592-1657) 백작 휘하의 스웨덴군과 베른하르트(1604-1639) 작센-바이마르 공작의 신교 동맹군이 서로 다른 방향으로부터 공격해 왔지만, 황제군에 참패당한 후, 베른하르트는 자신의 공국(작센-바이마르)마저 잃게 되었다. 남독일 전역은 다시 황제군에 의해 탈환되었다.

5) '겨울왕' 프리드리히 5세의 말로

프라하 근교에서 벌어진 백산 전투(1620)에서 참패한 후 모든 것을 잃고, 독일제국에서 추방된 프리드리히 5세 전 팔츠 선제후는 덴하흐(헤이그)에서 레넨(위트레흐트 주)으로 장소를 옮겨 팔츠 망명정부를 세운 후, 나라를 되찾기 위해 군사적인 노력도 했지만, 성과가 없었다. 팔츠 망명정부가 노력한 끝에 1625년 영국, 네덜란드, 덴마크 및 독일제국의 일부 선제후 간에 <헤이그 동맹>이 결성되었지만, 국내 문제로 인해 그들은 팔츠를 둘러싼 분쟁과 독일제국 내의 전쟁에 개입하는 것을 꺼렸다. 단지 프리드리히 5세를 위해 30년 전쟁에 개입한 크리스티안 4세 덴마크 국왕은 경우가 달랐다. 그러나 크리스티안 4세는 루터 전투(1625년 8월 27일)와 볼가스트 전투(1628년 9월 2일)에서 틸리 장군과 발렌슈타인 장군이 지휘한 황제 군과 구교 동맹 연합군에 의해 두 차례 모두 패배한 후, 1629년 5월 22일 페르디난트 2세 독일제국 황제와 뤼베크 평화조약을 체결하여, 30년 전쟁에서 완전히 손을 떼고, 덴마크로 철수했다. 프리드리히 5세는 무력에 의한 팔츠 탈환의 꿈을 접어야 했다. 그는 합스부르크가와 전쟁 중인 지벤뷔르겐 제후 가보르 베틀렌, 그리고 오스만 제국과도 접촉했지만, 그의 시도는 구교 동맹과 합스부르크가는 물론이고, 신교 동맹 내에서도 수습 불가능한 비난을 초래했다.

1630년 7월 구스타브 2세의 스웨덴 군대가 독일 땅에 상륙했다는 소식은 망명중인 프리드리히 5세에게는 잃어버린 지위(팔츠 선제후)와 잃어버린 나라(팔츠 선제후국)를 되찾을 수 있는 새로운 희망 그 자체였다. 1631년 9월 17일 구스타브 2세가 브라이텐펠트 전투에서 틸리 휘하의 황제군에게 대승을 거둔 후, 헤센의 오펜하임(1797년까지 팔츠 선제후국 소속)을 점령했을 때, 프리드리히 5세에게는 팔츠로 귀환할 수 있는 길이 보이는 듯했다. 1632년 1월 그는 머지않아 다시 하이델베르크(팔츠 선제후국의 수도)로 돌아갈 수 있다는 확신에서 네덜란드에 가족을 남겨두고, 스웨덴 국왕을 만나러 독일로 들어갔다.

1632년 2월 프리드리히 5세는 승승장구 중인 구스타브 2세 국왕과 프랑크푸르트에서 회동하여, 그로부터 군주에 합당한 예를 갖춘 영접을 받았다. 신교 제후들은 그것을 못마땅하게 받아들였다. 구스타브 2세의 속셈은 팔츠를 탈환하여 스웨덴의 영토에 편입시키는 것이었다. 제국추방령 하에서 신변을 보장받기 위해 그는 어쩔 수 없이 바이에른으로 출정하는 스웨덴 군대를 따라, 1632년 5월 17일 뮌헨으로 들어갔다. 뮌헨에서 진행된 구스타브 2세와 프리드리히 5세 간의 협상은 소득이 없었다. 스웨덴 국왕은 경제적, 전략적 의미가 매우 큰 팔츠를 프리드리히 5세에게 조건 없이 되돌려 줄 생각이 없었다. 팔츠를 스웨덴 군대가 탈환할 경우, 프리드리히 5세가 스웨덴 국왕에게 충성맹세를 하고, 팔츠를 스웨덴의 봉토 형식으로 스웨덴 국왕으로부터 수여 받아야 한다는 것이 스웨덴 국왕이 전자에게 제시한 조건이었다. 프리드리히 5세의 조건 완화 요청은 구스타브 2세에 의해 거부되었다. 프리드리히 5세는 스웨덴 국왕에게 걸었던 기대를 접고, 1632년 10월 스웨덴군의 점령지역인 마인츠로 갔다.

그 사이에 구스타브 2세는 뤼첸 전투(1632년 11월 16일)에서 전사했고, 거의 같은 시기에 - 프리드리히 5세의 사돈 제임스 1세 영국 국왕은 사망하고, 후자의 차남 찰스 1세(재위: 1625-1649)가 통치하고 있는 - 영국은 프리드리히 5세를 지원하기 위해 소규모 전력을 지원하기로 결정했다. 그러나 영국의 결정은 프리드리히 5세에게 더 이상 도움이 되지 못했다. 몇 주 전부터 지속된 원인불명의 감염이 악화된 프리드리히 5세는 옛 주치의 페터 데 슈피나(1592-1695, 하이델베르크대학 교수)를 다름슈타트에서 마인츠로 불렀지만, 후자는 손을 쓸 겨를조차 없었다. 주치의는 프리드리히 5세의 사망 원인을 흑사병 감염으로 추정했을 뿐이었다. 뤼첸 전투에서 구스타브 2세 스웨덴 국왕이 전사한 지 2주가 채 지나지 않은 1632년 11월 29일 프리드리히 5세는 36세의 나이에 세상을 떠났다. 팔츠의 선제후 프리드리히 5세는 1619년 8월 26 뵈멘 국왕에 선출되어 11월 4일에 즉위하였으며, 백산 전투는 1620년 11월 8일에 일어났으니까, 실제로 그의 재위기간은 1년 정도이었다. 역사는 단명한 이 비운의 뵈멘 국왕을 <겨울왕>이라 불렀다

겨울왕은 사후에도 불행했다. 적출된 그의 체내 기관은 오펜하임의 카타리나 교회에 매장되었고, 시신은 비밀리에 그의 막내 동생 루트비히 필립(1605-1655)의 영지(팔츠-짐메른) 내 프랑켄탈 요새로 옮겨졌지만, 팔츠-짐메른이 1635년 6월 9일 스페인 군대(스페인 합스부르크 왕가)의 공격을 받자, 그는 형의 시신을 다시 카이저슬라우테른을 거쳐, 1635년 7월 독일제국 국경

을 벗어난 프랑스의 메스로 옮긴 후, 그곳의 한 사가의 지하실에 임시 안치했다. 1637년 9월 프리드리히 5세의 주검은 다시 합스부르크가의 영향력이 덜 미치는, 메스보다는 더 안전한 스당으로 옮겨졌다고 하는데, 그의 마지막 안식처가 어디인지는 오늘날까지도 알려지지 않고 있다.

장남(하인리히 프리드리히)이 망명지(네덜란드)에서 선박사고로 사망하고, 살아남은 프리드리히 5세의 차남 카를 루트비히(1617-1680, 팔츠 선제후: 1649-1680)는 숙부 루트비히 필립의 후견을 받은 후, 숙부의 영지인 팔츠-짐메른의 행정관에 임명되었다가, 1649년 팔츠 선제후에 즉위했다. 카를 루트비히가 선대(프리드리히 5세)의 그것과 비교하면 비하면 현저히 축소된 영토와 선제후의 지위를 회복한 것은 <30년 전쟁>이 끝난 후, 독일제국의 8번째 선제후 지위가 신설되었을 때였다. 그러나 바이에른에 빼앗긴 영토 오버팔츠는 영구히 되찾지 못했다.

칼뱅파 신교도인 프리드리히 5세와 그의 추종 세력에게 뵈멘의 왕위를 찬탈당한 후 며칠 안 되어 독일황제에 선출된 페르디난트 2세는 뵈멘 반란군을 <빌라 호라 전투>(백산 전투)에서 괴멸시킨 후, 찬탈자(프리드리히 5세)에게 철저한 정치적 보복을 가함과 동시에 종숙 필립 2세(카를 5세 황제의 장남, 스페인 국왕)가 스페인에서 시도한 것처럼, 반종교개혁의 선봉에 서서 이단을 발본색원하려 했다. 프리드리히 5세가 소유한 모든 것, 즉 그의 뵈멘 국왕의 지위, 팔츠 선제후의 지위, 그리고 그의 재산(선제후국 팔츠)과 자유를 박탈하고, 그를 독일제국에서 추방시켜 - 심지어는 사후에도 독일제국 땅에서 영면할 수 없도록 - 철저히 고립시킨 것도 페르디난트 2세가 시도한 이단 척결의 결과였다고 할 수 있을 것이다. 프리드리히 5세가 1619년 뵈멘 왕국 내 신교 귀족들의 추대를 받아들여 뵈멘의 왕위를 수락한 것은 당시 23세의 공명심이 남달랐던 - 1610년 14세의 나이에 선제후에 즉위하고, 1613년 17세 때 영국 국왕의 장녀를 아내로 맞아드린 - 그가 유럽의 정세를 정확하게 읽지 못했던 데 그 이유가 있었을 것이다. 프리드리히 5세가 든든한 배경으로 생각했던 그의 빙부 제임스 1세 영국 국왕은 사위가 독일제국에서 추방된 2년 후인 1625년 사망했다.

6) 발렌슈타인 장군의 부침

30년 전쟁에서 스웨덴의 침공을 저지한 일등 공신은 뵈멘 출신의 발렌슈타인 장군이었다. 그는 1619년 두 차례 뵈멘 신교도 귀족의 우두머리 하인리히 마티아스 폰 투른 백작과 오스만 제국의 지원을 업은 지벤뷔르겐의 제후 가보르 베틀렌의 공격으로부터 페르디난트 2세 황제와 제국의 수도를 방어했으며, 뵈멘 봉기가 진압된 직후 주모자 숙청에 간여했고, 황제군 총사령관으로서 스웨덴 국왕을 제거한 1632년의 뤼첸 전투를 진두지휘한 - 페르디난트 2세 치하에서 진행된 - 30년 전쟁 전반부의 전쟁영웅이었다.

뵈멘의 신교도 귀족 가계 발트슈타인가 출신의 발렌슈타인은 1606년 가톨릭으로 개종한 후, 30년 전쟁의 와중에서 유럽의 정치무대에 두각을 나타낸 전설적인 인물이었다. 그는 1618년 뵈멘에서 봉기가 발생했을 때부터 이미 황제군에 배속되어 페르디난트 2세에게 충성을 다했다. 30년 전쟁 초기의 뵈멘 봉기를 종식시킨 1620년의 백산(빌라 호라) 전투가 황제군의 승리로 끝나고 1년 후 그는 북뵈멘 사령관, 1621년 빈 궁정국방회의 위원이 되었으며, 1622년 뵈멘 총독 겸 프라하 화폐 발행위원회 위원에 임명되어 뵈멘 반란 가담자들의 신병 처리와 재산 몰수 문제를 전담했다. 그 과정에서 발렌슈타인은 처형되었거나 추방당한 반란 가담자들의 재산을 유리한 조건으로 획득하여 북뵈멘에 거대한 개인영지를 소유하게 되었다. 뵈멘 반란(뵈멘 봉기)을 주도한 투른 백작 역시 모든 영지를 몰수당해 지벤뷔르겐을 거쳐 오스만 제국으로 망명했다. 1623년 페르디난트 2세 황제의 고문이며, 궁정국방회의 위원 중의 한 사람인 카를 폰 하라흐(1570-1628) 백작의 딸 이사벨라(†1656)와의 재혼을 통해 그는 부를 더욱 축적할 수 있었다. 이 결혼을 근거로 하여 황제는 1623년 발렌슈타인에게 후작의 칭호를 수여했고, 발렌슈타인은 그에 대한 보답으로 자비로 유지해 온 훈련된 용병대를 페르디난트 2세 황제에게 헌납했다. 황제는 다시 발렌슈타인을 1625년 프리들란트(체코와 폴란드 국경지역)의 공작에 임명했다.

같은 해 그는 자비로 40,000명의 용병대를 편성하여 덴마크와의 전쟁에 나선 황제군과 구교 동맹군을 지원했다. 1626년 4월 25일 데사우(작센-안할트 주) 인근 엘베 강 교두보 확보 전투에서 페르디난트 2세 황제에 의해 파문되어 독일제국에서 추방된 프리드리히 5세 팔츠 선제후 겸 뵈멘 국왕의 복위를 돕기 위해 출정한 - 30년 전쟁 초기에 명성을 떨친 - 용병대장 에른스트 폰 만스펠트(1580-1626) 백작을 격퇴하여, 그를 헝가리까지 추격했다. 발렌슈타인 장군은 1627년 슐레지엔의 자간(폴란드의 자가인) 공국을 매입했고, 틸리 장군과 함께 북독일로 진격하여, 슈트랄준트를 제외한 메클렌부르크와 폼메른을 점령하였으며, 1628년 북해 및 발트해 제해권을 장악하기 위해 창설될 미래의 제국함대의 지휘권도 황제로부터 이양 받았다. 1629년 5월 22일자로 체결된 <뤼베크 평화조약>으로 덴마크를 30년 전쟁과 결별케 만든 공로를 인정받아, 같은 해 6월 16일 발렌슈타인은 황제로부터 메클렌부르크 공국을 제국 봉토로 수령했다. 이 과정에서 두 명의 메클렌부르크가의 공작이 - 아돌프 프리드리히 1세(1588-1688)와 요한 알브레히트 2세(1590-1636) 공작 형제가 - 강제로 물러나야 했다. 발렌슈타인의 왕성한 활동과 공명심, 특히 승승장구한 그의 출세는 북독일에서 뿐 아니라, 합스부르크 제국 내에서도 많은 적을 만들었다. 덴마크 국왕과 신교 세력에게 승리를 거둔 페르디난트 2세 황제는 여세를 몰아 신교 제후들이 점유하고 있는 옛 가톨릭교회 재산을 회수하기 위해 혁명적 조치를 단행했다. 1629년 3월 6일 반포된 <재산회복칙령>이 그것이었다. 파사우 조약(1552) 이후 용인된 프로테스탄트 제후와 프로테스탄트 교회에 의해 점유된 구 가톨릭교회 재산은 이제 원소유주에게 반환되어야 했다. 이를 통해 합스부르크가가 특히 북독일에서 장악하게 될 과대한 권력은 신교 선제후는 물론이고, 가톨릭 선제후들의 우려도 야기했다. 선제후들은 발렌슈타인의 해임을 통해 황제의 권한을 축소시키려는 우회적인 방법을 택했다.

1630년 7월 마인츠 대주교 안젤름 카지미르 바름볼트 폰 움슈타트(1579-1647, 재위: 1629-1647)에 의해 소집된 <레겐스부르크 선제후 회의>에서 페르디난트 2세 황제는 뵈멘 출신의 발렌슈타인을 퇴진시키라는 선제후들의 압력을 수용하지 않을 수 없었다. 레겐스부르크 선제후 회의에 직접 참가한 페르디난트 2세 황제의 원래 목표는 이 회의에서 장자 페르디난트(차기 황제 페르디난트 3세)를 로마 왕으로 선출함으로써 후계를 미리 확정짓고, 오스트리아의 3대 주적들과의 전쟁을 - 다시 말해 프리드리히 5세전 팔츠 선제후 겸 전 뵈멘 국왕의 망명정부를 지원하는 네덜란드, 만토바 계승전쟁에 개입한 프랑스, 그리고 1630년 7월 6일 폼메른에 상륙한 스웨덴의 구스타브 2세 국왕과의 전쟁을 - 원활하게 수행하기 위해 필요한 전비를 제국의회를 통해서 확보하는 것이었다. 그러나 페르디난트 2세 황제의 뜻과는 달리 구교 동맹의 지휘자인 바이에른의 막시밀리안 1세 공작을 비롯해 재산회복 칙령이 이행됨으로써 제국 내 합스부르크가의 권력 및 황제의 권한이 과도하게 강화될 것을 염려한 가톨릭 선제후들조차 황제군의 규모 축소, 전시 부담금 경감, 그리고 발렌슈타인 장군의 해임 등의 요구를 통해 우회적으로 재산회복칙령의 이행에 제동을 걸려고 했다.

1630년 당시의 선제후 회의를 구성한 7명의 선제후 중 가톨릭제후는

3명의 대주교(마인츠, 트리어 및 쾰른 대주교)를 위시해 팔츠-바이에른 선제후(막시밀리안 1세 공작, 1623년 이후 선제후)와 뵈멘 국왕(페르디난트 2세 황제의 아들 페르디난트 3세) 등 5명이나 되었다. 두 명의 신교도 선제후 중 작센 공작 요한 게오르크 1세(1585-1656, 재위: 1611-1656)는 스웨덴 국왕(구스타브 1세)과 동맹을 체결해 황제를 공격했고, 브란덴부르크 선제후 겸 프로이센(동프로이센) 공작 게오르크 빌헬름(1595-1640, 재위: 1619-1640)은 스웨덴군과 황제군 사이에서 중립을 견지하다가 양측 모두로부터 피해를 당한 우유부단한 선제후이었다. 3명의 성직 선제후 중 트리어 대주교 필립 크리스토프 폰 죄테른(1567-1652, 재위: 1623-1652)은 그의 반합스부르크, 친프랑스 정책으로 인해 1630년 - 레겐스부르크 선제후 회의가 열린 해 - 트리어 대주교구가 스페인-합스부르크가에 의해 점령되었을 때, 프랑스 및 스웨덴과 중립조약을 체결하고, 프랑스에 필립스부르크 요새와 에렌브라이트슈타인 요새 주둔권을 허용한 선제후이었다. 필립 크리스토프 트리어 선제후가 1635년 스페인군(스페인-합스부르크 군대)에 의해 체포된 사건은 프랑스를 30년 전쟁에 참전하게 만든 결과를 초래했다. 합스부르크가에 의해 점령된 트리어 대주교구의 해방이 루이 14세가 내세운 30년 전쟁 개입의 명분이었지만, 프랑스 국왕의 전쟁 개입의 진정한 목표는 라인 강 좌안 지역에 소재한 합스부르크가의 고립영토(포르데르외스터라이히)를 차지하는데 있었다. 트리어 선제후는 1645년에야 비로소 석방되었다. 레겐스부르크 선제후 회의에 참석한 선제후들은 그들의 요구가 묵살될 경우 차기황제(로마 왕) 선출 시 황제의 아들 페르디난트 3세를 배제할 것이라고 황제를 위협했다. 페르디난트 2세 황제의 계획은 선제후들의 저항에 부딪혀 실제로 무산되었다. 1630년 8월 13일 페르디난트 2세는 발렌슈타인을 황제군 지휘관에서 해임하지 않을 수 없었다.

황제군 사령관 직을 내려놓은 발렌슈타인은 뵈멘의 영지로 낙향하여, 청년시절부터 관심을 가졌던 점성술 연구에 몰두하기도 했으나, 곧 황제의 부름을 다시 받게 되었다. 왜냐하면 1630년 스웨덴이 30년 전쟁에 개입했고, 틸리 구교 동맹군 사령관이 1631년 9월 17일 브라이텐펠트 전투에서 스웨덴군에 참패한데다, 같은 해 1월 프로테스탄트 국가인 스웨덴이 브란덴부르크의 베어발데(현재는 폴란드의 미에슈코비체)에서 합스부르크가와의 전쟁에 공동전선을 형성하기 위해 가톨릭 국가인 프랑스와 군사동맹을 체결했기 때문이었다. 스웨덴과 프랑스 간에 조인된 <베어발데 조약>(1631년 1월 23일)의 핵심은 스웨덴은 30,000명의 보병과 6,000명의 기병을 30년 전쟁에 투입하고, 프랑스는 년 400,000에퀴(금화)에 해당하는 전비를 스웨덴에 제공한다는 내용이었다. 점령지역에서의 종교의 자유를 규정한 이 조약은 독일제국 제후들에게까지 가입의 문을 열어 놓았다. 원래 1636년 3월 1일까지 기한이 한정된 베어발데 조약은 1633년 4월 19일 하일브론에서, 1638년 3월 6일과 1641년 6월 6일 함부르크에서 각각 세 차례 연장됨으로써 30년 전쟁이 끝날 때까지 효력을 발휘했다. 베어발데 조약은 가톨릭 국가인 프랑스가, 같은 가톨릭 국가인 합스부르크 제국에 대항해 싸우는 프로테스탄트 국가 스웨덴의 전비를 부담한다는 조약이었다.

1631년 한 해 동안 발생한 두 가지 큰 사건인 틸리 장군의 브라이텐펠트 전투 패배와 스웨덴과 프랑스 간의 군사동맹(베어발데 조약) 체결은 해임된 발렌슈타인의 복귀를 앞당겼다. 발렌슈타인은 1631년 12월 페르디난트 2세의 요청을 받아들여 우선 3개월 기한으로 황제군 총사령관직의 인수를 수락했다. 그러나 1632년 4월 15일 바이에른의 <라인 전투>(1632년 4월 14-15일)에서 바이에른 선제후 막시밀리안 1세 공작과 틸리 사령관, 그리고 요한 폰 알드링엔(1588-1634) 장군이 공동 지휘한 구교 동맹군이 구스타브 2세가 지휘한 스웨덴군에 패하고, 중상을 입은 틸리 사령관이 보름 후 사망한 사건이 발생했다. 중상을 당한 알드링엔이 구교 동맹군의 지휘권을 인수하지 않을 수 없게 되자, 사태의 위중함을 인식한 페르디난트 2세 황제는 발렌슈타인이 수락한 황제군 최고지휘권의 3개월 시한을 철폐한다는 - 발렌슈타인 장군도 내심 기대한 - 조건을 발렌슈타인에게 제시하여 그에게 사령관직의 지속적인 수용을 촉구했다. 협상 끝에 1632년 4월 13일 발렌슈타인과 - 황제를 대리한 - 한스 울리히 폰 에겐베르크(1568-1634, 1615년 이후 페르디난트 2세 대공의 집사장, 심부오스트리아 총독, 궁정재산관리청장, 교황청대사 역임) 후작 사이에 구두 합의가 도출되어, 발렌슈타인은 오스트리아와 스페인의 양 합스부르크 왕실로부터 전권을 위임받은 황제군 최고지휘관이 되었다.

최고지휘권을 보장해 주기 위한 조처로 페르디난트 2세 황제는 자신의 후계자인 페르디난트 3세 뵈멘 국왕(1627년 즉위)으로 하여금 발렌슈타인의 지휘권에 간여하지 못하도록, 발렌슈타인과의 공동 출정을 금지하고, 전면적인 평화가 도래할 때까지 뵈멘 왕국의 수도 프라하에서만 체재하게 했다. 발렌슈타인은 최고지휘권을 수락하는 조건으로 전쟁수행과 평화회담 개최 등에 대한 전권을 황제로부터 위임받았을 뿐 아니라, 합스부르크 제국 내의 세습지를 황제로부터 하사받았으며, 선제후에 준하는 지위와 제국 내 압류재산과 통행권 보장에 대한 독재권과 사면권도 보장받았다. 철수지역으로 생긴, 다시 말해 적에 의해 점령되었다가, 탈환되는 영지의 처분도 발렌슈타인 사령관의 재량권에 귀속되었다. 이로써 발렌슈타인은 황제에 비견될 수 있는 권력을 얻은 것이나 진배없었다.

황제군 최고지휘권을 인수한 후, 발렌슈타인 사령관이 스웨덴 침략군과 1632년 한 해 동안 치른 중요한 전투는 <퓌르트 전투>와 라이프치히 근교에서 벌어진 <뤼첸 전투>였다. 발렌슈타인 휘하의 황제군이 막시밀리안 1세 바이에른 선제후가 지휘한 구교 동맹군의 지원을 받아 베른하르트(1604-1639) 작센-바이마르 공작과 구스타브 2세 스웨덴 국왕이 지휘한 신교 동맹군과 1632년 9월 3일과 4일 뉘른베르크 서쪽 퓌르트에서 치른 전투는 발렌슈타인이 승리한 전투이었다. 구스타브 2세는 2,000명의 전사자에다 전염병과 탈주병 등으로 인해 45,000명에서 27,000명으로 감소한 병력을 대동하고 스웨덴의 동맹국인 작센으로 철수해야 했다. 퓌르트 전투에서 결판을 내지 못한 발렌슈타인 휘하의 황제군은 요한 게오르크 1세 작센 선제후와 구스타브 2세 스웨덴 국왕을 분리시키기 위해서 작센을 공격하였다. 발렌슈타인은 자신을 추격해 온 구스타브 2세를 스웨덴군의 임시야영지 나움부르크에서는 공격이 불가능했기 때문에, 스웨덴군의 포위선 안에 위치한 예하 부대를 모두 중부독일을 가로질러 뵈멘의 겨울숙영지로 이동시키려 했다. 그러나 발렌슈타인의 의표를 찔러 구스타브 2세가 북쪽으로 방향을 전환함으로써, 1632년 11월 15일 황제군과 스웨덴 국왕이 지휘한 신교 동맹군은 서로 조우하게 되었다. 발렌슈타인은 동절기가 임박했기 때문에, 구스타브 2세가 공격을 시도하지 않을 것으로 생각하고, 할레의 점령을 맡긴 고트프리트 하인리히 추파펜하임(1594-1632) 장군을 뤼첸의 본대와 합류하도록 긴급지시했다. 그리고 야간에 뤼첸 마을에 의존하여 남쪽으로 전선을 형성하여 진지를 신속히 강화하고, 스웨덴 국왕의 공격을 기다렸으나, 짙은 안개로 스웨덴군의 공격이 지연되었다. 다음날 1632년 11월 16일 10시 경 구스타브 2세는 오른쪽 날개에 진을 친 하인리히 폰 홀크(1599-1633, 크리스티안 4세 덴마크국왕을 보좌하여 30년 전쟁에 참전했지만, 뤼베크 평화조약 이후 황제군에 합류한 덴마크 출신 기병연대장)의 기병연대를 강타했다. 때마침 할레에서 도착한 파펜하임 장군의 원군(기병 8,000명)으로 전력은 증강되었지만, 파펜하임도 전황을 반전시킬 수는 없었다. 중상을 입은 파펜하임은 다음 날 라이프치히의 플라이센부르크 성에서 사망했다. 그러나 뤼첸 전투에서 구스타브 2세 스웨덴 국왕이 전사했다. 신교 동맹군의 지휘권은 이제 작센-바이마르의 베른하르트 공작이 넘겨받았다. 국왕의 전사로 이성을 잃은 스웨덴 군대는 밤이 될 때까지 공격을 멈추지 않았다. 기병에 이어, 야간에 도착한 파펜하임의 보병 4,000명으로 전력은 다시 보강되었지만, 발렌슈타인은 전투를 재개하지 않고, 할레로 일단 후퇴했다가, 뵈멘으로 철수해 버렸다. 전투를 지속하기에는 양쪽 군대 모두 여력이 없었다. 발렌슈타인은 뤼첸 전투에서 3,000명의 병력과 포대를 잃었으며, 스웨덴군은 약 1,500명의 전사자를 기록했다. 뤼첸 전투는 1632년 11월 6일부터 16일까지 열흘 동안 계속된 전투이었다. 빈의 군사박물관에 전시되어 있는, 파펜하임에게 원군을 요청한 발렌슈타인의 1632년 11월 15일자 자필 명령서는 1632년 11월 16일 치명상을 입고 쓰러진 파펜하임 원수의 품속에서 발견되었다는 설명을 달고 있다. 뤼첸 전투는 사상자 수로 볼 때 규모가 큰 전투는 아니었지만, 30년 전쟁사에서 가지는 중요성은 매우 컸다. 스웨덴이 주도하는 독일제국 내 신교 제후국들과의 동맹을 실현시키기 위해 남하한 구스타브 2세 국왕이 전사함으로써 독일제국 내 신교 제후들 사이에 내분이 발생했고, 스웨덴 군대와 독일 신교 동맹 간에도 분열이 초래되었다. 이는 황제군의 사기를 높이고, 페르디난트 2세 황제의 제국 장악에 대한 자신감을 제고시킨 결과를 가져왔다.

7) 페르디난트 2세 황제와 작센 선제후 요한 게오르크 1세

지리적으로 볼 때 작센은 스웨덴 군대의 남하 루트 선상에 위치했다. 발트해(독일의 동해)의 항구도시 우제돔에 상륙한 스웨덴 군대가 그들의 원정의 1차 목표지점인 뵈멘의 프라하에 도달하려면, 브란덴부르크와 작센을 통과해야 했기 때문에, 보급기지이자 중간 주둔지로서의 브란덴부르크와 작센의 역할이 스웨덴 군대에게는 매우 중요했다. 작센의 베틴 왕가가 - 1485년 이후 에른스트 가계와 알브레히트 가계로 분할된 후 - 알브레히트파의 첫 번째 작센 선제후 모리츠 공작의 종손(從孫)인 요한 게오르크 1세는 에른스트파 공작들의 반 합스부르크 정책에 반대하여 황제 편을 들었으며, 1608년 신교 동맹이 결성된 후에도 신교 동맹에 가입하지 않았던 루터파 제후이었다. 1618년 뵈멘 봉기가 발발했을 때, 요한 게오르크 1세는 뵈멘 의회로부터 페르디난트 2세가 보유한 뵈멘의 왕위를 제의받았지만, 합스부르크 왕가(페르디난트 2세 황제)와의 적대관계를 원치 않았기 때문에, 뵈멘 의회의 제의를 거부했다. 팔츠 선제후 프리드리히 5세가 뵈멘의 왕위를 수락한 시기는 정황상 작센 선제후가 그것을 거절한 이후였을 것으로 추정된다.

그러나 페르디난트 2세 황제의 <재산회복칙령>(1629년 3월 6일)의 반포로 인해 작센 공국에 산재해 있는 베틴 왕가 소유의 재산이 압류될 위험에 처하자, 대책을 함께 논의하기 위해 요한 게오르크 1세의 주도로 독일제국의회 신교도 대표 회의가 라이프치히에서 개최되었다. 1630년 7월 폼메른(우제돔)에 상륙한 구스타브 2세는 그 때까지 중립을 지킨 브란덴부르크 선제후(게오르크 빌헬름 변경백)와 작센 선제후(요한 게오르크 1세 공작)의 지원을 요청했지만, 두 프로테스탄트 선제후는 스웨덴의 지원요청을 거부했다. <라이프치히 회의>(라이프치히 콘벤트, 1631년 2월 20일-4월 12일)는 - 구스타브 2세가 요구한 스웨덴과의 동맹체결은 의제에서 제외한 채 - 구 가톨릭교회 재산 회복칙령의 강행에 대한 집단항의 안건과 재산회복칙령을 거부한 신교 제후국에 대한 제재에 대비해 40,000명 규모의 무장군대 편성에 관한 안건만을 결의했다. 요한 게오르크 1세(작센 선제후)가 - 스웨덴과 작센 간의 동맹 안건은 다루지 않고 - 재산회복칙령 집행군(황제군)의 재산압류를 막기 위해 방어군 편성 문제만을 라이프치히 회의에서 결의한 것은 스웨덴군과 황제군 사이에 제3의 중립적 세력을 조직하기 위한 시도였다.

작센 공국이 <라이프치히 회의>에서 결의한 군비증강에 착수했을 때, 위험을 감지한 황제군 사령관 틸리는 작센을 무력 제재할 것임을 경고하고, 요한 게오르크 1세 작센 선제후에게 모병 중지를 강력히 요구했다. 결국 틸리는 1631년 9월 5일 메르제부르크를 점령하면서 작센에 보낸 최후통첩을 실행에 옮겼다. 황제군의 공격으로 황제군과 스웨덴군 간

제3의 세력으로 남으려 했던 작센군 총사령관 한스 게오르크 폰 아르님 (1581-1641)의 구상은 물거품이 되었다. 작센과 스웨덴의 군사동맹(베르벤-토르가우 동맹조약)은 틸리가 메르제부르크를 침공한지 6일 만인 1631년 9월 11일에 전격적으로 체결되었다.

아르님은 이미 1631년 5월 20일 재산회복칙령에 강력히 저항한 신교 세력의 아성 막데부르크가 황제군 사령관 틸리 장군의 기습공격을 받았을 때, 작센군의 최고지휘권을 인수하여 작센-스웨덴 동맹 체결을 위해 노력했으며, 브라이텐펠트 전투(1631년 9월 17일)에서는 작센의 기병을 지휘하여 구스타브 2세 스웨덴 국왕을 지원했다. 구스타브 2세가 전사한 뤼첸 전투(1632년 11월 16일) 후, 아르님은 작센군 중장으로서 스웨덴의 외교정책과는 반대로 발렌슈타인과 단독으로 평화협상을 벌였으나, 무위로 끝났다. 빈의 중앙정부의 허가를 받지 않았던 적국 작센과의 협상은 후일 발렌슈타인의 죽음의 한 원인으로 작용했다.

<베르벤-토르가우 동맹조약>(작센-스웨덴 군사동맹)은 작센과 스웨덴이 협상 테이블에 마주 앉아보지도 않은 채, 1631년 9월 5일 메르제부르크가 황제군에 함락되었다는 소식에 다급해진 작센이 우선 단독으로 선포한 조약이었다. 작센-스웨덴 군사동맹의 명칭에 토르가우와 베르벤이라는 이중의 지역명칭이 사용된 것은 스웨덴군이 아직 브란덴부르크(베르벤)에 머물고 있을 때, 작센 측이 미리 토르가우(작센)에서 동맹의 결성을 발표했기 때문이었다. 브란덴부르크의 베르벤에 숙영 중인 스웨덴 군대가 작센 국경을 통과하는 순간, 구스타브 2세 스웨덴 국왕을 최고지휘권자로 하는 스웨덴군과 작센군의 통합이 실현될 것이라는 것이 작센이 선포한 동맹조약의 핵심 내용이었다. 베르벤-토르가우 동맹조약(1631년 9월 11일)에서 작센은 스웨덴군의 엘베 강 도강, 즉 작센 입국을 허용하고, 작센 주둔 시 스웨덴군의 급양을 책임질 것임을 약속했다. 같은 날 베르벤의 스웨덴군 진영에서 발표한 대응성명에서 구스타브 2세는 틸리를 비롯한 작

센의 적들로부터 요한 게오르크 1세와 작센의 완벽한 방어를 약속했다. 6일 후 벌어진 브라이텐펠트 전투(1631년 9월 17일)에서 작센-스웨덴 동맹군은 틸리 장군을 완벽하게 제압했다.

베르벤-토르가우 동맹조약은 1635년 페르디난트 2세 황제와 요한 게오르크 1세 작센 선제후 사이에 평화조약(프라하 평화조약)이 체결될 때까지 유효했지만, 작센과 스웨덴의 동맹관계는 이미 그 전부터 이완되기 시작했다. 동맹 체결 14개월 후인 1632년 11월 16일의 뤼첸 전투에서 구스타브 2세 스웨덴 국왕이 전사한 이후, 요한 게오르크 1세는 스웨덴의 정치적, 군사적 압력에서 벗어날 수 있었다. 황제군이 벌인 1634년의 두 차례 전투(리그니츠 전투와 뇌르들링엔 전투)는 작센군과 황제군, 황제군과 스웨덴 및 신교 동맹군 간에 각각 벌어졌다. 리그니츠 전투에서 작센군이 황제군에 승리하고, 뇌르들링엔 전투에서 스웨덴군이 황제군에 패한 후, 작센과 스웨덴군은 결별의 길을 걷게 되었고, 작센은 독일제국 황제와 평화조약을 체결하여 적대관계를 해소시킨다.

1634년 5월 13일 발생한 <리그니츠 전투>는 30년 전쟁에서 처음으로 작센군과 황제군이 양자 대결한 전투였다. 뵈멘 출신의 루돌프 폰 콜로레도(1585-1657) 백작이 지휘한 황제군과 아르님이 지휘한 작센 선제후국 군대 사이에 벌어진 리그니츠 전투에서 황제군은 4,000명을 희생시키고, 전체 포대와 병참부대를 잃었지만, 작센의 손실은 전사자 400명과 부상자 200명에 불과했다. 이 전투로 인해 뵈멘 왕국 관할의 슐레지엔은 프로테스탄트 측의 수중으로 넘어갔다.

1632년 구스타브 2세 스웨덴 국왕이 전사한 후 스웨덴군의 최고지휘권은 구스타브 후른(1592-1657) 백작이 인수했다. 후른 백작이 지휘한 스웨덴군과 작센-바이마르 공작 베른하르트가 지휘한 신교 동맹 군대, 그리고 발렌슈타인이 살해된 후, 그의 직책을 물려받아 30년 전쟁에 처음으로 참전한 페르디난트 3세(페르디난트 2세 황제의 후계자) 대공과 마티아스 갈라스(1588-1647) 백작 휘하의 황제군 사이에 벌어진 1634년의 두 번째 전투인 <뇌르들링엔 전투>(9월 6일)에서는 스웨덴군이 대패했다. 뇌르들링엔을 수호하기 위해 황제군은 1634년 9월 5일 저녁까지 베른하르트 공작과 후른 백작의 신교 동맹군과 전투를 벌였다. 스페인 합스부르크가의 페르디난트(1609-1641: 필립 3세의 3남, 스페인령 네덜란드 총독) 왕자 휘하의 스페인 원군이 합류하여 수적 우위를 확보한 황제군은 다음날 아침 후른의 공격을 무산시켰다. 1634년 9월 6일 후른 휘하의 스웨덴군과 베른하르트가 지휘한 신교 동맹군은 황제군의 역공으로 격퇴되었다. 신교 동맹군과 스웨덴군의 퇴각로가 교차됨으로 해서 이들은 후퇴 시 대혼란에 빠지게 되었다. 후른 백작은 황제군의 포로가 되어 1642년까지 억류되었다. 뇌르들링엔 전투에서 스웨덴군은 10,000명 내지 12,000명의 병력을, 황제군은 2,000명의 병력을 각각 희생시켰다. 뇌르들링엔 전투에서 대승을 거둔 황제군은 신교 동맹군에 의해 점령된 남독일을 대부분 탈환했다.

리그니츠 전투와 뇌르들링엔 전투의 결과는 요한 게오르크 1세 작센 선제후와 페르디난트 2세 황제를 협상의 테이블로 안내했다. 스웨덴 군대를 고립시키기 위해 황제는 선제후국 작센의 우군화가 절실했고, 작센은 작센대로 재산회복칙령으로부터 작센 선제후국 내 신교도들의 재산을 지키기 위해 황제와의 화해가 필요했다. 외세의 개입을 더 이상 용납해서는 안 되겠다는 공감대가 황제와 선제후 간에 형성되었기 때문이었다. 작센 선제후 요한 게오르크 1세는 다음해 프라하에서 평화조약을 체결하여 황제와 화해했고, 30년 전쟁이 끝날 때까지 두 사람 간의 전쟁은 더 이상 일어나지 않았다.

8) 페르디난트 2세 황제의 동해 함대 창설 계획

여기서 잠시 동해(발트해) 및 북해의 해상권 장악을 위한 독일제국함대 창설 계획이 무산된 과정을 살펴보도록 하겠다. 발렌슈타인 장군이 제국 함대 창설에 관한 전권을 페르디난트 2세 황제로부터 위임받은 시기는 30년 전쟁이 발발한 지 만 10년째가 된 1628년이었다. 발렌슈타인은 한 자도시동맹을 부활시켜, 발트해를 지배하고 있는 덴마크와 스웨덴 함대를 무력화시킨 후, 발트해의 제해권을 장악하고, 스페인과 협력하여 네덜란드와 영국의 해상활동을 약화시켜, 북해의 제해권도 장악한다는 실현되기 매우 어려운 계획을 수립했다.

독일에서 동해라고 부르는 발트해는 12세기 이후 서유럽과 동유럽 간의 통상을 위해 중요한 해상교통로였다. 13세기부터 16세기까지 이 해역의 무역은 수많은 해안 거점을 확보한 한자 동맹 도시들에 의해 지배되었었다. 발트해의 해상교통 및 해상무역 독점 노력과 병행하여 뤼베크를 중심으로 한 한자 동맹은 대규모 해안 지역의 영토획득, 항구 도시와 세관, 그리고 발트해로 연결되는 오데르 강 하구의 통제권을 얻기 위해 노력했다.

스칸디나비아 3국 동맹으로서 덴마크가 주도한 칼마르 동맹(1397-1523)이 와해되고, 1523년 구스타브 1세 국왕이 즉위하면서부터 스웨덴이 덴마크로부터 독립했음에도 불구하고, 덴마크는 스웨덴의 문장에 그려진 3개의 왕관을 덴마크의 문장에 사용함으로써 북방동맹(칼마르 동맹)을 사실상 이어가려는 시도를 했다. 이에 반발한 스웨덴이 발트해 제해권을 장악하려고 하면서 북방 7년 전쟁이 시작되었다. 1563년에 발발한 이른바 <삼관 전쟁>이라 명명된 스웨덴-덴마크 전쟁은 슈테틴(슈체친) 평화조약(1570) 체결로 종식되었다. 막시밀리안 2세 독일제국 황제의 중재로 체결된 슈테틴 평화조약에서 덴마크는 1523년의 칼마르 동맹 와해와 스웨덴의 독립을 인정하고, 스웨덴은 덴마크의 지배를 받는 노르웨이에 대한 영유권을 포기했다. 그리고 삼관 전쟁의 원인, 즉 칼마르 동맹이 해체된 후 덴마크가 스웨덴의 문장에 그려진 세 개의 왕관을 자국 문장에 사용함으로써 야기된 스웨덴의 우려를 해소하기 위한 합의가 슈테틴 평화조약의 핵심 내용이었다.

스웨덴에 의한 동해의 지배, 즉 발트해 제해권 장악 시도는 그 후 구스타브 2세 스웨덴 국왕의 계획대로 진행되었다. 스웨덴과 덴마크의 전쟁에서 덴마크를 지원한 한자도시동맹이 발트해의 해상 강자의 면모를 상실하게 된 것도 이때의 일이었다. 구스타브 2세의 목표는 발트해를 바이킹 시대 때처럼 스웨덴의 내해로 만드는 것이었으며, 이를 위해 러시아와의 일전도 불사했다. 1617년 러시아와 체결한 스톨보보 평화조약에서 구스타브 2세는 잉그리아와 카렐리야를 획득함으로써 러시아가 발트해로 진출할 수 있는 직접적인 루트를 차단했다.

30년 전쟁에 개입한 덴마크가 1628년 볼가스트 요새 전투에서 발렌슈타인에 패한 후, 발렌슈타인이 독일제국 함대 창설의 임무를 부여받은 '발트해 장군'에 임명되면서 발트 해역에서 합스부르크가(오스트리아와 스페인)의 세력 형성이 가시화 되었다. 그러자 스웨덴은 공개적으로 반 합스부르크 전선으로 뛰어들게 되었다. 스웨덴은 1621년 이후 리플란트(현재의 라트비아와 에스토니아의 발트해 연안지역)를 획득하기 위해 폴란드와 전쟁 중이었기 때문에, 오스트리아는 폴란드에 지원군을 파견함으로써 폴란드를 지키고, 스웨덴을 제압하려 했다. 그리고 발렌슈타인은 구스타브 2세와 폴란드 국왕 지기스문트(지기스문트) 3세(1566-1632, 재위: 1587-1632, 스웨덴 왕: 1592-1599) 사이의 스웨덴 왕위 계승을 둘러싼 구원(舊怨)과 그로 인해 발생한 스웨덴-폴란드 전쟁을 적절히 이용하려 했다. 사연인 즉, 지기스문트 3세(1566-1632. 폴란드 국왕: 1587-1632, 스웨덴 국왕: 1592-1599)는 스웨덴 국왕 요한 3세(1537-1592, 재위: 1568-1592)와 폴란드 국왕 지기스문트 1세(1467-1548, 재위: 1506-1548)의 딸 카타리나

(1526-1583) 사이의 장남으로서, 그의 부계는 스웨덴의 바사 왕가 출신이었고, 모계는 폴란드의 야기에우오 왕가 출신으로, 스웨덴 국왕 구스타브 2세와는 종형제 간이었다. 지기스문트 3세는 1587년 8월 모계의 숙부인 슈테판 바토리(1533-1586, 재위: 1576-1586) 국왕을 승계해 폴란드 국왕에 선출되었고, 1592년 합스부르크가의 페르디난트 2세 대공(1619년 이후 황제)의 누나인 안나(1573-1598)와 결혼한 후, 1598년 안나가 사망하자, 1605년 안나의 동생 콘스탄체(1588-1631)와 재혼함으로써 합스부르크가와의 유대 관계가 긴밀한 군주였다. 지기스문트 3세는 요한 3세 사망 후 1592년부터 1599년까지 스웨덴의 국왕이었지만, 폴란드 왕국을 동시에 통치해야 했기 때문에, 숙부인 카를(후일의 카를 9세)을 스웨덴의 섭정에 임명한 후, 1594년 7월 폴란드로 귀국해야 했다. 그런데 카를 9세(1550-1611, 재위: 1604-1611)가 반란을 일으킴으로써 지기스문트 3세는 스웨덴의 왕위를 숙부에게 찬탈 당했다. 지기스문트 3세는 그 후 스웨덴의 왕권 회복을 위한 투쟁 과정에서 스웨덴과 1660년까지 전쟁을 벌여야 했다. 30년 전쟁에서 독일 땅에서 전사한 구스타브 2세는 카를 9세 스웨덴 국왕의 아들이었다.

구스타브 2세는 합스부르크가와 군사동맹을 체결한 그의 사촌 지기스문트 3세 폴란드 국왕으로 하여금 스웨덴 왕위에 대한 집착을 포기시켜야 했다. 스웨덴은 1630년 7월 6일 30년 전쟁 개입을 공식화했지만, 1621년 이후 지속된 폴란드와의 전쟁을 합스부르크 왕가와 독일제국의 가톨릭 동맹을 상대로 하는 전쟁(30년 전쟁)의 일부분으로 간주했다. 폴란드는 발트해 제해권 획득을 위해 스웨덴이 넘어야 할 산이었다. 폴란드를 제압한다면 폴란드의 해군력에 의지하고 있는 프로이센 공국, 즉 브란덴부르크령 동프로이센(프로이센 공국)의 항구도시들은 자연히 스웨덴의 지배하에 묶어둘 수 있었다.

스웨덴과 폴란드의 마지막 전투는 1629년 여름 프로이센 공국(동프로이센) 땅인 슈툼 황야에서 구스타브 2세와 폴란드-독일제국 연합군 사이에서 벌어졌다. 폴란드-독일제국 연합군의 폴란드군 사령관은 스타니스와프 코니에츠폴스키(1590/1594-1646)였고, 그를 지원한 독일제국군 지휘관은 작센군 사령관 한스 게오르크 폰 아르님(1581-1641) 원수였다. 폴란드의 재정이 바닥나 용병의 급료 지불이 불가능해지자, 전선 이탈자가 늘어났고, 기아와 질병으로 양측 군대가 고통을 겪었을 때, 지기스문트 3세는 휴전을 제의했다. 단치히(그다인스크)에서 가까운 프로이센 공국, 즉 동프로이센의 소도시 알트마르크에서 휴전조약이 체결되었다. <알트마르크 조약>(1629년 9월 25일)에서 스웨덴은 레틀란트(라트비아)의 수도 리가를 포함한 리플란트(라트비아와 에스토니아의 발트해 연안지역), 엘블롱크 및 동프로이센의 항구 도시(프롬보르크, 톨크미츠코, 브라네보, 발티스크, 프리모르스크, 파블로보, 클라이페다)를 포함하여 바익셀(비수아) 강 하구를 획득했다. 단치히(그다인스크)와 쾨니히스베르크(프로이센 공국 수도, 현재 러시아의 칼리닌그라드)와 푸츠크는 스웨덴의 점령지에서 제외되었지만, 스웨덴은 단치히를 거치는 폴란드의 교역에 대한 3.5퍼센트의 관세부과권을 획득했다. 스웨덴은 점령지 및 동프로이센 항구에서 나오는 수입을 통해 30년 전쟁 개입 비용을 조달할 수 있었다.

프로이센 공국(동프로이센)이 아직은 폴란드와 군합국이었기 때문에, 프로이센 공작의 신분으로서는 폴란드의 봉신이었던 브란덴부르크 선제후 게오르크 빌헬름(1595-1640, 재위: 1620-1640) 변경백은 그러나 스웨덴이 요구한 반 황제 동맹가입을 거부하고 구스타브 2세 스웨덴 국왕과 페르디난트 2세 황제 사이에서 중립을 지켰다. 게오르크 빌헬름의 둘째 여동생 마리 엘레오노레(1599-1655)와 결혼한 구스타브 2세는 게오르크 빌헬름 브란덴부르크 선제후의 매제였다. 게오르크 빌헬름은 스웨덴에 할양한 지역에 대한 보상으로 마리엔부르크(폴란드의 말보르크)와 슈툼 외에도 비수아 강 삼각주의 여러 지역을 획득했지만, 6년 휴전기간이 만료된 후에는 스웨덴에 양도한다는 조건이 붙어있었다. 알트마르크 조약은 프랑스의 중재 하에 체결되었고, 영국, 네덜란드, 브란덴부르크가 이 조약을 지지했다. 알트마르크 조약은 1635년 슈툼스도르프(폴란드의 슈툼 인근 마을) 조약에서 연장되었는데, 슈툼스도르프 조약(1635년 9월 12일)에서 스웨덴은 단치히(그다인스크) 항의 관세 수입과 프로이센 공국(동프로이센) 내의 점령지역을 포기했다. 스웨덴은 알트마르크 조약을 통해서 폴란드와의 전쟁을 종식시켰고, 1626년 이후 획득한 폴란드 내 점령지들을 1635년까지 확실하게 차지할 수 있었다.

발렌슈타인을 통한 독일제국 함대 창설 계획은 스웨덴이 1630년 독일에 상륙하여 30년 전쟁을 주도하면서 백지화되었다. 16세기 후반에 몰락한 한자도시동맹을 전성기의 세력으로 복원하는 것은 1~2년 안에 해결될 문제가 아니었고, 덴마크의 지상군은 비록 발렌슈타인에 패했지만, 덴마크의 해상 지배력은 여전했다. 특히 폴란드-스웨덴 전쟁에서 스웨덴의 해군력을 실제로 목도한 발렌슈타인은 발트해를 평정하여 덴마크와 스웨덴 함대를 유린한 후, 네덜란드까지 장악한다는 꿈을 포기해야 했다. 폴란드-스웨덴 전쟁에서 페르디난트 2세 황제의 지원을 받은 폴란드가 스웨덴 함대를 재기불능의 상태로 만들었다면, 신성로마제국의 제국 함대 창설 계획은 역사적인 해프닝으로 끝나지 않았을 지도 모른다.

9) 30년 전쟁과 프라하 평화조약(1635)

페르디난트 2세 독일제국 황제가 주도한 <프라하 평화조약>의 상대국은 작센 선제후국이었지만, 조약 체결 후 - 베른하르트 작센-바이마르 공작과 빌헬름 5세(1602-1637, 재위: 1627-1637) 헤센-카셀 방백을 제외하면 - 독일제국의 거의 모든 제후들이 프라하 조약에 추가로 가입했다. 그들 두 사람(베른하르트와 빌헬름 5세)은 독일제국을 떠나야 했다. 베른하르트와 빌헬름 5세는 프라하 평화조약을 거부하고, 프랑스와 동맹조약(생제르맹 조약, 1635년

10월 27일을 체결했다. 전자는 프랑스군 원수에 임명되었고, 후자는 페르디난트 2세 황제에 의해 독일제국에서 추방되었다. 프라하 평화 조약은 재산회복칙령의 이행 문제, 분쟁지역의 영유권 처리 및 황제직할 제국군대 창설 문제 등을 광범위하게 다룸으로써 1635년 이후 체결된 여러 조약에도 큰 영향을 끼쳤다. "독일 민족이 종전의 통합과 평온과 자유와 안전으로 회귀하기 위해"라는 문구로 시작되는 프라하 평화조약은 재산회복칙령의 축소 내지 철회를 전제한 것이나 다름없었기 때문에, 황제가 크게 양보한 조약이었지만, 그 반대급부로 다양한 요구 사항들이 황제 측에서 제시되었다.

재산회복칙령의 이행과 관련된 내용을 살펴보면, 우선 파사우 조약(1552) 이전의 제후직속교구 재산은 현상유지(신교 제후의 재산권 인정)키로 했다. 1627년 11월 12일 현재 아우크스부르크 종교평화조약 참여 종파(가톨릭교와 루터교)의 소유였던 것은, 우선 향후 40년 기한으로 종교의 변경 없이도 프로테스탄트의 소유로 머물게 했다(재산회복칙령 이행 유보). 신교도들에 의해 점유된 구 가톨릭교구의 제후에게는 제국의회에서의 표결권이 허용되지 않았다. 40년 기한이 만료된 이후의 프로테스탄트교회 재산소유권 문제는 40년 만기 이전에 구성되는 (신교와 구교) 동수 위원회를 통해 제국의회에서 최종적인 합의를 도출키로 했다. 협상이 결렬될 경우, 1627년 11월 12일의 재산보유 상태를 유지하기로 하고, 법원의 판결에 의해서만 소유권 변경이 가능하도록 했다. 1566년 이후 신교 성직자에 의해 관리되고 있는 막데부르크 대주교구는 요한 게오르크 1세 작센 선제후의 차남으로서 루터파인 아우구스트(1614-1680) 작센-바이센펠스 공작에게 귀속시키고, 할버슈타트 주교구는 페르디난트 2세 황제의 막내아들 레오폴트 빌헬름(1614-1662, 페르디난트 3세 대공(1637년 이후 황제)의 동생) 오스트리아 대공에게 양도되었다. 레오폴트 빌헬름 대공은 재산회복칙령을 통해 다시 가톨릭으로 환원된 할버슈타트 주교구의 마지막 가톨릭주교였다. 30년 전쟁을 끝낸 1648년의 베스트팔렌 평화조약에서 할버슈타트는 최종적으로 브란덴부르크에 귀속되었다. 페르디난트 2세 황제의 세습지(오스트리아) 내의 아우크스부르크 종파(루터교) 인정은 신교 대표들이 요구한 <개혁법>(이우스 레포르마치오니스)을 고려하여 단호하게 거부되었다. 개혁법의 골자는 "군주가 택한 종교가 그 나라의 종교"(쿠이우스 레기오, 에이우스 렐리기오), 즉 아우크스부르크 종교평화조약에서 합의된 제후의 종교선택권이었다. 제국대법원(라이히스캄머게리히트) 판사의 신교 판사 및 구교 판사 동수 구성 문제는 향후 제국의회에서 논의 후 도입키로 하고, 제국추밀원(라이히스호프라트)의 구성은 선제후 회의가 결정하도록 했다. <제국추밀원>은 제국대법원의 재판권 제한을 보완하기 위해 설립된 새로운 최상급 심급으로서, 소관업무는 제국대법원의 그것과 유사했다. 그러나 제국대법원은 원래 평화유지명령 위반 및 제국직속 인사들에 대한 소송과 항소사건을 처리했고, 제국추밀원은 제국직속 인사들에 대한 형사사건, 황제의 특권에 관한 송사, 유보권(법률유보)과 제국봉토 업무 등을 합의제로 처리했으며, 일부 형사사건은 제국대법원과 제국추밀원이 경쟁적으로 다루려 했다. 제국대법원은 1495년에 설립되었고, 제국추밀원은 막시밀리안 1세 황제에 의해 1498년과 1518년에 임시적으로 운용되었다가, 1527년 이후 새로운 최고심급의 사법기관으로 확정되었다. 양 사법기관(제국대법원과 제국추밀원)은 1806년 신성로마제국이 붕괴될 때까지 존속했다.

영토 문제와 관련된 프라하 평화조약은 다음의 조항들을 포함했다. 팔츠의 선제후(프리드리히 5세)의 지위는 바이에른 공국(막시밀리안 1세)으로 이전되고, 라인 강 우측의 팔츠 영토(오버팔츠)는 바이에른의 영토임을 재확인한다. 프랑스, 스웨덴 및 기타 외국 강대국에 의해 점령된 지역을 탈환하여 평화조약을 관철시킬 때, 작센 선제후는 군사지원을 해야 한다. 브란덴부르크는 폼메른에 대한 영유권을 보장받고, 1628년 발렌슈타인 장군에 의해 점령된 멕클렌부르크 공국의 공작과 프랑스가 점령한 로트링엔

(로렌) 공국 공작의 통치권을 원상회복시킨다.

1630년 이후의 전쟁비용은 상호 상쇄하고, 일반 사면을 고지한다. 뵈멘 왕국과 팔츠 선제후국(오버팔츠는 제외된 라인팔츠, 즉 지금의 라인란트-팔츠) 내의 분쟁은 평화조약에서 제외되고, 사면신청을 통해 황제의 관용을 얻어야 하는, 즉 특별리스트에 오른 인사들은 일반사면에서 배제된다. 프라하 평화조약에 찬성하는 제후는 누구든지 조약에 가입할 수 있다. 프라하 평화조약을 이행하기 위해 황제군은 존속되며, 황제직속 제국군대의 창설을 위해 개별 제후국 군대도 황제군에 합류할 수 있다. 전쟁부담금을 줄이기 위해 노력한다. 모든 외국군대는 제국 땅에서 제거되어야 하고, 선제후 동맹과 상호상속조약을 제외한, 개개 제후국이 체결한 단독동맹은 해체되어야 한다.

독일제국 소속 제후국과 제후국 간의 동맹 및 독일제국의 제후국과 외국 간의 동맹 체결 불가 규정에 의해 스웨덴과 남서부 독일 신교 제후국(프랑켄, 슈바벤, 쿠르라인 및 오버라인 제국직할관구 소속 신교 제후국)의 동맹체인 <하일브론 동맹>(1633년 4월 23일)은 해체되었다. 작센은 하일브론 동맹에 가입하지 않고, 피르나에서 페르디난트 2세 독일제국 황제와 - 1635년의 프라하 평화조약 체결을 위한 - 예비평화조약을 체결했었다. 브란덴부르크가 스웨덴에게 폼메른의 포기를 요구했을 때, 하일브론 동맹은 사실상 와해되었지만, 공식적으로는 1635년 5월 30일 프라하 평화조약을 통해서 해체되었다. 프라하 평화조약의 보조협정에서 신교의 수중에 들어간 슐레지엔을 굴복시킬 방법이 결정되었고, 황제군 이탈자들을 포함하여, 일반사면에서 제외될 자들의 명부가 작성되었다.

프라하 평화조약 체결로 독일제국에 평화를 정착시키기 위한 전제조건들이 실질적으로 충족된 셈이었다. 그러나 프랑스와 스웨덴의 이해관계가 고려되지 않았을 뿐 아니라, 프라하 평화조약을 통해 합스부르크 왕가의 세력이 더욱 확대되었고, 하일브론 동맹이 와해되면서 스웨덴이 고립되었다. 프라하 평화조약을 체결하기 위한 협상이 모두 끝나고 서명 절차만을 앞두고 있던 1635년 5월 19일 프랑스는 스페인에 선전포고하면서 30년 전쟁에 능동적으로 개입했다. 프랑스에 우호적인 트리어 대주교(필립 크리스토프)가 스페인 합스부르크 왕가에 의해 체포되고, 트리어 선제후국이 스페인 군대에 의해 점령된 사건이 프랑스에게 전쟁개입의 공식적인 명분을 제공한 것이었다. 프랑스와 합스부르크 왕가의 대결이 30년 전쟁을 통해 재연되었다. 1328년(필리프 6세, 재위: 1328-1350)부터 프랑스를 지배한 발루아 왕조는 앙리 3세(재위: 1574-1589)를 마지막으로 소멸되고, 1589년에 즉위한 앙리 4세(재위: 1589-1610)와 더불어 프랑스는 1792년(루이 16세, 재위: 1774-1792)까지 부르봉 왕가에 의해 지배되었다.

프라하 평화조약에서 페르디난트 2세 황제가 스웨덴이 점령한 폼메른을 브란덴부르크의 영토로 인정한 것은 1529년 체결된 <그림니츠 조약>에 근거했다. 폼메른 공작 보기슬라프 10세(1454-1523, 재위: 1478-1523)의 임기 말부터 첨예화한 폼메른에 대한 브란덴부르크의 봉토주권을 둘러싼 분쟁을 조정하기 위해 브라운슈바이크 공작 - 숙질간인 - 에리히 1세(1470-1540)와 하인리히 2세(1489-1568, 에리히 1세의 형 하인리히 1세의 아들)의 중재로 1529년 8월 26일 브란덴부르크 선제후 요아힘 1세(1484-1535, 재위: 1499-1535) 변경백과 보기슬라프 10세를 승계한 폼메른 공작 게오르크 1세(1493-1531, 재위: 1523-1531. 보기슬라프 10세의 장남) 공작 간 그림니츠 성(브란덴부르크 에버스발데 인근)에서 체결된 상속조약인 그림니츠 조약은 폼메른의 공작 가계가 사멸할 경우 폼메른의 상속권은 브란덴부르크(호엔촐레른가)에 양도됨을 규정한 조약이었다. 30년 전쟁이 발발했고, 폼메른에 상륙한 스웨덴의 구스타브 2세 국왕은 1630년 8월 25일 폼메른 공작(보기슬라프 14세)과 상호방어동맹을 체결했다. 2년 후인 1637년 보기슬라프 14세(1580-1637, 재위: 1625-1637. 마지막 폼메른 공작)가 후사 없이 사망하자, 스웨덴 국왕(크리스티나 1세, 재위: 1632-1654. 30년 전쟁에서 전사한 구스타브 2세의 차녀)은 그림니츠 조약을 무시하고, 폼메른에 군정을 실시했다. 1635년 프라하 평화조약을 통해 그림니츠 조약의 효력을 조약 체결 100여 년 만에 발생시킨 페르디난트 2세는 폼메른을 브란덴부르크 선제후 게오르크 빌헬름(1595-1640, 재위: 1620-1640)의 소유로 인정했지만, 전쟁(30년 전쟁)은 계속되었고 폼메른은 스웨덴의 지배를 받았다. 폼메른 문제는 30년 전쟁이 끝난 후 체결된 베스트팔렌 평화조약에서 비로소 해결되었다. 그러나 브란덴부르크는 폼메른의 절반만 양도받았다. 스웨덴 쪽에 가까운 폼메른(포르폼메른)은 스웨덴이 차지했고, 브란덴부르크는 자국과 인접한 힌터폼메른에 만족해야 했다. 지금은 폐허가 된 그림니츠 산성은 브란덴부르크 주의 요아힘스탈에 위치해 있다.

프라하 평화조약은 발렌슈타인에게 봉토로 수여되었던 멕클렌부르크 공국의 소유권도 원상회복시켰다. 멕클렌부르크는 1621년의 지역분할에서 멕클렌부르크-귀스트로와 멕클렌부르크-슈베린으로 완전히 분할되었다. 뤼베크 평화조약(1629)을 체결한 후 덴마크 군대가 30년 전쟁에서 손을 떼고 본국으로 철수한 후, 페르디난트 2세 황제는 친 덴마크 정책을 펴온 멕클렌부르크의 공작들에게 제국추방령을 선고하고, 1628년 6월 16일 멕클렌부르크 전체를 발렌슈타인에게 세습봉토로 수여했다. 그러나 1630년 구스타브 2세 스웨덴 국왕이 독일에 상륙한 후, 발렌슈타인에게 나라를 빼앗겼던 멕클렌부르크 공작(앞에서 언급한 아돌프 프리드리히 1세와 요한 알브레히트 2세 공작 형제)이 1631년 명목상으로 복위되긴 했지만, 멕클렌부르크는 스웨덴의 작전기지가 되어 버렸다. 발렌슈타인은 1634년에 이미 살해되었기 때문에, 스웨덴의 멕클렌부르크 점령을 인정할 수 없었던 페르디난트 2세 황제는 프라하 평화조약의 정신에 입각하여 전 공작들을 복권시킨 것이었다.

덴마크 국왕 크리스티안 4세는 슐레스비히-홀슈타인의 공작을 겸하고 있었기 때문에, 공작으로서는 독일제국 소속 제후였으며, 독일제국 의회의 의원이기도 했다. 더욱이 슐레스비히-홀슈타인 공국이 소속된 니더작센 제국직할관구는 브라운슈바이크-뤼네부르크 공국이 중심이 되어 1625년 슐레스비히-홀슈타인 공작 크리스티안 4세(덴마크 국왕)를 니더작센 제국직할관구의 관구장으로 선출했다. 제국직할관구(라이히스크라이스)는 평화유지 명령 및 제국대법원의 판결의 집행에 관한 일체의 권한을 황제로부터 위임받고, 주화의 주조 및 유통에 관한 감독권을 위임받는 독일제국의 최대행정단위이었다. 그 뿐 아니라 제국직할관구는 유사시 제국군의 편성과 유지, 제국의회가 결의한 전쟁비용의 공동분담 의무를 부여 받았다.

각 제국직할관구의 우두머리는 선출직 관구장이었고, 전시 관구부대를 지휘하는 관구사령관직을 겸해야했기 때문에, 페르디난트 2세 황제는 니더작센 제국직할관구의 행정에 덴마크의 이해관계가 작용할 것을 크게 염려하게 되었다. 황제는 니더작센 제국직할관구 의회의 조치를 인정하지 않았고, 크리스티안 4세가 선출되었을 때부터 그를 니더작센 제국직할관구장에서 퇴출시키기 위한 방법을 모색했다. 크리스티안 4세는 니더작센 제국직할관구 내 제국의회 의원들의 권리와 자유를 지키고, 종교의 자유가 훼손되는 것을 막기 위해, 영국과 네덜란드, 그리고 몇몇 독일의 신교 제후국들과 동맹을 체결했다. 크리스티안 4세의 차남 프리드리히 3세(1609-1670, 재위: 1648-1670. 크리스티안 4세의 후임국왕)가 이미 세속화된 북독일의 3개 주교구(1621년 브레멘 대주교구, 1622년 페르덴 주교구, 1624년 할버슈타트 주교구)의 부주교 직을 맡고 있었기 때문에, 크리스티안 4세는 동맹국들의 지원을 받아 이들 주교구들을 영구히 장악할 정치적 의지를 실현하려 했다. 실제로 프리드리히 3세 덴마크 국왕은 1634년 브레멘 대주교, 1635년 페르덴 주교에 서임되었지만, 1645년 브룀세브루(스웨덴) 평화조약(1635년 8월 23일)에서 두 주교구를 스웨덴에 빼앗겼다.

1632년 구스타브 2세가 사망한 후, 선제후국 작센은 지금까지 스웨덴이 행사했던 독일 신교 동맹의 주도권을 빼앗기 위해 독일제국 의회 신

교 의원들의 전원회의를 소집하려 했다. 이에 스웨덴 수상 악셀 구스타
브손 욱센셰르나(1583-1654) 백작은 1932년 뤼첸 전투에서 전사한 구스타브
2세를 대신하여 30년 전쟁에서 정치적 영향력을 행사하기 위해 1633년
4월 23일 뷔르츠부르크 주교구의 하일브론에서 독일의 신교 제후국들과
군사 동맹(하일브론 동맹)을 체결했다. <하일브론 동맹>은 욱센셰르나 수상
이 프랑스 공사를 임석시킨 가운데 쿠르라인 제국직할관구(라인지역의 4개 선
제후국으로 구성된 독일제국 직할관구), 프랑켄 제국직할관구, 슈바벤 제국직할관구,
오버라인 제국직할 관구 등 독일 남서부 지역의 4개 독일제국 직할관구
의 신교 의회와 체결한 동맹이었다. 구스타브 2세의 정책을 계승하여,
특히 스웨덴의 영토상의 이익을 도모하고, 독일제국의 정치에 대한 스웨
덴의 영향력을 유지하기 위한 위함이었다. 하일브론 동맹의 지도자는 물
론 욱센셰르나 수상이었다. 30년 전쟁에서의 군사적인 문제의 결정권은
동맹의 지도자만이 행사할 수 있고, 하일브론 동맹 회원국의 단독평화조
약 체결과 중립 선언은 허용되지 않았다. 4개 제국직할관구(쿠르라인, 프랑켄,
슈바벤 및 오버라인) 군대 편성 및 전쟁비용 조달에 관한 조항이 추가되었고,
점령지역에 대한 소유권은 스웨덴에 귀속되었다. 독일의 신교 제후국 대
표들은 마지못해 욱센셰르나가 요구한 동맹의 지휘권을 그에게 인정했
다. 뇌르들링엔 전투(1834년 9월 5-6일)에서 스웨덴이 황제군에 대패한 후, 작
센의 선제후(요한 게오르크 1세)가 하일브론 동맹에는 가입하지 않고, 독일제
국 황제와 평화조약(프라하 평화조약) 체결을 위한 협상을 벌인데다가, 브란덴
부르크가 스웨덴에게 폼메른의 포기를 요구했을 때, 이미 하일브론 동맹
은 와해되었지만, 동맹을 공식적으로 해체시킨 것은 1635년의 프라하 평
화조약 이었다는 사실은 이미 언급되었다.

10) 발렌슈타인의 몰락과 페르디난트 2세 황제

언급하였듯이, 발렌슈타인은 1630년 7월 <레겐스부르크 선제후 회의>의 결의로 황제군의 최고지휘권을 잃고 뵈멘으로 낙향했지만, 1631년 9월 17일 브라이텐펠트 전투에서 황제군과 구교 동맹군을 지휘한 틸리 사령관이 구스타브 2세 스웨덴 국왕과 요한 게오르크 1세 작센 선제후가 지휘한 스웨덴-작센 동맹군에 대패했을 때, 다시 황제군의 지휘권을 인수하게 되었다. 황제군 사령관에 복귀한 후 치른 1632년의 뤼첸 전투에서 발렌슈타인은 적장(구스타브 2세)을 전사하게 하는 전과를 올렸다. 그런데도 발렌슈타인은 스웨덴 국왕이 전사한 기회를 전략적으로 이용하는 대신, 동계숙영지가 설영된 뵈멘으로 철수해 버렸다. 이는 후일 발렌슈타인이 반역죄로 기소되는 구실 중의 하나가 되었다. 그러나 구스타브 2세의 전사에도 불구하고 사상자의 수로만 계산하면, 뤼첸 전투는 황제군이 패한 전투였다. 발렌슈타인은 뤼첸에서 스웨덴보다 두 배나 많은 병력을 잃었고, 발렌슈타인을 구하기 위해 할레에서 합류한 황제군 원수 파펜하임도 중상을 입고, 다음 날 사망했다.

뤼첸 전투 이후 소극적으로 돌변한 발렌슈타인의 전쟁수행 태도, 그럼에도 불구하고 그가 보유한 용병부대의 막강한 전투력, 적국인 작센 공국의 협조 하에 스웨덴과 협상을 시도한 점, 그리고 이를 문제 삼은 황실 측근의 음모 등이 - 발렌슈타인을 옹호하는 측은 작센 및 스웨덴과의 협상 시도는 오히려 독일제국 전체의 평화의 기저를 다지고, 외세를 독일 땅에서 몰아내려고 한 발렌슈타인의 노력의 일환이었다고 주장하지만 - 발렌슈타인에 대한 황제의 불신을 야기한 원인들이었다. 1633년에도 그는 스웨덴과의 전투에 참여했지만, 뤼첸 전투에서 발휘했던 적극성은 보이지 않았다. 1634년 1월 발렌슈타인을 해임하고, 그에게 제국추방령을 내린 황제의 결심에 결정적 동기가 된 것은 확인도 되지 않은 반역죄의 전가 때문이었다.

　제1차 <필젠 선언>은 신변의 위협을 감지한 발렌슈타인 장군의 자위
적 대응이자, 동시에 정치적 몰락의 원인을 스스로 제공한 사건이었다.
1634년 1월 13일 크리스티안 폰 일로(1585-1634) 원수의 강력한 건의를 수
용한 발렌슈타인은 49명의 황제군 연대장들과 장성들을 필젠(체코의 플제니)
으로 불러 충성서약을 받았다. 참석한 장교 전원이 서명하여 복수로 작
성된 선언문에서 발렌슈타인은 황제와 국민, 그리고 제국군대를 위해 최
고지휘관의 직을 최후까지 고수할 것이며, 최고지휘관에게 충성을 서약
한 장교들의 동의하에서만 사임할 것이라고 선언했다. 필젠 선언이 노린
것은 작센 및 스웨덴과 협상을 진행시키고 있는 발렌슈타인의 입지를
강화시킴과 동시에 발렌슈타인을 제거하려는 중앙정부의 계획을 저지하
는 것이었다. 그러나 49인의 서명자 중에는 발렌슈타인에 충성한 자 뿐
아니라, 발렌슈타인의 암살에 개입된 황제파도 혼재되어 있었다. 발렌슈
타인의 제거에 직접적 관련이 있는 중간 지휘관들은 발터 부틀러(1600경
-1635), 존 고든(†1649) 및 발터 레슬리(1606-1667) 등이었고, 발렌슈타인이 제거
되기도 전에 벌써 황제군 사령관에 임명된 마티아스 갈라스(1588-1647)와 옥
타비오 피콜로미니(1599-1656)는 위 3인의 배후이었고, 일로와 아담 에르트
만 폰 트르츠카(1599경-1634), 빌헬름 폰 킨스키(1574-1634)는 발렌슈타인과 운명
을 나눈 장교였다. 갈라스와 피콜로미니는 발렌슈타인 제거 음모의 주동
자들이었고, 버틀러를 위시해 고든과 레슬리는 그들의 하수인들이었다.
흥미로운 점은 버틀러는 아일랜드계였고, 존 고든과 레슬리 두 사람은
스코틀랜드 출신이었다는 사실이다.

　1차 필젠 선언은 발레슈타인을 제거하려는 빈 중앙정부에게 확실한
빌미를 제공했다. 1차 필젠 선언이 있은 다음날인 1634년 1월 24일 빈
중앙정부는 발렌슈타인의 파면을 결의했다. 위험을 감지한 발렌슈타인은,
한편으로는 신교 동맹군 사령관인 작센-바이마르의 베른하르트 공작과

협상을 시작했고, 다른 한편으로는 2차 필젠 선언을 준비했다. 2차 선언문에 서명한 장교의 수는 1차 선언 때보다 현저히 줄어들었다. 1634년 2월 20일자의 2차 필젠 선언에서 발렌슈타인은 자신에게 씌워진 반역죄의 부당성을 지적하고 - 유사시를 대비해 - 1차 필젠 선언 서명자 전원에게 그들이 행한 선서에 대한 책임을 면제해 주었다.

발렌슈타인의 불가해한 처신에 대한 후대의 추측은 역사의 페이지를 풍성하게 장식한다. 뤼첸 전투에서 구스타브 2세를 제거한 후, 유럽을 지배할 권력을 잡으려는 야망으로 독자 노선을 택해 스웨덴과 협상을 벌였으며, 뵈멘의 종교개혁에 확실한 제동을 걸려 했던 페르디난트 2세 황제의 뜻을 어기고 의도적으로 관용적인 종교정책을 폈다는 설이 유력하다. 발렌슈타인은 자신의 정치적 야망을 실현시키기 위해 스웨덴과 평화조약 체결을 논의하는 과정에서 독일제국의 재편에 관한 협상을 벌이려 했으나, 스웨덴의 거부로 성공하지 못했다. 그의 행적은 갈라스와 피콜로미니를 통해서 황제에게 일일이 보고되었다. 발렌슈타인은 1634년 2월 국가반역죄로 기소되어 사형선고를 받았지만, 법정은 그의 유죄를 명시적으로 밝히지 못했다.

독일의 희곡작가 프리드리히 쉴러(1759-1805)는 이 역사적 사건을 소재로 <발렌슈타인>이란 제목의 3부작 희곡을 발표했다. 제1부 <발렌슈타인의 진영>, 제2부 <피콜로미니 부자>, 제3부 <발렌슈타인의 죽음>이 바로 그 세 편의 역사희곡이다. 장소와 사건은 역사적 사실과 일치하지만, 막스라는 이름으로 등장하는 옥타비오 피콜로미니 장군의 아들과 발렌슈타인의 딸 테클라 사이의 비극적인 사랑은 쉴러의 창작이었다. 황제에 대한 충성심과 발렌슈타인에 대한 존경심, 친부인 피콜로미니 장군과 장인이 될 발렌슈타인 사령관 사이에서 갈등하는 청년 막스 피콜로미니는 테클라 발렌슈타인에 대한 사랑으로 결국 황제와 부친을 배신하고, 발렌슈타인을 따르기로 한다. 절망감에 사로잡힌 막스는 스웨덴 군대와 접전

중 전사하고, 상심한 테클라는 막스를 따라 죽음을 택한다. 막스와 테클라 간의 비극적 사랑의 묘사는 발렌슈타인 비극의 극적 효과를 극대화한다. 발렌슈타인 3부작은 1798년 가을과 1799년 봄 사이에 요한 볼프강 폰 괴테(1749-1832)가 극장장이었던 바이마르 궁정극장(현재의 바이마르 독일국립극장)에서 - 제1부는 1798년 10월 12일, 2부는 1799년 1월 30일, 3부는 1799년 4월 20일 - 초연되었다.

발렌슈타인이 반역자이었느냐, 30년 전쟁의 참화로부터 독일제국을 지키고 그 땅에 진정한 의미의 평화를 정착시키기 위해 몸을 던진 애국지사였느냐, 아니면 출세를 위해 구교로 개종까지 서슴지 않았던 정략가였느냐, 그것도 아니면 뵈멘 출신임에도 불구하고 황제에 의해 군총사령관으로 임명된 것을 질시한 반대파 보수진영의 음모의 희생양이었느냐하는 평가는 어느 쪽에 무게의 중심을 두느냐에 따라 의견이 갈릴 수 있을 것이다. 발렌슈타인은 군인으로서는 불세출의 영웅이었고, 정치가로서는 시대를 앞서간 인물이었지만, 자부심과 공명심과 반골 기질로 가득 찬 인간이었던 것은 분명한 듯하다. 정치가 발렌슈타인과 군인 발렌슈타인에 대한 최종적인 평가는 시대에 따라, 해석자에 따라 차이를 보였다.

발렌슈타인은 빈 정부의 지령에 따라 움직인 배신한 부하들에 의해 1634년 2월 25일 에거(체코의 헤프)에서 척살되었다. 크리스티안 폰 일로와 아담 에르트만 폰 트르츠카 및 빌헬름 폰 킨스키도 그들의 주군과 함께 죽임을 당했다. 뮌헨그레츠(체코의 므니호보 흐라디스테)의 성 안나 교회에 잠들어 있는 그의 묘지의 비명("무엇이 태양보다 더 밝게 빛날까? 그런데 태양도 어둠 앞에 굴복한다네.")은 발렌슈타인의 일생을 너무나도 간결하게, 그러나 의미심장하게 표현하고 있다. 발렌슈타인의 죽음 1년 후 프라하 평화조약이 황제 주도로 체결되었지만, 30년 전쟁은 계속되었다. 발렌슈타인이 살해된 지 3년 후 페르디난트 2세 황제의 통치 시기도 종지부를 찍었다. 전쟁의 바통은 이

제 그의 아들 페르디난트 3세 황제의 손에 쥐어졌다.

페르디난트 2세 황제는 두 번 결혼했다. 총 7명의 자녀는 - 4명 아들과 3명의 딸 - 모두 첫 결혼 상대자인 4세 연상의 마리아 안나(바이에른 공작 빌헬름 5세의 딸)에게서 얻었으며, 두 번째 부인인 곤자가가의 엘레오노레(1598-1655, 빈첸초 1세(1562-1612, 재위: 1587-1612) 만토바 공작의 막내딸)에게서는 소생이 없었다. 성인으로 성장한 두 딸 중, 마리아 안나(1610-1665)는 바이에른의 초대 선제후 막시밀리안 1세 공작의 아내가 되었고, 체칠리에(1611-1644)는 폴란드 국왕 블라디슬라프(부아디수아프) 4세(1595-1648, 재위: 1632-1648)와 결혼했다. 4명의 아들 중 두 명은 유년기에 사망했고, 큰 아들 페르디난트 3세는 부왕을 승계했다. 작은 아들 레오폴트 빌헬름(1614-1662) 대공은 이미 11세 때부터 파사우 및 슈트라스부르크 주교였고, 1626년 할버슈타트 주교, 1628년 올뮈츠(올로모우츠)의 주교에 선출되었다. 그 외에도 레오폴트 빌헬름은 1625년 이후 예비총단장을 거쳐, 1641년 이후 독일기사단의 총단장이 되었다. 1629년부터 1635년까지 - 교황의 승인은 받았지만, 주교좌성당참사회에 의해 직접 선출되지 않은 - 명의상의 막데부르크의 대주교였으며, 1635년 프라하 평화조약 체결에 응한데 대한 보답 차원에서 요한 게오르크 1세 작센 선제후의 차남이며 루터파 신교도인 아우구스트(1614-1680) 작센-바이센펠스 공작에게 막데부르크의 대주교 자리를 양보했다. 레오폴트 빌헬름은 성직자이면서도 1639년 30년 전쟁에서 황제군의 최고지휘권을 인수하여, 여러 전투를 지휘했다. 그는 1640년과 1642년 스웨덴 군대를 뵈멘과 슐레지엔에서 몰아내는데 크게 기여했다. 1642년 11월 2일 두 번째 브라이텐펠트 전투에서 패한 후, 그는 최고지휘권을 잃었다가, 1645년에 다시 복귀했다. 1646년부터 1656년까지 그는 합스부르크령 네덜란드의 총독을 역임했고, 프랑스와 일전을 치르기 위해 합스부르크령 네덜란드와 대척관계에 있던 네덜란드 공화국(홀란트, 젤란트, 위트레흐트, 겔덜란트, 프리슬란트, 오베리셀 및 흐로닝엔 주로 구성되었음)과 평화조약을 체결하기도 했다. 형 페르디난트 3세 황제가 1657년 사망한 후, 레오폴트 빌헬름 대공은 황제 후보의 물망에까지 올랐지만, 조카(레오폴트 1세)의 황제 선출을 지원했다. 만년의 레오폴트 빌헬름은 미술품수집에 전념했다. 1656년 빈으로 반입하여 조카(페르디난트 3세 황제의 3남)인 레오폴트 1세 황제에게 헌납한, 그의 회화 및 고블랭 소장품(특히 네덜란드와 이탈리아 화가들의 작품)은 현재 <빈 미술사 박물관>이 소장한 전시품의 근간을 이루고 있다.

11) 프랑스-스웨덴 동맹과 30년 전쟁

프라하 평화조약(1635)이 체결되기 전까지 스웨덴과 독일의 신교 제후 국들을 간접적으로 - 전비지원 형식으로 - 지원하던 프랑스가 1635년 대 스페인 선전포고와 더불어 공식적으로 30년 전쟁에 개입했다. 프랑스의 30년 전쟁 참전의 동기는 트리어 대주교구가 1630년에 이어 1635년에 또다시 스페인 군대(스페인 합스부르크가)에 의해 점령되고, 필립 크리스토프 선제후가 스페인군의 포로가 되었기 때문이었다. 스페인군이 트리어 대 주교를 10년간 포로로 억류한 것은 그가 자국 내의 두 요새(필립스부르크와 에렌브라이트슈타인)에 프랑스 군대의 주둔을 허용하여 합스부르크령 네덜란드 를 위협한데 있었다. 프랑스는 뤼첸 전투(1632)에서 스웨덴 국왕이 전사하 고 뇌르들링엔 전투에서 스웨덴-신교 동맹 연합군이 황제군에 크게 패 한 후 일시적인 고립에 처한 스웨덴과 손을 잡았다. 1635년부터 베스트 팔렌 평화조약(1648)이 체결되기 전까지, 다시 말해 30년 전쟁의 마지막 13년을 프랑스-스웨덴 전쟁이라 부르는 이유도 여기에 있다. 이 전쟁은 프랑스와 스웨덴 간의 전쟁이 아니라, 프랑스와 스웨덴이 연합하여 스페 인 합스부르크 왕가와 오스트리아 합스부르크 왕가와 벌인 프랑스-스웨 덴 동맹의 대 합스부르크 전쟁이었다. 프랑스-스웨덴 동맹 전쟁은 프랑스에 의해서 - 다시 말해 네덜란드, 스웨덴, 사부아, 만토바, 파르마 등 합스부르크가를 적으로 하는 모든 제후국들과 동맹을 체결한 프랑스의 수상 아르망 장 뒤 플레시 드 리슐리외(1585-1642) 추기경에 의해 - 조종되었다. 가톨릭 국가인 프랑스가 가톨릭 국가인 스페인과 오스트리아를 제압하기 위해 전투부대를 동원하여 전쟁에 뛰어듦으로써 신구교 간의 갈등이 30년 전쟁의 동기였다는 주장은 그 신뢰도를 크게 떨어뜨렸다. 프랑스의 30년 전쟁 개입의 목표는 유럽에서 합스부르크가의 패권적 위상을 허물어뜨리는 것이었다.

　프랑스의 루이 13세(1601-1643, 재위: 1610-1643) 국왕이 뇌르틀링엔 전투(1634)에서 페르디난트 3세(페르디난트2세 황제의 아들) 대공과 마티아스 갈라스(발렌슈타인의 후임 사령관)가 지휘한 황제군에 패해 팔츠로 쫓겨 온 베른하르트(신교 동맹군 사령관) 작센-바이마르 공작과 <생제르맹 조약>(1635년 10월 27일)을 체결한 것은 하일브론 동맹(1633-1635)의 해체와 프라하 평화조약 체결 이후의 위기 국면을 극복함과 동시에, 독일제국의 신교 세력과 스웨덴 군대를 프랑스의 전략 목표에 동원하겠다는 루이 13세의 의지의 표현이었다. 프랑스는 매년 4백만 리브르를 베른하르트에게 제공하고, 베른하르트는 루이 13세를 위해 프랑스의 전쟁지원금으로 12,000명의 보병과 6,000명의 기병을 편성하여 유지할 의무를 졌다. 그리고 베른하르트는 프랑스군 원수에 임명됨으로써 루이 13세와 군신관계를 맺었다. 조약 전문에 포함되지 않은 비밀 조항에서 루이 13세는 합스부르크 오스트리아 소유의 태수령 하나우와 방백령 알자스를 세습영지로 베른하르트에게 양도하기로 약속했다. 생제르맹 조약은 프랑스가 지금까지 막후에서 독일의 신교세력을 간접 지원하던 전략에서, 직접 개입으로 전략을 수정했음을 선언한 조약이었다. 간접적인 지원(전비지원)에도 불구하고 스웨덴 국왕(구스타브 2세)은 전사하고, 뇌르틀링엔 전투에서 독일-스웨덴 신교 연합군이 황제군에 완패했고, 작센은 스웨덴과의 동맹을 이탈하여 페르디난트 2세 황제와 동맹(프라하 평화조약, 1635)을 체결함으로써, 합스부르크 왕가의 권력이 북유럽에까지 그 영향력을 확대하게 되자, 부르봉 왕가는 더 이상 배후에서 관망하고 있을 수는 없다고 판단한 것이었다.

베른하르트 공작은 30년 전쟁 초기 덴마크가 개입했을 때는, 크리스티안 4세 덴마크 국왕과, 1630년 스웨덴 군대가 독일에 상륙한 후에는, 구스타브 2세 스웨덴 국왕과, 구스타브 2세가 전사하자, 루이 13세 프랑스 국왕과 동맹을 체결하여 황제군과 전쟁을 벌인, 30년 전쟁에서 독일의 신교 제후국들을 선두에서 지휘한 집념의 지휘관이었다. 1604년 요한 3세(1570-1605, 재위: 1602-1605) 작센-바이마르 공작과 안할트의 공주 도로테아 마리아(1574-1617)의 막내아들로 태어난 베른하르트는 예나 대학에서 공부한 후, 30년 전쟁이 발발하자, 신교 동맹군에 입대하여 1622년에 이미 에른스트 폰 만스펠트(프리드리히 5세 팔츠 선제후 휘하의 신교 동맹군 사령관. 1626년 데사우 전투에서 발렌슈타인에 패한 후 사망) 백작 휘하에서 비슬로흐 전투(또는 밍골스하임 전투, 1622)와 빔펜 전투(1622)에 참가했다. 슈타틀론 전투(1623년 8월 6일)에서 구교 동맹군 사령관 틸리에게 패한 후, 그는 1625년 4월 덴마크 국왕 크리스티안 4세에게 의지했다. 그러나 크리스티안 4세가 황제군과 평화조약(뤼베크 평화조약, 1629)을 체결하고 본국으로 철수하자, 1631년 스웨덴의 구스타브 2세에게로 건너갔다. 스웨덴군 장군에 임명된 베른하르트는 1631년 라인란트를 사수했고, 1632년 퓌르트 전투에서 발렌슈타인 진영 습격에 참가했다. 그는 구스타브 2세 스웨덴 국왕이 전사한 후, 뤼첸 전투 현장을 지키며 구스타브 지휘권을 대행한 전사이었다.

스웨덴 수상 욱센셰르나는 스웨덴군이 점령한 뷔르츠부르크와 밤베르크를 <프랑켄 공국>이라 명명하여, 1633년 7월 베른하르트에게 할양했다. 밤베르크와 뷔르츠부르크를 베른하르트에게 할양한 이유는, 뤼첸 전투에서 구스타브 2세가 전사한 후, 뤼첸 현지에서 이미 스웨덴 군대의 최고지휘권 행사 문제가 현안으로 대두되었기 때문이었다. 구스타브 후른 백작이 스웨덴군 지휘권을 인수하는 조건으로 욱센셰르나 스웨덴 수상은 프랑켄 공국(밤베르크와 뷔르츠부르크)을 베른하르트에게 양도해야 했던 것이었다. 밤베르크 주교구는 가톨릭 동맹의 일원이었지만, 1631년 구스타브 2세에 의해 점령된 후, 프랑켄 공국의 일부로서 베른하르트 작센-바이마르 공작에게 양도되었다가, 1648년 30년 전쟁이 끝난 후에 원상회복되었다. 남독일의 가톨릭교회의 존립에 결정적인 기여를 했던 뷔르츠부르크 주교구도 1631년 스웨덴 군대에 의해 점령당한 후, 1633년 베른하르트 작센-바이마르 공작에게 할양되었지만, 밤베르크와는 달리 이미 1634년 다시 황제군에 의해 탈환되었다. 베른하르트는 프랑켄 공국의 통치를 작센-고타-알텐부르크의 공작이던 형 에른스트(1601-1675)에게 위임하고, 자신은 30년 전쟁 수행에 전념했다.

1633년 11월 베른하르트는 레겐스부르크를 점령했고, 이 도시를 교두보로 삼아 오스트리아를 공격할 계획을 세웠다. 그러나 1634년 7월 페르디난트 3세 대공(1637년 이후 황제)과 갈라스 사령관의 공격으로 레겐스부르크를 잃었고, 2개월 후 제국직속도시 뇌르들링엔에서 황제군에 크게 패함으로써 자신의 제후국(작센-바이마르 공국)마저 잃게 되었다. 그는 라인 강을 건너 후퇴하여, 프랑스와 협상 끝에 1635년 생제르맹 조약을 체결했다. 1636년과 1637년, 2년 동안 그는 프랑스군과 제휴하여 특히 로트링엔(로렌)에서 싸우다가, 1638년 다시 라인 강을 건너 라인펠덴 전투(1638년 2월 28일과 3월 3일)에서 황제군을 격파하고, 수개월에 걸친 공성 끝에 1638년 12월 3일 합스부르크가의 고립영토인 전부오스트리아(포르데르외스터라이히)의 브라이자흐를 점령했다. 베른하르트는 잦은 원정의 부담을 극복하지 못해, 패기 왕성한 젊은 나이에 단기간의 병고를 이겨내지 못하고, 1639년 35세를 일기로 사망했다. 베른하르트는 열렬한 루터교 신자로서 독일제국에서 프로테스탄트교의 수호를 위해 일생을 바친 인물로 역사에 기록되었다. 베른하르트의 죽음과 더불어 독일 신교 동맹은 가장 중요한 지휘관을 잃은 것이었다.

생제르맹 조약 체결 이후의 전쟁은 예상과는 달리 스웨덴이 주도하는 양상으로 전개되었다. 스웨덴은 요한 바네르(1596-1641) 원수와 그의 후임자 레나르트 토르스텐손(1603-1651) 원수라는 명장을 보유하고 있었다. 1636년 10월 4일의 <비트슈토크 전투>가 생제르맹 조약 체결 이후 스웨덴군과 황제군 간에 발생한 첫 번째 큰 전투였다. 멜히오르 폰 하츠펠트(1593-1658) 오스트리아군 원수가 지휘한 약 3만 명의 황제군은 막데부르크를 점령한 후, 여세를 몰아 베를린 북서방의 비트슈토크(로슈토크 항구와 베를린의 중간 지점) 부근에서 바네르와 토르스텐손이 지휘한 수적으로 열세한 스웨덴군대(23,000명)와 전투를 벌였지만, 스웨덴 군에 완패했다. 하츠펠트는 전사, 전상, 포로 합쳐서 19,000명의 병력을 잃은 반면, 스웨덴군은 5,000명의 전사자를 기록했을 뿐이었다. 비트슈토크 전투에 앞서 1636년 7월 - 뇌르들링엔 전투(1634)에서 황제군의 승리에 결정적으로 기여한 바 있는 - 요한 폰 베르트(1591-1652) 장군은 32,000명의 병사를 지휘하여 프랑스로 진군, 파리 직전까지 도달하여 수많은 전리품을 획득하였으나, 수적으로 우세한 프랑스 군대를 만나 철수해야 했다. 1637년 1월 30일 페터 멜란더 폰 홀츠아펠(1589-1648) 휘하의 헤센-카셀 군대를 코블렌츠 전투에서 격파하고, 코블렌츠의 헤르만슈타인 요새(에렌브라이트슈타인 요새라고도 함)를 함락시킨 후, 베르트는 작센-바이마르 공작 베른하르트가 라인 강을 건너 알자스로 침입하는 것을 저지하려고 시도했지만, 실패했다.

비트슈토크 전투와는 달리 1638년의 라인펠덴 전투는 베른하르트 공작이 프랑스군과 스웨덴군의 지원을 받아 황제군과 벌인 전투이었다. 베른하르트는 바젤의 동계숙영지를 출발하여 합스부르크 왕가의 역외 영토인 전부오스트리아(포르데르외스터라이히) 점령을 시도했다. 제킹엔, 발츠후트 및 라우펜부르크를 차례로 점령한 베른하르트는 라인 강을 건넌 후, 이 지역의 군사적 요충지인 라인펠덴 요새를 공성하기 시작했다. 라인펠덴 전투는 1638년에 벌어진 두 차례의 전투 중 베른하르트가 프랑스군 원수의 신분으로 벌인 전투이었다. 요새를 구원하기 위해 베르트와 페데리고 사벨리(†1649) 휘하의 황제군 부대가 급거 라인펠덴 전투 현장으로 출동하여 1638년 2월 28일 베른하르트를 일단 격퇴했지만, 3일 후 방심한 틈을 이용해 기습 공격한 베른하르트에 의해 황제군은 해체되었다. 베르트와 사벨리가 포함된 황제군 장군 전체와 3천여 명의 황제군 병력이 베른하르트의 포로가 되었고, 550명은 죽임을 당했다. 라인펠덴 요새는 3월 22일 항복을 강요받았다. 베르트는 프랑스 수상 리슐리외 추기경의 요청으로 프랑스로 이송되어 투옥되었다가, 1642년 뇌르들링엔 전투(1634)에서 황제군의 포로가 되어, 8년 이상 수감 중이던 스웨덴 장군 구스타브 후른과의 맞교환 형식으로 자유의 몸이 되었다.

1638년 10월 17일 벌어진 <플로토 전투>는 1632년 사망한 프리드리히 5세 팔츠 선제후(뵈멘의 겨울 왕)의 두 아들이 시도한 복수전(팔츠 탈환 전투)이었다. 프리드리히 5세의 차남으로서 영국 국왕 찰스 1세의 조카(외종질)인 카를 루트비히(1617-1680, 1649년 이후 팔츠 선제후)와 루프레히트(1619-1682) 형제는 영국이 제공한 지원금으로 편성되고, 스웨덴의 병력지원으로 보강된 5천 명의 팔츠-스웨덴 연합군을 이끌고 팔츠 탈환을 시도했다. 렘고(플로토와 데트몰트의 중간에 위치한 도시) 요새 공성에 실패한 후 탈주병의 속출로 병력이 크게 감소된 팔츠-스웨덴 연합군은 베라 강 쪽으로 후퇴했다. 베저 강과 베라 강 사이에 끼이게 된 팔츠-스웨덴군은 3시간 만에 하츠펠트가 지휘한 황제군에 의해 괴멸되었다. 팔츠-스웨덴 연합군 5천 명 중 2천 명 이상이 전사하거나 베저 강에 빠져 익사했고, 1천여 명은 황제군의 포로가 되었는데, 그 중에는 루프레히트도 끼어있었다. 루프레히트는 부친 프리드리히 5세 팔츠 선제후가 뵈멘 국왕에 즉위한 직후 뵈멘의 수도 프라하에서 1619년 출생한 아들이었다. 플로토 전투에서 황제군이 입은 손실은 미미했으나, 우익군을 지휘한 페터 폰 괴츠(†1638) 백작이 전사했다. 루프레히트는 1641년에 가서야 비로소 그의 외삼촌(찰스 1세)의 개입을 통해 자유의 몸이 되었다. 플로토 전투에서 팔츠와 스웨덴 연합군을 제압한 하츠펠트는 이어서 베스트팔렌, 작센, 뵈멘에서 신교 동맹 군대와 벌인 전투에서 전과를 올렸다.

페르디난트 2세 황제는 재산회복칙령(1629)을 통해 독일제국 내에 반 합스부르크 정서를 양산하였고, 이는 또한 30년 전쟁의 흐름을 더욱 복잡하게 만들었다. 황제에 의해 일방적으로 공포된 재산회복칙령은 1555년의 아우크스부르크 종교평화조약을 엄격하게 이행하여, 신교 제후들이 현재 소유하고 있는 구 가톨릭 교구를 환수함으로써 신교 제후국들의 세력을 약화시키는 것이 그 목적이었다. 그 과정에서 페르디난트 2세 황제는 재산회복칙령을 통해 회수한 막데부르크 대주교구의 대주교 직에 자신의 막내아들(레오폴트 빌헬름 대공)을 임명함으로써 북 독일에서의 합스부르크가의 권력을 강화시키려 했다. 페르디난트 2세는 재산회복칙령의 목적을 달성하기 위해 아우크스부르크 종교평화조약에 대한 엇갈리는 해석을 황제의 권위로 불식시키고, 특히 성직 제후의 종파 변경은 관직과 녹봉의 상실을 초래한다는, 성직유보 조항(아우크스부르크 종교평화조약 18조)의 정당성을 확보하려 했다. 성직유보 조항의 수용을 인정하지 않는 프로테스탄트 측의 진정을 일축한 후, 황제는 제국대법원(라이히스캄머게리히트)으로 하여금 아우크스부르크 종교평화조약 해석이 서로 다를 경우 황제의 그것을 따르게 했다. 제국직속 지역의 가톨릭 제후가 개종할 경우 관직과 녹봉을 상실한다는 아우크스부르크 종교평화조약 18조(성직유보)의 규정이 완화된 것은 1648년 오스나브뤼크 평화조약 제5조를 통해서이었다(베스트팔렌 평화조약 참조). 아우크스부르크 종교평화조약의 효력은 아우크스부르크 종교평화조약에 참여한 종파(가톨릭과 루터교)에 한정되었고, 재산회복칙령의 거부는 파문과 추방의 위험을 감수해야 했다. 재산회복칙령 이행 대상 제후국은 특히 막데부르크 대주교구와 브레멘 대주교구, 민덴, 할버슈타트,

뤼베크, 페르덴, 라첸부르크, 브란덴부르크, 하펠베르크, 레부스, 카민(이상 주교구)과 슈바벤 제국직할관구와 니더작센 제국직할관구의 수도원들이었다. 마이센과 메르제부르크와 나움부르크는 - 정치적 고려에서 - 우선 작센 선제후(요한 게오르크 1세)가 보유하게 했다.

브라운슈바이크 공국과 뤼네부르크 공국을 통치한 벨페가의 공작들은 재산회복칙령의 이행을 강행하려 한 페르디난트 2세(재위: 1619-1637) 및 페르디난트 3세(재위: 1637-1657) 황제의 팽창주의 정책에 반발하여 합스부르크 왕가에 반기를 들고 나섰다. 브라운슈바이크-뤼네부르크 공작 게오르크 (1583-1641, 재위: 1634-1641)는 1635년 브라운슈바이크-뤼네부르크 가문으로 통합되기 이전의 벨페가의 가계(그루벤하겐, 볼펜뷔텔, 괴팅엔, 칼렌베르크, 뤼네부르크, 단넨베르크)를 대표하는 공작이었다. 게오르크 공작은 1626년 덴마크가 30년 전쟁에 개입하여 니더작센 제국직할관구를 침공했을 때, 페르디난트 2세 황제를 도와 덴마크 국왕 크리스티안 4세와의 전쟁에, 1630년엔 황제의 만토바 점령전쟁에 참가하는 등, 30년 전쟁에서 황제를 지원한 제후였다. 그러나 벨페가 소유 재산도 재산회복칙령 이행 대상에 포함되었을 때, 그는 1631년 페르디난트 2세 황제와 결별하고, 구스타브 2세 스웨덴 국왕 편으로 돌아섰다. 1633년 그는 <헤시쉬-올덴도르프 전투>(1638년 7월 8일)에서 황제군을 격파하고, 하멜른과 민덴 수도원 및 힐데스하임 수도원을 점령했다. 욱센셰르나 스웨덴 수상과의 견해차 때문에, 그는 스웨덴군 복무를 포기하고, 1635년 프라하 평화조약에 가입했지만, 1639년 다시 스웨덴과 동맹을 체결하여 페르디난트 3세 황제에 대항했다.

1641년 6월 29일의 <볼텐뷔텔 전투>는 바이에른 장군 프란츠 폰 메르시(1590-1645) 남작 휘하의 구교 동맹군과 레오폴트 빌헬름(페르디난트 3세 황제의 동생) 오스트리아 대공 휘하의 황제군이 브라운슈바이크-뤼네부르크 공국의 지원을 받은 스웨덴군과 벌인 전투였다. 3,100명 이상의 황제군과 4,500명 이상의 뤼네부르크-스웨덴 연합군이 볼펜뷔텔 전투에서 희생되었다. 황제군이 볼텐뷔텔에서 철수한 것은 <고슬라르 평화조약>(1642년 1월 16일)이 체결되고 난 후였다. 벨페가의 공작들은 - 게오르크가 1641년 4월 12일 사망한 후 - 독일제국 황제와의 타협을 시도했었다. 고슬라르 평화조약은 페르디난트 3세 황제 측과 벨페가를 대표한 브라운슈바이크-뤼네부르크 공국의 3명의 공작들 - 프리드리히 4세(1574-1648, 게오르크 공작의 형), 아우구스트 2세(1579-1666) 및 크리스티안 루드비히(1622-1665, 게오르크 공작의 아들) - 사이에 체결된 조약이었다. 고슬라르 평화조약에서 벨페가의 공작들은 1635년의 프라하 평화조약을 수용하고, 황제와 제국에 대한 복종과 중립의 의무를 지게 되었다. 황제에 대항하기 위해 체결한 일체의 동맹조약 파기, 보급품을 지불받는 조건으로 황제군 지원, 적국(스웨덴 및 프랑스)과의 관계 단절 후 자국(브라운슈바이크-뤼네부르크) 군대 유지 등이 중립의 의무 사항에 속했다. 그리고 고슬라르 평화조약은 브라운슈바이크-뤼네부르크 공국의 교회재산을 1630년 수준으로 보장했다. 힐데스하임 수도원 분쟁(1519-1523) 때 벨페가의 공작들이 점령한 수도원(파이네, 슈토이어발트, 마리엔부르크)은 힐데스하임 주교를 겸한 쾰른 대주교 에른스트(1554-1612, 재위: 1583-1612)에게 반환되었다.

1523년 이후 벨페가 공작들(브라운슈바이크-볼펜뷔텔 공작과 브라운슈바이크-뤼네부르크 공작)에 의해 점유된 후, 힐데스하임 주교구는 프로테스탄트 지역이 되었지만, 일부 소유권은 고슬라르 평화조약에서 바이에른의 비텔스바흐가로 이양되었다. 소규모 황제군 수비대의 주둔을 수용한 힐데스하임에 여섯 채의 교회가 아우크스부르크 종교평화조약 종파(루터교) 몫으로 남겨졌다. 반대급부로서 황제군 점령 지역 일체는 볼펜뷔텔 요새를 포함해 브라운슈바이크에 반환되었고, 지금까지 황제와 전쟁을 벌인 벨페가의 공작들에게 사면이 허용되었다. 고슬라르 평화조약 체결과 더불어 벨페가는 스웨덴과의 관계를 정리하고, 30년 전쟁과 결별할 수 있게 되었다.

1641년 5월 20일 스웨덴군 사령관 겸 폼메른(1630년 이후 스웨덴 점령지)의 총독 바네르가 작센의 할버슈타트에서 병사한 후, 토르스텐손이 베네르 원수가 맡았던 사령관직과 폼메른의 총독직을 동시에 승계했다. 스웨덴 군의 최고지휘권을 인수한 토르스텐손은 - 1635년 프라하 평화조약을 황제와 체결함으로써 스웨덴과 체결한 군사동맹(베르벤-토르가우 조약, 1631)을 일방적으로 파기한 - 요한 게오르크 1세 선제후를 응징하기 위해, 작센 정복에 나섰다. 신병들로 구성된 약 2만 명의 병력으로 토르스텐손은 라이프치히를 공성했다. 작센 군대를 지원하기 위해, 1642년 11월 2일 레오폴트 빌헬름(페르디난트 3세 황제의 동생) 오스트리아 대공과 피콜로미니가 지휘한 황제군의 구원부대가 뵈멘으로부터 진격해 오자, 토르스텐손은 우선 지형적으로 유리한 라이프치히 교외의 브라이텐펠트로 철수했다. 브라이텐펠트에서 벌어진 첫 전투에서 수적으로 열세한 스웨덴 군대는 기습적인 기병공격을 감행하여 황제군 기병부대의 왼쪽 날개를 격파한 후 단시간의 전투 끝에 오른쪽 날개를 항복시켰다. 황제군은 약 5천 명의 사상자를 내고, 같은 수의 병력을 스웨덴군의 포로로 내주어야 했다. 레오폴트 빌헬름 오스트리아 대공은 뵈멘으로 후퇴했고, 라이프치히는 토르스텐손에 의해 점령되었다. 1631년 9월 17일에 발생한 첫 번째의 브라이텐펠트 전투는 스웨덴과 작센의 동맹군이 틸리가 지휘한 황제군에 대승을 거둔 전투였고, 1642년의 두 번째 브라이텐펠트 전투에서는 스웨덴 군대가 작센의 군대와 황제군에 승리를 거두었다. 30년 전쟁사에 기록된 두 번의 브라이텐펠트 전투는 모두 스웨덴이 승리한 전투였다.

라인펠덴 전투(1638년 2월 28일과 3월 3일)에서 패해 스웨덴군의 포로가 되었던 베르트는 - 앞에서 언급했듯이 - 뇌르들링엔 전투(1634년 9월 6일)에서 황제군에 의해 사로잡혔던 스웨덴 장군 후른과 1642년 3월 상호 포로교환 형식으로 석방된 후, 황제군 기병대 중장으로서 즉각 라인 강 지역의 전투현장으로 복귀했다. 1643년 11월 24일 하츠펠트, 베르트 및 메르시(바이에른군 원수) 등이 지휘한 오스트리아-바이에른 연합군은 카를 4세(1604-1675, 재위:

1625-1634, 1661-1675) 로트링엔 공작이 이끈 로트링엔(로렌) 군대와 함께 도나우 강 상류 프라이부르크 동쪽 뷔르템베르크의 투틀링엔에 사령부를 설치한 후, 휴식 중인 프랑스군 16,000명의 진영을 급습했다. 황제군의 전위부대는 프랑스군의 포대를 장악했고, 투틀링엔은 황제군 기병부대에 의해 완전히 포위되었다. 투틀링엔 인근에 있던 몇 개의 프랑스군 파견 연대도 베르트가 지휘한 기병대의 공격을 받아 섬멸되었고, 포위당한 적군의 주력은 1643년 11월 25일 아침 막대한 피해를 입었다. 4,000여 명의 전사자와 장군이 8명이나 포함된 7,000여 명의 전상자를 남긴 채, 프랑스군은 뷔르템베르크를 포기하고, 남은 병력을 이끌고 라인 강을 건너 후퇴했다. 황제군의 손실은 미미했다. <투틀링엔 전투>에서 거둔 황제군의 대승과 프랑스군의 대패는 동시대 언론에서 프랑스군을 폄하하는 목적으로 자주 기사화되었다. 프랑스군의 막강한 포대 전체가 황제군에 의해, 그것도 주력부대가 아닌 전위부대 병력에 의해 접수되었기 때문이었다.

1648년 <베스트팔렌 평화조약> 체결과 더불어 30년 전쟁이 막을 내릴 때까지, 1640년대에 벌어진 중요한 전투는 1641년의 <볼펜뷔텔 전투>에서부터 1648년 5월의 <추스마르스하우젠 전투>에 이르기까지 모두 8번이었다. 이 8번의 전투 중 프랑스가 단독으로 황제군을 상대한 전투가 4회였고, 스웨덴 군대와 연합하여 황제군과 벌인 전투가 한 차례 있었다. 그런데 프랑스군과 황제군이 직접 대결한 네 번의 전투 중, 프랑스가 승리한 전투는 1645년 8월의 <알레르하임 전투> 단 한 차례뿐이었다.

프랑스가 잇단 패배에도 불구하고 30년 전쟁이 끝나던 해(1648)의 5월까지 신성로마제국과의 전투를 피하지 않았던 이유는 - 물론 부르봉 왕가의 합스부르크 왕가에 대한 보복 감정이 크게 작용했고, 1640년대에 벌어진 전투는 규모가 상대적으로 크지 않아서, 패전에 따른 피해의 규모도 그만큼 작았다는 점에서도 그 이유를 찾을 수 있겠지만 - 베스트팔렌 평화조약의 최대 수혜국이 프랑스였다는 사실에서 그 해답이 발견된다. 프랑스는 평화조약이 체결되는 그 날까지 전쟁에 개입함으로써, 평화회담에서 그들의 발언권을 강화시키려한 것이었다. 스웨덴이 30년 전쟁에서 입은 피해의 규모와 수혜의 크기를 프랑스의 그것들과 비교하면 더욱 그러하다. 스웨덴은 1630년부터 18년간 30년 전쟁에 개입하면서, 구스타브 2세 국왕까지 이국땅에서 전사했지만, 프랑스가 30년 전쟁에 전투부대를 투입시킨 것은 1635년 생제르맹 조약 체결 이후이었으며, 프랑스군이 단독으로 신성로마제국 군대와 대결한 첫 전투는 1643년의 투틀링엔 전투가 처음이었다. 1638년 3월의 라인펠덴 전투는 작센-바이마르 공작 베른하르트가 프랑스군의 원수로서 루이 13세를 위해 벌인 대리 전투였다고 보면 좋을 것이다. 생제르맹 조약이 독일의 신교 제후국들에게 제공한 지원의 규모도 생색을 내는 수준이었다. 전쟁에서는 독일제국을 대표한 오스트리아와 스웨덴이 가장 오래 동안, 그리고 가장 치열하게 싸웠고, 전쟁의 최대 피해국도 그들이었지만, 평화조약의 열매는 프랑스가 따먹은 셈이었다. 프랑스의 30년 전쟁 개입과 베스트팔렌 평화조약은 루이 13세가 유럽의 국가들을 상대로 거둔 외교전의 승리였다. 그도 그럴 것이 베스트팔렌 평화조약 체결 이후 프랑스가 마침내 유럽의 최강국으로 부상했기 때문이었다.

1643년 11월 투틀링엔 전투에서 황제군에 치욕적인 패배를 당하고, 라인 강 서쪽으로 후퇴해야 했던 프랑스군은 다시 뷔르템베르크에 침입해 프라이부르크 요새를 점령하고 황제군과의 일전을 기다렸다. 1644년 6월 27일 메르시 사령관과 베르트 장군이 지휘한 15,000명의 바이에른과 황제 연합군은 - 메르시는 1644년 페르디난트 3세 황제에 의해 황제군 최고지휘관에 임명되었다 - 프랑스군이 점령한 프라이부르크 요새를 공략하기 시작했다. 한 달 후인 1644년 7월 28일 프라이부르크까지 점령한 16,000명의 프랑스군은 앙리 드 튀렌(1611-1675) 사령관과 루이 드 콩데 앙기엥(1621-1686) 공작의 지휘 하에 8월 3일 황제군을 서로 다른 방향에서 협공을 가하려 했다. 해가 지고 어둠이 깔리기 시작하자, 메르시는 새로 구축한 방어선으로 후퇴했다. 하루를 쉰 후 프랑스군은 공격을 재개하였지만, 메르시의 군대를 몰아낼 수는 없었다. 프랑스군은 8,000명의 전사자를 낸 반면, 황제군은 5,000명을 잃었다. 황제군이 <프라이부르크 전투>에서 승리했지만, 프랑스군은 메르시의 저지를 뚫고, 필립스부르크와 슈파이어와 마인츠를 점령한 후, 바젤에서 코블렌츠에 이르는 라인 강 전선을 확보했다. 라인 강 유역의 도시들을 차례로 장악한 프랑스군은 도나우 강 유역의 빙엔까지 점령함으로써 남독 공격을 위한 새로운 교두보를 확보했다. 1645년 봄 튀렌은 남독 공격을 새로이 시작했다.

투틀링엔 전투에 이어 프라이부르크 전투에서도 황제군과 바이에른 연합군에게 또다시 패한 프랑스군 사령관 튀렌은 연패를 설욕하기 위해 바이에른을 직접 공격하기로 결정했다. 11,000명의 병력과 대포 15문을 앞세운 튀렌 휘하의 프랑스 군은 1645년 봄 라인 강을 건너, 타우버 강을 내려다보는 도시 로텐부르크까지 진격했다. 바이에른군이 프랑스 침공군에 비해 수적으로 열세했기 때문에, 메르시(바이에른군 사령관)와 베르트 장군은 일단 뷔르츠부르크 방향으로 후퇴했다. 튀렌이 메르겐트하임 인근에서 휘하의 부대를 넓게 산개시켰다는 정보를 입수한 메르시는 메르겐트하임 전방 1마일 지점의 바르텐슈타인까지 바이에른군 병력을 침투시켰다. 메르시의 예기치 못한 공격을 당한 튀렌은 산개시킨 병력을 집결시켜, 포대를 실전 배치하는데 실패했다. 때를 놓치지 않고, 메르시는 헤르프스트하우젠에서 공격을 개시하여 한 시간도 채 안 되어 프랑스군을 궤멸시켰다. 튀렌은 2,700명을 메르시에게 포로로 내주고, 수많은 전사자를 내었으며, 일체의 포대와 군장을 바이에른군에게 빼앗겼다. 바이에른 군대는 약 600명의 병사만 잃었다. 군대의 절반 이상을 잃고, 낙오

한 튀렌은 헤센-카셀까지 추격을 당했지만, 리슐리외 추기경의 후임 총리인 쥘 마자랭(1602-1661) 추기경이 급파한 앙기엥 공작에 의해 겨우 구출되었다. 당시 헤센-카셀은 칼뱅교 제후국으로서 30년 전쟁 초기부터 신교도 측에서 싸웠으며, 구스타브 2세 스웨덴 국왕이 전사한 후에도 스웨덴의 충실한 맹방으로 남았던 빌헬름 5세(1602-1637, 재위: 1627-1637) 방백의 미망인 아말리에 엘리자베트(1602-1651)가 통치하고 있었다. 빌헬름 5세 방백은 1634년 프랑스군 장군에 임명되었고, 1636년 7월 프랑스와 군사 동맹을 체결한 죄로 독일제국에서 추방되었었다. 1645년 5월 5일의 <헤르프스트하우젠 전투>는 <메르겐트하임 전투>라고도 불린다. 참고로 카셀이 수도인 북쪽의 헤센-카셀과는 반대로 다름슈타트를 수도로 삼은 남쪽의 헤센-다름슈타트는 30년 전쟁 내내 황제를 지지한 가톨릭 제후국이었다.

세 차례의 전투(투틀링엔, 프라이부르크, 헤르프스하우젠)에서 모두 패한 프랑스는 3개월 후 바이에른의 알레르하임에서 벌어진 네 번째 전투에서 드디어 황제군에 대승을 거두었다. 헤르프스트하우젠 전투에서 병력의 절반 이상을 잃은 데다, 후퇴 중에도 많은 병력을 추가로 상실한 튀렌은 바이에른을 공격하기 위해 신병을 모집해야 했다. 튀렌은 앙기엥 공작의 지원을 받아 프랑스와 헤센-카셀에서 모병된 신병 약 17,000명의 병력을 지휘하여 라인 강을 출발, 빔펜과 로텐부르크를 경유하여 도나우 강으로 진군했다. 프랑스군의 도나우 강 진격을 봉쇄하기 위해 황제군 사령관 메르시는 1634년의 격전지 뇌르틀링엔 동쪽 알레르하임에 진을 쳤다. 프라이부르크 전투(1644년 8월 3/5일) 승리에 큰 공을 세운 베르트 장군은 진격 중인 프랑스군의 오른쪽 날개를 무너뜨리기 위해 바이에른의 기병을 지휘하여 프랑스군을 추격했다. 그러나 그 사이 헤센-카셀군은 이미 바이에른의 우익군을 격파하였고, 바이에른군을 지원하기 위해 출병한 레오폴트 빌헬름 대공 휘하의 황제군 지휘관 고트프리트 후인 폰 헬렌

(1590-1657, 니더라인-베스트팔렌 제국직할관구 사령관) 백작을 포로로 잡았다. 프랑스군의 오른쪽 날개 추격에 시간을 낭비한 베르트 장군이 다시 <알레하임 전투>(1645년 8월 3일) 현장에 나타났을 때, 돌이킬 수 없는 전황이 그를 기다리고 있었다. 알레르하임 요새에서 전투를 지휘하던 바이에른군 사령관 메르시가 프랑스군의 포격으로 전사한 후였다. 베르트의 기병 운용이 문제점을 드러낸 결과였다. 더 이상 전투를 계속할 수 없다고 판단한 베르트는 후퇴를 택해야 했다. 알레르하임 전투에서 바이에른 군은 8천 명이 전사했고, 2천 명은 프랑스군의 포로가 되었다. 그리고 바이에른은 뇌르들링엔과 딩켈스뷜을 프랑스군의 수중에 넘겨야 했다.

이 극도로 참혹했던 전투(알레르하임 전투)를 특히 프랑스에서는 <뇌르들링엔 전투>라고 부른다. 그 이유는 아마도 스웨덴군이 황제군에 대패한 1634년의 1차 뇌르들링엔 전투에 견주어, 2차 뇌르들링엔 전투에서 프랑스군이 쟁취한, 프랑스군으로서는 미증유의 큰 승리를 과시하고 싶은 프랑스인들의 욕망이 작용한 때문이었을 것이다. 포로가 된 고트프리트 후인 폰 헬렌 원수는 곧 프랑스 장군 한 명과 교환되어 풀려나, 메르시의 후임으로 바이에른 군대의 지휘권을 인수했다. 알레하임 전투에서 거둔 승리에도 불구하고 프랑스군의 보병도 많은 사상자가 났기 때문에 철수가 불가피했다.

1631년 브라이텐펠트 전투 참가를 시작으로 하여 1645년 알레하임 전투에서 전사할 때까지 30년 전쟁의 거의 모든 주요한 전투에 지휘관으로 참전했으며, 1644년 황제군 사령관에 임명된 바이에른 출신의 메르시 장군은 1642년 이후 <결실을 가져오는 협회>의 회원이었다. 30년 전쟁을 전후하여 독일에 유입된 외래문화로부터 독일어의 순수성을 지키기 위해 독일 전역에 <국어협회>들이 설립되기 시작했는데, 그 가장 대표적인 협회가 30년 전쟁 발발 1년 전인 1617년 바이마르에 창립된 독일 최초의 국어협회 <결실을 가져오는 협회>였다. 이는 메르시 장군이 군인의 영역을 넘어 문화에 대한 깊은 이해도 가졌음을 보여준 것이었다.

1641년 작센의 할버슈타트에서 사망한 바네르의 뒤를 이어 토르스텐손이 스웨덴군 총사령관에 임명된 후, 스웨덴군은 - 프랑스가 독일제국의 남서부 지역(뷔르템베르크와 바이에른)에서 전투를 벌인데 반해 - 제국의 동북부 지역, 특히 작센과 뵈멘에서 작센군 및 황제군과 대결했다. 프랑스가 1643년부터 1645년까지 2년 동안 네 차례의 큰 전투를 뷔르템베르크(투틀링엔, 프라이부르크)와 바이에른(헤르프스트하우젠, 알레르하임)에서 벌이는 동안, 스웨덴은 작센(브라이텐펠트, 1642년 11월)과 뵈멘(양카우, 1645년)에서 두 차례의 전투를 치렀다. 30년 전쟁 막바지에 이르러 프랑스에 비해 스웨덴이 소극적이었던 것은 1643년부터 1645년까지 덴마크와의 전쟁(스웨덴-덴마크 전쟁, 1643-1645)을 동시에 수행해야 했기 때문이었다. <브라이텐펠트 전투>와 <양카우 전투>는 스웨덴이 승리한 전투였다.

프라하를 목표로 하여 프라하 남동쪽 60km 지점(양카우, 체코의 양코프)까지 침투한 토르스텐손을 저지하기 위해 하츠펠트와 베르트 장군이 지휘한 오스트리아·바이에른 연합군과 스웨덴군 간에 벌어진 전투가 양카우 전투였다. 하츠펠트 원수의 황제군은 기병이 우세했고, 레나르트 토르스텐손의 스웨덴군은 유럽에서 가장 강력한 포병을 자랑했다. 그러나 지형의 불리함으로 인해 기병의 전개는 순조롭지 못했다. 요한 폰 괴츠(1599-1645)가 이끈 오스트리아 기병이 패주하다가, 괴츠가 전사하자 베르트는 온 힘을 다하여 저항하였지만, 전세를 바꾸지 못한 채, 프라하로 철수했다. 오스트리아·바이에른 연합군은 전사 4,000명, 포로 4,000명의 손실을, 토르스텐손은 600명의 인명손실만 입었다. 이 전투에서 하츠펠트는 스웨덴의 포로가 되었다가, 1646년에 교환되었다. 토르스텐손은 프라하 공성을 포기하는 대신에 메렌을 거쳐 빈 근교까지 진격했지만, 보급선의 지나친 연장으로 인한 어려움 등으로 인해 자진하여 철수했다. 그는 1646년 건

강 악화를 이유로 사령관직에서 물러났고, 카를 구스타브 브랑겔(1613-1676)이 토르스텐손의 사령관직을 승계했다.

양카우 전투(1645년 3월 6일)에서 황제군과 바이에른군에 대승을 거둔 스웨덴군 사령관 토르스텐손은 이제 작센을 초토화시킬 것이라고 위협했다. 황제군의 지원이 가시권에 들어왔음에도 불구하고, 작센의 선제후요한 게오르크 1세 공작은 스웨덴과 휴전 협상을 벌이지 않을 수 없었다. 1645년 9월 6일 쾨첸브로다(현재 작센의 라데보일 시의 일부)에서 체결된 휴전조약에서 작센은 우선 향후 6개월 동안 스웨덴과의 전쟁에 참여하지 않고, 독일황제 및 독일제국과의 우호적 관계와 상관없이 작센 군대의 증강을 포기한다는데 동의했다. 황제군에 소속된 3개 작센 연대는 스웨덴과의 전투에 투입시키지 않는다는 조건으로 황제군 잔류가 허용되었다. 라이프치히와 토르가우는 스웨덴 수비대의 주둔을 허용해야 했다. 작센은 매월 11,000탈러의 전쟁배상금과 농산물을 스웨덴군에 제공하고, 스웨덴군의 작센 영토 무단통과를 허용했다. 잠정 휴전기간 6개월이 경과한 후인 1646년 4월 초 라이프치히 근교의 아일렌부르크에서 진행된 긴 협상 끝에 - 서명 날짜는 3월 31일로 소급하여 - 체결된 <쾨첸브로다 휴전협정>은 종래의 배상금액을 11,000탈러에서 8,000탈러로 수정하여 갱신되었으며, 휴전기간은 일반평화조약 체결 시까지 또는 일반휴전협정 체결 시까지로 연장되었다. 쾨첸브로다 휴전협정 체결과 더불어 작센은 30년 전쟁에서 완전히 벗어날 수 있게 되었다.

토르스텐손의 뒤를 이어 1646년 스웨덴 군대의 최고지휘권을 인수한 카를 구스타브 브랑겔 원수는 바이에른을 점령하기 위해 오스트리아의 브레겐츠까지 진격했고, 프랑스군 사령관 튀렌은 베젤에서 라인 강을 건너, 브랑겔 원수가 이끄는 스웨덴군과 합류했다. 프랑스-스웨덴 동맹군 사령관 튀렌과 브랑겔은 마인 강 강안에 주둔한 오스트리아-바이에른 연합군을 우회해 바로 도나우 강으로 진격하여, 아우크스부르크와 뮌헨

을 위협했다. 프랑스-스웨덴 동맹군의 바이에른 침공으로 바이에른이 초
토화 될 위험에 처했을 때, 막시밀리안 1세 바이에른 선제후는 페르디난
트 3세 황제와 맺은 군사동맹을 포기하고, 프랑스와 스웨덴 그리고 헤센
-카셀 등 세 나라를 상대국으로 하여 6개월간의 한시적 평화조약 또는
일반평화조약이 체결될 때까지 유효한 휴전협정을 울름에서 체결했다.
<울름 휴전협정>(1647년 3월 14일)에서 바이에른은 자국 군대를 철수시키고,
황제와 체결한 군사동맹 일체를 포기해야 했다. 바이에른 군대의 주둔지
는 바이에른 제국직할관구, 아이히슈테트 주교구, 오버팔츠(라인 강 우안의 팔
츠)로 제한되었고, 프랑스와 스웨덴 군대의 바이에른 지역 통과와 숙영은
금지되었다. 메밍엔과 위버링엔은 스웨덴의 점령지로 인정하고, 라인, 도
나우뵈르트, 민델하임 및 뱀딩은 바이에른에 반환되었다.

1647년 3월 14일 울름 휴전협정이 체결된 후 요한 폰 베르트는 - 베
르트는 알레르하임 전투에서 전사한 메르시의 후임 바이에른군 사령관 -
휴전협정을 무시하고 바이에른 군대를 황제군과 합류시키려 시도하다가,
바이에른 선제후 막시밀리안 1세에 의해 추방되어, 뵈멘으로 일단 피신
했다. 페르디난트 3세 황제의 중재로 그에게 내려진 추방령이 취소되었
고, 그 후 그는 종전이 될 때까지 황제군을 위해 싸웠다. 베르트가 바이
에른에서 추방된 후, 바이에른군의 최고지휘권은 울름 휴전협정 체결 시
튀렌(프랑스)과 브랑겔(스웨덴)의 협상 파트너로 활약한 바이에른군 원수 막시
밀리안 폰 그론스펠트(1598-1662)가 인수했다. 프랑스는 울름 휴전협정에서
막시밀리안 1세가 1623년에 획득한 선제후 지위의 정당성을 재확인했다.
그러나 막시밀리안 1세는 자신의 정치적 목표, 즉 팔츠의 프리드리히 5
세로부터 이양 받은 선제후 지위를 지키는 문제는 프랑스가 아닌 황제
와의 협력을 통해서만 달성될 수 있다고 판단했다. 그래서 그는 울름 휴
전협정의 효력을 일반평화조약 체결 시까지 연장하는 대신, 1647년 9월
7일 파사우에서 페르디난트 3세 황제와 새로운 동맹조약을 체결한 후,

1647년 9월 13일 프랑스 측에 울름 휴전협정의 취소를 통고했다. 이에 따라 바이에른은 프랑스-스웨덴 동맹군의 보복 공격을 피할 수 없게 되었다.

점점 의미를 잃어가고 있는 30년 전쟁의 마지막 큰 전투는 1648년 5월 17일 아우크스부르크 서쪽 추스마르스하우젠에서 발생했다. 브랑겔과 튀렌이 지휘한 스웨덴-프랑스 동맹군은 1648년 봄 마르부르크 요새 공성에 실패한 후, 도나우 강 쪽으로 철수 중인 홀츠아펠과 그론스펠트 휘하의 황제군과 바이에른 연합군을 추격했다. 황제군은 귄츠부르크(슈바벤)에서 도나우 강을 도하한 후, 아우크스부르크 쪽으로 후퇴했다. 스웨덴군과 프랑스군 3만 명은 1648년 5월 13일 라우잉엔(슈바벤)에서 도나우 강을 건넜다. 홀츠아펠의 지휘를 받은 후위부대는 1648년 5월 17일 추스마르스하우젠에서 적의 기병 공격을 받아 무너졌다. 황제군은 아우크스부르크로 후퇴했고, 중상을 입은 홀츠아펠은 아우크스부르크에서 사망했다. 헤센-카셀 군 총사령관 출신의 페터 멜란더 폰 홀츠아펠(1589-1648)은 칼뱅파 신교도였지만, 1642년 황제군으로 전향하여 황제군 원수에 임명되었다. 1645년부터 그는 독일제국군을 지휘하여 라인란트 및 베스트팔렌에서 스웨덴군과 프랑스군을 상대로 전투를 벌였다. 1647년 갈라스 사령관이 사망한 후, 황제군의 지휘권을 인수하여 황제군을 재편한 후, 뵈멘으로부터 튀링엔을 거쳐 헤센까지 브랑겔 휘하의 스웨덴 군대를 추격하여, 헤센의 마르부르크를 공성하였지만, 뜻을 이루지는 못했다. 바이에른으로 귀환하는 도중에 벌어진 추스마르스하우젠 전투에서 전사했다. 추스마르스하우젠 전투에서 승리한 스웨덴-프랑스 동맹군은 베스트팔렌 평화조약이 체결될 때까지 바이에른을 무차별 공격하여 바이에른을 초토화시켰다. 그것은 바이에른이 울름 휴전협정을 위반하고 다시 황제군과 동맹을 체결한 행위에 대한 보복이기도 했다.

12) 만토바 계승전쟁(1628-1631) 그리고 합스부르크가와
부르봉가의 대결

　가톨릭 국가임에도 불구하고 루이 13세(재위: 1610-1643)와 리슐리외(수상: 1624-1642) 수상 치하의 프랑스가 독일제국의 신교 제후국 및 스웨덴과 동맹하여 합스부르크가(오스트리아와 스페인)를 공격한 것은 프랑스의 입장에서 보면 일종의 자기방어 수단이었다 하겠다. 당시 프랑스와 국경을 공유한 국가는 모두 프랑스의 적대국들이었다. 프랑스의 동쪽에는 합스부르크가 출신의 황제가 통치한 독일제국과 합스부르크 제국이 자리 잡고 있었고, 프랑스의 북쪽 국경에는 합스부르크령 네덜란드(스페인령 네덜란드)가 버티고 있었으며, 서쪽에는 스페인 왕국과 스페인-합스부르크가의 지배를 받은 포르투갈이 프랑스를 압박했다. 또한 합스부르크가의 북이탈리아 장악 시도로 인해 이탈리아의 사정도 프랑스의 뜻대로 풀리지 않았다. 30년 전쟁 중인 1631년 프랑스가 바이에른과 방어동맹(퐁텐블로조약, 1631년 5월 30일)을 체결한 것은 비텔스바흐 왕가(바이에른)와 합스부르크 왕가(합스부르크 제국과 스페인)를 이간시키고, 사방에서 조여 오는 합스부르크 왕가의 압박으로부터 탈출구를 마련하기 위함이었지만, 같은 해 프랑스의 동맹국인 스웨덴의 바이에른 침공을 프랑스가 저지할 수 없었기 때문에, 프랑스-바이에른 방어동맹조약은 체결된 해에 이미 효력을 상실했다. 프랑스가 합스부르크가의 포위망을 뚫으려 부단한 시도를 하던 시기의 프랑스에게 절호의 기회가 찾아왔다. 합스부르크가의 영향 하에 있던 롬바르디아의 만토바(만투아) 공국에서 계승전쟁이 발생한 것이었다. 30년 전쟁과 병행하여 발생한 <만토바 계승전쟁>(1628-1631)은 양 합스부르크 왕가(오스트리아와 스페인)와 밀접한 관련이 있는 정치적 사건이었으며, 종국에 가서는 북이탈리아의 오스트리아 영토에 큰 변화를 가져온 전쟁이었다.

　만토바 공국은 중세 후기와 근대 초기의 북이탈리아의 제후국으로서

1328년 이후 380년 간 곤자가 왕가가 통치해오다가, 1708년 오스트리아 령 롬바르디아에 통합되었다. 16세기에도 만토바 공국은 합스부르크가와 우호적인 관계에 있었다. 1508년 만토바 공국은 베네치아를 견제하기 위해 신성로마제국 황제(막시밀리안 1세, 재위: 1493-1519)가 주도한 캉브레 동맹에 가입했다. 카를 5세(재위: 1519-1558) 황제는 곤자가가의 페데리코 2세(1500-1540)를 1530년 변경백에서 공작으로 승격시켰다. 사부아 공국과 밀라노 공국 사이에 끼어 있는 몬페라토 공국은 1533년 카를 5세의 승인 하에 만토바 공국에 편입된 후 1708년 오스트리아의 지배 속으로 들어갈 때까지 곤자가의 공작들에 의해 통치되었다. 만토바의 공작들은 황제를 대신해 북이탈리아의 서부(사부아 공국과 밀라노 공국)와 동부(베네치아 공화국)를 주시했다. 몬페라토 공국과 만토바 공국은 스페인 합스부르크가의 지배를 받은 밀라노 공국을 사이에 두고 동서로 갈라져 있었다. 다시 말해 몬페라토는 서쪽의 사부아 공국과 동쪽의 밀라노 공국 사이에 끼어 있었기 때문에 - 만토바는 그러니까 밀라노의 동쪽에 위치했다 - 사부아 공국은 일찍부 터 몬페라토를 자국 영토에 병합시키려 시도했다. 사부아 공작 카를로 엠마누엘레 1세(1562-1630, 재위: 1580-1630)는 1613년과 1617년 사이에 만토바 공국 또는 몬페라토 공국을 획득하기 위해 전쟁을 벌였다. 그러나 그는 스페인, 오스트리아 및 베네치아의 저항에 부딪혀 이 지역의 점령 시도 를 포기해야 했다.

곤자가가가 지배한 만토바 공국과 몬페라토 공국은 지리적으로도 연 결되어 있지 않지만, 상속법도 서로 상이했다. 여계 상속을 허용한 몬 페라토 공국과는 달리 만토바 공국은 남계 후손에만 상속될 수 있었다. 1612년 12월 22일 프란체스코 4세(1586-1612, 재위: 1612년 2월 18일-1612년 12월 22일) 만토바 및 몬페라토 공작은 - 남계 후손은 없이, 1609년에 출생한 세 살 짜리 딸(마리아) 하나만 남긴 채 - 재위 10개월 만에 사망했다. 맏형의 계 승을 보장하기 위해 성직자의 길을 택했던 프란체스코 4세의 두 동생 페르디난도(1587-1626, 재위: 1612-1626)와 빈첸초 2세(1594-1627)가 프란체스코 4세를 차례로 승계하여, 전자는 1612년부터 1626년까지, 후자는 1626년부터 1627년까지 만토바 및 몬페란토 공국을 통치했다. 1605년 이후 추기경이었던 페르디난도와 1615년에 추기경에 서임된 빈첸초 2세는 공작에 즉위한 후 각각 성직을 사임하고, 결혼을 통해 공작 가문의 대를 이을 시도를 했지만, 두 사람 모두 후사를 두지 못했다.

곤자가가의 종파로서 만토바 및 몬페라토의 마지막 공작이 되어버린 빈첸초 2세는 1627년 12월 25일 33세의 나이에 후사를 두지 못한 채 사망했다. 만토바 공국과 몬페라토 공국은 빈첸초 2세의 뜻에 따라 곤자가가의 방계 친척인 네베르(부르고뉴) 공국과 레텔(상파뉴) 공국의 공작인 카를로 1세(1580-1637)에게 상속되었다. 상속을 확실하게 굳히기 위해 빈첸초 2세는 임종 직전 질녀 마리아(1609-1660, 프란체스코 4세의 딸)를 카를로 1세의 아들 카를로 2세(1609-1631)와 결혼시킴으로써 프랑스의 지지를 얻어 냈다. 5년 전부터 빈첸초 2세와 처남매부간인 - 빈첸초 2세의 여동생 엘레오노라(1598-1655)와 1622년 재혼한 - 페르디난트 2세 신성로마제국 황제는 처남(빈첸초 2세)의 뜻과는 달리, 후자가 사망하자마자, 만토바 공국과 몬페라토 공국을 연고권자가 없는 제후국으로 판정하여 스페인 합스부르크가와 긴밀한 관계에 있던 곤자가가의 또 다른 방계 출신인 페란테 2세(1563-1632, 재위: 1575-1632. 1620년까지는 백작) 구아스탈라 공작에게 봉토로 수여하려 했다. 이 결정이 야기한 상속분쟁이 1628년부터 1631년까지 합스부르크가(오스트리아 및 스페인)와 부로봉가(프랑스) 간의 전쟁으로 발전한 <만토바 계승분쟁>이었다. 프랑스로서는 북이탈리아의 헤게모니를 장악하기 위해서는 이 지역의 지배가 반드시 필요했고, 합스부르크가는 양 합스부르크 제국(오스트리아 제국과 스페인 제국)을 연결하는 전략적 요충지에 위치한 만토바 공국과 몬페라토 공국에 친 프랑스 정권이 수립되는 것을 결코 용납할 수 없었다.

몬페라토의 흡수를 노리던 카를로 엠마누엘레 1세 사부아 공작은 만토바와 몬페라토가 카를로 1세 네베르 공작에게 상속되는데 반대하고, 페르디난트 2세 황제가 지지한 페란테 2세의 편을 들었다. 만토바 계승 분쟁에서 사부아 공작 카를로 엠마누엘레 1세 공작이 합스부르크가의 지원을 받은 페란테 2세를 지지한 이유는 후자가 64세의 고령임에도 불구하고 아직 후사가 없었기 때문이었다. 친 프랑스파인 카를로 1세 네베르 공작에게 만토바와 몬페라토가 상속되는 것을 저지하고, 이를 회수하여 페란테 2세에게 넘기려는 과정에서 황제는 몬페라토의 병합을 노린 사부아 공작(카를로 엠마누엘레 1세)을 자신의 편으로 끌어들였다. 페란테 2세는 만토바 혹은 몬페라토의 상속을 주장할 자손들을 두지 않았기 때문에, 그가 사망하면 이 두 공국을 소유권이 말소된 제국 봉토로 회수할 수 있다고 황제는 판단했던 것이었다. 이는 만토바 공국과 몬페라토 공국이 친 프랑스 인사에게 양도되는 것은 일단 막아보겠다는 페르디난트 2세 황제의 궁여지책 이었다.

만토바 계승전쟁은 1628년 네베르 공작 카를로 1세가 몬페라토와 만토바 공국의 인수 승인을 페르디난트 2세 황제에게 요청하면서 시작되었다. 카를로 엠마누엘레 1세 사부아 공작은 1628년 봄 몬테라토의 북부지역을 점령했다. 밀라노 공국의 총독인 스페인 합스부르크가의 곤잘로 페르난데스 데 코르도바(1585-1635)는 사부아 공작(카를로 엠마누엘레 1세)을 지지하고, 인접한 밀라노로부터 스페인 군대를 몬페라토의 수도 카살레로 진격시켜, 카살레 요새를 공성했지만, 점령에는 성공하지 못했다. 1년 늦은 1629년 프랑스가 개입하여 사부아 공국의 소도시 수사를 공성했다. 수사가 프랑스군에 점령될 것을 우려한 사부아 공작은 1629년 3월 11일 프랑스와 <수사 조약>을 체결하여 프랑스 군대의 사부아 공국 통과권을 승인했다. 밀라노 총독도 수사 조약을 인정하고 카살레 요새 공성을 중단한 후, 스페인 군대를 밀라노로 철수시켰다. 프랑스는 카살레 요새에 수비대를 주둔시키고, 나머지 병력은 프랑스로 철수시켰다.

한편 스페인 합스부르크가로부터 압력을 받은 오스트리아 합스부르크가의 페르디난트 2세 독일제국 황제는 봉토법 위반을 근거로 내세워 카를로 1세 네베르 공작의 만토바 및 몬페라토의 인수를 불허하고, 만토바 및 몬페라토 공국을 압류하기 위해 강제집행명령을 하달했다. 그러나 카를로 1세는 이에 불응하고 프랑스의 지원을 요청했을 때, 콜라토 백작 람볼트 13세(1575-1630) 사령관이 지휘한 황제군이 베네치아의 지원을 받아 1629년 가을 만토바 계승전쟁에 개입했다.

1629년 말까지 람볼트 13세의 만토바 공성은 지속되었지만, 점령에는 실패하고 황제군은 철수해야 했다. 프랑스 수상 리슐리외 추기경이 직접 지휘한 프랑스 군대가 1629년 12월 다시 북이탈리아로 진주하여 피네롤로를 위시해 사부아 공국의 몇몇 지역을 점령했다. 그러나 리슐리외는 황제군(오스트리아군)과의 직접적인 대결은 피하고 싶었기 때문에, 두 번째로 황제군의 포위공격을 받고 있는 만토바 공국에 대한 병력지원을 포기했다. 만토바 요새 방어군은 황제군의 공성에다가 흑사병까지 엄습하여 전력이 크게 약화되었기 때문에, 만토바를 장악한 카를로 1세 공작은 1630년 7월 18일 황제군에 항복하지 않을 수 없었다. 그 후 만토바 공국에서는 1527년의 '로마 약탈'(사코 디 로마)을 연상시키는 약탈행위가 자행되었다.

1630년 봄 몬페라토 공국의 수도 카살레는 암브로시오 스피놀라(1569-1630) 장군 휘하의 스페인 군대에 의해 다시 포위공격을 받았다. 스페인 군대는 물론이고, 카살레 요새에 주둔한 프랑스 수비대 역시 보급의 어려움과 흑사병으로 인해 고전했기 때문에, 당시 교황 사절이었던 줄리오 마차리노(1602-1661) 추기경의 중재로 - 그는 리슐리외 추기경(프랑스 수상)의 후임자가 된 쥘 마자랭(1602-1661)이었다 - 양측(스페인과 프랑스 군대)은 1630년 9월 4일 잠정휴전협정 체결에 합의했다. 이 합의에 의해 스페인 군대에게 카살레 시와 카살레 요새 접근이 허용되었고, 프랑스 수비대는 카살레 요새의 내성으로 철수했다. 1630년 9월 25일 스페인군 사령관 스피놀라가 사망했지만, 그의 죽음이 카살레 요새의 공성 중단으로 이어지지는 않았다. 카살레 요새를 구원하기 위해 도착한 프랑스 원군과 스페인 군대가 10월 26일 정면으로 대치했다. 최후의 순간에, 이번에도 마차리노(마자랭)가 중재에 나서서 이미 <레겐스부르크 선제후 회의>에서 평화조약이 1630년 10월 13일 체결되었음을 양측에 납득시킴으로써 일촉즉발의 접전을 피할 수 있었다. 양군 지휘관들은 카살레와 몬페라토로부터 철군하는데 합의했고, 만토바 계승전쟁의 전투행위는 종료되었다.

만토바 계승전쟁이 조기에 종료될 수 있던 것은 스웨덴이 1630년 7월 독일의 30년 전쟁에 개입한 덕분이었다. 스웨덴군의 북독일 상륙으로 인해 다급해진 페르디난트 2세 독일제국 황제는 오스트리아의 주력부대를 계속해서 북이탈리아 전선(만토바 계승전쟁)에 묶어 둘 수 없었기 때문이었다. 레겐스부르크 선제후 회의(1630년 7월-11월)에서 페르디난트 2세 황제는 만토바 계승전쟁을 종식시키기 위한 평화조약 체결을 선제후들로부터 강요받았다. 당시 프랑스의 실권자였던 리슐리외 추기경은 루이 13세로 하여금 평화조약을 체결하지 못하게 했다. 1630년 7월 마티아스 갈라스 사령관 휘하의 황제군이 만토바 공국을 탈환하고, 몬페라토에서도 스페인 군대가 승리를 거두었을 때, 하는 수 없이 프랑스는 페르디난트 2세 황제와 평화조약을 체결했다. 그러나 그 직후 카살레 요새 공격 중 스피놀라 스페인군 사령관이 사망함으로써, 전세가 프랑스에 유리하게 전개되자, 리슐리외 프랑스 수상은 돌연히 입장을 번복하여 이미 체결된 평화조약의 비준을 거부할 움직임을 보였다. 외교적 전례를 어긴 이 모욕적인 처사에도 불구하고 페르디난트 2세 황제는 북이탈리아 전선(만토바 계승전쟁)에 발이 묶여 있는 오스트리아 군대를 철수시켜 북독일 전선(스웨덴군과의 전투)에 투입하기 위해, 계속해서 프랑스 측에 협상 의사를 전달했다.

전쟁(만토바 계승전쟁)을 끝내기 위해 신성로마제국 황제와 프랑스 국왕과 사부아 공작은 1631년 4월 6일 북이탈리아의 케라스코에서 평화조약을 체결했다. 브라이텐펠트 전투(1631년 9월 17일)가 일어나기 5개월 전이었다. 이 조약은 페르디난트 2세 독일제국 황제, 루이 13세 프랑스 국왕, 그리고 1630년 7월 26일 사망한 카를로 엠마누엘레 1세의 승계자인 빅토르 아마데우스 1세(1587-1637, 재위: 1630-1637) 사부아 공작에 의해 비준되었지만, 스페인 국왕 필립 4세(1605-1665, 재위: 1621-1665)는 비준을 거부했다. <케라스코 평화조약>과 더불어 카를로 1세(네베르 및 레텔 공작)가 만토바와 몬페라토의 공작에 즉위함으로써 프랑스가 학수고대한 친 프랑스 정권이 북이탈리아에 탄생했고, 프랑스는 오스트리아와 스페인이 오래 전부터 헤게모니를 장악해 온 롬바르디아에 처음으로 발판을 구축할 수 있게 되었다. 케라스코 평화조약에서 사부아의 공작은 이탈리아 금화 15,000스쿠디를 지불받는 대가로 만토바 공작(카를로 1세)에게 몬페라토의 점령지역을 반환했고, 스페인은 100,000스쿠디를 만토바 공작에게 지불하는 조건으로 카살레 요새 주변지역들을 획득했다. 1631년 4월 8일 이후 황제군은 30년 전쟁의 현장(북독일)으로 철수하고, 프랑스는 사부아와 피에몬테의 점령을 풀어야 했다. 1631년 6월 19일에 체결된 제2차 케라스코 조약에서는 영토 및 군사 관련 세부 사항들이 당사국들 간에 조정되었다.

페르디난트 2세 황제는 만토바 계승전쟁의 종식으로 구스타브 2세 스웨덴 국왕의 침략을 저지하기 위해 긴급히 필요한 전력을 확보할 수 있게 되었다. 케라스코 조약과는 별도로 프랑스와 사부아 공국 간에 체결된 1631년 10월 19일자 비밀협약에서 프랑스는 이탈리아 진출을 위한 교두보로 이용하기 위해 사부아의 피네롤로를 할양받았다. 이로써 북이탈리아에서의 프랑스의 영향력은 한층 확대되었다. 피네롤로를 프랑스에 양도하는 대신 사부아는 몬페라토의 여러 지역을 획득했다. 만토바 공국은 계승전쟁 과정에서 주민의 사분의 삼을 잃었고, 전쟁은 공국의 재정을 완전히 파탄시켰다. 그 결과 만토바 공국은 네베르 및 레텔 공국을 1659년 마자랭 추기경에게 매도해야 했고, 전략적 중요성이 큰 카살레(몬페라토의 수도)는 1680년대에 프랑스에 양도되었다.

1627년 곤자가가의 종파로서는 마지막 공작인 빈첸초 2세의 질녀 마리아(1609-1660)와 결혼함으로써 만토바와 몬페라토의 상속권을 주장할 수 있게 된 사람은 카를로 2세(빈첸초 2세의 조카사위)였지만, 그는 부친(카를로 1세)에 앞서 1631년 사망했기 때문에, 카를로 1세가 두 공국을 계속해서 통치했다. 1637년 카를로 1세가 사망한 후 만토바 공국과 몬페라토 공국, 그리고 네베르 공국과 레텔 공국은 오스트리아 대공 레오폴트 5세(페르디난트 2세 황제의 동생)의 딸 이사벨라 클라라(1629-1665)와 1649년 결혼한 카를로 2세의 아들이며 카를로 1세의 손자 카를로 3세(1629-1665, 재위: 1637-1665) 공작에게 상속되었다. 카를로 3세의 여동생 엘레오노레(1630-1686)는 1651년 페르디난트 3세(재위: 1619-1637) 황제와 결혼했고, 이미 설명했듯이, 페르디난트 2세 황제도 1622년 재혼에서 빈첸초 1세의 딸 엘레오노레와 결혼했기 때문에, 곤자가가와 만토바 공국은 이중, 삼중으로 합스부르크가와 인척관계를 맺게 되었다.

만토바 공국 및 몬페라토 공국의 마지막 공작 페르디난도 카를로(1652-1708, 재위: 1665-1708. 카를로 3세의 아들)는 - 만토바 공국과 합스부르크가와의 긴밀한 관계에도 불구하고 - 스페인 왕위계승전쟁(1701-1714)이 발발한 직후 프랑스 편에 섰다는 이유로 레오폴트 1세 황제에 의해 1701년 배신자로 낙인찍혔다. 페르디난도 카를로가 사망한 1708년 요제프 1세(재위: 1705-1711) 황제는 만토바 공국을 소유권이 말소된 제국영토로 회수하여 오스트리아에 귀속시켰다. 이후 만토바 공국은 합스부르크 제국의 일부(요제프 1세 황제가 합스부르크가의 초대 만토바 공작)가 되었다가, 1745년 이후 밀라노 공국에 흡수되었다. 프랑스와 사부아 공국 간의 비밀협약에 의해 1631년 사부아가 차지한 지역을 제외한 몬페라토의 영토도 1703년 사부아 공국에 편입되었다. 만토바는 티롤의 독립투사 안드레아스 호퍼(1767-1810)가 나폴레옹에 의해 처형당한 장소이며, 1823년 인스부르크로 이장되기 전까지 호퍼의 유해가 매장되어 있던 곳이기도 했다. 페르디난도 카를로 만토바 및 몬페라토 공작은 - 지적했듯이 - 합스부르크가의 외척이었다. 페르디난트 2세 황제가 페르디난도 카를로의 외종조부(페르디난도 카를로의 외조부 레오폴트 5세는 페르디난트 2세 황제의 동생)이었고, 페르디난트 2세 황제에게 페르디난도 카를로는 외종손이었다. 1665년 13세의 나이에 만토바 및 몬페라토 공작에 즉위한 페르디난도 카를로는 모후(페르디난트 2세 황제의 질녀 이사벨라 클라라)의 후견을 받았다. 성년이 된 후에도 영향력을 행사한 이사벨라 클라라가 친정인 합스부르크가의 영향력으로부터 독립하려 했기 때문에, 빈 정부는 이사벨라 클라라가 더 이상 만토바 공국의 정치에 간여하지 못하도록 그녀의 사생활의 약점을 이용하여 그녀를 수녀원에 유폐시켰다. 카를로 3세의 독자로서 만토바 공국의 마지막 공작인 페르디난도 카를로는 족보상 카를로 4세로 분류된다.

□ 7
베스트팔렌 평화조약과 30년 전쟁의 종식

1648년 10월 24일 베스트팔렌 평화조약이 체결됨으로써 마침내 30년 전쟁은 막을 내렸지만, 그 전에도 이미 여러 차례 - 양대 동맹권인 오스트리아-스페인 세력권과 프랑스-스웨덴-네덜란드 세력권 간의 현안들은 전혀 해결되지 않은 채 - 휴전조약과 평화조약은 체결되었다. 1635년 페르디난트 2세 독일제국 황제 주도로 프라하 평화조약이 체결된 후, 프랑스와 스웨덴은 1638년 함부르크 조약에서 전쟁이 끝날 때까지 단독평화조약은 체결하지 않기로 결의했다. 베스트팔렌 공국 소재 가톨릭 도시 뮌스터와 프로테스탄트 도시 오스나브뤼크가 베스트팔렌 평화조약 체결을 위한 회담장소로 결정된 것은 1641년이었다. 종교개혁 이후 아우크스부르크 종파(루터교)가 정착된 스웨덴은 오스나브뤼크에서, 가톨릭 국가인 프랑스는 뮌스터에서 베스트팔렌 평화조약을 체결하기 위한 협상을 시작했다. 베스트팔렌 평화조약 회담을 오스나브뤼크와 뮌스터에서 분리 개최한 이유는 프랑스는 가톨릭 도시를, 스웨덴은 프로테스탄트가 우세한 도시를 회담 장소로 선호했기 때문이었지만, 프랑스와 스웨덴 간의 서열 다툼을 방지하기 위한 조치도 필요했기 때문이었다.

정치적 명분과 실리를 확보하기 위해 오래 동안 외교적 사전준비 작업이 진행된 끝에, 1645년 초부터 이미 30년 전쟁 참전 국가의 공사들이 교황(인노첸시오 10세)과 스웨덴 국왕(크리스티나 1세, 구스타브 2세의 딸)의 중재로 오스나브뤼크와 뮌스터에서 회동하기 시작했다. 1645년 말 전쟁 당사국들의 전쟁비용 배상청구서가 제출되었다. 회담의 강도는 부분적으로 변화무쌍한 전황에 - 30년 전쟁의 마지막 전투는 평화협상이 종료되어 가던 1648년 5월 17일 발생한 프랑스-스웨덴 동맹군과 황제군 간의 추스마르스하우젠 전투였다 - 좌우되었다. 1645년 쾨첸브로다 조약을 통한 황제군(페르디난트 3세 황제)과 작센군(요한 게오르크 1세 선제후)의 동맹분리, 1647년 바이에른의 휴전제의(울름 휴전협정), 성공적인 스웨덴의 뵈멘 침공(프라하 점령) 등이 평화회담을 촉진시킨 사건들이었다. 페르디난트 3세 황제를 대리한 오스트리아의 수석장관 막시밀리안 폰 트라우트만스도르프(1584-1650)와 추밀원고문 이자크 폴마르(1582-1662), 프랑스 국왕을 대리한 앙리 2세 오를레앙 롱게비유(1595-1663) 공작과 주 스웨덴 프랑스 대사 클로드 다보(1595-1650) 백작, 스페인의 가스파르 데 브라카몬테 이 구스만(1595/1596-1676) 공작과 디에고 사베드라(1584-1648, 정치가 겸 작가), 스웨덴의 요한 욱센셰르나(1611-1657, 악셀

구스타프손 옥센셰르나 수상의 아들)와 추밀원고문 요한 아들러 살비우스(1590-1652) 등이 거명되어야 할 중요한 평화회담 대표들이었다. 교황청 공사 파비오 치기(1599-1667, 후일의 교황 알렉산더 7세)와 베네치아 공사 알비세 콘타리니(1599-1651)는 베스트팔렌 평화조약의 중재자였다. 최초의 성과 중의 하나가 1648년 1월 30일자로 체결된 네덜란드와 스페인 간의 평화조약으로서, 네덜란드 북부지방의 주권이 보장되고, 이 지역이 독일제국에서 분리되었다.

베스트팔렌 평화조약은 1648년 8월 6일 뮌스터, 1648년 9월 8일 오스나브뤼크에서 부분적으로 체결되고, 1648년 10월 24일 양 도시에서 공동으로 조인되었다. 교황 인노첸시오 10세(재위: 1644-1655)는 1648년 11월 20일자 교서에서 가톨릭교회의 권리를 심각하게 훼손하고, 교황의 개입을 원천봉쇄한 베스트팔렌 평화조약에 대해 항의하고, 조약의 무효를 선언했다. 그럼에도 불구하고 1649년 2월 8일 조약서명당사국들 간에 비준서가 교환되었다. 베스트팔렌 평화조약은 독일제국의 항구적 기본법(헌법)으로 선포되었다. 베스트팔렌 평화조약은 구질서(중세)를 극복하고, 신질서의 출발(주권 민족국가의 태동)을 알린 상징적 사건이었으며, 신성로마제국이 붕괴될 때까지 향후 150여 년간 독일제국과 유럽의 정치적 합의들을 위한 기점이 되었다.

베스트팔렌 평화조약은 1648년에 조인되어 같은 해 비준 절차가 모두 완료되었지만, 방대한 규모의 평화조약 규정의 이행, 그 중에서도 특히 점령지 철수와 전쟁배상금 지불 등의 문제는 - 1650년 6월 16일 뉘른베르크에서 개최된 베스트팔렌 후속회의가 베스트팔렌 평화조약의 신속한 집행에 관한 협약을 통과시킨 후에도 - 해를 거듭하면서도 지연되었다. 베스트팔렌 평화조약이 체결되고 6년이 경과한 1654년에 가서야 비로소 스웨덴군이 그들의 마지막 점령지역(니더작센 제국직할관구의 페히타) 주둔군의 철수를 완료함으로써 마침내 모든 점령지역들이 신구 소유주들에게 반환되었다. 1654년 5월 17일 가결된 신성로마제국 제국의회 최종결의조례에서 베스트팔렌 평화조약은 법적 효력을 얻었다.

1) 오스나브뤼크 평화조약(1648년 10월 14/24일)

　뮌스터 평화조약 체결과 때를 같이 하여 독일제국의 페르디난트 3세 황제와 황제의 동맹국들을 한쪽 조약당사국들로 하고, 스웨덴 여왕 크리스티나 1세(1626-1689, 재위: 1632-1654, 뤼첸 전투에서 전사한 구스타브 2세의 차녀)와 스웨덴의 동맹국들을 다른 한쪽 조약당사국들로 하여 체결된 오스나브뤼크 평화조약은 베스트팔렌 평화조약의 일부로서 독일의 30년 전쟁을 종식을 확인한 국제조약이었다. 오스나브뤼크 평화조약은 17개 조항과 1개 비밀 조항을 포함했다. 오스나브뤼크 평화조약은 조약의 성격(단독평화조약이 아닌 일반평화조약) 규정(1조), 모든 참전국에 대한 일반사면(2조), 그리고 모든 제국의 회의원(제국제후)들의 재산회복(30년 전쟁 전 소유재산의 원상회복)의 일반승인(3조) 등으로 시작되었다. 제4조에서는 3조에서 취급되지 않은 주요 쟁점들이 세부적으로 정리되었다.

　가톨릭 제후국 바이에른에 양도된 오버팔츠의 소유권을 포함하여, 팔츠의 선제후 지위는 - 1623년 이전까지의 팔츠 선제후국은 라인팔츠와 오버팔츠로 구성되었었다 - 바이에른의 막시밀리안 1세 공작에게 최종적으로 양도되었다. 오버팔츠의 소유권과 팔츠의 선제후 지위는 비텔스바흐가의 빌헬름파(막시밀리안 1세 선제후의 가계)의 남계가 단절될 때까지, 바이에른 공국에 귀속되도록 했다(4조 3항). 그 대신 바이에른은 채권을 발행하는 조건으로 황제의 부채 1,300만 굴덴과 그 금액에 대해 저당 잡은 오버외스터라이히에 대한 영토권 일체를 영구히 포기했다(4조 4항). 4조 4항과 관련한 내용을 부연 설명하자면, 30년 전쟁 초기인 1620년 오버외스터라이히의 신교도들은 뵈멘의 반란군과 동맹을 체결했었다. 페르디난트 2세 황제의 요청에 의해 뵈멘 반란을 진압하기 위해 출동한 틸리 휘하의 구교 동맹군이 경유지인 오버외스터라이히의 신교도 반란을 진압한 데에 대한 보상으로 페르디난트 2세 황제는 막시밀리안 1세 바이에른 공작(1623년 이후 선제후)에게 오버외스터라이히 대공국의 통치권을 수년간 임대 형식으로 제공한 적이 있었다.

1623년 이후 선제후 지위를 잃은 팔츠에게는 1648년에 신설된 8번째 선제후국 지위가 부여되고(4조 5항), 운터팔츠, 즉 라인팔츠의 소유권은 - 30년 전쟁 기간 중 팔츠는 스페인군과 바이에른군, 스웨덴군과 프랑스군, 그리고 황제군 등에 의해 번갈아가면서 점령되었다 - 원상회복 되었다(4조 6항). 프리드리히 5세 전 팔츠 선제후(뵈멘의 겨울 왕)는 1620년 백산전투 패배 후 왕관(뵈멘)과 선제후 지위(팔츠)와 영지(오버팔츠와 운터팔츠)를 모두 잃고, 제국추방령을 선고받았었다. 1649년 프리드리히 5세의 아들 카를 루트비히는 1648년 원상회복된 팔츠(실제로는 운터팔츠, 즉 라인팔츠)에서 독일제국의 여덟 번째 선제후(재위: 1648-1680)에 즉위했다. 오버팔츠는 바이에른에 영구 귀속되었고, 8번째 선제후국 팔츠(라인팔츠)는 오버팔츠를 바이에른에 양도한 후 영토가 크게 축소되었다. 팔츠로 통칭되는 라인팔츠는 현재의 라인란트-팔츠 연방주가 되었고, 오버팔츠는 현재 바이에른의 7개 행정구역 중 하나로서 체코와 국경을 공유하고 있다.

선제후국 마인츠 대주교관구는 1463년 이후 팔츠에 저당 잡힌 행정구역들을 저당금을 변제한 후 회수할 수 있었다(4조 7항). 바이에른의 비텔스바흐 왕가가 사멸하고, 팔츠 가계의 계승이 단절되는 경우, 8번째 선제후 지위는 소멸된다는 규정이 삽입되었다(4조 9항). 팔츠 소유의 제국직속 기사령은 제국직속성을 유지시켰다(4조 17항). 팔츠의 루터교파에게는 - 팔츠는 독일제국 내 칼뱅파의 중심지이었음 - 종교행사의 자유가 보장되었다(4조 19항). 뷔르템베르크는 묌펠가르트(프랑스의 몽벨리아르)를 포함해 모든 실지를 회복했다(4조 24항 이하). 바덴의 변경백들도 재산이 원상회복되었지만(4조 26항), 호엔게롤츠에크 백작령은 소유권을 주장할 수 있는 증명서가 제출된 후 원상회복되도록 했다(4조 27항). 1634년 호엔게롤츠에크의 야콥 백작 사망과 더불어 가계가 사멸했을 때, 이 영지는 황제에 의해 크론베르크가에게 양도 되었었다. 그리고 크로이 공국, 나사우-자르브뤼켄가(이하 백작령), 하나우가, 졸름스가, 이젠부르크가, 라인그라펜가, 자인가, 팔켄슈타인가, 발데크가, 외팅엔가, 호엔로에가, 뢰벤슈타인-베르트하임가, 에르바흐가, 브란덴슈타인가, 케펜휠러가, 뢰플러가 및 레링엔가 등의 소유 영지도 1624년(기준년도) 이전 수준으로 회복되었다(4조 28-45항).

오스나브뤼크 평화조약 제4조 46-56항은 30년 전쟁 중 송사에 휘말린 세속적 사건들에 관한 소송절차 및 장교와 병사, 그리고 관리 등의 권리 회복과 그들 소유 부동산의 원상회복에 관한 소송절차를 조정한 내용이었다. 스웨덴 왕국과 프랑스 왕국에 봉사하기 위해 전향했던 오스트리아의 봉신들과 신민들은 전향 전의 재산 상실분에 대해서 - 귀국과 사면에 관한 권리 외에는 - 어떤 배상도 받지 못했다. 윌리히-클레베 계승분쟁은 오스나브뤼크 평화조약 체결 후 법적 절차 또는 화의 절차를 밟아서 최종적으로 조정토록 했다(4조 57항).

오스나브뤼크 평화조약 제5조는 30년 전쟁의 외적 원인이었던 신교와 구교 간 종교분쟁을 조정했다. 1552년의 파사우 조약과 1555년의 아우크스부르크 종교평화조약을 재확인하고, 종교적 차이를 해소하기 위해 폭력 사용이 금지되고, 신앙의 동등권이 확인되었다(5조 1항). 소유 신앙에 대한 적용 시점은 1624년 1월 1일을 <기준년도>(안누스 노르말리스)로 확정했다(5조 2항). 이로 인해 사면의 불이익이 없도록 했다(5조 13항). 이로써 1624년은 아우크스부르크 종교평화조약에서 합의된 개혁법(이우스 레포르만디)의 적용 기준이 되었다. 1624년 1월 1일 이전에 발생한 변동사항(예컨대 1623년까지 뵈멘에서 이행된 반종교개혁)은 합법성을 유지했다. 아우크스부르크, 비베라흐, 딩켈스빌, 라벤스부르크 등의 제국직속도시의 경우 위원회 구성 및 공직 임명 시 신앙 별 동수 인원의 임명이 의무화되었다(5조 3-11항). 1608년 바이에른에 의해 점령된 제국직속도시 도나우뵈르트의 원상회복은 향후 제국의회의 결정에 위임되었는데(5조 12항), 이것은 프랑스 대표(마자랭 추기경)가 바이에른에 특혜를 베푼 조처였다. 성직제후가 신앙을 바꿀 경우 직위(성직)와 수입(성록)을 즉각 상실케 함으로써(5조 15항), 아우크스부르크 종교평화조약 제18조(성직유보 조항)를 재확인 했다. 주교좌성당 참사회 선거, 철폐된 수도원의 처리, 신교 성직제후의 호칭 문제, 타종교 주권영역 내의 제국비직속(제후직속) 수도원의 지위와 기사단의 유지 등의 문제를 다룬 항목도 제5조에 포함되었다. 1555년의 아우크스부르크 종교평화조약의 개혁법(이우스 레포르만디, 즉 신앙결정권)은 원칙적으로 확인되었지만, <기준년도>(1624)의 현황을 따른 자유로운 종교행사가 용인되었다(5조 34항). 아우크스부르크 종교평화조약(1555)에서 확정된 것 중에서 성직자들의 재산 상황은 1552년의 파사우 조약 당시의 상황으로 유지되어야 한다는 조항이 있었다. 그에 따라 신교 제후들에게는 제후의 통치권 하에 있는 수도원과 종교재단의 폐지와 변형의 권한이 공식적으로 주어져 있지 않았다. 그(파사우 조약)에 반해, 오스나브뤼크 평화조약에서는 기준년도가 1624년으로 늦추어 진 것이었다. 기준년도가 1552년에서 1624년으로 완화된 것은 소유 신앙보다는 소속 신앙과 연관된 재산 및 권리의 행사에 초점이 맞추어졌기 때문이었다. 결과적으로 신교 제후들을 크게 배려한 결정이었다. 1624년 이후의 개종 시에도 - 성직자가 아닌, 일반인의 경우에는 - 거주이전의 자유가 개인적, 법적 불이익을 당하지 않도록 했다(5조 35항). 슐레지엔의 프로테스탄트들은 슐레지엔에 남아서, 인근 신교 지역의 교회를 심방할 수 있고(5조 39항), 슐레지엔의 슈바이드니츠(폴란드의 스비드니차), 야우어(폴란드의 야보르), 글로가우(폴란드의 구오구프)의 경우 시 외곽에 신교 교회를 건립할 수 있는 권리가 부여되었다(5조 40항).

제5조 51항은 제국의회의 위원회 및 대표단 구성 시 신앙별 동수 임

명을 규정했다. 다수결 결의에 의한 종교적 소수파의 억압을 방지하기 위해 독일제국 의회에서의 종교문제는 향후 과반수이상 표결을 통해서가 아니라, 조정에 의한 합의를 거쳐서만 결정될 수 있도록 규정했다(5조 52항). 이를 달성하기 위해 회의 분리권(이치오 인 파르테스) 제도를 도입하여, 가톨릭 의원단(코르푸스 카톨리코룸)과 신교 의원단(코르푸스 에방겔리코룸)이 분리 회합하여, 평화롭게 합의에 도달할 수 있도록 했다. 가톨릭 의원단의 의장국은 마인츠의 선제후 겸 대주교였다. 신교 의원단의 의장국은 페르디난트 3세 황제의 제의에 의해 작센 선제후국이 맡았다. 1697년 폴란드 국왕 겸 작센의 선제후이던 아우구스트(1670-1733)가 루터교에서 가톨릭으로 개종했을 때, 신교 제후들의 항의에도 불구하고 작센 선제후국은 신교 의원단의 의장국 직위를 유지했다. 신교 의원단의 부의장국은 선제후국 브란덴부르크였다. 제국대법원의 배석판사의 수는 50인으로 확정하고, 그들의 선출은 5조 53항 이하에 규정되었고, 신앙에 따른 동수 구성이 의무화되었다. 세부사항은 제국의회의 결의에 위임되었다.

제6조는 바젤 시와 스위스 연방의 독일제국 탈퇴를 승인했다.

제7조는 모든 종교적 합의를 개혁파, 즉 칼뱅파에도 적용되게 하였지만, 동시에 - 칼뱅파 이외의 - 기타 종파는 적용 대상에서 제외했고, 제후가 개종할 때는 개혁법(신앙결정권)의 적용을 금지했다. 아우크스부르크 종교평화조약 종파(가톨릭교와 루터교파)에서 제외된 칼뱅교파가 1648년 베스트팔렌 평화조약(오스나브뤼크 평화조약)에서 동등권을 획득한 것이었다.

제8조는 제국의회 의원(세속제후 및 성직제후)의 권리 일체를 확인하고(1항), 그들에게 동맹의 자유(동맹체결권)를 인정했지만, 독일제국과 독일제국 황제, 그리고 일반평화조약(베스트팔렌 평화조약)에 반하는 동맹체결은 금지되었다. 독일제국 황제는 향후의 모든 통치 행위에 있어 제국의회 의원들의 동의의 구속을 받게 되었다(2항). 30년 전쟁(1618-1648) 기간 중 열리지 못한 제국의회는 다시 소집되고(3항), 종래 제국의회 의원(제국제후)에게만 배타적으로

허용되었던 제국의회의 투표권이 제국직속도시에게도 인정되었다(4항).

제9조는 과도한 우편 요율과 불법 세관에 의한 경제 방해 행위가 금지되고, 합법적으로 징수되는 세금은 인정되었다.

제10조는 스웨덴에 대한 배상을 다루었다. 스웨덴은 점령지역(폼메른)의 부분적인 반환에 대한 보상으로서 포르폼메른(오데르 강 서쪽의 폼메른)과 뤼겐 섬, 그리고 힌터폼메른(오데르 강 동쪽의 폼메른, 지금은 폴란드 영토)의 슈테틴(슈체친), 가르츠, 담, 골노프(골레뉴프), 오더하프를 포함한 볼린(10조 2항), 폴 섬과 노이클로스터 등의 행정구역을 포함한 비스마르 시, 대주교구 브레멘, 주교구 페르덴을 모두 세습봉토 형식으로 획득했다(10조 7항). 브레멘은 제국직속도시가 되었다(10조 8항). 향후 스웨덴은 브레멘과 페르덴과 폼메른의 공작, 뤼겐의 후작, 비스마르의 영주 자격으로 각각 독일제국 의회와 제국직할관구 의회의 의석과 투표권을 배당받게 되었다(10조 9항). 그리고 독일제국의 전체 10개 제국직할관구(바이에른, 프랑켄, 슈바벤, 오버라인, 니더라인-베스트팔렌, 오버 작센, 니더작센, 부르군트, 쿠르라인, 오스트리아) 중 3개 직할관구, 즉 오버작센 직할관구, 니더라인-베스트팔렌 직할관구 및 니더작센 제국직할관구 내의 의석과 투표권을 획득했다(10조 10항). 각 제국직할관구의 최고책임자(관구장)는 황제의 대리인이었다. 스웨덴이 3개 제국직할관구에 의석과 투표권을 점유한 것은 독일제국의 약화와 황제의 권한 축소에 영향을 끼친 요인 중의 하나가 되었다. 오스나브뤼크 평화조약은 스웨덴에게 대학 1개소의 설립을 허용하고, 해안세관 설립을 일임했다(10조 13항).

오스나브뤼크 평화조약 제11조는 브란덴부르크의 영토 수정과 관련된 조항이었다. 폼메른의 일부(포르폼메른 전체와 힌터폼메른의 일부지역)를 스웨덴에 할양한 데 대한 보상으로 브란덴부르크는 백작령 혼슈타인을 포함한 할버슈타트 주교구, 민덴 주교구와 카민 주교구를 양도받았고, 대주교구 막데부르크에 - 작센에 할양된 4개 행정구역(크베어푸르트, 위터보크, 다메, 부르크)은 제외하고 - 대한 계승권을 획득했다. 1630년 이래 폼메른은 스웨덴에 의해 점령되었다. 폼메른의 마지막 공작 보기슬라프 14세가 1637년 사망했을 때, 폼메른을 점령한 스웨덴은 그림니츠 조약(1529)에 의거 폼메른에 대한 상속권을 관철시키려 한 브란덴부르크의 모든 시도를 막았었다. 1648년 오스나브뤼크 평화조약에서 - 일부지역을 제외한 - 힌터폼메른은 브란덴부르크에 귀속시키고, 스웨덴은 포르폼메른을 획득함으로써, 폼메른의 영유권 문제가 해결되었다.

제12조에서 멕클렌부르크-슈베린 공작은 비스마르를 스웨덴에 할양한 데 대한 보상으로 슈베린 주교구와 라체부르크 주교구, 요한기사수도회 소속 관구들인 미로와 네메로, 엘베 강의 세관을 할양받고, 고액의 제국세 감면 혜택을 받았다.

제13조는 신교 제후국인 브라운슈바이크-뤼네부르크 공국에게 오스나브뤼크 주교구의 행정권을 부여함으로써 오스나브뤼크 주교구는 1648년 이후 가톨릭 주교와 벨페 왕가 출신의 루터교파 공작(브라운슈바이크-뤼네부르크가의 공작)에 의해 교호적으로 관리되었다. 이로써 동일 교구가 가톨릭 성직제후와 루터파 세속제후에 의해 교호적으로 운영되는 기현상이 야기된 것이었다. 그 밖에 브라운슈바이크는 발켄리트 수도원과 그뢰닝엔 수도원을 획득했다.

제14조는 프리드리히 빌헬름(재위: 1640-1688) 브란덴부르크 대선제후가 제기한 - 1631년 박탈당한 - 자신의 종조부 크리스티안 빌헬름(1587-1665, 프리드리히 빌헬름의 조부 요한 지기스문트(1572-1619)의 15세 연하의 동생)의 막데부르크 교구장직 복직 요구를 보장했다. 크리스티안 빌헬름은 1598년부터 1631년까지 막데부르크 대주교구의 대주교직과 교구장(아드미니스트라토르)직을 겸임했다가, 페르디난트 2세 황제가 1629년 반포한 재산회복칙령의 여파로 교구장직을 황제의 막내아들 레오폴트 빌헬름에게 빼앗겼다. 1635년 프라하 평화조약이 페르디난트 2세 황제와 요한 게오르크 1세 작센 선제후 간에 체결된 후, 막데부르크의 교구장직은 레오폴트 빌헬름 대공으로부터 요

한 게오르크 1세의 차남 아우구스트(작센-바이센펠스 공작)에게로 양여되었다. 레오폴트 빌헬름 대공(합스부르크가)이 1631년부터 1638년까지, 아우구스트 공작(베틴가)이 1638년부터 1680년까지 막데부르크 대주교구를 관리한 후, 막데부르크는 다시 호엔촐레른가의 브란덴부르크 소유로 환원되었다. 막데부르크 교구장으로의 복직을 신청한 크리스티안 빌헬름은 막데부르크 교구장직 대신 매년 12,000탈러의 연금을 막데부르크 교구장으로부터 수령했다. 1566년부터 1680년까지 막데부르크 대주교구를 관리한 - 호엔촐레른가(브란덴부르크)의 요아힘 프리드리히(1546-1608, 선제후: 1598-1608) 선제후와 크리스티안 빌헬름 변경백 부자, 그리고 합스부르크가(오스트리아)의 레오폴트 빌헬름 대공과 베틴가(작센-바이센펠스)의 아우구스 공작 등 - 4인의 교구장은 모두 대주교라는 직함 대신 아드미니스트라토르의 직함을 가진 교구장이었다. 이들 중 레오폴트 빌헬름 대공을 제외한 3인은 모두 신교(루터파) 교구장이었다.

제15조는 1648년 4월 14일 신교의 헤센-카셀 방백령과 구교의 헤센-다름슈타트 방백령 간에 체결된 헤센 영토합의조약을 확인함으로써, 헤센-다름슈타트는 점령지역들을 헤센-카셀에 반환해야 했다. 그리고 양 헤센가(카셀파와 다름슈타트파)는 장자상속 제도를 승인받았다.

제16조는 합의된 개별 조치들의 이행 순서, 스웨덴 군대의 철수에 대한 대가로 - 오스트리아 제국직할관구, 부르군트 제국직할관구, 바이에른 제국직할관구 등 3개 제국직할관구를 제외한 - 나머지 7개 제국직할관구로부터 조달되어 스웨덴에 지불될 5,000,000탈러의 전쟁 배상금, 점진적 군축, 병력철수 등의 문제를 조정했다.

제17조는 비준의 순서를 규정하고, 오스나브뤼크 평화조약을 제국의 영구적인 기본법(1356년의 금인칙서 이후의 독일제국의 헌법)으로 선언하고, 발생할 수 있는 분쟁의 법률적 조정을 명령하고(17조 4항), 무력을 동원한 조약의 강제수정을 금지했다(17조 7항). 제17조 12항은 서명한 협상대표자 전원의 이

름을 나열했다. 1개 비밀조항에서 스웨덴은 독일제국 황제로부터 독일제국 국고금에서 600,000탈러를 점령지 반환에 대한 대가로 추가 승인 받았다. 오스나브뤼크 평화조약은 1648년 11월 7일 독일제국 황제에 의해, 1648년 11월 18일과 28일 스웨덴 여왕 크리스티나 1세에 의해 승인되었다.

2) 뮌스터 평화조약(1648년 10월 24일)

페르디난트 3세 황제 및 황제의 동맹국들과 프랑스의 루이 14세 및 그의 동맹국들 사이에 체결된 뮌스터 평화조약은 베스트팔렌 평화조약의 일부로서 오스나브뤼크 평화조약이 최종적으로 체결된 1648년 10월 24일에 공표되었다. 뮌스터 평화조약의 규정들은 오스나브뤼크 평화조약의 규정과 대부분 일치했다. 오스나브뤼크 평화조약이 스웨덴과 독일제국 간의 여러 문제를 다루었다면, 뮌스터 평화조약에서는 오스트리아(합스부르크가)와 프랑스(부르봉가) 간의 현안들이 취급되었다. 120개 항목의 라틴어로 작성된 뮌스터 평화조약의 제1항과 2항은 오스나브뤼크 평화조약의 1조(뮌스터 평화조약의 성격 규정)에 해당했다. 제3항에서는 30년 전쟁의 종식에도 불구하고 스페인과 프랑스 간에 지속되고 있는 전쟁이 - 베스트팔렌 평화조약과 더불어 독일제국과 독일제국 황제는 프랑스-스페인 전쟁 불개입을 약속했다 - 끝나고, 네덜란드가 스페인으로부터 독립한 후에도, 부르군트 제국직할관구는 독일제국의 구성요소로서 계속해서 존속시킨다는 합의가 이루어졌다. 30년 전쟁의 일환으로 1635년부터 시작된 프랑스-스페인 전쟁은 1659년 피레네 평화조약 체결로 종식되었다. 부르군트 제국직할관구는 실제로 - 독립해 나간 네덜란드만큼 축소된 채 - 독일제국의 일부로 인정되었지만, 그 결정은 현실적인 의미를 가지지 못했다.

1651년 베장송(독일명: 비잔츠)은 황제에 의해 스페인에 할양되었다가, 1654년 부르군트 제국직할관구에 편입되었다. 그 후 이어진 전쟁(재산양도전쟁, 네덜란드 전쟁, 팔츠 계승전쟁)에서 부르군트 제국직할관구 소속 지역들이 속속 프랑스 영토가 되어버렸고, 1678년에는 그 후 역사적 명칭이 되어버린 비밀재판장 관구 부르군트(손 강과 프랑스-스위스 국경 사이의 지역으로서 프랑스의 프랑슈콩테)도 프랑스에 편입되었다. 나머지 부르군트 제국직할관구에 속한 지역인 오스트리아령 네덜란드(합스부르크령 네덜란드)는 1713년 <위트레흐트 평화조약>에서 오스트리아에 귀속되었다가, 1801년 프랑스에 양도되었다. 1635년 페르디난트 2세 황제에 의해 압류된 트리어 대주교구의 영지는 필립 크리스토프 대주교에게 반환되도록 했다. 10-68번 항목은 오스나브뤼크 평화조약의 4-9조와 14-15조 내용의 반복이었다.

프랑스에 대한 배상은 뮌스터 평화조약 69항 이하에서 확정되었다. 프랑스는 <샹보르 조약>(1552년 1월 15일) 체결 이후 독일제국 섭정 자격으로 점령한 메스, 툴, 베르됭 등의 3개 주교구를 트리어 대주교구의 점령을 유보하는 조건으로(70항), 백작령 피네롤로(72항), 브라이자흐, 방백령 오버알자스와 니더알자스, 준트가우, 그리고 알자스의 <데카폴리스>(10개 도시 동맹)(73항 이하) 등은 가톨릭을 유보하는 조건으로 획득함으로써, 합스부르크가는 14세기 이후 역외영토로 조성된 전부오스트리아(포르데르외스터라이히)의 영토 대부분을 상실했다. 참고로 데카폴리스는 1354년 카를 4세(룩셈부르크 왕가) 황제의 발의로 체결된 콜마르, 슐레트슈타트(셀레스타), 하게나우(아그노), 오베렌하임(오베르네), 로스하임, 뮐하우젠(뮐루즈), 카이저스베르크, 뮌스터, 튀르크하임(튀르켐), 바이센부르크(비상부르) 등 알자스와 남서부 독일에 소재한 10개 제국직속도시 동맹을 가리켰다. 1512년 란다우가 10개 도시동맹에 추가로 가입한 대신에 뮐하우젠이 스위스 연방에 가입하면서 데카폴리스를 탈퇴했다.

뮌스터 평화조약에서 프랑스는 - 1631년 주둔권을 획득한 - 트리어 대주교구의 필립스부르크 요새의 영구주둔권과 독일제국의 모든 지역을 통과할 수 있는 일반통행권까지 획득했다(76항). 합스부르크가가 프랑스와의 접경지역에 설치하여 운용한 몇몇 국경 요새도 철거하기로 합의했다(81항). 바젤과 필립스부르크 사이의 라인 강 우안의 독일제국 지역에는 일체의 요새 건설이 금지되었다(82항). 이에 대한 반대급부로 프랑스는 자국이 점령한 지역(73항 이하)을 제외한 라인 강 유역의 여타 오스트리아 역외영토(전부오스트리아)에서 철수하고, 페르디난트 3세 황제의 사촌동생이기도 한 페르디난트 카를(1628-1662, 페르디난트 2세 황제의 동생 레오폴트 5세의 아들) 오스트리아 대공에게 영토 할양에 대한 대가로 3,000,000리브르를 지불했다(85행 이하). 뮌스터 평화조약은 케라스코 평화조약(1631)을 확인함으로써(92항), 사부아의 공작(카를로 엠마누엘레 2세, 카를로 엠마누엘레 1세의 손자. 1634-1675, 재위: 1635-1675)과 만토바의 공작(카를로 3세)을 만족시켰다. 98-118항은 오스나브뤼크 평화조약 16조 및 17조와 일치했다. 119항은 유럽의 모든 국가에게 비준서 교환 후 6개월 내에 뮌스터 평화조약에 추가 가입할 수 있는 결정권을 부여했다.

뮌스터 평화조약은 1648년 11월 10일 독일제국 황제(페르디난트 3세)에 의해, 1648년 11월 26일 프랑스 국왕(루이 14세)에 의해 승인되었다. 오스나브뤼크 평화조약은 스웨덴 국왕을, 뮌스터 평화조약은 프랑스 국왕을 조약의 대표당사자로 하여 체결되었다. 페르디난트 3세 황제는 루이 14세 프랑스 국왕과 크리스티나 1세 스웨덴 국왕에 앞서 베스트팔렌 평화조약(오스나브뤼크 평화조약과 뮌스터 평화조약)에 서명하고, 조약을 승인했다. 서명과 승인 순서에서도 합스부르크 제국이 30년 전쟁의 패전국이었다는 사실이 여실히 드러났다

3) 베스트팔렌 평화조약의 평가

17세기 초엽의 초기 근대국가들은 재정적인 측면에서든, 행정적인 측면에서든 대규모 상비군을 유지할 수 있을 만큼 효율적인 국가구조를 가지고 있지 않았다. 30년 전쟁이 요구하는 규모의 용병대의 유지비용은 어느 쪽을 막론하고 전쟁당사국을 재정난에 허덕이게 만들었다. 특히 독일제국 소속 제후국들은 제국 내 신교와 구교 간의 갈등으로 출혈이 더욱 극심했다. 30년 전쟁이 1, 2차 세계대전에 필적할 만큼 엄청난 수의 사상자와 경제적 피해와 파괴를 기록한 참혹한 전쟁이었고, 특히 민간의 피해가 그 어느 전쟁보다 극심했던 것은 전쟁의 비용을 전쟁에서 조달하려 했기 때문이었다. 외국(덴마크, 프랑스, 스웨덴) 군대 뿐 아니라, 독일제국의 신교 동맹군과 구교 동맹군, 그리고 황제군도 점령지에 부과한 세금(군세)과 공출, 그리고 징용으로 전비를 충당하고, 전력을 보강했다. 역설적으로 군대의 규모가 크면 클수록 민간을 효율적으로 압박할 수 있었기 때문에, 약탈이 용이했다. 프리드리히 쉴러가 그의 3부작 역사비극(발렌슈타인)의 제2부(피콜로미니 부자) 제1막에서 황제군 소속 크로아티아 기병장군의 입을 통해 표현한 "전쟁이 전쟁을 먹여 살린다"라는 말은 30년 전쟁의 특징을 단 한 개의 단문으로 특징지은 유행어가 되어, 오늘날까지도 인구에 회자되고 있다.

30년 전쟁은 유럽의 지도를 다시 그리게 만들었기 때문에, 영토상의 변경은 더 이상 언급할 필요가 없겠지만, 베스트팔렌 평화조약으로 통칭되는 오스나브뤼크 평화조약과 뮌스터 평화조약에 의한 독일제국의 헌법개혁은 제국의 중앙권력에 치명적 영향력을 행사했다. 제국의회의원(제국제후)에게 동맹 체결권이 부여되었고, 제국직속도시도 제국의회의원과 동등한 자격을 얻어 제국의회에서 투표권을 행사할 수 있게 되었을 뿐 아니라, 제후국과 동등한 수준의 재판권, 화폐 주조권, 선전 포고권 및 조약 체결권을 승인받게 되었다. 제후들에게 허용된 권한의 크기만큼 황제의 권한은 축소되었다. 중앙집권적 권력구조가 정착될 수 있는 기회가 원천적으로 봉쇄된 것이었다.

베스트팔렌 평화조약은 유럽의 조약 당사국들이 독일제국의 정책에 개입할 수 있는 길을 열어주었다. 특히 프랑스와 스웨덴은 독일제국의 국내문제에 간여할 할 수 있는 권리를 베스트팔렌 평화조약을 통해서 보장받게 되었다. 제국의 개혁과 상비제국군 설립을 통해 독일제국의 영향력을 강화시키려 했던 페르디난트 3세 황제의 노력은 수포로 돌아갔고, 유럽의 판도 변화로 독일제국의 위상은 크게 추락했다. 특히 프랑스가 유럽의 새로운 강자로 입지를 굳힌 것은 독일제국의 황제를 배출해 온 합스부르크가의 오스트리아에게는 현실적인 위협이었다.

30년 전쟁의 패전국의 일원이면서도 프랑스와 스웨덴 다음으로 베스트팔렌 평화조약의 최대 수혜국이 된 바이에른과 브란덴부르크의 존재는 향후 오스트리아 외교의 험난한 미래를 예고했다. 바이에른은 후일 프랑스의 독일제국 침공의 교두보 역할을 했고, 브란덴부르크는 왕국 프로이센으로 통합되어 프랑스만큼이나 상대하기 어려운 오스트리아의 영원한 정치적 라이벌이 되었다.

베스트팔렌 평화조약이 체결되면서 30년 전쟁은 대단원의 막을 내렸다. 스웨덴 왕국이 획득한 독일제국의 영토는 북독에 국한되었고, 합스부르크 제국의 세습영토는 - 알자스 지방을 프랑스에 양도한 것을 제외하면 - 크게 손상되지 않았기 때문에, 조약상의 조건은 오스트리아에 크게 불리하지 않은 듯이 보였다. 그러나 베스트팔렌 평화조약의 체결은 유럽의 주도권을 장악하기 위한 오스트리아의 노력에 재동이 가해졌다는 점에서 오스트리아와 합스부르크가에게는 명백한 패착이었다. 30년 전쟁을 치르면서 오스트리아와 프랑스의 관계는 더욱 악화되었고, 이 전쟁을 기점으로 하여 합스부르크가는 과거의 대불(對佛)우위의 위상을 더

아상 이어가지 못했다. 프랑스는 합스부르크 왕가의 세력을 약화시킬 수만 있다면, 어느 나라와도, 심지어 오스만 제국과도 동맹관계를 맺을 태세를 갖추었다. 오스만 제국 정부가 서유럽을 향한 서진 정책을 페르시아를 향한 동진 정책으로 변경했건, 아니면 기독교 국가들 간의 내부 분쟁을 관망하고 있었건 간에, 30년 전쟁 기간 동안 오스만 제국의 술탄이 이렇다 할 공격을 해오지 않은 것은 오스트리아로서는 천만다행한 일이었다. 그러나 이러한 오스만 제국의 태도도 변화의 조짐을 보이고 있었다.

□ 8
페르디난트 3세 황제와 그의 후손

페르디난트 3세는 심부오스트리아(슈타이어마르크, 케른텐, 크라인 및 괴르츠)를 통치한 대공 시기의 페르디난트 2세 황제와 마리아 안나 바이에른 공주의 아들로서 슈타이어마르크 공국의 수도 그라츠에서 출생했다. 부친 페르디난트 2세 황제의 성장기 때도 그러했던 것처럼, 예수회 신부들에 의해 철저한 가톨릭 교육을 받은 페르디난트 3세는 1625년 헝가리, 1627년 뵈멘의 왕위에 오름으로써 이미 10대 후반의 나이 때부터 후계자의 수업을 받은 군주이었다. 발렌슈타인이 사망한 1634년부터 1637년까지 페르디난트 3세는 대공의 신분으로 황제군의 최고지휘관 직을 수행했다. 갈라스와 피콜로미니의 도움을 얻어 그는 도나우뵈르트와 레겐스부르크를 점령하였고, 뇌르들링엔 전투(1634)에서 스웨덴 군대를 격파했다. 1636년 신성로마제국 황제로 선출된 그는 1637년 부왕 페르디난트 2세를 승계하여 황제의 자리에 올랐다.

그는 종교문제에 있어서는 페르디난트 2세보다 훨씬 유화적이었다. 반종교개혁은 페르디난트 2세 재위기간 동안 이미 크게 진척되었기 때문에, 그는 - 특히 1641년 프랑스 및 스웨덴과 베스트팔렌 평화조약 체결을 위한 예비회담을 함부르크에서 가진 이후 - 신교와 구교 간의 평화를 유지하려고 노력했다. 그는 또 선제후들과 타협하여 황제의 권한을 대폭 강화시켜 제국의 통합을 달성하려고 했으나, 베스트팔렌 평화조약 체결로 인한 제국의 부분적인 분할은 막을 수가 없었다. 페르디난트 3세를 비롯하여 그 이후의 세 명의 황제(레오폴트 1세, 요제프 1세, 카를 6세)는 모두 예술을 사랑하고 문화를 장려한 황제들이었다. 페르디난트 3세 역시 스스로 유능한 작곡가였다. 그는 일련의 교회음악을 작곡했을 뿐 아니라, 예수회원을 위한 오페라를 작곡했고, 1653년에는 빈 궁정교회 악단 전체를 도나우 강을 거슬러 레겐스부르크로 이동시켜, 그곳에서 개최된 제국의회에서 연주회를 개최하기도 했다.

페르디난트 3세 황제는 세 번 결혼하여 모두 11명의 자녀를 두었는데, 그들 중 5명은 유아기에 사망했다. 그의 첫 부인은 스페인 및 포르투갈 국왕 펠리페 3세(1578-1621)와 페르디난트 2세 황제의 여동생 마르가레테(1584-1611) 대공녀 사이에서 태어난 마리아 안나(1606-1646)였다. 페르디난트 3세의 빙부(펠리페 3세)는 그의 재종백부(7촌 백부)이었고, 빙모(마르가레테)는 페르디난트 2세 황제의 여동생이었으니까, 결혼하기 전의 마르가레테는 페르디난트 3세에게는 고모이었고, 결혼 후에는 그의 재종백모 겸 빙모이었다. 페르디난트 3세 황제와 마리아 안나 황비는 단순하게 계산해도 서로 8촌간이었다. 첫 결혼에서 생산된 6명의 자녀 중, 아들 두 명과 딸 1명만이 성인으로 성장했다.

장남 페르디난트 4세(1633-1654)는 1646년 뵈멘 국왕, 1647년 헝가리 국왕, 1653년 차기황제 후보로 선출되어 페르디난트 3세 생전에 그의 후계자로 확정되었지만, 개인적으로도, 정치가로서도 이렇다 할 업적을 남기지 못한 채, 1654년 21세의 나이에 수두에 걸려 요절했다. 페르디난트 4세는 부왕 페르디난트 3세가 사망하기 4년 전(1653년 5월 31일)에 아우크스부르크에서 개최된 선제후 회의를 통해 차기황제(로마 왕)에 선출되었다. 1653년의 선거는 30년 전쟁이 끝난 후 실시된 첫 번째 선거이었고, 베스트팔렌 평화조약에서 신설된 독일제국의 여덟 번째 선제후의 지위를 부여받아 선제후 직에 복귀한 팔츠 궁중백이 1619년 황제선거 이후 처음으로 투표권을 행사한 역사적 선거이었다. 짝수 선거인단(8인)이 치른 첫 선거이었기 때문에, 뵈멘 선제후(페르디난트 4세 자신)가 자진해서 투표에 불참한 선거이었다. 8명의 선제후의 종교별 분포를 보면, 3명의 성직 선제후를 비롯해 바이에른 선제후와 뵈멘 선제후 등 5명은 가톨릭이었고, 작센과 브란덴부르크 선제후는 루터교파, 팔츠 선제후는 칼뱅교파이었다. 뵈멘 국왕 자격으로 투표권을 가진 페르디난트 4세가 동수 가결을 피하기 위해 기권한 것은 이미 본인이 추대되기로 다수 선제후의 사전 동의를 얻었기 때문이었다.

페르디난트 3세의 장녀 마리아 안나(1635-1696)는 - 그녀는 어머니 마리아 안나와 동명이었다 - 스페인과 포르투갈의 국왕 펠리페 4세(1605-1665, 재위: 1621-1665)의 두 번째 아내로서 그들 사이에서 태어난 막내아들이 스페인 합스부르크가의 마지막 국왕 카를(카를로스) 2세(1661-1700, 재위: 1665-1700)였다. 앞으로 다루어질 <스페인 계승전쟁>은 카를로스 2세의 죽음과 더불어 시작된다.

페르디난트 3세의 두 번째 황비 마리아 레오폴디네(1632-1649)는 자신의 사촌여동생(페르디난트 2세 황제의 동생 레오폴트 5세 대공의 딸)이었다. 그들 사이에서 태어난 외아들 카를 요제프(1649-1664) 대공은 15세의 나이에 사망했지만, 그의 생전의 직책은 독일기사단 총단장 겸 올뮈츠(메렌의 수도 올로모우츠)의 주교였다.

페르디난트 3세의 세 번째 황비는 곤자가가(만토바)의 공작(카를로 2세)의 딸 엘레오노레(1630-1686)였으며, 그들 사이에 출생한 네 명의 자녀 중 - 딸한 명과 아들 한 명은 출생한 후 1년 이내에 사망했다 - 엘레오노레 마리아 요제파(1653-1697)는 폴란드 국왕 미하우(미하엘) 1세(1640-1673, 재위: 1669-1673)와 결혼했으며, 미하우 1세가 1673년 사망한 후에는 - 터키전쟁(4차 및 5차)의 영웅 - 카를 5세(1643-1690) 로트링엔(로렌) 공작과 재혼했다. 페르디난트 3세 황제의 총 11명의 자녀 중 막내딸인 마리아 안나 요제파(1654-1689)는 팔츠-노이부르크의 궁중백 요한 빌헬름(1658-1716, 팔츠 선제후: 1690-1716)과 결혼했다. 요한 빌헬름이 팔츠의 선제후에 즉위한 것은 마리아 안나 요제파가 사망한 1년 후였다.

| 제 3 장 |

바로크 시대(1648–1740)

║ 제3장 ║

바로크 시대(1648-1740)

❑ 1
레오폴트 1세 황제와 대 프랑스 전쟁

　페르디난트 3세 황제의 장남 페르디난트 4세는 페르디난트 3세 황제 생전에 이미 뵈멘 국왕과 헝가리 국왕, 그리고 로마 왕에까지 선출되는 등, 차기황제에 즉위하기 위한 절차를 모두 밟았지만, 부왕에 3년 앞서 1654년에 사망했다. 결국 페르디난트 3세를 승계한 대공은 페르디난트 3세의 차남 레오폴트 1세(1640-1705, 재위: 1658-1705)였다. 레오폴트 1세는 형이 보유했던 직위를 속성으로 물려받아, 1655년 헝가리 국왕, 1656년 뵈멘 국왕에 즉위했다. 그러나 1년 후 1657년 4월 2일 페르디난트 3세 황제가 49세를 일기로 사망했기 때문에, 레오폴트 1세를 위한 선거는 물리적으로도 페르디난트 3세의 생전에 실시될 수 없었다. 선제후 회의는 새로운 황제를 선출해야 했지만, 베스트팔렌 평화조약 체결 이후 독일제국 내 문제에 있어 발언권이 강해진 프랑스의 국왕(루이 14세)의 방해 공작으로 1658년 7월 18일에 비로소 황제선거가 실시될 수 있었다. 1658년의 황제선거는 전임황제 사망 후 1년 3개월이 지나서 실시된 선거로서 13세기 이후 공위기가 가장 길었던 경우이었다.

1658년에 실시된 독일제국 황제선거의 특징은 그 외에도 바이에른 공작이 선거권을 행사한 두 번째 선거이었다. 1623년 선제후 지위를 획득한 바이에른 공작은 막시밀리안 1세이었지만, 1653년과 1658년 황제선거에서 그 권리를 처음으로 행사한 바이에른 선제후는 그의 장남 페르디난트 마리아(1636-1679, 재위: 1651-1679) 공작이었다. 1623년 막시밀리안 1세 바이에른 공작에게 선제후 지위를 양도해야 했던 팔츠 선제후 프리드리히 5세의 아들 카를 루트비히가 1648년 베스트팔렌 평화조약에서 선제후 지위를 다시 회복함으로써, 1653년과 1658년의 선제후 회의의 구성은 종래의 3명의 성직선제후와 4명의 세속선제후 제도에서 세속제후가 5명으로 늘어난 특징을 보였다.

페르디난트 3세의 음악적 재능을 물려받은 레오폴트 1세는 많은 작품을 스스로 작곡했으며 특히 오페레타를 많이 썼다. 그의 작품에는 황실 종사자뿐 아니라, 심지어는 황실의 가족들이 직접 등장하여 노래하고 춤을 추는 장면들도 있었다. 레오폴트 1세는 평화주의자였다. 그럼에도 불구하고 그는 즉위하자마자, 무력에 의존하지 않고서는 해결될 수 없는 3가지 중차대한 문제에 직면하게 되었다. 첫째는 프랑스에 의한 독일제국의 서쪽 국경선 침범의 위협이었고, 둘째는 16세기에 시작되어 18세기에 대단원의 막을 내린 오스만 제국의 독일제국 동쪽 국경선 침공이었으며, 셋째는 스페인의 왕위 계승을 둘러싸고 발생한 프랑스와의 전쟁이었다. 그리하여 레오폴트 1세 황제의 48년 동안의 긴 재위기간에는 전쟁이 그치지 않았다. 그 전쟁은 두 차례의 오스만 제국과의 전쟁을 - 4차 터키전쟁(1663/1664)과 5차 터키전쟁(1683-1699) - 제외하면 모두 프랑스가 개입된 전쟁(재산양도전쟁, 네덜란드 전쟁, 팔츠계승전쟁)이었다. 레오폴트 1세의 전쟁 상대는 증손자에게 보위를 물려주어야 했을 정도로 장수한 - 제위기간 72년의 - 루이 14세 프랑스 국왕이었다. 레오폴트 1세는 독일제국과 합스부르크가(오스트리아와 스페인)를 수호하기 위해 침략자(부르봉가)에 맞서 싸워야 했다.

1648년 베스트팔렌 평화조약 체결 이후 유럽대륙의 최강국으로 부상한 프랑스의 루이 14세는 프랑스의 동쪽 국경을 확대하려면 독일제국과 합스부르크 왕가와의 전쟁이 불가피했다. 1667년부터 1668까지 이어진 <재산양도전쟁>, 1672년부터 1678년까지 지속된 <네덜란드 전쟁>이라고 불린 네덜란드-프랑스 전쟁, 그리고 1688년부터 1697년까지 11년이나 끈 <팔츠 계승전쟁>이 18세기 진입 이전에 루이 14세가 유럽대륙에서 일으킨 대규모 전쟁이었다. 재산양도전쟁은 프랑스와 스페인 왕국, 즉 부르봉 왕조와 스페인 합스부르크 왕조 간의 전쟁이었고, 루이 14세와 독일제국 황제 레오폴트 1세가 맞섰던 두 차례의 전쟁인 네덜란드 전쟁과 팔츠 계승전쟁은 유럽의 패권을 차지하기 위한 부르봉 왕조의 침략 전쟁이었으며, 동시에 합스부르크 왕조의 방어 전쟁이었다. 그리고 네덜란드-프랑스 전쟁은 재산양도전쟁의 후속 전쟁이기도 했다. 1667년부터 1697년까지 30년간 지속된 루이 14세의 점령전쟁은 1667년 스페인령(합스부르크령) 네덜란드를 침공하면서 시작되었다.

1) 재산양도전쟁(1667-1668)

프랑스의 루이 14세 국왕의 아내는 스페인 국왕 펠리페 4세(1605-1665, 재위: 1621-1665. 카를5세 황제의 증손자)와 그의 첫 왕비 이사벨(앙리 4세 프랑스 국왕의 딸,

1602-1644) 사이에 출생한 장녀 마리 테레즈(1638-1683)이었다. 1665년 펠리페 4세가 사망한 후, 펠리페 4세의 두 번째 아내 - 레오폴트 1세 독일황제의 누나 - 마리아 안나(1635-1696)가 생산한 카를(카를로스) 2세가 스페인의 국왕에 즉위하자, 루이 14세는 펠리페 4세의 장녀인 자신의 아내 마리 테레즈에게 상속의 우선권이 있다는 주장을 제기했다. 루이 14세는 펠리페 4세의 사위의 자격으로 스페인 영토의 일부(플랑드르 지방)에 대한 상속권을 주장하면서, 구체적으로 스페인령 네덜란드 땅의 양도를 요구했다.

루이 14세의 요구는 현실적인 이유와 법적인 이유에서 타당성이 없지 않았다. 1660년 스페인 합스부르크 왕가와 프랑스 부르봉 왕가 간에 체결된 혼인 계약에 의거하여 스페인의 공주 신분이었던 펠리페 4세의 장녀 마리 테레즈는 스페인의 왕위계승권을 포함한 상속권 일체를 포기하는 대신 거액(400,000 에퀴)의 현금을 지참하는 조건으로 루이 14세와 결혼계약을 체결했다. 그러나 루이 14세는 1665년 펠리페 4세가 사망했을 때, 뒤늦게 스페인 왕실이 마리 테레즈의 지참금을 기한에 맞추어 지불하지 않았다는 이유를 내세워 공주 시절의 상속권포기 선언을 취소하려 했던 것이다. 루이 14세의 주장의 법적인 근거는 재산양도권리를 규정한 브라반트 사법에 있었다. 그것은 최초혼의 자녀들이 이후 혼인에서 생산된 자녀들보다 상속의 우선권을 가진다는 규정이었다. 스페인령 네덜란드는 대략 지금의 네덜란드의 남부지역과 벨기에와 룩셈부르크를 포함한 역사적 지역이었고, 독일어 계통인 네덜란드어를 사용하는 플랑드르는 지금의 벨기에 북부지역에 해당된다.

4세의 나이에 즉위한 카를로스 2세(루이 14세의 처남)의 스페인 왕실과 벌인 스페인령 네덜란드의 상속에 관한 협상에서 루이 14세는 원했던 성과를 얻지 못하자, 군대를 동원하여 독일제국 소속 스페인령 네덜란드를 침공하여 단시간 내에 거의 무방비 상태의 요새 몇 군데를 점령해 버렸다. 독일제국의 개입을 미연에 방지하기 위해 루이 14세는 재정지원을 미끼로 삼아 마인츠 선제후 요한 필립(재위: 1647-1673) 대주교와 쾰른 선제후 막시밀리안 하인리히(재위: 1650-1688) 대주교, 그리고 팔츠 선제후 카를 루트비히(재위: 1648-1680) 궁중백 등 3명의 쿠르라인 제국직할관구 선제후와 크리스토프 베른하르트(1650-1678) 뮌스터 주교를 프랑스 편으로 끌어들였다. 요한 필립, 막시밀리안 하인리히 및 카를 루트비히는 1658년 황제선거에서 합스부르크가의 레오폴트 1세를 지지한 선제후들이었다. 그들은 프랑스가 제공한 재정적 지원에 대한 대가로 유사시 독일제국 군대의 자국 통과를 허용하지 않고, 제국의회에서 독일제국의 중립을 옹호하기로 루이 14와 약속했다. 프리드리히 빌헬름(재위: 1640-1688) 브란덴부르크 선제후도 라인지역 선제후들의 루이 14세 돕기 대열에 동참했다. 1648년 이전에는 선제후들의 이 같은 행위는 상상할 수 없었던 일이었다. 후일 대선제후라 불린 브란덴부르크 변경백 프리드리히 빌헬름이 개입한 것은 광범위하게 산재한 영토로 구성된 국가(브란덴부르크, 즉 후일의 프로이센)에서 분출되는 서로 다른 이해관계를 충족시키기 위해 당대의 대국들인 폴란드, 오스트리아, 프랑스, 네덜란드 등과 필요에 따라 교호적인 동맹정책을 구사해야 했기 때문이었다.

4명의 독일제국 선제후들로부터 호의적인 중립을 약속받은 루이 14세는 1668년 1월 19일 오스트리아와 비밀분할조약을 체결하여 합스부르크가의 개입을 사전에 차단했다. 이 비밀조약을 통해 루이 14세와 레오폴트 1세 독일제국 황제는 - 합스부르크가(스페인 합스부르크 왕가) 출신의 마지막 스페인 국왕 - 카를로스 2세(1661-1700, 재위: 1665-1700)가 후사를 두지 못한 채 사망할 경우, 스페인 왕국의 지배지역을 서로 분할하기로 합의했다. 카를로스 2세의 유럽대륙 내 지배지역은 스페인을 비롯해 나폴리, 시칠리아, 사르데냐, 밀라노, 룩셈부르크 등이었다. 밀라노를 포함하여 나바라(스페인 북부의 프랑스 접경지역)를 제외한 스페인과 스페인령 해외 식민지에 대한 지배권은 합스부르크가에게 보장하고, 프랑스는 나폴리 왕국과 시칠리아 왕국, 그리고 나바라(주도: 팜플로나)와 스페인령 네덜란드에 대한 영유권을 보장받는다는 것이 비밀협약의 내용이었다.

1667년 프랑스가 플랑드르 지방을 실제로 점령했을 때, 그때까지 해상 주도권을 차지하려고 서로 전쟁을 벌이고 있던 네덜란드와 영국이 프랑스의 팽창주의를 저지하기 위해, 1667년 7월 31일 네덜란드 남서부의 브레다에서 평화조약을 체결하였다. <브레다 평화조약>에서 영국과 네덜란드는 양국의 영토와 해외식민지 문제를 조정한 후, 군사동맹을 체결했다. 영국-네덜란드 2국 동맹은 1668년 1월 23일 스웨덴이 가세함으로써 영국-네덜란드-스웨덴 3국 동맹으로 확대되었다. 그리고 1677년 오라녜가의 공작 빌렘(빌헬름) 3세(1650-1702)와 영국의 왕위계승권자인 메리 스튜어트(1662-1694, 영국 여왕: 1689-1694)의 결혼으로 네덜란드와 영국 간에는 자연스럽게 혼인동맹이 체결되었다. 프랑스는 네덜란드와 영국의 강화된 동맹에 직면하게 되었다.

그 사이에 비밀재판장 관구 부르군트(프랑슈콩테 지역)까지도 점령해버린 루이 14세는 1668년 4월 프랑스의 생제르맹에서 3국 동맹(영국-네덜란드-스웨덴 동맹) 대표들과 협상을 벌여, 스페인과 프랑스 간의 평화조약 체결을 위한 중재를 요청했다. 3국 동맹의 주선으로 루이 14세 프랑스 국왕과 카를로스 2세 스페인 국왕 간에 1668년 5월 2일 <아헨 평화조약>이 체결되었다. 아헨 평화조약으로 스페인(합스부르크가)과 프랑스(부르봉가) 간의 재산양도 전쟁은 1년 만에 일단락되었다. 9개 조항을 포함한 아헨 평화조약에서 프랑스는 비밀재판장 관구인 부르군트를 스페인에 반환하였고, 이에 대한 대가로 스페인은 프랑스가 이미 점령한 플랑드르의 요새들인 샤를러르와, 벵슈, 아트, 베르그, 릴, 두에, 투르네, 발랑시엔, 쿠르트레, 오우데나르데, 퓌른, 아르망티에르 등 12개 요새의 반환 요청을 포기했다. 이들 지역은 부르군트 제국직할관구의 일부로서 공식적으로는 독일제국 소속 영토였다.

그러나 애당초 스페인령 네덜란드의 상속을 요구했던 루이 14세로서는 자신의 영토 야욕이 온전히 충족되지 못했기 때문에, 아헨 평화조약을 평화조약이 아닌 휴전협정으로 간주하고, 곧 다시 네덜란드를 침공할 채비를 갖추었다. 네덜란드 전쟁, 즉 프랑스-네덜란드 전쟁의 암운은 이미 아헨 평화조약 속에 감돌고 있었던 것이었다. 3국 동맹의 위세를 일단 피하기 위한 방편으로서 체결된 아헨 평화조약은 결과적으로 보면 프랑스의 외교적 승리의 산물이었다.

2) 네덜란드 전쟁(1672-1678)

네덜란드는 3국 동맹(영국-네덜란드-스웨덴 동맹)의 선두에 서서 프랑스의 영토 확장정책에 저항했다. 프랑스가 스페인에 상속권을 제기한 스페인령 네덜란드(스페인 계승전쟁 후 오스트리아령 네덜란드, 또는 합스부르크령 네덜란드라 불렸음)는 네덜란드의 실지(남부 네덜란드)였기 때문이었다. 프랑스는 비밀외교 채널을 가동하여 네덜란드-영국-스웨덴 동맹을 해체시키는데 그치지 않고, 영국과 스웨덴을 프랑스의 동맹국으로 끌어들였다. 레오폴트 1세 독일제국 황제는 루이 14세와 체결한 1671년 11월 1일자 비밀협약에서 프랑스와 네덜란드 사이에 전쟁이 발발하더라도 독일제국과 스페인 왕국(스페인 합스부르크가)의 이해관계가 손상되지 않는 한, 전쟁에 개입하지 않을 것임을 약속하였다. 프랑스와 인접한 독일제국 제후들(마인츠, 쾰른 및 팔츠 선제후) 역시 프랑스와 네덜란드 간의 전쟁에 중립의 의무를 지니고 있었기 때문에, 1672년 3월 영국의 선전포고로 네덜란드 침공전쟁이 시작되었을 때, 네덜란드는 고립무원의 처지에 있었다. 영국의 찰스 2세(재위: 1660-1685) 국왕이 루이 14세와 도버 밀약(1670년 6월 1일)을 체결함으로써 네덜란드 전쟁이 터졌을 때, 네덜란드의 옛 동맹국 영국은 이미 네덜란드의 적국으로 변해있었다. 프리드리히 빌헬름 선제후의 브란덴부르크만이 유일하게 프랑스와의 기존 동맹관계를 취소하고, 1672년 5월 6일 궁지에 몰린 네덜란드 지원을 약속했다.

영국은 해상에서, 프랑스는 니더라인 지역(라인 강 상류지역)에서, 프랑스와 군사동맹을 체결한 쾰른 선제후 막시밀리안 하인리히 대주교와 바이에른 선제후 페르디난트 마리아 공작, 그리고 크리스토프 베른하르트(1606-1678) 뮌스터 주교는 각각 겔데른과 네덜란드의 오베르에이셀 및 드렌테에서 네덜란드군을 공격하면서 네덜란드 전쟁(프랑스-네덜란드 전쟁)이 시작되었다. 전쟁 초기에는 프랑스 측이 승리를 챙겼다.

바이에른 선제후 페르디난트 마리아의 친 프랑스 정책은 그의 아내 아델하이트(1636-1676)의 영향력에 기인한 것이었다. 1670년 체결된 바이에른과 프랑스 간의 군사동맹 조약은 사부아 공작 빅토르 아마데우스(비토리오 아마데오) 1세의 딸이며, 앙리 4세(재위: 1589-1610) 프랑스 국왕의 외손녀인 아델하이트의 작품이었다. 쾰른 대주교 막시밀리안 하인리히는 1671년 루이 14세와 공격동맹을 체결하여 네덜란드 침공에 가세했다. 그는 루이 14세의 도움을 얻어 라인베르크(뒤스부르크 북쪽)를 획득했지만, 쾰른 대주교구의 수도 본을 님베겐 평화조약(1678/1679) 체결 시까지 - 님베겐은 네덜란드 동부 헬데를란트 주의 네이메헨 - 황제군(레오폴트 1세 황제)에게 빼앗겼다. 그리고 크리스토프 베른하르트 뮌스터 주교는 영토상, 종교상의 이유로 동맹을 바꾸어 가면서 - 영국-네덜란드 전쟁에서는 영국과, 프랑스-네덜란드 전쟁에서는 프랑스와 동맹을 체결하여 - 네덜란드를 공격했다.

1672년 6월 프랑스군은 라인 강을 건너 20여일 만에 네덜란드의 3개 주를 점령하고, 독일제국의 서부 국경지역을 위협했다. 이런 상황임에도 불구하고 오스트리아는 프랑스와 체결한 비밀협약(1671년 11월 1일) 때문에 프랑스-네덜란드 전쟁을 수수방관했다. 그러나 차츰 빈의 궁정에서도 합스부르크 제국의 위상에 부응하기 위해서라도 오스트리아가 네덜란드 전쟁에 개입해야 한다는 목소리가 나오기 시작했다. 세 차례 주 영국 공사(1640, 1641-1645, 1666-1668), 두 차례 주 브란덴부르크 공사(1657-1658, 1663-1664), 폴란드 공사(1662) 및 스페인 공사(1664-1666)를 역임했으며, 네덜란드 전쟁이 발발했을 때, 주 네덜란드 오스트리아 공사(1672-1673)였던 프란츠 파울 리졸라(1613-1674)는 빈 궁정국방회의 의장 라이문트(라이문도) 몬테쿠콜리(1609-1680) 원수와 연대하여 프랑스와의 전쟁 재개에 소극적이었던 레오폴트 1세 황제로 하여금 브란덴부르크(1672년 6월 23일) 및 네덜란드(1672년 7월 25일)와 군사동맹을 체결하도록 설득하는 데 성공했다. 설득의 근거는 1614년 브란덴부르크에 편입된 클레베와 마르크와 라벤스베르크 등지의 라인 강 하류 지역에 대한 독일제국의 이해관계를 프랑스가 무시하였다는 점이었다. 라인 강 좌안의 네덜란드와의 국경도시인 클레베는 베를린과 쾨니히스베르크(프로이센 공국, 즉 동프로이센의 수도)에 이어 17세기 브란덴부르크의 세번째 수도 역할을 한 도시였다. 그러나 몬테쿠콜리 원수가 지휘한 서부 독일 전선의 황제군은 능률적이지 못했다. 프랑스와의 직접적인 충돌을 피하고 싶었던 레오폴트 1세 황제가 몬테쿠콜리 사령관에게 프리드리히 빌헬름 브란덴부르크 선제후의 대규모 공격을 만류하라고 출정 전 이미 빈에서 지시했기 때문이었다. 황제군의 네덜란드 원정은 아무런 성과도 없이 1673년 초에 중단되었다. 그나마 성과를 거두었다면, 그것은 황제군이 프랑스군의 발을 묶어둠으로써 네덜란드에게 잠시 시간적 여유를 제공했다는 점이었다.

프리드리히 빌헬름 브란덴부르크 선제후는 네덜란드로부터의 전쟁지원금이 중단된 데다가, 스웨덴 왕국과 브라운슈바이크 공국이 - 스웨덴이 브란덴부르크를 실제로 침공한 것은 1674년 12월이었다 - 위협을 가해 오자, 1673년 6월 21일 일방적으로 프랑스와 포셈(라인란트-베스트팔렌)에서 평화조약을 체결하여 오스트리아와 맺은 동맹에서 이탈해 버렸다. 네덜란드 전쟁 발발 직전인 1672년 5월 브란덴부르크 선제후 프리드리히 빌헬름과 네덜란드 간에 방어동맹이 체결되었는데, 13개월 만에 브란덴부르크는 네덜란드 전쟁에서 발을 빼버린 것이었다. 그러나 프리드리히 빌헬름은 네덜란드와의 동맹을 일방적으로 파기하면서도 브란덴부르크의 국익을 위해 챙길 수 있는 것은 모두 챙겼다. 브란덴부르크는 프랑스가 점령했던 라인-베스트팔렌 지역의 클레베, 민덴, 마르크, 라벤스부르크를 모두 되찾고, 프랑스로부터 재정지원을 약속받는 조건으로 향후 네덜란드에게 어떠한 지원도 거부할 것임을, 그리고 브란덴부르크와 프랑스 사이의 기존 동맹관계를 갱신할 용의가 있음을 선언했다.

그러나 오스트리아군과 독일제국은 대 프랑스 군사작전을 계속해야 했다. 브란덴부르크가 빠져버린 네덜란드와 레오폴트 1세 황제 간의 동맹에 스페인 왕국, 덴마크 왕국, 로트링엔(로렌) 공국, 선제후국 작센 공국, 선제후국 트리어 대주교구 등의 친 합스부르크 왕가 세력들이 새롭게 가입했다. 1673년 8월 몬테쿠콜리 사령관은 36,000명의 황제군을 대 프랑스 전쟁에 투입하여, 앙리 드 튀렌 원수를 그 해 10월 라인 강 좌안 지역으로 밀어냈다. 그리고 그는 스페인-네덜란드 연합군과 합류하여, 루이 14세와 동맹을 체결한 쾰른 선제후 막시밀리안 하인리히 대주교의 주교 궁 소재지인 본을 항복시켰다. 양쪽으로부터 위협을 받은 프랑스는 네덜란드에서 군대를 철수시키지 않을 수 없었다.

레오폴트 1세 황제는 그 사이에 적대국이었던 뮌스터 주교구와 쾰른 대주교구, 그리고 선제후국 팔츠를 동맹에 합류시켰고, 브란덴부르크와 동맹을 복원시키는 한편(1674년 7월 1일), 영국이 프랑스에서 떨어져나가면서 정치적 입지가 개선되었다. 그러나 1674년의 원정은 레오폴트 1세 황제와 황제의 동맹국들에게 훨씬 더 불리하게 전개되었다. 동맹국 간의 지휘계통에 통일성이 결여된 데다가, 몬테쿠콜리 황제군 사령관이 결단력이 부족한 알렉상드르 드 부르농빌(1620-1693, 프랑스 출신으로서 30년 전쟁 때부터 오스트리아군과 스페인군에 복무했으며, 1676년 황제군 원수에 임명됨) 공작으로 교체된 뒤, 황제

동맹군에게는 튀렌과 콩데(루이 2세 드 부르봉-콩데, 1621-1686) 같은 탁월한 지휘관들이 결여했기 때문이었다. 루이 14세는 이미 방어가 허술해진 부르군트(스페인령 네덜란드)의 점령에 성공했다. 프랑스군 사령관 튀렌 원수는 팔츠를 초토화시킨 후, 1674년 6월 16일 <진스하임 전투>에서, 알베르트 폰 카프라라(1630-1685) 장군과 카를 5세 로트링엔 공작이 지휘한 황제군과 로트링엔 연합군을 제압했다.

1674/1675년 겨울 튀렌은 북서쪽 알자스로부터 남쪽으로 이동하여, 동계 숙영지로 철수하는 척 하면서 부르군트의 벨포르(1648년까지 오스트리아의 역외영토)를 공성할 준비를 하고 있는 황제군을 급습하여 교란시켰다. 그러나 황제군 부대가 콜마르에서 프리드리히 빌헬름 선제후 휘하의 브란덴부르크 군대와 합류하는 것을 저지할 수 없었다. 콜마르 서쪽에 위치한 튀르크하임(튀르쾡)에서 1월 5일 전투가 벌어졌다. 유리한 위치를 점한 황제군은 대규모 보병공격을 통해 프랑스군에게 막대한 손실을 입혔음에도 불구하고, (황제군과 브란덴부르크군) 지휘관들의 의견불일치와 황제군 사령관 부르농빌의 소극적인 태도는 결과적으로 적장 튀렌에게 <튀르크하임 전투>(1675년 1월 5일)를 전략적으로 이용할 기회를 제공했다. 황제 동맹군이 라인 강 우안으로 철수한 후, 알자스 지방은 다시 프랑스군의 수중에 들어가 버렸다.

그 사이에 프랑스는 민중봉기를 이용하여 스페인 합스부르크가가 지배하던 메시나를 - 스페인 국왕이 시칠리아의 국왕이었음 - 점령하였고, 1675년 스웨덴으로 하여금 브란덴부르크를 침공하도록 유도함으로써 브란덴부르크와 네덜란드와 황제 연합군은 스웨덴-브란덴부르크 전쟁에 발이 묶여 버렸다. 북방전쟁의 일환으로 네덜란드 전쟁(1672-1678)과 병행하여 전개된 스웨덴-브란덴부르크 전쟁(1674-1679)은 1679년 브란덴부르크가 포르폼메른을 스웨덴에 반환함으로써 5년 만에 종결된 전쟁이었다. 프리드리히 빌헬름 선제후가 라인 강 전선에서 전투(네덜란드 전쟁)를 벌이고 있는 동안, 볼마르 브랑겔(1641-1675, 30년 전쟁 시의 스웨덴군 사령관 카를 구스타브손 브랑겔의 이복동생) 장군 휘하의 스웨덴 군대가 브란덴부르크를 침공(스웨덴-브란덴부르크 전쟁)한 것이었다. 프리드리히 빌헬름 선제후는 브란덴부르크를 수호하기 위해 1675년 5월 말 15,000명의 병력을 이끌고 라인 강 전선(네덜란드 전쟁의 현장)을 뒤로 하고, 하펠 강 지류인 린 강 쪽으로 강행군했다. 프리드리히 빌헬름은 스웨덴 군대를 추격하여 베를린 북서쪽 60km 지점의 작은 마을 페르벨린 남동쪽에서 스웨덴 침공군과 결전을 벌였다. 현저히 열세한 병력으로 프리드리히 빌헬름 선제후 휘하의 브란덴부르크 군대는 자력으로 <페르벨린 전투>(1675년 6월 28일)에서 스웨덴군에 값진 승리를 거두었다. 페르벨린 전투를 진두지휘한 프리드리히 빌헬름 선제후는 그 후 <대선제후>라 불리게 되었다. 스웨덴-브란덴부르크 전쟁은 1679년 6월 29일 체결된 <생제르맹 평화 조약>으로 종결되었다.

프리드리히 빌헬름 선제후와 함께 페르벨린 전투에서 수적 우위의 스웨덴 군대에 승리를 거두어 브란덴부르크를 수호한 게오르크 폰 데르플링어(1606-1695) 원수 휘하의 브란덴부르크 군대는 덴마크군과 동맹을 체결하여 독일제국 내의 스웨덴군의 마지막 진지들을 공격하여, 30년 전쟁에서 스웨덴에게 빼앗긴 영토를 되찾았다. 1648년 오스나브뤼크 평화조약(베스트팔렌 평화조약의 일부)에서 스웨덴과 브란덴부르크는 30년 전쟁에서 스웨덴이 점령한 폼메른을 분할하여, 오데르 강 서쪽의 폼메른(포르폼메른)은 스웨덴이, 오데르 강 동쪽의 폼메른(힌터폼메른)은 브란덴부르크가 영구히 점유하게 되었다. 그 과정에서 스웨덴은 발트해에서 독일의 가장 큰 섬인 뤼겐섬과 오데르 강 동쪽의 일부지역까지 자국 영토에 편입시켰다. 데르플링어가 스웨덴으로부터 되찾은 지역은 힌터폼메른의 슈테틴(폴란드의 슈체친)과 뤼겐 섬, 그리고 뤼겐섬의 입구라 할 수 있는 슈트랄준트 등이었다. 갑옷에 총으로 무장한 기마병 부대, 즉 보병으로도 운용될 수 있는 용기병 부대를 창설한 군사전문가로서, 프로이센군 창설자의 한 명으로 간주되는 데르플링어는 프로이센군 원수 겸 힌터폼메른 총독이었다. 원래 니더외스터라이히의 프로테스탄트 가정 출신의 오스트리아인인 데르플링어는 종교문제로 인해 30년 전쟁 때 오스트리아를 떠났었다.

네덜란드 전쟁에서 프랑스는 독일제국 황제의 동맹군인 호전적인 브란덴부르크 군대를 스웨덴과의 전쟁에 전력을 쏟아 붓게 하는 데 성공함으로써 브란덴부르크와의 직접적인 대결은 피할 수 있었지만, 그것이 프랑스에게 유리한 결과를 가져다 준 것은 결코 아니었다. 1675년 라인 강과 모젤 강 유역에서 벌인 프랑스의 작전은 불운의 연속이었다. 그럴 것이 카를 5세 로트링엔 공작(페르디난트 3세 황제의 사위, 레오폴트 1세 황제의 매제)이 1673년 이후 프랑스가 점령해 온 트리어 대주교구를 탈환하는데 성공했고, 프랑스군 총사령관 튀렌이 1675년 황제군 사령관 몬테쿠콜리와의 대결에서 전사했기 때문이었다. 부르농빌과 교체되어 다시 황제군의 최고 지휘권을 인수한 몬테쿠콜리 오스트리안군 원수는 - 2년 전 전투에서 라인 강 좌안으로 격퇴한 바 있는 - 튀렌과 바덴 공국의 자스바흐에서 재대결하였다. 30년 전쟁에 이어 네덜란드 전쟁에서도 프랑스군을 지휘한 튀렌 원수는 1675년 7월 27일 <자스바흐 전투>에서 전투가 시작되기 전 지형 정찰을 하던 중 황제군의 선제 포사격으로 전사했다. 남독일의 국경 마을 자스바흐(바덴-뷔르템베르크)는 1675년의 전투로 역사서에 그 이름을 올렸으며, 이곳에는 현재 튀렌의 추모비와 함께 튀렌 박물관이 건립되어 있다.

그러나 스페인 국경지대와 네덜란드 내에서 벌어진 전투에서는 루이 14세의 프랑스 군대가 승리를 이어갔다. 프랑스군은 필립스부르크 요새를 점령한 로트링엔 공작 카를 5세가 그곳으로부터 시도한 프랑스 본토 침공을 저지했고, 1676년 빌렘 3세(후일의 영국 국왕 윌리엄 3세: 1689-1702) 네덜란드 총독(1672-1702)을 몽카셀(북프랑스 벨기에 접경) 전투에서 제압했으며, 1677년 11월 16일 합스부르크 령 프라이부르크를 점령했다.

네덜란드 전쟁과 님베겐 평화조약(1678/1679)

네덜란드와 알자스, 그리고 지중해에서 장기간에 걸쳐 전쟁이 지속되는 가운데서도 영국과 교황청의 중재로 1676년 봄부터 님베겐(네덜란드의 네이메헨)에서 평화협상이 시작되었다. 그 전에도 이미 몇 차례(1673/1674) 쾰른에서 평화회의가 열렸지만, 성과가 없었다. 루이 14세 프랑스 국왕은 네덜란드 전쟁 종전협상을 프랑스에 유리한 방향으로 유도하고, 프랑스의 협상력을 최대화하기 위해 주요 전쟁 상대국들인 네덜란드, 스페인 및 독일제국과 개별 협상을 벌이는 전략을 택했다. 님베겐 평화조약/네이메헨 평화조약은 1) 프랑스와 네덜란드(1678년 8월 10일), 2) 프랑스와 스페인 (1678년 9월 17일), 3) 프랑스와 독일제국 황제 및 독일제국(1679년 2월 5일), 4) 스웨덴과 독일제국 황제 및 독일제국(1679년 2월 5일), 5) 프랑스/스웨덴과 브라운슈바이크-첼레/브라운슈바이크-볼펜뷔텔(1679년 2월 5일), 6) 프랑스/스웨덴과 뮌스터 주교(1679년 3월 29일), 7) 프랑스/스웨덴과 브란덴부르크 선제후 (1679년 6월 29일), 8) 프랑스와 덴마크(1679년 9월 2일), 9) 스웨덴과 네덜란드(1679년 10월 12일) 사이에 체결된 9개 조약의 총칭이다. 프랑스/스웨덴과 브란덴부르크 선제후 사이에 체결된 일곱 번째 평화조약은 네덜란드의 네이메헨(님베겐)이 아닌, 프랑스의 생제르맹에서 체결되었기 때문에 <생제르맹 평화조약>이라고도 하며, 프랑스와 덴마크 간에 체결된 여덟 번째 평화조약은 <퐁텐블로 조약>이라고도 부른다.

첫 번째 님베겐 평화조약은 1678년 8월 10일 프랑스와 네덜란드 간에 체결된 조약으로서 21개 조항과 1개 별도 조항을 포함한 통상조약의 성격을 띠었다. 네덜란드는 애당초 프랑스군의 점령 목표였지만, 프랑스가 점령지역에서 철수함으로써 네덜란드는 국토의 손실을 입지 않았다.

두 번째 님베겐 조약은 1678년 9월 17일 프랑스가 스페인과 체결한

32개 조항의 평화조약이었다. 스페인은 비밀재판장 관구 부르군트와 프랑슈콩테의 수도 브장송 외에도 발랑시엔, 캉브레, 생토메르, 이프르, 모뵈즈 등을 프랑스에게 양도하고, 프랑스로부터는 공작령 림부르크(벨기에의 리에주)와 벨기에의 오우데나르데와 헨트, 네덜란드의 뢰베, 카탈루냐(스페인)의 푸체르다 등을 획득했다.

세 번째 님베겐 평화조약은 프랑스가 독일황제 및 독일제국과 1679년 2월 5일 자로 체결한 36개 조항의 조약으로서, 전체적인 내용은 베스트팔렌 평화조약(오스나브뤼크 및 뮌스터 평화조약)의 규정에 기저를 두고 있었다. 프랑스는 트리어 대주교구의 필립스부르크 요새 점령권은 포기했지만, 프라이부르크(스위스의 프리부르)와 휘닝엔(알자스의 위네그)의 점유권은 유지했다. 로트링엔(로렌)의 공작(카를 5세)은 로트링엔을 1670년의 경계선을 기준하여 반환받았다. 독일황제와 독일제국은 스웨덴과 프랑스의 적대국 지원을 포기하고, 최종적인 평화조약 체결 시까지 베르비에, 아헨, 뒤렌, 노이스, 촌스 등의 국경도시를 프랑스에 군사적인 용도로 양도했다.

12개 조항의 - 프랑스와 독일제국 황제 간에 체결된 세 번째 조약과 같은 날짜(1679년 2월 5일)의 - 네 번째 님베겐 평화조약은 오스나브뤼크 평화조약의 기저 위에서 스웨덴이 독일제국 황제 및 독일제국과 체결한 평화조약이었다. 이 조약의 체결을 통해 독일제국 황제와 독일제국은 향후 스웨덴의 적대국들을 지지할 수 없게 되었고, 독일제국 황제는 홀슈타인-고토르프 공작의 보호를 약속했다. 고토르프의 공작 크리스티안 알브레히트(1642-1695, 재위: 1659-1695)의 영지는 1675년부터 1679년까지 - 님베겐 평화조약이 체결될 때까지 - 덴마크 국왕 크리스티안 5세(1646-1699, 재위: 1670-1699)가 점령했고, 그 기간 동안 전자는 제국직속도시 함부르크로 망명했었다.

프랑스와 스웨덴을 일방으로, 브라운슈바이크-첼레와 브라운슈바이크-볼펜뷔텔을 타방으로 하여 체결된 1679년 2월 5일자의 다섯 번째 님베겐 평화조약은 15개 조항, 1개 별도조항, 2개 비밀조항으로 구성되었으며, 스웨덴은 이 조약에서 위 두 공국(첼레와 볼펜뷔텔)의 공작들로부터 브레멘을 반환받았다. 브레멘은 페르덴과 함께 1648년 베스트팔렌 평화조약에서 스웨덴에 양도되었지만, 스웨덴-브란덴부르크 전쟁 시 - 1675년부터 1676년까지 1년 동안 - 신성로마제국 소속 국가들에 의해 점령된 후, 1679년 스웨덴에 반환되었다. 스웨덴과 브란덴부르크 간의 전쟁을 종식시킨 1679년의 생제르맹 평화조약도 브레멘의 반환을 재확인했다. 브레멘을 되찾은 대가로 스웨덴은 브라운슈바이크-뤼네부르크 공작에게 니더작센 제국직할관구의 되르페르덴과 테딩하우젠, 그리고 브라운슈바이크-뤼네부르크 영역 내에 있는 브레멘과 페르덴의 수도원 소유의 수입과 권리 일체를 양도했다. 프랑스는 브라운슈바이크 공작들에게 브레멘 지역 철수 시 총 300,000탈러를 지원하기로 약속했다.

프랑스와 스웨덴 양국이 뮌스터 주교 페르디난트 2세(1626-1683, 재위: 1678-1683)와 체결한 1679년 3월 29일자의 여섯 번째 님베겐 평화조약은 10개 조항이며, 이 조약에서 스웨덴은 페르디난트 2세에 의해 점령된 브레멘 내의 지역들을 돌려받았다. 페르디난트 2세 주교는 향후 중립을 약속하고, 프랑스와 스웨덴으로부터 각각 100,000탈러를 지원받았다.

18개 조항의 일곱 번째 평화조약은 프랑스와 스웨덴이 브란덴부르크 선제후를 상대로 하여 1679년 6월 29일 프랑스의 생제르맹 앙 레에서 체결된 조약이었다. <생제르맹 평화조약>에서 스웨덴은 슈테틴(폴란드의 슈체친), 슈트랄준트, 뤼겐 섬 등을 포함하여 지금까지 브란덴부르크에 의해 점령된 거의 모든 지역들을 재획득했고, 그 대가로 오데르 강 동쪽(힌터폼메른)에 스웨덴이 점령하고 있던 지역들을 프리드리히 빌헬름 대선제후에게 양도하였다. 그 외에 스웨덴은 브란덴부르크 령 폼메른(힌터폼메른)에서 스웨덴에 의해 징수되어온 관세 수입의 절반을 브란덴부르크 선제후에게 양도했다.

프랑스의 퐁텐블로에서 1679년 9월 2일 프랑스와 덴마크 간에 체결된 여덟 번째 평화조약(퐁텐블로 평화조약 10개 조항, 1개 특별조항)에서 덴마크는 스웨덴 내의 점령지역을 포기하고, 홀슈타인-고토르프의 공작(크리스티안 알브레히트)의 복위를 승인했다.

1679년 10월 12일 님베겐(네이메헨) 평화조약의 마지막 아홉 번째 평화조약은 스웨덴과 네덜란드 간에 체결된 11개 조항의 조약으로서, 조약 당사국들은 이전 동맹, 즉 1640년, 1656년, 1667년에 각각 체결된 동맹의 효력을 부활시키고, 특히 통상문제에 합의했다.

총 9개의 네이메헨(님베겐) 평화조약은 루이 14세 프랑스 국왕을 유럽의 가장 강력한 군주로 만드는데 일조한 조약이었다. 님베겐 평화조약은 그러나 <팔츠 계승전쟁>(16₈₈₋₁₆₉₇) 후 체결된 <레이스베이크 평화조약>(1697)에서 부분적으로 수정되었다.

3) 팔츠 계승전쟁(1688-1697)

팔츠 계승전쟁의 배경

<네덜란드 전쟁>을 끝낸 님베겐(네이메헨) 평화조약과 스웨덴과 브란덴부르크 간의 전쟁을 종식시킨 생제르맹 평화조약이 1679년 프랑스에 일방적으로 유리하게 체결되었을 때, 루이 14세 프랑스 국왕은 다시 공세적으로 태도를 바꾸었다. 그리고 스웨덴-브란덴부르크 전쟁 때 자국에 지원을 하지 않은 레오폴트 1세 독일제국 황제와 네덜란드에 대한 보복 차원에서 프리드리히 빌헬름 브란덴부르크 대선제후는 생제르맹 평화조약 조인 4개월 후인 1679년 10월 25일 루이 14세와 비밀협약을 체결해, 차기신성로마제국 황제(레오폴트 1세의 후임황제) 선거 시 합스부르크가가 아닌,

부르봉가를 위해 투표권을 행사할 것임을 프랑스 국왕에게 약속했다. 오스트리아는 오스만 제국과 전쟁(5차 터키전쟁, 1683-1699)을 앞두고 있었지만, 레오폴트 1세 황제는 1682년 체결된 대프랑스 동맹(락센부르크 동맹)에 참여했다. 1683년 오스트리아군은 2차 빈 공성에 실패한 후 퇴각하는 오스만 제국군 추격에 온 국력을 경주하고 있었다. 루이 14세는 1684년 그 기회를 이용하여 자국의 <재합병정책>의 일환으로 합스부르크령 네덜란드에 속한 룩셈부르크를 점령했다. 룩셈부르크는 카살레(북이탈리아) 및 슈트라스부르크와 더불어 유럽의 3대 요새 중의 하나이었다. 프리드리히 빌헬름 브란덴부르크 대선제후가 1679년 10월 이후 유지해 온 프랑스와의 정치적 동맹관계를 청산한 것은 루이 14세의 팔츠 침략이 가시화되기 시작한 1685년이었다. 윌리히-클레베 계승전쟁(1609-1614)의 결과로 브란덴부르크가 획득한 라인 강 유역의 영토(클레베와 마르크)를 프랑스의 침략전쟁(재합병전쟁)으로부터 방어해야할 필요성이 생겼기 때문이었다.

동에는 오스만 제국, 서에는 프랑스, 이렇게 두개 전선을 유지하지 않을 수 없었던 합스부르크가의 독일제국 황제 레오폴트 1세는 전쟁의 부담을 덜기 위해 1684년 룩셈부르크를 점령한 프랑스 국왕에게 휴전을 제의했다. 루이 14세는 프랑스의 팽창주의에 대해 유럽의 군주들과 독일제국 제후들의 저항이 점차 증가하고, 터키전쟁(1683년 9월 12일의 칼렌베르크 전투)에 승리함으로써 전력에 여유가 생긴 오스트리아가 이제 곧 독일제국의 서쪽 국경 방어에 충분한 병력을 투입할 가능성이 우려할 만한 수준에 이르렀다고 판단했기 때문에, 레오폴트 1세의 휴전 제의는 루이 14세에게 브란덴부르크의 협력과 더불어 더 없이 유리한 상황으로 받아들여졌다. <레겐스부르크 정전조약>(1684년 8월 15일)은 베스트팔렌 평화조약과 님베겐 평화조약의 기저 위에서 레오폴트 1세 황제와 루이 14세 프랑스 국왕 간에 20년 기한으로 체결된 - 프랑스의 <재합병전쟁>(1683-1684)을 중단시킨 - 조약이었다. 레겐스부르크 조약에서 1679년 님베겐 평화조약 체결 이후 1681년 8월 1일까지 프랑스에 재병합된 지역과 슈트라스부르크(스트라스부르), 그리고 라인 강 상류의 켈(현재 바덴-뷔르템베르크)이 프랑스의 영토로 인정되었고, 스페인 합스부르크가는 루이 14세를 위해 룩셈부르크를 포기해야 했다. 그 대신 프랑스는 점령지역(슈트라스부르크와 켈)의 프로테스탄트 교도들에게 신앙의 자유를 약속했다. 스페인의 입장에서 룩셈부르크는 이미 프랑스-네덜란드 전쟁 휴전 이후 잃어버린 땅이었다. 그러나 레겐스부르크 평화조약은 4년 후 팔츠 계승전쟁이 발발했을 때, 이미 효력을 상실했다.

뵈멘의 '겨울왕'이며 팔츠 선제후였던 프리드리히 5세의 아들 카를 루트비히(카를 1세)는 1632년 팔츠(라인팔츠와 오버팔츠)의 상속인이 되었지만, 선제후의 지위와 오버팔츠는 바이에른 공국에 양도되고, 운터팔츠, 즉 라인팔츠는 합스부르크가에 의해 점령되어버린 후였다. 그는 베스트팔렌 평화조약에서 신설된 8번째 선제후 지위를 확보한 후, 이듬해인 1649년 팔츠(라인팔츠)의 선제후에 즉위할 수 있었다. 부친의 불행한 선례를 반복하지 않고, 라인팔츠(바이에른에 빼앗긴 오버팔츠를 제외한 운터팔츠)를 굳건히 지키기 위해 그는 1671년 장녀 엘리자베트 샤를로테(1652-1722)를 프랑스의 '태양왕' 루이 14세의 유일한 남동생 필립(필리프) 1세 오를레앙 공작(1640-1701)과 결혼시켜, 부르봉가와 결혼동맹을 체결했다. 프랑스의 침략을 미연에 방지하고, 국경을 공유하고 있는 프랑스와의 관계를 정치적으로 안정시키기 위해 결정한 정략결혼이었지만, 카를 루트비히가 사망한 후 망자의 유지는 지켜지지 않았다.

카를 1세(카를 루트비히) 팔츠 선제후가 1680년 사망한 후 5년 만인 1685년 그를 승계한 외아들 카를 2세(1651-1685, 선제후: 1680-1685) 선제후가 적법한 후사를 두지 못하고 사망함으로써 1559년 비텔스바흐가(바이에른 공작가문)로부터 팔츠-짐메른가에 이양된 팔츠의 선제후 자격은 1685년 이후 팔츠-노이부르크 가계로 넘어가게 되었다. 팔츠-노이부르크 가계 출신의 첫 팔츠 선제후는 70세의 필립 빌헬름(1615-1690, 선제후: 1685-1688) 궁중백이었다. 팔츠-노이부르크파가 팔츠-짐메른파의 선제후 지위를 계승하게 되었을 때, 루이 14세는 제수(남동생 필리프 1세의 아내 엘리자베트 샤를로테)의 친정인 선제후국 팔츠에 대한 계승권을 주장하고, 상속의 신속한 이행을 촉구했다. 그러나 부르봉 왕가는 필리프 1세 오를레앙 공작과 엘리자베트 샤를로테의 결혼계약을 체결할 때, 팔츠의 상속과 관련한 권리 일체를 포기했기 때문에, 루이 14세의 주장은 법적인 근거가 없었다. 그러나 루이 14세는 이미 계획된 팔츠 침공을 정당화하기 위해 카를 2세의 재산(팔츠 선제후국)에 대한 상속권 주장을 멈추지 않았다. 루이 14세의 속셈은 짐메른(공작령)과 슈폰하임(백작령)의 일부를 차지하는 것이었다. 그는 자신이 유발한 전쟁(팔츠 계승전쟁)을 자국(프랑스)의 영토 확장의 기회로 생각했다.

팔츠-짐메른 가계가 1685년 카를 2세의 사망과 더불어 단절되었을 때, 팔츠-벨덴츠 가계의 궁중백 레오폴트 루트비히(1625-1694)와의 경합에서 승리한 팔츠-노이부르크가의 궁중백 필립 빌헬름이 팔츠의 선제후 지위를 물려받았다. 레오폴트 1세 독일제국 황제가 가톨릭교도인 필립 빌헬름을 지지했고, 카를 2세의 유언 역시 팔츠-노이부르크가의 필립 빌헬름을 후계자로 지명했기 때문이었다. 노이부르크 가계 출신으로서는 처음으로 필립 빌헬름이 팔츠의 새 선제후가 되면서 독일제국의 선제후 회의는 가톨릭 표를 한 장 더 확보하게 되었다. 신임 팔츠 선제후 필립 빌헬름은 앞선 두 선제후(카를 2세와 그의 부친인 카를 1세 루트비히)보다도 나이가 많았다. 독일제국의 칼뱅파 프로테스탄트교의 아성이라 할 팔츠의 새 선제후의 신앙이 가톨릭으로 바뀌자, 칼뱅파가 우세한 팔츠에서는 여러 가지 문제점들이 발생했고, 필립 빌헬름은 발생한 문제점들을 해결하는데 어려움을 겪어야했다.

새 선제후(필립 빌헬름)는 1685년 선임 선제후 카를 2세가 사망하기 직전 후자를 슈베비쉬할에서 직접 만나 종교문제와 관련한 타협안에 합의했기 때문에, 팔츠 선제후에 즉위한 후 슈베비쉬할의 합의를 실천하기 위해 노력했다. 그럼에도 불구하고 새 선제후에 대한 칼뱅교파의 불신은 커져만 갔다. 필립 빌헬름 선제후 자신은 팔츠 선제후국 내의 모든 신앙이 법적으로 동등한 권리를 향유할 수 있도록 배려하려고 노력했다. 그러나 그의 노력은 오히려 역효과를 나타냈다. 소수파인 가톨릭신자들이 다수파인 칼뱅교도와 동등한 권리를 누리게 되었기 때문이었다. 칼뱅교파는 소수인 가톨릭이 그들과 동등한 대우를 받는 방향으로 모든 규정이 완화되는 것에 대해 저항했다. 전임 선제후(카를 2세)에 의해 임명된 관리들의 유임을 보장한 <슈베비쉬할 협정> 때문에, 신임 선제후(필립 빌헬름)는 정권 인수 후 막대한 경상비를 인건비로 지출해야 했다. 불필요한 관리들의 정리는 전쟁(팔츠 계승전쟁)이 터진 후에야 비로소 가능했다. 거기에다가 필립 빌헬름 선제후의 딸들의 호화결혼은 팔츠 선제후국의 재정을 파탄지경으로 몰고 갔다. 필립 빌헬름 선제후와 그의 부인 엘리자베트 아말리아 막달레나(1635-1709, 헤센-다름슈타트 방백 게오르크 2세(1605-1661, 재위: 1626-1661)의 딸) 사이에 생산된 17명의 자녀 중 14명이 성년에 도달했는데, 그 중 장녀인 엘레오노레 막달레네 테레제(1655-1720)는 필립 빌헬름이 선제후가 되기 전인 1676년 레오폴트 1세 황제의 세 번째 황비가 되었지만, 1687년 포르투갈 국왕 페드루 2세의 배우자가 된 마리 조피 엘리자베트(1666-1699)와 1690년 합스부르크가의 마지막 스페인 국왕 카를로스 2세의 왕비가 된 마리아 안나 아델하이트(1667-1740)의 결혼식은 필립 빌헬름이 팔츠 선제후에 즉위한 후 치러졌다. 이들 외에도 전쟁 중에 파르마의 공작 및 폴란드 왕자와 결혼한 딸이 두 명 더 있었고, 막내딸은 막시밀리안 2세 바이에른 선제후와 정혼한 후 사망했다. 팔츠는 선제후의 딸들을 위해 막대한 결혼비용(지참금)을 지출해야 했다. 1688년 루이 14세의 군대가 팔츠 국경을 넘어 팔츠를 유린하기 시작했을 때, 필립 빌헬름은 전쟁을 막아낼 군사적인 수단도, 전비를 조달할 재정적 능력도 없었다. 1688년 겨울 그는 팔츠에서 추방되어 빈에서 망명 생활을 하던 중 1690년에 사망했다. 그러니까 그는 70세에 선제후에 즉위하여 75세 되던 해에 사망한 것이었다. 그를 승계한 장남 요한 빌헬름(1658-1716, 재위: 1690-1716)은 공식적으로는 부친이 사망한 1690년에 즉위한 것으로 되어있지만, 실제로는 부친이 팔츠를 떠나 빈으로 망명한 1688년 말부터 팔츠 선제후국을 통치하면서, 아버지가 계획한 여동생들의 정략결혼 뒷수습을 하느라 고갈된 재정을 보충하기 위해 300,000굴덴의 저당금을 받고 역내의 복스베르크를 뷔르츠부르크 대주교구에 임대해야 했다.

루이 14세는 재산양도전쟁(1667-1668)과 네덜란드 전쟁(1672-1678)을 일으켰을 때와 똑같은 명분을 앞세워 <팔츠 계승전쟁>을 일으켰다. 레오폴트 1세 황제 휘하의 오스트리아군과 독일제국군이 오스만 제국군으로부터 베오그라드를 해방시킨 직후의 시점(1688년 9월 24일)을 택해 프랑스가 팔츠를 침공한 것은 루이 14세의 전략적 판단에서 나온 결과이었다. 프랑스의 전쟁목표는 전격전을 통해 독일제국 역내에 프랑스의 영토를 확보하고, 확대하여, 궁극적으로는 라인 강을 프랑스와 독일제국 간의 경계선으로 삼는 것이었다. 레오폴트 1세 독일제국 황제는 루이 14세가 1685년 팔츠의 상속권을 주장했을 때, 이미 그의 팔츠 침공 의도를 간파하고, 대 프랑스 동맹전선을 구축하기 시작했었다.

레오폴트 1세 황제의 동맹정책의 첫 번째 결실은 1686년 7월 9일 체결된 <아우크스부르크 동맹>이었다. 아우크스부르크 동맹은 1679년의 <프랑크푸르트 동맹>과 프랑크푸르트 동맹의 확대 동맹으로 간주되는 1682년의 <락센부르크 동맹>에서 그 연원을 찾을 수 있다. 1679년 님베겐(네이메헌) 평화조약 체결 직후 프랑스의 루이 14세는 1552년 샹보르 조약(앙리 2세 프랑스 국왕과 모리츠 작센 선제후 간의 동맹조약) 이후 - 샹보르 조약을 통해 프랑스는 라인 강 동쪽의 독일제국 도시들인 캉브레, 메스, 툴, 베르됭을 점령했다 - 프랑스와 연고가 있는 지역에 대한 재합병정책을 실행에 옮겼다. 프랑스의 재합병정책에 저항하기 위해 발데크(백작령)의 게오르크 프리드리히(1620-1692) 백작의 주도로 1679년 9월 베테라우, 베스터발트, 아이펠 등 제국의회에 투표권을 가진, 주로 라인 강 지역에 위치한 일련의 소규모 제후국 대표들이 프랑크푸르트 동맹을 결성했다. 프랑크푸르트 동맹 가입국은 프랑스의 팽창정책에 민감한, 주로 독일제국의 남서부 지역에 위치한 개별 제후국 및 제국직할관구이었다. 네덜란드 총독 빌렘 3세(후일의 영국 국왕 윌리엄 3세)를 비롯해 프랑크푸르트 동맹에 추가로 가입한 제후국들은 헤센-카셀, 헤센-다름슈타트, 풀다, 밤베르크, 뷔르츠부르크 등이었고, 전체 10개 제국직할관구 중 프랑크푸르트 동맹 가입 관구는 오버라인 제국직할관구, 프랑켄 제국직할관구, 슈바벤 제국직할관구 등 3개 관구이었다. 1682년 레오폴트 1세 황제가 가입하면서 프랑크푸르트 동맹은 락센부르크 동맹(1682년 6월 10일)으로 확대되었다. 빈 근교(락센부르크)에서 체결된 락센부르크 동맹은 30,000명의 병력을 편성하여 오버라인(라인강 상류), 미텔라인(라인강 중류), 니더라인(라인강 하류) 등 라인 강 전 구간에 군대를 주둔시키기로 결의했다. 1682년 8월 작센-고타 공국과 작센-아이제나흐 공국도 락센부르크 동맹에 가입했다. 1685년 락센부르크 동맹의 효력이 만료되고, 루이 14세의 팔츠 침공이 가시화되었을 때, 새로운 방어동맹의 필요성이 대두되었다. 빈의 황실은 락센부르크 동맹을 갱신하는 대신에 아우크스부르크에서 새로운 동맹을 결성하기로 했다.

1685년 3년 기한으로 체결된 락센부르크 동맹이 한 번도 그 위력을 발휘하지 못하고 유효기간이 만료되어 버리자, 프랑스의 침략(팔츠 계승전쟁)을 저지하기 위해 <아우크스부르크 동맹>(1686년 7월 9일)이 새로운 방어동맹으로 결성된 것이었다. 레오폴트 1세 독일제국 황제, 스페인 국왕 카를로스 2세, 부르군트 제국직할관구 관구장을 겸한 바이에른의 선제후 막시밀리안 2세 공작, 브레멘 공국과 페르덴 공국의 공작 자격의 스웨덴 국왕 카를 11세(1655-1697, 재위: 1660-1697), 바이에른 제국직할관구와 프랑켄 제국직할관구, 그리고 작센의 대표가 아우크스부르크에 모여 동맹을 체결했다. 오버라인 제국직할관구와 베스터발트의 대표, 팔츠 선제후, 홀슈타인-고토르프의 공작도 아우크스부르크 동맹에 합류했다. 3년 기한의 아우크스부르크 동맹은 43,400명의 동맹군 편성을 결의했고, 베스트팔렌 평화조약(1648)과 님베겐 평화조약(1678/1679), 그리고 레겐스부르크 정전조약(1684)의 유지에 기여하는 것이 주요 목표였다. 그러나 아우크스부르크 동맹은 1차 동맹기간이 만료되기도 전에 파기되어 버리고, 그 후속동맹으로 1689년 오스트리아의 수도 빈에서 <대동맹>이 결성되었다. 아우크스부르크 동맹은 프랑스에 의해 지나치게 과대평가된 측면이 있었다. 프랑스에서는 팔츠 계승전쟁을 <아우크스부르크 동맹 전쟁>이라 불렀다. 그 이유는 팔츠 계승전쟁이 프랑스의 침략전쟁이 아님을 강조하고, 1667년 이후 프랑스가 일으킨 세 차례의 전쟁(재산양도전쟁, 네덜란드전쟁, 팔츠 계승전쟁) 중 독일제국에 가장 참혹한 후유증을 남긴 팔츠 계승전쟁의 정당성을 대내외적으로 강조하려는 보상 심리가 작용한 때문이었을 것이다.

루이 14세는 오스트리아가 아직 동부 전선의 터키전쟁(5차 터키전쟁, 1683-1699)에 몰두하고 있는 틈을 이용해 팔츠 선제후국을 전격 점령할 계획을 세웠다. 그는 쾰른 대주교구를 미리 장악하여 프랑스군의 거점으로 이용하기 위한 사전포석으로 슈트라스부르크 주교인 빌헬름 에곤 폰 퓌르스텐베르크(1629-1704, 재위: 1682-1704)를 비텔스바흐가(바이에른) 출신의 병약한 막시밀리안 하인리히(1621-1688, 재위: 1650-1688) 쾰른 대주교의 보좌신부(부대주교)로 만들었다. 그리고 루이 14세는 합스부르크가와 전쟁 중인 오스만 제국군에 원병을 보내, 터키전쟁을 오스만 제국의 승리로 종식시킨 후, 신속하게 팔츠와 평화조약을 체결함으로써 유럽 내에서의 자신의 위상을 과시하려고 했다. 루이 14세는 1688년 9월 24일자 선전포고에서 1689년 1월까지 독일제국이 레겐스부르크 정전조약(1684)을 항구적 평화조약으로 인정하고, 빌헬름 에곤 보좌신부가 쾰른 대주교에 임명되면, '팔츠 문제'

에서는 영토요구 대신 금전적 보상으로 만족할 용의가 있음을 천명했다. 이렇게 한편으로는 회유작전을 벌이면서, 다른 한편으로는 최후통첩 시한(1689년 1월까지)을 스스로 어기고 독일제국의 서쪽 국경을 침범했다.

동부전선(터키전쟁)에 발이 묶인 레오폴트 1세는 루이 14세의 침공 소식을 접하고도, 라인 지방의 제국제후들에게 신속한 도움을 줄 수가 없었다. 프랑스 군대는 이렇다 할 저항도 받지 않고, 단시간 내에 쾰른 대주교구의 일부지역, 보름스, 만하임, 코블렌츠, 필립스부르크를 점령하고 슈바벤과 프랑켄까지 침입하였다. 레오폴트 1세 황제가 요청한 제국군대의 동원이 결정된 것은 1689년 2월 14일 레겐스부르크 제국의회에서였다. 이제 레오폴트 1세는 루이 14세의 위협에 제국전쟁(독일제국 차원의 전면전)으로 답할 수 있게 되었다. 제국군은 - 오스트리아군 단독, 혹은 황제의 요청으로 참전하는 개별제후국 군대로 구성되는 - 황제군과는 달리 군의 편성과 동원에 대해 제국의회의 승인을 받아야 했다. 레오폴트 1세는 바이에른 선제후(막시밀리안 2세)와 협력하여 루이 14세의 지원을 받아 이미 쾰른 선제후의 보좌신부에 선출된 빌헬름 에곤을 배제하고, 비텔스바흐가의 요제프 클레멘스(1671-1723) 레겐스부르크 주교가 쾰른 선제후에 선출되도록 조처했다. 쾰른 대주교구를 교두보로 삼아 팔츠 침략전쟁을 지휘하려 한 프랑스는 전략적 수정이 불가피하게 되었다. 요제프 클레멘스는 막시밀리안 2세(1662-1726, 재위: 1679-1726) 바이에른 선제후의 친동생이었다.

팔츠 계승전쟁의 진행과정

팔츠 계승전쟁의 첫 전투는 1688년 9월 27일 막시밀리안 로렌츠 폰 슈타르헴베르크(1640-1689) 백작이 지킨 트리어 대주교관구 역내의 필립스부

르크(카를스루에와 슈파이어 사이의 라인 강 우안의 소도시) 요새를 루이 14세의 프랑스
군이 공성하면서 시작되었다. 슈타르헴베르크 백작은 1683년 카라 무스
타파(1634/1635-1683) 대재상이 지휘한 오스만제국 침공군으로부터 오스트리아
수도 빈을 사수한 에른스트 뤼디거 폰 슈타르헴베르크(1638-1701) 원수의 친
동생이었다. 슈타르헴베르크가 지휘한 필립스부르크 요새 수비대의 전력
은 - 17개 포가와 90문의 소형 대포를 보유한 - 약 2,000명을 상회하는
1개 연대 병력에 불과했다. 식량과 화약은 충분했지만, 전투경험이 있는
병사와 부사관의 수가 절대적으로 부족했다. 현장의 장교는 8명뿐이었고,
그 중에는 막시밀리안 폰 슈타르헴베르크 백작의 조카 라이하르트 폰
슈타르헴베르크 중령도 포함되어 있었다. 그 외에 전투경험이 있는 사람
은 연대 병력 중 20여 명에 불과했다. 루이 14세의 유일한 적자(嫡子)인
십대 후반의 루이(1661-1711) 왕자가 총지휘한 프랑스군의 사령관은 필립스
부르크 요새 공성을 지휘 한 세바스티엥 르 프레스트르 드 보방(1633-1707)
원수이었으며, 보방 휘하의 프랑스군은 52문의 중포(重砲)와 24문의 구
포(臼砲)를 보유한 30,000여 명의 병력이었다. 보방은 그 시대의 가장
뛰어난 공성전술가의 한 사람으로서 생전에 이미 53차례의 요새공성 및
140회의 전투에 참가한 명장이었으며, 160여 요새시설 건설에 참여한 경
험이 풍부한 공병장군이었다. 필립스부르크 요새는 프랑스군의 공성 32
일 만인 1688년 10월 30일 항복했다.

　루이 14세의 예상과는 반대로 1688년 9월 24일자 최후통첩을 무시하
고 레오폴트 1세 독일황제가 루이 14세가 추천한 슈트라스부르크 주교(빌
헬름 에곤 폰 퓌르스텐베르크)를 배제하고, 요제프 클레멘스를 쾰른 대주교에 즉
위케 하고, 반격을 가해 그해 겨울에 프랑스군을 라인 강으로까지 몰아
낼 수 있었던 것은, 동부전선(터키전쟁)의 전황이 안정화된 데다가, 1688년
10월 22일 체결된 <막데부르크 협정>(막데부르크 콘체르트)으로 북독일 제후들
의 도움을 받을 수 있었기 때문이었다. 레오폴트 1세 황제를 도와 5차

터키전쟁에 참전한 막시밀리안 2세 바이에른 선제후와 바덴 변경백 루트비히 빌헬름(1655-1707, 재위: 1677-1707)은 동부전선의 전황을 반전시켰고, 필립스부르크와 대주교구 쾰른이 프랑스군에 점령된 후, 서부전선에서는 프랑스의 침공에 공동으로 대응하기 위해서 막데부르크에서 긴급히 회동한 제국제후들이 제국군에 동참하기 위한 동맹을 결성했다. 막데부르크에서 협정을 체결하여 대프랑스 방어동맹을 결성한 제후들은 작센 선제후 요한 게오르크 3세(1647-1691, 재위: 1680-1691) 공작, 브란덴부르크 선제후 프리드리히 3세(1657-1713, 재위: 1688-1713) 변경백, 헤센-카셀 방백 카를(1654-1730), 오스나브뤼크 주교(1661-1698) 겸 브라운슈바이크-뤼네부르크 공작(1679-1698) 에른스트 아우구스트(1629-1698, 1692년 이후 선제후), 그리고 후자의 장남이며 브라운슈바이크-뤼네부르크 선제후 게오르크 1세(1660-1727, 선제후: 1698-1727, 영국 국왕: 1714-1727) 공작 등이었다. 스페인 계승전쟁(1701-1714) 때까지 이어진 프리드리히 3세 브란덴부르크 선제후와 레오폴트 1세 황제 간의 우호관계는 동프로이센(수도: 쾨니히수베르크)을 왕국으로 승격시키는 문제에 결정적인 영향력을 행사했다. 프리드리히 3세 브란덴부르크 선제후는 동프로이센 국왕으로서는 프리드리히 1세(1701-1713)라 불렸다. 에른스트 아우구스트는 팔츠 계승전쟁 도중에 레오폴트 1세 황제로부터 특혜를 받았다. 브라운슈바이크-뤼네부르크 공국이 1692년 레오폴트 1세 황제에 의해 선제후국으로 승격된 것도 프리드리히 3세 브란덴부르크 선제후가 1701년 동프로이센의 국왕에 즉위할 수 있었던 것과 같은 이유에서였다. 하노버 선제후국으로 더 잘 알려진 브라운슈바이크-뤼네부르크의 초대 선제후가 에른스트 아우구스트 1세이었고, 장남 게오르크 1세는 - 1714년부터 영국 국왕 (조지 1세)을 겸한 - 그의 계승자이었다.

1689년 2월 15일 레오폴트 1세는 제국의회로 하여금 프랑스에 선전포고를 결의케 함으로써 팔츠 계승전쟁에 대한 방어전쟁이 제국전쟁임을 공식화했다. 그리고 레오폴트 1세는 결의사항들이 준수되지 않음으로

해서 동맹의 시한이 만료되기도 전에 흐지부지 끝난 아우크스부르크 동맹을 확대 개편할 필요성을 느꼈다. 독일제국의 여러 제후들은 루이 14세의 독일제국 침공에 대해 공분했고, 특히 라인 지역의 제후들은 프랑스에 합병당할 것을 두려워했다. 레오폴트 1세 황제는 오랜 협상 끝에 합스부르크 오스트리아와 독일제국과 네덜란드를 지키고, 프랑스와 프랑스 추종 국가들을 저지하기 위한 강력한 새로운 공수동맹을 빈에서 결성했다. 1689년의 <대동맹> 조약은 1701년 덴하흐(헤이그)에서 체결된 동명의 조약(대동맹)과 구별하기 위해, 빈에서 체결되었다 하여 <빈 대동맹>이라고도 불렸다. 12개 조항, 2개 비밀조항 및 별도조항으로 구성된 <대동맹> 조약의 목표는 베스트팔렌 평화조약과 피레네 평화조약(베스트팔렌 평화조약 체결 후에도 계속된 프랑스와 스페인 간의 전쟁을 종식시킨 평화조약으로 1659년 11월 7일 체결되었음)의 복원에 있었다.

대동맹은 1670년 이후 프랑스군에 점령된 로트링엔(로렌)과 1683년과 1684년 사이에 점령된 이른바 재병합지역의 반환을 프랑스 측에 강력하게 요구했다. 프랑스의 재합병정책으로 피해를 입은 라인 강 좌안의 독일제국 제후 중의 한사람이 카를 5세 로트링엔 공작이었다. 1675년 로트링엔 공작에 즉위한 카를 5세는 1679년 님베겐(네이메헌) 평화조약에서 낭시(로트링엔 공국의 수도)를 포함한 광대한 지역을 프랑스에 추가로 빼앗겼다. 카를 5세가 1679년 이후 보유한 지역은 1670년을 기준으로 하면 그전보다 현저히 축소된 영토이었다. 카를 5세는 1690년 사망했고, 로트링엔 공국이 낭시를 포함한 점령지역을 프랑스로부터 반환받은 것은, 1697년 팔츠 계승전쟁을 종식시킨 <레이스베이크 평화조약>이 체결되었을 때이었다.

동부전선(5차 터키전쟁)의 전황이 개선되자, 독일제국 황제는 황제군 병력을 서부전선(팔츠 계승전쟁의 현장)으로 이동시켰다. 빌렘 3세 네덜란드 총독의 영국 국왕(윌리엄 3세) 즉위(1689)와 더불어 네덜란드와 군합국이 된 영국을 비롯하여 스페인, 사부아, 바이에른, 브란덴부르크, 작센 등이 독일제국 황제 레오폴트 1세 편에 서서 대동맹의 핵심을 이루었다. 스페인-합스부르크 왕가(카를로스 2세)의 후계가 단절될 경우, 오스트리아-합스부르크가가 스페인의 계승권을 확보하는 문제에 대해 윌리엄 3세 영국 국왕의 동의를 얻어낸 것과 차기 로마 왕(황제후보) 선출 시 영국과 네덜란드는 합스부르크가의 요제프 1세(레오폴트 1세 황제의 장남)를 지지할 것이라는 약속을 얻어낸 것은 대동맹 조약에서 레오폴트 1세가 거둔 또 하나의 결실이었다. 요제프 1세는 1690년 1월에 로마 왕에 선출되어 후계구도가 안정됨으로써 레오폴트 1세는 루이 14세와의 전쟁에 전념할 수 있었다.

레오폴트 1세 황제와 독일제국 제후들은 1689년 약 100,000명의 제국군을 편성하여 팔츠 계승전쟁에 투입시켰다. 라인지역에 동원된 제국군은 3개 군단으로 편제되었다. 30,000명의 제1군단은 브란덴부르크 선제후 프리드리히 3세가 지휘하여 쾰른에서부터 프랑스군의 서진을 저지하는 임무를 부여받았다. 제국군 최고지휘관에 임명된 카를 5세 로트링엔 공작 휘하의 제2군단은 40,000명의 병력으로 프랑스군에 점령된 마인츠 요새 탈환을 담당했다. 30,000명의 병력을 장악한 바이에른 선제후 막시밀리안 2세는 슈바벤과 바덴 지역의 방어 임무를 부여받았다. 필립스부르크 요새에서 귀환한 - 그 사이에 원수로 진급한 - 막시밀리안 폰 슈타르헴베르크 백작과 그의 연대는 제국군의 주력군단인 카를 5세 로트링엔 공작의 제2군단에 배속되었다.

그 사이에 프랑스 침략군은 팔츠(선제후국)와 바덴(변경백국)의 도시들을 무차별 파괴하고, 방화했다. 프랑스군의 약탈과 방화는 독일제국의 남서부 지역(슈바벤 제국직할관구 및 프랑켄 제국직할관구)을 초토화시켰다. 루이 14세의 전략은 계획적인 파괴를 통해 상대국을 압박하는 것이었다. 철수하기 전이면, 프랑스군은 어김없이 작전지역 전체를 황폐화시켰다. 프랑스군을 역공격할 수 있는 잠재적인 기지를 방치하지 않기 위해 점령지의 요새와 인근지역을 파괴하는 것이 프랑스군의 전술이었다. 프랑스 육군이 독일 제국에서 저지른 만행은 유럽의 전쟁사에서 그 유례를 찾을 수 없을 만큼 잔혹했다. 특히 에체시엘 드 멜라크(1630경-1704) 장군은 하일브론을 교두 보로 삼아서 제국직속도시 도나우뵈르트, 마르바흐 및 쇼른도르프를 포함한 주변 지역을 폐허로 만들었다. 1688년 말 경, 멜라크는 선제후국 팔츠의 수도 하이델베르크와 네카 강과 베르크슈트라세(북쪽의 다름슈타트와 남쪽의 누슬로흐를 잇는 68km 구간)를 따라 형성된 소도시와 마을을 잿더미로 만들었다. 멜라크의 파괴행위는 독일제국과 프랑스의 관계를 지속적으로 악화시킨 원인이 되었다. 바덴-뷔르템베르크 주의 슈바르츠발트(흑림) 북쪽의 작은 마을 히르자우(칼프 시 소속)에 방화용 횃불을 던지려는 자세를 취하고 있는 멜라크의 동상(조각가 페터 렝크(1947-)의 작품)이 세워져 있다. 11세기에 건축된 유서 깊은 히르자우의 대수도원과 수도원 소속 교회와 학교와 성도 1692년 팔츠 계승전쟁 당시 이 지역을 점령한 멜라크의 방화로 소실된 후, 지금은 폐허로 남아 있다. 팔츠 계승전쟁에서 프랑스군이 범한 만행에 대한 독일인들의 혐오감정과 그로 인한 심리적 충격은 훗날 대 나폴레옹 전쟁에서 대두된 적대감정과 민족주의의 확산에 일조했다.

독일제국과 오스트리아가 제국의 동부전선에서 오스만 제국과 전쟁을 치르는 틈을 이용해 팔츠를 침략할 계획을 세웠을 때, 루이 14세는 이미 팔츠 계승전쟁에 대한 제임스 2세(1633-1701, 재위: 1685-1689) 영국 국왕의 지원을 확보해 놓았었다. 그러나 제임스 2세의 가톨릭 관용정책을 수용할 수 없었던 영국 의회는 제임스 2세의 축출을 위한 정치혁명을 시도하면서 제임스 2세의 장녀 메리 스튜어트(1662-1694, 영국 국왕: 1689-1694)와 결혼한 네덜란드 총독 빌렘(윌리엄) 3세(영국 국왕: 1689-1702)에게 지원을 요청했다. 루이 14세는 영국의 국내 정세의 불안으로 빌렘 3세가 프랑스의 팔츠 침략에 쉽게 개입할 수 없을 것이라 예단했었다. 그러나 프랑스 군대가 필립스부르크 요새를 점령한 후, 하일브론, 하이델베르크, 만하임을 잇달아 점령했을 때는, 네덜란드 군대를 동원하여 영국에 상륙한 빌렘 3세가 1688년 11월 5일 제임스 2세를 축출한 후였다. 1689년 1월 22일 의회가 요구한 권리선언(권리장전)을 수용한 후, 2월 13일 영국 의회는 윌리엄 3세 (빌렘 3세)를 새로운 영국 국왕으로 승인했다. 2개월 후인 1689년 4월 11일 윌리엄 3세와 왕비 메리 스튜어트 2세의 - 유럽의 역사에서 그 유례를 찾을 수 없는 - 공동 국왕즉위식이 런던의 웨스트민스터 사원에서 거행되었다. 그 후 물론 루이 14세의 지원을 받은 제임스 2세와 그의 추종자들에 의한 제임스 2세의 복위 시도가 없었던 것은 아니지만, 영국 문제를 마무리 지은 윌리엄 3세는 이제 네덜란드 전쟁(네덜란드-프랑스 전쟁) 이후의 숙적 루이 14세를 제압하기 위한 목표에 전념할 수 있게 되었다.

1689년 5월 19일 빈에서 체결된 <대동맹>은 레오폴트 1세 독일제국 황제와 영국 국왕 윌리엄 3세(네덜란드 총독 빌렘 3세)가 주도한 군사동맹이었다. 대동맹 조약 가입국들 간의 결속이 공고해짐으로써 대프랑스 전선(팔츠 계승전쟁)에 대규모의 동맹군 전력이 투입될 수 있게 되었다. 남서부 독일에서 독일제국군을 상대로 전쟁을 속전속결한 후, 팔츠의 일부 지역을 재합병하는 것으로 팔츠 계승전쟁을 끝내려했던 루이 14세의 계획은 대폭 수정되어야 했다. 프랑스는 독일제국 뿐 아니라, 영국과 스페인과 네덜란드를 상대로 그들 국가의 해외 식민지로까지 전쟁을 확대해야 했다. 라인 지역에 전장을 국한하려 했던 프랑스는 유럽의 해양강국들과의 9년 전쟁(대동맹 전쟁)을 감수해야 했다. 독일제국을 벗어난 주요 전장은 북해 연안 지역이었고, 윌리엄 3세는 네덜란드와 프랑스, 그리고 오스트리아 령으로 경계선이 복잡한 플랑드르 지방에서 벌어진 주요 전투에서 대동맹 군대를 지휘했다. 1689년 5월 12일 빈에서 대동맹 조약이 체결된 후, 팔츠 계승전쟁은 <대동맹 전쟁> 혹은 <9년 전쟁> 등으로도 불렸고, 프랑스는 의도적으로 그들의 침략의도를 숨기기 위해 팔츠 계승전쟁을 전쟁 발발 2년 전에 체결된 아우크스부르크 동맹(1686)에 대처하기 위한 전쟁(아우크스부르크 동맹전쟁)이라 명명했다.

스웨덴의 평화회담 주선 노력이 그 사이에 있었지만, 성과 없이 중단되었다. 레오폴트 1세 황제는 몇몇 프랑스에 우호적인 독일제국 제후들의 동맹 이탈을 저지하는데 성공했다. 프랑스군과 내통한 한스 아담 폰 쇠닝(1641-1696) 장군이 - 쇠닝은 브란덴부르크군 원수로서 1688년부터 1689년까지 니더라인(라인 강 상류) 지역에서 프랑스군과 싸웠지만, 지휘부 간의 불화로 1691년 브란덴부르크 군을 떠나 작센군의 원수로 전향했다 - 제국군에 의해 체포됨으로써 작센 선제후국의 동맹 이탈은 미연에 방지되었고, 1692년 브라운슈바이크-뤼네부르크 공국에게 9번째의 선제후국 지위를 신설해 주는 조건으로 레오폴트 1세 황제는 에른스트 아우구스트 공작으로부터 군사지원을 이끌어내고, 브라운슈바이크-뤼네부르크 공국의 대동맹 이탈을 막을 수 있었다. 그러나 에른스트 아우구스트 공작의 선제후 지위 획득과 그가 관철시킨 장자상속제도는 여러 독일제국 제후들과 벨페가(브라운슈바이크 공작가문) 내 공작들의 불만을 야기했는데, 특히 선제후 지위 부여와 관련해 황제의 자의적인 결단이라 하여, 그들은 그들끼리 동맹을 결성하여 황제에 대항하기도 했다. 에른스트 아우구스트 공작은 셋째 형인 요한 프리드리히(1625-1679)가 후계 없이 1679년 사망했을 때, 형의 영지이었던 칼렌베르크 공국(수도: 하노버)을 인수한 후, 브라운슈바이크-뤼네부르크 선제후국은 - 1814년 <빈 회의>에서 왕국(하노버 왕국, 1815-1866)으로 승격되기 전까지 - 하노버 선제후국으로도 불렸다.

1692년에도 동맹국들은 결정적이진 않았지만, 크고 작은 패배를 당했다. 팔츠 계승전쟁의 무대는 이제 북이탈리아로 옮겨갔다. 오스트리아는 2개의 전선을 유지해야 했기 때문에(1683년 시작된 5차 터키전쟁은 1699년에 끝났다), 프랑스는 이탈리아 전선에서는 상대적으로 쉬운 게임을 할 수 있었다. 프랑스는 단시간에 사부아 공국 전체를 점령하는데 성공했지만, 사부아 점령이라는 압력수단은 후일 평화협상에서 큰 효과를 보지 못했다. 대동맹이 체결된 이후, 프랑스는 지상전에서는 약간의 우세를 보였지만, 영국 및 네덜란드 함대와 벌인 해전에서는 대동맹 해군에게 열세를 면치 못했다. 윌리엄 3세는 특히 해전을 통해 유럽의 힘의 균형을 회복하고, 해상무역에서 영국을 유리한 고지에 끌어올리려고 했다. 프랑스는 결국 영국에게 평화조약 체결을 제의해야 했다.

지난 몇 년 동안 팔츠 계승전쟁에서 내세울 만한 전과를 올리지 못한 레오폴트 1세 황제는 동부전선에서 터키전쟁을 지휘한 루트비히 빌헬름 바덴 변경백을 1693년 서부전선(팔츠 계승전쟁) 총사령관에 임명하여 국면전환을 시도했다. 열세한 전력으로 루트비히 빌헬름은 여러 차례 프랑스의 공격에 성공적으로 맞설 수 있었지만, 뷔르템베르크 공국이 - 1689년 팔츠가 당했던 것과 비슷하게 - 프랑스군에 의해 유린되는 것을 저지하지 못했다. 1693년 5월에는 하이델베르크가 또 다시 프랑스 군대에 의해 황폐화되었다. 바덴바덴의 루트비히 빌헬름 변경백의 주거궁도 프랑스군에 의해 파괴되었다. 그는 주거궁을 바덴바덴에서 라슈타트로 옮겨야 했다. 평화조약(레이스베이크 평화조약)이 체결된 후 완성된 라슈타트의 궁성은 베르사유 궁을 모방한 독일 최초의 프랑스식 건축물이었다. 결정적인 승패도 없이 전쟁이 계속되는 동안 독일제국 밖에서도 지중해와 대서양, 프랑스와 이탈리아와 네덜란드와 스페인, 그리고 그들의 해외 식민지에서도 전쟁은 지속되었다. 루트비히 빌헬름 바덴 변경백은 프랑스와 평화조약을 체결하기 위해 부분적으로는 동맹국들이 모르게 단독평화협상을 시도했다. 이 때문에 루트비히 빌헬름은 동맹세력 내부에서 불신과 불화의 원인을 제공하기도 했다.

패배를 모르던 프랑스군 사령관 프랑수아 앙리 드 몽모랑시-뤽상부르(1628-1695) 공작이 1695년 1월에 사망하자, 프랑스군의 사기와 전력은 크게 위축되었다. 교착상태에 빠진 전쟁은 프랑스군과 독일제국군 모두에게 막대한 희생을 요구했기 때문에, 1695년 루이 14세는 대동맹 가입국들을 상대하여 개별적으로 비밀평화협상을 제의하기에 이르렀다. 비토리오 아마데오 1세(빅토르 아마데우스 1세) 사부아 공작이 제일 먼저 1696년 루이 14세 프랑스 국왕과 단독평화조약(토리노 조약)을 체결함과 동시에 대동맹에서 이탈한 후, 사부아의 중립을 선언했다. <토리노 조약>(1696년 8월 29일)에서 프랑스는 만토바 계승전쟁(1628-1631)이 끝난 해인 1631년 사부아 공국과 체결한 비밀협약을 통해 사부아로부터 할양받은 피네롤로를 65년 만에 사부아 공국에 반환하고, 사부아 공작의 딸 마리아 아델라이데(1685-1712)와 루이 14세의 장손 루이(1682-1712)와의 결혼에 합의했다. 두 사람은 1697년 12월 7일 결혼했고, 이 결혼에서 루이 15세가 태어났다. 비토리오 아마데오(빅토르 아마데우스) 2세(1666-1732, 재위: 1673-1720, 1730-1732) 사부아 공작은 프랑스의 지원금으로 프랑스-사부아 동맹군을 지휘하여 스페인이 점령한 밀라노와 전쟁을 벌였고, 발렌차를 공성했다.

사부아 공국의 변절과 오스만 제국과의 동시 전쟁으로 인해 북이탈리아 전선에서 오스트리아 군대의 입지가 불확실해졌다. 레오폴트 1세 황제는 밀라노가 프랑스-사부아 동맹군에 점령된 후, 스페인-합스부르크가의 붕괴를 염려하게 되었다. 그래서 토리노 조약이 체결된 직후인 1696년 10월 7일 레오폴트 1세 황제와 스페인 합스부르크가(카를로스 2세)는 사부아 및 프랑스를 상대로 <비제바노 평화조약>을 체결하고, 오이겐(1663-1736, 터키전쟁 참조) 원수 휘하의 오스트리아 군대를 북이탈리아에서 철수시켰다. 팔츠 계승전쟁이 끝난 해(1697) 오이겐 원수는 동부전선 황제군 총사령관으로 전출되어 5차 터키전쟁을 지휘했다. 합스부르크 왕가와 더불어 대동맹을 주도한 영국의 윌리엄 3세 국왕(네덜란드 총독으로서는 빌렘 3세)은 비제바노 평화조약을 가리켜 '비제바노의 배신'이라 표현했고, 레오폴트 1세 황제는 비제바노 조약을 어쩔 수 없는 상황에서 생긴 용서할 수 있는 사건이라고 변명했다. 비제바노 조약에서 조약당사국들(프랑스와 사부아, 스페인과 오스트리아)이 합의한 이탈리아의 중립 조항에 근거하여 사부아 공국은 프랑스 군대는 물론이고, 황제와 그 동맹국들의 군대도 이탈리아에서 철수할 것을 요구했다.

레이스베이크 평화조약(1697년 9월 20일)

팔츠 계승전쟁을 끝낸 레이스베이크 평화조약은 영국 국왕의 중재를 통해 체결되었다. 윌리엄 3세는 프랑스가 평화조약 체결 의지를 보이자, 평화회담 소집을 요구했고, 독일제국 황제도 마지못해 회담에 응했다. 1697년 5월에 시작된 평화협상은 1697년 9월 20일 프랑스, 네덜란드, 영국, 스페인 사이에 네덜란드의 레이스베이크에서 조인된 평화조약에서 결실을 보았다. 레오폴트 1세 황제는 1697년 10월 30일 평화조약에 서명했다. 레이스베이크 평화조약은 참전국 간 개별조약으로서 1697년 9월 20일과 10월 30일에 각각 체결되었다. 1697년 9월 20에는 프랑스와 영국, 프랑스와 네덜란드, 그리고 프랑스와 스페인 간의 조약이 체결되었고, 루이 14세의 프랑스와 레오폴트 1세의 독일제국 간의 조약은 한 달 후인 1697년 10월 30일 체결되었다.

프랑스와 영국 간의 조약에서 양국은 전쟁의 종식을 선언하고, 모든 점령지역의 상호반환에 합의했다. 프랑스의 루이 14세는 오라녜가의 공작 빌렘 3세를 윌리엄 3세 영국 국왕으로 인정하고, 오라녜가의 재산을 반환하였으며, 향후 영국 국왕의 독일제국 내 재산(네덜란드)을 침해하지 않을 것임을 약속했다.

프랑스와 네덜란드 간의 조약에서 양국은 상호 영토요구 권리 일체를 포기하고 통상협정 체결에 합의했으며, 네덜란드에 의해 점령된 동인도의 퐁디세리는 프랑스에 반환되었다.

프랑스와 스페인 간에 체결된 조약에서는 카탈루냐의 경계선에 위치한 몇몇 지역은 프랑스의 영토로 남기고, 이 지역을 제외한 점령지는 모두 스페인에 반환되었다. 바르셀로나, 지로나, 로사스, 그리고 1679년 이후 프랑스에 의해 점령된 스페인 내의 프랑스 재합병지역(예: 스페인 령 네덜란드의 룩셈부르크와 브라반트)이 프랑스가 스페인에 반환한 지역에 포함되었다. 산 도밍고 섬의 서부지역은 프랑스가 보유하는데 양국은 합의했다. 벨기에의 디낭은 뤼티히(리에쥬) 주교에게 반환되고, 이탈리아의 폰차 섬은 파르마의 공작에게 양도되었다.

프랑스와 레오폴트 1세 독일제국 황제 및 독일제국 간의 조약에서 프랑스는 알자스와 슈트라스부르크(스트라스부르)를 제외한 모든 점령지역을 독일제국에게 반환했다. 슈트라스부르크는 <라슈타트 평화조약>(1714년 3월 6일, 스페인 계승전쟁을 끝낸 평화조약)에서 프랑스에 항구적으로 합병되었다. 슈트라스부르크 시민 중에서 프랑스의 신민이 되기를 원치 않는 자는 1년 이내에 이주해야 했다. 라인 강 세관 신설은 금지되었다. 라인팔츠(팔츠 선제후국)에 대한 엘리자베트 샤를로테(1652-1722, 루이 14세의 제수)의 상속권 요구는 - 그녀의 오빠 카를 2세(1651-1682) 팔츠 선제후는 후계 없이 1685년 사망했다 - 인노첸시오 12세(재위: 1691-1700) 교황의 결정에 맡기기로 했다. (라인) 팔츠의 상속과 관련한 판결을 위임받은 교황은 1685년 팔츠-짐메른가의 소멸 이후 짐메른가의 선제후 지위를 승계한 필립 빌헬름(1612-1690, 재위: 1685-1690) 선제후가 팔츠 선제후국(라인팔츠)을 보유하는 대신, 엘리자베트 샤를로테에게는 상속요구에 대한 보상으로 300,000스쿠디를 지불하도록 결정했다. 로트링엔(로렌) 공작 레오폴트(1679-1729, 재위: 1690-1679)는 아버지(카를 5세 공작) 대에 빼앗긴 낭시와 비치를 포함하여 1670년의 국경선을 기준으로 한 로트링엔 공작령을 프랑스로부터 반환받았다. 로트링엔 공작은 프랑스 군대가 그들의 요새로 접근하기 위해 로트링엔 통과가 불가피할 경우 사전신고와 통과비 지불을 전제조건으로 하여 공작령의 통과를 허락한다는데 합의했다.

레오폴트 1세(독일제국)와 루이 14세(프랑스) 간에 체결된 레이스베이크 평화조약 제4조는 <레이스베이크 조건>이었다. 즉 독일제국에 반환된 라인 강 좌안지역에서 가톨릭 종교가 고수되어야 한다는 프랑스의 요구가 레이스베이크 조약의 조건이었다. 다시 말해 1679년 이후 프랑스에 의해 재합병된 라인 강 좌안 지역은 가톨릭교가 도입되었기 때문에, 반환 이후에도 종교상의 변동이 있어서는 안 된다는 조건이 <레이스베이크 조건>이었다. 레이스베이크 조건은 <기준연도>(1624) 규정(오스나브뤼크 평화조약 5조)에 위배되었지만, 레이스베이크 평화조약은 비준되었다. 아우크스부르크 종교평화조약(1555) 체결 후 원칙적으로 각 제후는 종교결정권을 가졌고, 1648년의 오스나브뤼크 평화조약 제5조에서 1624년 1월 1일이 제후의 종교 결정권의 기준일로 확정되었다. 다시 말해 기준연도인 1624년 현재의 제후의 소속 신앙에 따라 그 나라의 종교가 결정되었다. 그러나 종교개혁이 기정사실화한 후부터는 기준연도는 소속 신앙과 연관된 재산의 소유권과 권리의 구분을 위한 기준으로도 사용되었다. 레이스베이크 조건은 1734년 카를 6세 황제에 의해 폐기될 때까지 유효했다.

레이스베이크 조건은 제후의 종교와 다수 주민의 종교가 일치하지 않는 제후국에서는 제후 측에 유리한 조건을 만들어주었다. 팔츠 계승전쟁 당시 프랑스에 점령되었던 선제후국 팔츠는 주민의 다수가 개혁교도(칼뱅교)이었지만, 요한 빌헬름(1658-1716, 재위: 1690-1716) 선제후의 종교는 부친 필립 빌헬름(재위: 1685-1690) 선제후와 마찬가지로 가톨릭이었다. 레이스베이크 조건을 통해 요한 빌헬름 선제후는 - 필립 빌헬름 선제후가 겪었던 어려움과는 달리 - 가톨릭교회와 가톨릭교회의 요구 및 권리들을 공식적으로 지원할 수 있게 되었다. 팔츠에서 가톨릭교회 지원은 이제 레이스베이크 조건이 요구한 가톨릭교의 '현 수준 보장'을 훨씬 뛰어넘는 수준이었다. 1698년 10월 26일 교회시설 공동사용권이 전면적으로 도입되어,

팔츠의 가톨릭교도는 모든 개신교(칼뱅교) 교회 시설 및 재산 이용권, 원래 개신교 교구 소유이었던 교회와 묘지 이용권을 계약에 의해 얻어냈다. 반대로 개신교도들에게는 가톨릭교회의 재산 이용권이 거부되었다. 그 후 1699년 6월에 행정위원회가 설립되어, 개신교 교구의 자율적인 교회 재산관리를 금지하고, 개신교의 교회재산관리를 제후의 감독 하에 두었다. 이 같은 조치로 인해 개신교 교회들은 군주의 통제에 종속되는 국면이 초래되었다.

레이스베이크 조약 체결 이후 알자스는 프랑스의 영토가 되었지만, 팔츠 계승전쟁의 결과는 프랑스에게 결코 유리하게 작용하지는 않았다. 프랑스는 알자스를 얻은 후, 다른 영토적 요구 사항들을 관철시킬 수 있는 기회를 상실했기 때문이었다. 팔츠 계승전쟁은 프랑스의 국가재정에 큰 부담을 주었고, 이전 전쟁(재산양도전쟁과 네덜란드 전쟁)에서 점령한 지역(재합병지역)에 대한 영유권 주장은 효력을 잃어버렸다. 프랑스는 국가재정을 복구할 시간적 여유가 거의 없었다. 그럴 것이 레이스베이크에서 평화조약을 체결한 지 3년 만에 스페인 국왕 카를로스 2세의 - 그는 합스부르크가의 마지막 스페인 국왕이었다 - 사망으로 인해 또 한 번의 큰 전쟁(스페인 계승전쟁)이 기다리고 있었기 때문이었다.

팔츠 계승전쟁으로 전쟁 참가국들이 모두 큰 피해를 입었다. 라오그 해전(1692년 5월 29일) 이후 프랑스 함대가 무력화되었고, 동맹국이었던 네덜란드도 큰 손실을 감수해야 했지만, 영국은 팔츠 계승전쟁에서 후일의 해상 주도권 장악을 위한 초석을 놓을 수 있었다. 레이스베이크 조약으로 팔츠 계승전쟁은 종식되었다. 그러나 오스트리아와 프랑스, 영국과 프랑스 간의 갈등의 골은 더 깊어졌다. 이들 국가 간의 역사적인 갈등과 경쟁은 스페인 왕위계승전쟁에서 다시 한 번 그 절정에 도달하게 된다. 1679년 님베겐(네이메헨) 평화조약 이후 프랑스는 자타가 공인한 유럽의 최강국으로 부상하였고, 그 위세를 앞세워 그들의 재합병 정책을 밀어붙였지만, 레이스베이크 평화조약 체결 이후 강력한 대항세력을 만나게 되었다. 바로 오스트리아와 영국이었다.

신성로마제국의 군제

　동부전선(터키전쟁)에서 서부전선(팔츠 계승전쟁)으로 전출되어 독일제국 군을 총지휘한 루트비히 빌헬름 바덴 변경백은 프랑스의 위협으로 부터 독일제국을 수호하기 위한 상설제국군의 필요성을 인식했다. 그는 독일제국군 최고지휘관으로서 얻은 교훈과 체험에서 6개 전부(全部) 독일제국직할관구, 즉 프랑스와 근접해 있거나, 국경을 공유한 남부 및 서부 독일의 6개 제국직할관구(오버라인 제국직할관구, 쿠르라인 제국직할관구, 프랑켄 제국직할관구, 오스트리아 제국직할관구, 바이에른 제국직할관구 및 슈바벤 제국직할관구)에 의해 편성, 유지될 독일제국 상비군 창설 계획을 세웠지만, 이 계획은 실천에 옮겨지지 않았다.

　제국군은 독일제국 내에서는 제국의회의 결의 혹은 황제의 칙령(예: 제국추방령)을 집행하는 수단이었고, 대외적으로는 제국방어 수단이었다. 제국군과 함께 황제군도 유사한 기능을 담당했지만, 황제군은 제국군과 달리 제국의회의 결의를 거치지 않고, 황제의 요청에 의해 단수 혹은 복수의 제후국 병력으로 편성, 동원되는 군대였다. 제국군의 정확한 규모, 제국군 유지에 필요한 재정의 크기와 조달 방법, 10개 독일제국직할관구의 병력 및 세금 분담 비율 등에 관한 세목이 제국의회 결의에 의해 확정된 문건을 제국대장(라이히스마트리켈)이라 부르며, 독일제국(신성로마제국)의 행정체계가 10개 제국직할관구로 분류된 이후, 처음으로 등장한 제국대장은 1521년 보름스 제국의회에서 결의된 이른바 〈보름스 대장〉이었다. 보름스 대장은 세속 제후들과 성직 제후들로 구성된 제국의회 의원 전원의 명단을 포함하고 있고, 보름스 대장에 확정된 병력 분담 및 재정 분담 비율은 1806년 신성로마제국이 끝날 때까지 제국군 편성을 위한 기준으로 적용되었기 때문에, 역사 연구에 귀중한 사료로 간주되고 있다.

남서부 독일의 6개 독일제국직할관구가 공동으로 편성하여, 운용한다는 - 루트비히 빌헬름의 - 독일제국 상비군 창설 계획은 1654년의 레겐스부르크 제국의회 결의와 1681년 레겐스부르크 제국의회에서 제정된 〈방어규정〉에 그 법적인 근거를 가지고 있었다. 1663년 〈상시 제국의회〉 제도가 도입될 때까지, 제국의회 회기 중 결의되어 황제에 의해 재가된 전체 결의사항은 - 황제와 제국의회 의원들 간의 계약 내지는 조약의 형식으로 - 회기가 종료된 후 제국의회 결의조례로 요약되어 공표되었으며, 1654년 5월 17일자로 공표된 조례가 마지막 결의조례였다. 1663년 상시 제국의회가 제도로 정착된 후, 제국의회 결의사항은 개별적으로 고지되었다. 1663년 이전의 제국의회는 제국직속도시와 주교구를 옮겨가면서 부정기적으로 소집되었고, 1655년부터 1662년까지는 제국의회가 소집되지 않았다. 상시 제국의회가 제도화된 1663년 이후 제국의회가 개최된 제국직속도시는 레겐스부르크로 고정되었다.

1654년 레겐스부르크 제국의회에서 베스트팔렌 평화조약이 법적 효력을 얻었고, 제국대법원은 새로운 규정을 가지게 되었다. 최종 제국의회 결의조례(1654)에서 특별한 의미를 가진 조항은 180조였다. 180조는 지역의회의 승인 없이도 요새와 수비대 유지를 위한 운영자금을 지역의회 의원들이 제후에게 조달할 의무를 규정했고, 이로써 상비군(밀레스 페르페투스) 설립의 법적인 근거가 마련되었다. 다시 말해 의회의 승인 없이 신민들에 의해 재정을 공급받는 상비군의 편성이 가능해진 것이었다. 1648년의 베스트팔렌 평화조약은 독일제국 제후들에게 광범위한 자율권을 보장함으로써 독일제국 황제의 권한을 약화, 분산시키는데 초점이 맞추어진 조약이었으며, 일종의 독일제국의 기본법으로 기능한 강제적인 국제조약이었다. 1648년 이후 제국제후들은 군사문제에서도 광범위한 자율권을 획득하였기 때문에, 전쟁의 위험이 발생하는 경우에도 1521년 보름스 제국의회가 승인한 이른바 〈보름스 대장〉에 확정된 수치(24,000명)를 초과하는 병력의 편성을 제국제후(제국의회의원)들에게 요구할 수 있는 법적인 근거가 황제에게는 없었다.

그러나 〈재산양도전쟁〉(1667/1668)과 〈네덜란드 전쟁〉(1672-1678)을 거치면서 독일제국은 라인 강 유역의 여러 지역들을 프랑스에게 빼앗겼다. 1679년부터 1681년까지 프랑스의 〈재합병지역〉으로 흡수된 독일제국 영토는 츠바이브뤼켄(되퐁), 비취, 펠덴츠, 슈폰하임, 홈부르크, 자르브뤼켄, 트리어, 룩셈부르크, 그리고 스페인령 네덜란드(합스부르크령 네덜란드)의 일부 등이었고, 아무런 법적 근거도 없이 1681년 9월 30일 제국직할시 슈트라스부르크(스트라스부르)도 프랑스에 병합되었다. 제국의 남서부 지역이 프랑스의 침공에 노출되는 동안, 동쪽 국경에서는 오스만 제국의 침공이 독일제국을 위협했기 때문에, 당시의 독일제국 황제 레오폴트 1세는 보름스 대장에서 확정된 제국군 전력으로서는 제국의 방어가 불가능하다고 판단하고, 새로운 방어규정(1681년의 방어규정)을 발의하여 독일제국의 군제 개혁을 시도했다.

1521년의 보름스 대장에 확정된 단순병력의 규모는 - 405명의 제국의회 의원(제국제후)에게 할당된 - 총병력 24,000명(기병 4,000명과 보병 2,0000명)으로 고정되어 있었지만, 1681년의 방어규정은 단순병력의 수를 40,000명(기병 12,000명, 보병 28,000명)으로 증강시키도록 규정했고, 독일제국의 모든 제후국들이 분담하여 충원해야 할 의무 병력의 배분은 신성로마제국의 10개 〈제국직할관구〉가 대행토록 규정했다. 병력을 보유하지 않은 소규모 제후국들은 병력의 편성 및 유지에 필요한 경비를 부담하는 조건으로 병력분담 의무를 병력보유 제후에게 위임할 수 있게 하였다. 그러나 제국직할관구 차원에서는 병력분담 의무의 위임이 허용되지 않았다. 제국직할관구 병력의 재정을 충당하기 위해서는 제국직할관구 전쟁기금이, 참모부의 유지를 위해서는 제국작전기금이 설립되었고, 제국대장을 보완하는 제국직할관구대장 제도를 추가 도입함으로써 분담병력 동원을 용이하게 했다.

1681년의 신방어규정이 제국 군제의 통일을 가져오지는 않았다. 다시 말해 남서부 독일에서는 이 새로운 방어규정으로 해서 제국직할관구 군제가 - 예컨대 1697년 1월 23일 5개 제국직할관구에 의해 체결된 〈프랑크푸르트 연합협정〉을 통해서 - 획일화되었지만, 북독일에서는 복수의 제국직할관구에 동시 소속된 단위부대들의 반대로 인해 제국직할관구의 독립적인 상비군 조직이 불가능했다.

24,000명(보름스 대장)에서 40,000명(1681년의 방어규정)으로 확대 편성할 수 있게 된 제국군 병력은 인구 비율 등을 감안하여 10개 제국직할관구가 다음과 같이 분담했다. 각 제국직할관구는 다시 제국직할관구 산하 제후국들로 하여금 동일한 기준을 적용하여 분담병력을 재할당했다. 물론 분담병력의 운영비는 제국직할관구 소속 제후들이 지불해야 했다.

	기병	보병
오스트리아 제국직할관구	2,522	5,507
부르군트 제국직할관구	1,321	2,708
쿠르라인 제국직할관구	600	2,707
프랑켄 제국직할관구	980	1,902
바이에른 제국직할관구	800	1,494
슈바벤 제국직할관구	1,321	2,707
오버라인 제국직할관구	491	2,853
니더라인-베스트팔렌 제국직할관구	1,321	2,708
오버작센 제국직할관구	1,322	2,707
니더작센 제국직할관구	1,322	2,707
합계	12,000	28,000

참고로 1521년의 〈보름스 대장〉에 의거, 제국군의 규모가 24,000명(기병 4,000, 보병 20,000명)이었을 때인, 1521년 바이에른 제국직할관구 소속 제후국이 분담한 병력의 수를 예로 들면, 바이에른 제국직할관구의 최대 세속 제후국인 바이에른 공국은 기병 60명과 보병 277명의 병력을, 바이에른 제국직할관구 내에서 규모가 가장 작은 오르텐부르크 제국직속 백작령은 보병 6명을 공급해야 했다. 그리고 독일제국 최대 성직 제후국 중의 하나인 잘츠부르크 대주교

구는 바이에른과 동수인 기병 60명과 보병 277명, 파사우 주교구는 기병 18명과 보병 78명, 베르히테스가덴 제국직속수도원 교구는 기병 2명과 보병 34명을 각각 분담해야 했다. 오스트리아의 대공과 부르군트의 공작은 각기 기병 120명과 보병 600명, 그리고 마인츠와 쾰른과 트리어의 대주교는 기병 60명과 보병 277명을 공급했다. 1521년 당시의 급료는 기병 1인 당 월 10굴덴(1542년 이후 12굴덴), 보병은 1인당 월 4굴덴이었음으로, 기병 4,000명의 월 급료는(1542년 이후) 월 48,000굴덴이었고, 보병 20,000명의 월 급료 총액은 80,000굴덴으로서, 24,000명의 월 총급료는 128,000굴덴이었다. 카를 5세의 황제 대관식을 위해 로마까지 황제를 따라 종군할 단순 병력 총수(24,000명)를 확정한 것이 1521년의 보름스 제국의회였고, 24,000명 병력의 동원과 관련한 일체의 규정을 보름스 대장이라 불렀으며, 보름스 대장은 중세기 신성로마제국의 기본법 역할을 했다.

1521년부터 1680년까지의 제국대장이었던 보름스 대장과 1681년의 방어규정에 의거하여 만들어진 제국대장은 제국의회 의원들의 병력분담 및 세금분담을 위한 근거가 되었다. 교황이 집전한 신성로마제국 황제 대관식 때 로마까지 황제를 수행한 종군병력에 대한 제국의회 의원들의 분담금 총액, 즉 종군병력의 월 급료 총액(128,000굴덴)에서 그 어원이 유래했기 때문에, 로마 종군병력(24,000명)의 월 급료 총액(128,000굴덴)은 '뢰머모나트'라 불렸고, 그 후 - 로마에서의 대관식 제도가 생략된 후 - 세금계산의 단위(1뢰머모나트=128,000굴덴)로 사용되었다. 참고로 로마에서 대관식을 가진 마지막 신성로마제국 황제는 프리드리히 3세(재위: 1440-1493)이었으며, 막시밀리안 1세(재위: 1493-1519) 황제 이후 황제(1508년 이후의 황제)는 '선출된 로마 황제'(엘렉투스 로마노룸 임페라토르)라 명명되었다. 1648년 베스트팔렌 평화조약에서 독일제국이 스웨덴 왕국에게 지불해야 했던 전쟁배상금 5,000,000탈러를 7개 제국직할관구(쿠르라인 제국직할관구, 프랑켄 제국직할관구, 슈바벤 제국직할관구, 오버라인 제국직할관구, 니더라인-베스트팔렌 제국직할관구, 오버작센 제국직할관구, 니더작센 제국직할관구)에 분담시킬 때도 이 계산 단위(뢰머모나트)가 사용되었다.

6개 남서부 독일제국 제국직할관구 연합군 창설 계획은 ― 모두에서 언급한 것처럼 ― 동부전선(터키전쟁) 및 서부전선(팔츠 계승전쟁) 제국군 최고지휘관을 두루 역임한 바덴 변경백 루트비히 빌헬름의 아이디어에서 나온 것이었다. 상설 제국군대를 창설하기 위해 법제화된 1681년의 방어규정은 지리적으로 프랑스의 위협에 노출되어 있던 남서부 독일에 위치한 제국직할관구들로부터는 긍정적인 반향을 불러일으켰다. 루트비히 빌헬름의 제의로 ― 상비군 보유 제국제후들의 반대에 맞서서, 초기에는 황제의 반대까지도 무릅쓰고 ― 슈바벤 제국직할관구, 프랑켄 제국직할관구, 그리고 라인 지역의 3개 제국직할관구(오버라인 제국직할관구, 니더라인-베스트팔렌 제국직할관구, 쿠르라인 제국직할관구) 대표가 1697년 1월 23일 프랑크푸르트에서 회동하여 체결한 〈프랑크푸르트 연합협정〉(Frankfurter Assoziationsrezess)을 근거로 한 군사동맹이 결성되었다. 프랑크푸르트 연합협정에서 6개 제국직할관구 연합군 창설계획이 5개 제국직할관구 연합군 규모로 축소된 것은 레오폴트 1세 황제의 반대로 오스트리아 제국직할관구가 참여하지 않았기 때문이었다. 프랑크푸르트 연합협정에 가입한 5개 제국직할관구는 평시 40,000명 규모의, 전시에는 60,000명으로 증원될 수 있는, 단일지휘체계 하의 연합군의 편성에 합의했다.

그러나 기대했던 오스트리아 제국직할관구가 프랑크푸르트 연합협정에 동참하지 않았고, 북독일의 상비군 보유 제후들, 특히 브란덴부르크 선제후 프리드리히 3세(동프로이센의 국왕으로서는 프리드리히 1세)의 견제로 연합군 편성은 실행에 옮겨지지 않았고, 1707년 루트비히 빌헬름 변경방백이 사망한 후 5개 독일직할관구 군사동맹(프랑크푸르트 연합협정)은 그 의미를 완전히 잃어버렸다. 병력보유 제후들과 레오폴트 1세 황제가 연합군 창설 계획에 반대한 것은 제국직할관구 연합군의 규모가 과도하게 컸을 뿐 아니라, 병력보유 제후들이 병력을 보유하지 않은 제후들에게 자국의 병력을 임대할 기회를 잃을 수 있기 때문이었다. 그리고 오스트리아가 브란덴부르크에 이어 두 번째로 큰 규모의 상비군 병력을 보유하고 있었던 것도 레오폴트 1세 황제의 반대 사유 중의 하나였을 것이다.

상비군을 보유할 능력이 없는 소규모 제후국들은 경비를 부담하는 조건으로 그들의 방어임무를 강대 제후국들에게 위임할 수 있도록 허용한 1681년의 방어규정은 실제로는 상비군 보유 제후들을 지원하는 법령이었다. 독일제국 선제후 중 유일하게 대선제후라 불린 프리드리히 빌헬름 브란덴부르크 선제후가 상비군 병력을 보유한 독일제국 최초의 제후이었다. 그는 1660년 약 8,000명의 상비군을 보유했는데, 그가 1688년 사망할 때까지, 브란덴부르크의 상비군의 수는 31,000명으로 확대되었다. 오스트리아 역시 1681년 이미 비교적 큰 규모의 상비군을 보유했다. 브란덴부르크와 오스트리아의 뒤를 이어 브라운슈바이크, 작센, 바이에른, 헤센-카셀, 작센-고타, 헤센-다름슈타트가 상비군을 조직했고, 그 뒤를 이어 마인츠, 쾰른, 뮌스터, 트리어, 뷔르츠부르크, 잘츠부르크 등의 성직 제후국들도 상비군을 보유했다. 뷔르템베르크는 의회의 저항에 부딪혀 스페인 계승전쟁 때 비로소 적지 않은 규모의 상비군 보유를 관철시킬 수 있었다.

오스트리아-오스만 제국 전쟁(터키전쟁)

러시아 다음으로 오스만 제국과 전쟁을 자주 치른 나라는 오스트리아이었다. 오스트리아는 1529년 오스만 제국의 1차 빈 공성전에서부터 1791년 시스토바 평화조약 체결을 끝으로 8차 터키전쟁의 대단원의 막이 내릴 때까지, 3세기에 걸쳐 오스만 제국과 모두 여덟 차례의 전쟁에 개입되었다. 1-4차 전쟁은 오스만 제국의 침략을 오스트리아가 일방적으로 방어한 전쟁이었고, 5차 전쟁 역시 오스만 제국군의 제2차 빈 공성으로부터 시작되었지만, 빈 점령에 실패한 후, 오스트리아군의 반격과 더불어 오스만 제국군이 후퇴를 시작했을 때, 터키전쟁의 양상은 완전히 반전되었다. 이슬람 문화권에 맞선 기독교문화권의 남동쪽 보루를 수호하는 것이 유럽역사가 오스트리아에게 부여한 임무였다고 후세의 사가들은 평했지만, 수도 빈이 2개월 동안 오스만 제국군의 포위공격을 받은 1683년 당시의 오스트리아 사람들에게는 우선 살아남는 일이 중요했다. 그러나 1683년 9월 12일 이후의 오스트리아의 터키전쟁은 방어전에서 공격전으로 그 성격이 완전히 수정되었다. 1683년 9월 12일 전투(칼렌베르크 전투)에서 오스만 제국 군대를 완벽하게 제압한 오스트리아는 16세기 이래 오스만 제국군이 점령해온 헝가리의 수복, 그리고 한 걸음 더 나아가 발칸 반도 점령에 터키전쟁의 목표를 두었다. 베네치아와 오스만 제국 간의 전쟁으로 시작된 6차 터키전쟁, 러시아와 오스만 제국 간의 전쟁으로 출발했던 7차 및 8차 터키전쟁에 오스트리아가 베네치아와 러시아의 동맹국 자격으로 참전한 것도 칼렌베르크 전투 이후의 전쟁목표와 유관했다.

1) 제1차 터키전쟁(1526-1555)

1526년 8월 29일 헝가리 왕국 군대는 모하치(헝가리, 크로아티아, 세르비아 3국 접경도시) 전투에서 발칸 반도를 제압하고 북서진한 쉴레이만 1세(1494경-1566, 재위: 1520-1566) 오스만 제국 황제 군대에 의해 치명적인 패배를 당했다. 약관의 루트비히(로요슈) 2세(1506-1526, 재위: 1516-1526) 헝가리 국왕이 전투에 패한 후, 피신 중 목숨을 잃었다. 루트비히 2세는 야기에우오 왕조 출신의 마지막 헝가리 및 뵈멘 국왕이었다. 그의 죽음과 더불어 헝가리와 뵈멘의 왕권은 야기에우오 왕가에서 합스부르크 왕가로 이양되었다. 헝가리 국왕이 사망한 하루 뒤, 남편을 잃은 왕비 마리아(1505-1558)와 헝가리 왕실은 오펜(부다의 옛 독일식 명칭)에서 프레스부르크(슬로바키아의 브라티슬라바)로 피난했다. 이 엄청난 결과를 초래한 1526년 8월 29일의 <모하치 전투>는 헝가리와 슬로바키아 역사에서는 중세와 근세를 가르는 경계로 간주된다.

1515년 빈에서 체결된 야기에우오 왕가와 합스부르크 왕가 간의 상호상속조약에 의거해 1526년 루트비히 2세가 후사 없이 사망한 후, 헝가리와 뵈멘의 통치권은 자동적으로 합스부르크가에 귀속되었다. 루트비히 2세의 왕비 마리아의 오빠인 페르디난트 1세 당시 오스트리아 대공(카를 5세 황제의 동생)이 1526년 12월 16일 프레스부르크에서 개최된 헝가리 의회에서 헝가리의 국왕에 선출됨으로써 상속절차는 법적으로 마무리되었다. 야기에우오 왕가의 블라디슬라프(부아디수아프) 2세(1456-1516, 재위: 1490-1516) 헝가리 및 뵈멘 국왕의 아들인 루트비히 2세는 태어나기도 전에 이미 막시밀리안 1세 신성로마제국 황제의 손녀(카스티야의 국왕이며 카를 5세와 페르디난트 1세 형제의 부친 필립 1세의 3녀) 마리아와 정혼이 되어 있었다. 막시밀리안 1세의 차손 페르디난트 1세(필립 1세의 차남) 대공과 블라디슬라프 2세의 딸 안나(1503-1547)의 결혼, 그리고 블라디슬라프 2세의 독자 루트비히 2세와 막시밀리안 1세의 손녀 마리아의 결혼이 확정된 것은 상속조약이 체결된

1515년이었고, 그들이 결혼한 해는 1521년과 1522년이었다.

야기에우오 왕가와 합스부르크 왕가의 인연은 블라디슬라프 2세의 부왕이자 루트비히 2세의 조부인 폴란드 국왕 카지미르 4세(1427-1492, 재위: 1447-1492) 때 이미 맺어졌다. 카지미르 4세의 왕비, 즉 블라디슬라프 2세의 모후(루트비히 2세의 조모)는 막시밀리안 1세의 8촌 누이인 합스부르크가의 대공녀 엘리자베트(1437-1505)이었다. 엘리자베트는 막시밀리안 1세의 재종숙인 알브레히트 2세(재위: 1438-1439) 독일국왕의 차녀였다. 이런 연고로 해서 블라디슬라프 2세는 합스부르크 왕가, 특히 막시밀리안 1세 황제에게 개인적으로, 정치적으로 크게 의존했었다.

1515년 헝가리 및 뵈멘의 계승에 관한 상호상속조약을 합스부르크가와 체결한 지 1년 만인 1516년 블라디슬라프 2세가 사망했고, 루트비히 2세의 나이는 10세에 불과했기 때문에, 과두정치체제가 헝가리의 통치권을 행사했다. 이 과두체제의 우두머리가 바로 요한 자포요, 즉 자포요 1세(1487-1540)였다. 그것이 인연이 되어, 자포요 1세는 1526년 10월 16일 헝가리가 합스부르크가에 상속되는데 반대하는 헝가리 민족주의자들에 의해 페르디난트 1세에 한 발 앞서 헝가리의 국왕에 추대되었다. 슬로바키아(1918년까지 헝가리 영토)에도 광대한 영지를 소유한 헝가리의 최대 부호 귀족 자포요 1세는 1526년부터 1540년까지 지벤뷔르겐(현재 루마니아 땅)의 제후를 겸했다. 자포요 1세와 페르디난트 1세, 두 명의 국왕 체제의 헝가리 왕국은 내전을 피할 수 없었다. 두 대립국왕 간의 전쟁은 1527년부터 1538년까지 지속되었다. 1526년 8월 29일 모하치 전투에서 헝가리 군대를 제압하고, 루트비히(라요슈) 2세 국왕을 제거한 쉴레이만 1세 오스만 제국 황제는 여세를 몰아 헝가리의 대부분과 크로아티아를 점령했다. 헝가리는 이때부터 1686년까지 오스만 제국의 지배를 받았다. 헝가리 왕국(합스부르크령 헝가리)이 오펜(부다)을 버리고 프레스부르크(브라티슬라바)로 피난한 후 부다는 오스만 제국군에 의해 약탈되었다. 부다를 불바다로 만든 술탄은 수비대 병력만 남겨두고, 베오그라드를 경유하여 일단 본국으로 철수했다. 3년 후인 1529년 4월 쉴레이만 1세는 이번에는 빈 점령을 목표로 하여 대군을 이끌고 콘스탄티노플(이스탄불)을 출발했다. 당시 오스트리아 군대는 북이탈리아에 발이 묶여 있을 때이었다. 오스트리아는 북이탈리아에서의 패권을 차지하기 위해 프랑스와 오래 전부터 전쟁을 벌이고 있었다. 이미 살펴보았지만, 합스부르크가의 독일제국 황제 카를 5세와 발루아가의 프랑수아 1세 프랑스 국왕 간의 4차에 걸친 전쟁은 1521년에 시작되었다.

페르디난트 1세 헝가리 국왕은 한편으로는 평화조약 체결과 정기적인 조공을 술탄에게 제의하여, 오스만 제국군의 침공을 지연시키려 시도했다. 다른 한 편으로는 1529년 4월 오스만 제국군에 의해 점령된 헝가리에서 벌어지고 있는 오스만 제국군의 만행을 슈파이어 제국의회에서 보고하여 제국의회의 지원을 유도하려 했으나, 신교 제후들의 동의를 구하는데 실패했다. 쉴레이만 1세와 동맹을 체결한 지벤뷔르겐 제후 겸 헝가리 국왕 요한 자포요 1세는 - 그는 신교도이었다 - 정치적으로는 물론이고, 종교적으로도 그의 대립국왕 페르디난트 1세의 반대자이었다. 쉴레이만 1세는 자신의 정치적 피후견인인 자포요 1세에게 헝가리 국왕 대관식을 베푼 후, 25만 명의 대군을 거느리고 합스부르크 제국의 수도 빈으로 진격했다. 그러나 빈 외곽에 진을 친후, 1529년 9월 21일부터 25일간이나 벌인 공성에도 불구하고 빈을 점령하지 못한 쉴레이만 1세는 1529년 10월 15일 빈에서 철수했다. 술탄이 자진해서 병력을 철수시킨 진정한 이유에 대한 기록은 남아있지 않지만, 동절기의 혹한을 피하기 위함이었을 것으로 추정된다. 1530년 빌헬름 폰 로겐도르프(1481~1541)가 지휘한 10,000명에 불과한 오스트리아군이 오펜(부다)을 탈환하기 위해 공성을 벌였으나, 압도적인 오스만 제국군과 지벤뷔르겐 동맹군에 밀려 지벤뷔르겐(자포요 1세)과 휴전협정을 체결하지 않을 수 없었다.

1529년의 실패를 만회하기 위해 쉴레이만 1세는 1532년 다시 한 번 오스트리아의 수도를 정복하려고 시도했다. 1532년 4월 25일 쉴레이만 1세 휘하의 오스만 제국군은 콘스탄티노플을 떠났다. 술탄은 카를 5세 황제를 야전에서 제압하려 했기 때문에, 공성용 중포는 가져오지 않았다. 오스트리아 국경 2km 전방의 헝가리 요새 도시 쾨세그를 점령하지 못한 이유는 공성용 중포가 없었기 때문이었다. 26일 동안의 공성에도 불구하고 쾨세그 요새의 점령에 실패한 후유증이 오스만 제국군의 내분(친위대, 즉 예니체리의 반란)으로 이어지자, 술탄은 쾨세그 점령은 물론이고, 전쟁의 목표(빈 점령) 그 자체를 변경해야 했다. 그 사이 오스만 제국군의 공격에 대비할 시간을 번 오스트리아군이 완벽한 방어태세를 갖추고 오스만제국군을 기다리고 있었기 때문이었다. 카를 5세 황제는 술탄의 빈 침공을 저지하기 위한 지원을 획득하기 위해 신교 동맹(슈말칼덴 동맹) 측과 타협했다. 그는 신교 동맹과 체결한 뉘른베르크 종교평화조약(1532년 7월 23일)에서 제국대법원에서 심리중인 종교문제와 관련된 재판을 중지하는 대가로 신교 제후들로부터 대 오스만 제국 전쟁에 필요한 지원을 확보할 수 있었다. 페르디난트 1세 헝가리 국왕은 이탈리아와 스페인과 네덜란드에서 지원한 병력을 포함해 총 80,000명의 전력을 동원하여 빈 근교의 바덴, 그라츠, 마르부르크(슬로베니아의 마리보르) 등지에서 오스만 제국군과 벌인 전투에서 패배한 후, 평화조약 체결을 강요받았다.

1533년 페르디난트 1세 헝가리 국왕과 쉴레이만 1세 오스만 제국 황제 간에 체결된 평화조약에서 후자는 중부 헝가리의 광대한 지역(지금의 헝가리 전체)을 오스만 제국에 편입시키고, 나머지 헝가리 영토의 지배자는 합스부르크가임을 인정했다. 그 후 합스부르크가가 지배한 헝가리는 헝가리 왕국이라 불렸다. 페르디난트 1세의 대립국왕으로서 지벤뷔르겐 제후인 자포요 1세는 이 평화조약에 반대하여 여러 차례 저항했지만, 결국 1538년 2월 24일 페르디난트 1세와 그로스바르다인(헝가리의 노디바로드, 현 루마니

_{아의 오라데아)}에서 자포요 1세와 평화조약을 체결했다. 이로써 1527년부터 계속된 두 헝가리 대립국왕과 그들의 추종자들 간의 헝가리 왕국을 차지하기 위한 헤게모니 전쟁은 일단 중지되었다. <그로스바르다인 평화조약>에서 페르디난트 1세는 자포요 1세의 생전에 한해서 그의 헝가리 국왕 자격을 인정하고, 자포요 1세가 사망할 경우, 그가 차지한 지역을 합스부르크가가 회수한다는 합의를 명문화시켰다.

그러나 1540년 자포요 1세가 사망한 후, 이 합의는 지켜지지 않았다. 1539년 결혼한 자포요 1세의 아내 - 지기스문트 1세(1467-1548, 재위: 1506-1548) 폴란드 국왕의 딸 - 이사벨라(1519-1559)가 자포요 1세(요한 자포요)의 후계자(요한 지기스문트 자포요, 즉 자포요 2세)를 출산했기 때문이었다. 참고로, 자포요 1세의 여동생 바르바라 자포요(1495-1515)는 지기스문트 1세의 첫 왕비였고, 이사벨라에게는 계모이었다. 이사벨라는 지기스문트 1세와 그의 두 번째 왕비 보나(1494-1557, 막시밀리안 1세 황제의 두 번째 부인이며 밀라노 공작 지안 갈레아초의 여동생 비앙카 마리아의 질녀)의 장녀였다. 자포요 1세는 - 그로스바르다인 평화조약의 합의를 깨고 - 갓 출생한 아들 자포요 2세에게 지벤뷔르겐 제후와 헝가리 국왕 자격을 물려주고, 2주일 후 사망했다. 갓난아기 자포요 2세는 헝가리 귀족들에 의해 또다시 페르디난트 1세의 대립국왕으로 인정되었다.

자포요 1세의 사망과 어린 자포요 2세(1540-1571, 재위: 1540-1570)의 즉위는 오스만 제국의 개입을 재차 야기했다. 쉴레이만 1세 술탄은 자포요 2세를 보호한다는 명분을 앞세워, 1541년 다시 헝가리를 침공하였다. 그는 술탄의 이름으로 1541년 5월 25일 자포요 2세를 지벤뷔르겐의 제후에 임명했다. 1541년 오스만 제국군은 오펜(부다)을 점령하고, 1543년까지 그란(에스테르곰), 슈툴바이센부르크(세케슈페헤르바르), 퓐프키르헨(페치) 등 중부 헝가리의 중요한 도시들을 차례로 점령하여, 오늘날의 헝가리 영토 거의 전체를 차지함으로써, 오스트리아와 국경을 공유하게 되었다. 1541년 중부 헝가리(지금의 헝가리)는 정식으로 술탄의 지배체제에 병합되어, 오스만 제국의 1개 주로 전락했다. 헝가리 왕국은 뵈멘 왕국과 함께 1526년 합스부르크가에 상속되었지만, 페르디난트 1세 헝가리 국왕의 실효적 지배지역은 이제 오스만 제국에 의해 점령되지 않은 헝가리(서슬로바키아, 중부슬로바키아, 부르겐란트, 크로아티아)에 국한되었다. 동슬로바키아와 지벤뷔르겐은 페르디난트 1세의 대립국왕 자포요 1세의 지배지역이었다. 합스부르크가가 헝가리 왕국 영토를 1526년의 수준으로 완전히 회복한 것은 5차 터키전쟁에서 오스만 제국군이 오스트리아군에 패해 헝가리에서 완전히 철수한 1687년 이후이었다. 1687년 8월 12일은 오스트리아군이 오스만 제국군과 헝가리 땅에서 벌인 마지막 전투(2차 모하치 전투) 날짜이다.

1918년 1차 대전에 패하기 이전까지의 헝가리의 영토는, 다시 말해 1526년 합스부르크가가 상속받은 헝가리 왕국은 오늘날의 헝가리, 현재의 오스트리아의 부르겐란트 주, 지벤뷔르겐, 슬로바키아 및 크로아티아 등을 포함했다. 그러나 지벤뷔르겐의 제후 자포요 1세가 헝가리 국왕에 선출되고, 중부 헝가리가 오스만 제국에 의해 점령된 후, 헝가리 왕국은 점령지의 크기 순서로 오스만 제국, 합스부르크가 및 지벤뷔르겐 제후에 - 자포요 2세의 지배지역은 1570년 합스부르크가에 반환되었다 - 의해 분할 지배되었다. 오스만 제국이 점령한 당시의 중부 헝가리는 오늘날의 헝가리 영토에 해당된다. 헝가리 왕국의 분단시대는 수도 부다페스트가 오스만 제국에 편입된 1541년부터 오스트리아군에 의해 헝가리 왕국의 영토가 1526년 이전의 수준으로 회복된 1687년까지 146년 동안 지속되었다. 오스만 제국이 헝가리를 침략한 후 합스부르크가가 상속받은 원래의 헝가리 왕국은 이제 지벤뷔르겐과 오스만 제국의 점령지역을 제외한 지역(오늘날의 오스트리아 부르겐란트 주, 동 슬로바키아를 제외한 슬로바키아 전체)으로 크게 축소되었다. 그럼에도 불구하고 오스만 제국은 헝가리 왕국(합스부르크령 헝가리)을 차지하기 위해, 그 후에도 네 차례나 오스트리아와의 전쟁을 불사했다.

오스만 제국의 보호령이 된 지벤뷔르겐의 제후는 이제 지벤뷔르겐을 통해 호시탐탐 합스부르크 제국의 약화를 도모한 그의 종주국 오스만 제국과 헝가리 왕국의 원상회복을 끊임없이 시도한 합스부르크 제국 사이에 끼어 독자적 생존 정책을 강구해야 했다. 지벤뷔르겐은 오스만 제국의 봉신국가로 머물면서, 내치의 자유는 얻었지만, 외교 및 군사 부문에서는 술탄의 통제를 받아야 했다. 의회에 의해 선출된 지벤뷔르겐 제후는 술탄의 승인을 받아야 했으며, 매년 종주국 오스만 제국에 조공을 바쳐야 했다.

합스부르크 왕가는 1526년 이후 헝가리 왕위를 보유했지만, 자포요 2세가 헝가리 왕위를 포기한 1570년까지는 두 명의 헝가리 국왕 시대를 감수해야 했다. 1547년 페르디난트 1세 헝가리 국왕과 오스만 제국 간에 체결된 휴전조약에서 페르디난트 1세 헝가리 국왕은 매년 30,000두카텐을 오스만 제국의 술탄에 지불할 의무를 지게 되었다. 1547년은 오스트리아가 오스만 제국의 술탄에게 조공을 바치기 시작한 해였다.

2) 제2차 터키전쟁(1566-1568)

독일제국 황제에 즉위하기 1년 전인 1563년에 헝가리 국왕에 먼저 즉위한 막시밀리안 2세(재위: 1564-1576)에게 가장 먼저 풀어야 할 숙제로 다가온 문제는 오스만 제국의 보호 하에 헝가리 왕국의 일부(지벤뷔르겐)를 실제로 지배하면서 헝가리 국왕 행세를 하고 있는, 자포요 2세(자포요 1세, 즉 요한 자포요의 아들 요한 지기스문트 자포요)의 처리 문제이었다. 자포요 2세는 1564년 페르디난트 1세(헝가리 국왕 겸 독일제국 황제)가 사망했을 때, 그 기회를 이용해 합스부르크가에 무력도발을 감행했다. 페르디난트 1세가 사망하기 1년 전 헝가리 국왕에 즉위한 막시밀리안 2세(페르디난트 1세의 장남)는 자포요 2세의 도발을 응징하기 위해 황제군을 지벤뷔르겐에 투입시켰다. 막시밀리안 2세의 대응은 오스만 제국의 직접적인 개입을 예상한 조치이었다. 라차루스 폰 슈벤디(1522-1584) 휘하의 황제군(오스트리아 군대)은 1565년 지벤뷔르겐과 오스만 제국령 헝가리 동북 지역의 토코이 요새와 세렌취 요새를 잇달아 점령했다. 황제군의 전력은 86,000명에 달했다. 1566년 봄 헝가리를 향해 출정한 90,000명의 오스만 제국군은 고령의 쉴레이만 1세가 직접 지휘했다. 막시밀리안 2세 황제도 두 동생(페르디난트 2세 대공과 카를 2세 대공)과 함께 직접 출전했고, 아우크스부르크 제국의회도 신속하게 2차 터키전쟁에 필요한 전비지원을 승인했다. 오스만 제국군이 이미 콘스탄티노플을 출발했다는 정보를 입수한 황제군은 1529년의 경험(오스만 제국의 1차 빈 공성)을 반복하지 않기 위해, 오스트리아 국경에서 멀지않은 라프(헝가리의 죄르)로 이동하여, 그곳에 방어진지를 구축한 후, 오스만 제국군을 기다렸다. 빈을 공격하기 위해서는 반드시 거쳐야 할 전략적 요충지가 라프(죄르)이었기 때문이었다. 그러나 쉴레이만 1세는 8월 초 헝가리 남쪽 국경도시 시게트바르에서 이미 발목이 잡혔다(시게트바르 전투 참조). 시게트바르 요새 공성 중 술탄은 사망했다. 그가 사망한 후 시게트바르 요새는 오스만 제국군에 의해 점령되었다. 술탄을 적지에서 잃은 오스만 제국군의 침공 작전의 전망은 밝아 보이지 않았지만, 막시밀리안 2세는 술탄의 사망을 전략적으로 이용할 수 있을 만한 능력이 없었다. 시게트바르 전투 현장에서 쉴레이만 1세의 뒤를 이어 즉위한 그의 3남 셀림 2세(1524-1574, 재위: 1566-1574)는 막시밀리안 2세를 평화협상에 끌어드렸다. 셀림 2세는 쉴레이만 1세와는 반대로 정치에도, 전쟁에도 관심이 없는 술탄이었다. 군사경계선 인근에서 소규모 전투는 계속되었지만, 시게트바르 전투 같은 격렬한 전투는 더 이상 발생하지 않았다.

셀림 2세와 막시밀리안 2세 황제 사이에 1568년 2월 17일 아드리아노펠(터키의 에디르네)에서 체결된 평화조약으로 2차 터키전쟁은 2년 만에 일단락되었다. <아드리아노펠 평화조약>에서 오스만 제국과 오스트리아와 지벤뷔르겐은 1568년 현재 기준의 헝가리 내의 영토권을 다시 한 번 상호 인정키로 했다. 다시 말해, 수도 오펜(부다)을 포함한 중부 헝가리(현재의 헝가리 영토)는 오스만 제국에 영구히 합병되었고, 슬로바키아를 포함한 서부 헝가리와 북부 헝가리는 합스부르크 제국에, 그리고 지벤뷔르겐은 헝가리 왕국으로부터 분리하여 오스만 제국의 보호령으로 인정되었다. 막시밀리안 2세 황제는 1547년에 합의된 매년 30,000두카텐의 전쟁배상금을 오스만 제국에 계속 지불할 의무를 지게 되었다. 8년 기한으로 체결된 아드리아노펠 평화조약은 - 그 사이에 군사경계선 지역에서 돌발적인 분쟁이 여러 차례 발생했음에도 불구하고 - 1576년, 1584년, 1592년 세 차례나 갱신 연장되면서 불안한 평화시대는 1593년 3차 터키전쟁이 발발할 때까지 25년 간 지속될 수 있었다.

쉴레이만 1세의 시게트바르 요새 공성

노령에다 통풍으로 인해 기동이 어려움에도 불구하고 쉴레이만 1세는 그의 생애의 마지막 출정에서 9만 명의 군대와 300문의 대포를 동원하여 합스부르크 제국의 최동단 요새인 시게트바르를 공성했다. 시게트바르는 황제군 산하 크로아티아 수비대가 방어한 합스부르크 제국 요새이었다. 그리고 시게트바르(헝가리 남부도시)는 헝가리를 거쳐 오스트리아로 가기 위해 오스만 제국군이 반드시 거쳐야 할 관문이었다. 1529년 오스만 제국군의 1차 빈 공성전에도 참전하여 빈 방어에 기여한 바 있는 니콜라우스 수비츠 즈린스키(1508~1566)가 지휘한 시게트바르 요새 수비대는 겨우 2,500명의 크로아티아 병력에 69문의 대포만 보유하고 있었다. 막시밀리안 2세 황제 휘하의 황제군 주력은 라프(죄르)에 진을 치고 오스만 제국군의 접근을 기다리고 있었기 때문에, 막시밀리안 2세 황제는 원군 파병의 결단을 내리지 못했다. 즈린스키는 소수의 방어병력으로 오스만 제국의 대군을 막아내야 했다. 쉴레이만 1세의 공성은 1566년 8월 6일에 시작되었다. 3일 후 크로아티아 수비대는 시게트바르의 신시가지를 포기하고, 구시가지로 철수했다. 8월 19일 시게트바르는 오스만 제국군에 의해 점령되었고, 수비대는 요새 안으로 철수하여, 그곳에서 침공군의 공격을 방어해야 했다. 술탄은 시게트바르 요새의 항복을 이끌어내기 위해 즈린스키에게 일리리아의 총독직과 보스니아의 소유권을 제의하는 한편, 이 제의를 거부할 경우 - 포로로 잡았다고 주장한 - 즈린스키의 외아들 유라이(게오르크)를 살해하겠다는 위협을 동시에 가해 왔다. 즈린스키는 쉴레이만 1세의 투항 제의를 거부하고, 9월 5일 살아남은 500명의 병력을 데리고 요새의 성탑 안으로 후퇴했다. 그 와중에서 9월 5일에서 6일로 가는 밤, 쉴레이만 1세 황제가 72세를 일기로 사망하는 이변이 발생했다. 46년 동안 군림한 쉴레이만 1세는 재위기간이 가장 길었던 술탄이었다. 공성군의 자중지란을 미연에 방지하고, 요새를 점령하기 위해 술탄의 죽음은 비밀에 부쳐졌다. 항복 대신 영웅적 죽음의 길을 택하기로 결심한 즈린스키는 9월 8일 연결교를 건너 적군이 장악하고 있는 외성으로 출격했다. 거의 모든 병사들은 다리 부근에서 전사했고, 즈린스키는 중상을 입은 채, 공성군의 포로가 되어 참수형을 당했다. 참수된 그의 유해는 차코베츠(자그레브 북쪽 90km)의 성 헬레나 수도원에 묻혔다. 페르디난트 1세 헝가리 국왕에 대한 반역죄로 기소된 한스 카치아너(1491-1539)라는 이름의 오스트리아군 하급지휘관이 오스만 제국 편으로 돌아 서서, 즈린스키를 술탄에게 투항하도록 회유하다가, 즈린스키에 의해 1539년 처형당한 사건이 있었는데, 즈린스키가 참수형을 당한 것은 이 사건에 대한 오스만 제국의 보복이었다고 한다. 카치아너는 페르디난트 1세의 대립국왕이었던 자포요 1세를 상대로 수차례 전투에 참가한 오스트리아군 지휘관이었지만, 그의 반역의 동기는 알려지지 않았다. 쉴레이만 1세가 사망했을 뿐 아니라, 시게트바르 요새 점령에 3만여 명의 사상자를 낸 오스만 제국군은 동절기 작전을 피하기 위해, 시게트바르를 점령한 후, 본국으로 철수했다. 평화조약(아드리아노펠 평화조약)은 1568년 쉴레이만 1세를 승계한 그의 3남 셀림 2세와 막시밀리안 2세 독일제국 황제 간에 체결되었다. 오스트리아-헝가리 군대가 시게트바르를 되찾은 것은 그로부터 123년 후인 1689년이었다.

즈린스키의 영웅적 죽음과 그의 황제에 대한 충성심은 후일 문학작품 속에서 재조명되었다. 니콜라우스 수비츠 즈린스키의 증손자이며 작가이기도 한, 증조부와 동명의 니콜라우스 즈린스키(1620-1664)는 1645/1646년 <시게트 요새의 함락>이라는 - 시게트바르는 크로아티아에서는 시게트라 부른다 - 라틴어 서사시를 썼다. 1812년에 초연된 희곡 <즈리니>는 - 즈리니는 즈린스키의 헝가리 식 표기이다 - 1813년 대 나폴레옹 전쟁에서 산화한 애국 청년시인 테오도르 쾨르너(1791-1813)의 작품이었다. 크로아티아 작곡가 이반 자이츠(1832-1914)가 쓴 오페라 <니콜라 수비츠 즈린스키>는 1876년 11월에 초연되었다. 터키 침략군과 맞선 크로아티아군의 영웅적인 항전과 합스부르크 제국의 배신을 내용으로 다루고 있는 이 오페라는 지금도 공연되는 레퍼토리이다.

3) 제3차 터키전쟁(1593-1615)

1568년에 체결된 8년 기한의 아드리아노펠 평화조약은 그 후 세 번이나 연장되었음에도 불구하고, 거의 해마다 크고 작은 오스만 제국군의 침략이 있었다. 1593년 6월 22일 중부 크로아티아의 시세크(크로아티아의 시사

ㅋ) 인근 요새에서 벌어진 전투 역시 거의 일상화되다시피한 오스만 제국군의 공격으로 출발했다. <시세크 전투>는 보스니아의 태수가 지휘한 오스만 제국 침략군과 이를 방어하기 위한 루프레히트 폰 에겐베르크(1546-1611) 오스트리아 장군 휘하의 크로아티아-오스트리아 연합군 간에 벌어진 전투이었다. 1593년 봄 오스만 제국군은 선전포고 없이 오스트리아의 군사경계선인 쿠파 강을 건넜다. 역사서에서는 시세크 전투에 투입된 오스만 제국의 전력이 크로아티아-오스트리아 연합군에 비해 6배정도 우세했다고 기술되고 있지만, 엘리트 부대는 그 중 극히 일부에 지나지 않았다. 시세크 요새는 쿠파 강과 사바 강의 합류지점이라는 위치의 중요성으로 인해 전략적으로 큰 의미를 지닌 군사요충지이었다. 크로아티아-오스트리아 연합군은 탁월한 협력을 통해 백중한 야전에서 압도적인 승리를 거두었다. 불패의 신화를 자랑하던 오스만 제국군은 시세크 전투에서 지휘관을 위시해 2만 명이 목숨을 잃었다.

시세크 전투는 크로아티아와 오스만 제국 간 군사경계선 지역의 힘의 균형을 바꾸어 놓을 정도로 황제군이 오스만 제국군에 승리한, 그것도 압승을 거둔 최초의 전투였다. 시세크 전투의 승리는 동시대의 선전에 크게 이용되었다. 크로아티아의 수도 자그레브 시의 상징물인 자그레브 대성당은 오늘날까지 시세크 전투 승리에 대한 감사의 표시로 매일 오후 2시에 타종한다고 한다.

시세크 전투 패배에 분노한 오스만 제국의 술탄 무라드 3세(1546-1595, 재위: 1574-1595, 셀림 2세의 장남)는 독일제국 황제 루돌프 2세(재위: 1576-1612)에게 3차 터키전쟁을 선포했다. '긴 터키전쟁'이라 부르기도 하는 3차 터키전쟁은 1593년에 시작되어 1615년까지 계속되었다. 그러나 오스트리아와의 전쟁과 동시에 페르시아와도 전쟁 중이었던 오스만 제국의 아흐메드 1세(1589경-1617, 재위: 1603-1617) 황제는 어느 한쪽과의 전쟁에 오스만 제국의 전력을 집중시키기 위해서는 사파비드 왕가(페르시아) 혹은 합스부르크 왕가(오스트리아)

와의 전쟁을 조기에 끝내어야 했다. 무라드 3세 재위기간에 시작된 오스만 제국과 사파비드 왕가 간의 전쟁(1578-1590)은 아바스 1세(1571-1629, 재위: 1558-1629) 페르시아 국왕과 아흐메드 1세 오스만 제국 황제 제위 시에도 계속되었다. 이 전쟁은 오스만 제국의 점령지역 승인, 오스만 제국 점령지역 내 시아파의 선전선동 활동 중단 및 페르시아 왕국 내 수니파 박해 중단 등을 약속한 - 아바스 1세 페르시아 국왕과 오스만 제국 간에 체결된 - 평화조약과 더불어 아흐메드 1세의 승리로 1590년 3월 21일 끝났다. 페르시아와의 전쟁에 국력을 소모한 오스만 제국은 전쟁이 끝난 후에도 여러 해 동안 동유럽 침공에 종전과 같은 수준의 관심을 기울이지 못했다. 루돌프 2세 황제 재위기간 중 벌어진 제3차 터키전쟁은 1606년 11월 11일 황제의 동생 마티아스 대공과 아흐메드 1세(1589-1617, 재위: 1603-1617) 사이에 체결된 <지트보토록 평화조약>으로 일단락되었다. '지트보'는 남슬로바키아의 강 이름이며, '토록'은 헝가리어로 하구라는 뜻이다.

전쟁으로 인해 변경된 군사경계선을 인정하는 선에서 3차 터키전쟁을 종식시킨 지트보토록 평화조약의 첫 번째 특징은, 오스만 제국의 술탄이 처음으로 합스부르크가의 독일황제를 헝가리의 국왕으로 인정했다는 사실에 있었다. 오스트리아는 중부 헝가리(지금의 헝가리)에 대한 오스만 제국의 영유권을 인정하고, 오스만 제국이 지지한 이슈트반(슈테판) 보치코이(1557-1606)를 지벤뷔르겐의 제후로 인정해야 했다. 신교도인 보치코이는 합스부르크가의 반종교개혁과 중앙집권주의에 저항하여 반란을 일으킨 인물로서 1605년 아흐메드 1세로부터 지벤뷔르겐을 오스만 제국의 봉토로 수령했다. 보치코이는 1606년 6월 23일 루돌프 2세 황제와 빈에서 평화조약을 체결하여, 헝가리의 신교도들에게 신앙의 자유를 쟁취해 낸 민족주의자였다. 헝가리 의회가 신교도를 박해한 루돌프 2세 황제를 헝가리의 국왕으로 인정하려 하지 않았기 때문에, 마티아스 대공이 형 루돌프

2세의 헝가리 왕권을 사실상 대행해 보치코이와 체결한 <빈 평화조약>에서 오스트리아는 헝가리 왕국(합스부르크 령 헝가리)의 베레그, 우고차, 소트마르 등의 주를 보치코이의 영지로 승인해야 했다. 그 외에도 보치코이는 빈 평화조약에서 헝가리의 의회의 권한을 강화시키고 외국인, 특히 독일인(오스트리아인)을 정치권력으로부터 배제시키는 합의들을 이끌어냈다. 보치코이는 부재 군주(헝가리 국왕)의 대리인으로서 의회에 의해 선출되는 - 1562년에 그 제도가 소멸된 - 팔라틴(궁중백)의 직책을 부활시키는데도 성공했다. 빈 평화조약은 오스트리아, 뵈멘 및 메렌 의회를 통해 보장되었다. 루돌프 2세 황제는 마티아스 대공에 의해 체결된 빈 평화조약을 마지못해 재가했다. 루돌프 2세는 동생인 마티아스 대공이 자신의 정치적 입지를 확보하기 위해 체결한 조약이라고 생각했기 때문에, 빈 평화조약 체결은 결국 <합스부르크가의 형제불화>의 원인으로 작용했다. 보치코이는 빈 평화조약을 성사시킨 그 해 12월에 사망했다.

지트보토록 평화조약의 두 번째 특징은, 1547년 이후 매년 술탄에게 납부해 온 오스트리아의 연례 배상금(30,000 두카텐) 조항이 200,000두카텐의 일괄지불과 더불어 삭제된 점이었다. 오스만 제국 측은 매년 오스트리아로부터 헌납받던 조공을 폐지한 조약이라 하여 지트보토록 평화조약을 술탄의 명성에 타격을 입힌 조약으로 받아드렸다. 루돌프 2세 황제는 지트보토록 평화조약의 비준에 매우 소극적인 태도를 보였다. 200,000두카텐이라는 거금을 한꺼번에 지불함으로써 국가재정이 고갈될 것을 염려한데다가, 동생인 마티아스 대공에 대한 개인적인 반감이 작용한 때문이었다. 그러나 더 큰 이유는 페르시아 국왕(아바스 1세)이 오스만 제국과의 전쟁을 계속해 주기를 루돌프 2세 독일황제에게 개인적으로 요청해 왔기 때문이었다. 그래서 루돌프 2세는 오스만 제국이 동시에 두 개의 전선에 집중하기 어려울 것이라고 판단했던 것이었다.

1611년 오스만 제국과의 전쟁이 재개되었지만, 지트보토록 평화조약의 갱신과 더불어 서둘러 진화되었다. 지벤뷔르겐의 지배자로 부상한 가보르(가브리엘) 베틀렌(1580-1629, 재위: 1613-1629)이 개입했기 때문이었다. 베틀렌은 뵈멘의 신교도 세력과 동맹을 맺어 도나우 강 이북의 합스부르크 령 헝가리를 점령하고 빈까지 진격했지만, 황제군의 저지로 회군했다. 1621년 니콜스부르크(체코의 미쿨로프) 평화조약에서 페르디난트 2세 황제는 베틀렌에게 그가 점령한 7개 북 헝가리의 주에 대한 섭정권을 위임해야 했다. 그는 오스트리아에게는 버거운 존재였다. 그는 1622년부터 1624년까지, 그리고 1626년에도 황제에게 적대적 행위를 보였다.

지트보토록 강화조약은 1616년과 1625년 두 차례 갱신 연장되었다. 1663년 오스만 제국 군대가 재침하기 전까지 오스트리아는 50년 가까운 기간 동안 터키전쟁으로부터 자유로웠다.

4) 제4차 터키전쟁(1663-1664)

4차 터키전쟁은 합스부르크 제국과 오스만 제국 사이에 벌어진 1년간의 군사충돌이었다. 4차 터키전쟁의 발단은 오스만 제국의 보호령인 지벤뷔르겐이 제공했다. 1648년 지벤뷔르겐의 제후가 된 게오르크 2세 라코치(라코치 최르지 2세, 1621-1660, 재위: 1648-1657)는 폴란드의 왕권을 쟁취하기 위한 계획을 세웠다. 이를 위해 그는 우크라이나 카자흐 족의 수장인 보흐단 흐멜니츠키(1595-1657), 그리고 몰도바의 제후 바실레 루푸(1595-1661, 재위: 1634-1653) 및 왈라키아의 제후 마테이 바사라브(재위: 1632-1654) 등과 동맹을 체결했다. 1657년 1월 스웨덴 국왕 카를 10세 구스타브(1622-1660, 재위: 1654-1660)가 스웨덴의 왕위 계승권을 요구한 폴란드의 요한 2세 카지미르(1609-1672, 재위: 1648-1668) 국왕을 제압하기 위해 폴란드를 침공했을 때, 라코치는 폴란드의 왕권을 찬탈하기 위해 4만 명의 지베뷔르겐-카자흐 동맹군을 진두지휘하여 카를 10세를 지원했다. 라코치는 폴란드를 침공하여 여러 지역을 초토화시켰으나, 그의 정치적인 목표는 이루지 못했다. 폴란드의 왕위는 고사하고, 라코치 자신도 통제할 수 없었던 지베뷔르겐-카자흐 다국적군의 잔인성은 침략자들에 대한 폴란드인들의 저항과 특히 라코치 개인에 대한 증오심을 크게 촉발시켰다. 더군다나 라코치는 그가 동맹을 체결한 우크라이나의 카자흐 족과 몰도바와 왈라키아가 오스만 제국의 적이었던 사실을 간과했다.

라코치는 크라카우(크라쿠프)에서 스웨덴군과 합류하여, 1657년 7월 2일 브레스트, 7월 16일 바르샤바를 점령했지만, 그의 동맹국들이 폴란드에서 철수했을 때, 그의 계획은 순식간에 무너졌다. 지베뷔르겐-카자흐 동맹군의 전초부대와 보급부대는 1657년 7월 20일 차르니 오스트루프(포돌리아의 소읍)에서 벌어진 전투에서 - 당시 폴란드 영토이었던 포돌리아는 남서부 우크라이나와 북서부 몰도바에 걸친 역사적 지명이었다 - 폴란드 군대에 의해 포위되어 참패당했다. 보급부대를 잃고, 카자흐 족 병사들이 도주함으로써 라코치는 항복하지 않을 수 없었다. 1657년 7월 21일부터 23일까지 진행된 폴란드와의 평화협상에서 그는 스웨덴과의 동맹을 해지하고 폴란드에게 전쟁배상금 지불과 점령지역 반환을 약속하고 철군했다. 그러나 철군 중 라코치는 오스만 제국의 보호령인 크림타타르 군대의 공격을 받았다. 라코치의 지벤뷔르겐 군대는 타타르 병사들에 의해 죽임을 당하거나, 크림 반도로 납치되었다. 소수의 병력과 함께 생환한 라코치는 오스만 제국의 압력을 받은 의회에 의해 1657년 11월 3일 제후직을 박탈당했다. 오스만 제국 황제의 재가 없이 폴란드 출정을 감행했을 뿐 아니라, 오스만 제국의 적들과 동맹을 체결했기 때문이었다. 그는 1658년과 1660년 사이에 제후직을 다시 회복하려고 시도했으나, 성공하지 못했다. 지벤뷔르겐은 제후직을 둘러싸고 내전에 휩싸이게 되었다. 그 과정에서 오스만 제국 군대가 개입하여 지벤뷔르겐을 철저히 황폐화시켰다. 라코치는 1660년 5월 22일 오스만 제국 대재상 쾨프륄뤼 메흐메드(1580경-1661) 휘하의 오스만 제국군과 벌인 전투에서 입은 부상으로 그 해 6월 7일 사망했다.

라코치가 사망한 후, 라코치 휘하의 군사령관 요한 케메니(케메니 야노슈, 1607-1662)가 1661년 라코치를 승계했으나, 오스만 제국이 지벤뷔르겐 제후에 임명한 미하엘 1세 아파피(1632-1690)와 계승분쟁에 휘말리게 되었다. 케메니는 1657년 라코치의 폴란드 원정을 수행했다가, 타타르 부대에 의해 사로잡혀 2년간 크림 반도에서 포로생활을 겪은 후, 라코치가 사망하기 직전에 귀환한 인물이었다. 오스트리아의 지원을 받은 요한 케메니와 술탄이 임명한 미하엘 1세 아파피 간에 내전이 발생했다. 1662년 1월 23일 케메니가 아파피를 지원한 오스만 제국군과의 전투에서 목숨을 잃은 후, 아파피 1세가 라코치 이후의 지벤뷔르겐 제후가 되었다. 아파피 1세가 공식적으로 지벤뷔르겐 제후에 즉위하자, 오스트리아 군대가 지벤뷔르겐을 침공했고, 이것이 오스만 제국에게 4차 터키전쟁의 빌미를 제공했다.

2차 터키전쟁(1566-1568) 당시 시게트바르 전투(1566년 8월 6일-9월 8일)에서 오스만 제국군에 의해 처형된 황제군 수비대장 니콜라우스 수비츠 즈린스키와 이름이 같은, 그의 증손자이며 시인이며 크로아티아의 총독 니콜라우스 즈린스키(1620-1664)는 터키전쟁의 재발에 대비해 1661년 사비를 들여 전략적 요충지인 무르 강과 드라우(드라바) 강 합류지점에 요새를 건설했다. 즈린스키가의 이름을 붙여 노이즈린(크로아티아어로 노비즈린)이라 명명한 이 요새를 근거지로 하여 즈린스키는 오스만 제국령 헝가리를 여러 차례 침범하였다. 즈린스키가 지휘한 크로아티아 군대의 오스만 제국 점령지 (현재의 헝가리) 침범 사건과 황제군의 지벤뷔르겐 침공은 마침내 1615년 이후 가장 큰 전쟁(4차 터키전쟁)으로 발전했다.

즈린스키는 동명의 증조부와 마찬가지로 합스부르크 왕가에 대해 애증을 동시에 가지고 있던 크로아티아의 애국지사였다. 크로아티아는 오스만 제국이 오스트리아를 침공하기 위해 반드시 거쳐야하는 전략적 통과지역이었기 때문에, 빈의 중앙정부의 입장에서는 제국의 최동단 지역인 크로아티아에서부터 대 오스만 제국 방어선을 구축해야 했다. 그리고 크로아티아의 입장에서는 술탄의 침략으로부터 크로아티아를 수호하기 위해서는 헝가리 왕국(합스부르크령 헝가리)과 오스트리아의 군사지원이 반드시 필요했다. 그럼에도 불구하고 즈린스키는 크로아티아 민족주의자들의 선두에 서서 레오폴트 1세 황제의 절대주의적 중앙집권주의 정책에 항거했다. 그는 황제군이 허약하기 때문에, 오스만 제국 침략군을 헝가리에서 몰아내기 위해서는 독자적인 헝가리 왕국 군대의 창설이 필요함을 역설했다. 그가 프랑스와 협상을 했다는 사실이 알려진 후, 그의 팔라틴(궁중백) 선출이 무산되었다.

그러나 4차 터키전쟁이 1663년 실제로 발발했을 때, 즈린스키는 오스만 제국군이 수비시설을 강화한 오시예크(독일명 에세크)의 드라바 강 다리를 점령함으로써 오스만 제국군의 서진을 지연시키는데 기여했다. 그러나 증조부 즈린스키가 그러했던 것처럼, 그는 그 후 라이문트 몬테쿠콜리(30년 전쟁, 터키전쟁, 재산양도전쟁 등에 참전한 오스트리아의 군사이론가, 전쟁사가) 장군 휘하의 오스트리아 주력군의 지원을 충분히 받지 못했다. 1566년 증조부(니콜라우스 수비츠 즈린스키)는 시게트바르 요새를 사수하라는 황제의 명령을 수행하기 위해 오스만 제국의 공성군과 맞서 싸우다가 목숨을 잃었지만, 황제군의 지원은 받지 못했었다. 오시예크는 크로아티아의 4대 도시로서 빈으로 진출하기 위해서는 이곳에서 드라바 강(도나우 강 지류)의 교량을 건너야 했다. 드라바 강을 건넌 오스만 제국 군대가 오스트리아 국경을 향해 진군했을 때, 즈린스키는 슈타이어마르크의 경계선까지 철수해야 했다. 1664년 오스만 제국 침략군의 점령지역을 인정한 평화조약에 레오폴트 1세 황제가 서명했을 때, 즈린스키는 평화조약에 반대한 헝가리 고위 귀족 중 한 사람이었다. 합스부르크 제국 황제에 대한 즈린스키 가의 충성심과 배신감은 이미 서사시(증손자 즈린스키 작)와 희곡(테오도르 쾨르너 작)과 오페라(이반 자이츠 작) 등 다양한 문학 장르의 모티브로 등장한 바 있다.

1663년 오스만 제국의 신임 대재상 쾨프륄뤼 아흐메드(1635-1676)는 10만 명이 넘는 대군을 동원하여 헝가리 왕국(합스부르크 령 헝가리)을 침범하여, 9월에 노이호이젤(남슬로바키아의 노베잠키) 요새를 점령했다. 노이호이젤을 빼앗긴 것은 오스트리아 침공을 위한 교두보를 오스만 제국 군대에게 넘긴 것을 의미했다. 황제군 최고지휘관 몬테쿠콜리 백작은 오스만 제국의 십만 대군에 대적할 전력으로 12,000명에 불과한 황제군 정규부대와 니콜라우스 즈린스키가 지휘한 헝가리-크로아티아 혼성부대 15,000명만을 장악한 상태에 있었다. 재앙에 가까운 전력의 열세에 직면한 레오폴트 1세 황제는 1663년 독일제국의 제후들과 제국의회, 그리고 다른 유럽 국가에 도움을 요청했다.

노이호이젤 요새가 함락되고, 메렌의 깊숙한 지역까지 오스만 제국군에 의한 방화와 약탈 행위가 무차별적으로 자행되었을 때, 레오폴트 1세 황제는 마침내 유럽 차원의 지원을 이끌어 낼 수 있었다. 바이에른과 브란덴부르크와 작센이 파병에 동의했고, 레겐스부르크 제국의회는 30,000명 규모의 제국군 동원을 가결했다. 심지어 합스부르크 왕가와는 앙숙지간이었지만, 1658년의 <라인 동맹>(알리앙스 드 렝)을 설계한 장본인인 부르봉가의 프랑스 국왕 루이 14세도 6,000명의 지원군을 파병하였다. 레오폴트 1세의 독일황제 즉위와 때를 맞추어 체결된 이 조약(라인 동맹)은 독일제국 황제(페르디난트 3세)가 1648년 베스트팔렌 평화조약에서 이미 약속한 내용을 - 즉 프랑스-스페인 전쟁 불개입 및 프랑스에 양도된 합스부르크 가의 영토에 대한 영유권 제기 포기 등을 - 재확인할 목적으로 체결된 조약이었다. 프랑스는 반대급부로 독일제국을 공격하지 아니 하고, 독일제국의 적대국에게 원조를 제공하지 않을 의무를 졌기 때문에, 독일제국 차원에서 벌이고 있는 터키전쟁을 외면할 명분이 프랑스 국왕에게는 없었다. 그러나 루이 14세는 지원군 파병과 동시에 오스만 제국의 술탄에게 콘스탄티노플 주재 자국 공사를 통해 프랑스군 파병에 대해 양해를 구하고, 파병부대 사령관인 장 드 콜리니-잘리니(1617-1686)에게 부대를 가능한 한 아끼라는 비밀지시를 내렸다고 한다.

1664년 초 황제동맹군은 3개 군(중앙군, 남군, 북군)으로 편성되었다. 크로아티아 및 헝가리 출신의 17,000명으로 구성된 무르군, 즉 남군은 - 무르강은 드라우(드라바) 강과 합류하여 도나우 강을 만나 흑해로 유입된다 - 크로아티아 총독 니콜라우스 즈린스키의 지휘 하에 남쪽에서 오스만 제국군을 공략했다. 총사령관 몬테쿠콜리 백작이 지휘한 동맹군의 주력군 28,500명은 양군(남군과 북군)의 중앙에서 전투를 주도했으며, 프랑스 출신의 오스트리아 장군 장 루이 라뒤 드 수셰(1608-1682)는 북서 헝가리에서 8,500명의 북군을 지휘했다. 12,500명은 예비대이었다.

황제 동맹군은 예비대 병력을 제외하고 약 54,000명의 전력을 장악했지만, 이들은 동질적인 집단이 아니었다. 서로 다른 동맹군 부대 사령관 사이에 의견차이가 계속해서 발생했기 때문에, 군 간의 일관성을 유지하기 위해 외교관 출신의 몬테쿠콜리 사령관은 자신의 외교 역량을 발휘해야 했다. 오시예크 다리 점령 전투에 지원군을 보내지 않은 일로 인해 남군 지휘관 즈린스키와 총사령관 몬테쿠콜리 간의 감정은 전쟁 진행과정에서 악화되었다.

1664년 1월 즈린스키 휘하의 남군은 오스만 제국 점령지역으로 침투하여 오시예크의 드라바 강 교량을 파괴했다. 그러나 몬테쿠콜리의 작전계획대로 노디코니조 요새를 점령하는 데는 성공하지 못했다. 4월 말 시작한 노디코니조 요새 공성은 6월에 중단되어야 했다. 쾨프륄뤼 오스만 제국 대재상이 노이호이젤에 주둔한 병력을 동원하여 즈린스키의 공성군을 물리쳤기 때문이었다. 즈린스키는 노이즈린으로 이동하여 그곳 요새를 탈환했다. 그러나 노이즈린 요새를 성공적으로 방어하기에는 그의 남군은 역부족이었고, 몬테쿠콜리는 이들에게 원병 파병을 거부했다. 니콜라우스 즈린스키는 노이즈린 요새가 함락된 책임을 황제군 총사령관 몬테쿠콜리에게 돌리고, 평화조약이 체결된 후에는 헝가리 귀족반란의 선봉에 서게 되었다. 무르 강과 드라바 강의 합류지점에 위치한 노이즈린 요새의 전략적 가치를 모를 리 없는 몬테쿠콜리 사령관이 원군 파병을 거부한 것을 즈린스키는 용서할 수가 없었던 것이었다. 더구나 언급했듯이 노이즈린 요새는 1661년 오스만 제국의 침략을 방어하기 위해 즈린스키가 자비로 건설한 요새였다.

오스만 제국의 주력군은 노이즈린 요새를 점령한 후, 빈 방향으로 공격의 루트를 잡았지만, 동 슈타이어마르크의 라바 강 유역에 위치한 모거스도르프 마을과 장크트 고트하르트의 시토 교단 수도원 사이에서 몬테쿠콜리가 지휘한 황제 동맹군 주력부대에 의해 발목이 잡혔다. 1664년 8월 1일 발생한 전투는 놀랍게도 황제군의 승리로 끝이 났다. 초기전투는 오스만 제국군에 유리하게 전개되었지만, 요한 폰 슈포르크(1600~1679) 백작이 지휘한 황제군 경기병 부대의 역공으로 오스만 제국군은 괴멸되었다. 쾨프륄뤼 대재상이 지휘한 오스만 제국군은 홍수로 범람한 라바 강에 빠져 목숨을 잃은 사람이 부지기수였다. 장크트 고트하르트 전투의 인명손실을 비교하면, 오스만 제국 측은 약 12,000명이 전사했고, 황제군의 피해는 1,000명에 그쳤다. 북 헝가리 전선에서도 수세 장군 휘하의 황제동맹군 북군은 소규모 전투에서 착실히 승리를 거두고 있었다.

<장크트 고트하르트 전투> 혹은 <모거스도르프 전투>(1664년 8월 1일)가 오스트리아의 승리로 끝난 지 9일 만에 아이젠부르크(오스트리아 국경에 가까운 서부 헝가리의 소도시 보스바르)의 오스만 제국군 야영지에서 오스만 제국의 무라드 4세 황제와 레오폴트 1세 독일제국 황제 사이에 20년 기한의 평화조약이 체결되었다. 전투를 대승으로 장식한 오스트리아는 승자의 입장을

<아이젠부르크 평화조약>에 반영시키지 못했다. 오스트리아는 노이호이젤(노베장키)과 그로스바르다인(노디바로드), 그리고 네오그라드(노그라드)를 포함하여 오스만 제국 점령지역 일체를 오스만 제국의 영토로 인정했다. 그리고 지벤뷔르겐으로부터 군대를 철수시키고, 오스만 제국이 지지한 미하엘(미할리) 1세 아파피를 사망한 지벤뷔르겐 제후 게오르크 2세 라코치의 계승자로 인정함과 동시에 지벤뷔르겐을 아파피에게 반환했다. 그 후 1683년까지 아파피는 술탄에게 충성을 바쳤다. 오스트리아와 오스만 제국은, 오스트리아와 오스만제국, 그리고 지벤뷔르겐이 나누어 점령해 온 헝가리의 영토에 대한 기존 통치권을 재확인했고, 오스트리아는 지벤뷔르겐에 대한 오스만 제국의 영향력 행사를 인정했다. 오스만 제국이 점령한 노이즈린 요새는 철거하기로 합의했고, 1547년 이후 오스트리아가 오스만 제국에 매년 지불해 온 배상금 30,000굴덴에 대한 조항은, 200,000굴덴에 해당하는 선물을 합스부르크 제국 황제와 오스만 제국의 술탄이 일회적으로 교환하는 것으로 그 내용이 바뀌면서 삭제되었다. 아이젠부르크(보스바르) 평화조약은 패전국의 요구가 모두 관철된 매우 특이한 조약이었다. 아이젠부르크 평화조약 체결과 더불어 오스만 제국은 헝가리 땅에 역사상 가장 큰 영토를 보유하게 되었다.

크로아티아 귀족들과 헝가리 귀족들은 아이젠부르크(보스바르) 평화조약을 치욕의 평화조약이라 간주했다. 왜냐하면 전투에 승리한 측이 영토상의 이익을 전혀 취하지 못한 조약이기 때문이었다. 특히 헝가리 귀족들의 레오폴트 1세 황제에 대한 실망은 컸다. 합스부르크 제국의 황제는 동시에 헝가리의 국왕으로서 헝가리를 오스만 제국의 침략으로부터 해방시킬 의무가 있다고 그들은 생각했기 때문이었다.

합스부르크 왕실의 시각에서 보면 레오폴트 1세 황제에게는 다른 선택의 여지가 없었다. 국가 재정이 잦은 전쟁으로 고갈되었고, 오스만 제국 육군의 전투력은 - 모거스도르프 전투 패배에도 불구하고 - 여전히 막강했기 때문이었다. 거기에다 또 루이 14세의 팽창주의 정책에 대비하여 서부전선 방어를 강화하기 위해서도 오스만 제국과의 신속한 관계개선을 통해 동부전선을 안정시키는 일이 급선무이었다. 오스만 제국이 합스부르크 제국의 동쪽 경계선을 위협했듯이, 프랑스는 신성로마제국의 서쪽 경계선을 항시 위협했기 때문에, 빈의 중앙정부의 입장에서 판단할 때, 프랑스의 위협이 오스만 제국의 그것보다 과소평가될 수가 없었다. 더욱이 라인 강 좌우에는 오스트리아의 역외 영토(전부오스트리아)가 산재해 있었다. 그럼에도 불구하고 4차 터키전쟁(1663-1664)의 시점에서 보면 상황이 합스부르크가에 결코 불리하지 않았다. 소수의 병력이지만, 프랑스가 파병한 병력(6,000명)이 황제군에 포함되어 있었기 때문에, 서부전선에서 프랑스가 도발할 가능성은 당분간 크지 않았다. 프랑스와 합스부르크가 간의 새로운 전쟁(재산양도전쟁)은 1667년에 발생했다.

헝가리 귀족들은 지배권력(합스부르크가)의 중앙집권화 정책과 반종교개혁 정책에 반발했다. 아이젠부르크(보스바르) 평화조약이 오스만 제국의 점령지역을 인정함으로써 헝가리의 귀족들은 영지를 크게 상실했고, 그에 따라 그들의 영향력도 크게 약화되었다. 그들은 이제 오스트리아의 중앙집권주의 정책 때문에 그들의 독립성이 위협을 받고 있음을 인식하게 되었다. 크로아티아 및 헝가리 귀족들은 반 합스부르크 귀족반란 모의를 통해 아이젠부르크 평화조약에 저항했다. 그들은 목적을 달성하기 위해 심지어 프랑스와 오스만 제국으로부터의 지원도 모색하기 시작했다.

5) 제5차 터키전쟁(1683-1699)

오스만 제국의 제2차 빈 공성과 오이겐 공의 등장

네 차례에 걸친 침략전쟁(1526-1555, 1566-1568, 1593-1615, 1663-1664)을 일으키면서 오스만 제국의 팽창주의 정책은 절정에 달했다. 1526년 이전의 옛 헝가리 왕국의 영토 대부분은 오스만 제국의 통제 하에 들어가 있었다. 그들이 점령한 중부 헝가리(현재의 헝가리 영토)는 술탄이 직접 통치한 지역이었고, 지벤뷔르겐은 오스만 제국의 보호령이었다. 오스만 제국에 예속된 지역들은 매년 술탄에게 재화와 병력을 조공으로 바쳐야 했다. 이 시기에 터키인들이 '황금 사과'라 탐을 냈던 빈은 오스만 제국령 헝가리에서 지척의 거리에 있었다. 당시 오스만 제국령 헝가리의 수도는 부다페스트이었고, 합스부르크령 헝가리, 다시 말해 헝가리 왕국의 수도는 프레스부르크(브라티슬라바)였다.

1672년 오스만 제국 군대는 당시 폴란드가 지배한 우크라이나와 폴란드-리투아니아 왕국을 - 폴란드 왕국과 리투아니아 대공국은 1569년부터 정합국 형식의 국가연합이었다가, 1795년 폴란드 3차분할 시 리투아니아 대공국은 러시아에 귀속되었다 - 습격하여 카미에니에츠 포돌스키(우크라이나의 흐밀니츠키)를 점령하고, 갈리치아의 렘베르크(우크라이나의 리비우)까지 진격했다. 내분으로 찢어지고, 특히 '피의 대홍수'로 불린 1650년대 및 1660년대 전쟁(스웨덴-폴란드 전쟁 및 러시아-폴란드 전쟁)을 통해 군사적으로 현저히 약화된 폴란드-리투아니아 왕국은 1672년 10월 18일 부차츠에서 오스만 제국과 예비평화조약을 체결했다. <부차츠 조약>에서 폴란드는 드네프르 강 우안 지역의 우크라이나 땅을 오스만 제국의 봉신인 페트로 도로셴코(1627-1698) 사령관 휘하의 카자흐 족에게 양여해야 했다. 추가로 폴란드는 매년 오스만 제국에 조공을 바쳐야 했다.

그러나 폴란드 제국의회(세임)가 부차츠 조약의 비준을 거부하자, 휴전에 들어갔던 전쟁이 재개되었다. 1년 후(1673) 요한(얀) 3세 소비에스키 사령관 - 1674년부터 폴란드 국왕 - 휘하의 폴란드 군대는 오스만 제국 군대를 호틴 전투에서 격파했다. 그러나 몇 주일이 지나, 카라 무스타파

(1634/35-1683, 메흐메드 4세의 대재상) 대재상이 지휘한 오스만 제국군이 다시 폴란드에 나타났다. 오스만 제국과 폴란드 간의 전쟁(1672-1676)은 1676년 10월 17일 <주라브노 휴전조약>으로 끝을 보았다. 주라브노(우크라이나의 서부도시) 조약에서 오스만 제국은 카미에니에츠 포돌스키를 포함한 포돌리아에 대한 통치권을 획득했고, 폴란드는 드네프르 강 우안지역의 우크라이나를 회수했다. 그러나 폴란드가 오스만 제국에 의해 점령된 자국 영토를 모두 되찾은 것은 오스만 제국이 5차 오스트리아 침공전쟁에서 패한 후 1699년 오스트리아 및 오스트리아의 동맹국(폴란드와 베네치아)들과 체결한 <카를로비츠 평화조약>(1699년 1월 26일)에서였다.

1674년에 즉위한 요한(얀) 3세 소비에스키(1629-1696, 재위: 1674-1696) 폴란드 국왕은 오스만 제국과 벌인 전쟁의 체험에서 폴란드의 남부도시 크라쿠프가 오스만 제국의 점령 대상 도시가 될 위험에 항시 노출되어 있다는 사실을 숙지하고 있었다. 이와 같은 폴란드 국왕의 인식은 1683년 오스트리아와 방어동맹을 체결하는 결정적인 동기가 되었다. 폴란드와 마찬가지로 오스트리아도 단독으로 오스만 제국의 침공을 막아낼 수 있는 국력을 보유하지 못했다. 30년 전쟁과 흑사병 창궐로 인해 국력이 현저히 약화된 데다가, 재산양도전쟁(1667-1668)과 네덜란드 전쟁(1672-1679)을 유발시킨 후에도 재합병정책을 밀어붙인 서부전선의 프랑스 국왕 루이 14세, 그리고 헝가리와 오스트리아 국경을 끊임없이 공략한 동부전선의 오스만 제국 황제를 상대로 한 2개의 전선에서 동시전쟁을 수행해야 하는 부담을 안고 있었기 때문이었다. 거기에다 헝가리와 슬로바키아에서는 합스부르크가의 반종교개혁 정책에 저항한 귀족들이 무장반란을 일으켜 오스만 제국의 개입을 촉발시켰다.

오스만 제국이 합스부르크 제국의 수도를 노린 것은 빈이 지닌 전략적, 경제적 중요성 때문이었다. 빈의 지정학적 중요성은 이 도시가 유럽의 양대 교역로라 할 도나우 강과 - 유럽의 실크로드로 불린 - 호박로(지중해와 북유럽, 즉 아드리아해의 베네치아와 발트해의 페테르부르크를 남북으로 연결하는 교역로)의 교점에 위치하고 있다는 점에 놓여 있었다. 군사적인 시각에서 보면 빈은 인접한 헝가리의 내륙에 이르기까지 평원지대이기 때문에, 특히 동쪽(오스만 제국)으로부터의 침공에 대비하기가 쉽지 않았고, 서에서 동으로 흐르는 도나우 강으로 인해 도나우 강 이북의 신성로마제국(독일제국) 국가들의 지원을 받기도 쉽지 않은 위치에 있었다. 그러나 다른 한 편으로 빈은 대규모 도나우 함대를 소유하고 있어서, 수로를 이용한 보급과 중화기의 수송이 가능했다. 군사 전략적으로 빈은 서쪽의 알프스 산맥과 북쪽의 카르파티아 산맥 사이에 위치함으로써 기독교세계의 대 이슬람 전초기지였으며, 터키전쟁의 최일선에 위치한 유럽의 방호벽이었다. 오스만 제국의 시각에서 재해석하면, 이 방호벽은 그들에게 서유럽으로 가는 대문이었다. 이 문이 열리면, 빈은 서유럽 공략을 위한 오스만 제국의 전초기지로 변할 수 있었다. 빈이 가지고 있는 이러한 경제적, 군사적 중요성 때문에 1529년의 1차 점령 시도가 실패한 후에도 오스만 제국은 수차례 빈을 침공하려고 시도했었다. 오스만 제국의 2차 빈 공성은 1차 공성이 실패한 지 154년 만인 1683년 7월 14일부터 시작되었다.

1664년 8월 10일 레오폴트 1세 황제와 오스만 제국 술탄의 전권대표 쾨프륄뤼 아흐메드 대재상은 아이젠부르크(보스바르)에서 20년 기한의 평화조약을 체결하고, 4차 터키전쟁을 종식시킨 바 있었다. 그러나 1682년 아이젠부르크 평화조약의 갱신은 이루어지지 않았다. 오스만 제국의 재침을 예상한 레오폴트 1세는 1683년 1월 26일 서부전선의 프랑스와 동부전선의 오스만 제국의 침략에 대비해 바이에른 왕국과 방어동맹을 체결했다. 3월 31일 오스만 제국 육군은 아드리아노펠(지금의 에디르네)에서 200,000명의 병력과 300문의 대포를 집결시켰다. 같은 날 인노첸시우스 11세(재위: 1676-1689) 교황은 같은 가톨릭국가인 폴란드(요한(얀) 3세 소비에스키)와 오스트리아(레오폴트 1세)를 오스만 제국의 침공에 대비해 방어동맹을 체결하도록 설득했다. 교황은 1,500,000굴덴을 전쟁기금으로 출연하여 오스트리아-폴란드 동맹의 지원을 약속했다.

오스트리아-폴란드 동맹조약의 내용은 다음을 포함했다. 1. 신성로마제국(독일제국) 황제는 (5차) 터키전쟁 중 매년 60,000명의 병력을, 폴란드 국왕은 40,000명의 병력을 제공한다. 2. 폴란드 국왕이 직접 전쟁에 참전할 경우, 동맹군의 지휘권은 폴란드 국왕이 인수한다. 3. 오스만 제국군이 크라카우(크라쿠프) 혹은 빈을 공격할 경우, 양국은 상호 지원한다. 4. 양국은 오스만 제국의 침공을 공동 방어할 독일제국 제후국들을 오스트리아-폴란드 동맹에 가입시킨다. 5. 독일제국 황제는 폴란드 국왕에게 200,000탈러를 지원한다. 6. 롬바르디아 소재 베네치아 교회의 세금(300,000 탈러)은 일 년 동안 터키전쟁에 동원되는 폴란드 군인들의 급료로 사용된다. 7. 레오폴트 1세 황제는 스웨덴-폴란드 전쟁(북방전쟁, 1655-1660)에서 폴란드가 스웨덴에 변제해야 할 부채(전쟁배상금) 일체를 인수하고, 폴란드가 오스트리아에 상환해야 할 일체의 부채를 포기한다. 8. 양국은 사전 합의하지 않은 오스만 제국과의 단독휴전 또는 단독평화조약은 체결할 수 없다. 9. 향후 헝가리 내의 오스만 제국 점령지역은 오스트리아에, 왈라키아와 우크라이나의 오스만 제국 점령지역은 폴란드에 귀속시킨다. 10. 오스트리아-폴란드 동맹은 신성로마제국 황제의 상속인 및 계승자에게 자동 인수인계된다.

1682년 10월 19일 300문의 대포로 무장한 200,000만 대군이 콘스탄티노플(이스탄불)을 출발하여, 아드리아노펠(아드리네)에서 겨울을 난 후, 1683년 5월 3일 베오그라드에 도착했다. 그곳에서 메흐메드 4세(1642-1693, 재위: 1648-1687) 술탄은 그의 대재상 카라 무스타파에게 오스만 제국군의 최고지휘권을 인계했다. 카라 무스타파의 최종 공격목표가 합스부르크 제국의 수도 빈이라는 사실이 처음으로 밝혀진 것은 오스만 제국군이 슈툴바이센부르크(부다페스트와 더불어 헝가리 국왕 즉위식 거행 도시 세케슈페헤르바르)에 도착했을 때이

었다. 황제군 사령관인 로트링엔 공작 카를 5세(페르디난트 3세의 사위, 레오폴트 1세
의 매제)는 노이호이젤(노베잠키) 요새 공성을 통해 카라 무스타파의 공격 루
트를 다른 방향으로 유도하려고 시도했지만, 6월 9일 공성을 포기하고,
군대를 오스트리아 국경에서 가까운 라프(헝가리의 죄르)로 철수시켰다. 노이
호이젤은 1663년 4차 터키전쟁 때 오스만 제국군에 점령되어 1685년까
지 술탄의 서진 정책의 교두보로 이용된 요새였다. 오스만 제국 군대는
1683년 6월 13일 드라바(드라우) 강과 도나우 강의 합류지점에 위치한 에
세크(오시예크)에서 드라바 강을 건넜지만, 기존 교량은 공성용 중장비를 운
반하기에는 너무 약했기 때문에 별도로 새 다리를 건설해야 했다.

1683년 7월 1일 오스만 제국 군대는 국경도시 라프(죄르) 인근에 도착
했다. 라프에 이르기까지 토토, 노이트라(니트라), 베스프렘, 파포 등의 오스
트리아령 헝가리(헝가리 왕국)의 도시들이 차례로 오스만 제국군에 항복했다.
빈에서는 그라츠 출신의 에른스트 뤼디거 폰 슈타르헴베르크(1638–1701) 백
작이 빈 방어를 위한 첫 대책을 마련하고, 도시의 외벽을 점검했다. 레
오폴트 1세 황제로부터 빈 방어의 전권을 위임받은 슈타르헴베르크 백
작은 1680년 이후 수도 방위사령관이었다.

노이호이젤(노베잠키) 공성을 포기하고 라프(죄르)로 철수한 황제군은 그곳
에서 오스만 제국 군대를 저지해야 했지만, 카를 5세 공작은 수비대 병
력만 증강시켜놓은 후, 빈 방향으로 퇴각했다. 오스만 제국군은 카를 5
세를 뒤를 밟았다. 1683년 7월 4일 오스만 제국군은 오스트리아 국경에
닿았다. 3일 후 빈의 전체 방어군 수보다 2배나 많은 40,000여 명의 타
타르족으로 구성된 오스만 제국군 부대가 빈 동쪽 40km 지점의 국경도
시 페트로넬-카르눈툼으로 진격했다. 샤른도르프 마을에서 타타르 부대
는 철수하는 황제군의 경기병 부대와 조우했다. 오른쪽 날개를 맡은 프
란시스 타아페(1639–1704) 장군과 왼쪽 날개를 지휘한 바덴 변경백 루트비
히 빌헬름의 지원을 받은 카를 5세 공작은 부대의 선봉에서 타타르 부

대를 공격했다. 타타르 부대는 200명의 전사자를 내고 후퇴했다.

황제군도 60여 명의 사상자를 냈는데, 그 중에는 말에서 떨어져 치명적인 낙상을 입고 며칠 후 사망한 경기병 연대장 루트비히 율리우스 (1660-1683) 대령도 포함되어 있었다. 루트비히 율리우스, 즉 루이 쥘은 터키전쟁의 영웅으로 오스트리아 역사에 기록된 오이겐 프란츠(1663-1736, 프랑스 이름: 프랑수아 외젠)의 세 살 위 형이었다. 오이겐 공은 1683년 7월 루트비히 율리우스 대령이 전사했다는 소식을 파리에서 접하고, 아무도 모르게 파리를 떠났다. 레오폴트 1세 황제를 만나기 위해 그가 빈에 도착했을 때, 빈은 이미 오스만 제국군의 포위공격을 받고 있었다. 오이겐 공의 증조부는 사부아 공작 샤를 엠마뉘엘 1세, 조부는 사부아-카리냥 후작 토마스 프란츠(토마 프랑수아), 증조모는 스페인 공주 카타리나 미하엘라(펠리페 2세의 딸), 조모(마리 마르게리트)는 부르봉가의 방계인 콩데가 출신, 모친은 루이 14세 치하의 프랑스 수상 마자랭 추기경의 질녀(올림피아 만치니), 부친(외젠 모리스)은 프랑스-스페인 전쟁과 네덜란드 전쟁에 참전한 중장 출신이었다. 이런 가문의 내력으로 인해 오이겐은 프랑스 왕실과 관계가 있는 부르봉가의 모든 혈족들이 출생 시부터 부여받는 '프랭스'의 칭호를 사용했다. 독일어권에서는 그를 사부아 공작가문 출신이라 하여 '사부아 공 오이겐' 또는 '사부아-카리냥 공 오이겐', 단순히 '프란츠 오이겐 공' 또는 '오이겐 공'이라 불렀다. 오이겐 공이 루이 14세의 궁성을 떠나, 레오폴트 1세 황제 치하의 오스트리아군에 입대한 이유는 루이 14세가 그의 프랑스군 복무를 거부했기 때문이었다. 오이겐 공보다 앞서 오스트리아군 대령이 된 그의 형 루트비히 율리우스 공도 동일한 이유에서 레오폴트 1세에게 간 것으로 추정된다. 당시 약관의 청년이었던 오이겐 공은 형이 지휘한 경기병 연대를 인수하기 위해, 전쟁을 피해 파사우로 피난해 있던 레오폴트 1세 황제를 알현했다. 페트로넬-카르눈툼 전투(5차 터키전쟁의 첫 접전) 후 며칠 아니 되어 이미 황제군은 빈 요새에 갇히게 되었고,

요새 밖의 시가지는 오스만 제국군이 장악했다. 페트로넬-카르눈툼 전투 소식을 접한 직후 레오폴트 1세 황제와 황실은 빈을 탈환할 원군을 조직하기 위해 빈에서 철수하여 코르노이부르크, 멜크 및 린츠를 경유하여 파사우로 파천했었다. 그러나 오이겐 공이 인수하고 싶었던 경기병 연대는 이미 전투에 투입된 후이었다. 그가 경기병 연대장이 된 것은 두 달 후에 벌어진 <칼렌베르크 전투>에서 루트비히 빌헬름(오이겐 공의 종형) 바덴 변경백을 도와서 오스만 제국군과 싸운 공을 인정받아 대령에 임명된 후의 일이었다.

1696년 북이탈리아의 황제군 최고지휘관으로서 <비제바노 조약>(1696년 10월 7일)을 체결한 후, 팔츠 계승전쟁의 현장 이탈리아를 떠나 동부전선 (터키전쟁)의 황제군 총사령관에 임명될 때까지의 오이겐 공의 화려한 황제군 이력은 1683년부터 시작되었다. 팔츠 계승전쟁과 터키전쟁, 그리고 스페인 계승전쟁을 거치면서 오스트리아를 유럽의 열강으로 부상시킨 공로자를 찾으라 하면 우선 오이겐 공을 첫 손가락에 꼽을 수 있을 것이다. 그는 불세출의 전쟁영웅이었을 뿐 아니라, 탁월한 외교가이었다. 그의 외교력은 개인적인 능력 뿐 아니라, 유럽의 여러 나라(사부아, 프랑스, 스페인)에 인척관계를 형성한 제후들과의 유대관계에서 비롯된 것이었다. 독일제국 내에서도 오이겐 공은 친척들이 있었다. 예컨대 루트비히 빌헬름 바덴 변경백과 바이에른 공작 겸 선제후 막시밀리안 2세가 그들이었다. 오이겐 공은 가문(부계의 사부아-카리냐가, 모계의 부르봉-콩데가)의 영향으로 유럽의 여러 명문 귀족가문(스페인 합스부르크가 및 오스트리아 합스부르크가, 부르봉가, 비텔스바흐가, 바덴가 등)과 연결되어 있었다.

오이겐 공은 5차 터키전쟁 때는 황제군 총사령관, 스페인 계승전쟁 때는 동맹군 사령관으로 활약했으며, 6차 터키전쟁(1714-1718)에서 다시 황제군의 지휘권을 인수하여 남동 유럽에서의 오스트리아의 헤게모니를 확보했다. 황제군 사령관 직을 내려놓은 후에도 그는 빈의 궁정국방회의 의장을 역임하면서 오스트리아와 황제의 이익을 대변하는데 일생을 바쳤다. 그러나 그의 출신(사부아-카리냥가)에 대한 강한 자부심은 황제군 사령관으로서, 그리고 외교관으로서 황제를 대신해 체결한 숱한 국제조약에 이탈리아어(에우제니오)와 독일어(폰)와 프랑스어(사부아)의 조합으로 이루어진 자필 서명(에우제니오 폰 사부아)에서도 분명히 읽힌다. 오이겐을 에우제니오로 표기한 것은 사부아 공국의 공작들이 이탈리아인이었기 때문이다.

빈 요새 수비군을 제외한 합스부르크 제국 소속 모든 군부대들은 - 파사우로 파천한 레오폴트 1세 황제의 명령에 의해 - 도나우 강 좌안에 당도한 카를 5세 로트링엔 공작 휘하의 황제군 주력부대와 합류했다. 카를 5세는 - 현재 빈 국제공항이 있는 - 슈베하트를 출발해 도나우 강을 건너 레오폴트슈타트(빈 제2구)로 진입했다. 그는 그곳에 진지를 구축하고, 도시 외곽의 주민들에게 식료품을 위시해 모든 필요한 물자를 빈으로 반입해 줄 것을 요청했다. 슈타르헴베르크 빈 방위사령관의 명령에 의해 빈 시 외곽지역은 불태워졌다. 그러나 방화 후 남은 폐허 역시 오스만 제국군에게는 충분한 은신처가 되었다. 대학생들을 포함해 빈 시민들이 도시를 방어하기 위해 징발되었다. 슈타이르(오버외스터라이히)로부터 탄약이 도나우 강 수로를 통해 빈 요새로 반입되었다.

빈과 비너노이슈타트 간의 육로 교통은 이미 오스만 제국의 타타르 부대에 의해 봉쇄되었고, 빈은 고립되었다. 1683년 7월 11일 도나우 강 하류의 하인부르크(오스트리아와 헝가리의 국경)는 오스만 제국군군에 점령되었고, 그곳의 요새시설과 방어시설은 큰 피해를 당했다. 주민들은 성문을 통해 외곽으로 빠져나가려 했지만, 성문이 제때 열리지 않아, 이 도시의 주민 거의 전체(8,000여 명)가 성문 앞 좁은 도로에 갇혀 침략군에 의해 살육을 당하거나 납치되었다. 살아남은 소수의 시민 중에 수레 목수 일을 배우던 토마스 하이든이 끼어 있었는데, 그는 작곡가 하이든 형제(요제프 하이든과 미하엘 하이든)의 조부이었다. 하이든 형제가 출생한 로라우는 하인부르크 옆 마을이었다.

바덴, 슈베하트, 인처스도르프 등 빈 주위의 도시와 빈의 파보리텐(제10
구)도 하인부르크와 사정이 별반 다르지 않았다. 하인부르크가 점령된 후,
이들 도시도 모두 점령되어 파괴되었다. 페르히톨츠도르프의 주민들도
대부분 살육당하고, 도시는 오스만 제국군의 방화로 황폐화되었다. 뫼들
링도 사정이 비슷했다. 이교도들을 피해 장크트 오트마르 교회로 피신한
주민들은 교회 안에서 모두 죽임을 당했다. 브루크에서는 주민들이 침략
자를 막기 위해 자진해서 시 외곽을 방화했다. 브루크의 주민들은 처음
에는 도시의 양도를 거부했지만, 결국 아이젠슈타트와 외덴부르크의 뒤
를 이어 항복했다. 도시의 삼분의 이 이상이 파괴된 브루크는 50대 수
레 분의 보리와 밀가루를 빈 성문 밖 오스만 제국군 진영에 갖다 바쳐
야 했다. 7월 14일 오스만 제국 군대는 하일리겐크로이츠 수도원을 약탈
하고 방화했다. 하일리겐크로이츠 수도원은 1133년 바벤베르크 왕조의
레오폴트 3세 변경백에 의해 건축된 오스트리아 최고(最古)의 시토 교단
수도원이다.

오스트리아의 동쪽 국경을 넘어온 오스만 제국 군대는 1683년 7월
14일 빈에 도착하자마자, 남쪽, 서쪽 그리고 북쪽으로부터 빈을 포위하
고, 공성준비를 갖추었다. 카라 무스타파 대재상은 지금의 루돌프스하임-
퓐프하우스(빈 제15구)에 사령부를 설치했다. 오스만 제국 공병은 빈 강에서
가까운 케른텐 보루에 대한 공격을 계획했다. 케른텐 보루와 연결된 성
벽은 1529년 오스만 제국의 1차 빈 공성 때에도 공격을 받은 지점이었
다. 카라 무스타파는 포대 배치와 참호 구축작업 개시를 결정하고, 항복
을 유도하기 위해 빈 요새를 포기할 것을 종용하는 서찰을 빈 요새로
전달했다. 슈타르헴베르크 백작은 이를 거부하고, 약 11,000명의 빈 요새
수비대 병력과 5,000명의 시민자원봉사자들과 함께 원군이 도착할 때까
지 버틸 수 있기를 희망했다.

도나우 운하 쪽은 오스만 제국군의 포위공격으로부터 비교적 자유로 웠기 때문에, 빈 요새방위군은 오스만 제국군의 공성 중에도 도나우 강 의 섬들을 경유하여 병력과 물자를 공급받고, 외부 소식을 전해들을 수 있었다. 도나우의 샛강은 여러 곳이 걸어서 건널 수 있을 만큼 얕았고, 도나우 강의 섬들은 빈 시보다 해발이 낮았기 때문에, 황제군 사령관 카를 5세 로트링엔 공작은 7월 16일 기병대를 대동하여 도나우 강을 건너 예들레제(지금은 빈 제21구) 방향으로 철수한 후, 도나우 강의 섬 주민들을 모두 소개시키고, 도나우 강 좌안에 진지를 구축했다. 빈은 오스만 제국군 대 의해 완전히 포위되어 있었다. 레오폴트슈타트(제2구)는 화염에 싸였고, 도나우 교량들은 파괴되었다. 카라 무스타파는 레오폴트슈타트를 점령한 후, 그 곳으로부터 빈 요새 포격을 개시하기로 결정했다. 다음 날 도나우 강의 마지막 교량이 오스만 제국군에 의해 파괴됨으로써 빈은 완전히 고립되었다.

빈 북쪽 외곽도시 클로스터노이부르크에 대한 오스만 제국군의 1차 공격(7월 17일)은 실패로 끝났다. 클로스터노이부르크는 빈 전방에 진을 친 공성군의 안전을 담보하기 위해서는 오스만 제국군에 의해 반드시 점령 되어야 할 도시였다. 첫 공격이 있은 지 이틀 후 두 번째 공격이 감행 되었지만, 이번에도 오스만 제국군은 격퇴되었다. 그들은 8월 3일 포텐 도르프, 에브라이히스도르프 및 괴첸도르프를 잇달아 점령하고, 주민들을 살해하고 납치했다. 8월 24일 예니체리(술탄의 근위대) 부대는 빈 방위군을 지원하기 위해 출정한 원군(황제 동맹군)을 저지할 기지로 삼기 위해 클로스 터노이부르크를 세 번째로 공격했다. 그들의 공격은 8월 26일까지 계속 되었지만, 이번에도 클로스터노이부르크는 점령되지 않았다.

7월 19일 메흐메드 4세(1642-1687, 재위: 1648-1687)의 재무장관 알리 아가라 는 자가 빈의 오스만 제국군 본영에 나타나, 카라 무스타파의 자의적인 빈 침공 결정에 메흐메드 4세가 당혹을 금치 못하고 있다는 사실을 전달했다고 한다. 술탄이 1683년 5월 초 베오그라드에서 카라 무스타파 대재상에게 내린 명령은 반 합스부르크 무장반란을 일으킨 지벤뷔르겐의 지도자 엠머리히 퇴쾰리(1657-1705)를 지원하고, 4차 터키전쟁(1663-1664년)에서 점령한 노이호이젤(노베잠키) 요새를 강화한 후, 헝가리 왕국(합스부르크 령 헝가리)의 요새들을 점령하라는 것이었다. 언급했듯이, 카라 무스타파가 메흐메드 1세의 명령을 어기고 빈을 공성하기로 결정한 것은 헝가리(슈툴바이센부르크, 즉 세케슈페헤르바르)에 도착한 이후의 일이었다. 카라 무스타파는 술탄의 분노를 진정시키기 위해 메흐메드 4세의 장관이 귀국하기 전에 빈 요새 공성을 끝내려 했지만, 빈 요새 점령은 말할 것도 없거니와 클로스터노이부르크의 2차 점령 시도도 불발에 그치고 말았다. 후자는 빈 공성 작전을 술탄에게 보고하기 위해 7월 말 아드리아노펠(에디르네)로 출발했다. 카라 무스타파의 빈 요새 점령 실패는 결국 메흐메드 4세 술탄의 조기 퇴진을 초래하는 결과로 이어졌다. 그는 1687년 발생한 쿠데타로 폐위되어, 6년간 아드리아노펠에 유폐되었다가, 1693년 51세의 나이에 사망했다. 그를 승계한 술탄은 그의 이복동생 쉴레이만 2세(1641-1691, 재위: 1687-1691)이었다.

오스트리아-폴란드 군사동맹조약 체결에도 불구하고 폴란드 군대는 출정의 기미를 보이지 않았다. 레오폴트 1세 황제의 특사는 공교롭게도 오스만 제국군의 빈 공성이 시작된 날 바르샤바에 도착하여 출정을 촉구하는 황제의 친서를 요한(얀) 3세 소비에스키 폴란드 국왕에게 전달했다. 바이에른의 지원군 10,000명이 가장 먼저 파사우에 도착했다. 레오폴트 1세가 7월 17일 파사우에 도착한지 6일 후의 일이었다. 7월 27일 바르샤바를 다녀온 황제의 특사는 폴란드 국왕과 그의 장남 야콥 루트비히 하인리히 소비에스키(1667-1737) 왕자가 50,000명의 병력을 동원하여 8월 말까지 빈에 도착할 것이라는 보고서를 황제에게 전달했다. 작센군 10,000명이 7월 중으로 출병한다는 소식도 레오폴트 1세 황제에게 전해졌다. 며칠 안 되어 폴란드 국왕이 슐레지엔과 메렌을 경유하여 8월 20일까지 빈 외곽에 당도할 것이라는 수정된 전언이 바르샤바로부터 전해졌다.

생필품가격 인상을 금지하는 포고문이 빈 시내 곳곳에 나붙었다. 그러나 효력이 없었다. 거의 매일 같은 내용의 포고령이 반복적으로 공표되었고, 의약품을 위시해 매일 수요가 발생하는 다른 품목에도 가격인상 금지포고령이 확대 적용되었다. 시신 처리 문제도 법으로 규정하고, 위반 시 엄한 벌을 부과한다는 내용의 포고령이 반복되었다. 오스만 제국군의 빈 공성 기간이 길어질수록 암거래가 번성했기 때문에, 시 당국은 바가지요금에 대해 더욱 더 단호한 조치를 취해야 했다. 설상가상으로 이질이 유행하여, 시민의 수가 크게 줄어들었다.

오스만 제국군 역시 보급문제와 싸워야 했다. 공성군을 위한 보급은 오펜(부다)에서 조달되어야 했다. 빈 주위의 도시들은 타타르 부대에 의해 황폐화되었다. 거기에다 계획한 것보다 공성기간이 길어졌기 때문에, 비축물자가 바닥을 드러내었다. 8월 22일 오스만 제국의 동맹국인 지벤뷔르겐의 제후 미하엘 1세 아파피(1631-1590, 재위: 1661-1690)가 원병과 함께 오스만 제국군 진영에 합류했다. 그러나 그는 카라 무스타파의 무전략적인 빈 점령계획을 비판했기 때문에, 분노한 카라 무스타파는 아파피의 지원을 거부하고, 그를 헝가리로 되돌려 보냈다. 아파피의 후임 제후가 바로 합스부르크가에 저항한 반군 지도자 엠머리히 퇴쾰리(재위: 1690-1691)였다.

1566년 쉴레이만 1세 술탄이 시게트바르 요새 공성 도중 사망한 후, 오스만 제국에서는 술탄이 아닌, 와지르(대재상)들이 실권을 행사했다. 이러한 터키의 사정은 국가구조의 불안을 자초했지만, 서유럽에서는 감지되지 못했다. 5차 터키전쟁의 최종목표가 - 메흐메드 4세 술탄이 카라 무스타파 대재상에게 최고지휘권을 인계한 - 베오그라드의 출정식 현장에서 공표되지 않고, 슈툴바이센부르크(세케슈페헤르바르)에 도착한 후 카라 무스타파의 입을 통해 공표되었다는 사실만 보아도, 17세기 후반의 오스만 제국의 대외정책 결정의 실권자가 술탄이 아니었을 것이라는 유추가 가능할 것이다. 더욱이 카라 무스타파의 죽음이 이러한 유추에 대한 신빙성을 더해 주었다. 그는 빈 공성에 실패한 후, 1683년 12일 25일 베오그라드에서 죽임을 당했는데, 그것도 공개처형이 아닌, 술탄(메흐메드 4세)이 보낸 자객에 의한 암살이었기 때문이었다.

1683년 8월 1일 오스만 제국군은 미사가 진행 중인 빈의 슈테판 교회를 포격했다. 하루 뒤 카푸치너키르헤(빈 제1구의 카푸친 교단 교회)가 오스만 제국군의 포격으로 지붕이 내려앉았다. 슈테판 교회의 돔도 포격으로 손상되었기 때문에, 후일 오스만 제국군이 철수할 때 버리고 간 대포를 녹여, 빈 시민들이 '붐머란'이라는 애칭을 부여한 초대형 종이 주조되었다. '붐머란'이라는 신조어는 깊은 저음의 종소리를 나타내는 의성어에서 유래했다. 무게가 약 22,512kg, 직경이 약 320cm인 이 종의 원래 명칭은 - 요제프 1세 황제(재위: 1705-1711)가 완성하였다 하여 - '요제프 종'이라 불렸고, 1711년부터 1945년까지 슈테판 교회의 남쪽 탑에 걸려 있었다. 2차대전 말(1945년 4월) 슈테판 교회가 연합군의 폭격으로 불탔을 때, 이 종은 지상으로 추락하여 파열되었다. 깨져 없어지고 남은 부분은 1951년 새 종을 주조할 때 사용되어 새 '붐머란'이 제작되었다. 1683년의 추억을 간직한 이 새 종은 1957년 이래 슈테판 교회의 같은 자리(남쪽 탑)에 설치되어 있다. 슈테판 교회의 종은 좌우로 흔들리는 종으로서는 쾰른 성당의 종에 이어 서유럽에서 두 번째로 큰 종이다.

칼렌베르크 전투(1683년 9월 12일)

폴란드에서 원군이 도착하기를 학수고대한 레오폴트 1세 황제에게

1683년의 8월 한 달은 초조한 기다림의 시간이었다. 8월 14일 크라쿠프에서 출발한 요한(얀) 3세 소비에스키가 슐레지엔의 글라이비츠(폴란드의 글리비체)와 트로파우(체코의 오파바)를 거쳐 니더외스터라이히의 툴른에 도착한 것은 8월 말경이었다. 1683년 9월 4일 툴른 인근의 바그람 산 끝자락에 위치한 마을 슈테텔도르프의 율리우스부르크 성에서 폴란드 국왕을 의장으로 하는 원군 지휘관 회의가 개최되어, 공격의 루트와 전술이 확정되었다. 이 과정에서 동맹군의 지휘권 문제로 황제군 사령관(카를 5세 로트링엔 공작)과 폴란드 국왕 간에 이견이 발생했지만, 레오폴트 1세는 이미 폴란드와 동맹조약을 체결할 때, 동맹군 총사령관의 직위를 폴란드 국왕에게 양도했었다. 카를 5세 공작과 요한(얀) 3세 소비에스키 폴란드 국왕 간의 이견은 인노첸시오 11세 교황을 대리한 마르코 다비노(1631-1699) 교황 대사의 외교적 개입을 통해 해소되었다. 레오폴트 1세의 고해 신부이기도 한 다비노 대사는 1683년 9월 12일 새벽 - 칼렌베르크 전투가 개시되기 직전 - 칼렌베르크 교회(지금의 레오폴츠베르크 교회. 17세기에는 레오폴츠베르크도 칼렌베르크라 불렸음)에서 황제동맹군의 승리를 기원하는 미사를 집전했다. 다비노 대사는 1683년부터 1689년까지 황제군의 오스만 제국군 추격전에 종군한 신부이었다.

<칼렌베르크 전투>가 벌어지기 직전 막시밀리안 2세 선제후가 지휘한 바이에른군을 위시하여 요한 게오르크 3세(1647-1691, 재위: 1680-1691) 선제후 휘하의 작센군도 폴란드-오스트리아 동맹군에 합류했다. 황제 동맹군의 병력은 65,000명이었는데 반해, 2개월에 가까운 공성전에도 불구하고 카라 무스타파 휘하의 오스만 제국군은 여전히 십만 대군이었다. 빈에서 도나우 강 상류 쪽으로 30km 정도 떨어진 소도시 툴른은 칼렌베르크 전투 후 일약 유럽역사의 한 페이지를 장식하는 유명세를 탄 도시가 되었다. 피난지 파사우를 떠나, 린츠에서 임시 체류 중이던 레오폴트 1세 황제는 그곳에서 도나우 강을 이용하여 빈으로 출발했다. 9월 9일 뒤른

슈타인에서 하선한 황제는 그곳에서 승전보를 기다렸다. 그는 폴란드 국왕에게 이미 동맹군의 최고지휘권을 이양했고, 황제군 총사령관에는 매제이기도 한 카를 5세 로트링엔 공작을 임명했기 때문에, 황제가 직접 동맹군과 합류할 필요는 없었다.

동맹군의 마지막 대규모 작전회의에서 카를 5세 공작의 제의로 병참부대는 툴른에 잔류시키고, 전투부대는 3개 행군종대를 형성하여 비너발트(빈숲)를 통과하여 빈으로 접근한다는 동맹군의 공격루트가 최종적으로 결정되었다. 비너발트를 통과하는 공격루트는 매우 까다로운 길이었다. 지반이 견고한 구간이 드물어서, 빈 탈환작전에 투입된 포병대는 제한적이었다. 보급부대를 제외했기 때문에, 진군 중 급양도 부족했고, 기타 행군에 불가결한 보급품도 제한적으로 제공되어야 했다. 전체 동맹군은 추가식량 제공 없이 이틀을 행군해야 했다. 그 대신 다른 어려움은 진군 중 발생하지 않았는데, 그것은 오스만 제국군 총사령관 카라 무스타파가 빈 방어 또는 공격을 위해 전략적으로 반드시 확보했어야 할 비너발트의 중요성을 간과하여, 그곳에 보병을 배치하지 않았기 때문이었다.

카라 무스타파의 전술적, 전략적 실패의 원인은 비너발트의 보안을 간과했던 것 이외에도 세 가지 중대한 과오를 범한데 있었다. 우선 그는 빈을 고립시키기 위해 빈과 직접 연결되는 도나우 강 교량을 자국군의 통제 하에 확보하는 데는 성공했으나, 황제 동맹군이 빈이 아닌, 툴른에서 도나우 강을 건너, 그것도 비너발트를 경유하여 빈으로 우회 침투하리라는 예상을 하지 못한 실수를 범했다. 그리고 오스만 제국군의 또 한 가지 중대한 과오는 빈 침공 시 속도전에만 집중한 나머지 중화기(대포)의 반입을 소홀히 한 점이었고, 세 번째 실수는 세 차례의 공격에도 불구하고 클로스터노이부르크를 점령할 수 없었던 점이었다. 이제 클로스터노이부르크는 동맹군의 빈 탈환을 위한 교두보 역할을 하게 되었다.

1683년 9월 11일 칼렌베르크 산을 완전히 장악한 황제 동맹군은 9월

12일 새벽 기습공격을 개시했다. 오전에 주로 오스트리아군 보병에 의해 칼렌베르크의 오른쪽 날개에서 시작된 전투는 오후가 되면서 폴란드 군대의 기병전으로 바뀌었다. 카를 5세 공작이 지휘한 왼쪽 날개와 중앙으로부터의 정면공격이 마침내 전투를 결정지었다. 오스만 제국 지휘관들은 공성전(빈 요새 공성전)과 야전(칼렌베르크 전투)을 동시에 수행하기 위해 필요한 전술에 대한 사전 합의가 없었다. 동맹군 보병부대는 보안조치가 전혀 취해져 있지 않은 비너발트의 칼렌베르크에서 하산하여, 빈 요새 점령을 시도하고 있던 오스만 제국군의 배후를 기습 공격했다. 요한 3세 국왕이 진두지휘한 폴란드의 기병공격과 황제군 보병부대의 12시간에 걸친 총공격으로 허를 찔린 오스만 제국군은 무너지지 시작했다. 칼렌베르크 전투가 동맹군의 승리로 끝날 것이라는 것을 인지한 빈 요새수비군도 요새 밖을 나와 오스만 제국군을 공략하기 시작했다. 이제 오스만 제국 군대는 오스트리아-독일제국-폴란드 동맹군과 빈 요새 수비군의 협공을 받게 되었다. 늦은 오후 기병공격이, 특히 요한(얀) 3세 소비에스키 폴란드 국왕이 진두지휘한 폴란드 경기병 부대가 되블링(빈 19구)의 오스만 제국군 숙영지를 유린하고, 시파히(기병)와 예니체리(근위대)로 구성된 술탄의 엘리트 부대를 제압한 후, 오스만 제국군의 본영으로 밀고 들어갔을 때, 전투는 이미 끝나버렸다. 1683년 7월 14일부터 2개월가량 지속된 오스만 제국의 제2차 빈 공성은 9월 12일 칼렌베르크 전투(빈 전투라고도 함)의 패배로 대단원의 막을 내렸다. 레오폴트 1세 황제는 빈이 해방되었다는 소식을 1683년 9월 13일 프란츠 카를 폰 아우어스페르크(1660~1713) 백작을 통해 뒤른슈타인의 임시 거처에서 전해 들었다.

빈은 구출되었고, 오스만 제국군은 일대 혼란에 빠졌다. 그들은 헝가리 국경을 넘어 동쪽으로 도주하기 시작했다. 빈에서 약 10km 떨어진 슈베하트 건너편의 오스트리아-헝가리 국경을 넘은 후에야 비로소 카라 무스타파 대재상은 잔존병력을 재편성하여 라프(헝가리의 죄르)로 철수하는데 성공했다. 기병공격을 통해 오스만 제국의 대군을 제압한 폴란드 군대는 대부분 우크라이나의 카자흐인들로 구성된 용병들이었다. 칼렌베르크 전투 300주년을 기념하여 1983년 칼렌베르크 산정에 세워진 칼렌베르크 전투 전승기념비의 비문이 독일어와 우크라이나어로 씌어 있는 것은 특히 폴란드 기병의 업적을 기리기 위함이었다. 오스만 제국의 칼렌베르크 전투 패배는 오스만 제국이 중부유럽에서 추구한 헤게모니 장악 정책의 종말을 의미했다. 기독교 문화권을 수호하기 위해 오스만 제국과 싸운 군대는 오스트리아, 작센, 바이에른, 바덴 등 독일제국 제후국들과 교황령에서 파병한 보병과 포병, 그리고 폴란드의 기병과 보병이었다.

칼렌베르크 전투에서 침략군을 완벽하게 제압한 오스트리아는 반격을 개시했다. 황제군의 역공은 오스만 제국령 헝가리 탈환 작전과 더불어 시작되었다. 1529년 오스만 제국의 1차 빈 공성으로 빈이 오스만 제국의 수중에 함락될 위기를 극복한 이래 4차례의 재침이 있었지만, 황제군의 역공은 터키전쟁사상 초유의 역사적 사건이었다. 오스만 제국 군대는 1683년 5월 베오그라드에서 출정식을 가진 후 빈으로 진격했을 때와 동일한 루트를 이용해, 이번에는 그 역방향으로 후퇴했다. 칼렌베르크 전투 이후 황제군의 역공에 의해 벌어진 오스만 제국군과의 전투 중 비교적 큰 전투는 그들이 퇴각하면서 경유한 파르카니, 에스테르곰, 프레소브, 부다, 모하치 등의 헝가리 지역과 베오그라드, 니시, 슬랑카멘, 올라신, 젠토 등, 세르비아에서 벌어진 전투이었다. 5차 터키전쟁은 오스트리아군이 승리한 1697년 9월 11일의 <젠토 전투>를 마지막으로 사실상 종료되었다. 그러나 평화조약(카를로비츠 평화조약)은 1699년 1월 26일 체결되었다.

오스트리아군의 부다페스트 탈환(1686년 9월 2일)

인노첸시오 11세 교황은 오스만 제국의 2차 빈 공성 실패와 황제군의 역공의 기회를 이용하여 술탄의 재침의욕을 확실하게 잠재우고, 무슬림의 침략으로부터 가톨릭을 수호하기 위해 다시 한 번 가톨릭 국가들(오스트리아, 폴란드, 베네치아)로 구성된 동맹(신성동맹)을 주도했다. 1684년 3월 5일에 체결된 <신성동맹>(하일리게 알리안츠)은 - 1815년의 <신성동맹>은 러시아의 주도로 오스트리아와 프로이센이 동참하여 메테르니히 체제를 유지시킨 동맹이었다 - 교황령의 재정지원을 받아 결성되었다. 신성동맹의 목적은 오스만 제국을 공격하기 위한 동맹에 제한되었으며, 그 일차적 목표는 오펜(부다)의 해방이었다.

1684년 6월 27일 카를 5세 로트링엔 공작이 지휘한 황제군(38,000명)은 도나우 강 좌안의 바이첸(바츠, 부다페스트 북방 30km 지점)에서 오스만 제국군(17,000명)과 조우했다. 후자는 유리한 위치를 점하고 있었지만, 카를 5세 공작은 포격으로 전투 개시 명령을 내렸다. 막시밀리안 로렌츠 폰 슈타르헴베르크(1640-1689, 빈 방어군 사령관 에른스트 뤼디거 폰 슈타르헴베르크의 동생)가 지휘한 황제군의 중앙군은 단시간의 전투 끝에 오스만 제국 군대를 제압했고, 바츠 시는 같은 날 황제군의 수중에 떨어졌다. 6월 30일 황제군의 주력부대가 직전에 오스만 제국군에 의해 방화가 저질러진 페스트로 진입하였다. 200문 이상의 대포를 보유한 약 10,000명의 오스만 제국 수비대가 지키는 부다 요새를 탈환하기 위해 벌인 황제군의 공성전은 정확히 오스만 제국의 2차 빈 공성 1주년 되는 날인 1684년 7월 14일 시작되었다. 부다 공성전 지휘관은 2개월 간 오스만 제국군의 빈 공성을 무력화시킨 에른스트 뤼디거 폰 슈타르헴베르크 원수였다. 그는 빈을 방어한 공로로 원수로 승진했다. 7월 19일 황제군은 부다의 저지대(페스트)를 점령하는데 성공했다. 그러나 부다를 점령할 만큼 황제군의 전력 규모가 크지 않았기 때문에, 슈타르헴베르크 원수는 이 지역의 건물들을 모두 불태워 버리게 했다. 슈타르헴베르크 형제에 의해 7월과 8월에 수행된 부다 공격은 모두 오스만 제국 수비대에 의해 격퇴되었다. 8월 10일 부다 요새 수비대 사령관 카라 메흐메드(†1684)가 황제군 공격을 받아 전사했는데, 그는 1665/1666년 빈 주재 오스만 제국 대사였다. 1684년 9월 초 전투 능력을 갖춘 황제군 병력의 수는 34,000명에서 12,500명으로 급감했고, 부다 요새 공성군의 사기도 높지 않았다. 9월 11일 황제군 지원 병력이 도착한 후에야 비로소 부다 공성작전은 강화되었다.

그러나 9월 22일 부다 요새를 방어하는 오스만 제국 수비대를 지원하기 위해 본국으로부터 파병된 원군이 황제군 공격에 가세했다. 황제군은 이들의 공격을 방어하는 데는 성공했지만, 그들을 완벽하게 제압하지는 못했다. 끊이지 않은 원군의 교란공격과 요새 수비대의 출격은 황제군을 괴롭혔고, 설상가상으로 심한 통풍을 앓은 공성군 사령관 에른스트 뤼디거 폰 슈타르헴베르크 원수가 교체되었다. 동유럽의 차가운 10월의 일기도 불리하게 작용했기 때문에, 황제군은 공성을 중단해야 했다. 7월 14일부터 계속된 부다 요새 공성을 중단한 황제군은 10월 30일 오스트리아로 철수했다. 부다 탈환에 실패한 신성동맹은 공성 작전에서 23,000명의 병력을 잃었다. 공성 실패의 책임은 처음부터 공성에 반대했던 슈타르헴베르크 원수에게 지워졌다.

1684년의 탈환작전이 실패한 지 2년 후인 1686년 6월 중순 헝가리의 수도를 점령하기 위한 황제군과 신성동맹 연합군의 출정이 다시 시작되었다. 2차 부다 공성에는 1차 공성 때 동원된 병력의 두 배가 넘는 78,000명이 참가했다. 콘스탄티노플로부터 오스만 제국 원군이 부다에 도착한 것은 8월 중순이었다. 헝가리 총독을 역임한 원군 사령관 압두라만 아브디(†1686)가 황제 동맹군에 대한 공격을 주저하고 있는 사이에, 황제 동맹군은 1686년 9월 2일 오펜(부다) 요새에 대한 총공격을 가했다. 오이겐 공과 그의 경기병 연대는 직접 오펜 점령에 참가하는 대신, 콘스탄티노플에서 도착한 원군의 접근을 차단하기 위해 공성군의 후위를 방어했다. 오이겐 공의 경기병 연대가 본국에서 온 원군의 개입을 저지함으로써 부다 요새에 고립된 수비대는 황제군의 총공격에 무너지지 않을 수 없었다. 오스만 제국 원군 사령관 아브디는 9월 2일의 전투에서 전사했다.

부다를 탈환한 후 승리에 도취한 황제군 병사들은 '이교도'에 대한 분노를 폭발시켰다. 수세기 동안 유럽인들의 의식 속에 잠재하고 있던 술탄의 존재에 대한 공포심, 오스만 제국 침략자들이 저지른 만행으로 인해 전 유럽에 확산된 분노, 그리고 교회와 신앙에 의해 선동된 종교적인 증오가 폭발했다. 신성동맹 군대에 의해 3,000여 명의 부다 요새 수비대 병사들이 살해되었다. 이들의 폭력은 무슬림뿐 아니라, 140여 년간 오스만 제국의 지배를 받은 부다 시민들에게도 자행되었다. 부다를 점령한 첫 사흘 동안 부다의 유대인 교구는 거의 완벽하게 파괴되었다. 부다는 1686년 9월 헝가리 왕국의 수도의 기능을 회복했다. 합스부르크 가는 야기에우오가 왕가로부터 헝가리 왕국을 상속받은 1526년 이전 수준으로 헝가리를 재통일할 날을 목전에 두게 되었다.

부다페스트 수복은 황제 동맹군이 칼렌베르크 전투(1683년 9월 12일)에서 승리한 이후 거둔 최대의 전과이었다. 부다페스트를 오스트리아에게 내어 준 오스만 제국은 평화협상을 제의했지만, 이 제의는 1686년 말 거부되었다. 이제 부다페스트 뿐 아니라, 오스만 제국에 의해 점령된 중부 헝가리 전체와 지벤뷔르겐을 원상회복시키는 것도 오스트리아에게는 시간문제로 비쳤기 때문이었다. 1687년 4월 빈의 궁정국방회의는 오스만 제국군을 계속해서 추격하여, 그들이 점령한 지역 전체를 회복한다는 전략을 세웠다. 카를 5세 로트링엔 공작이 지휘한 황제군 주력부대 약

40,000명은 도나우 강을 따라 오시예크로 진격했고, 그와 동시에 바이에른 선제후 막시밀리안 2세 엠마누엘 공작이 지휘한 약 20,000명의 황제군 제2군은 솔노크에서 출발하여 타이스(티소) 강을 따라 페터바르다인(세르비아의 페트로바라딘) 방향으로 진격했다. 1687년 7월 중순 카를 5세 공작의 주력군과 막시밀리안 2세 선제후의 황제 동맹군 제2군의 합류지점은 타이스 강과 도나우 강이 만나는 세르비아의 노비사드(베오그라드 북서쪽)이었다.

메흐메드 4세(재위: 1648–1687) 술탄 치하의 마지막 대재상 사리 쉴레이만 (재임: 1685–1687)이 지휘한 오스만 제국군 60,000명은 오시예크를 수호하기 위해 오시예크 전방에 방어진지를 구축했다. 이제 양군은 드라우(드라바) 강을 사이에 두고 대치했다. 1687년 7월 말 황제군은 드라우 강 동안에 교두보를 확보하고, 전투대형으로 전환하여 오스만 제국군을 유인했다. 그러나 이들은 전투에 응하지 않고, 드라바(드라우) 강 교량과 강둑을 포격하는 제한전으로 일관했다. 카를 5세 로트링엔 공작은 오스만 제국군의 본영에 대한 공격을 유보했기 때문에, 예하 장교들과 레오폴트 1세 황제까지 카를 5세에 대해 비판적이었지만, 며칠 후 카를 5세는 점령한 교두보마저 포기했다. 오스만 제국 대재상은 황제군의 사기가 떨어진 것으로 추정하고, 카를 5세를 추격했다.

사리 쉴레이만의 노련한 기동에 의해 헝가리 남단의 모하치(1526년의 전투 현장)로까지 밀려난 황제군은 8월 초 그곳에 견고한 방어진지를 구축했다. 오스만 제국군 역시 크로아티아의 다르다(부다페스트와 오시예크 사이의 전략적 연결점)에 설영했지만, 그들의 진영은 울창한 관목 숲 때문에 황제군에게 노출되지 않았다. 그 때문에 카를 5세 공작은 오스만 제국군이 접근한 사실을 전혀 눈치 채지 못했다. 8월 12일 그는 지형이 전투에 부적절한 것으로 판단하여, 헝가리 남쪽 국경의 소도시 시클로슈로 이동할 계획을 세웠다. 우익군이 서쪽의 울창한 숲을 관통하여 이동하기 시작했다. 사리 쉴레이만은 기회가 온 것으로 판단하고, 전군을 동원하여 아직도 진지에 머물면서 이동 준비를 하고 있는 바이에른 선제후(막시밀리안 2세) 휘하의 황제군의 왼쪽 날개를 공격했다. 시파히(기병) 8,000명이 황제군의 왼쪽 측면을 포위하려고 시도한 것이었다. 바이에른 선제후는 이미 출발한 자대의 오른쪽 날개 옆에 있던 로트링엔 공작에게 적군의 동향을 알려, 두 배가 넘는 시파히의 공격을 물리칠 준비를 했다. 막시밀리안 2세 휘하의 황제군 보병은 진지를 고수했고, 요한 노르베르트 피콜로미니(1651년경-1689) 장군은 기병연대를 지휘하여 오스만 기병의 포위공격을 격퇴하는데 성공했다.

오스만 제국 대재상은 예기치 못한 황제 동맹군의 저항에 놀라 공격 중지 명령을 내렸다. 오스만 제국 포병은 황제군의 진지를 계속해서 포격했지만, 바이에른 선제후 휘하의 황제군 보병은 이미 진지를 버리고 진지 뒤에 참호를 구축하고 있었다. 비상이 걸린 황제군의 오른쪽 날개는 원래의 진지로 귀환하는데 필요한 시간을 벌었다. 카를 5세 로트링엔 공작도 처음에는 이미 점령한 진지를 방어할 생각을 하였지만, 막시밀리안 2세와 루트비히 빌헬름 바덴 변경백의 요청에 따라 대규모의 반격을 감행했다. 황제군의 집결은 1687년 8월 12일 15시에 완료되었다.

같은 시간에 쉴레이만 대재상도 공격을 재개했다. 예니체리(근위대 정예보병)의 지원을 받은 오스만 제국 기병(시파히)은 황제군 진지의 왼쪽 측면 공격을 시도했다. 바덴 변경백은 이들의 공격을 방어한 후, 아직 완성되지 않은 오스만 제국 군대의 진지를 습격했다. 공격의 선두에서 전투를 지휘한 장군 중의 한 사람은 오이겐 공이었다. 그는 오스만 제국군의 저항을 와해시키고, 그들을 패주시켰다. 황제군의 인명손실(약 600명)은 그리 대단하지 않았다. 이에 반해 오스만 제국군은 병참부대 전체와 그들이 보유한 대부분의 대포(66문)를 잃었고, 그들의 사상자 수는 10,000여 명으로 추산되었다. 막시밀리안 2세 바이에른 선제후가 노획한 전리품만도 2,000,000두카텐의 가치에 달했으며, 대재상의 호화천막과 160여개의 군기도 황제군의 수중에 떨어졌다. 오스트리아 군대에 입대하여 1683년 <칼렌베르크 전투>에 처녀 출전하여 세운 공로로 그 해 말 오스트리아 군 연대장에 임명된 오이겐 공은 모하치 전투의 주역으로서도 충분한 보답을 받았다. 1688년 그는 오스트리아군 원수로 승진했다. 1차 모하치 전투(1526년)에서 오스만 제국군에게 패한 아픈 기억을 지우기 위해 뵈멘과 헝가리에서는 1687년 8월 12일의 전투를 - 1차 모하치 전투 현장과는 수 킬로미터 떨어진 곳에서 발생한 전투임에도 불구하고 - <모하치 전투>라 불렀다. 모하치 전투는 오스트리아가 헝가리 영토 내에서 오스만 제국과 벌인 마지막 전투이었다. 모하치 전투에서 승리한 오스트리아군은 세르비아로 후퇴하는 오스만 제국군을 추격하여 헝가리 국경을 넘었다. 이제 헝가리 왕국은 오스만 제국의 수중에서 완전하게 해방되었다.

2차 모하치 전투에서의 오스만 제국군의 패전은 오스만 제국을 내정의 위기로 몰아넣었다. 모하치 전투 이전에 이미 오스만 제국군의 사기는 후퇴를 거듭하는 동안 눈에 띄게 저하되었다. 모하치 전투 후 대재상의 진영에서는 예니체리와 시파히의 반란이 일어났다. 쉴레이만 대재상은 콘스탄티노플(이스탄불)로 피신했지만, 반란군의 일단이 그의 뒤를 따라가 메흐메드 4세 술탄에게 쉴레이만의 처형을 요구했다. 얼마 후 반란군 부대는 내친김에 메흐메드 4세도 축출하고, 그의 이복동생 쉴레이만 2세(1642-1691, 재위: 1687-1691)를 술탄의 권좌에 앉혔다.

황제군은 오스만 제국군을 동쪽으로 밀어내면서 동유럽(발칸 반도)의 여러 지역을 점령했다. 카를 5세 로트링엔 공작은 크로아티아의 4대 도시인 오시예크와 지금은 역사적 지명이 되어버린 크로아티아 동부의 슬라보니아를 오스만 제국의 지배로부터 해방시켰고, 지벤뷔르겐을 다시 헝가리 왕국에 귀속시켰다. 부다페스트의 탈환(1686)과 2차 <모하치 전투>(1687) 승리의 결과로 헝가리 의회는 1687년 12월 9일 프레스부르크(브라티슬라바)에서 - 부다페스트는 1688년 탈환되었지만, 1784년까지 헝가리의 수도 역할은 프레스부르크가 대행했다 - 헝가리의 왕권을 상징하는 이슈트반(슈테판) 왕관의 상속권을 영구히 합스부르크가에 증여하기로 결의함과 동시에 이제 겨우 아홉 살인 레오폴트 1세 황제의 장남 요제프 대공 (1678-1711, 레오폴트 1세의 아들로서 후일의 요제프 1세 황제)을 초대 헝가리 세습국왕에 추대했다. 그뿐 아니라 헝가리 의회는 향후 황제의 생전에 황제 계승자의 헝가리 국왕 즉위를 보장하고, 1526년 합스부르크가가 상속 받은 헝가리의 통치권에 대해 그들이 행사했던 저항권과 거부권을 모두 포기했다. 1526년 루트비히(로요슈) 2세 헝가리 국왕이 사망한 후 합스부르크 왕가, 오스만 제국, 헝가리 귀족 및 지벤뷔르겐 제후 간에 '이슈트반 왕관'을 쟁취하기 위해 지속적으로 발생한 분쟁은 합스부르크가의 최종적 승리로 막을 내렸다. 서기 1000년 실베스터 2세(재위: 999-1003) 교황이 가톨릭으로 개종한 이슈트반(슈테판) 1세에게 하사한 '이슈트반 왕관'은 1918년까지 헝가리 왕국의 통치권의 상징이었다. 오스만 제국령 헝가리를 회복함으로써 재통일된 헝가리 왕국은 이제 드디어 1526년 이전의 영토 수준으로 합스부르크 제국의 세습지가 되었다. 빈의 중앙정부가 지금까지 추진해온 절대주의와 중상주의 정책을 이 땅에 정착시키기 위해 1688년 6월 헝가리 왕국 설립 위원회가 설치되었다. 이교도에 의해 점령되면 이주를 해야 한다는 무슬림 종교법의 규정 때문에, 이슬람교도들은 헝가리와 슬로베니아와 지벤뷔르겐을 떠나야 했다. 부분적으로는 기독교 점령군의 잔혹행위 때문에 귀국한 터키인들도 있었다.

5차 터키전쟁과 오스트리아의 발칸 반도 개입

　모하치　전투(1687년 8월 12일)에서　승리한　오스트리아군의　다음　목표는 1521년 이후 오스만 제국이 점령한 세르비아의 수도 베오그라드를 원상 회복시키는 일이었다. 확실한 타격을 가하여, 이 기회에 발칸 반도를 오 스만 제국의 지배로부터 해방시키기 위해서이었다. 1687년 8월 12일 이 후, 다시 말해 2차 모하치 전투에서 승리한 후 벌어진 5차 터키전쟁의 모든 전투는 헝가리를 벗어난, 다시 말해 합스부르크 제국의 영역을 벗 어난 발칸 반도에서 벌어진 전투이었다. 발칸 반도에서 수행된 황제 동 맹군의 5차 터키전쟁은 방어전쟁의 성격을 벗어난 침공전쟁이었다. 전쟁 의 양상이 역전된 것이었다. 오스트리아 제국이 붕괴된 가장 중요한 요 인의 하나가 제국 내 슬라브 민족과의 갈등과 이들의 민족주의를 선동 한 제국 밖의 범슬라브주의이었다면, 그 단초는 이미 17세기 말 5차 터 키전쟁에서 오스트리아의 발칸 반도 침공을 통해 제공되었는지도 모른 다.

　베오그라드 공성을 목전에 두고 황제군 진영에서 최고지휘권의 소재 문제를 두고 이견이 발생하여, 바이에른 선제후 막시밀리안 2세는 자신 이 동맹의 지휘권을 위임받지 못할 경우, 공성 참여와 바이에른 군대의 지원을 거부하려 했다. 그러나 카를 5세 로트링엔 공작의 발병으로 막시 밀리안 2세가 자연스럽게 지휘권을 행사하게 되었다. 1688년 5월 카를 5 세는 막시밀리안 2세 바이에른 선제후에게 자신의 직책을 모두 양도했 다.

　약 40,000명의 막시밀리안 2세 바이에른 선제후가 지휘한 동맹군의 주력은 헝가리 남쪽 국경을 넘어 직접 베오그라드로 진격했고, 바덴 변 경백 루트비히 빌헬름은 보스니아를 통과하여 도나우 강의 우안에서 베오그라드 방향으로 진격했다. 8월 초 이미 53,000명의 병력으로 공성전에 돌입한 동맹군은 중포의 지원을 받아 베오그라드 요새를 점령하는데 성공했다. 엄청난 피해를 입었지만, 황제 동맹군의 승리로 끝난 <베오그라드 전투>(1688년 9월 6일)에서 오스만 제국 측은 7,000명의 인명 손실을 기록했다고 한다. 이 전투의 승리로 전략적 중요성이 큰 베오그라드가 처음으로 오스트리아군의 수중에 들어갔다.

베오그라드 전투 승리의 여세를 몰아 동맹군은 1688년 9월 24일 세르비아의 니시, 1689년 10월 16일 비딘을 점령하고, 불가리아와 코소보까지 진격했다. 베오그라드를 점령한 직후 루이 14세 프랑스 국왕이 라인란트를 침공하여 <팔츠 계승전쟁>을 일으켰다. 불리한 전략적 추세에도 불구하고 빈의 황실은 1689년 6월 오스만 제국과의 휴전협정 체결을 위한 협상을 중단함과 동시에 황제군의 대부분을 서부전선(팔츠 계승전쟁의 현장)으로 이동시키기로 결정했다. 이로 인해 동부전선의 전운은 지금까지 황제군의 추격을 받은 오스만 제국 쪽으로 기울었고, 베오그라드는 다시 오스만 제국군에 의해 점령되었다. 오스트리아는 18세기 말까지 모두 세 차례 베오그라드를 점령할 수 있었지만(1688-1690, 1719-1739, 1789-1791), 합스부르크 제국 영토에 지속적으로 편입시키는 데는 실패했다.

점령한지 2년 만에 베오그라드를 다시 적에게 넘겨준 황제군은 1691년 8월 19일 베오그라드 북쪽의 슬랑카멘에서 벌어진 오스만 제국군과의 전투에서 대승을 거두었다. 루트비히 빌헬름 바덴 변경백이 지휘한 약 34,000명의 황제 동맹군은 쾨프뤼뤼 파질 무스타파(1637-1691) 대재상 휘하의 60,000명의 오스만 제국군과 타이스(티소) 강과 도나우 강이 만나는 지점에 위치한 슬랑카멘 인근에서 조우했다. 황제군은 매우 불리한 위치에 있었다. 양 진영 모두 전선이 뒤바뀌어 유사시 상대방의 철수선상에 진을 치고 있었기 때문이었다. 황제군의 1차 우회작전이 실패하고, 돌파를 통한 적의 제압이 불가피한 것으로 판단된 후, 2차 우회작전을 어렵게 성공시켜 상대방을 제압할 수 있게 되었다. 무스타파 대재상이 전사하여 거의 해체지경에 이른 오스만 제국군은 극히 일부만 도주가 가능했다. 그들 대부분은 살육을 당하거나 도나우 강에서 목숨을 잃었다. 오스만 제국군은 20,000여 명이 희생되었고, 황제군도 병력의 사분의 일을 잃었다. 대승을 거두긴 했지만, 전력이 크게 약화된 황제군은 오스만 제국군의 추격을 포기하고, 그로스바르다인(루마니아의 오라데아)의 공성을 택했다. 1차 모하치 전투(1526)에서 헝가리가 오스만 제국에 패한 후, 당시 페르디난트 1세 대공과 지벤뷔르겐 제후 요한 자포요(자포요 1세)는 헝가리 왕국의 통치권 두고 전쟁을 벌였었다. 그 결과 1538년 2월 24일 그로스바르다인 평화조약이 오스트리아와 지베뷔르겐 사이에 체결되었고, 그로스바르다인은 그 후 합스부르크 제국에 귀속되었다. 그러나 이 도시는 4차 터키 전쟁(1663-1664)을 종식시킨 아이젠부르크(보스바르) 평화조약(1664년)에서 오스만 제국에 양도되었다가, 이번에 루트비히 빌헬름 바덴 변경백에 의한 공성이 성공함으로써 1692년 다시 합스부르크 제국(헝가리 왕국)에 편입될 수 있었다.

1697년 팔츠 계승전쟁이 끝난 후, 그 사이에 오스트리아군 원수로 진급한 오이겐 공은 작센 선제후(프리드리히 아우구스트 1세)의 뒤를 이어 헝가리 주둔 황제군 사령관으로서 터키전쟁 무대로 복귀했다. 1695년 7월부터 1696년 9월까지 5차 터키전쟁에 참전한 프리드리히 아우구스트 1세 작센 선제후(1670-1733, 재위: 1694-1733)는 1696년 8월 26일 발생한 <베가 강 전투> 후 - 베가 강은 티소 강의 지류 - 지휘권을 레오폴트 1세 황제에게 반납하고, 작센으로 귀환했다. 그는 1696년 6월 17일 사망한 요한(얀) 3세 소비에스키의 뒤를 이어 폴란드 국왕 및 리투아니아 대공직을 승계해야 했기 때문이었다. 프리드리히 아우구스트 1세 작센 선제후는 폴란드 국왕(1697-1704, 1709-1733)으로서는 아우구스트 2세라 불렸다.

오이겐 원수를 헝가리 주둔 황제군 사령관으로 천거한 사람은 1683

년 카라 무스타파의 포위공격으로부터 빈을 방어한데 대한 공로로 레오폴트 1세 황제에 의해 1692년 빈의 궁정국방회의 의장에 임명된 뤼디거 폰 슈타르헴베르크 백작이었다. 1697년 7월 5일부터 막바지 단계에 접어든 5차 터키전쟁을 총지휘하게 된 오이겐 원수는 오스만 제국의 반격을 저지하기 위해 헝가리와 지벤뷔르겐 병력을 페터바르다인(세르비아의 페트로바라딘)에 집결시켰다. 부대합류가 끝난 후의 황제군의 규모는 50,000여 명 정도이었다. 그러나 8월 한 달 내내 오스만 제국군과의 접전은 발생하지 않은 채, 페터바르다인에서 전술적인 기동훈련만 전개되었다. 1697년 9월 초 이제 즉위한지 2년 밖에 안 된 오스만 제국 황제 무스타파 2세(1664~1704, 재위: 1695~1703)가 직접 지휘한 오스만 제국군은 143년간 지배했다가 1686년 오스트리아에게 빼앗긴 헝가리의 제4대 도시 세게드(헝가리 남단의 세게딘)를 재점령한 후, 헝가리를 탈환하겠다는 야심을 품고 타이스(티소) 강을 따라 북상했다. 그러나 그는 세게딘 공략 계획을 중도에 포기하고, 젠토에서 타이스 강을 건너 테메슈바르(현재 루마니아의 서단)의 동계 숙영지로 귀환하려고 했다. 적의 의도를 간파한 오이겐 원수는 공격을 신속히 결정하여, 1697년 9월 11일 타이스 강을 도하 중인 무스타파 2세를 급습하여, 그들에게 괴멸적 피해를 입혔다. 테메슈바르로 도주한 술탄은 <젠토 전투>에서 25,000명의 병력을 잃은 반면에, 황제군은 총병력 50,000명 중 28명의 장교를 포함해 429명이 전사하고, 1,600명이 전상을 입었을 따름이었다. <젠토 전투>는 오이겐 원수가 황제군 사령관으로서 야전에서 거둔 최초의 완벽한 승리이었다. 젠토 전투 이후 오이겐 공의 이름은 전 유럽에 회자되었다.

테메슈바르 요새로 철수한 오스만 제국군은 황제군의 추격을 받지 않았다. 요새 수비군이 30,000명으로 증강되었고, 요새를 공성하기에는 절기가 늦은데다가, 급양과 보급품 수송이 현실적인 문제로 대두되었기 때문이었다. 그 대신 오이겐 원수는 1697년 10월 하순 방어 시설이 전무한 사라예보를 공격하였다. 이 과정에서 사라예보는 황제군의 약탈과 방화로 큰 피해를 입었다. 사라예보는 오스트리아-헝가리 이중제국(1867-1918)의 황태자(프란츠 페르디난트) 부처가 1914년 6월 28일 보스니아 출신의 슬라브족 청년에 의해 저격당한 도시이었다. 1914년의 비극은 이미 1697년 10월에 잉태되었는지도 모르겠다.

무스타파 2세 술탄은 사망하기 1년 전 자신의 친위대(예니체리)에 의해 폐위되었고, 그의 동생 아흐메드 3세(재위: 1703-1730)가 새 술탄에 추대되었다. 젠토 전투에서 오스만 제국 대재상 엘마스 메흐메드(†1697)가 전사했고, 그가 지니고 있던 술탄의 인장은 오이겐 원수에 의해 노획되어 레오폴트 1세 황제에게 전승기념품으로 헌정된 후, 지금은 빈의 군사(軍史) 박물관에 소장되어 있다.

카를로비츠 평화조약(1699년 1월 16일)

젠토 전투와 황제군의 사라예보 습격사건 이후 전쟁은 소강상태에 들어갔다. 황제군의 군자금이 다시 한 번 바닥났기 때문에, 1698년 여름 병사들에 대한 급료 지불이 중단되었다. 그로 인해 2개 용기병 연대가 반란을 일으켜, 장교들을 인질로 잡은 사건이 발생했다. 오이겐 원수는 반란자들을 용서하지 않았다. 12명은 총살형, 20명은 교수형, 그 수가 알려지지 않은 나머지 반란 가담자들은 태형에 처해졌다. 진중 반란, 열악한 재정, 그리고 특히 오스만 제국 측이 평화조약 체결을 요청했기 때문에, 영국의 중재로 1698년 11월 16일부터 1699년 1월 26일까지 카를로비츠(세르비아의 스렘스키 카를로비치)에서 평화협상이 진행되었다. 카를로비츠는 황제군에 의해 점령된 페터바르다인 요새와 오스만 제국이 점령 중인 베오그라드 요새 중간의, 이른바 중립지대에 위치했다. 카를로비츠 인근 야산에 서로 다른 출입구가 네 개 달린 원형 천막이 세워졌다. 4개국 평화협상 대표단이 동시에 협상테이블로 접근할 수 있도록 하기 위함이 었다. 1699년 1월 26일 신성동맹 가입국 대표(레오폴트 1세 신성로마제국 황제를 대리한 오이겐 원수, 폴란드와 베네치아 전권대표)와 오스만 제국 대표가 평화조약에 서명했다.

카를로비츠 평화조약은 헝가리와 지벤뷔르겐, 그리고 슬라보니아가 오스트리아 영토임을 확인했다. 베네치아는 펠로폰네소스(모레아)를 획득했 고, 오스만 제국과 폴란드 간의 전쟁(1672~1676)이 시작된 해인 1672년 이후 오스만 제국이 점령한 포돌리아는 다시 폴란드에 반환되었다. 카르파티 아 산맥과 타이스 강 사이의 바나트 지역을 포함하여, 오스만 제국이 16 세기에 점령한 지역들은 다시 옛 주인에게로 그 소유권이 원상회복 되 었다. 1526년 1차 모하치 전투의 직접적인 결과인 헝가리의 3분 시대, 다시 말해 오스만 제국과 합스부르크 제국. 그리고 지벤뷔르겐에 의한 헝가리 왕국의 분단시대는 카를로비츠 평화조약에서 공식적으로 그 막 을 내리고, 헝가리 왕권(이슈트반 왕관)을 소유한 합스부르크가에 헝가리 영토 전체가 귀속되었다. 오스만 제국은 테메슈바르와 루마니아의 일부지역(카 란세베슈, 루고즈, 초나트, 베츄케레크)을 유지하였고, 베오그라드를 다시 획득했다. 1552년 이후 164년 동안 오스만 제국의 지배를 받은 테메슈바르는 1716 년 카를 6세 황제 시대에 재개된 (6차) 터키전쟁 때 합스부르크 제국에 의해 점령되어 1차 대전이 끝날 때까지 오스트리아의 지배를 받았다.

젠토 전투(1697)의 결과가 반영된 카를로비츠 평화조약의 체결로 제5차 터키전쟁은 공식적으로 종료되었다. 1683년 이후 - 다시 말해 칼렌베르 크 전투에 패한 후 - 오스만 제국은 쇠퇴기에 접어들었고, 오스트리아는 이제 유럽의 강호로 부상했다. 합스부르크 제국은 영토의 크기만으로는 유럽에서 러시아 다음의 열강의 위치에 오르게 되었다. 레오폴트 1세의 재위기간 내내 전쟁이 연속적으로 발생했음에도 불구하고 합스부르크 제국이 권력과 명성을 유지할 수 있었던 것은, 아니 오히려 그것을 더욱 확대할 수 있었던 것은 그 당시의 오스트리아가 처한 국제정치적 상황에서는 기적에 가까운 일이었다. 카를로비츠 평화조약에서 오스만 제국은 처음으로 기독교 동맹(신성동맹)에 의해 구술된 평화조약의 조건들을 받아써야 했다. 카를로비츠 평화조약의 유효기간은 25년(1724년까지)이었다. 이제 오스트리아는 터키전쟁으로부터 완전히 해방된 것처럼 보였다.

6) 제6차 터키전쟁(1716-1718)

베네치아-오스트리아 동맹과 오스만 제국 간의 전쟁(1714-1718), 베네치아의 8차 터키전쟁(1714-1718) 등으로도 불리는 오스트리아의 6차 터키전쟁(1716-1718)은 카를로비츠 평화조약(1699)의 내용을 수정하려고 시도한 오스만 제국의 도발로 유발된 전쟁이었다. 오스트리아의 6차 터키전쟁은 처음에는 오스만 제국과 베네치아 공화국의 충돌로 시작된 전쟁이었다. 베네치아와 오스만 제국의 전쟁은 1714년에 시작되었고, 오스트리아는 1716년 베네치아와 동맹을 체결한 후 뒤늦게 베네치아의 터키전쟁에 개입했다. 6차 터키전쟁을 지휘한 오스트리아군 사령관은 젠토 전투(1697)의 영웅 오이겐 원수이었다.

5차 터키전쟁(1683-1699)을 끝낸 카를로비츠 평화조약에서 오스만 제국은 도나우 강 이북의 점령지 일체를 오스트리아에게 반환하고, 펠로폰네소스(모레아) 반도에 대한 베네치아의 통치권을 인정해야 했다. 오스만 제국의 국력이 약화되었기 때문에, 이 지역의 탈환을 생각지도 못했다. 카를로비츠 평화조약 체결과 더불어 오스트리아와 전쟁을 끝낸 지 10년 만에 오스만 제국은 또다시 전쟁에, 이번에는 러시아와의 전쟁에 휘말려들게 되었다. 러시아와 오스만 제국 간에 발생한 통산 네 번째 전쟁은

1710년에 발발하여 1711년 <프루트 평화조약>(1711년 7월 23일)과 더불어 오스만 제국에 유리하게 종결된 전쟁이었다. 오스만 제국과 러시아 간의 4차 전쟁은 소규모 전쟁으로서 스웨덴과 러시아 간에 벌어진 북방전쟁(1700-1721)에 포함된 전쟁이었다. 1709년 7월 <폴타바 전투>에서 카를 12세(1682-1718, 재위: 1697-1718) 국왕의 스웨덴 군대가 표트르 대제(1672-1725, 재위: 1682-1721)의 러시아군에 의해 섬멸된 후, 카를 12세 스웨덴 국왕은 오스만 제국으로 피신했고, 아흐메드 3세(1673-1730, 재위: 1703-1730) 술탄은 그에게 망명지를 제공했다. 표트르 1세는 스웨덴 국왕을 추격하여, 그의 신병 인도를 술탄에게 요구했다. 아흐메드 3세가 이를 거절하자, 러시아군은 오스만 제국의 보호령인 몰도바를 침공했다. 그러나 러시아군은 프루트 강유역에서 오스만 제국군에 포위되어, 평화회담 제의를 수용해야 했다.

<프루트 평화조약> 체결로 인해 러시아는 - 1696년 무스타파 2세(재위: 1695-1703) 오스만 제국 황제로부터 양도받은 - 흑해 연안의 아조프 요새를 다시 오스만 제국에 반환해야 했다. 러시아가 아조프를 오스만 제국으로부터 되찾은 것은 1739년 오스트리아와 오스만 제국 간에 체결된 베오그라드 평화조약(1739년 7월 22일)을 통해서이었다. 프루트 평화조약에서 러시아는 향후 폴란드와 카자흐 문제에 개입하지 않을 것임을 술탄(아흐메드 3세)에게 약속했고, 카를 12세 스웨덴 국왕은 자유통행을 보장받아 스웨덴으로 무사히 귀환했다. 러시아를 굴복시킨 것에 고무된 술탄은 이제 오스트리아와 1699년에 체결한 카를로비츠 평화조약을 수정하고자 했다. 우선 오스만 제국은 카를로비츠 평화조약 서명국(오스트리아, 폴란드, 베네치아) 중에서 국력이 가장 약하다고 생각한 베네치아 공화국을 공격했다. 1699년 1월 26일에 체결된 카를로비츠 평화조약의 유효기간은 25년(1724년까지)이었지만, 오스만 제국은 카를로비츠 평화조약에서 베네치아에 양도한 펠로폰네소스(모레아)를 탈환하기 위해 1714년 베네치아에 선전포고한 후, 1715년에 이 섬을 무단 점령해버렸다. 오스만 제국 측의 카를로비츠 평화조

약 위반은 막 종료된 <스페인 계승전쟁>(1701-1714)으로 인해 국력이 고갈된 오스트리아가 개입하지 못할 것이라고 판단한 오스만 제국 측의 돌이킬 수 없는 전략적 실수였다.

베네치아 상인들의 불법행위를 전쟁의 구실로 삼은 오스만 제국은 1714년 12월 9일 베네치아 공화국에게 선전포고했다. 그러나 전쟁은 그 해 겨울을 넘겨 1715년 여름에 시작되었다. 1715년 6월 27일 카를로비츠 평화조약에서 베네치아에게 넘겨주어야 했던 펠로폰네소스 섬을 80척의 함선을 동원한 40,000명의 오스만 제국 군대가 침공했다. 베네치아의 전력은 10,000명의 병력과 19척의 함선에 불과했다. 베네치아 군대는 요새를 수비하는 데만 급급했기 때문에, 1715년 12월까지 펠로폰네소스 섬 전체가 오스만 제국 군대에 의해 점령되어 버렸다.

5차 터키전쟁(1683-1699) 초기 인노첸시오 11세 교황의 지원 하에 오스트리아 및 폴란드와 체결한 <신성동맹>(1684년 인노첸시오 11세 교황의 전비 지원으로 신성로마제국과 폴란드와 베네치아 간에 체결된 3국 조약), 그리고 신성동맹과 오스만 제국 간 체결된 카를로비츠 평화조약의 유효기간(1724년까지)을 근거로 하여 베네치아는 합스부르크 제국의 전쟁 개입을 촉구했지만, 스페인 계승전쟁(1701-1714)으로 인해 국가재정이 위기에 봉착한 카를 6세(1685-1740, 재위: 1711-1740) 황제는 처음에는 베네치아와의 군사동맹 갱신에 유보적인 입장이었다. 그러나 클레멘스 11세(재위: 1700-1721) 교황이 전비 지원을 제의하고, 합스부르크 왕가의 숙적인 프랑스의 루이 15세(재위: 1715-1774)가 이탈리아 내의 오스트리아 소유 영토를 침범하지 않겠다는 약속을 했을 때, 카를 6세 황제는 종전의 입장을 바꾸어, 1684년에 체결된 신성동맹을 갱신하는 형식을 빌려 1716년 4월 13일 베네치아와 새로운 군사동맹을 체결했다. 오스만 제국은 이제 오스트리아에게도 전쟁을 선포했다.

1716년 7월 오스만 제국군 200,000명은 세르비아의 오스트리아 요새 페터바르다인(세르비아 제2의 도시 노비사드의 일부)으로 진군했다. 대군을 동원했지만,

오스만 제국은 대규모 비전투 요원을 전장에 동반하는 전통을 가지고 있었다. 하인, 노예, 장인, 상인, 그리고 심지어는 여자들까지 군대를 따라 움직였다. 이를 감안하면 오스만 제국군의 실제 전력은 전체 동원 숫자의 절반 정도로 추산될 수 있었다. 에른스트 뤼디거 폰 슈타르헴베르크 백작과 하인리히 프란츠 폰 만스펠트(1701-1703) 원수에 이어 빈의 궁정 국방회의 의장직을 겸한 오스트리아군 최고지휘관 오이겐 원수가 장악한 병력의 총수는 70,000명이었다. 오이겐 공은 1703년부터 1736년 사망할 때까지 33년 동안 합스부르크 제국의 군사정책을 총괄하는 오스트리아 역사상 최장수 궁정국방회의 의장이었다.

6차 터키전쟁에서 오스만 제국군과 오스트리아군이 처음으로 조우한 것은 1716년 8월 초페터바르다인 전방에서였다. 오이겐 원수 휘하의 오스트리아군은 도나우 강과 페터바르다인 요새 사이에 위치했고, 오스만 제국군은 인근 구릉지에 진을 쳤기 때문에, 전술적으로 유리한 위치를 확보한 쪽은 후자이었다. 오이겐 원수의 참모들은 페터바르다인 요새 수비에 전력을 집중시키든가, 아니면 도나우 강 유역의 보루에서 대기하는, 방어적 전술을 제안했다. 그러나 이 제안은 공격적인 오이겐 원수의 성향과는 근본적으로 배치되었다. 오이겐 공은 8월 5일 오스만 제국군 진지에 대한 일제공격 명령을 내렸다. 전투가 개시되었을 때, 오스트리아군은 중앙군의 전열이 와해될 정도로 큰 위기에 빠졌다. 그러나 오이겐 공은 기병대를 직접 지휘하여 적군의 전선을 왼쪽 측면으로부터 붕괴시키는데 성공했다. 오스만 제국의 경기병은 흉갑을 착용한 황제군 기병에 의해 문자 그대로 유린되었다. 5시간의 접전 끝에 전투는 끝나버렸다. 약 30,000명의 오스만 제국군과 5,000명의 오스트리아군이 목숨을 잃었다. 오스트리아 군대는 오스만 제국군의 천막 진영 전체를 포함해 5개의 권표(權標)와 156개의 군기, 그리고 수많은 병참지원 물자를 전리품으로 획득했다. <페터바르다인 전투>(1716년 8월 5일)의 승리를 기념하기 위해 교황은 로마의 모든 교회에 타종을 명하고, 오이겐 공 개인에게는 성별된 투구와 검을 하사했으며, 독일제국 의회는 카를 6세 황제에게 전비에 충당할 세금의 추가징수를 허용했다.

페터바르다인 전투에서 대승을 거둔 오이겐 공은 승리를 전략적으로 철저히 이용하려 했다. 그러나 도나우 강과 사바 강 사이에 위치한 베오그라드를 공략하기 위해서는 도나우 강을 장악할 수 있는 함대의 지원이 절실했지만, 오이겐 공에게는 충분한 함선이 없었다. 시간을 벌기 위해 오스트리아군은 테메슈바르(현재 루마니아의 티미쇼아라) 요새를 공격함으로써 옛 헝가리 왕국(1526년 이전의 헝가리)의 마지막 남은 미수복지역인 바나트(지금은 주로 루마니아와 세르비아에 걸친 지역의 역사적 지명으로서 수도는 테메슈바르)를 우선 점령하기로 결정했다. 페터바르다인 전투 직후부터 시작된 테메슈바르 요새 공성은 요새 수비대가 예기치 않게 1716년 10월에 투항해오면서 쉽게 끝이 났다. 테메슈바르 요새의 항복과 더불어 164년간 지속된 오스만 제국의 바나트 지배가 종말을 고했고, 바나트는 1차 세계 대전이 끝난 1918년까지 합스부르크 제국의 지배를 받았다.

바나트를 점령한 이후의 오스트리아의 다음 목표는 - 5차 터키전쟁 때인 1688년부터 1690년까지 점령한 적이 있었던 - 베오그라드이었다. 부다페스트를 관통하여 정남쪽 베오그라드 방향으로 도나우 강이 흐르고 있고, 크로아티아에서 동쪽 방향으로 흘러가는 사바 강은 베오그라드 북쪽에서 도나우 강과 합류하기 때문에, 오스트리아 군대가 베오그라드를 공략하기 위해서는 정남쪽 루트를 통하지 않고서는 직접적 공격이 불가능했다. 이와 같은 지리적 여건으로 인해 베오그라드는 남동쪽으로부터의 침입자는 물론이고, 북서쪽으로부터의 공격도 막아낼 수 있는 천혜의 요새로서 금전으로는 환산할 수 없는 전략적 가치를 지닌 발칸 반도의 군사요충지이었다. 그래서 발칸 반도를 지배하기 위해서 베오그라드는 오스트리아와 오스만 제국 모두에게 반드시 확보해야할 동남유럽의 거점 도시이자, 요새이었다.

1688년 베오그라드 전투에서 전상을 입은 경험이 있는 오이겐 공은 바나트를 점령한 후, 일단 빈으로 귀환했다. 도나우 함대를 건조하기 위해서는 시간이 필요했고, 카를 6세 황제의 재가도 필요했다. 도나우 강을 통한 보급로를 확보하지 않고서는 베오그라드 점령은 불가능하다고 판단했기 때문이었다. 급히 편성된 도나우 함대 승무원들은 합스부르크령 네덜란드(오스트리아령 네덜란드)에서 모집되었다.

후일의 여제 마리아 테레지아(1717-1780)가 출생하기 하루 전인 1717년 5월 13일 오이겐 공은 빈을 떠나, 5월 21일 오스트리아군의 집결지인 세르비아의 푸토그에 도착했다. 부대집결이 완수되기도 모든 전에, 오이겐 공은 1717년 6월 9일 70,000명의 군대와 함께 먼저 베오그라드로 진군했다. 오스만 제국의 원군이 도착하기 전에 베오그라드 요새를 점령하기 위해 오이겐 공은 하루라도 빨리 공성을 개시하려고 했다. 그러나 베오그라드 요새로의 접근이 우선 문제였다. 설명했듯이, 베오그라드의 지리적 여건 때문에 요새는 남쪽에 있는 만(灣)을 통해서만 접근이 가능했기 때문에, 도나우 강(북쪽)이나 사바 강(서쪽)을 건너야 했다. 빠른 길로 접근하려면, 도나우 강보다 강폭이 좁은 사바 강을 건너야 했지만, 이 경우 요새 포대의 사거리 내에 있는 접근로를 경유하지 않을 수 없었다. 그래서 동쪽으로 더 진군하여 도나우 강을 횡단하는 방법을 택했다. 누구라도 강폭이 더 넓은 도나우 강을 건널 생각을 하는 사람은 없을 것이라고 오스만 제국군 측은 판단할 것이기 때문이었다. 6월 15일에서 16일 사이에 황제군은 이렇다 할 저항을 받지 않고 도나우 강 도하작전에 성공했다. 황제군은 베오그라드 요새 방향을 향해 서둘러 포대와 참호를 구축함과 동시에 황제군 진영 배면에, 후일 '오이겐 선'이라고 알려진 방어선을 완벽히 구축했다. 오이겐 원수가 이렇게 공격을 서두른 이유는 오스만 제국 군대가 베오그라드 요새를 구원하기 위해 콘스탄티노플을 출발했다는 보고를 접했기 때문이었다.

7월 28일 드디어 오스만 제국의 원군이 도착했지만, 공성군에 대한 공격은 시작하지 않고, 그들도 방어선을 구축했다. 이렇게 되자, 베오그라드 요새 공성군(오스트리아군)은 베오그라드 요새 수비대(30,000명)와 콘스탄티노플에서 온 200,000명의 원군에 의해 포위공격을 당하는 처지로 바뀌었다. 오스만 제국의 원군을 '오이겐 선' 전방에서 섬멸한 후, 베오그라드를 점령한다는 오이겐 공의 원래의 공격계획은, 원군이 공격을 가해오지 않았기 때문에 무산되었다. 요새 수비군의 출격, 기습사격, 양쪽 오스만 제국군 진영으로부터의 포격, 그리고 인접한 도나우 강과 사바 강 연안의 저지대 초원의 모기떼가 전염시키는 말라리아 때문에 오이겐 공 휘하의 황제군 전력은 서서히 약화되고 있었다. 이런 지구전 상황은 공격군에게 치명적인 결과를 초래할 수 있었다. 베오그라드 요새 수비군과 오스트리아군의 후미에 진을 친 오스만 제국 원군은 오스트리아군이 기진할 때까지 기다리기는 작전을 택한 것 같았다.

상황이 점점 절박해지고 있을 때, 1717년 8월 14일 베오그라드는 강력한 폭발에 의해 흔들렸다. 박격포탄 한 발이 베오그라드 요새의 화약고에 명중하여, 일거에 3,000여 명의 오스만 제국 수비대 병사들이 몰사한 사건이 발생한 것이었다. 이 사건을 이용하여 오이겐 사령관은 다음 날 참모회의에서 콘스탄티노플이 보낸 원군에 대한 총공격을 명령했다. 8월 16일로 가는 밤, 정확히 자정에 기습공격이 감행되었다. 중앙은 보병이, 좌익과 우익은 측면은 기병이 맡았다. 요새 전방의 참호에 배치된 병력을 제외한 모든 병사들이 공격에 가담했다. 황제군이 1717년 8월 16일 자정 공격준비를 하고 있었을 때, 오스만 제국군은 전혀 그것을 눈치채지 못했다. 왜냐하면 당시로서는 야간 기습공격은 새로운 유형의 공격이었기 때문이었다.

날이 밝았을 때, 황제군의 중앙부에 빈 공간이 보였다. 오스만 제국

군대는 이 공간을 역공에 이용했다. 오이겐 사령관은 예비대를 이 빈 공간에 투입하고, 기병대를 선두에서 지휘했다. 오스만 제국의 역공은 실패로 끝나고, 황제군의 기습공격으로 대혼란에 빠진 오스만 제국군의 전열은 무너지기 시작하였다. 오전 10시 경 전투는 황제군의 승리로 끝나고, 베오그라드 요새의 수비대도 투항했다. 항복에 대한 대가로 그들은 자유통행을 허가를 받아 베오그라드에서 빠져나갈 수 있었다. 오스만 제국군의 인명 손실은 5,000명 내지 10,000명에 달했고, 오스트리아군도 5,000여 명을 잃었다. 오스트리아군은 탄약, 대포 및 군량 등 헤아릴 수 없이 많은 병참물자를 다시 한 번 전리품으로 획득했다. 베오그라드는 1717년 8월 22일 오이겐 공에 의해 점령되었다,

파사로비츠 평화조약(1718년 7월 21일)

베오그라드를 빼앗긴 오스만 제국은 평화협상을 제의했고, 테메슈바르(티미쇼아라)와 세르비아의 여러 지역을 이미 점령한 카를 6세 황제에게 오스만 제국의 평화협상 제의는 시기적으로 매우 적절했다. 그럴 것이 사르데냐를 둘러싸고 스페인과 새로운 분쟁이 시작되었기 때문에, 카를 6세도 오스만 제국과의 전쟁을 조기에 종식시키는 편이 유리했기 때문이었다. 내용인 즉, 스페인 합스부르크가가 지배한 이탈리아 영토(밀라노 및 파르마 공국, 나폴리, 시칠리아 및 사르데냐 왕국)는 스페인 계승전쟁 후 오스트리아 합스부르크가로 그 소유권이 이양되었고, 부르봉가의 스페인은 오스트리아가 오스만 제국과 전쟁을 벌이고 있는 틈을 이용해 실지(이탈리아 영토)를 회복하려 한 것이었다. 참고로, 사르데냐 왕국은 결국 1720년 사부아 공작가문 출신의 빅토르 아마데우스(비토리오 아마데오) 2세에게 양도되었다.

프랑스(루이 15세)가 온갖 수단을 동원하여 평화협상을 무산시키려 시도했지만, <파사로비츠 평화조약>은 체결되었고, 6차 터키전쟁은 종식되었다. 루이 15세(재위: 1715-1774) 프랑스 국왕이 오스만 제국과 오스트리아 간의 전쟁의 조기종식을 방해한 이유는 사르데냐를 둘러싸고 발생한 오스트리아와 스페인 간의 분쟁에서 스페인을 지원했기 때문이었다. 합스부르크가의 스페인 지배시대는 스페인-합스부르크가의 마지막 국왕 카를로스 2세(재위: 1665-1700)의 사망과 더불어 끝나고, 1700년 펠리페 5세(재위: 1700-1724, 루이 14세의 손자)의 즉위와 더불어 부르봉가의 스페인 지배시대가 개막되었다. 1700년까지 스페인 합스부르크가(카를로스 2세)의 지배를 받은 이탈리아의 섬나라 사르데냐는 위트레흐트 평화조약(1714)에서 오스트리아 합스부르크가(카를 6세 황제)에 편입되었지만, 1718년 스페인의 침공을 받았다. 결국 시칠리아와 교환하는 형식으로 카를 6세 황제는 사르데냐를 사부아 공국의 비토리오 아마데오 2세(빅토르 아마데우스 2세)에게 양도해야 했다.

파사로비츠 평화조약은 1718년 7월 2일 파사로비츠(포자레바츠, 베오그라드 동쪽 60km)에서 오스트리아 및 베네치아 공화국의 대표와 아흐메드 3세 오스만 제국 황제 간에 체결되었다. 카를 6세 황제로부터 전권을 위임받은 오이겐 원수는 현 상태의 영토수준을 기초로 하여 평화협상을 진행했다. 영국과 네덜란드가 협상의 중재 역할을 맡았다. 20개 항목으로 이루어진, 일찍이 오스트리아가 오스만 제국과 체결한 조약 중 가장 유리한 조약인 파사로비츠 평화조약으로 오스트리아는 새로운 점령지를 발칸 반도에 확보할 수 있었다.

오스만 제국은 오스트리아가 점령한 바나트(수도: 테메슈바르)와 서 왈라키아(소 왈라키아)의 5개 지역, 그리고 베오그라드를 포함한 북 세르비아와 북 보스니아의 국경지역에 대한 오스트리아의 영유권을 인정했다. 그러나 오스트리아가 획득한 지역들은 바나트를 제외하고 1739년의 베오그라드 평화조약(7차 터키전쟁)에서 다시 오스만 제국에 반환되었다.

오스만 제국은 펠로폰네소스 외에도 베네치아 공화국에 빼앗겼던 라구사(크로아티아의 두브로브니크)를 위시해 달마티아(크로아티아와 몬테네그로의 아드리아 해안지역)의 일부지역을 반환받았다. 베네치아 공화국은 6차 터키전쟁의 전승국의 일원이었음에도 불구하고, 1715년 오스만 제국이 점령한 모레아(펠로폰네소스)를 포기해야 했다. 그 대신 부트린트(알바니아의 남부 항도), 파르가와 프레베사(그리스의 해안도시)에 대한 영유권을 획득했고, 이오니아 제도의 섬(코르푸, 산타 마우라, 케팔로니아, 키테라)은 계속해서 보유했다. 파사로비츠 평화조약에 따라 통상조약도 체결되어, 오스트리아는 오스만 제국 신민들에게 오스트리아 관할지역(발칸 반도의 오스트리아 점령지역)에서의 통상의 자유를 허용했고, 오스만 제국은 자국 점령지역 내의 기독교도들에게 신앙의 자유를 허용해야 했다. 파사로비츠 평화조약은 베오그라드의 오스트리아 소유를 확인한 조약이었다. 베오그라드는 1688년부터 2년 간, 그리고 1718년부터 21년 간 합스부르크 제국의 지배를 받았다.

파사로비츠 평화조약 체결과 더불어 유럽을 향한 오스만 제국의 팽창주의 정책의 위험은 마침내 제거되었다. 오스트리아는 오이겐 공에 의해 쟁취된 점령지역에 대한 주권을 확인받음으로써 오스트리아 역사상 남동유럽에서 가장 넓은 영토를 보유하게 되었다. 7차 터키전쟁(러시아-오스트리아 동맹과 오스만 제국 간의 전쟁, 1736-1739)에서 도나우 강 이남의 오스트리아의 점령 지역들은 다시 오스만 제국에 반환되었지만, 도나우 강 이북의 점령지역들은 1918년 오스트리아 제국이 붕괴될 때까지 합스부르크가의 주권지역으로 남았다. 1718년은 오스트리아가 유럽의 대국으로 부상한 해로 기록되었다. 그러나 이와 같은 주장은 논란의 여지를 남기고 있다. 왜냐하면 합스부르크 제국이 군사적, 정치적로는 강국이 되었지만, 오스트리아의 국가재정은 계속해서 파산지경에 처해 있었기 때문이었다.

바나트는 6차 터키전쟁에서 오이겐 공의 활약을 통해 오스트리아의 주권지역에 포함되었다. 1718년 파사로비츠 평화조약 체결 후 바나트는 모든 권한이 황제와 황제에 의해 임명되는 당국과 관리들에 의해 행사되는 자체 군정 하의 황실직할영지라는 특수한 지위를 획득했다. 바나트는 매각이 불가능한 황실소유지로 관리되었다. 황제 이외의 어떤 종교적혹은 세속적 권위도 바나트에서는 허용되지 않았다. 1751년 마리아 테레지아 여제는 바나트에 민정을 도입했다. 바나트의 초대 군정총독은 클라우디우스 플로리문트 메르시(1666-1734, 총독: 1717-1734) 오스트리아군 원수이었고, 초대 민정총독은 프란츠 레오폴트 폰츠 폰 엥엘스호펜(1692-1761, 총독: 1740-1757) 포병장군(포병장군은 원수 다음 서열)이었다. 바나트가 황실직할지에서 헝가리 왕국 관할로 행정체계가 바뀐 것은 1779년이었다.

7) 제7차 터키 전쟁(1736-1739)

러시아의 5차 터키전쟁이라고도 하는 오스트리아의 7차 터키전쟁은 오스트리아-러시아 동맹과 오스만 제국 간에 벌어진 전쟁으로서, 한편으로는 흑해 진출을 위한 러시아의 영토확장정책, 다른 한편으로는 오스트리아의 발칸 반도 점령정책이 드러난 전쟁이었다. 따라서 러시아와 오스만 제국 간의 전투는 주로 우크라이나에서, 오스트리아와 오스만 제국군 간의 전투는 발칸 반도(세르비아와 보스니아)에서 진행되었다. 전쟁이 공식적으로 발발하기 이전인 1735년에 이미 몇 건의 소규모 접전과 토벌전이 크림 반도에서 발생했는데, 그 때문에 러시아의 5차 터키 전쟁은 1735년에 시작된 것으로 간주되기도 한다. 동맹국인 러시아의 요청으로 오스트리아가 러시아-오스만 제국 전쟁에 가세함으로써 마흐무드 1세(1696-1754, 재위: 1730-1754) 술탄은 제2의 전선을 강요당하는 부담을 안게 되었다.

러시아 여제 안나 이바노프나(1693-1740, 재위: 1730-1740)는 재위기간 10년 동안 러시아의 국경선을 흑해 연안까지 확대하는 국가전략적 목표 달성에 매진했다. 흑해의 연안지역은 오스만 제국의 보호령이었다. 러시아로서는 흑해 무역과 지중해 무역에 참여하려면, 이 지역으로의 진출이 불가피했다. 오스만 제국과 페르시아 제국 간 전쟁(1731-1736)이 발생했을 때, 러시아 측은 지중해 진출을 관철시키기 위해 오스만 제국을 공격할 수 있는 절호의 기회가 찾아온 것으로 생각했다. 페르시아와의 전쟁으로 인해 오스만 제국의 전력이 탈진 상태에 가까웠다고 보는 견해가 지배적이었기 때문이었다. 러시아의 오스만 제국 침공에 직접적인 빌미를 제공한 것은 크림 반도의 타타르족이 러시아의 경계지역을 침범한 사건이었다. 이 사건은 7차 터키전쟁 발발 1년 전인 1735년에 발생했다.

오스트리아는 6차 터키전쟁(1716-1718)을 끝낸 파사로비츠 평화조약에서 바나트와 베오그라드를 자국 통치지역에 병합했지만, 폴란드 계승전쟁(1733-1738)에서는 적지 않은 규모의 영토 상실을, 특히 북이탈리아에서의 영토 상실을 감수해야 했다. 오스트리아가 러시아의 요청에 응해 1737년 7월 또 한 번의 터키전쟁을 결정한 것은 두 가지 은밀한 이유가 있었다. 7차 터키전쟁에 동참함으로써 적어도 폴란드 계승전쟁으로 인해 이탈리아에서 상실한 것만큼의 영토는 보전 받을 수 있을 것이라 생각한 것이 그 첫 번째 이유였다. 또 하나의 다른 이유는 러시아가 발칸 반도에서 그들의 영향력을 지나치게 확대하는 것을 방치하고 싶지 않았던데 놓여 있었다. 그러나 1737년 7차 터키전쟁 개입에 대한 정당성을 강조하기 위해 오스트리아가 공식적으로 내세운 대외적 명분은 스페인이 영국의 지브롤터 해협의 영유권을 보장한 위트레히트 평화조약의 규정을 취소함으로써 발생한 영국-스페인 전쟁(1727-1729) 기간 동안 오스트리아가 러시아와 체결한 - 유사시 최소 30,000명의 병력을 상호 지원키로 합의한 - 군사동맹 조약이었다. 그리고 또 러시아 군대는 폴란드 왕위 계승전쟁(1733-1738) 시 오스트리아를 지원하기 위해 라인 강까지 출병했기 때문에, 오스트리아는 이제 그 빚을 갚아야 할 차례이었다.

1737년 7월 12일 마리아 테레지아의 남편 프란츠 슈테판(1708-1765, 신성로
마제국 황제: 1745-1765) 공작을 - 그는 레오폴트 1세(마리아 테레지아의 조부) 황제의 매
제로서 5차 터키전쟁과 팔츠 계승전쟁에서 황제군을 지휘한 카를 5세
로트링엔 공작의 손자이었다 - 총사령관으로 한 기병 위주의 총병력
80,000명의 오스트리아군은 합스부르크 제국의 군사경계선을 넘어 발칸
반도로 동진했다. 프리드리히 하인리히 폰 제켄도르프(1673-1763) 원수 휘하
의 주력군은 8월 초 1459년부터 - 1878년까지 - 오스만 제국의 지배를
받아온 세르비아의 니시를 점령했다. 게오르크 올리비에 폰 발리스
(1673-1744) 원수 휘하의 예하 군단은 왈라키아(역사적 지명으로서 루마니아의 남부지역)의
일부를 점령했으며, 요제프 프리드리히 폰 작센-힐트부르크하우젠(1702-1787)
원수 휘하의 군단은 북 보스니아의 반야루카를 공성했다. 그러나 강력한
오스만 제국 군대의 저항에 부딪혀 출정 직후의 오스트리아군의 상승세
는 이어지지 않았다.

루트비히 안드레아스 케벤휠러(1683-1744) 장군은 합스부르크 제국과 오
스만 제국 간의 완충지대인 비딘(불가리아의 서북단, 루마니아와의 국경도시)을 점령하려
다 실패한 후, 바나트의 오르소바에서 도나우 강을 건너, 발리스의 군단
과 합류했다. 발리스 백작도 점령했던 왈라키아로부터 철수하는 중이었
다. 오스트리아군 주력군은 그 사이에 서쪽으로 이동하여 1459년 이후
오스만 제국이 운용해 온 세르비아의 우지체 요새를 점령하고, 즈보르니
크(보스니아)를 공성하기 시작했지만, 오스만 제국군에 밀려 서쪽으로, 드리
나 강 쪽으로 철수했다. 오스만 제국군에게 니시를 다시 빼앗기고, 케벤
휠러 원수가 철수함으로 오스트리아군은 도나우 강의 오른쪽 지류인 모
라바 강의 계곡을 통해서 이어지는 오스트리아와의 연결선을 잃게 되었
다. 그래서 오스트리아군은 1737년 12월 말 세르비아에서 완전히 철수해
야 했다.

프란츠 슈테판 공작이 신경쇠약 증세로 출정 직후 빈으로 귀환한 후,

오스트리아군 원수이며 궁정국방회의 의장(1736-1738, 오이겐 의장의 후임)인 요제프 로타르 폰 쾨니히스에크-로텐펠스(1673-1751) 백작이 황제군 총사령관에 임명되었다. 그가 지휘권을 인수받았을 때, 오스트리아군은 수세에 몰려 있었다. 오스만 제국 군대는 6차 터키전쟁 때의 군대가 아니었다. 팔츠 계승전쟁(1688-1697) 시 뤽상부르(몽모랑시-뤽상부르) 원수, 스페인 계승전쟁(1701-1714) 시 방돔 원수 휘하에서 북이탈리아 전선과 네덜란드 전선에서 뛰어난 활약을 보인 프랑스군 연대장 출신의 클로드 알렉상드르 드 본느발(1675-1747, 터키 이름은 홈바라치 아흐메드) 백작의 교육을 받아 오스만 제국군은 강력한 전투력을 가진, 특히 강력한 포병대를 장악한 군대로 변신해 있었다. 포병대를 앞세운 오스만 제국 군대는 오스트리아군이 점령한 세르비아의 요새를 차례로 탈환했다. 1738년 5월 오스만 제국군은 오스트리아령 바나트를 침공하여 메하디아(역사적 지명, 현재 루마니아 땅)를 점령했다. 이어서 벌어진 전투는 도나우 강 유역의 소규모 요새 도시들에 집중되었다. 쾨니히스에크-로텐펠스 사령관이 판체보를 공략했을 때는 오스트리아군에게 다소 유리하게 전투가 전개되었지만, 결국 메하디아, 오르소바, 스메데레보, 우지체 등 도나우 연변의 세르비아 도시들을 오스만 제국 군대에게 모두 빼앗겼다. 발칸 반도에서 벌어진 1738년의 오스트리아-오스만 제국 전쟁에는 카를 6세 황제의 요청으로 바이에른군도 참가했지만, 전황은 황제군에게 유리하게 전개되지 않았다.

오스만 제국 군대의 개혁에 기여한 본느발 백작은 밝혀지지 않은 이유에서 프랑스 군법회의에 의해 사형선고를 받았으나, 탈주에 성공해 오이겐 공의 도움으로 오스트리아군으로 이적한 후, 스페인 계승전쟁에서 합스부르크 왕가를 위해 그의 조국 프랑스를 상대로 싸웠으며, 페테바르다인 전투(1716)에서는 오스만 제국군과 싸우다가 전상을 입기도 했다. 그러나 그는 오이겐 공을 배신한 죄로 또 다시 사형선고를 받았지만, 감형된 후 추방되어 오스만 제국으로 이주하기 위해 이슬람으로 개종한 인물이었다. 결과적으로 본느발은 오스트리아군의 니시 전투 패배에 결정적으로 기여한 인물이었다. 니시 전투 패배의 결과로 오스트리아는 1739년 오스만 제국과 체결한 <베오그라드 평화조약>(1739년 9월 18일)에서 베오그라드를 포함한 북 세르비아, 그리고 북 보스니아와 서 왈라키아의 여러 지역들을 오스만 제국에게 양도해야 했다. 베오그라드 평화조약은 독일제국 내에서의 황제 배출국인 오스트리아의 명예를 크게 실추시켰고, 프로이센 왕국과의 주도권 다툼에서도 오스트리아에게 부정적인 영향을 끼쳤다.

베오그라드 평화조약(1739년 9월 18일)

1739년 황제군 총사령관은 쾨니히스에크-로텐펠스 백작에서 게오르크 올리비에 폰 발리스 원수로 교체되었다. 발리스는 60,000명의 병력을 동원해 판체보에서 도나우 강을 건너 남쪽으로 이동했다. 7월 22일 그는 베오그라드 교외 도시 그로츠카에서 오스만 제국의 주력군을 만나 크게 패한 후, 다시 도나우 강을 건너 철수했고, 오스만 제국군은 오스트리아군 수비대가 지키는 베오그라드 요새 공성에 돌입했다. 오스만 제국군은 베오그라드 시를 오스트리아군의 수중에서 구해내기 위해 한 편으로는 공성을 계속하고, 다른 한 편으로는 오스트리아를 평화협상 테이블로 불러내는데 성공했다. 1739년 9월 1일 오스만 제국과 오스트리아 간에 마침내 예비평화조약이 체결되었다. 1955년 베오그라드 시에 편입된, 그로츠카는 베오그라드로부터 하루 행군 거리에 있는 도시이었다. 오스만 제국군의 그로츠카 전투 승리는 세르비아에서 지루하게 진행된 양국의 전쟁을 종식시켰고, 빈으로 하여금 오스만 제국과의 평화협상을 재촉케 했다. 그로츠카 전투 패배 후 몇 주일 안 되어 체결된 <베오그라드 평화 조약>에서 오스트리아는 점령지를 크게 잃었다.

그로츠카 전투 패배는 합스부르크가에 심각한 심리적 충격을 가했다. 오이겐 공이 황제군을 지휘했을 때, 오스트리아군은 수많은 승리를 거두었기 때문에, 합스부르크가는 7차 터키전쟁에서도 당연히 황제군의 신속한 승리를 기대했었다. 그로츠카 전투 패배 소식은 빈의 황실을 극도의 혼란에 빠트렸다. 황실은 더 이상의 피해를 막기 위해 어떤 대가를 치르더라도 오스만 제국과의 평화조약 체결을 성사시키려 했다. 빈은 콘스탄티노플 주재 프랑스 대사의 중재를 요청했다. 베오그라드에서 시작된 평화협상에서 오스만 제국은 1718년 이후 오스트리아에 의해 점령된 지역의 반환을 - 바나트는 제외하고 - 거의 모두 관철시켰다. 1739년 9월 1일 예비평화조약이, 9월 18일 황제의 위임을 받아 빌헬름 라인하르트 폰 나이페르크(1684-1774) 백작이 서명한 최종평화조약이 체결되었다.

오스트리아 군대보다 훨씬 더 유리하게 전쟁을 이끌어가고 있던 동맹국 러시아는 오스트리아의 단독평화조약 체결을 배신으로 간주했지만, 오스트리아가 동맹에서 이탈한 한 달 후인 1739년 10월 3일 평화조약을 체결하여 오스만 제국과의 전쟁을 끝냈다. 러시아와 오스만 제국 간의 평화조약 역시 전통적으로 오스만 제국과 우호관계를 유지한 프랑스 외교관의 중재를 통해 체결되었다. 프랑스의 목표는 오스트리아-러시아 동맹을 해체시키고, 동시에 오스만 제국에 대한 프랑스의 영향력을 확대시키는 것이었다. 전쟁에 개입한 3국(오스트리아, 러시아, 오스만 제국)의 평화협상 개최 의지는 명백했다. 오스만 제국은 러시아를 상대하여 막대한 피해와 패배를 기록했다. 오스트리아 역시 오스만 제국과의 전쟁에서 패배하여, 바야흐로 베오그라드를 상실하기 직전 상태에 있었다. 스웨덴의 군비확장을 우려한 러시아는 빠른 시일 내에 군대를 북부전선으로 이동시킬 수 있기를 바라고 있었다.

베오그라드 평화조약 체결로 오스트리아는 파사로비츠 평화조약(1718년 7월 21일)에서 취득한 점령지의 대부분을 다시 오스만 제국에게 넘겨주어야 했다. 바나트(수도: 테메슈바르)만 남기고, 오스트리아는 소 왈라키아(올트 주와 메헤딘치 주를 포함한 현재의 루마니아의 6개 남부 주)와 베오그라드를 포함한 북 세르비아, 그리고 북 보스니아의 국경지역을 오스만 제국에 모두 반환해야 했다. 오스트리아의 동맹국 자격으로 베오그라드 평화조약에 서명한 러시아에게는 베오그라드 조약 가입이 별 이득이 되지 않았다. 러시아도 이 전쟁에서 점령한 오스만 제국의 통치지역을 모두 포기해야 했기 때문이었다. 러시아는 아조프 해와 흑해 통과권 확보에는 실패했지만, 아조프 요새와 자포리자(우크라이나의 6대 도시)는 영구히 러시아 영토에 귀속시킬 수 있었다. 전쟁이 끝난 후, 오스만 제국은 흑해에서의 러시아 상인들의 권리를 크게 제한했다. 그와는 반대로 1740년 5월 프랑스는 오스만 제국에서 유럽 국가로서는 유일하게 수입관세를 면제받음으로써 프랑스의 무역특권은 크게 신장되었다. 오스트리아의 7차 터키전쟁 혹은 러시아의 제5차 터키전쟁에서 러시아가 승전국이었다면, 오스트리아는 대 오스만 제국 전쟁의 패전국이었고, 오스만 제국은 대러시아 전쟁의 패전국이었다. 이 전쟁에서 가장 큰 득을 본 나라는 러시아도, 오스트리아도, 오스만 제국도 아닌, 3국간의 평화협상을 주선한 프랑스였다.

7차 터키전쟁에 패한 후, 이 전쟁을 지휘한 마지막 황제군 사령관(게오르크 올리비에 폰 발리스)은 그로츠카 전투 패배에 대한 책임을 추궁당해 예하 지휘관들과 함께 군법회의에 회부되어 유죄판결을 받아, 1740년 2월 22일 브륀(체코의 브르노) 인근 스필베르크 요새에 수감되었다. 그리고 베오그라드 평화조약에 조인한 나이페르크 백작도 불평등 조약에 서명한 죄로 유죄판결을 받아 글라츠(폴란드의 쿠오츠코) 요새에 감금되었다. 그러나 이들은 카를 6세가 사망하고, 마리아 테레지아 여제가 즉위한 1740년 11월 22일 모두 사면 복권되었다. 여제의 험난한 미래를 예고하는 두 개의 큰 전쟁이 장군들의 복귀를 기다리고 있었기 때문이었다. <슐레지엔 전쟁>과 <오스트리아 계승전쟁>이 그것들이었다.

8) 제8차 터키전쟁(1787–1791)

러시아의 6차 터키전쟁(1768-1774)을 종식시킨 평화조약(퀴취크카이나르자 평화조약)이 1774년 7월 21일 러시아와 오스만 제국 간에 체결된 후, 크림 반도에 크림타타르국이 형식적인 독립국가로 창건되었지만, 크림 반도를 위시해 남부 우크라이나와 북 카프카스는 러시아의 지배하에 들어갔다. 크림타타르국의 창건으로 크림 반도는 오스만 제국의 지배로부터 벗어났지만, 이 신생국가는 곧 러시아에 병합되었다. 러시아는 오스만 제국으로부터 4,500,000루블의 전쟁배상금과 전략적으로 중요한 흑해의 북쪽의 항구 두 곳을 획득했다. 러시아 제국의 남진정책 및 서진정책은 제5차 러시아-오스만 제국 전쟁(1736-1739)과 더불어 시작되었고, 이 전쟁은 18세기와 19세기 남유럽(크림 반도)과 남동유럽(발칸 반도)에서 진행된 러시아 제국의 영토 확장정책의 서곡에 불과했다. 1774년 크림타타르국의 독립과 더불어 오스만 제국은 - 크림 반도가 당장에 러시아에 병합되지는 않았지만 - 이 지역에서의 정치적 영향력을 상실했다. 크림 반도에서의 술탄의 영향력은 종교영역에만 한정되었다.

1782년 예카테리나 2세(1729-1796, 재위: 1762-1796) 러시아 여제의 총신으로서 내정에 큰 영향력을 행사한 그리고리 알렉산드로비치 포템킨(1739-1791) 원수가 크림 반도를 침공했다. 침공의 구실은 크림타타르국의 칸(지배자) 가문의 분쟁이었다. 1783년 포템킨 공작을 통해 러시아의 지원을 받은 크림타타르국의 칸(汗)이 크림 반도를 예카테리나 2세 여제에게 양도하는 형식을 취한 러시아의 크림 반도 점령은 러시아와 오스만 제국 간의 전쟁을 유발한 원인이 되었다. 이렇게 터진 전쟁이 러시아에게는 7차 터키전쟁이었고, 러시아의 동맹국 자격으로서 이 전쟁에 참전한 오스트리아에게는 8차(마지막) 터키전쟁이었다. 유럽의 두 열강을 상대로 하여 다시한 번 전쟁을 수행하기에는 오스만 제국은 역부족이었다.

러시아의 크림 반도 병합은 1784년 1월 8일 공식화되었다. 포템킨 원수는 크림 반도 병합 직후, 크림 반도의 최대 항구 도시 세바스토폴의 군항 건설에 착수했다. 1787년 예카테리나 2세 일행과 외교사절들이 새로운 러시아 땅, 크림 반도를 순시하기 위한 여행을 했다. 예카테리나 2세의 크림 반도 여행 과정에서 이른바 '포템킨 빌리지'의 일화가 생겨났다. 크림 반도에서 러시아 여제는 신분을 감추고 그곳에 도착한 요제프 2세(재위: 1765-1790, 마리아 테레지아의 장남) 독일제국 황제와 회동하여 대 오스만 제국 전쟁에 관해 논의했다. 프리드리히 2세(1712-1786, 재위: 1740-1786) 국왕이 사망한 후라 프로이센으로부터는 큰 저항이 예상되지 않았기 때문에, 국제적인 환경도 러시아와 오스트리아의 대 오스만 제국 전쟁에 유리하게 작용할 듯 했다.

두 동맹국(러시아와 오스트리아)의 전쟁목표는 오스만 제국의 분할이었다. 그 과정에서 보스니아와 헤르체고비나, 그리고 세르비아는 오스트리아에 귀속시키고, 베사라비아, 몰다우(몰도바) 및 왈라키아는 합쳐서 단일국가로 독립시킨다는 것이 양국의 계획이었다. 상트페테르부르크에서는 비잔틴 제국을 재건하는 계획이 동시에 수립되었다. 비잔틴 제국 재건 계획은 콘스탄티노플(이스탄불)에 노출되어 버렸다. 오스만 제국 내의 반러시아 주전론자들은 신중한 입장의 압뒬하미드 1세(1725-1789, 재위: 1774-1789) 술탄에 맞서 오스만 제국의 국내 여론을 러시아에 대한 선제공격으로 유도하여, 술탄으로 하여금 1787년 8월 24일 러시아에 선전포고를 하지 않을 수 없게 만들었다.

개전 초기 러시아군 대원수 알렉산드르 바실예비치 수보로프(1730-1800)

는 오스만 제국의 공격을 저지하는데 성공했다. 그러나 러시아의 흑해 함대는 오스만 제국의 기습공격을 받아 전투불능 상태에 빠졌고, 당분간 운용이 불가능해졌다. 러시아의 동맹국 오스트리아가 러시아의 터키전쟁에 개입한 것은 1788년 2월이었다. 출병 시의 오스트리아군은 요제프 2세 황제의 직접 지휘를 받았으나, 세르비아와 지벤뷔르겐에서 벌어진 전투에서 이렇다 할 성과를 내지 못했다. 1788년 6월 러시아는 몰도바를 점령하고, 흑해의 리만 해전(1788년 6월 17일과 6월 23일)에서 오스만 제국 함대를 격퇴하는데 성공했지만, 러시아의 승리는 일시적이었다. 예기치 않게 북유럽에서의 러시아의 외교적 입지가 불안해졌기 때문이었다. 구스타브 3세(1746-1792, 재위: 1771-1792) 스웨덴 국왕이 영국과 프로이센의 지지를 받은 오스만 제국의 요청에 응해, 1788년 6월 러시아에 전쟁(러시아-스웨덴 전쟁, 1788-1790)을 선포한 것이었다. 스웨덴 군대는 코틀린 섬(상트페테르부르크 서방 30km에 위치한 발트해의 섬)의 러시아 해군기지이며 해안 요새도시인 크론슈타트를 위협했지만, 자국 내의 정정 불안으로 중도에 철수해야 했다.

남동유럽 전선에서는 수보로프 대원수 휘하의 러시아군과 프리드리히 요지아스(1737-1815)가 - 그는 작센 공작 프란츠 요지아스(1697-1764, 재위: 1729-1764)의 막내아들이었다 - 지휘한 오스트리아 군단이 합류했다. 러시아-오스트리아 동맹군은 1789년 8월 (루마니아의) 폭사니 전투, 그리고 9월 림니크 강 전투(또는 마르티네스티 전투)에서 중요한 승리를 거두었다. 림니크 강(시레트 강 지류) 전투에서 오스트리아군 병력보다 4배나 더 많은 오스만 제국군에 거둔 승리로 원수로 승진한 프리드리히 요지아스는 여세를 몰아 그 해 11월 8일 루마니아의 수도 부쿠레슈티를 점령했다. 러시아군은 드니스테르 강역의 도시들을 점령하고, 베사라비아를 통과하여 도나우 강 연변의 도시들도 점령했다. 1739년의 베오그라드 평화조약에서 오스만 제국에 반환된 베오그라드는 오스트리아군 총사령관 에른스트 기데온 폰 라우돈(1717-1790) 원수에게 투항했다.

7차 러시아-오스만 제국 전쟁(8차 오스트리아-오스만 제국 전쟁)과 병행해서 북유럽에서 진행된 러시아-스웨덴 전쟁은 1790년에도 계속되었다. 스웨덴 육군은 미미한 성과를 올리는데 그쳤지만, 1790년 6월 러시아 함대는 스웨덴 함대에 의해 제압되었다. 이로써 수도 상트페테르부르크가 다시 위험해졌다. 러시아의 수도를 구해 준 것은 스웨덴에게 선전포고한 러시아의 동맹국 덴마크였다. 러시아-스웨덴 전쟁은 핀란드에서 체결된 베렐레 평화조약(1790년 8월 14일)으로 종전되었고, 양국 간 영토상의 변동은 발생하지 않았다.

러시아-오스트리아 동맹이 유럽의 힘의 균형을 깨트릴 수 있다고 우려한 프리드리히 빌헬름 2세(1744-1797, 재위: 1786-1797) 프로이센 국왕은 오스트리아를 견제하기 위해 1790년 1월 오스만 제국의 술탄과 공격동맹을 체결했다. 셀림 3세(1762-1808, 재위: 1789-1807)와 동맹을 체결한 프리드리히 빌헬름 2세 프로이센 국왕의 주목표는 오스트리아를 8차 터키전쟁에서 하차시키는 일이었다. 요제프 2세 황제가 1790년 2월 19일 사망한 후, 그를 승계한 레오폴트 2세(재위: 1790-1792, 요제프 2세의 동생)는 프로이센의 압력에 굴복했다. 프랑스 혁명의 여파를 차단하기 위해서 레오폴트 2세는 프리드리히 빌헬름 2세와의 충돌은 피해야 했다. 오스트리아와 프로이센의 협력이 양국의 체제 수호를 위해 그 어느 때보다 중요했기 때문이었다. 1790년 8월 4일 오스트리아는 시스토바(불가리아의 스비슈토프)에서 오스만 제국과 단독평화조약을 체결했다. <시스토바 평화조약>에서 합스부르크 왕가가 얻은 이익은 크지 않았다. 양국 간의 군사경계선은 1788년 수준으로 확정되었다. 오스트리아는 베오그라드를 다시 오스만 제국에 반환하고, 북 보스니아의 일부 지역의 영유권만 보장받았다. 시스토바 평화조약을 체결한 이후의 오스트리아는 오스만 제국과의 전쟁을 영구히 종식시킬 수 있었다.

동맹국 오스트리아가 지난 전쟁(7차 터키전쟁, 1736-1739)에 이어 또다시 오스만 제국과 단독평화조약을 체결하고 동맹전쟁에서 발을 뺀 행위에 대해 러시아는 배신감을 표출했다. 그럼에도 불구하고 러시아는 전쟁을 계속 했다. 수보로프는 1790년 12월 전략적으로 중요할 뿐 아니라, 점령이 불 가능하다고 여겨진 도나우 강 삼각주 내의 이스마일 요새를 함락시키는 데 성공했다. 1791년 6월 러시아 육군은 도나우 강을 건너 오스만 제국 군을 여러 차례 격파했다. 그 후 셀림 3세 술탄은 평화조약 체결의 의 지를 엿보였고, 예카테리나 2세는 포템킨 공작의 반대에도 불구하고 평 화협상 제의에 응했다. 1790년 포템킨이 사망한 후, 종전과 관련한 방해 요인이 모두 제거되었다. 1792년 1월 9일 몰도바의 수도 야시(현 루마니 아의 라시)에서 러시아와 오스만 제국은 평화조약을 체결했다. 오스만 제국은 몰도바와 베사라비아를 반환받았지만, 크림 반도의 러시아 소유 를 인정해야 했다. 그 밖에 러시아 제국은 오차코프 항구와 더불어 드네 프르 강 동쪽 지역을 획득했다.

❑ 3

합스부르크가의 스페인 지배 시대(1516-1700)의 종식
그리고 스페인 계승전쟁(1701-1714)

카를로비츠 평화조약(1699년 1월 26일) 체결로 5차 터키전쟁(1683-1699)을 극복 한 지 2년도 아니 되어 오스트리아는 숨 돌릴 틈도 없이 독일제국의 반 대쪽에서 발생한 새로운 전쟁에 개입하지 않을 수 없었다. 그 전쟁은 1700년 11월 1일 합스부르크가 출신의 마지막 스페인 국왕 카를로스 2

세(1661-1700, 재위: 1665-1700)가 사망하자마자 시작되어 무려 13년간이나 지속된 <스페인 계승전쟁>이었다. 네덜란드 전쟁(1672-1678) 시 오스트리아의 합스부르크 왕가를 지원하여 프랑스와 싸웠던 스페인 합스부르크가의 카를로스 2세(스페인 국왕)는 전쟁에 패한 후, 스페인령 네덜란드를 프랑스의 루이 14세에게 양도해야 했고, 후계자로 지명했던 바이에른 선제후 막시밀리안 2세의 아들 요제프 페르디난트 레오폴트(카를로스 2세의 이복여형 마르가리타 테레자의 외손자)가 6세의 나이에 사망하자, 루이 14세의 손자 펠리페 5세(1683-1746)를 자신의 계승자로 결정해야 했다. 그러나 레오폴트 1세 황제는 16세기 초부터 합스부르크가가 지배해 온 스페인 왕국이 합스부르크가의 숙적인 프랑스의 부르봉가에게 양도되는 것을 좌시할 수가 없었다.

스페인 합스부르크가의 역사는 막시밀리안 1세(재위: 1493-1519) 독일제국 황제의 장남 '미남왕' 필립 1세(1478-1506)가 카스티야 왕국의 상속인 요한나(후아나)와 결혼하여, 1504년 카스티야 왕국의 국왕이 되면서부터 시작되었다. 그러나 1506년 필립 1세가 카스티야의 국왕에 즉위한지 2년 만에 사망하자, 아라곤 왕국의 국왕인 그의 빙부 페르디난트 2세가 1516년까지 딸이며 필립 1세의 미망인인 요한나를 위해 카스티야 왕국을 섭정통치했다. 1516년은 스페인 왕국의 역사와 스페인 합스부르크가의 역사에서 하나의 전환점을 형성한 해이었다. 1516년은 페르디난트 2세 아라곤 국왕이 사망하고, 필립 1세와 요한나의 장남 카를로스 1세(페르디난트 2세 아라곤 국왕의 외손, 1519년 이후 독일제국 황제 카를 5세)가 16세의 나이에 카스티야 왕국과 아라곤 왕국을 동시에 상속받아 통일 스페인 왕국을 출범시킨 해이었고, 스페인 합스부르크 왕조의 역사가 시작된 해이었다. 스페인 합스부르크 왕가의 창립 연도는 그래서 미남왕 필립 1세가 카스티야의 국왕에 즉위한 1504년, 또는 그의 장남 카를로스 1세(카를 5세)가 통일 스페인 왕국의 국왕에 즉위한 1516년으로 기록될 수 있을 것이다.

레오폴트 1세(재위: 1658-1705) 황제는 합스부르크가가 스페인의 왕통(카를로스

2세)을 계승할 수 있도록 하기 위해 자신의 아들 카를(후일의 카를 6세 황제)을 카를로스 3세라 부르게 하고, 이미 스페인 국왕에 즉위한 부르봉가의 펠리페 5세(재위: 1700-1746)를 축출하려고 시도했다. 합스부르크 왕가와 부르봉 왕가 간의 전쟁(스페인 계승전쟁)이 불가피하게 된 것이었다. 스페인의 국왕은 스페인 왕국뿐 아니라, 밀라노, 파르마, 나폴리, 시칠리아, 사르데냐, 롬바르디아, 벨기에 등의 유럽 땅과 라틴 아메리카와 필리핀, 그리고 아프리카의 스페인 식민지까지 지배하는 막강한 권력의 정점이었다. 스페인 계승전쟁은 합스부르크가와 부르봉가 간의 유럽의 헤게모니 전쟁이며, 동시에 유럽의 해양강국들 간의 해상지배권 쟁탈 전쟁이었다. 합스부르크가와 부르봉가 중 어느 한 쪽은 이 전쟁의 패자가 되어야 했지만, 전자가 승리할 가능성은 처음부터 크지 않았다.

공식적으로 스페인 계승전쟁은 1701년에 시작되어 1714년에 끝난 것으로 기록되어 있지만, 스페인 왕위 계승과 관련된 부르봉가의 프랑스와 합스부르크가의 오스트리아 간의 싸움은 1665년 펠리페 4세(1605-1665, 재위: 1621-1665. 카를로스 2세의 부왕)의 죽음과 더불어 이미 시작되었다고 해도 과언이 아니었다. 펠리페 4세 스페인 국왕은 앙리 4세 프랑스 국왕의 장녀 이사벨(1602-1644)과의 첫 결혼에서 태어난 막내딸 마리 테레즈(1638-1683)를 프랑스 국왕 루이 14세(펠리페 5세의 조부, 재위: 1643-1715)와 결혼시켰다. 이사벨이 1644년 사망한 후 펠리페 4세는 이번에는 합스부르크가의 마리아 안나(1634-1696)와 재혼했는데, 마리아 안나는 레오폴트 1세 황제의 여형이었다. 펠리페 4세는 마리아 안나와의 재혼에서 유일한 아들인 카를로스 2세를 얻었고, 그들(펠리페 4세와 마리아 안나)의 장녀 마르가리타 테레자(1651-1673, 카를로스 2세의 여형)는 레오폴트 1세 황제와 결혼했다. 마르가리타 테레자는 레오폴트 1세에게는 생질녀(여형 마리아 안나와 스페인 국왕 펠리페 4세의 딸)이었고, 카를로스 2세는 레오폴트 1세 황제에게 손위처남이었다. 펠리페 4세는 스페인 왕국의 안보를 강화하기 위해 유럽을 지배한 두 거대 왕가의 지배자(루이

14세와 레오폴트 1세)를 동시에 사위로 맞아들였지만, 이것이 유럽의 큰 전쟁으로 발전할 수 있는 단초를 제공할 것이라고는 누구도 예상하지 못했다.

펠리페 4세가 1665년 사망하고, 유일하게 생존한 그의 아들 카를로스 2세가 4세의 나이에 스페인 국왕에 즉위했을 때, 어린 국왕의 두 매형 중 큰매형(펠리페 4세의 맏사위) 루이 14세가 상속권을 주장하고 나선 것이었다. 재산양도권리를 규정한 브라반트 상속법, 즉 초혼의 자녀들이 이후 혼인에서 생산된 자녀들보다 상속자로서의 우선권을 가진다는 조항에 근거하여 루이 14세는 스페인령 네덜란드를 요구하면서 1667년부터 1668년까지 계속된 <재산양도 전쟁>(프랑스-스페인 전쟁)과 1672년에 발생하여 1678년에 끝난 <네덜란드 전쟁>(프랑스-네덜란드 전쟁)을 통해 자신의 주장을 관철시키려고 했었다.

스페인 합스부르크가의 마지막 국왕 카를로스 2세는 생전에 후계자를 지명함에 있어, 두 매형(루이 14세와 레오폴트 1세)의 영향력으로부터 독립하기 위해, 부르봉 왕가도, 합스부르크 왕가도 아닌 비텔스바흐 왕가의 후예를 자신의 계승자로 결정하려고 하였다. 카를로스 2세는 사망하기 2년 전인 1698년 바이에른 선제후 막시밀리안 2세(요제프 엠마누엘, 재위: 1679-1726) 공작과 마리아 안토니아(1669-1692, 레오폴트 1세의 장녀) 사이에서 태어난 아들이며 바이에른의 선제후 계승자 요제프 페르디난트 레오폴트(1692-1699)를 스페인 왕국의 상속인으로 발표했다. 카를로스 2세 스페인 국왕의 후임 국왕으로 낙점된 요제프 페르디난트 레오폴트의 모후이며 막시밀리안 2세의 아내 마리아 안토니아는 레오폴트 1세 황제와 펠리페 4세의 딸 마르가리타 테레자(필립 4세의 딸이며 카를로스 2세의 여형)의 장녀이었기 때문에, 카를로스 2세는 펠리페 4세의 외증손자 요제프 페르디난트 레오폴트가 합스부르크가와 부르봉가의 반발을 피해갈 수 있는 당시로서는 가장 적절한 계승후보로 생각했음이 명백했다. 그러나 오스트리아는 레오폴트 1세 황제의 아들 카를(후일의 카를 6세 황제)을 카를로스 2세의 계승자로 생각하고 있었고, 카를로스 2세 스페인 국왕의 23세 연상의 여형(펠리페 4세의 장녀 마리 테레즈)과 결혼한 루이 14세는 자신의 손자(후일의 스페인 국왕 펠리페 5세)를 스페인 국왕으로 생각하고 있었다. 막시밀리안 2세 바이에른 공작의 아들이 스페인의 차기국왕 후보로 결정된 후, 합스부르크 왕가(오스트리아)와 비텔스바흐 왕가(바이에른) 간의 우호관계는 금이 가기 시작했다.

펠리페 4세의 두 번째 왕비(마리아 안나)는 레오폴트 1세 황제와 남매지간이었고, 레오폴트 1세는 펠리페 4세와 마리아 안나의 장녀 마르가리타 테레자와 근친 결혼했다. 마르가리타 테레자와 카를로스 2세 스페인 국왕은 남매지간이었으니까, 레오폴트 1세가 스페인의 계승자로 생각하고 있는 그의 작은아들 카를(카를 6세)에게 스페인 국왕 카를로스 2세는 외숙부이었다. 레오폴트 1세의 작은아들 카를(카를 6세)이 제기한 스페인 왕위계승권 주장은 이와 같은 복잡한 혈연관계를 배경으로 했다. 비텔스바흐가 출신의 스페인 국왕 계승후보 요제프 페르디난트 레오폴트 또한 그의 모후 마리아 안토니아가 카를 6세의 이복여형이었으니까, 그는 카를 6세의 생질이었다. 결국 스페인 합스부르크가의 마지막 황제 카를로스 2세의 계승을 둘러싼 분쟁은 카를로스 2세의 생전에 이미 서로 친척간인 레오폴트 1세의 작은 아들(후일의 카를 6세 황제)과 막시밀리안 2세 선제후의 아들(요제프 페르디난트 레오폴트), 그리고 루이 14세의 손자(후일의 펠리페 5세) 간의 3파전으로, 다시 말해 합스부르크가와 비텔스바흐가와 부르봉가 간의 3파전으로 비화될 소지를 안고 있었다.

요제프 페르디난트 레오폴트(막시밀리안 2세 선제후의 계승자)가 스페인 국왕 카를로스 2세의 상속자로 결정된 지 1년 밖에 되지 않은 1699년 사망하자, 카를로스 2세는 매형인 루이 14세 프랑스 국왕의 압력으로 루이 14세와 그의 왕비 마리 테레즈(카를로스 2세의 이복여형)의 손자인 펠리페 5세(앙주 공작: 1683-1700, 스페인 국왕: 1701-1746)를 요제프 페르디난트 레오폴트를 대신해 자신의 후계자로 확정했다. 그러고 나서 또 1년 후인 1700년 카를로스 2세 스페인 국왕이 39세의 나이에 사망하고, 그의 유언장이 공개되었다. 프랑스의 루이 14세는 영국 및 네덜란드와 맺은 약속을 어기고 서둘러 손자(펠리페 5세)를 스페인의 국왕으로 선포해버렸다. 200년에 육박하는 합스부르크가의 스페인 지배시대가 끝나고, 부르봉가에 의한 스페인 통치시대가 시작된 것이었다. 펠리페 5세는 부르봉 왕가 출신의 초대 스페인 국왕이었다.

카를로스 2세 스페인 국왕이 사망할 경우 스페인 합스부르크가의 남계가 사멸할 가능성이 농후해졌을 때, 레오폴트 1세 황제는 작은아들인 카를(후일의 카를 6세 황제)을 - 큰아들 요제프(후일의 요제프 1세 황제)는 레오폴트 1세 자신의 후계자이었다 - 스페인 국왕(카를로스 3세)으로 만들 계획을 세웠었다. 1697년에 끝난 <팔츠 계승전쟁> 때 이미 레오폴트 1세 황제는 선수를 치기 위해 카를과 군대를 함께 스페인으로 파견하여 후사를 도모할 계획을 세웠었다. 그러나 그 계획은 실행에 옮겨지지는 않았다. 카를로스 2세 스페인 국왕이 사망한 당일, 레오폴트 1세 황제의 작은아들인 합스부르크가의 카를이 아니라, 루이 14세 프랑스 국왕의 손자인 펠리페 5세를 상속인으로 결정한 카를로스 2세의 유언장이 공개되었고, 때를 같이하여 루이 14세는 손자 필립 5세를 스페인 국왕으로 선포하였다. 레오폴트 1세는 영국 및 네덜란드와 동맹을 체결하고, 펠리페 5세의 스페인 국왕 즉위 반대의사를 분명히 했다. 이것이 스페인 계승전쟁 발발의 직접적 원인이었다. 루이 14세는 1700년 11월 1일 카를로스 2세 사망 당일에 손자(펠리페 5세)를 스페인의 국왕으로 선포한 것과는 달리, 합스부르크가가 레오폴트 1세의 작은아들 카를을 사망한 카를로스 2세의 후임 스페인 국왕 카를로스 3세라 대외적으로 공식 선언한 것은 그 보다 3년 후인 1703년의 일이었다.

카를로스 2세 사망 후 3년이나 지나서 카를로스 3세가 스페인 국왕으로 공표된 것은, 합스부르크가(오스트리아 합스부르크가 및 스페인 합스부르크가) 내부의 상속순서를 조정한 <상호계승약관>이 1703년 9월에 가서야 문서화되었기 때문이었다. 오스트리아 합스부르크가가 스페인 합스부르크가를 상속받기 위한 법적 근거를 마련한 것이 상호계승약관이었다. 상호계승약관은 1713년 공표된 <국본조칙>(프라그마티셰 장크치온)의 모법이었다.

레오폴트 1세 황제와 그의 후계자이며 큰아들인 요제프(후일의 요제프 1세 황제)가 레오폴트 1세의 작은아들이며 요제프의 동생인 카를(후일의 카를 6세 황제)을 위해 스페인-합스부르크가에 대한 상속권 포기를 선언하기 전에, 이들 두 사람(요제프와 카를)이 장차 세우게 될 양대 가계인 요제프파와 카를파의 상속순위를 확정한 것이 상호계승약관의 핵심 내용이었다. 당대의 법학자 요한 프리드리히 자일레른(1644/1645-1715)에 의해 조문화된 상호계승약관은 - 1713년 4월 19일 반포된 국본조칙 역시 자일레른이 입안했다 - 스페인-합스부르크가와 오스트리아-합스부르크가 중, 종가인 오스트리아-합스부르크가(레오폴트 1세 황제의 자손)의 남계에게 절대적인 우선권을 부여했다. 레오폴트 1세의 사후 오스트리아-합스부르크가를 이끌어 갈 양대 가계(요제프파와 카를파) 중의 한 가계의 남계가 소멸할 경우, 계승권은 상대방 가계로 넘어가도록 규정한 상호계승약관의 해당 조항은 장녀가 계승권을 가지는 스페인 합스부르크가의 상속순서에 반하는 규정이었다. 상호계승약관에 의거하면, 카를(1711년 이후 카를 6세 황제)은 스페인-합스부르크가의 세습지인 스페인 왕국을 상속받을 수 있었고, 요제프가 후사 없이 사망할 경우, 후자의 권리도 승계할 수 있었다. 레오폴트 1세 황제와 황제의 큰 아들 요제프는 이 비공개 문건(상호계승약관)에서 롬바르디아(북이탈리아)를 제외한 모든 스페인 영토에 대한 상속권을 카를로스 2세를 승계할 카를(요제프의 동생)에게 양도하기로 약속했다. 1703년 9월 12일에 체결된 상호계승약관은 1713년의 국본조칙과는 반대로 대외적으로 공표되지 않은 비밀 약관이었다.

부르봉가의 펠리페 5세가 스페인 국왕에 즉위함으로써 스페인 합스부르크가가 지배했던 북이탈리아의 영토가 스페인 부르봉가의 영토에 자동 편입되는 것을 막기 위해, 레오폴트 1세 황제는 군사개입을 결정했다. 레오폴트 1세는 우선 밀라노 공국을 오스트리아 합스부르크가가 접수할 수 있도록, 오이겐 원수를 사령관으로 하는 오스트리아 군대를 북이탈리아로 급파했다. 밀라노 공국은 1535년 합스부르크가에 편입되어, 스페인 국왕(카를로스 1세)을 겸한 카를 5세 독일제국 황제가 초대 공작을 역임했지만, 1554년 카를 5세의 장남 필립 2세가 스페인 국왕에 즉위했을 때, 스페인 합스부르크가에게 양도되었었다. 밀라노 공국은 그리하여 1554년 이후 스페인 국왕(스페인 합스부르크가)의 통치를 받았으나, 카를로스 2세 사망 후, 부르봉가의 펠리페 5세가 스페인 왕위를 승계하자, 오스트리아 합스부르크가가 밀라노의 회수를 결정한 것이었다. 밀라노가 합스부르크가(오스트리아)에 회수된 것은 스페인 계승전쟁이 한창 진행 중인 1706년이며, 오이겐 공이 1706년부터 1716년까지 10년간 밀라노의 총독을 역임했다. 오이겐 장군이 북이탈리아에서 거둔 연승은, 즉 카르피 전투(1701년 7월 9일)에서 프랑스군에 거둔 승리와 키아리 전투(1701년 9월 1일)에서 프랑스·스페인 동맹군에 거둔 승리는 프랑스의 해외 식민지 확대를 경계한 유럽의 여타 해양강국들과 오스트리아 간의 동맹 체결을 촉진시켰다.

레오폴트 1세 황제는 서인도 제도의 네덜란드와 영국의 항구를 폐쇄하거나, 공격한 프랑스를 견제하기 위해 영국 및 네덜란드와 군사동맹을 체결했다. 오스트리아와 영국과 네덜란드의 협력은 1701년 네덜란드의 덴하흐(헤이그)에서 결성된 동맹이라 하여 덴하흐 대동맹(헤이그 대동맹)으로도 불리는 <대동맹>(1701년 9월 7일)으로 발전하였다. 전장에서 언급했지만, 팔츠 계승전쟁 때인 1689년 5월 빈에서 결성된 동명의 대프랑스 동맹인 <대동맹>(빈 대동맹)은 1686년의 <아우크스부르크 동맹>의 확대 동맹이었다. 레오폴트 1세 독일제국 황제가 주도하여 1701년 9월 7일 체결된 반 프랑스 군사동맹인 대동맹(헤이그 대동맹) 조약은 처음에는 오스트리아, 영국, 네덜란드의 3국 동맹으로 출발했지만, 1703년까지 프로이센, 브라운슈바이크, 헤센-카셀, 멕클렌부르크-슈베린 등의 독일제국 제후국들이 개별 제후국 자격으로 대동맹에 가입했고, 프랑켄 제국직할관구, 슈바벤 제국직할관구, 니더라인-베스트팔렌 제국직할관구, 오버라인 제국직할관구 등 독일제국의 10개 제국직할관구 중 프랑스와 국경을 공유한 4개 제국직할관구가 추가로 대동맹에 가입하여, 프랑스와 루이 14세의 패권주의 저지에 가세하였다. 13개 조항과 1개의 별도 조항으로 구성된 대동맹 조약에서 동맹국들은 합스부르크령 네덜란드에 거주하는 네덜란드 사람들을 보호하기 위해, 그리고 합스부르크가의 이탈리아 소재 영토를 수호하기 위해 프랑스의 밀라노 공격에 대비한 방벽을 건설하는 문제에 합의했다. 군사적인 충돌이 발생할 경우, 대동맹 가입국들은 군사지원과 군사작전을 상호 조율하기로 합의하였다. 스페인 내의, 그리고 스페인에 대한 프랑스의 모든 권리는 이 조약에 의해 박탈되었다. 평화조약은 영국의 손실이 배상된 후 체결한다는 규정이 별도 조항의 내용이었다. 오스트리아군과 영국군의 총사령관이었던 오이겐 공과 존 처칠 말버러(1650-1722) 공작의 협력을 통해 대동맹은 루이 14세의 팽창정책을 저지하는데 크게 기여했지만, 스페인 계승전쟁이 종식되기 이전에 이미 서서히 해체되기 시작했다.

레오폴트 1세 황제는 대동맹의 확고한 지원을 배경으로 하여 1702년 봄 프랑스에 정식으로 제국전쟁을 선포했다. 프랑스는 이보다 먼저 1701년 3월 19일 바이에른 선제후 막시밀리안 2세(막시밀리안 엠마누엘) 공작 및 쾰른 선제후 요제프 클레멘스(막시밀리안 2세 선제후의 동생) 대주교와 반 합스부르크 동맹을 체결했다. 레오폴트 1세는 이들 비텔스바흐가의 형제를 응징하기 위해 1702년 쾰른 대주교구의 수도 본을, 1705년에는 바이에른의 수도 뮌헨을 점령했다. 막시밀리안 2세와 요제프 클레멘스 형제는 스페인 계승전쟁 이전까지는 레오폴트 1세 황제의 지원세력이었다. 요제프 클레멘스를 쾰른 대주교로 만든 사람도 레오폴트 1세이었다. 그들이 레오폴트 1세 황제를 배신하고, 루이 14세 프랑스 국왕과 군사동맹을 체결한 데는 이유가 있었다.

앙리 4세 프랑스 국왕의 외손자인 막시밀리안 2세 바이에른 선제후는 - 막시밀리안 2세의 외조모 크리스티나(1606-1663)가 앙리 4세의 차녀 - 친 프랑스 정책에 의존했던 부친 페르디난트 마리아(1636-1679) 선제후와는 반대로, 1683년 1월 26일 프랑스와 오스만 제국의 침략을 저지하기 위해 독일제국 황제 레오폴트 1세와 방어조약을 체결했고, 2년 후에는 황제의 장녀 마리아 안토니아(1669-1692)와 결혼함으로써 합스부르크 왕가의 든든한 지원자가 되었다. 마리아 안토니아는 어머니(펠리페 4세 스페인 국왕의 딸 마르가리타 테레제) 쪽을 통해 스페인령 네덜란드(합스부르크령 네덜란드)에 대한 상속권을 소유하고 있었고, 막시밀리안 2세는 그런 연고로 해서 1691년 스페인령 네덜란드의 총독에 임명되었다. 베오그라드 공성전(1688) 지휘, 팔츠 계승전쟁(1688-1697) 참전 등을 통해 합스부르크 왕가를 위해 헌신한 공로에 대한 대가로 그는 그가 총독인 스페인령 네덜란드 혹은 바이에른 공국을 왕국으로 국격을 높여주기를 레오폴트 1세 황제로부터 기대했다. 레오폴트 1세의 승인 하에 프로이센 공국(동프로이센)이 왕국으로 승격되어, 브란덴부르크 선제후 프리드리히 3세가 1701년 동프로이센 국왕(프리드리히 1세)이 된 선례가 있었기 때문이었다. 그러나 막시밀리안 2세의 첫 부인 마리아 안토니아가 1692년 12월 사망하고, 같은 해 10월에 태어난 그들 부부의 장남 요제프 페르디난트 레오폴트(1692-1699)가 1698년 스페인 합스부르크가의 마지막 국왕 카를로스 2세의 후계자로 결정되었을 때, 비텔스바흐 왕가와 합스부르크 왕가, 다시 말해 레오폴트 1세 황제(막시밀리안 2세의 장인)와 막시밀리안 2세 바이에른 선제후(레오폴트 1세의 사위) 간에 긴장이 조성된 사실은 이미 앞에서 살펴보았다. 비텔스바흐 왕가(바이에른)와 합스부르크 왕가(오스트리아) 간의 대립은 - 원인제공을 한 - 요제프 페르디난트 레오폴트가 1699년 일곱 살의 나이에 사망한 후에도 계속되었다. 첫 부인 마리아 안토니아(레오폴트 1세 황제의 장녀)가 사망하고 3년이 지난 후, 폴란드 국왕 요한 3세(요한 소비에스키)의 장녀 테레자 쿠니군데(1676-1730)와 재혼한 막시밀리안 2세는 바이에른 공국을 왕국으로 승격시켜 비텔스바흐 왕가의 위상을 합스부르크가에 필적할 만큼 제고시킨다는 집착에 사로잡힌 나머지, 이번에는 루이 14세를 통해 목표달성을 시도했다. 그는 1701년 3월 9일 프랑스와 동맹을 체결하고, 스페인 계승전쟁에서 루이 14세와 그의 손자 펠리페 5세 스페인 국왕을 지원함으로써 레오폴트 1세 황제의 주적으로 변신한 것이었다.

황제군 최고지휘관으로 북이탈리아 전선에 투입되어 - 카프리 전투(1701년 7월 9일)와 키아리 전투(1701년 9월 1일)에서 - 연승을 거둔 오이겐 장군이 프랑스의 방돔 공작 루이 조제프(1654-1712) 원수와 대결한 루차라 전투(1702년 8월 15일)에서 승리를 확실하게 챙기지 못한 채 고전하고 있는 동안, 남독에서도 전쟁(스페인 계승전쟁)이 시작되었다. 남독일 전선의 황제군 총사령관 - 터키전쟁의 영웅 - 바덴 변경백 루트비히 빌헬름은 란다우 요새를 탈환하고, 바일 전투(1702년 10월 14일)에서 클로드 루이 엑토르 드 빌라르(1653-1734) - 빌라르 공작은 1697년부터 1701년까지 빈 주재 프랑스 공사였다 - 휘하의 프랑스 군대의 공격을 저지하여, 라인 강 상류의 독일제국 국경을 지켰다. 1703년 슈바르츠발트를 거쳐 남독으로 진입한 빌라르 장군은 프랑스의 동맹국인 바이에른의 방어권을 인수한 반면, 바이에른의 선제후 막시밀리안 2세는 프랑스-바이에른 동맹군을 지휘하여 티롤(오스트리아)을 공격했다. 막시밀리안 2세 바이에른 선제후의 티롤 공격은 이탈리아에서 남독으로 이동한 방돔 장군과 합류하여 합스부르크 제국의 수도 빈을 침공하기 위한 군사작전이었지만, 티롤 주민들의 봉기로 프랑스-바이에른 동맹군은 쿠프슈타인 요새를 점령한 후, 티롤에서 철수했다. 1703년 9월 20일에 벌어진 첫 번째 <회히슈테트 전투>에서 바이에른-프랑스 동맹군에 패한 황제군이 보덴 호수로 철군한 사이에, 바이에른군은 아우크스부르크를 점령했고, 프랑스군은 1703년 9월 6일 브라이자흐를 점령한 후, 11월 15일에는 란다우까지 점령해 버렸다.

란다우 요새는 스페인 계승전쟁 동안 4차례나 주인이 바뀌었다. 그것도 매번 공성군에 의해 점령되었다는 공통점이 있었다. 1702년 바덴 변경백 루트비히 빌헬름에 의해 점령된 란다우 요새는 1703년 10월 17일 프랑스군의 기습적인 포위공격을 받았다. 10월 28일 황제군은 헤센-카셀 방백 프리드리히(1676-1751. 스웨덴 국왕: 1720-1751, 방백: 1730-1751)와 나사우-바일부르크 백작 요한 에른스트(1664-1719)를 지휘관으로 한 헤센-네덜란드 원군을 란다우에 투입시켰지만, 11월 15일 탈라르 공작(카미유 도스퇸 드 라 보메, 1652-1728) 휘하의 프랑스군에 패해 란다우 요새를 다시 프랑스군에게 양도해야 했다. 1704년 란다우는 다시 황제군 수중에 들어갔다가, 1714년 <라슈타트 평화조약>에서 프랑스에 편입된 후 정확히 한 세기 동안 프랑스의 통치를 받았다.

스페인 계승전쟁이 발발한 당시에는 프랑스와 동맹을 체결해 레오폴트 1세 황제에게 대항했던 사부아 공작 빅토르 아마데우스 2세(비토리오 아마데오 2세, 시칠리아 및 사르데냐 국왕으로서는 비토리오 아마데오 1세) 공작은 1703년 프랑스와 체결한 동맹을 파기하고, 합스부르크가와 다시 동맹관계를 맺었다. 그리고 같은 해 포르투갈도 영국 및 오스트리아와 동맹을 체결함으로써 이제까지 야전에서 성과를 올리지 못한 황제군은 포르투갈을 통해서 스페인으로 들어갈 수 있는 통로를 확보하게 되었다. 그러나 포르투갈 군대와 영국 군대는 강력한 스페인 군대의 저항을 분쇄하기에는 너무 허약했다. 카를로스 3세(펠리페 5세의 대립국왕, 1711년 이후 카를 6세 황제)는 펠리페 5세의 스페인 정부에 반기를 든 카탈루냐 및 아라곤 주민들의 불만을 이용하여 1705년 카탈루냐의 수도 바르셀로나로 진입하는데 성공했다. 그는 카탈루냐를 거점으로 삼아 인접지역으로 세력권을 확대하여 스페인 현지에서 자체 군대를 조직하는데 성공했지만, 프랑스군의 개입으로 이미 1706년 몇몇 지역을 다시 프랑스에 내주어야 했다. 카를로스 3세(카를 6세)의 스페인 내 세력 확장 시도가 순조롭지 못했던 것처럼, 황제군의 전투도 큰 성과를 내지 못했다. 그러나 그들은 북이탈리아의 스페인 영토(예: 밀라노)를 점령하는 데는 성공했다. 1710년 카를로스 3세는 잠시 마드리드로 침투할 수 있었지만, 곧 다시 바르셀로나로 철수해야 했다.

스페인 계승전쟁은 1704년이 되면서 상황이 일변하여 전세가 대동맹군에게 유리하게 전개되었다. 오스트리아군 최고지휘관 오이겐 공은 남독으로 진군해 온 말버러 공작의 영국군과 협력하여 1704년 8월 13일 두 번째 <회히슈테트 전투>(블린트하임 전투라고도 함)에서 탈라르 공작이 지휘한 프랑스-바이에른 연합군을 대파하여, 1703년 9월 20일의 1차 회히슈테트 전투 패배를 설욕하고, 프랑스군을 라인 강 좌안 지역으로 몰아냈다. 영국군은 주로 회히슈테트 인근의 블린트하임 마을을 중심으로 전투를 벌였기 때문에, 이 전투(회히슈테트 전투)를 - 블린트하임을 영국식으로 발음하여 - <블레넘 전투>라 불렀다. 2차 회히슈테트 전투를 대승으로 이끈 공로로 오이겐 원수는 황제직속 궁정국방회의 의장에 임명되어, 1703년부터 1736년 사망할 때까지 합스부르크 제국의 국방업무를 총괄하였으며, 영국군 사령관 말버러 공작은 레오폴트 1세 황제로부터 독일제국 제후의 지위와 함께 민델하임(바이에른의 슈바벤 지방)을 영지로 수여받았다. 프랑스군을 지휘한 탈라르 공작은 2차 회히슈테트 전투에서 영국군의 포로가 되었다. 펠리페 5세 스페인 국왕은 자신의 후손에게 스페인 왕위를 승계시키지 않는다는 조건으로 - 이 약속은 지켜지지 않았다 - 영국 및 네덜란드와 휴전협정(1712년 11월 5일)을 체결했으며, 협정 체결 직후 탈라르 공작은 8년 만에 석방되었다.

1704년 7월, 그러니까 2차 회히슈테트 전투 이전에 이미 바덴 변경백 루트비히 빌헬름은 말버러 공작과 합류하여 도나우뵈르트 전투(1704년 7월 2일)에서 바이에른 군을 제압하여 바이에른으로 하여금 도나우 전선을 포기하게 만들어, 전세를 역전시켜 놓았다. 2차 회히슈테트 전투(1704년 8월 13일)에서 대패한 후, 바이에른은 오스트리아에 의해 점령되었다. 막시밀리안 2세 바이에른 선제후는 바이에른의 통치권을 재혼한 아내(폴란드 국왕 요한 3세의 장녀 테레자 쿠니군데)에게 위임하고, 프랑스군을 따라 브뤼셀로 망명했다. 1704년 11월 7일 레오폴트 1세와 바이에른 간에 체결된 <일베스하임 조약>으로 바이에른은 오스트리아에 의해 점령 통치되었다. 막시밀리안 2세(바이에른 선제후)와 요제프 클레멘스(쾰른 대주교) 형제는 1706년 4월 29일 요제프 1세(재위: 1705-1711) 황제로부터 - 일베스하임 조약을 체결하고 6개월이 지난 1705년 5월 5일 레오폴트 1세 황제는 65세를 일기로 사망하고, 그의 큰아들 요제프 1세(카를 6세의 형)가 독일제국 황제직을 승계했다 - 제국추방령을 선고받았다. 그들은 스페인 계승전쟁 기간 동안 바이에른 공국의 선제후 지위와 쾰른 대주교 지위를 각각 박탈당했다. 그들이 사면 복권되어 귀국할 수 있었던 것은 스페인 계승전쟁을 끝낸 <라슈타트 평화조약>(1714)이 체결된 후의 일이었다. 그리고 비텔스바흐가와 합스부르크가 간의 관계가 회복된 것은 1717년 6차 터키전쟁을 지원하기 위해 막시밀리안 2세가 카를 6세(요제프 1세 후임 황제) 황제에게 병력지원을 했을 때이었다.

팔츠의 프랑스 국경지역 마을인 일베스하임에서 테레자 쿠니군데(막시밀리안 2세 바이에른 선제후의 아내)와 레오폴트 1세의 대리인들에 의해 조인된 <일베스하임 조약>은 바이에른의 항복조약이었다. 티롤 공격에서 노획한 바이에른의 전리품과 바이에른이 점령한 쿠프슈타인 요새는 티롤에 모두 반환되었다. 일베스하임 조약으로 바이에른 공국은 독립을 상실했고, 오스트리아의 점령통치 하의 바이에른은 오스트리아의 대 프랑스 전쟁(스

_{페인 계승전쟁)} 수행을 위한 보급기지로 기능했다. 일베스하임 조약에서 테레자 쿠니군데는 바이에른의 양도와 무장해제를 약속해야 했다.

일베스하임 조약으로 남독에서 벌어진 스페인 계승전쟁은 종료되었지만, 오스트리아에게 지속적인 부담을 안겨준 일련의 사건들이 그 후 발생했다. 북이탈리아와 라인 지역에서의 황제군의 패전, 그로 인해 조성된 동맹국 간의 긴장관계, 레오폴트 1세 황제의 죽음_(1705년 5월 5일), 헝가리 독립투사 프란츠 2세 라코치₍₁₆₇₆₋₁₇₃₅₎가 주동한 헝가리 민중반란 ₍₁₇₀₃₋₁₇₁₁₎, 그리고 바이에른의 젠들링_(뮌헨)과 아이덴바흐_(니더바이에른)에서 발생한 무장봉기와 오스트리아군의 유혈진압 등이 1705년에 발생한 정치적, 군사적 사건들이었다. 프란츠 2세 라코치의 반란은 레오폴트 1세 재위기인 1703년에 발생했지만, 요제프 1세 황제 재위기간 내내 프랑스와의 전쟁_(스페인 계승전쟁)에 전념해야 할 요제프 1세를 괴롭히다가, 1711년 4월 29일 소트마르 평화조약 체결로 종식되었다_(헝가리 반란사 참조). 요제프 1세 황제는 소트마르 평화조약이 조인되기 불과 12일 전에 사망했다.

1705년 5월 5일 레오폴트 1세가 사망하고, 그의 큰아들 요제프 1세가 독일제국 황제에 즉위했다. 그는 1687년 헝가리 국왕에 즉위했고, 1690년 로마 국왕에 선출됨으로써 신성로마제국 황제의 계승자가 된 후, 1705년 5월 5일 황제에 즉위하면서 부왕이 겸직한 뵈멘 국왕직을 승계했다. 요제프 1세의 재위기간 6년₍₁₇₀₅₋₁₇₁₁₎은 스페인 계승전쟁 시기와 일치했다. 그는 즉위하자마자, 그 해 12월과 이듬해 1월 젠들링_{(현재의 뮌헨 제} _{6구)}과 아이덴바흐에서 오스트리아 점령군에 저항한 무장민중반란이 발생했다. 1705년 성탄절 전야에 유혈 진압되었기 때문에, 바이에른에서는 '젠들링의 크리스마스 학살'이라 부르는 뮌헨 농민반란 진압과정에서 약 2,700명의 가담자 중 1,100명이 오스트리아 점령군에 의해 희생되었는데, 이미 항복하고 무기를 버린 자들도 무참히 살해되었다. 나머지 700여 명은 체포되어, 일부는 처형되었다. 오스트리아군도 40여 명이 진압과정에서 목숨을 잃었다.

뮌헨 봉기 2주일 후인 1706년 1월 8일 약 7,000명의 바이에른 반란군과 오스트리아 점령군 간에 발생한 아이덴바흐 전투도 스페인 계승전쟁의 범주에 속한 소규모 전투이었다. 4,000여 명의 희생자가 발생한 아이덴바흐 반란이 진압된 후, 바이에른 민중봉기는 모두 진정되었다. 1706년 1월 13일 셰르딩(지금은 오스트리아 영토), 1월 16일 캄, 1월 17일 브라우나우(현재 오스트리아 영토) 등지에서 봉기한 반란군이 연이어 오스트리아군에 투항했다. 그리고 1월 18일 반란군 수중에 있던 부르크하우젠이 마지막으로 투항해 옴으로써 오스트리아 점령군에 저항한 일련의 바이에른 무장농민봉기는 약 3 주일 동안 10,000여 명의 희생자를 낸 후 막을 내렸다.

오스트리아는 강압적 수단을 통해 바이에른 반란을 진압함으로써 상황을 안정시켰지만, 그 결과는 바이에른 주민들의 집단기억 속에 오스트리아-바이에른 관계의 균열을 각인시켰다. 역사는 반복된다고 하지만, 정확히 한 세기 후인 1809년 오스트리아의 수도가 1805년에 이어 두 번째로 나폴레옹에 의해 점령되었을 때, 티롤은 프랑스의 동맹국 바이에른의 지배를 받게 되었다. 티롤은 바이에른과 프랑스의 압제에 항거하여 반란을 일으키지만, 1705년 바이에른 농민반란이 요제프 1세의 오스트리아군에 의해 진압되었듯이, 티롤 민중항쟁은 바이에른-프랑스 동맹군에 의해 무참히 진압되었다.

1706년 5월 벨기에의 라미예 전투에서 말버러 공작은 프랑스군을 대파하여 브뤼셀을 점령하였고, 1706년 9월 이탈리아의 토리노 전투에서 오이겐 공은 프랑스 군대를 북이탈리아에서 몰아냈다. 1708년 7월 네덜란드의 오우데나르데 전투에서 두 동맹국 사령관(황제군 사령관 오이겐 공과 영국군 사령관 말버러 공작)이 연합작전을 펴, 프랑스군에 승리하면서 스페인령 네덜란드는 다시 합스부르크가의 통치령으로 회복된 후, 1713년 <위트레흐트 평화조약>에서 정식으로 오스트리아에 귀속되었다. 토리노 탈환에 실패한 루이 14세 프랑스 국왕은 1707년 3월 13일 오스트리아와 체결한 밀라노 철수 조약에서 롬바르디아를 합스부르크가에게 반환했다. 1709년 루이 14세는 큰 양보를 할 의향을 보였지만, 덴하흐(헤이그)에서 개최된 평화협상은 결렬되었다. 그 후 프랑스의 말플라케 전투에서 말버러 공작과 황제군 사령관 오이겐 공이 지휘한 영국-오스트리아 동맹군이 클로드 루이 엑토르 드 빌라르 원수의 프랑스군에 승리한 후, 루이 14세는 <대동맹> 측에 새로운 평화협상을 제의했다.

1710년 네덜란드의 헤르트로이덴베르흐(북브라반트)에서 개최된 평화협상에서 루이 14세는 결렬된 1709년의 덴하흐 회담에서 대동맹 측이 제시했던 가조약의 내용을 수용할 용의가 있음을 천명했다. 슈트라스부르크(스트라스부르)와 브라이자흐(바덴-뷔르템베르크)를 독일제국에 반환하고, 스페인에 대한 상속권 포기, 베스트팔렌 평화조약(1648)의 규정을 따른 알자스 문제 조정 등이 가조약의 주요 조건들이었다. 그러나 루이 14세는 대동맹 측이 제시한 과도한 요구, 즉 그의 손자인 스페인 국왕 펠리페 5세가 자발적으로 왕위를 요제프 1세 황제의 동생 카를 대공(후일의 카를 6세)에게 양도하지 않을 경우, 필요하다면 무력을 사용하여 전자를 스페인에서 추방하라는 요구는 거부했다. 7월 25일 프랑스 대표단은 대동맹 측의 요구가 부당하다 하여 헤르트로이덴베르흐의 회담장를 떠났고, 회담은 성과 없이 중단되었다.

그러나 1711년 오스트리아-영국 동맹군의 연승에 제동이 걸린 사건이 발생하였다. 그 해 4월 17일 독일황제 요제프 1세가 즉위 6년 만에 후사 없이 돌연히 사망한 것이었다. 그의 동생 카를 대공은 스페인 계승전쟁 도중임에도 불구하고 요제프 1세를 승계하기 위해 급거 빈으로 귀환하여야 했다. 요제프 1세가 사망한 지 6개월 만인 1711년 10월 12일 독일제국 황제에 선출된 카를 대공(카를 6세)은 1711년 12월 22일 프랑크푸르트에서 황제대관식을 가졌다. 스페인 계승전쟁에서 합스부르크 왕가가 최종적으로 부르봉가에 승리할 경우, 오스트리아와 스페인은 카를 6세 황제를 정점으로 하여 다시 통합되어야 했다. 합스부르크가가 스페인 계 승전쟁에서 실제로 부르봉가를 누르고 승리했더라면, 초대 스페인 국왕 카를로스 1세(독일황제 카를 5세)가 스페인 국왕(1516-1558)과 독일제국 황제(1519-1558)를 겸임했던 역사가 반복될 수도 있었을 것이다.

오스트리아와 스페인의 통치령이 통합되면 물리적으로 가공할 크기의 단일제국이 탄생할 수 있다는 열강들의 우려가 표면화되었다. 지금까지 프랑스를 견제하기 위해 오스트리아와 동맹(헤이그 대동맹)을 결성하였던 영국이 입장을 바꾸어, 오스트리아 지원을 중단하고 말버러 공작과 영국 군대를 본국으로 소환하였다. 유럽의 힘의 균형을 유지하기 위해 오스트리아를 도와 프랑스를 견제했던 동맹국 영국이 오스트리아를 견제하기 시작한 것이었다. 1712년 여름 프랑스 북쪽 드냉에서 벌어진 전투에서 프랑스가 오스트리아-네덜란드 연합군에 승리한 후, 네덜란드도 스페인 계승전쟁의 현장을 떠나버렸다. 그렇지 않아도 전쟁의 피로를 느끼고 있던 네덜란드는 <드냉 전투>(1712년 7월 24일)에서 패한 후 평화조약 체결의 의지를 더욱 다지게 되었고, 지금까지 전운(戰運)이 없었던 프랑스는 드냉 전투의 승리로 자국의 협상력을 강화시킬 수 있었다. 1713년 4월 대동맹의 핵심 국가이었던 영국과 네덜란드는 카를 6세 황제에게 통보하지도 않은 채, 사부아, 포르투갈, 프로이센과 협력하여 프랑스와 평화조약(위트레흐트 평화조약)을 체결하였다.

1) 위트레흐트 평화조약(1713-1715)

<위트레흐트 평화조약>은 프랑스와 영국, 프랑스와 네덜란드, 프랑스와 프로이센, 프랑스와 사부아, 프랑스와 포르투갈, 스페인과 영국, 스페

인과 사부아, 스페인과 네덜란드, 스페인과 포르투갈 간에 체결된 9개의 개별적인 쌍무조약으로 구성되었다. 9개의 조약 중 첫 조약인 프랑스와 영국 간의 평화조약이 1713년 4월 11일자로, 마지막 조약인 스페인과 포르투갈 간의 조약은 1715년 2월 6일에 체결되었기 때문에, 위트레흐트 평화조약은 공식적으로 2년을 끈 끝에 결실을 보았으며, 조약의 주요 내용은 주로 영토상의 변경 사항에 관한 것들이었다.

영국과의 조약에서 프랑스는 영국 국왕 조지 1세(1660-1727)의 브라운슈바이크-뤼네부르크 선제후국(하노버 선제후국) 계승을 인정하고, 스튜어트 왕가(1701년 사망한 제임스 2세의 가문)에게 더 이상의 지원과 망명지를 제공하지 않을 것임을 약속했다. 프랑스는 스페인과의 군합국 시도를 영구히 포기하였다. 게오르크 1세는 1692년 독일제국의 아홉 번째 선제후국으로 승격된 브라운슈바이크-뤼네부르크 공국(하노버 공국이라고도 불림)의 초대 선제후 에른스트 아우구스트의 장남이었다.

프랑스와 네덜란드 간에 체결된 조약에서 네덜란드는 레이스베이크 평화조약(1697)에서 확정된 경계선을 기준으로 하여 스페인령 네덜란드를 프랑스로부터 반환받아, 오스트리아에 양도하였고, 스페인령 겔데른은 프로이센 국왕(프리드리히 빌헬름 1세, 1688-1740, 재위: 1713-1740)에게 양도하였다. 스페인령 네덜란드를 바이에른 선제후 막시밀리안 2세(막시밀리안 엠마누엘)에게 양여한 바 있던 프랑스 국왕(루이 14세)은 막시밀리안 2세를 설득해 이 땅을 합스부르크가에 반환하게 하고, 그 대신 독일제국 황제(오스트리아의 요제프 1세)로부터 제국추방령을 선고받은 바이에른 선제후(막시밀리안 2세)에게 박탈당한 권리와 영토를 원상회복시켜 주도록 중재했다. 이에 병행하여 사르데냐 왕국을 바이에른에게 약속하였다. 이러한 결정들이 완벽하게 이행될 때까지 룩셈부르크 공국 및 스페인령 네덜란드의 나뮈르와 샤를러와는 막시밀리안 2세가 잠정 보유하도록 했다. 그리고 스페인령 네덜란드는 일부분이라 하더라도 프랑스에게 다시 귀속될 수 없게 했다.

프랑스와 프로이센 간에 체결된 위트레흐트 평화조약의 기본 목표는 베스트팔렌 평화조약(1648)의 복원이었다. 프로이센은 프랑스로부터 스페인령 겔데른을 획득하였다. 프랑스 국왕은 노이엔부르크(현재 스위스의 뇌샤텔)에 대한 프로이센의 주권을 존중키로 하였다. 그 대신 프로이센은 원래 나사우가 소유였던 후작령 오라니엔(오라녜, 프랑스 남동부의 역사적 지명)과 프랑슈콩테의 일부지역에 대한 영유권을 프랑스에 양도하고, 오라니엔을 포기한 데 대한 대가로 나사우가(오라녜 후작, 네덜란드 총독 및 영국 국왕을 역임한 빌렘/윌리엄 3세의 가문)의 후손들에게는 상응하는 보상을 약속하였다. 프로이센은 프랑스로부터 양도받은 겔데른 지역에 오라니엔의 명칭을 사용할 수 있고, 프로이센의 국왕은 오라니엔의 후작 칭호와 문장(紋章)을 유지할 수 있는 권리를 획득했다. 그 밖에 프랑스와 스페인은 브란덴부르크 선제후(프리드리히 3세)의 국왕 승격(동프로이센 국왕 프리드리히 1세)을 확인했다. 여기서 한 가지 주목해야 할 점은 위트레흐트 평화조약에서 이미 브란덴부르크-프로이센(브란덴부르크와 동프로이센 왕국)이라는 국명 대신 프로이센이라는 명칭이 국명으로 등장한 점이다(프로이센 왕국 성립사 참조).

프랑스와 사부아 간의 평화조약에서 사부아는 프랑스가 점령하였던 지역을 반환받고, 알프스 지대의 국경선에 대해 합의했다. 프랑스는 스페인이 사부아에 시칠리아 왕국을 양도한 것을 승인하였고, 펠리페 5세 스페인 국왕이 후사 없이 사망할 경우 사부아의 공작(비토리오 아마데오 2세)에게 스페인에 대한 상속권을 보장하고, 1703년 레오폴트 1세 황제에 의해 사부아 공국에 양도된 지역에 대한 사부아 공국의 영유권을 승인하였다.

프랑스와 포르투갈 간의 평화조약에서 양국은 해외 식민지 내의 점령지 반환 및 아마존 강 유역의 영토 분할 문제를 조정하였다.

스페인과 영국 간의 평화조약에서 스페인은 영국 국왕(조지 1세)의 하노버(브라운슈바이크-뤼네부르크) 공국 계승을 승인한 것 이외에도, 지브롤터의 요새와 도시, 그리고 미노르카 섬을 영국에 양도하고, 스페인령 아메리카의 노예무역에서 영국의 독점권을 인정한 1713년 3월 26일 자 노예무역 협약을 확인하였으며, 시칠리아 왕국을 사부아 공국에 양도했다.

스페인과 사부아 간의 평화조약에서 스페인은 스페인 국왕 펠리페 5세의 가계가 단절될 경우, 스페인이 사부아 공작 가문에 상속되는 문제에 합의했다. 스페인은 왕국으로 승격된 시칠리아 섬을 사부아에게 양도함으로써 사부아 공작 빅토르 아마데우스(비토리오 아마데오) 2세는 시칠리아 국왕으로서는 빅토르 아마데우스 1세라 불렸다. 그러나 사부아 공작의 가 계가 단절될 경우 시칠리아는 다시 스페인에 귀속되도록 조정했다.

스페인과 네덜란드 간의 평화조약에서 양국은 통상권과 선박항해권에 관해서만 합의하였고, 스페인과 포르투갈 간의 평화조약에서 스페인은 우루과이의 산 사크라멘투를 포르투갈에 양도하였다.

오스트리아와 프랑스 간의 평화조약은 <라슈타트 평화조약>(1714년 3월 6일)으로, 프랑스와 독일제국 간의 평화조약은 <바덴 평화조약>(1714년 9월 7일)으로 대체하도록 하였다.

스페인 계승전쟁을 종식시키기 위해 오스트리아를 제외한 <대동맹>(덴하흐/헤이그 대동맹) 가입 국가들이 네덜란드의 위트레흐트에서 프랑스와 평화회담을 속행시키고 있는 동안에도 프랑스와 전쟁을 속행했던 오스트리아의 카를 6세 황제는 영국으로부터 군사지원이 중단되자, 전쟁을 계속할 여력을 잃게 되었다. 프랑스와의 평화회담이 불가피해진 것이었다. 1714년 3월 6일 오스트리아 측을 대표한 오이겐 공과 프랑스 대표 빌라르 공작은 라슈타트에서 37개 항목과 3개의 별항을 포함하는 <라슈타트 평화조약>을 체결했다. 오스트리아와 프랑스 간의 스페인 계승전쟁은 라슈타트 평화조약 체결로 비로소 종결되었다.

2) 라슈타트 평화조약(1714년 3월 6일)과
바덴 평화조약(1714년 9월 7일)

<라슈타트 평화조약>(당시의 라슈타트는 바덴 변경백국 소속)에서 오스트리아는 브라이자흐, 프라이부르크, 켈(이상 현재 바덴-뷔르템베르크 주)을 프랑스로부터 되찾았다. 프랑스는 라인 강 우안의 자국 방어시설을 철거하고, 독일제국 제후들에게서 빼앗은 지역들을 <레이스베이크 평화조약>(팔츠 계승전쟁을 끝낸 평화조약, 1697)의 수준으로 반환한다는 약속을 하는 대가로 란다우를 획득하고, 영국 국왕 조지 1세(하노버 선제후: 1698-1727, 영국 국왕: 1714-1727)의 하노버 선제후(브라운슈바이크-뤼네부르크 선제후) 자격을 승인했다. 조지 1세(게오르크1세)의 부친 브라운슈바이크-뤼네부르크 공작 에른스트 아우구스트(1629-1698)는 1692년에 당시 황제 레오폴트 1세로부터 독일제국의 아홉 번째 선제후 지위를 부여받았지만, 제국제후들의 반대로 제국의회의 승인을 얻지 못했고, 조지 1세 역시 1711년 10월 12일 실시된 황제선거(요제프 1세)에서 투표권을 행사하지 못했다.

카를 6세 황제는 요제프 1세 황제 때 제국추방령을 선고받은 바이에른 선제후 막시밀리안 2세와 그의 동생 쾰른 선제후 요제프 클레멘스 대주교에게 전쟁배상금 요구 없이 칭호와 영토를 원상회복시켜 주었다. 막시밀리안 2세에게 양여하기로 약속되었던 사르데냐는 오스트리아가 획득했고, 막시밀리안 2세는 그 대신 - 1623년까지 팔츠 선제후국의 영토이었던 - 오버팔츠에 대한 바이에른의 주권을 영구히 보장받았다.

네덜란드가 반환을 요구한 - 프랑스 국경의 방어시설을 제외한 - 스페인령 네덜란드는 오스트리아에 귀속되었고, 오스트리아는 또 이탈리아 내의 스페인 영토(옛 스페인-합스부르크가의 통치지역)도 양도받았다. 라슈타트 평화조약에 대한 제국직속 도시들의 동의를 구하기 위해 카를 6세 황제는 스위스의 중립지역에서의 회담 개최를 약속했다(바덴 조약 참조).

제2 별항은 라슈타트 조약의 문서 작성에 사용된 프랑스어를 향후 체결될 국제조약에서도 사용해야 한다는 주장을 사전에 차단했다. 그럼에도 불구하고 라슈타트 평화조약 체결 이후 체결된 유럽의 국제조약에서는 라틴어 대신 프랑스어가 관행적으로 사용됨으로써 프랑스어가 국제외교 무대의 통용어가 되었다. 라슈타트 평화조약은 프랑스어가 조약 언어로 채택된 유럽의 첫 국제조약이었다.

오스트리아와 프랑스 간에 타결된 <라슈타트 평화 조약>의 제(諸)규정이 독일제국 전체에 대해서도 동일한 구속력을 가진다는 선언이 1714년 9월 7일 - 스위스의 바덴에서 - 조인된 <바덴 평화조약>의 내용이었다. 그러나 수개월에 걸친 끈질긴 협상에도 불구하고 신교 측은 <레이스베이크 평화조약의 조건>(레이스베이크 평화조약 제4조)의 철폐를 관철시키지 못했다. 1679년 이후 프랑스에 의해 재합병된 라인 강 좌안 지역의 종교는 가톨릭으로 통일되었기 때문에, 독일제국에 반환된 이후에도 이 지역에서 종교상의 변동이 일어나서는 안 된다는 프랑스 측의 요구를 담은 레이스베이크 평화조약 제 4조는 1734년 카를 6세 황제에 의해 폐기될 때까지 유효했다.

<위트레흐트 평화조약>은 오스트리아와 독일제국을 제외한 <대동맹> 측과 프랑스 간에, <라슈타트 조약>은 오스트리아와 프랑스 간에, <바덴 조약>은 독일제국과 프랑스 간에 체결된 평화조약이었다. 이 3개 조약의 체결과 더불어 1701년 이후 13년을 끌어온 스페인 계승전쟁은 공식적으로 막을 내렸다. 카를로스 3세(카를 6세 독일황제)의 입장에서 보면 <스페인 계승전쟁>은 이기고도 진 전쟁이었다. 위트레흐트 평화조약의 후속 조처로 1714년 독일의 라슈타트에서 카를 6세와 프랑스 간에 평화조약이 체결되어, 스페인과 스페인의 해외 통치령은 모두 부르봉가의 소유로 넘어갔다. 합스부르크가는 스페인령 네덜란드(이후 오스트리아령 네덜란드), 밀라노, 나폴리, 사르데냐에 대한 통치권은 계속해서 보유하는 대신, 펠

리페 5세를 스페인의 국왕으로 인정했다. 스페인의 왕좌에 걸렸던 합스부르크가의 야망에 대한 보상치고는 허무하기 짝이 없는 결과였다.

<라슈타트 조약>에서 프랑스와 오스트리아가 공식적으로 확인한 브란덴부르크 선제후의 국왕 승격 문제는 스페인 계승전쟁이 발발하기 전 레오폴트 1세 황제와 프리드리히 3세 브란덴부르크 선제후 간에 합의된 '거래'의 산물이었다. 합스부르크가의 마지막 스페인 국왕 카를로스 2세가 사망한 보름 후인 1700년 11월 16일 레오폴트 1세는 전쟁(스페인 계승전쟁)에 대비해 브란덴부르크 선제후와 빈에서 회동하여 군사동맹 조약을 체결했다. 그것은 레오폴트 1세가 프랑스 및 스페인과의 전쟁을 예상하고, 영국 및 네덜란드 등과 <대동맹>(1701년 9월 7일)을 체결하기 전에 취한 선제조처였다. 레오폴트 1세의 목표는 브란덴부르크 선제후로부터 군사 지원을 이끌어내는 것이었던 반면에, 프리드리히 3세의 주관심사는 오스트리아와의 동맹 체결이 아닌, 프로이센 공국(동프로이센)의 왕국 승격에 대한 레오폴트 1세의 승인을 구하는 것이었다. 프리드리히 3세는 스페인 계승전쟁 발발 시 오스트리아를 지원하는 조건으로, 브란덴부르크 선제후국의 통치영역 중 독일제국(신성로마제국)에 포함되지 않은 지역인 동프로이센(수도: 쾨니히스베르크)을 왕국으로 격상시키는 문제에 대한 황제의 승인을 얻어냈다. 독일제국 소속이 아닌 동프로이센(프로이센 공국)을 왕국으로 격상시키는 문제는 선제후 회의나 독일제국 의회의 동의가 필요한 사안이 아니었기 때문이었다. 호엔촐레른가는 '동프로이센의 국왕'이라는, 일종의 '한지국왕'(限地國王)의 칭호 사용권을 레오폴트 1세 황제로부터 획득한 것이었다. 당시 브란덴부르크 선제후국은 호엔촐레른가의 본거지인 브란덴부르크 뿐 아니라, 라인 강 하류 지역과 바이에른, 그리고 동프로이센 등에 산재한 영토를 보유하고 있었다. 프리드리히 1세(프리드리히 3세 브란덴부르크 선제후)의 국왕 칭호 사용권은 동프로이센에 한정되어 있었다. 1618년 이후 1700년까지 프로이센 공국이라 불렸던 동프로이센이 1701년 1월

프로이센 왕국으로 승격된 후, 다시 말해 프로이센 공국(동프로이센)이 프로이센 왕국(동프로이센)으로 승격된 후, 브란덴부르크의 국호는 브란덴부르크-프로이센이라 통칭되었다. 프리드리히 1세 프로이센 국왕, 즉 동프로이센 국왕은 독일제국 내에서는 여전히 프리드리히 3세 브란덴부르크 선제후이었다.

1700년 11월 16일 빈에서 체결된 오스트리아-브란덴부르크 군사동맹 조약에서 브란덴부르크 선제후 프리드리히 3세는 년 150,000굴덴의 전쟁 지원금을 레오폴트 1세 황제로부터 보조받는 조건으로 8,000명의 브란덴부르크 군대를 스페인 계승전쟁에 파병하기로 합의했다. 그리고 카를로스 2세 스페인 국왕의 계승자로 - 레오폴트 1세의 아들인 - 합스부르크가의 카를(후일의 카를 6세)을 지지하기로 약속했다. 그 밖에 브란덴부르크 선제후는 브라운슈바이크-뤼네부르크 공작의 선제후 지위를 인정하고, 차기 독일황제 선거에서 합스부르크가의 후보를 지지할 것임을 약속했다.

프로이센 왕국의 성립사

'프로이센'의 명칭 문제와 프로이센 왕국의 성립에 대한 역사적
고찰이 필요한 것은, 마르크 브란덴부르크(브란덴부르크 변경백령), 브란덴
부르크, 동프로이센, 브란덴부르크-프로이센, 서프로이센, 프로이
센 등의 명칭에 대한 이해 없이는 프로이센 왕국의 역사나 명칭을
이해하는 데 혼란이 따를 수 있기 때문이다. 역사적으로 동프로이
센은 1466년 영지가 크게 축소된 이후의 독일기사단 국가의 영토
이었다.

독일기사단 국가의 영토는 원래 폴란드 영토이었던 서프로이센
(수도: 단치히)과 동프로이센(수도: 쾨니히스베르크)을 합친 지역, 그리고 에스
토니아 및 라트비아의 대부분의 지역으로 구성되어 있었다. 1466년
폴란드 왕국과 평화조약(2차 토른 평화조약)을 체결한 후, 독일기사단 국
가의 영토는 크게 축소되어, 동프로이센에 국한되었고, 독일기사단
국가는 폴란드 왕국에 예속되었다. 지리적으로 설명하자면, 남에서
북으로, 각각 발트해로 흘러들어가는 동북쪽의 메멜(네만) 강과 서남
쪽의 바익셀(비수아) 강 사이의 지역이 동프로이센이었으며, 메멜 강
의 하구의 도시는 틸지트(러시아의 소베츠크), 바익셀 강 하구의 도시는
단치히(그다인스크)였다. 동프로이센의 수도 쾨니히스베르크(러시아의 칼리닌
그라드)는 동프로이센(지금의 칼리닌그라드 주)의 중앙을 관통하여 발트해로
유입되는 프리겔 강(메멜 강과 바익셀 강 사이의 강)의 끝자락에 위치해 있
다.

1525년 당시의 독일기사단 총단장 겸 브란덴부르크-안스바흐(브
란덴부르크령 안스바흐)의 변경방백이었던 알브레히트 1세(1490-1568)가 동프
로이센 땅을 그의 숙부인 폴란드 국왕 지기스문트 1세(1467-1548)로부
터 봉토로 수여받음과 동시에 공작에 봉해짐으로써, 동프로이센은
독일기사단 국가에서 세속공국(프로이센 공국)으로 전환되었다. 이후 동

프로이센(지역명칭)은 〈프로이센 공국〉(국가명칭)이라 불렸다. 프로이센 공국의 초대 공작은 알브레히트 1세(마지막 독일기사단 총단장)이었지만, 봉토주권은 폴란드 국왕의 소유였다. 알브레히트 1세를 승계한 제2대 동프로이센, 즉 프로이센 공국의 공작 알브레히트 프리드리히 (1553-1618, 알브레히트 1세의 막내아들)는 후사를 두지 못한 채 사망했고, 그의 큰사위 요한 지기스문트(1572-1620) 브란덴부르크 선제후가 1618년 프로이센 공국(동프로이센)을 상속받았다. 요한 지기스문트 선제후의 공작 작위는 프로이센 공국, 즉 동프로이센 내에서만 사용할 수 있는 칭호이었고, 독일제국 내에서의 칭호는 브란덴부르크 변경백이었다.

요한 지기스문트는 브란덴부르크 선제후로서는 초대 프로이센 공국(동프로이센)의 공작이었다. 요한 지기스문트 이후의 브란덴부르크 선제후는 자동적으로 프로이센 공국의 공작을 겸했다. 프로이센 공국은 폴란드 왕국의 봉토로서 1656년까지 폴란드 국왕이 봉토주권을 행사했다. 브란덴부르크가 동프로이센(프로이센 공국)에 대한 영토주권을 확보한 것은 - 2차 북방전쟁(1655-1660)에서 브란덴부르크가 스웨덴 편에 서서 폴란드와 싸웠을 때인 - 1657년 폴란드와 〈벨라우 조약〉을 체결한 이후이었다. 그리고 3년 후 체결된, 2차 북방전쟁을 종식시킨 〈올리바 평화조약〉(1660년 폴란드, 브란덴부르크, 오스트리아를 일방으로 하고, 스웨덴을 타방으로 하여 단치히 근교 올리바 수도원에서 체결된 평화조약)에서 브란덴부르크는 동프로이센에 대한 영유권을 유럽의 강국들로부터 승인받았다. 이후 동프로이센, 즉 프로이센 공국은 자연스럽게 브란덴부르크 선제후의 세습영토가 되었다.

동프로이센이란 명칭은 지역명칭이었고, 정체(政體)로서의 명칭은 프로이센 공국이었으며, 프로이센 공국은 독일제국에 소속되지 않은 독립제후국이었다. 1544년 프로이센 공국의 수도에 창립된 쾨니히스베르크 대학은 프로이센 공국의 초대 공작 알브레히트 1세가 남긴 업적 중의 하나이었다. 창립자의 이름을 따 '알베르투스 대학'이라 명명된 쾨니히스베르크 대학은 현재에는 - 쾨니히스베르크 태생의 철학자의 이름을 따 - '임마누엘 칸트 대학'이라 불린다.

1700년 11월 16일 빈에서 프리드리히 3세 브란덴부르크 선제후와 레오폴트 1세 독일황제가 군사동맹을 체결하는 과정에서, 프랑스와의 전쟁(스페인 계승전쟁)을 앞둔 오스트리아가 브란덴부르크로부터 병력지원을 약속받는 대가로 레오폴트 1세 황제는 프로이센 공국의 왕국 승격을 승인해 주었다. 프로이센 공국(동프로이센)의 공작을 겸한 프리드리히 3세 브란덴부르크 선제후는 1701년부터 공국에서 왕국으로 승격된 프로이센 왕국(동프로이센)의 국왕을 겸하게 된 것이었다. 프리드리히 3세 브란덴부르크 선제후의 국왕 칭호는 프로이센 왕국, 즉 동프로이센 내에서만 사용할 수 있었고, 독일제국 내의 칭호는 황제선거권을 보유한 변경백국 브란덴부르크의 선제후이었다.

동프로이센이 1525년 프로이센 공국이란 국명을 얻은 후, 176년이 지난 1701년 프로이센 공국은 다시 프로이센 왕국으로 국가 명칭이 바뀐 것이었다. 1700년 11월 16일자 〈빈 조약〉은 브란덴부르크 선제후가 동프로이센, 즉 프로이센 왕국의 국왕으로 호칭되는 시점을 1701년 1월 18일 이후로 특정했다. 대관식은 동프로이센(프로이센 왕국)의 수도 쾨니히스베르크에서 거행되었다. 프리드리히 3세 브란덴부르크 선제후가 획득한 국왕의 칭호 사용영역은 독일제국 관할 영토가 아닌, 프로이센 왕국(동프로이센)에만 국한되어 있었기 때문에, 프로이센의 국왕은 프로이센 왕국(동프로이센)에 대한 봉토주권을 소유치 않은 신성로마제국 황제의 승인은 불필요했지만, 향후의 정통성 확립 차원에서 유럽의 지배자로서의 레오폴트 1세 황제의 승인은 얻어야 할 필요가 있었다. 마르크 브란덴부르크, 브란덴부르크, 또는 마르크라고도 불린 브란덴부르크 변경백령의 국명은 동프로이센(프로이센 공국)을 합병한 이후 브란덴부르크-프로이센이라 불렸다. 브란덴부르크 선제후 프리드리히 3세는 동프로이센(프로이센 왕국)의 초대 국왕으로서는 프리드리히 1세라 불렸다. 참고로, 마르크는 변경(국경지방)이라는 뜻이며, 브란덴부르크 변경백국(마르크 브란덴부르크)은 독일제국(신성로마제국)의 동단, 폴란드와 접경을 이루었다.

1740년 브란덴부르크 선제후 겸 프로이센 왕국(동프로이센) 국왕 프리드리히 2세는 집권하자마자, 오스트리아의 슐레지엔을 무력을 사용해 병합했고, 1772년 1차 폴란드 분할 시 폴란드 왕국 소속의 서프로이센(수도: 그다인스크)을 브란덴부르크에 병합시킴으로써 호엔촐레른가의 지배영역은 이제 서(브란덴부르크)에서 동(서프로이센 및 동프로이센)으로 단절되지 않고 연결되는 – 서프로이센을 합병하기 전의 동프로이센은 호엔촐레른가(브란덴부르크)의 고립영토이었다 – 광대한 영토를 포함하게 되었다. 프로이센이라는 국가 명칭은 1701년 이후 점차적으로 호엔촐레른가의 지배지역 전체를 일컫는 명칭으로 사용되기 시작했다. 프리드리히 2세는 1772년 이후, 다시 말해 서프로이센을 획득한 이후, 자신을 '프로이센 내의' 국왕, 즉 칭호 사용이 동프로이센에 한정된 한지국왕이 아닌, '프로이센의 국왕'이라 불렀다. '프로이센 내의 국왕'에서의 프로이센은 동프로이센을 가리키고, '프로이센의 국왕'에서의 프로이센은 호엔촐레른가의 영토 전체를 포함한다. 1772년의 호엔촐레른가의 지배영역은 호엔촐레른가의 핵심영토인 브란덴부르크를 위시하여 바이에른의 바이로이트와 안스바흐, 라인 강 하류지역의 클레베와 마르크와 라벤스베르크, 서프로이센과 동프로이센, 그리고 오스트리아로부터 빼앗은 슐레지엔까지 포함하는 광대한 지역이었다. 독일제국 내의 지역명칭이기도 한 기존의 브란덴부르크라는 국호를 가지고서는 독일제국과 폴란드에 산재한 호엔촐레른가의 이 광대한 영토를 담아낼 수 없었기 때문에, 새로운 국가명칭의 필요성이 대두된 것이었다. 동프로이센을 획득한 이후 브란덴부르크-프로이센으로 통칭된 국명이 서프로이센과 슐레지엔을 획득한 이후 브란덴부르크를 걷어내고, 프로이센이라는 국명으로 바뀐 것이었다. 1772년 이후의 프로이센 국왕은 브란덴부르크 선제후를 겸했다. 대왕이라 불린 프리드리히 2세 프로이센 국왕도 선제후로서는 브란덴부르크 선제후이었다.

동프로이센, 즉 프로이센 공국에서 유래한 프로이센이라는 지역 명칭이 1772년 이후 호엔촐레른가의 통치지역 전체를 가리키는 영토개념으로 바뀐 것이었다. 다시 말하면, 1701년부터 1771년까지의 브란덴부르크 선제후는 국왕의 칭호 사용에 제한을 받았지만, 브란덴부르크 선제후국과 서프로이센과 동프로이센이 서에서 동으로 중단 없이 이어진 1772년 이후 호엔촐레른 왕가 소유지역 전체가 프로이센이라 불렸다는 말이다. 1771년까지는 브란덴부르크 선제후가 '프로이센 내의 국왕'을 겸했지만, 1772년 이후 '프로이센의 국왕'이 브란덴부르크 선제후를 겸임한 것이었다. 1772년을 기준으로 하여, 그 전의 프로이센 왕국(동프로이센)과 그 이후의 프로이센 왕국(호엔촐레른가 소유지역 전체)은 지배 영역이 상이했다.

1772년에 출범한 프로이센 왕국의 핵심지역, 다시 말해 호엔촐레른 왕조의 발상지가 브란덴부르크 변경백령임에도 불구하고, 호엔촐레른가 소유지역 전체를 나타내는 새로운 왕국의 명칭을 브란덴부르크가 아닌, 17세기 이후 브란덴부르크에 합병된 폴란드 땅(동프로이센 1618년, 서프로이센 1772년, 신동프로이센 1795년)의 명칭(프로이센)에서 차용한 것은 브란덴부르크라는 지역 개념으로서는 왕국의 외연을 드러낼 수 없었기 때문이다. 2차 세계대전을 유발한 아돌프 히틀러의 폴란드 침공이 프로이센 왕국의 실지 회복 차원에서 감행되었다고 주장하는 사람이 있다면, 그 주장은 논리적 모순을 내포한다. 왜냐하면 프로이센 왕국이 2차 대전 후 폴란드에 반환한 땅은 '제3 제국'의 실지가 아니라, 원래부터 폴란드 땅이었기 때문이다.

□ 4
오스트리아와 프랑스의 폴란드 왕위계승전쟁 개입

라슈타트 평화조약(1714년 3월 6일)과 함께 오스트리아와 프랑스 간의 전쟁(스페인 계승전쟁)이 공식적으로 종료된 지 20년 만에 폴란드 국왕 계승문제를 둘러싸고 합스부르크가와 부르봉가는 또다시 전쟁을 피할 수 없게 되었다. <폴란드 왕위계승전쟁>(1733-1738)은 1733년 폴란드 국왕 아우구스트 2세(1670-1733. 재위: 1697-1704, 1709-1733)가 사망한 후, 그의 후계 구도를 둘러싸고 시작되었지만, 이 전쟁의 씨앗은 이미 그의 재위기 초기부터 잉태되고 있었다. 작센 선제후 요한 게오르크 4세(1668-1694, 재위: 1691-1694)의 요절로 인해 1694년 24세의 나이에 작센 공국의 선제후가 된 프리드리히 아우구스트 1세(요한 게오르크 4세의 동생)는 - 그는 작센 선제후로서는 프리드리히 아우구스트 1세, 폴란드 국왕으로서는 아우구스트 2세였다 - 1697년 6월 1일 가톨릭으로 개종한 후 얻게 된 오스트리아의 지지, 그리고 거액의 뇌물공여 등의 수단을 이용해 같은 해 폴란드 국왕(아우구스트 2세)에 선출되었다. 북쪽의 스웨덴과 남쪽의 오스트리아, 그리고 새로운 강자로 부상한 동쪽의 러시아 사이에 끼어서 과거의 폴란드가 누렸던 중동부 유럽에서의 지도적인 역할을 되찾기에는 작센 선제후로서의 아우구스트 2세 국왕의 권력 기반은 빈약했다. 그는 작센 선제후의 신분으로 레오폴트 1세 황제를 지원하여 5차 터키전쟁에도 참전했었다. 프리드리히 아우구스트 1세 작센 선제후는 1695년 7월부터 헝가리 주둔 황제군 사령관으로 활약했지만, 요한 3세(요한 소비에스키) 폴란드 국왕이 1696년 6월 17일 사망하자, 그 해 9월 폴란드 국왕직을 승계하기 위해 귀국했다. 그는 1697년 폴란드 국왕에 즉위했으나, 4년 후 스웨덴의 개입에 의해 폐위되어, 1704년부터 5년간 바르샤바를 떠나야 했다. 스웨덴의 폴란드 침공의 원인이 된 <대북방 전쟁>(1700-1721)이 아우구스트 2세의 스웨덴 공격 (1699)으로 유발되었기 때문이었다.

카를 11세(1655-1697, 재위: 1660-1697) 스웨덴 국왕이 1697년 사망한 후, 그의 장자인 카를 12세(1682-1718, 재위: 1697-1718)가 15세의 어린 나이에 스웨덴의 국왕에 즉위하자, 29세의 혈기왕성한 아우구스트 2세 폴란드 국왕은 - 그의 별명은 힘이 장사라 하여 '장사왕'이었다 - 스웨덴을 공격하기 위해 1699년 9월 즉위 원년을 맞은 한 살 아래의 젊은 프리드리히 4세 (1671-1730, 재위: 1699-1730) 덴마크-노르웨이 국왕과 군사동맹을 체결하였다. 폴란드 국왕은 스웨덴이 점령한 리플란트(발트해 연안지역)를, 덴마크 국왕은 슐레스비히를 스웨덴의 영향력으로부터 해방시키려했다. 아우구스트 2세는 러시아의 표트르 대제를 덴마크-폴란드 동맹에 가입시키는데 성공했다. 아우구스트 2세가 동원한 작센 군대는 1700년 2월 불시에 리플란트의 리가(현재 라트비아의 수도)를 침공했고, 덴마크 국왕 프리드리히 4세는 작센 군대의 리플란트 침공 직후, 스웨덴의 보호 하에 있던 홀슈타인-고토르프의 프리드리히 4세(1671-1702, 재위: 1695-1702) 공작을 공격하여, 1700년 3월 후줌과 슐레스비히를 점령했다. 그러나 브라운슈바이크 군대가 개입하여, 덴마크군과 작센군의 연결선을 차단하고, 덴마크의 젤란트 섬이 스웨덴과 동맹을 체결한 영국과 네덜란드의 함대, 그리고 스웨덴 군대에 의해 위협받았을 때, 덴마크는 스웨덴에 평화협상을 제의하지 않을 수 없었다. 덴마크는 1700년 8월 18일 스웨덴과 체결한 <트라벤탈 평화조약>에서 폴란드 및 러시아와 체결한 군사동맹에서 탈퇴하고, 홀슈타인-고토르프의 프리드리히 4세 공작을 독립적인 통치자로 인정하고, 슐레스비히에 대한 봉토주권을 포기했다.

덴마크의 동맹 이탈로 인해 덴마크-폴란드 동맹은 와해되었지만, 아우구스트 2세 폴란드 국왕과 러시아 황제 표트르 1세는 스웨덴과의 전쟁을 계속했다. 바르샤바 북쪽 54km 지점까지 침공한 스웨덴군은 1703

년 5월 <풀투스크 전투>에서 아우구스트 2세를 제압하고, 토른(토루인)을 점령한 후, 폴란드 귀족들을 선동하여, 1704년 2월 작센 선제후 출신의 폴란드 국왕(아우구스트 2세)의 폐위를 선언하고, 루이 15세 프랑스 국왕의 빙부인 스타니수아프 레슈친스키(1677-1766, 폴란드 국왕 스타니수아프 1세: 1704-1709, 1733-1736)를 새로운 폴란드의 국왕(아우구스트 2세의 대립국왕)으로 선출하도록 했다. 1706년 스웨덴 군대는 작센과 러시아의 연합군을 프라우슈타트(폴란드의 프스호바) 전투에서 제압한 후, 아우구스트 2세를 <알트란슈테트 평화조약>(1706년 9월 24일)에 서명하게 하였다. 그는 폴란드 왕위를 반납하고, 일체의 반 스웨덴 동맹, 특히 러시아와 체결한 동맹을 파기해야 했다. 아우구스트 2세가 스타니수아프 1세로부터 폴란드 왕위를 되찾은 해는 스웨덴의 카를 12세가 러시아와의 전쟁에서 패한 1709년이었다. <폴타바 전투>(1709년 6월 27일)에서 스웨덴이 러시아 군에 크게 패한 후, 작센 선제후 프리드리히 아우구스트 1세(아우구스트 2세 폴란드 국왕)는 동맹국들의 지원을 받아 다시 폴란드 국왕에 복위되었고, 카를 12세 스웨덴 국왕은 러시아 군의 추격을 피해 오스만 제국으로 피신하여 아흐메드 3세 술탄의 보호를 받았다.

아우구스트 2세 폴란드 국왕은 1733년 2월 1일 사망했다. 그가 사망했을 때, 이미 오래 전부터 관심국가들의 논의의 대상이었던 폴란드 왕위 계승문제가 시급히 해결되어야 할 유럽의 현안으로 대두되었다. 아우구스트 2세의 장남인 프리드리히 아우구스트 2세(1696-1763, 폴란드 국왕으로서는 아우구스트 3세) 작센 선제후 외에도 프랑스와 스웨덴의 추천을 받은 프랑스 국왕 루이 15세의 - 루이 15세의 왕비는 스타니수아프 레슈친스키의 차녀 마리아(1703-1768)이었다 - 장인이며, 이미 1704년부터 1709년까지 5년 동안 스웨덴의 지원을 받아 폴란드 왕위를 지켰던 스타니수아프 1세(스타니수아프 레슈친스키)가 재차 논의의 대상에 올랐다. 그러나 이 두 후보(프리드리히 아우구스트 2세 작센 선제후와 스타니수아프 1세)는 인접 국가들로부터 호의적인 반응을 얻지 못했다. 프로이센과 오스트리아와 러시아는 1732년 뢰벤볼데(에스토니아의 리그발라)에서 체결한 비밀협약에서 프리드리히 아우구스트 2세도, 스타니수아프 1세도 아닌, 제3의 중립적인 인물인 포르투갈 왕자 마누엘(1697-1766)을 작고한 아우구스트 2세 폴란드 국왕의 계승자로 선정하였다. 마누엘은 페드로 2세(1648-1706, 재위: 1683-1706)의 막내아들로서 그의 외조모가 폴란드 국왕 지기스문트 3세(1556-1632, 재위: 1587-1632)의 딸이었다. 그러나 러시아와 오스트리아의 황제는 프로이센의 과도한 영향력 행사를 우려하여 이 비밀협약의 비준을 거부했다. 포르투갈 왕자 추대 계획은 없던 일이 되어버렸다. 프리드리히 아우구스트 2세 작센 선제후는 쿠를란트(라트비아) 주교구의 할양 가능성을 미끼로 우선 러시아를 자기편으로 끌어드린 다음에, 국본조칙의 승인을 구실로 삼아 오스트리아의 지지까지 확보하였다.

그러나 프랑스가 지원한 스타니수아프 1세가 아우구스트 3세(작센 선제후로서는 프리드리히 아우구스트 2세)보다 한 발 앞선 1733년 9월 10일 폴란드 국왕에 먼저 선출되었지만, 아우구스트 3세는 러시아 군대의 지원을 받아 1733년 10월 5일 스타니수아프 1세를 권좌에서 몰아내고, 그의 추종세력을 해산시킨 후, 폴란드 국왕 즉위를 관철시키는데 성공했다. 두 명의 국왕(아우구스트 3세와 스타니수아프 1세) 시대가 시작된 것이었다. 아우구스트 3세는 선왕(아우구스트 2세) 생존 시의 대립국왕이었던 바로 그 스타니수아프 1세와 왕위계승전쟁을 치러야 했다. 스타니수아프 1세는 아우구스트 2세(재위: 1697-1704, 1709-1733) 재위기간 중 5년(1704-1709)과 아우구스트 3세의 재위기간(1733-1763)이며 폴란드 왕위계승전쟁이 진행된 1733년부터 1736년까지 3년, 도합 8년 동안 폴란드의 국왕(아우구스트 3세의 대립국왕)을 역임했다. 아우구스트 2세 치하에서의 스타니수아프 1세의 정치적 운명이 북방전쟁의 향방에 의해 결정되었다면, 아우구스트 3세 시기의 그의 운명은 폴란드 왕위계승전쟁의 진행과정에 의해 좌우되었다.

폴란드 왕위계승전쟁은 프랑스의 지원을 등에 업고 2대의 베틴가(작센가) 출신의 국왕(아우구스트 2세와 3세) 재위기간 내에 폴란드 국왕에 선출된 레슈친스키가의 스타니수아프 1세가 1736년 오스트리아와 러시아가 지원한 아우구스트 3세에 의해 축출된 직후, 프랑스의 선제공격으로 시작된 합스부르크 왕가와 부르봉 왕가 간의 전쟁이었다. 폴란드 왕위계승전쟁이 발발한 당시는 후일의 독일제국 황제이며 마리아 테레지아의 남편감으로 낙점을 받은 프란츠 슈테판(재위: 1735-1765) 로트링엔 공작이 아들이 없었던 카를 6세 황제의 초청으로 빈의 궁정에서 황제수업을 받고 있을 때이었다. 프란츠 슈테판 로트링엔 공작과 마리아 테레지아가 실제로 결합하여, 합스부르크가와 로트링엔가가 결혼동맹을 채결하면, 합스부르크-로트링엔 왕가에서 다시 독일황제(카를 6세의 후임황제)가 선출될 가능성이 크고, 그렇게 되면 로트링엔(로렌)과 국경을 공유한 프랑스는 합스부르크 제국과 독일제국, 그리고 로트링엔 공국에 의해 포위될 수 있는 위험성이 있었다. 스페인 계승전쟁에서 승리한 이후에도 합스부르크 제국에 의한 압박의 공포에서 자유로울 수가 없었던 프랑스는 폴란드 왕위계승전쟁을 계기로 삼아 스페인 및 사르데냐 왕국과 동맹을 체결하여 오스트리아를 선제공격했다. 폴란드 왕위계승전쟁은 아우구스트 3세와 스타니수아프 1세 간의 전쟁이 아니라, 그들의 지원세력인 오스트리아와 프랑스 간의 전쟁이었다.

아우구스트 3세가 스타니수아프 1세를 몰아내고 폴란드 국왕에 즉위한 지 5일 후인 1733년 10월 10일 프랑스는 아우구스트 3세를 스타니수아프 1세의 대립국왕으로 선출하는데 주도적 역할을 한 오스트리아와 러시아에 선전포고를 한 후, 로트링엔 공국과 켈 요새를 전격 점령했다. 프랑스의 침공에 제국전쟁으로 맞서기 위해 1734년 1월 레겐스부르크 제국의회에 제출된 제국전쟁 승인 요청안은 카를 6세 황제의 원안대로 가결되지 않았다. 프랑스에 우호적인 비텔스바흐 왕가 출신의 형제 선제후인 카를 알브레히트(1697-1745. 막시밀리안 2세의 아들. 1742-1745: 카를 7세 황제) 바이에른 공작과 클레멘스 아우구스트 1세(1700-1761, 재위: 1723-1761, 카를 알브레히트의 동생) 쾰른 대주교, 그리고 팔츠 선제후인 카를 3세 필립(1661-1742, 재위: 1716-1742) 궁중백 등 3인은 오스트리아(합스부르크가)와 프랑스(부르봉가) 간의 전쟁을 제국 전쟁으로 격상시켜 제국군대를 동원하려고 한 카를 6세 황제의 계획에 반대표를 행사했기 때문이었다.

브란덴부르크-프로이센이 50,000명의 병력 지원을 제의했지만, 프리드리히 빌헬름 1세(1688-1740, 재위: 1713-1740) 브란덴부르크 선제후의 호의의 배경을 파악하지 못한 카를 6세 황제는 제국군 동원 시의 브란덴부르크-프로이센의 분담병력 수에 해당하는 10,000명의 병력 지원만 수용했다. 카를 6세 독일제국 황제와 브라운슈바이크-뤼네부르크 선제후 겸 영국 국왕 조지 2세(게오르크 2세) 간에 체결된 <빈 조약>(1731년 3월 16일)에서 약속받은 군사지원이 이행되지 않았기 때문에, 카를 6세는 이제 프로이센과 러시아의 지원에만 의존하게 되었다. 참고로, 빈 조약은 1725년 체결된 영국과 프랑스 간의 동맹(1725년 9월 3일 하노버의 헤렌하우젠 성에서 체결된 영불 동맹조약/헤렌하우젠 조약)을 영국과 오스트리아 간의 동맹으로 전환시키고, 국본조칙을 승인 받는 대가로 영국의 동인도회사와 경쟁관계에 있는 합스부르크가의 <오스탕드 무역상사>(1719-1731, 동인도 무역을 위해 카를 6세 황제가 오스트리아령 네덜란드의 오스탕드에 설립한 무역회사)를 해산하기로 합의한 영국과 오스트리아 간의 조약이었다.

프랑스의 침공을 저지하기 위해 동원된 제국군의 규모는 매우 빈약했다. 1734년 프랑스는 저항을 거의 받지 않은 채, 트라르바흐와 트리어 대주교구까지 점령했다. 이제 백발이 된 역전의 노장군 오이겐 공 휘하의 독일제국군은 필립스부르크 요새의 투항을 저지하는데도 힘이 부쳤다. 필립스부르크 요새는 수주일 간 공성을 당한 끝에, 1734년 7월 중순 프랑스군에 의해 점령되었다. 그 후 러시아의 첫 지원군이 도착할 때까지, 라인 강 전선은 소강상태의 연속이었다. 1735년 10월 20일 프리드리히 하인리히 폰 제켄도르프(1673-1763) 장군 휘하의 오스트리아군은 모젤 강에서 멀지 않은 클라우젠에서 프랑스군을 격퇴했다. 클라우젠 전투는 폴란드 왕위계승전쟁 중 독일제국 영토 내에서 벌어진 유일한 - 공성전이 아닌 - 야전이었다.

서부전선(라인 강 전선)과는 달리 남부전선(북이탈리아 전선)에 투입된 뷔리히 필립 폰 다운(1669-1741) 백작 휘하의 오스트리아군은 압도적인 수적 우위의 프랑스-사르데냐 동맹군의 공격을 감당하지 못했다. 1733년 80세의 프랑스군 대원수 빌라르의 지휘를 받은 프랑스-사르데냐 동맹군은 - 만토바 공국을 제외한 - 롬바르디아의 대부분을 장악했고, 밀라노 총독이었던 다운 백작은 사르데냐·피에몬테 국왕 겸 사부아 공작 카를 3세 엠마누엘(1701-1773, 사르데냐 국왕: 1730-1773, 사부아 공작: 1720-1730/1732-1773)이 지휘한 수적 우위의 프랑스-사르데냐 동맹군에게 밀라노 공국을 내주어야 했다. 밀라노를 지키지 못했기 때문에, 다운 백작은 북이탈리아의 오스트리아군 사령관직에서 물러나야 했다. 밀라노는 카를 3세 엠마누엘에 의해 잠시 점령되었다가, 1735년 <빈 예비평화조약>에 의해 오스트리아에 반환되었다. 1734년 다운 장군과 교체되어 북이탈리아 주둔 오스트리아군의 지휘권을 인수한 클라우디스 플로리문트 메르시(1666-1734) 백작은 50,000명의 병력을 동원하여 프랑스군과 싸웠지만, 전과를 내지도 못한 채, 요새화된 파르마의 크로세타 성을 공격하던 중, 1734년 6월 29일 전사했다. 메르시의 후임 사령관 도미니크 폰 쾨니히스에크-로텐펠스(1673-1751) 원수는 프랑스군과 스페인군을 상대로 전과를 올렸지만, <구아스탈라 전투>(1734년 9월 19일)에서는 패배했다. 그 다음 해 그는 결국 티롤까지 후퇴하였고, 그곳에서 사령관직을 사임했다. 1703년 이후 궁정국방회의 의장으로서 오스트리아의 군사행정을 총괄했던 오이겐 공이 1736년 사망한 후, 쾨니히스에크가 그의 뒤를 이어 궁정국방회의 의장(1736-1738)에 임명되었다.

1734년 8월까지 토스카나 대공국과 나폴리 왕국은 프랑스의 동맹국 스페인 군대에 의해 차례로 점령되었다. 구아스탈라 전투에서 오스트리아군은 프랑스-사르데냐 동맹군에 패했지만, 만토바와 인접한 루차라에서 진영을 안정화시켜, 프랑스-사르데냐 동맹군의 만토바 공격에 대비했다. 프랑스-사르데냐 동맹군이 구아스탈라 전투 승리의 여세를 몰아 만토바를 공격하지 않은 것은, 만토바를 점령하더라도 스페인-부르봉가에 양도될 것이 명약관화했기 때문에, 사르데냐-피에몬테 국왕 카를 엠마누엘 3세는 자국의 이익과 부합되지 않는 공격을 실천에 옮기려 하지 않았다. 이탈리아에서 오스트리아가 온전히 유지한 지역은 만토바 공국 뿐이었다. 위기를 극복하기 위해 휴전조약을 체결하려고 노력했음에도 불구하고 전쟁은 계속되었다. 루이 15세 프랑스 국왕과 카를 6세 독일제국 황제가 동맹국들에게 통보하지 않은 채, 휴전조약과 예비평화조약을 체결한 것은 1735년 10월 3일이었다. 같은 해 10월 20일 팔츠의 클라우젠에서 벌어진 오스트리아군과 프랑스군 간의 전투는 예비평화조약이 체결된 후 발생한 전투이었다.

1735년 10월 3일 빈에서 체결된 예비평화조약을 통해 스페인-부르봉가(펠리페 5세 스페인 국왕)는 합스부르크가(카를 6세)로부터 나폴리 왕국과 시칠리아 왕국을 양도받았고, 사르데냐-피에몬테 왕국은 토르토나, 노바라, 비제바노 등을 차지했다. 카를 6세의 오스트리아는 밀라노 공국과 만토바 공국을 유지할 수 있었고, 파르마와 피아첸차를 추가로 확보했지만, 이들 지역을 제외한 롬바르디아 서부 지역 전체를 포기하지 않을 수 없었다. 구아스탈라는 스페인에 의해 점령되었다. 로트링엔 공작 프란츠 슈테판은 로트링엔 공국과 교환하는 조건으로 토스카나 대공국을 획득하였는데, 1736년 2월 12일 카를 6세 황제의 장녀 마리아 테레지아와 결혼함으로써 토스카나 대공국은 합스부르크 왕가(오스트리아)에 편입되었다. 프랑스 국왕 루이 15세는 1713년에 공표된 국본조칙(여계의 계승권을 허용한 합스부르크가의 신헌법)을 승인했다. 예비평화조약의 규정은 3년 후 같은 장소(빈)에서 폴란드 왕위계승전쟁에 개입한 모든 당사국들이 참가하여 조인한 최종평화조약(빈 평화조약, 1738년 11월 18일)에서 원안대로 수용되었다. 라인 강 지역에서 벌어진 프랑스와 오스트리아 간의 폴란드 왕위계승전쟁의 전투행위는 1735년 10월 20일의 클라우젠 전투를 마지막으로 종료되었지만, 북이탈리아 전선에서 벌어진 스페인-부르봉 왕가와 합스부르크 왕가 간의 영토쟁탈전은 1737년까지 지속되었다. 종전이 공식적으로 선언된 것은 1738년 11월 18일이었다.

1) 빈 예비평화조약(1735)과 빈 평화조약(1738)

1738년 11월 18일 빈에서 오스트리아와 프랑스 간에 조인된 <빈 평화조약>과 더불어 폴란드 왕위계승전쟁은 공식적으로 끝을 보았지만, 그 내용은 3년 전 같은 도시에서 체결된 예비평화조약(1735년 10월 3일)의 그 것과 일치했다.

로트링엔(로렌) 공작 레오폴트 요제프(1679-1729. 페르디난트 3세 황제의 외손자. 레오폴트 1세 황제는 그의 외삼촌)가 그의 장남 프란츠 슈테판(1745-1765: 신성로마제국 황제)과 합스부르크가의 상속인 마리아 테레지아(카를 6세의 장녀)와의 결혼계획을 공표했을 때, 루이 15세 프랑스 국왕은 긴장했다. 로트링엔 공국이 합스부르크가에 귀속될 경우, 라인 강 좌안지역(알자스)에 역외영토(전부오스트리아/포르데르외스터라이히)를 소유한 오스트리아의 세력이 더욱 크게 확대되는 것을 염려했기 때문이었다. 루이 15세는 두 가문의 결합에 대한 강력한 이의제기와 더불어 두 사람의 결혼에 반기를 들었다. 그 후 프란츠 슈테판은 폴란드 왕위계승전쟁을 끝내기 위해 체결된 1735년의 빈 예비평화조약에서 프랑스의 우려를 불식시킬 목적으로 이탈리아의 토스카나 대공국에 대한 영유권을 승인받는 조건으로 로트링엔 공국을 프랑스에 양여하는 규정에 동의해야 했다.

1735년 10월 3일 빈에서 체결된 예비평화조약에서 작센 선제후 프리드리히 아우구스트 2세는 폴란드 국왕(아우구스 3세)으로 공식 확인되었다. 프랑스가 추대한 스타니수아프 1세(스타니수아프 레슈친스키)는 폴란드 국왕 및 리투아니아 대공이라는 명예 칭호를 종신 사용할 수 있는 권리와 로트링엔 공국과 바르 공국의 - 바르는 로트링엔 지역 내에 있는 공국임 - 통치권을 생전에 한하여 획득했지만, 프랑스의 관리를 받아야 했다. 스타니수아프 레슈친스키가 사망할 경우, 두 공국은 자동적으로 프랑스 영토에 귀속되게 했다. 스페인은 나폴리 왕국과 시칠리아 왕국, 그리고 엘바 섬을 획득했지만, 토스카나 대공국에 대한 영유권 주장을 포기해야 했고, 파르마와 피아첸차 공국은 오스트리아의 카를 6세 황제에게 양도되었다. 그리고 카를 6세 황제는 폴란드 왕위계승전쟁에서 프랑스와 프랑스 동맹국들에 의해 점령된 북이탈리아(롬바르디아)의 소유지 거의 전체를 전전(戰前) 수준으로 되돌려 받았다.

로트링엔 공작 프란츠 슈테판이 로트링엔 공국을 프랑스에 양도하는 대신 토스카나 대공국에 대한 계승권을 획득할 수 있었던 것은 그 시점에 토스카나 대공국의 통치가문인 메디치가의 소멸이 이미 예측되었기 때문이었다. 토스카나의 마지막 대공 지안 가스토네(1671-1737, 재위: 1723-1737)가 1737년 7월 9일 사망하기도 전에 유럽 강대국들 간의 합의에 의해 - 다시 말해 폴란드 왕위계승전쟁을 끝내기 위해 체결된 1735년 빈 예비평화조약의 당사국들인 프랑스와 오스트리아에 의해 - 토스카나는 마리아 테레지아의 약혼자인 프란츠 슈테판 공작에게 양도되는 것으로 결정되었다. 그 대신 프란츠 슈테판은 로트링엔 공국을 프랑스에 넘겨야 했다. 그는 합스부르크 왕가의 상속인 마리아 테레지아와 결혼하기 위해 조상 대대로 물려받은 공작령 로트링엔을 토스카나 대공국과 교환해야 했던 것이다. 프랑스는 프란츠 슈테판으로부터 양도받은 로트링엔을 아우구스트 3세에 의해 축출된 스타니수아프 레슈친스키 전 폴란드 국왕(루이 15세의 장인)에게 생전에 한해 봉토로 수여한다는 조건을 붙여 양여한 후, 후자가 사망한 1766년 공식적으로 프랑스 영토에 편입시켰다. 빈 평화조약을 통해서 프랑스는 합스부르크 제국의 프랑스어권 내 역외영토 확대 가능성의 싹을 미리 잘라낸 것이었다.

프랑스는 로트링엔 문제를 양보 받은 데에 대한 반대급부로 카를 6세 황제가 1713년 공표한 국본조칙을 승인했다. 그러나 빈 평화조약 발효 2년 후 카를 6세 황제가 사망하고, 그의 장녀 마리아 테레지아가 합스부르크 제국을 상속받았을 때, 프랑스는 빈 평화조약의 합의를 뒤집고, 국본조칙의 적법성을 문제 삼아 바이에른 선제후 카를 알브레히트(마리아 테레지아의 종형부. 카를 7세 황제) 공작이 야기한 계승전쟁(오스트리아 계승전쟁)에 개입하여 바이에른을 지원했다.

빈 평화조약에서 프랑스와 오스트리아는 알자스와 네덜란드 역내의 오스트리아-프랑스 국경선, 즉 오스트리아의 고립영토(전부오스트리아/포르데르외스터라이히)와 프랑스 간의 경계선은 향후 신설될 공동위원회를 통해 확정한다는 규정에 합의했다(독일제국의회대표자회의결의 참조). 1735년의 빈 예비평화조약은 메디치가의 마지막 토스카나 대공 지안 가스토네가 사망한(1737년 7월 9일) 후 발효될 수 있었다. 그것이 예비평화조약 체결 후 3년이 지나서야 최종평화조약(1738년 11월 18일)이 조인된 이유 중의 하나이었다.

빈 예비평화조약의 체결에도 불구하고 무력충돌은 1737년을 넘기면서까지 중단되지 않았다. 프랑스는 스페인(펠리페 5세)과 사르데냐-피에몬테(카를로 엠마누엘레 3세) 왕국의 지원을 받아 오스트리아와의 전쟁을 이어갔다. 최종적인 평화조약(빈 평화조약)은 1737년 5월 1일에 비로소 체결되었다. 그러나 빈 평화조약의 공표는 지안 가스토네(토스카나 대공)의 사망 이후로 연기

되었다. 1735년의 빈 예비평화조약의 확인에 다름 아닌 <빈 평화조약>
은 1738년에 비로소 공표되었다. 평화조약 체결과정이 복잡했지만, 1738
년 11월 18일이 공식적인 빈 평화조약의 발효일자로 간주된다.

1735년까지 독일제국 의회의 의석을 보유했고, 투표권을 행사했던 로
트링엔 공작은 로트링엔(로렌) 공국이 1736년 스타니수아프 레슈친스키에
게 양도된 이후, 독일제국 제후로서의 대표성을 상실했다. 1766년 스타
니수아프 레슈친스키의 사망과 더불어 로트링엔은 영구히 프랑스 영토
에 편입되었지만, 독일제국의 입장에서 보면 로트링엔은 이미 1736년에
잃어버린 영방이었다. 빈 예비평화조약이 체결된 후, 약 6개월이 지난
1736년 5월 18일 레겐스부르크 독일제국의회는 로트링엔 공국의 제국
이탈을 공식적으로 의결했기 때문이었다. 폴란드 왕위계승전쟁과 빈 평
화조약을 통해서 오스트리아는 오스트리아에 우호적인 작센 선제후를
폴란드 국왕으로 만들고, 프랑스로부터 국본조직의 재확인을 받아 냈다
는 명분상의 이득을 취했다면, 스페인 계승전쟁에 이어 또 한 번 실리를
챙긴 쪽은 프랑스였다.

프랑스(루이 15세)는 빈 평화조약에서 문서화한 약속(국변조칙 승인)을 또 다
시 번복하고, 1741년 프로이센(프리드리히 2세) 및 바이에른(카를 알브레히트)과 군
사동맹을 체결하여, 프로이센-오스트리아 전쟁(슐레지엔 전쟁)과 바이에른-오
스트리아 전쟁(오스트리아 계승전쟁)에 동시에 개입하여 오스트리아를 철저히
괴롭힌다.

5
바로크 시대의 합스부르크가 황제

1) 레오폴트 1세

페르디난트 3세 황제 재위시기(1637-1557)부터 레오폴트 1세(1658-1705)와 요제프 1세(1706-1711)를 거쳐 카를 6세(1711-1740)에 이르기까지 약 한 세기는 오스트리아의 바로크 시대에 해당한다. 여러 차례의 군사적, 정치적 패배에도 불구하고 빈의 궁정은 유럽문화의 중심역할을 두고 파리의 베르사유 궁과 경쟁했다. 전쟁에서 승리할 때마다, 빈은 전 유럽을 향해 문호를 개방했다. 합스부르크 왕조가 이루어낸 업적을 체험하기 위해 예술가와 기능보유자들, 학자들과 과학자들이 이탈리아, 스페인, 네덜란드, 심지어는 프랑스로부터도 밀려들었다. 유럽의 주 교통로에 위치한 빈은 남쪽의 로만 문화, 동쪽의 슬라브 문화, 북쪽의 게르만 문화와 예술이 서로 충돌하고 융합하는 용광로와 같은 역할을 함으로써 바로크 문화, 아니 더 정확히 표현하여 오스트리아 바로크 문화라는 결정체를 낳았다.

바로크는 예나 지금이나 오스트리아 문화의 한 부분이자, 구성요소이며 동시에 오스트리아 문화의 특징이다. 바로크는 오스트리아 문화에 있어 단순히 하나의 예술사조만을 의미하지 않는다. 바로크는 감각에 대한 호소와 화해에 의지하는 오스트리아인의 생활방식이다. 바로크 예술의 표현양식은 주로 건축과 의전에서 표현되었지만, 시간이 흐름에 따라 생활주변에서 만나는 단순한 대상물에 이르기까지 확대 적용되었다. 간단히 말해 바로크는 내면적 감정의 외면적 표징이며, 미래에 대한 신뢰의 표현이요, 현재에 대한 긍정의 표현이다. 바로크는 여러 가지 색채로 화려하게 묘사되는 종교의 신비를 지성에 호소하기보다는 감성에 호소하는 방식을 빌려 일반 시민들에게 알기 쉽게 설명해 주려는 시도이다. 바로크 건축은 특히 정면을 중시하는 예술이다. 다시 말해 즉석에서 감명을 주는 장식적인 외면을 보여주는 예술이다. 바로크 건축은 또한 반종교개혁의 예술적 표현이기도 하다. 이제 예술적 사명을 다한 고딕건축의 본질이 질박성에 있었다면, 바로크 건축은 광채와 의기충천함과 충만함의 표현이다. 바꾸어 말하자면 바로크는 화려함과 우아함과 승리의 예술적 표현이다. 빈의 국립도서관 건물 안에 있는 프레스코 벽화에서처럼, 바로크 벽화나 천장화에 묘사된 성자들과 천사들의 무리 한가운데 신격화된 황제의 모습이 그려진 것을 종종 발견할 수 있는 것도 이 예술방향의 고유한 특성 때문일 것이다.

오스트리아 바로크 건축을 대표하는 건축물은 도나우 강 상류에 위치한 멜크 수도원을 위시해, 잘츠부르크 대성당, 빈의 벨베데레 궁과 쇤브룬 궁, 그리고 빈의 도심 건축, 성 슈테판 교회 앞쪽에 세워진 흑사병 기념주, 오버외스터라이히 주의 장크트 플로리안 수도원 등이다. 그러나 바로크를 대표하는 건축물을 하나만 예시하라면, 그것은 트로이의 기둥을 모방한 두 개의 석주를 앞세우고 반구형의 청동 지붕을 올린 카를 교회(카를스키르헤)일 것이다. 빈 제3구에 위치한 카를 교회는 신성로마제국과 기독교의 합일을 상징하는 건축물이기도 하다. 오스트리아 바로크 건축의 거장들 가운데 반드시 거명되어야 할 사람은 1716년에 건축이 시작된 빈의 카를 교회와 쇤브룬 궁의 1차 설계를 맡았던 요한 베른하르트 피셔 폰 에를라흐(1656-1723), 오이겐 공을 위해 그의 하절기 궁을 건축한 루카스 폰 힐데브란트(1668-1745), 그리고 멜크 수도원과 성 플로리안 수도원을 지은 티롤 출신의 건축가 야콥 프란타우어(1660-1626) 등일 것이다.

페르디난트 3세 황제는 이미 소개했듯이 예술과 학문을 장려한 황제였으며, 자작곡을 남긴 첫 합스부르크가의 군주이었다. 그가 작곡한 36

개의 변주를 가진 아리아 곡 한 편이 슈테판 교회의 오르간 연주자이며 작곡가인 볼프강 에프너(1612-1665)에 의해 1648년 프라하에서 출판되었다. 라이프치히의 음악주간지 <알게마이네 무지칼리셰 차이퉁>(일반음악신문) 제 28권(1826)에 실린, 시편 제51편 <통회의 기도>에 관한 4부 합창곡이 페르디난트 3세의 작품으로 판명되기도 했다. 그는 또 17세기에 대중적 인기가 있던 <로레토의 기도>를 작곡했으며, 이탈리아어로 쓴 여러 편의 시를 남겼다.

빈을 바로크 도시로 만든 군주는 야심적인 건축계획을 실행한 레오폴트 1세였다. 그는 1695년부터 쇤브룬 궁의 신축을 시작하였고, 황제 이름을 따 '레오폴트 트라크트'라는 이름이 부쳐진 호프부르크(13세기 이후 합스부르크 제국의 왕궁)의 날개집(翼舍)은 현재 연방대통령의 집무실 건물로 사용되고 있다. 1679년에 유행한 흑사병의 극복을 기념하기 위해 1693년 슈테판 교회 인근에 삼단으로 구성된 삼위일체 기념탑을 건축한 황제도 레오폴트 1세이었다. 페스트조일레(흑사병 기념주)라 불리는 이 기념주 상단에는 신의 형벌로 여겨진 흑사병(1679)과 오스만 제국의 빈 침공(1683)을 무사히 극복한데에 대해 감사의 기도를 드리는, 갑옷을 착용한 레오폴트 1세 황제의 조상이 부각되어 있다. 오스트리아의 여러 지역에 세워진 흑사병 기념주는 모두 이를 모방한 것이었다.

레오폴트 1세는 언어에 특별한 재능을 소유한 군주였다. 독일어와 라틴어, 그리고 스페인어와 프랑스어에 능통했지만, 특히 그가 좋아한 언어는 이탈리아어였다. 역사와 문학, 그리고 학문 일반에 큰 관심을 보인 레오폴트 1세는 인스부르크 대학(1669)과 브레슬라우(폴란드의 브로추아프) 대학(1702)의 창립을 지원했다. 합스부르크 제국 지배 하의 17세기(특히 1630-1670)의 브레슬라우는 이 지역(슐레지엔)의 독일문학의 메카이었다. 대표적인 독일 바로크 시인 마르틴 오피츠(1597-1639), 그리고 안드레아스 그뤼피우스(1616-1664)와 크리스티안 호프만 폰 호프만스발다우(1617-1679) 등이 이곳에서 작품 활동을 하였다. 오피츠와 오피츠 주위의 문인들을 독일문학사는 '1차 슐레지엔 시파', 후자 문인그룹을 '2차 슐레지엔 시파'로 구분한다.

　레오폴트 1세 황제는 1688년 당대의 철학자이자 수학자 고트프리트 빌헬름 라이프니츠(1646-1716)를 통해 학술원 설립을 시도했으나 뜻을 이루지 못했다. 그러나 1593년 로마에 설립된 <아카데미아 디 산 루카>를 모방해 1692년 설립된 <빈 쿤스트아카데미>(지금의 빈 국립미술대학)는 황제의 지원으로 설립되었다. 현재 독일의 할레 시에 본부를 둔 - 자연과학자 및 의학자 협회로서는 세계에서 가장 오랜 역사를 자랑하는 - <독일 레오폴디나 자연과학자 아카데미>는 레오폴트 1세 황제의 이름을 따 1652년에 설립되었으며, 레오폴트 1세 황제는 당시 명예회장이었다. 그는 또 선임 황제처럼 음악에 천부적 재능을 물려받은 작곡가였으며, 여러 종류의 악기를 연주한 음악 애호가로서 황실전속 챔버 오케스트라를 직접 지휘한 황제이었다. 오라토리오와 발레곡 뿐 아니라, 오페레타 등 다양한 종류의 230여 편의 작품이 그의 손을 거쳐 작곡되었다. 그는 이탈리아 음악, 특히 이탈리아 오페라를 장려했지만, 레오폴트 1세 차하의 궁정악장은 니더외스터라이히 출신의 요한 하인리히 슈멜처(1623경-1680)이었다.

　레오폴트 1세는 - 합스부르크 왕조의 역대 황제 중 가장 위대한 황제였다고 단언하기는 어렵다 하더라도 - 적어도 1740년 합스부르크가와 로트링엔가가 결합하기 이전까지의 황제들 중에서는 오스트리아를 위해서 가장 많은 일을 한 군주라고 말할 수는 있을 것이다. 그의 후계자인 요제프 1세(1678-1711, 재위: 1705-1711) 황제도 선왕 못지않은 재능의 소유자였으나, 불행하게도 업적을 남길 충분한 시간을 가지지 못했다. 그러나 현재의 국립오페라의 전신이라 할 <케른트너토어테아터>(케른트너토어 극장)과 오스트리아의 상징물의 하나인 - 1683년 빈 공성에 실패한 오스만 제국군으로부터 노획한 대포를 녹여 만든 - 슈테판 교회의 종(붐머린)은 그의 재위기간에 완성된 작품이었다. 케른트너토어 극장는 1870년 4월 17일 공연된 로시니의 오페라 <빌헬름 텔>을 마지막 작품으로 무대에 올린 후 철거되었다. 현재의 국립오페라는 1869년 5월 25일 모차르트의 <돈 지오반니>의 초연과 더불어 개관되었다. 요제프 1세의 요절은 황제 개인에게 건 국민들의 기대를 무참히 꺾어버렸을 뿐 아니라, 합스부르크 왕조에게도 운명적인 결과를 초래했다(오스트리아 계승전쟁 참조).

레오폴트 1세는 3차례 결혼했다. 초혼과 재혼은 모두 근친결혼이었다. 1666년 결혼한 마르가리타 테레자(1651-1673)는 누나(마리아 안나)와 스페인 국왕 펠리페 4세 사이의 장녀이었고, 1673년 결혼한 클라우디아 펠리치타스(1653-1676)는 레오폴트 1세 황제의 6촌 여동생이었다. 첫 결혼에서 얻은 4명의 자녀 중 유일하게 성인으로 성장한 장녀 마리아 안토니아(1669-1692)는 바이에른 선제후 막시밀리안 2세 엠마누엘 공작과 결혼했고, 두 번째 결혼에서 생산된 2명의 자녀는 출생 직후 모두 사망했다. 기다리던 왕자를 얻지 못한 레오폴트 1세는 세 번째 결혼에서는 다산 가정의 군주 가문을 물색한 끝에, 팔츠 선제후 필립 빌헬름의 16명의 자녀 중 장녀인 엘레오노레 막달레네(1655-1720)와 결혼했다. 이 결혼에서 레오폴트 1세는 후일 황제가 된 두 명의 아들(요제프 1세와 카를 6세)를 얻었다. 레오폴트 1세와 엘레오노레 막달레네의 결혼 2년째 해인 1678년 레오폴트 1세의 막내 여동생(마리아 안나 요제파)과 필립 빌헬름(레오폴트 1세의 빙부)의 장남인 요한 빌헬름 팔츠 선제후가 결혼하여, 합스부르크 왕가와 팔츠 선제후 가문(레오폴트 1세와 요한 빌헬름) 간의 인척관계가 복잡해졌다. 앞에서 설명했지만, 팔츠 계승전쟁(1688-1697)이 발발하여 프랑스 군대가 팔츠를 침공했을 때, 필립 빌헬름 선제후는 1690년 사위(레오폴트 1세)의 나라로 피신했으나, 그해 9월 2일 빈에서 사망했다.

2) 카를 6세

카를 6세는 바로크 시대의 마지막 황제이며 순혈 합스부르크가 황제로서도 마지막 황제이었다. 그는 1711년 즉위할 때부터 큰 부담을 안고 출발했다. 그는 원래 스페인의 국왕(카를로스 3세)이 되기 위한 교육을 받은 후, 스페인 계승전쟁의 소용돌이 한 가운데 서 있던 중, 형 요제프 1세의 예기치 않은 죽음으로 인해 합스부르크 제국을 상속받기 위해 급거 귀국해야 했다. 그러나 그의 내면은 스페인에 대한 그리움으로 가득했음이 분명했다. 그는 빈의 궁성에 체류할 때에도 스페인 식의 궁정의식을 따랐다고 한다. 오늘날 세계적인 관광명소로 손꼽히는 오스트리아 수도 빈의 <스페인 승마학교>는 카를 6세 황제에 의해 황실가족의 승마교육을 위해 세워진 기관이었다.

카를 6세는 오스트리아 황실의 숙원사업이던 동계황실승마학교의 건축을 쇤브룬 궁을 설계한 당대의 명장 요한 베른하르트 피셔 폰 에를라흐에게 위임했다. 요한 베른하르트 피셔 폰 에를라흐는 햇빛이 통과하는 실내승마장의 설계를 완성한 후 사망했고, 그의 사후 그의 아들 요제프 엠마누엘 피셔 폰 에를라흐(1693-1742)가 승마학교를 완성했다. 동계황실승마학교로 출발한 <스페인 승마학교>는 베르사유 궁의 궁정교회를 모방해 설계되었다고 전해진다. 카를 6세 시대의 황실이 주도한 건축은 모두 황실 산하 건축 감독청의 수석 건축사이었던 피셔 폰 에를라흐 부자에 의해 설계되었다. 스페인 승마학교의 조마사들은 마장(빈 왕궁/호프부르크의 익사)에 입장할 때, 그들이 쓴 뾰족한 끝이 앞뒤로 나있는 모자를 관객들 앞에서가 아니라, 승마학교를 세운 카를 6세 황제의 초상 앞에서 벗는다.

카를 6세의 재위기에 오스트리아의 바로크 문화는 절정기를 구가했다. 오스트리아의 현존 바로크 건축물의 백미로 평가받는 빈의 카를 교회는 합스부르크 제국의 수도 빈을 상징하는 기념비적 건축물 중의 하나이다. 카를 교회는 1713년 공모를 통해 선발된 건축가에 의해 설계되었으며, 교회의 이름(카를스키르헤)은 이탈리아 예수회 신부로서 1610년 바오로 5세(재위: 1605-1621) 교황에 의해 성인명부에 오른 카를 보로모이스(1538-1584, 이탈리아 명: 카를로 보로메오) 신부의 이름에서 유래한다. 카를 보로모이스는 흑사병 환자들을 돌보다 감염되어 46세의 나이에 밀라노에서 사망했다. 1713년은 오스트리아가 이중의 국난을 겪어야 했던 해이었다. 1701년부터 시작된 스페인 계승전쟁이 아직 끝나지도 않은 상황에서 오스트리아는 프랑스와 전쟁을 계속하고 있는 중인데, 지금까지 동맹국으로서 오스트리아를 지원하던 영국이 돌연 오스트리아와의 동맹을 파기하고 프랑스와 평화조약(위트레흐트 평화조약)을 일방적으로 체결한 후, 오스트리아의 동맹국 중 가장 먼저 스페인 계승전쟁에서 발을 빼버린 해가 1713년이었기 때문이다. 화불단행이란 말을 증명이라도 하듯이, 설상가상으로 이제 전쟁보다 더 무서운 흑사병까지 빈을 엄습하였다. 카를 6세는 전쟁과 전염병을 극복하고, 이참에 합스부르크가의 강력한 왕조적 기념비를 세워 봉헌키로 수호성인 카를 보로모이스에게 서약하였다. 카를 교회는 요한 베른하르트 피셔 폰 에를라흐에 의해 설계되었으며, 교회의 건축은 1716에 시작되어 1723년까지 계속되었다가, 그의 사후 그의 후계자이며 아들인 요제프 엠마누엘 피셔 폰 에를라흐에 의해 1737년에 완공되었다. 당시 민간에서는 카를 보로모이스 신부를 흑사병을 막아줄 수호성인으로 생각했고, 카를 교회의 완공으로 흑사병이 퇴치된 것으로 믿었다. 피셔 폰 에를라흐 부자는 18세기 초 빈에서부터 유래한 이른바 '제국양식'이라고도 불린 바로크적 고전주의 건축술의 창시자들 이었다.

그 외에도 카를 6세는 호프부르크를 확대 건축함으로써 호프부르크는 지금까지 보여주었던 요새로서의 특징이 왕궁으로 바뀌었다. 그는 또 호프부르크 내에 - 현재 오스트리아 국립도서관인 - 왕실도서관을 짓고, 전쟁영웅 오이겐 공의 장서를 구입하여 왕실도서관 소장 장서의 외연을 크게 확대하였다. 그 과정에서 황제의 문화정책은 정치적 목표도 노정하고 있었다. 카를 6세의 문화정책은 대제국 건설에 목표를 두었기 때문에, 왕실도서관의 건축에서도 의식적으로 고대 로마 시대의 황제들의 권위의 표징을 받아들이려고 노력했다. 그는 학술원의 창립을 계획했지만, 그의 재위기간 내에 실현되지 않았다. 1735년 카를 6세는 외덴부르크(형가리의 소프론)에 헝가리 국왕(카로이 3세)의 이름으로 현재의 서 헝가리 대학을 창립했다.

선왕 레오폴트 1세와 마찬가지로 예술가적 재능도 보유한 카를 6세 황제는 특히 음악을 장려했다. 그는 스스로 탁월한 작곡가이며 바이올린 연주자이었다. 작곡가이며 음악이론가인 요한 요제프 푹스(1660-1741)가 지휘한 궁정악단은 카를 6세 황제 시기에 황금기를 구가했다. 푹스는 요제프 1세가 서거한 1711년 카를 6세에 의해 유럽 음악계의 가장 중요한 직책 중의 하나인 빈 궁정악장에 임명되어 많은 오페라와 오라토리오를 작곡했다. <요한 요제프 푹스 콘저바토리움>은 그라츠 근교에서 출생한 푹스의 이름을 따 명명된 사립 음악교육기관으로 현재 슈타이어마르크 연방주 수도 그라츠의 니콜라이가세 2번지에 소재하고 있다. 1714년 이후 궁정시인으로 빈에 초빙되어 창작활동을 한 이탈리아 시인 피에트로 파리아티(1665-1733)의 시에 기초한 푹스의 오페라 <오르페오와 에우리디체>(1715)는 카를 6세 황제의 30회 생일을 축하한 작품이었다. 작곡가 푹스와 시인 파리아티의 가장 유명한 오페라로 평가받는 1723년 작 <코스탄자 에 포르테자>는 프라하에서 거행된 카를 6세의 뵈멘 국왕 대관식을 기념한 작품이었다. 파리아티는 카를 6세의 후원 하에 1729년까지 오라토리오(13편), 칸타타(15편) 및 오페라(14편)를 위한 텍스트를 창작했으며, 그의 작품은 거의 모두 푹스에 의해 작곡되었다.

음악 뿐 아니라, 다른 장르의 예술도 카를 6세 황제의 지원을 받아 크게 융성했다. 카를 6세는 여러 지역에 분산 소장된 합스부르크 왕가 소유의 예술품을 빈에 집결시켰다. 페르디난트 2세 대공과 레오폴트 빌헬름의 소장품이 그 예이다. 페르디난트 1세 황제의 차남이며 막시밀리안 2세 황제의 동생인 페르디난트 2세(1529-1595) 대공이 뵈멘 총독(1547-1567), 오버외스터라이히 총독 겸 티롤 백작(1567-1595)을 역임하면서, 특히 티롤에서 수집한 중세기의 초상화와 무기류, 투구, 갑옷은 현재 빈의 미술사박물관과 빈 미술사박물관의 지소인 인스부르크의 암브라스 성에 분산 소장되어 있다. 페르디난트 2세(재위: 1619-1637) 황제의 막내아들이며 페르디난트 3세(재위: 1637-1657) 황제의 동생인 레오폴트 빌헬름(1614-1662) 대공은 스페인령 네덜란드(합스부르크령 네덜란드)의 총독을 지낸 1647부터 1656년까지 9년 동안 청교도 혁명을 피해 네덜란드로 이주한 영국 귀족들로부터 많은 미술품을 구입한 것으로 유명했다. 현재 빈의 미술사박물관에 대부분 전시되어 있는 레오폴트 빌헬름의 소장품은 주로 16세기 네덜란드 화가들과 이탈리아(주로 베네치아) 화가들의 작품이다. 빈의 미술사박물관 외에도 뮌헨의 알테 피나코테크와 브뤼셀(옛 합스부르크령 네덜란드의 수도)의 왕립박물관도 레오폴트 빌헬름 대공 소장품의 일부를 소유하고 있다. 빈 미술사박물관은 1891년 10월 17일 프란츠 요제프 1세 황제 때 개관되었다.

카를 6세는 빈 주교구를 대주교구로 승격시킴으로써 오스트리아의 교회정책에서도 큰 업적을 남긴 황제였다. 1716년 이후의 빈 주교 지기스문트 폰 콜로니츠(1677-1751) 추기경과 함께 카를 6세 황제는 빈의 대주교구 승격을 위한 청원서를 클레멘스 11세(재위: 1700-1721) 교황에게 제출했다. 파사우 주교구로부터 독립하여 빈 주교구를 설립하려고 했을 때와 똑같이 이번에도 파사우 주교 라이문트 페르디난트 폰 라바타(1669-1722) 백작은 빈 주교구의 대주교구 승격을 저지하려고 시도했다. 그러나 로마의 추기경회의가 1721년 3월 6일 카를 6세 황제의 청원에 동의했고, 1722년 6월 1일 교황이 직접 주재한 추기경회의는 지난 번 회의(1721)의 동의를 표결했다. 1723년 2월 14일 인노첸시오 13세(재위: 1721-1724)가 서명한 교황의 교서가 카를 6세 황제에게 전달됨으로써 빈은 대주교구로 승격했고, 1716년 이후 빈 주교를 역임한 콜로니츠 추기경이 초대 빈 대주교에 서임되었다.

사생활에 있어 카를 6세는 그의 형이며 선왕이었던 요제프 1세와는 달리 모범적인 남편이었고, 아버지였다. 카를 6세는 루트비히 루돌프(1671-1735) 브라운슈바이크-볼펜뷔텔 공작의 장녀 엘리자베트 크리스티네(1691-1705)와 결혼하여 네 명의 자녀를 두었다. 그러나 합스부르크 왕가 전체가 숨죽이면서 기다리던 아들(레오폴트 요한)은 할아버지 레오폴트 1세의 이름을 물려받았지만, 1716년 출생 후 곧 사망했고, 막내딸 마리아 아말리아(1724-1730)는 여섯 살의 나이에 사망했다.

둘째 딸 마리아 안나는 마리아 테레지아의 부군 프란츠 슈테판 공작의 동생인 카를 알렉산더(1712-1780. 오스트리아령 네덜란드 총독: 1744-1780, 독일기사단 총단장: 1761-1780) 로트링엔 공작과 사랑에 빠졌지만, 카를 6세는 둘째 딸의 결혼을 허락하지 않았다. 1740년 카를 6세가 사망하고, 국본조칙에 의해 부왕을 승계해 오스트리아 합스부르크가의 세습지 전체를 상속받은 카를 6세의 장녀 마리아 테레지아는 시동생(카를 알렉산더 로트링엔 공작)과 동생(마리아 안나)의 결혼을 마침내 허용해야 했다. 마리아 안나와 카를 알렉산더 공작은 1744년 결혼 후 고모인 마리아 엘리자베트(1680-1741, 카를 6세의 여형)의 뒤를 이어 오스트리아령 네덜란드(합스부르크령 네덜란드)의 총독에 임명되었다. 1744년 카를 알렉산더가 프로이센과의 전쟁(2차 슐레지엔 전쟁)에 출정한 동안, 마리아 안나는 첫 아이를 사산한 후 몇 주일 안 되어 사망했다. 7차 터키전쟁(1735-1739)에서 오스트리아를 위해 싸운 공로를 인정받아 1740년 오스트리아군 원수에 임명된 카를 알렉산더는 마리아 안나가 사망한 후, 일생 동안 재혼하지 않고, 오스트리아 군대의 개혁을 위해 노력했고, 1차 및 2차 슐레지엔 전쟁과 7년 전쟁(3차 슐레지엔 전쟁) 등에서 오스트리아군을 지휘하여 프로이센의 프리드리히 2세와 싸우는 등, 합스부르크가를 위해 충성을 다한 군인이었다. 카를 알렉산더는 5차 터키전쟁(1683-1699)과 팔츠 계승전쟁(1688-1697)에서 황제군을 지휘한 카를 5세 로트링엔 공작의 손자였다.

스페인 합스부르크가 최후의 국왕 카를로스 2세가 후사를 두지 못해, 스페인 왕국의 소유권이 부르봉가로 넘어가 버린 후, 스페인 왕국을 되찾기 위해 헛되이 노력했던 과거를 가진 카를 6세는 오스트리아의 가계만 남은 합스부르크 왕가가 단절될지도 모른다는 강박관념에 사로잡혀 있었다. 그는 즉위 2년 후인 1713년 4월 19일 합스부르크가의 가헌을 확정한 <국본조칙>을 제정하여 반포하였다. 오스트리아의 합스부르크가와 스페인의 합스부르크가의 상속순서를 조정한 1703년의 <상호계승약관>에 근거하여 제정한 국본조칙의 핵심내용은 합스부르크 제국의 분할 및 분리를 허용하지 않고, 합스부르크가의 남계가 단절될 경우 여계에 국본의 지위가 계승된다는 두 가지 항목이었다. 당시 유럽의 왕가들은 여손의 계승을 허용하지 않는 프랑크 제국의 초대 국왕 클로트비히(클로비스) 1세(466/467-511) 때 편찬된 - 가장 오래된 게르만 법전의 하나로 알려진 - 잘리 법전(렉스 잘리카)의 상속법을 따르는 것이 관례였다. 따라서 카를 6세가 제정한 국본조칙은 유럽 열강들의 추인이 수반되어야 했다. 참고로 지적되어야 할 것은, 카를 6세가 국본조칙을 특정인(마리아 테레지아)을 위해 만든 것은 아니었다는 사실이다. 카를 6세의 자녀 4명은 모두 국본조칙이 발표된 후에 출생했다. 장남 레오폴트 요한과 장녀 마리아 테레지아와 차녀 마리아 안나는 연년생으로서 1716년, 1717년, 1718년에 각각 태어났으며, 그 중 마리아 테레지아와 마리아 안나는 성인으로 성장하여 두 사람 모두 로트링엔 공작 형제(프란츠 슈테판과 카를 알렉산더)와 결혼했다. 레오폴트 요한(장남)은 출생한 해에 사망했고, 1724년에 출생한 카를 6세의 막내딸(마리아 아말리아)은 6세 때 사망했다. 1740년 카를 6세의 사망과 더불어 합스부르크가는 남계가 단절되었으며, 카를 6세의 장녀인 마리아 테레지아가 국본조칙에 근거하여 합스부르크 제국 전체를 상속받았다. 그러나 국본조칙의 이행은 <오스트리아 계승전쟁>과 <슐레지엔 전쟁>이 동시에 발발하게 된 원인으로 작용했다. 폴란드 왕위계승전쟁을 끝낸 <빈 평화조약>(1738)이 발효된 지 2년 만에 발생한 두 전쟁은 모두 유럽의 전쟁으로 확대된 전쟁이었다.

인명 • 지명 색인

지명 색인

오스트리아의 역사와 문화 1

초판 1쇄 발행일 2014년 4월 15일

지은이 _ 임종대
펴낸이 _ 배정민
펴낸곳 _ 유로서적

편집/디자인 _ 공감인(IN)

등록 _ 2002년 8월 24일 제10-2439호
주소 _ 서울시 금천구 가산동 327-32번지 대륭테크노타운 12차 416호
Tel _ 02-2029-6661, Fax _ 02-2029-6663
E-mail _ bookeuro@bookeuro.com

ISBN 978-89-91324-61-9 (set)
ISBN 978-89-91324-58-9 (1권)
ⓒ 유로서적

정가 25,000 원

이 도서의 국립중앙도서관 출판시도서목록(CIP)은 서지정보유통지원시스템 홈페이
지(http://seoji.nl.go.kr)와 국가자료공동목록시스템(http://www.nl.go.kr/kolisnet)
에서 이용하실 수 있습니다. (CIP제어번호 : CIP2014009549)